高考蓝皮书
BLUE BOOK OF NCEE

高考研究报告

（2025）

RESEARCH REPORT ON NATIONAL COLLEGE ENTRANCE EXAMINATION (2025)

编／《高考研究报告》编委会
执 行 主 编／徐尚昆 杨汝岱 郝保伟
学术支持单位 ／华中科技大学创新教育与批判性思维研究中心

新 华 出 版 社

图书在版编目（CIP）数据

高考研究报告. 2025 / 徐尚昆, 杨汝岱, 郝保伟主编.
-- 北京 : 新华出版社, 2024.8
ISBN 978-7-5166-7536-6

Ⅰ. G632.474

中国国家版本馆CIP数据核字第202481RM33号

高考研究报告. 2025

执行主编： 徐尚昆　杨汝岱　郝保伟

出版发行： 新华出版社

（北京石景山区京原路8号　邮编：100040）

印　　刷： 三河市君旺印务有限公司

成品尺寸： 165mm × 235mm　1/16　　**印张：** 40.5　**字数：** 661千字

版次： 2024年9月第1版　　**印次：** 2024年9月第1次印刷

书号： ISBN 978-7-5166-7536-6　　**定价：** 128.00元

《高考研究报告（2025）》
编委会

主要编撰者简介

徐尚昆 博士，中国人民大学吴玉章学者，国家发展与战略研究院研究员，教授，博士生导师，获北京市教学成果一等奖、国家教学成果二等奖、中国人民大学教学创新奖。主要研究领域：教育改革与发展、教育测量与评价、制度变迁与国家治理等。主持国家自然科学基金、教育部人文社科基金、北京市社会科学基金等国家及省部级项目10余项，在国内外期刊发表学术论文50余篇，出版专著及教材7部。

杨汝岱 博士，北京大学经济学院博雅学者，教授，博士生导师，教育部长江学者特聘教授，中国经济学年会秘书长，入选国家首批“青年拔尖人才支持计划”（万人计划），教育部“青年长江学者”。主要研究领域：教育与增长、教育政策与教育改革、发展经济学等。主持国家社会科学基金重大招标项目、国家自然科学基金、教育部人文社科基金10余项，在国内外学术期刊发表学术论文70余篇。

郝保伟 博士，北京市教育科学研究院副研究员，北京师范大学教育学博士，获2017年北京市基础教育教学成果奖一等奖。研究方向为教育改革与评价、教师发展、教育政策等。主持教育部教育科学规划课题、北京市教育科学规划重点课题5项，作为核心成员参与的教育部、北京市教委委托课题60余项，发表学术论文20余篇，出版个人专著2部，合著2部，参编10部。

摘 要

教育兴则国家兴，教育强则国家强。人才是核心竞争力，人才的高度影响甚至决定着国家发展的高度和国家竞争的真正实力。人才特别是拔尖创新人才自主培养是教育强国建设必须攻克的核心任务。党的二十大突出了创新在我国现代化建设全局中的核心地位，强调教育、科技、人才是全面建设社会主义现代化国家的基础性、战略性支撑。2024 年 9 月 9 日至 10 日，全国教育大会召开。习近平总书记出席大会并发表重要讲话。习近平总书记在重要讲话中系统阐释了教育强国的科学内涵和基本路径，首次提出教育强国的六大特质，深刻阐述了教育强国建设要正确处理好的五个重大关系，系统部署了全面推进教育强国建设的五方面战略任务和重大举措，发出“朝着建成教育强国战略目标扎实迈进”的号召。

党的十八大以来，党中央坚持把教育作为国之大计、党之大计，作出深入实施科教兴国战略、加快教育现代化的重大决策，确立到 2035 年建成教育强国的奋斗目标。考试招生制度改革是教育领域牵一发而动全身的重大改革。党中央、国务院高度重视，习近平总书记亲自主持中央政治局会议、中央政治局常委会会议审议通过考试招生制度改革方案，作出系列重要指示批示。2014 年，国务院印发《关于深化考试招生制度改革的实施意见》（下文简称《实施意见》），启动了恢复高考以来最全面、最系统、最深刻的一次考试招生制度改革。《实施意见》明确将深化高考考试内容改革作为主要任务，明晰了高考内容改革的依据、方向任务和具体要求。

高考作为国家基本教育制度的重要组成部分，是连接基础教育和高等教育的枢纽，是提高人才培养质量的关键环节。如何提高高考指挥棒的指挥水平，更好地服务我国拔尖创新人才培养和人才自主培养质量提升，是高考综合改革和高考命题改革的时代使命和核心任务。深化考试招生制度改革、实施高考评价体系、推进教育评价改革、减轻义务教育阶段学生负担、加强和改进综合素质评价、规范高考加分、实施“强基计划”等多项教育改革措施，有着内在统一的逻辑前提和改革指向，就是要落实立德树人根本任务，突出关键能力、学科素养和思维品质的考查要求，加强科学精神、创新能力、批判性思维的培养培育，构建引导学生德智体美劳全面发展和拔尖创新人才培养的招生考试制度，服务高校人才选拔，服务引导高中教学，服务我国拔尖创新人才培养，为全面建设社会主义现代化国家新征程注入最强大的人才动力与支撑。

2024 年是高考综合改革全面落地之年，也是新时代教育评价改革和国家高质量教育体系建设持续深化之年。截至 2024 年，全国已有 29 个省（自治区、直辖市）实施高考综合改革，21 个省份实现新高考落地，2025 年将有 8 个省份完成新高考首考落地。高考综合改革从局部试点推广至全国范围实施，呈现出纵深推进的发展格局。自 2014 年国务院印发《实施意见》以来，我国高考改革考试内容和形式，探索完善“价值引领、素养导向、能力为重、知识为基”的综合考查模式，实现从考知识向考能力素养的转变，实现从解题向解决问题的转变。强化在高考命题中落实立德树人根本任务，构建德智体美劳全面考查的内容体系。突出关键能力和核心素养考查，增强试题的应用性、探究性、开放性，引导学生在独立思考、提出问题、解决问题中构建知识、培养能力、提升素养。加强考教衔接，依据高中课程标准和高考评价体系进行高考试题命制，改变相对固化的试题形式，增强试题开放性，突出思维品质和思维过程考查，降低机械刷题、死记硬背和题海战术的收益，引导教学回归课标、回归课堂。经过十年的努力探索，初步形成了具有中国特色的考试评价理论体系和实践路径，在落实立德树人根本任务，服务高校人才选拔、服务引导高中教学、服务拔尖创新人才培养等方便发挥了积极作用，为加快推进教育强国建设注入了强大动力。

2024 年高考命题以习近平新时代中国特色社会主义思想为指导，深入贯彻党的教育方针，构建引导学生德智体美劳全面发展的考试内容体系，主要表现出四个特征：一是坚持立德树人，加强价值引领，强化高考育人功能。二是突出思维品质，考查关键能力，助力拔尖创新人才培养。三是注重问题导向，优化情境创设，激发科学探究活力。四是深化考教衔接，落实课程标准，发挥正向引导作用。在教育强国建设和高考综合改革的背景下，面对新的时代需要，高中教育理念和教学观念要实现五个转向：从“知识就是力量”转向“思维就是力量”，从“知识传递”转向“知识建构”，从感性顿悟转向理性规范，从

“高分低能”转向“高分高能”，从“授人以鱼”转向“授人以渔”。2025年高考命题将继续发挥高考的育人功能，紧扣三条逻辑主线，坚持命题四项原则，重点考查五大关键能力，落实思维的可视化、过程化和规范化，强化问题意识，打破固化命题形式，加强跨学科考查，加大试题的区分效度，为全面提高人才自主培养质量、着力造就拔尖创新人才发挥积极的导向作用。

正向引导教学，创新育人方式，是本轮高考综合改革的重要目标。新高考改革对高中教学提出了新的要求、新的目标，教育理念、价值导向、教学模式、学科内容等正发生深刻变化。习近平总书记指出，要聚焦人才强国战略，全面布局加快建设世界重要人才中心和创新高地，要更加重视人才自主培养，更加重视科学精神、创新能力、批判性思维的培养培育。批判性思维作为人类高阶能力的核心构成和教育中的解放力量，对个人的智力发展和思维品质提升非常重要，并且在科学探索与和创新型人才培养中发挥着不可替代的作用。充分发挥高考指挥棒的正向指挥作用，引导学生批判性思维和创新思维的培养培育，是本轮高考内容改革的重要特征。高考命题中的批判性思维考查学生在面对复杂问题时运用所学知识进行审慎思考、提出问题、识别前提、分析推理、证据评估、逻辑论证、实证验证、开放竞争等方面的能力。突出对学生科学精神、创新能力和批判性思维的考查是本轮新高考综合改革的重要指导思想之一，对我国基础教育改革与人才培养战略转型产生了深远的影响。

高校招生工作稳步推进，高考综合评价改革深入实施，新高考范围不断扩大，多渠道、多路径、合理科学的招生录取体系进一步完善。国家进一步推进深化高考综合改革、实施高中学业水平考试、推进高职分类考试、优化“强基计划”招生模式，中国特色现代教育考试招生制度更加完善。2024年全国高考报名人数1342万人，连续6年破千万，创历史新高，中国已经建成世界上规模最大的高等教育体系，高等教育已由大众化阶段正式迈入了普及化阶段。改革开放四十多年来，以高考为核心抓手的教育体系为我国人力资本积累、经济增长和社会发展作出了历史性贡献，是推动中国经济社会巨变的关键动力。知识型人力资本积累是中国过去经济增长取得巨大成就的关键因素，但随着中国经济规模越来越大，中国与西方发达国家在尖端前沿科技上的差距不断缩小，模仿型增长模式的潜力将越来越小，教育亟需高度重视创新思维、创新能力的培养，向以创新型人力资本为基础的创新型发展模式转型。

高考评价体系依据高校人才选拔要求和国家课程标准，落实立德树人根本任务，从服务高校人才选拔、服务引导高中教学、服务拔尖创新人才培养出发进行顶层设计，构建全面考查内容体系，是高考命题和高考评价的实践指南。高考评价体系在考查内容上实现了高考由传统的“知识立意”“能力立意”向“价值引领、素养导向、能力为重、知识为基”四维考查的转变，在考查模式上实现了由传统“考查内容”单一模式向“考查内容、考查要求、考查载体”三位一体模式的转变。准确区分“必备知识、关键能力、核心价值、学科素养”的概念边界和逻辑关系是理解和实践高考评价体系的基础前提，“核心价值金线、能力素养银线、情境载体串联线”是认识和把握高考评价体系的特定视角，“无价值，不入题；无思维，不命题；无情境，不成题；无任务，不立题”是践行高考评价体系的有效途径，信息获取与加工、逻辑推理与论证、科学探究与思维建模、批判性思维与创新思维、语言组织与表达是高考重点考查的关键能力。坚持学科素养导向、重点考查关键能力、积极引导高中教学、助力拔尖创新人才培养是高考评价体系指导下高考命题的基本要求。全面把握高考评价体系的总体特征，深入理解高考的核心功能，准确认识高考的考查内容和考查要求，恰当使用和实践高考评价体系，实现高中教育理念和课堂教学行为的转变，是广大教育工作者和一线师生应对高考综合改革的方法路径。

本报告从 7 个部分（包括总报告和 6 大专题板块）分别讨论了 2024 年中国高考改革的政策背景、命题政策与特征、教学改革与评价、招录情况、社会影响和评价体系，系统讨论高考综合改革下的政策走向及应对策略。

第一篇总报告为聚力拔尖创新人才培养，加快推进教育强国建设。深化高考内容改革，助力拔尖创新人才培养，进一步推进教育评价改革，引领高中育人方式变革，建设高质量教育体系，服务新质生产力发展。揭示以高考综合改革为核心的新时代教育评价改革和国家高质量教育体系建设全面推进，对实施教育强国战略、强化现代化建设人才支撑、助力拔尖创新人才自主培养的重大意义。

第二篇政策篇为高考政策与命题解读，系统阐述了 2024 年新高考内容改革的政策方向，剖析高考命题的基本特征、考查重点、未来发展趋势以及教育理念的五重转向。未来高考命题将继续发挥高考的育人功能，紧扣三条逻辑主线，坚持命题四项原则，重点考查五大关键能力，落实思维的可视化、过程化和规范化，强化问题意识，打破固化命题形式，加强跨学科考查，加大试题的区分效度，为全面提高人才自主培养质量、着力造就拔尖创新人才发挥积极的导向作用。

第三篇高考实践篇，分学科深入探讨2024年高考试题中的“核心价值金线、能力素养银线、情境载体串联线”鲜明特征，剖析“无价值，不入题；无思维，不命题；无情境，不成题；无任务，不立题”的命题原则，综合阐释高考命题的时代特征与发展趋势，深入探讨高考命题的理论依据与实践经验。

第四篇教改篇为教学改革经验总结与剖析，聚焦一线教学课堂改革中的批判性思维教学实践，包括基础教育批判性思维教育的目标与途径、批判性思维课堂转化的问题与反思以及语文、数学、历史和生物学科中的批判性思维教学实践等。通过经验总结与介绍，深入推进批判性思维教育，助力拔尖创新人才培养和人才自主培养质量提升。

第五篇升学篇，剖析2024年高考升学和招生的具体情况与趋势。

第六篇影响篇，通过规范的实证分析发现，改革开放四十多年来，以高考为核心抓手的教育体系为我国人力资本积累、经济增长和社会发展作出了历史性贡献，是推动中国经济社会巨变的关键动力。本篇以扎实的数据分析为基础，探讨高考对中国经济社会发展的巨大影响，特别考察教育在科技创新、经济发展、人力资本提升、全要素生产率提升、阶层流动、个人与家庭发展等方面发挥的重要作用。

第七篇评价篇，系统解读高考评价体系的理论与实践，明确未来高考内容改革的方向、着力点和考查要求。准确区分“必备知识、关键能力、核心价值、学科素养”的概念边界和逻辑关系是理解和实践高考评价体系的基础前提。全面把握高考评价体系的总体特征，深入理解高考的核心功能，准确认识高考的考查内容和考查要求，恰当使用和实践高考评价体系，实现高中教育理念和课堂教学行为的转变，是广大教育工作者和一线师生应对高考综合改革的方法路径。

本报告属于第三方独立学术研究成果，坚持创新人才培养在我国教育改革事业全局中的核心地位，紧扣高考改革政策方向，扎根中国高考改革实践经验，系统研究高考政策、高考命题、高考改革与国家人才培养战略转型，全面总结高考综合改革实践成效，聚力拔尖创新人才培养，为加快推进教育强国建设作出积极探索。

关键词： 高考综合改革 教育强国 拔尖创新人才 人才培养质量 新质生产力

目 录

CONTENTS

I 总报告

Ⅱ 政策篇

Ⅲ 高考实践篇

Ⅳ 教改篇

Ⅴ 升学篇

Ⅵ 影响篇

Ⅶ 评价篇

Ⅷ 附录

Ⅰ 总报告

聚力拔尖创新人才自主培养　加快推进教育强国建设

摘　要： 人才是核心竞争力，人才的高度影响甚至决定着国家发展的高度和国家竞争的真正实力。党的二十大报告提出，教育、科技、人才是全面建设社会主义现代化国家的基础性、战略性支撑。过去的一年，我国教育综合改革聚力拔尖创新人才自主培养，加快推进教育强国建设。进一步深化高考内容改革，贯彻和实施高考评价体系，发挥高考指挥棒的正向指挥作用，落实立德树人根本任务，加大对学生学科素养、关键能力和思维品质的考查力度，增强试题的开放性、探究性和创新性，引导学生在独立思考、发现问题和解决问题中建构知识、培养能力、提升素养，助力拔尖创新人才培养。新时代教育评价改革总体方案深入推进，政府履行教育职责评价、学校评价、教师评价、学生评价、用人评价等措施全方位立体发力，巩固“双减”成效，营造良好教育生态，引领高中育人方式变革。构建高质量教育体系，以教育家精神引领高素质教师队伍，推动“教育、科技、人才”一体化发展，服务新质生产力发展。高考综合改革和国家高质量教育体系建设的持续深化，为加快推进教育强国建设、强化现代化建设人才支撑、推动拔尖创新人才自主培养和发展新质生产力注入了强大动力。

关键词： 高考综合改革；教育评价改革；拔尖创新人才；自主培养；新质生产力

人才是核心竞争力，人才的高度影响甚至决定着国家发展的高度和国家竞争的真正实力。人才特别是拔尖创新人才自主培养是教育强国建设必须攻克的核心任务。党的二十大突出了创新在我国现代化建设全局中的核心地位，强调教育、科技、人才是全面建设社会主义现代化国家的基础性、战略性支撑，明确到2035年建成教育强国、科技强国、人才强国。党的二十大报告指出，要坚持科技是第一生产力、人才是第一资源、创新是第一动力，深入实施科教兴国战略、人才强国战略、创新驱动发展战略，开辟发展新领域新赛道，不断塑造发展新动能新优势；坚持教育优先发展、科技自立自强、人才引领驱动，加快建设教育强国、科技强国、人才强国，坚持创新在我国现代化建设全局中的核心地位，全面提高人才自主培养质量，着力造就拔尖创新人才。2024年9月9日至10日，全国教育大会召开。习近平总书记出席大会并发表重要讲话。习近平总书记在重要讲话中系统阐释了教育强国的科学内涵和基本路径，首次提出教育强国的六大特质，深刻阐述了教育强国建设要正确处理好的五个重大关系，系统部署了全面推进教育强国建设的五方面战略任务和重大举措，发出“朝着建成教育强国战略目标扎实迈进”的号召。

党的十八大以来，党中央坚持把教育作为国之大计、党之大计，作出深入实施科教兴国战略、加快教育现代化的重大决策，确立到2035年建成教育强国的奋斗目标。考试招生制度改革是教育领域牵一发而动全身的重大改革。党中央、国务院高度重视，习近平总书记亲自主持中央政治局会议、中央政治局常委会会议审议通过考试招生制度改革方案，作出系列重要指示批示。2014年，国务院印发《关于深化考试招生制度改革的实施意见》（下文简称《实施意见》），启动了恢复高考以来最全面、最系统、最深刻的一次考试招生制度改革。《实施意见》明确将深化高考考试内容改革作为主要任务，明晰了高考内容改革的依据、方向任务和具体要求。

高考作为国家基本教育制度的重要组成部分，是连接基础教育和高等教育的枢纽，是提高人才培养质量的关键环节。如何提高高考指挥棒的指挥水平，更好地服务我国拔尖创新人才培养和人才自主培养质量提升，是高考综合改革和高考命题改革的时代使命和核心任务。深化考试招生制度改革、实施高考评价体系、推进教育评价改革、减轻义务教育阶段学生负担、加强和改进综合素质评价、规范高考加分、实施“强基计划”等多项教育改革措施，有着内在统一的逻辑前提和改革指向，就是要落实立德树人根本任务，突出关键能力、学科素养和思维品质的考查要求，加强科学精神、创新能力、批判性思维的培养培育，构建引导学生德智体美劳全面发展和拔尖创新人才培养的招生考试制度，服务高校人才选拔，服务引导高中教学，服务我国拔尖创新人才培养，为全面建设社会主义现代化国家新征程注入最强大的人才动力与支撑。

截至 2024 年，全国已有 29 个省（自治区、直辖市）实施高考综合改革，21 个省份实现新高考落地，2025 年将有 8 个省份完成新高考首考落地。高考综合改革从局部试点推广至全国范围实施，呈现出纵深推进的发展格局。自 2014 年国务院印发《实施意见》以来，我国高考改革考试内容和形式，探索完善“价值引领、素养导向、能力为重、知识为基”的综合考查模式，实现从考知识向考能力素养的转变，实现从解题向解决问题的转变。强化在高考命题中落实立德树人根本任务，构建德智体美劳全面考查的内容体系。突出关键能力和核心素养考查，增强试题的应用性、探究性、开放性，引导学生在独立思考、提出问题、解决问题中构建知识、培养能力、提升素养。加强考教衔接，依据高中课程标准和高考评价体系进行高考试题命制，改变相对固化的试题形式，增强试题开放性，突出思维品质和思维过程考查，降低机械刷题、死记硬背和题海战术的收益，引导教学回归课标、回归课堂。经过十年的努力探索，初步形成了具有中国特色的考试评价理论体系和实践路径，在落实立德树人根本任务，服务高校人才选拔、服务引导高中教学、服务拔尖创新人才培养等方便发挥了积极作用，为加快推进教育强国建设注入了强大动力。

第一节　深化高考内容改革，助力拔尖创新人才培养

2014年9月，国务院印发《关于深化考试招生制度改革的实施意见》，全面推进高考综合改革。《实施意见》发布十年来，高考内容改革坚持为党育人、为国选才，全面落实党的教育方针，落实立德树人根本任务，聚力拔尖创新人才自主培养；加强顶层设计，发布中国高考评价体系，修订实施课程标准，改革高考考试科目和评价方式，引领高中育人方式变革。

《课程标准》和《中国高考评价体系》是高考命题的指导性文件，是高考命题的实践指南。高考命题以课程标准和高考评价体系为依据，落实立德树人根本任务，加强价值引领，凸显考试的育人功能；坚持学科素养导向，强化"价值引领、素养导向、能力为重、知识为基"的多维考查模式，实现从考知识向考能力素养的转变，实现从解答题目向解决问题的转变。深入研究高考综合改革核心文件，结合近年来高考命题实践，高考内容改革和命题实践呈现出以下特征：

（1）三条主线：高考命题坚持"核心价值金线、能力素养银线、情境载体串联线"三条逻辑主线。

（2）三个服务：高考内容改革主要服务高校人才选拔，服务引导高中教学，服务拔尖创新人才培养。

（3）三项培育：高考内容改革要引导学生加强科学精神、创新能力、批判性思维的培养培育。

（4）思维三化：高考进一步深化思维品质考查，强化思维的过程化、思维的可视化和思维的规范化。

（5）情境三性：高考试题进一步优化情境创设，增强情境的开放性、探究性和创新性。

高考综合改革立足于我国教育与人才现状，积极响应国家人才战略转型要求，通过高考内容改革，落实立德树人根本任务，积极引导学生关键能力、学科素养、思维品质、创新能力的培养培育，更好地服务我国拔尖创新人才培养和人才自主培养质量提升，奋力推动教育强国建设。

一、坚持核心价值金线、能力素养银线与情境载体串联线

《中国高考评价体系》是高考内容和命题改革的核心指导文件，高考评价体系的全面实践，意味着自2014年启动的高考综合改革正式落地，它将为深化高考内容改革和指导命题实践提供长效机制，同时将促进高中育人方式的底层逻辑变革。“一核四层四翼”构成了高考评价体系的基本内涵，分别规定了高考的考查目的（为什么考）、考查内容（考什么）和考查要求（怎么考），并在此基础上明确了考查载体（试题情境）。高考评价体系在考查内容上实现了高考由传统的“知识立意”向“价值引领、素养导向、能力为重、知识为基”综合考查的转变，在考查模式上实现了由传统“考查内容”一维模式向“考查内容、考查要求、考查载体”三位一体模式的转变。

结合《课程标准》和《中国高考评价体系》的内在逻辑和总体特征，我们可以从“核心价值金线”“能力素养银线”和“情境载体串联线”三条线索进行理解和把握。其中，“核心价值金线”贯穿高考命题和评价的始终，“能力素养银线”成为高考命题和考查的重心，情境作为考查载体，是“金线”和“银线”的串联线。纵观近几年的高考试题，不论是全国统一命制的试卷，还是分省命制的试卷，不仅充分体现了命题的“金线、银线、串联线”三线逻辑，同时还呈现出“无价值，不入题；无思维，不命题；无情境，不成题；无任务，不立题”的典型特征。

第一，核心价值金线。“核心价值金线”是指围绕立德树人来考查学生的政治立场、思维观念、理想信念、道德品质以及世界观和方法论。高考试题命制将全面贯彻党的教育方针，充分发挥高考育人功能，落实立德树人根本任务，有机融入习近平新时代中国特色社会主义思想，加大对理想信念、爱国主义、品德修养、知识见识、奋斗精神、综合素质等内容在考试中的考查力度，引导学生培养和践行社会主义核心价值观，弘扬中华优秀传统文化、革命文化和社会主义先进文化，树立正确的国家观、历史观、民族观、文化观，切实增强中国特色社会主义道路自信、理论自信、制度自信、文化自信。高考命题将紧扣核心价值金线，始终坚持正确的政治方向和价值取向，不断强化育人功能和积极导向作用。与此同时，重大社会现实问题、关键历史事件与科技前沿等，也

是近年来高考命题中选题和取材的主要来源，引导学生密切关注重大社会现实问题和关键历史事件，从而提高学生的政治站位、思想立场与理想信念。“无价值，不入题”已成为近年来高考内容改革的一个鲜明特征。

第二，能力素养银线。“能力素养银线”主要考查学生学习掌握、实践探索以及思维方法等方面的能力。高考评价体系综合统筹知识、能力、素养的关系，将高考考查内容总结为核心价值、学科素养、关键能力、必备知识四个层面，在必备知识的基础上，加大力度考查学生的学科素养和关键能力。以课程标准和高考评价体系为指导，各学科在命制试题时，结合学科特点，以学生在解决学科问题中所要运用的关键能力为依据，着重考查学生信息获取与加工、逻辑推理与论证、科学探究与思维建模、批判性思维与创新思维、语言组织与表达等能力，同时还考查学生证据识别与证据质量评估的能力，考查学生独立思考、挖掘隐含前提与开放论证的能力，考查学生语言建构与运用、审美鉴赏与创造、文化交流与文明互鉴的能力，考查学生发现问题、提出问题、分析问题与解决问题的能力等。近几年高考试题进一步加大对学生思维品质与思维过程的考查力度，包括但不限于形象思维能力、抽象思维能力、归纳思维能力、演绎思维能力、批判性思维能力以及辩证思维能力等。将学科素养、关键能力以及思维品质贯彻到高考命题中进行考查，是高考评价体系指导下高考命题的重要特征，中国高考命题进入了“无思维，不命题”的新时期。

第三，情境载体串联线。“情境载体串联线”是指通过设计生活实践情境和学习探索情境，将其作为任务创设和基本知识能力运用考查的载体，实现对学生学科基本概念、原理、技能和思维方法的考查，着重考查学生运用所学知识、原理和思维发现问题、提出问题、分析问题和解决现实问题的能力，通过合理创设情境，设置新颖的试题呈现方式和设问方式，促使学生主动思考，发现新问题、进行新解释、找到新规律、得出新结论。高考评价体系中的“四层”考查内容和“四翼”考查要求，是通过生活实践情境与学习探索情境两类载体来实现的，即通过选取适宜的素材，再现学科理论产生的场景或是呈现现实中的问题情境，让学生在真实的问题情境下发挥核心价值的引领作用，运用必备知识和关键能力去解决实际问题，全面综合展现学科素养水平。从近年来的高考试题来看，情境类型可以进一步细分为：重大现实问题与关键历史事件情境，生产生活实践与经济社会发展情境，科学探究、实验探索与科学前沿情境，文化传统与学科史料情境等。高考评价体系要求高考全面落实情境式命题，材料丰富，情境多元，加强情境的新颖性、灵活性、探究性和开放性。高考命题呈现出“无情境，不成题”的新特征。

与此同时，问题导向和任务驱动是高考命题的基本方向和要求，也是课程标准、高考评价体系有关高考命题建议的关键指标。提问是学生思维发展的起点,问题是激发学生思维提升的源泉,提出一个问题往往比解决一个问题更重要。如何让学生具有敏锐的问题意识和宽广的问题视野，是培养卓越创新人才的关键。高考评价体系特别强调高考命题要着重考查学生有效认识问题、分析问题、解决问题所必备的关键能力、学科知识和综合品质。学科素养是在一个又一个的真实情境中通过完成特定的学科任务而展现出来或生成的综合品质，高考命题的素养导向就是通过特定的情境创设，考查学生调动、运用必备知识与关键能力、思维方法与思维品质、情感态度与价值观高质量完成特定学科任务的综合表现。因此，如果缺乏特定的学科任务设定，高考便很难有效考查学生的学科素养。以问题为导向、以具体任务为驱动进而考查学生综合品质或学科素养是本轮高考命题改革的重要方向。深刻理解学科任务的重要性和优先性对我们准确把握高考命题改革具有重要意义。课程标准规定了学习任务以任务为导向，以学习项目为载体，整合学习情境、学习内容、学习方法和学习资源，引导学生在解决特定问题的学科任务中提升学科素养。这一理念落实到考试中，就是要通过学科任务的完成来实现对知识、能力、素养的综合考查。课程标准在高考命题建议中强调,要“设计典型任务”,要“以情境任务作为试题的主要载体”“以综合考查作为命题导向”。近年来的高考命题，尤其是那些具有高区分度的试题，就充分体现了“问题导向、任务驱动”的命题理念。以解决实际问题和学科任务为考查目标，要求学生运用所学知识、调动关键能力，寻找解决问题的方案。如近年来的语文高考相当一部分试题已不再单一考查文本的概念、词句含义、表现手法或表达效果等，而是指向综合考查，通过综合性的语文任务活动，考查学生的语文科综合品质或能力水平。理科试题进一步加大科学实验和科学探究的考查比重，以实际科学问题设置学科任务，引导学生整合、调动和运用所学知识，发现问题、提出假设、设计实验、数据处理、找到解决问题的方案。高考试题紧密联系科学实践与概念学习，通过科学实验与科学探究典型学科任务的设置，考查学生问题发现、假设提出、实验设计、实验操作、数据处理和结论分析等方面的能力，有助于培养学生的实践能力和创新精神。为了更好地实现高考的选拔功能，任务驱动型的试题将得到越来越多的重视，高考命题呈现出“无任务，不立题”的新趋势。

二、服务高校人才选拔、引导高中教学与拔尖创新人才培养

高考是连接基础教育和高等教育的关键环节，高考评价体系指导下的高考不断强化考试的育人功能，系统性地加强考试内容的思想教育和价值引领作用。在落实立德树人根本任务的基础上，高考内容改革要聚焦三个核心功能，也即服务高校人才选拔、服务引导高中教学、服务拔尖创新人才培养。

立德树人是高考的根本任务，习近平总书记指出，要把立德树人融入教育各环节，贯穿教育各领域。[①] 高考作为教育改革的重要领域、素质教育的关键环节，要旗帜鲜明地将立德树人作为根本任务，始终坚持正确的政治方向和价值取向，不断强化育人功能和积极导向作用，培养和选拔德智体美劳全面发展的社会主义建设者和接班人。高考内容改革要结合新时代的要求，遵循教育规律和人才成长规律，引导学生“六个下功夫”，也即引导学生在坚定理想信念上下功夫，在厚植爱国主义情怀上下功夫，在加强品德修养上下功夫，在增长知识见识上下功夫，在培养奋斗精神上下功夫，在增强综合素质上下功夫。要将立德树人根本任务的要求融入高考的各个环节，加强对习近平新时代中国特色社会主义思想的考查，加强对社会主义核心价值观、依法治国理念、中华优秀传统文化、革命文化和社会主义先进文化的考查，加强对学生健康体魄、审美格调和崇尚劳动等品质的考查，根本目的就是通过高考的导向作用，促使基础教育在教与学的实践中落实立德树人根本任务，不断提高学生思想水平、政治觉悟、道德品质、文化素养，并促使学生将其内化为精神追求，外化为行动自觉，从而扎实推进和落实立德树人根本任务。

第一，服务高校人才选拔。为国选才是高考的基本功能。建设教育强国，龙头是高等教育。放眼全球，任何一个教育强国都是高等教育强国。高等教育

---

① 习近平：《坚持中国特色社会主义教育发展道路　培养德智体美劳全面发展的社会主义建设者和接班人》，新华网，http://www.xinhuanet.com/politics/leaders/2018-09/10/c_1123408400.htm

的发展水平是衡量一个国家发展水平和发展潜力的重要指标。实现中华民族伟大复兴，需要更多高水平的复合型人才。高考的人才选拔要求必须与新时代高等教育人才培养方向相一致、与培养要求相契合。高考为不同类型的高校选拔合格学生，高考的人才选拔质量直接关系高等教育质量。因此，高考内容改革必须始终立足于党和国家事业发展对高等教育人才选拔的要求，不断探索和完善高考命题与选拔的形式，使人才选拔标准更全面、方式更科学、形式更有效，确保高考选拔良好的区分效度和信度，从而促进人才合理分流和配置，服务高校招生和人才培养改革，为建设高等教育强国提供有力保障。

实现高考由考知识向考能力素养的转变，由解题向解决问题的转变。高考命题探索“价值引领、素养导向、能力为重、知识为基”的综合考查模式，不断增强试题的灵活性、开放性、探究性和创新性，试题命制考查的重点集中在学生的思维品质和综合运用所学知识发现问题、分析问题以及解决问题的能力，强调关键能力、学科素养和思维品质的考查，鼓励学生多角度主动思考、深入探究，发现新问题、找到新规律。不断完善人才选拔标准和方式方法，服务高校招生和人才培养改革。一是提高高考试题的选拔效度，重点考查学生学科素养和关键能力。高考注重考查支撑学生未来长远发展和适应社会进步要求的能力，有效鉴别学生发展潜质。通过优化考查内容、丰富呈现方式、创新设问角度等途径，突出对关键能力和学科素养的考查，让善于独立思考、认知能力强的学生脱颖而出。二是注重学用结合，创设真实情境。高考加强理论联系实际，紧密结合国家经济社会发展、科学技术进步、生产生活实际等创设情境，充分考虑学生学习和生活实际，把课本知识与具体真实的世界联系起来，考查学生灵活运用所学知识方法分析和解决实际问题的能力，引导学生在解决实际问题的过程中建构知识、培养能力、提升素养。三是突出思维品质，强调开放灵活。高考持续优化试卷结构，创设新的题型，从材料信息的丰富性、试题要素的灵活性、解题路径的多样性等方面增强试题开放性，强调思维过程和思维方式，鼓励学生多角度主动思考、深入探究，引导学生在学习和备考中减少死记硬背和机械刷题。①

---

① 教育部教育考试院:《立德树人服务选才引导教学——党的十八大以来高考内容改革进展及成效》[2022-09-15]. http://www.moe.gov.cn/fbh/live/2022/54835/sfcl/202209/t20220915_661168.html

第二，服务引导高中教学。高考必须坚持引导教学。作为大规模高利害考试，高考客观上对高中教学起到重要的引导作用。高考结果直接影响到学生未来获得教育资源的机会以及不同的成长道路，甚至影响到地方教育发展的成效评价和资源投入，高考对基础教育教学有着其他资源难以比拟的引导作用。高考评价体系将“引导教学”纳入高考的核心功能，就是要增强高考“以考促学”“以考促教”“考教衔接”的主动意识，进一步提高高考指挥棒的指挥水平，充分发挥高考指挥棒的积极导向作用，与高中教育教学同向同行、同频共振，形成“招—考—教—学”良性互动、有机结合的一体化育人格局，引导教学回归课标、回归课堂主渠道。

近年来高考命题进一步加强考教衔接，以课程标准为基本遵循，承接高中课程改革，落实课程标准理念，以深化基础性、突出思维品质为路径方法，充分发挥教育评价的积极导向作用和协同育人功能，引导高中转变育人方式。严格按照课程标准实施教学，夯实学生知识基础，激发学生崇尚科学、探索未知的兴趣，助力拔尖创新人才培养和人才自主培养质量提升。一是强化考教衔接，命题紧扣课程标准，引导中学依标教学。高考命题严格依据高中课程标准，确保“内容不超范围，深度不超要求”。考查内容限定在课程标准范围之内，既注重考查内容的全面性，又突出主干和重点内容的考查。不仅在考查内容层面与课程标准、统编教材紧密衔接，更在能力、素养层面深度契合，引导高中一线教师依标教学、用好教材、提高课堂质量。二是注重以考促教，以考促学，服务教学提质增效。高考命题遵循教育规律，注重夯实学生知识基础，深化基础性考查，强调对学科基础知识、基本技能、基本方法的深刻理解，引导学生要知其然，更知其所以然。强调在深刻理解基础上的融会贯通、灵活运用，不考死记硬背，引导中学把教学重点从总结解题技巧转向培养学生核心素养，提升课堂效果和作业效率，提高学生能力素养。三是打破固化命题模式，助推育人方式转变。加强科学兴趣引导，鼓励学生了解科学研究方法、培养科学精神，进一步加强思维品质考查，通过优化试卷结构，改变试卷固有模式，同时通过丰富呈现方式、创新设问角度，拓展思维考查的空间，增强试题的开放性、探究性和创新性，打破追求唯一标准答案的做法，强化思维过程和思维品质的考查，有效降低死记硬背、题海战术和机械刷题的收益，积极引导课堂教学，培养学生独立思考、敢于探索、勇于创新的科学精神。不考死记硬背、不出偏题怪题，引导中学改变机械刷题、套路训练，摒弃惰化思维能力、影响独立思考的不良学习方法，遏制猜题押题和题海战术，强调学生思维过程与思维品质，助推育人方式转变。

第三，服务拔尖创新人才培养。人才是核心竞争力。当今世界，新一轮科技革命和产业变革深入发展，围绕高素质人才和科技制高点的国际竞争空前激烈。我国在建设教育强国上仍存在不少差距、短板和弱项，实现从教育大国向教育强国的跨越依然任重道远。建设教育强国的一个核心任务就是要强化拔尖创新人才培养，提高人才自主培养质量。高考直接影响高校新生选拔效果与人才培养质量，关系到国家人才的长期战略储备。落实立德树人根本任务，坚持素养导向，重点考查关键能力和思维品质，助力拔尖创新人才培养和人才自主培养质量提升，是本轮高考命题改革的主要方向和根本任务。

一方面，高考聚焦关键能力考查，促进学生思维品质发展。实现从考知识向考能力素养的转变，实现从解题向解决问题的转变，是近年来高考命题改革最显著的特征，也是高考综合改革最大的创新之处。高考命题依托课程标准和高考评价体系，进一步深化内容和命题形式改革，有效鉴别学生的思维品质、高阶思维能力和创新潜能。通过优化考查内容、丰富呈现方式、创新设问角度、创设新的题型等途径，进一步加大试题的开放性、探究性和创新性，加强对思维的过程化、可视化和规范化考查，鼓励学生多角度主动思考、深入探究，发现新问题、找出新规律、得出新结论，引导学生在学习和备考中减少死记硬背和机械刷题，培养高阶思维能力和知识迁移应用能力，从而培养学生的创造性思维和创新能力，助力拔尖创新人才的培养。

另一方面，鼓励开放探究，培育学生科学精神与创新精神。培养和造就创新人才，不仅要重视培养创造性思维，而且要特别关注创造性人格的训练；不能简单地将创造性视为天赋，而要看作是后天培养的结果。高考既要发挥区分功能，把具有创新潜质的学生选拔出来，更要激发学生崇尚科学、探索未知的兴趣，培养其探索性、创新性思维品质。高考注重考查联想思维、发散思维、逆向思维、批判性思维等与创新密切相关的思维方式，创新试题设计，丰富题型考查功能，从材料信息的丰富性、试题要素的灵活性、解题路径的多样性等方面增强试题开放性，鼓励学生多角度主动思考、深入探究，发现新问题、找到新规律、得出新结论，增强创新意识、形成创新思维、培育创新精神。[①]

三、强化科学精神、创新能力与批判性思维培养培育

拔尖创新人才培养的前提是要提高学生的科学精神与创新能力。习近平总书记在2021年5月28日两院院士大会和2021年9月27日中央人才工作会议上，聚焦人才强国战略，全面布局加快建设世界重要人才中心和创新高地。在论及拔尖创新人才培养时，习近平总书记强调“更加重视科学精神、创新能力、批判性思维的培养培育”[②]。这一重要论断深刻揭示了拔尖创新人才培养的本质属性，准确把握了拔尖创新人才培养的一般规律与具体路径，为我国加快建设世界重要人才中心和创新高地指明了方向，提供了遵循。科学精神、创新能力和批判性思维是拔尖创新人才培养的三驾马车，它们各有侧重、彼此关联、缺一不可，从不同的向度共同揭示创新人才培养的本质规定。

第一，加强科学精神和科学探究能力的培育。科学精神是科学的灵魂，纵观人类历史，但凡取得伟大科学发现的大科学家、大发明家都具有强烈和鲜明的科学精神。科学精神说到底是一种核心价值，是理性信念、实证精神和批判态度的统一，是合客观性、合逻辑性和合理性的统一。概括来讲，科学精神以追求真理作为其逻辑起点，以实证精神和理性精神为两大支柱，秉持怀疑批判、勇于探索、敢于创新、宽容开放的价值取向。我们无法想象一个不具备科学精神的人能够成为真正的科学家。因此，我们提高拔尖创新人才的培养质量，就必须在全社会大力弘扬追求真理、勇攀高峰的科学精神，大力弘扬理性信念、实证精神和批判态度。要充分发挥高考指挥棒的正向指挥作用，引导学生逐步养成科学思维习惯，培养他们运用归纳与概括、演绎与推理、模型与建模、批判性思维、创造性思维等方法，探讨、阐释客观现象及规律的能力。通过展现国家科技发展成果，结合基

---

① 巫阳朔，章建石，郭学恒，郭淑媛：《新时代高考内容改革：理论、实践与成效》，《中国考试》，2024年第4期。

② 习近平：《深入实施新时代人才强国战略　加快建设世界重要人才中心和创新高地》，《求是》，2021年24期。

础研究领域涌现的先进典型和事迹，引导学生传承老一辈科学家以身许国、心系人民的光荣传统，引导他们崇尚科学、热爱科学，积极参与科学活动，运用科学方法解决科学问题、发现科学真理，进一步激发他们敢于使用自己理性的勇气与决心，激发他们坚守理性与实证、勇于探索、敢于创新的科学精神。

科学探究是围绕科学问题展开的一系列求解过程，是科学思维和科学精神的具体体现，要求学生合理组织、调动相关学科知识，实施调研、探究或实验的活动，采用严谨求真、实证性的逻辑思维方法发现问题、提出问题、分析问题，并寻求有效的问题解决方案。科学探究是指观察、发现和提出科学问题，形成猜想与假设，获取和处理信息，基于证据得出结论并作出解释，以及对科学探究过程和所得结果进行评估和反思。以证据为基础，运用各种信息分析和逻辑推理得出结论是科学研究的主要活动。科学探究主要包括问题、证据、解释和评估反思四个要素。其中，问题是指具有科学探究意识，能在学习和日常生活中发现问题，提出合理的猜想与假设。证据是指具有设计探究方案和获取证据的能力，能正确实施科学探究方案，使用各种科技手段和方法收集信息，包括通过观察、调查和实验等方法收集证据，准确使用实验器材、设计实验方案和收集实验数据等。解释是指具有分析论证的能力，会使用各种方法和手段分析、处理信息，描述、解释探究结果和变化趋势，基于证据得出合理结论等，包括基于证据分析现象背后的原因、对证据的可靠性进行评估、评价结论的可靠性与有效性等。反思是指具有交流和合作的意愿与能力，能准确表述、评估和反思探究过程以及科学探究所得到的结果。科学探究是创新人才培养的关键，是科技攻关的必备前提。突出科学探究能力的考查，是我国拔尖创新人才培养的内在要求。

第二，进一步加大批判性思维能力的考查力度。批判性思维作为人类高阶思维能力的核心构成和教育中的解放力量，对个人的智力发展和思维品质提升非常重要，并且在科学探索和创新人才培养中发挥着不可或缺的作用。批判性思维是一种对自己经历到的问题愿意进行缜密思考的倾向或态度，规范运用逻辑推理和科学论证等技能得出可靠的结论。批判性思维要求对构成知识的信念或假定背后的依据以及由之可能得出的推论，进行持续的努力考查与反思。

一般认为，批判性思维由习性（价值观）和技能两部分构成，其中习性包括相信理性、尊重事实、谨慎判断、公正评价、敏于探究、追求真理等一系列价值观念；技能包括对概念、前提、方法、标准、证据等要素进行阐释、分析、评估、推理和自我校正等合理考察。批判性思维习性主要表现为：（1）思想开明；（2）心态公正；（3）寻求证据；（4）尽可能全面充分了解；（5）关注他人的观点及其理由；（6）信念与证据的程度相配；（7）愿意考虑替代选择和修正信念。批判性思维技能主要表现为：（1）澄清意义与考察隐含的前提；（2）分析论证；（3）评估证据；（4）判断推导是否合理；（5）得出可靠的结论。

概括来讲，批判性思维以质疑和提出问题为起点，以获取证据、进行分析推理为过程，以得出有说服力的结论为结果。心智开放、独立思考、敢于质疑以及对冲突、模糊性的包容是批判性思维的必备品质，训练有素的逻辑推理与论证分析能力以及高水平的证据获取、评估与运用能力是批判性思维的必备技能。

作为创新人才最重要的思维品质和特征，批判性思维教育得到了越来越多顶尖大学以及教育发达国家的重视，牛津大学、剑桥大学、哈佛大学等世界顶尖大学将批判性思维训练视作大学教育的核心任务之一。近年来，批判性思维教育在我国也受到了广泛的关注和重视，以清华大学、北京大学、中国人民大学、华中科技大学为代表的高校在批判性思维教学和培养方面进行了有益探索。国内知名大学对批判性思维教育的重视，代表着中国大学教育在人才选拔和人才培养方面的一个方向性转变与新的发展趋势，对我国基础教育改革和创新人才培养具有重要的指向标意义。批判性思维教育除了引导学生树立理智、公正、开放的人格品质和价值观念，其核心功能还体现在对创新思维的激发和创新能力的提升。

第三，积极引导学生创新思维和创新能力的培养。普遍的观点认为，批判性思维与创新思维、创新能力有着密切的、不可分离的关联，我们无法脱离批判性思维来谈创新思维或创新能力。从某种程度上来讲，创新能力往往是对创新活动的一般性描述，而批判性思维是对创新活动所应具备的价值观和工具方法的具体阐明。下面从人格特质和思维品质两个方面对上述判断作简要讨论。

人格特质：批判性思维者具备一种良好健全的思维习惯和理性素质，以求真、公正、反思为其精神特质，学术界有高度共识的《德尔菲报告》指出，理想的批判性思维者有以下特质：（1）喜欢探索；（2）了解全面；（3）信任理性；（4）思想开放；（5）立场灵活；（6）评价公正；（7）诚实面对个人偏见；（8）判断谨慎；（9）愿意重新思考；（10）理解论题清晰、对复杂问题思考有条理；（11）对问题和结论充满好奇与开放态度；（12）考察专注、不懈追求最精确结果。吉尔福特有关创新性人才个性特征的归纳得到了学界普遍认可，他指出创造性人才的特质包括：（1）有高度的自觉性和独立性，不肯雷同；（2）有旺盛的求知欲；（3）有强烈的好奇心，对事物的机理有深究的动机；（4）知识面广，善于观察；（5）工作中讲求条理、准确性与严格性；（6）有丰富的想象力、敏锐的知觉，喜好抽象思维；（7）富有幽默感，表现出卓越的文艺天赋；（8）意志坚强，能排除外界干扰，长时间专注于某个感兴趣的问题之中。简要对照《德尔菲报告》和吉尔福特的研究结果，不难发现，除了吉尔福特提到的特质（6）的部分内容和特质（7）在批判性思维态度中不太明显，其余的对创新人才的特质与批判性思维态度的判定具有高度的一致性，且很多方面表现为同一性。这也就意味着，通过批判性思维训练，在培养一个人的批判性思维心理习性的同时，很大程度上也在培养这个人的创新性态度或个性。

思维品质：批判性思维是为决定我们的信念和行动而进行的理性的、反思性的思维过程，其核心任务是构造和判断好的论证，理由、推理和结论是论证的基本要素。批判性思维的四个基本原则：（1）发现和质疑基础假设；（2）检查事实的准确性与逻辑的一致性；（3）说明背景和具体情况的重要性；（4）想象和开创替代选择。创新思维始于问题的提出，敢于挑战和质疑现有的观点、结论以及该观点或结论赖以成立的前提，创造性地提出新问题，并搜集与问题相关的信息材料，对这些信息材料进行整理加工，是创新思维的基本要求。发现问题、提出创造性问题需要思考者具备一种灵活、敏捷、细致、全面的问题意识与严谨的推理能力，需要思考者用怀疑和批判的眼光去看待已知的观点或论证，对其进行积极主动的思考，去发现理由、解释、推理中的不合理因素，检查事实的准确性与逻辑的一致性。具有想象力地构造或开创替代选择和论证，对不同观点、论证和结论进行竞争性的比较和替代，本质上就是在进行创造性思考或创新思维的过程，这个过程需要思考者突破现有的思维框架，发挥想象力，寻找不同的思路与可能。若对他人观点或论证毫不批判地被动接受，没有批判性意识和眼光，发现问题几乎是不可能的。在创新的发现阶段，对各种可能试探方案进行评价、比较、分析、论证，并在各种方案中进行优化选择，以促进新思想、新认识的提出，都离不开严谨推理、证据评估以及寻找替代性选择等批判性思维品质。

由以上分析不难发现，科学精神、创新能力和批判性思维三者之间相互包含、相互促进，强调开放、质疑、多角度的思考方式，创新活动是发散思维与收敛思维的统一与互动，而批判性思维着力推动的恰恰是对发散思维（开放、质疑、问题意识）与收敛思维（求真、推理、验证结论）的双重训练。可以说，批判性思维是获得新知识、发现真理的必由之路，人类发展史中诸多伟大的创新发现往往都是批判性思维作用的结果。

突出对学生科学精神、创新能力和批判性思维等关键能力的考查，对我国基础教育改革与人才培养战略转型产生了深远的影响。可以断言，打破传统的非黑即白、寻求唯一确定解、以获取知识为目标的学习惯性，强调对逻辑推理、证据收集、信息加工、分析论证、开放质疑、思维建模、科学探究、科学精神、批判性思维与创新思维等关键能力的考查，坚持创新人才培养在教育改革事业全局中的核心地位，必将有力推动我国基础教育改革的纵深发展，积极引导拔尖创新人才培养培育，从而更好地服务于科教兴国战略、人才强国战略和创新驱动发展战略。

四、注重思维的可视化、过程化与规范化考查

思维品质成为近年来高考命题的一个高频词。思维品质是指思维能力的特点及其表现水平。人们在思维活动过程中表现出不同的特点及差异，就是我们所说的思维品质。思维品质主要包括：思维的逻辑性、思维的广阔性、思维的深刻性、思维的独立性、思维的灵活性、思维的敏捷性、思维的批判性以及思维的创造性等。对高中教育而言，思维品质指学生在正确价值观指导下，调动、整合、运用所学必备知识、关键能力发现问题、分析问题和解决问题过程中表现出来的可迁移的思维特点及层级水平，是激发个体好奇心、想象力、塑造创新人格所必须具备的基础。

高考评价体系指导下的高考命题就是要加大对学生思维品质的考查力度。通过优化试卷结构、丰富呈现方式、创新设问角度，拓展思维考查的空间，强化思维过程和思维方式的考查，引导学生提升思维品质、减少死记硬背和机械刷题，引导学生在独立思考、深入探索的过程中增强创新意识、培育创新精神。如何有效提高和训练学生的思维品质是当前高中教育面临的重大课题，也是很多一线师生面临的难题。思维品质很多时候被认为是一个抽象概念，较难操作化和实践化，在一线教学实践和学习训练中无法落地。思维品质不是一种神秘的、只可意会不可言传的东西，思维能力是可认识、可把握、可训练、可评估的实实在在之物。将思维打开、让思维看得见，是我们进行规范思维训练的前提。因此，要切实有效提高学生的思维品质，首先要认识到思维可视化、过程化和规范化的重要性，并在此基础上进行有针对性的思维训练，让学生真正做到"知其然而知其所以然"，培养可迁移的思维能力，通过"解剖一道/几道题"实现"解决一类题"。

第一，思维可视化。思维可视化是指要将思维或能力清晰、直观地呈现出来，只有被看见，才能被测量，也才能被有效训练。首先，思维可视化要求我们打破思维的模糊性，将思维能力进行清晰的分类和界定，如五大关键能力，就是思维可视化的一种具体操作。将关键能力清晰地界定为信息获取与加工、逻辑推理与论证、科学探究与思维建模、批判性思维与创新思维、语言组织与表达等。当然，特定学科要结合学科属性和特征对其关键能力进行界定，如语文关键能力包括信息获取与加工、逻辑推理与论证、语言建构与运用、审美鉴赏与创造、批判性思维等，数学关键能力包括数学抽象、直观想象、数学逻辑、数学建模、批判性思维等。其次，思维可视化要求让思维的过程和形式能够看得见，可以通过思维导图、推理过程呈现、关键步骤分析、核心构成要素等方式，让思维的过程和形式都清晰地呈现出来。思维可视化对培养和训练我们的思维品质和关键能力尤为重要。

第二，思维过程化。思维过程化是指要对思维或关键能力进行分解，尤其是要对它的过程进行分解，严格界定每一个思维或关键能力的过程形式、关键方法以及构成要素，让思维成为一种可认识、可学习、可操作的实在之物。思维过程化要求我们规范、准确、有效地解释和呈现试题解答的过程要素和思维要点，包括要素、结构、步骤和结果等方面。思维过程化是一种典型的系统思维和科学思维，它要求我们与人类思维的交叉、模糊以及混沌等做切割，强调思维的清晰、准确和稳定。例如信息获取与加工能力，一般可分解为关键信息定位、关键信息概括与提取、信息逻辑关系连接、信息转换以及推理判断等思维过程；又如数学建模能力一般可分解为提出问题、提出假设、确定变量、选择模型以及模型求解与评估等思维过程。思维过程化是思维可视化的前提，只有将思维过程进行有效的分解和界定，思维可视化才成为可能。

第三，思维规范化。思维规范化是指我们的思维或能力必须是专业、正确和准确的。每个人都会思维，但并不意味着每个人都会正确、规范地思维。人类思维中充斥着各种逻辑谬误、非理性、偏执和错误，规范、准确的思维是需要经由严格系统的训练才可达成的。比如，我们很多人在做逻辑推理和论证分析时，根本分不清演绎推理直言三段论的基本构成、逻辑形式与逻辑规则（如大前提、小前提、推论、大项、中项、小项以及各自的位置等），也无法辨识直言三段论中的逻辑谬误，完全是凭经验凭感觉望文生义式套用“大前提、小前提、推论”等概念术语，势必带来逻辑混乱的推理与漏洞百出的结论。我们无法想象不具备规范、专业的逻辑基础知识（如演绎逻辑的直言三段论的式与格、选言三段论、假言三段论、构造性两难等，归纳逻辑的简单枚举法、统计归纳法、科学归纳法、类比法、穆勒法等，论证的识别、论证的结构、论证的构建、形式逻辑谬误、非形式逻辑谬误、证据的真伪、证据的评估与选择等），而单凭经验或朴素的认知能够写出高质量的逻辑推理论证分析出来。又比如，在进行批判性思维分析时，没有真正理解和把握批判性思维的核心指向与实质要素。以“揭示隐含前提”为例，隐含前提一定是那些对解题具有直接影响且不能从题干中直接得出的前提或假设，这些被隐含前提往往构成了解题不可或缺的前提条件（如直言三段论中的大前提或小前提），我们很多的分析就是套用一下“揭示隐含前提”这个帽子，既没有真正有效地揭示出关键的前提，更不知道揭示出的这个“前提”有什么用。再比如，在进行科学探究或思维建模时，我们很多时候也只是在套用科学探究或思维建模的帽子，没有对科学探究或建模的过程与要素等进行准确、清晰的界定和剖析。科学探究包括提出具体的科学问题、形成猜想与假设、获取和处理关键信息、设计相关实验方案与确立关键变量、基于证据得出结论并作出解释等环节，这些重要环节或过程的分析都必须具体、准确、专业。以上这些都是思维不规范的具体体现，这种不规范的思维是思维品质低劣的典型表现，它与提高人才培养质量和拔尖创新人才培养的目标背道而驰，同时，这种不规范的思维也无法有效地应对新高考。思维规范化要经过系统、专业、持续的训练过程，我们必须在高考评价体系和课程标准的指导下，加强关键能力如信息获取与加工、逻辑推理与论证、科学探究与思维建模、批判性思维与创新思维、语言组织与表达的规范性训练。

从现有的高考命题来看，体现思维品质的思维可视化、思维过程化和思维规范化得到了越来越多的强调和重视。在平时的教学和学习中，只有通过规范的方法讲解、真题示例以及进行相应的专项训练，思维过程化、可视化和规范化才有可能取得显著的成效。与此同时，我们要重视思维能力或思维品质的可迁移性。思维品质和关键能力不同于静态的知识，它具有可迁移性，也即同样能力或思维能够迁移到不同的学科、不同的情境或不同的时空，比如一个人一旦养成了严格的逻辑思维习惯和推理论证能力，那么他就能游刃有余地应对语文或数学或历史等学科的逻辑推理及论证类题目。概而言之，思维可视化、思维过程化、思维规范化是提高思维品质、训练关键能力、提升学科素养的必由之路，也是我们一线师生高效应对新高考的必由之路。

五、加强情境创设的开放性、探究性与创新性

高考试题通过创设灵活新颖的情境、设置开放性问题等方式，突出对关键能力、思维过程和思维品质的考查，鼓励学生独立思考、灵活运用、探究创新，运用创造性、发散性思维多角度发现问题、提出问题、分析问题和解决问题，激发学生的创新意识，改变追求唯一标准答案、总结答题套路等固化、封闭的学习模式，引导学生高阶思维能力和创新能力的培养，服务国家拔尖创新人才发展战略。因此，加强情境创设的开放性、探究性和创新性，是本轮高考改革的内在要求，也是未来高考命题的基本方向。具体而言，情境创设将在以下几个方面下功夫。

第一，高考命题充分体现基础性的考查要求，以问题情境为载体，加强对基本概念、基本原理、基本定律以及基本方法等程序性知识和陈述性知识的考查。试题以生活实践或学习探索中最基本的问题情境作为任务创设和基本知识能力运用考查的载体，对考生掌握的学科概念、原理、思维方法进行考查，要求学

生具有能够通过一个问题解决一类问题的迁移能力，进而能够掌握原理或者规律，拥有举一反三的思维能力。

第二，高考命题充分体现综合性的考查要求，通过创设多条件、多知识点关联的复杂情境，突出考查学科内容之间的内在联系与关键能力的综合运用，要求学生能够综合运用学科知识和思想方法，多角度思考、分析并解决问题，从而进一步引导中学教学重视知识整合，重视在深层次理解基础上的融会贯通，让学生注重知识点间的联系，将其有机串联形成学科整体知识结构，进而纳入自身的知识体系。

第三，高考试题通过创设灵活新颖的情境、设置开放性问题等方式，突出对思维过程和思维品质的考查。鼓励学生独立思考、灵活运用、探究创新，运用创造性、发散性思维多角度分析解决问题，激发学生创新意识。进一步改变追求唯一标准答案、总结答题套路等固化的学习模式，充分体现创新性的考查要求。高考试题突出对应用性的考查，强调学以致用，通过创设自然真实的生活实践、学习探索等问题情境，将理论知识与实际问题相结合，考查学生有机整合运用所学知识方法分析问题、解决问题的能力，引导学生主动探索并思考解决日常生活、劳动生产、科学研究、国家发展中的各种问题，不断增强实践能力。

第四，课程标准对实验技能和科学探究有较高的要求，强化科学探究和实验能力的考查是理科类学科的主要特征之一，也是理科学科关键能力的重要组成部分。强化试题的科学实验性就是以科学实验为载体，创新设问角度，增强试题的基础性、应用性、综合性、创新性，减少机械刷题，引导课堂教学提质增效，培养学生科学精神。科学实验任务的完成过程并非单一的思维过程，而是多种认知成分协同作用的复杂思维过程，注重考查学生对基本实验原理的理解、基本实验仪器的使用、基本测量方法的掌握和实验数据的处理等。科学实验性试题充分发挥对高中实验教学的积极导向作用，引导教学重视实验探究，引导学生真正动手做实验。

高考命题的理想试题情境一般具有典型性、复杂性、新颖性和结构不良性四个特征，其中，典型性是指在真实世界或学习探索中具有代表性、能够充分考查学科素养和关键能力、具有可操作性且符合学生认知和学科发展规律的情境；复杂性是指涉及多种关联活动、涉及多种影响因素、涉及多个参与主体以及要求调动多种关键能力的情境；新颖性是指学生未经历过，或者真实世界新出现的、呈现方式新鲜少见的情境；结构不良性是指冗余信息较多、隐含信息较多、问题创设比较开放、结论不设定唯一、解决方案多元的情境。课程标准和高考评价体系要求高考全面落实情境式命题，材料丰富，情境多元，加强情境的新颖性、灵活性、探究性和开放性。高考命题呈现出“无情境，不成题”的特征。未来那些具有选拔区分度的试题将在情境创设上下功夫，可能呈现出情境由简单向复杂、由熟悉向新颖、由结构良好向结构不良的转换。

情境式命题改革的基本原则就是减少裸考知识，让考查发生在知识生成状态或应用状态的强情境之中，这种命题理念与“无情境，不教学”的教学原则一致。纵观近年的高考命题，高考试题不断加强理论联系实际，紧密结合国家经济社会发展、科学技术前沿、生产生活实践等，充分考虑学生学习和生活实际，把课本知识与具体真实的世界联系起来，增强试题情境的时代性和实践性，通过复杂文本、实验场景、科技前沿、生产生活、科学问题等特定情境创设，引导学生在发现和解决实际问题的过程中建构知识、培养能力、提高素养。

坚持创新人才培养在我国教育改革事业全局中的核心地位，进一步提高我国自主培养拔尖创新人才的能力和水平，是新时代教育改革和国家高质量教育体系建设的首要任务。《实施意见》颁布以来，我国高考深化内容改革，创新命题形式，加强情境设计，考查学生的思维品质与关键能力，尤其重视对学生科学精神、创新能力和批判性思维的考查，积极引导创新人才的培养培育。这是由我国特定的发展阶段和当前国际竞争环境所决定的。经过改革开放 40 多年的发展，我国经济社会建设取得举世瞩目的成就，经济总量稳居世界第二位，中国经济已经由高增长进入到高质量发展阶段。高质量发展的核心要素是具有创造力的人才。当前国际环境错综复杂，大国关系深入调整，重大科技创新成为引领社会深层变革和重构国际竞争秩序的关键力量，科技创新成为国际战略博弈的主要战场，围绕科技制高点的竞争空前激烈。国际竞争说到底是人才的竞争、教育的竞争，尤其是创新人才及其培养体制的竞争。培养更多拔尖创新人才事关国家、民族长远发展大计。

上面我们对高考命题改革和高考命题实践进行了讨论和分析，概括来讲，高考内容改革以核心价值金线、能力素养银线、情境载体串联线为逻辑主线，服务高校人才选拔、服务引导高中教学、服务拔尖创新人才培养，强化学生科学精神、创新能力和批判性思维的培养培育，加大思维的可视化、过程化和规范化考查，加强试题情境创设的开放性、探究性和创新性。高考评价体系指导下的高考内容和命题改革，就是要实现从考知识向考能力素养的转变，实现从解答题目向解决问题的转变，实现从传统的考查内容一维模式向考查内容、考查要求、考查载体三位一体模式的转变，着重考查学生的思维品质、思维过程和关键能力，进一步深化试题的情境创设和呈现方式，加大试题的开放性、探究性和创新性，积极引导高中教学过程中注重对学生学科素养、关键能力、创新精神和解决实际问题能力的培养，服务我国拔尖创新人才培养。

第二节　深化教育评价改革，引领高中育人方式变革

习近平总书记指出，建设教育强国，基点在基础教育。[①] 基础教育搞得越扎实，教育强国步伐就越稳、后劲就越足。基础教育既要夯实学生的知识基础，也要激发学生崇尚科学、探索未知的兴趣，培养其探索性、创新性思维品质。要在全社会树立科学的人才观、成才观、教育观，加快扭转教育功利化倾向，形成健康的教育环境和生态。要紧扣建设教育强国目标，深化新时代教育评价改革，构建多元主体参与、符合我国实际、具有世界水平的教育评价体系。要全面深化教育领域综合改革，增强教育改革的系统性、整体性、协同性。遵循教育规律、人才成长规律，形成有利于高质量发展的教育体制机制。深化办学体制和教育管理改革，激发教育事业发展生机活力。教育评价改革要坚持问题导向、目标导向和效果导向相结合，以教育评价改革为牵引，统筹推进育人方式、办学模式、管理体制、保障机制改革，引领育人方式变革，不断提升人才自主培养的质量和水平。

---

① 习近平：《扎实推动教育强国建设》，中国政府网，https://www.gov.cn/yaowen/liebiao/202309/content_6904156.htm

一、持续推进新时代教育评价改革

为深入贯彻落实习近平总书记关于教育的重要论述和全国教育大会精神，完善立德树人体制机制，扭转不科学的教育评价导向，打破“五唯”的顽瘴痼疾，2020 年 10 月，中共中央、国务院印发《深化新时代教育评价改革总体方案》（以下简称《总体方案》）。这是新中国第一个关于教育评价系统改革的文件，也是指导深化新时代教育评价改革的纲领性文件。方案的发布对于引导全党全社会树立科学的教育发展观、人才成长观、选人用人观具有重大意义，对于推动高考综合改革、引领育人方式变革、全面提高人才自主培养质量有着极为重要的指导意义。

《总体方案》坚持问题导向，注重改革结果评价、强化过程评价、探索增值评价、健全综合评价，在教育评价关键领域改革进行实质性的突破。针对党委和政府工作评价，要杜绝短视行为与功利化倾向，坚决纠正片面升学率倾向，确立科学履行职责的体制机制；针对学校评价，要打破重智育轻德育、重分数轻素质等片面办学行为，坚持把立德树人作为人才培养的根本标准；针对教师评价，要破除重科研轻教学、重教书轻育人等现象，树立优良师德师风、潜心教学育人的教师评价体系；针对学生评价，要打破用分数给学生贴标签的做法，树立科学成才观念，推动德智体美劳全面发展的育人要求。《总体方案》针对长期以来困扰教育发展的重点、难点问题，提出了明确的行动方案和工作要求。

第一，坚持“五育”并举，全面发展素质教育。《关于深化教育教学改革全面提高义务教育质量的意见》要求，一要突出德育实效，完善德育工作体系，认真制订德育工作实施方案，深化课程育人、文化育人、活动育人、实践育人、管理育人、协同育人。二要提升智育水平，着力培养认知能力，促进思维发展，激发创新意识。加强监测和督导，坚决防止学生学业负担过重。三要强化体育锻炼，坚持健康第一，实施学校体育固本行动，严格执行学生体质健康合格标准，健全国家监测制度。四要增强美育熏陶，实施学校美育提升行动，严格落实音乐、美术、书法等课程，结合地方文化设立艺术特色课程。五要加强劳动教育，充分发挥劳动综合育人功能，制定劳动教育指导纲要，加强学生生活实践、劳动技术和职业体验教育。

第二，深化关键领域改革，切实减轻师生负担。《关于深化教育教学改革全面提高义务教育质量的意见》要求各地：一要完善作业考试辅导。统筹调控不同年级、不同学科作业数量和作业时间，促进学生完成好基础性作业，强化实践性作业，探索弹性作业和跨学科作业，不断提高作业设计质量。二要完善招生考试制度。严禁以各类考试、竞赛、培训成绩或证书证明等作为招生依据，不得以面试、评测等名义选拔学生。高中阶段学校实行基于初中学业水平考试成绩、结合综合素质评价的招生录取模式，落实优质普通高中招生指标分配到初中政策。稳步推进初中学业水平考试省级统一命题，坚持以课程标准为命题依据，不得制定考试大纲，不断提高命题水平。三要健全质量评价监测体系。建立以发展素质教育为导向的科学评价体系，国家制定县域义务教育质量、学校办学质量和学生发展质量评价标准。坚持和完善国家义务教育质量监测制度，强化过程性和发展性评价，建立监测平台，定期发布监测报告。

第三，构建全面培养体系。坚持把立德树人融入思想道德教育、文化知识教育、社会实践教育各环节。深入开展习近平新时代中国特色社会主义思想教育，强化理想信念教育，引导学生树立正确的国家观、历史观、民族观、文化观，切实增强"四个自信"，厚植爱党爱国爱人民的思想情怀，立志听党话、跟党走，树立为中华民族伟大复兴而勤奋学习的远大志向。积极培育和践行社会主义核心价值观，深入开展中华优秀传统文化教育，加强学生品德教育，帮助学生养成良好个人品德和社会公德。高中教育要强化综合素质培养，培养学生创新思维和实践能力，提升人文素养和科学素养。强化体育锻炼，修订学生体质健康标准及评价办法，丰富运动项目和校园体育活动，培养体育兴趣和运动习惯。加强美育工作，积极开展舞蹈、戏剧、影视与数字媒体艺术等活动，培养学生艺术感知、创意表达、审美能力和文化理解素养。重视劳动教育，制定劳动教育指导纲要，统筹开展好生产性、服务性和创造性劳动，使学生养成劳动习惯、掌握劳动本领、树立热爱劳动的品质。

第四，完善考试和招生制度的改革。进一步完善综合素质评价，把综合素质评价作为发展素质教育、转变育人方式的重要制度，强化其对促进学生全面发展的重要导向作用。把综合素质评价作为招生录取的重要参考，并充分考虑城乡差异和不同群体学生特点，研究制定高中学生综合素质评价使用办法，提前向社会公布。进一步规范学业水平考试，除综合实践活动课程纳入综合素质评价外，国家课程方案规定的其他科目均实行合格性考试，考试内容为必修内容。进一步深化考试命题改革，学业水平选择性考试与高等学校招生全国统一考试命题要以普通高中课程标准和高校人才选拔要求为依据，实施普通高中新课程的省份不再制定考试大纲。优化考试内容，突出立德树人导向，重点考查学生运用所学知识分析问题和解决问题的能力。创新试题形式，加强情境设计，注重联系社会生活实际，增加综合性、开放性、应用性、探究性试题。加强命题能力建设，优化命题人员结构，加快题库建设，建立命题评估制度，提高命题质量，等等。

《总体方案》的正式发布和实施，对深化新时代教育改革和提高人才培养质量有着里程碑式的意义，打响了我国教育领域综合改革的“关键一役”。“破五唯”“五育并举”“综合评价”“深化命题改革”等成为深化教育改革的关键抓手，《总体方案》的贯彻落实，必将有效深化育人方式、办学模式、机制体制的改革，为提高人才自主培养质量、推进教育现代化、建设教育强国、实现人才强国战略注入强大的基础性力量。

为了落实《总体方案》，构建新时代教育评价体系，2021 年至 2023 年，党中央国务院发布了一系列重要的深化教育改革文件，体现教育改革在党和国家深化改革任务中的核心位置，体现了党和国家对全面提高人才自主培养质量的决心与意志，体现了造就大批拔尖创新人才的时代性、重要性和紧迫性。2021 年 7 月，中共中央办公厅、国务院办公厅印发《关于进一步减轻义务教育阶段学生作业负担和校外培训负担的意见》，又称“双减”政策。“双减”政策旨在深入贯彻党的十九大和十九届五中全会精神，切实提升学校育人水平，持续规范校外培训（包括线上培训和线下培训），有效减轻义务教育阶段学生过重作业负担和校外培训负担。2022 年 5 月，教育部办公厅印发《基础教育课程教学改革深化行动方案》，要求全面实施义务教育、普通高中课程方案和课程标准，突出育人方式改革，加强统筹指导，强化教学资源、教学评价、实验教学、培训研修等支撑，立足处理好统一规范管理与激发改革活力的关系，引导各地各校将育人蓝图转化为自觉的改革行动，引导校长、教师将育人理念转化为实际的教育教学行为，促进学生核心素养发展。2022 年 12 月，中共中央办公厅、国务院办公厅印发《关于深化现代职业教育体系建设改革的意见》指出，要切实提高职业教育的质量、适应性和吸引力，培养更多高素质技术技能人才、能工巧匠、大国工匠，为加快建设教育强国、科技强国、人才强国奠定坚实基础。2023 年 5 月，教育部等十八部门联合印发了《关于加强新时代中小学科学教育工作的意见》，系统部署在教育“双减”政策背景下做好科学教育加法，强化实验教学，着力实现培养学生科学素质的目标。

概括来讲，上述最新的教育改革文件从以下几个方面对全面提升教育质量和人才培养质量做出了战略布局与整体推进：第一，扭转不科学的教育评价导向；从政府履行教育职责评价、学校评级、教师评价、学生评价、用人评价等方面进行全方位改革，坚决克服唯分数、唯升学、唯文凭、唯论文、唯帽子的顽瘴痼疾。第二，深化中高考内容和命题改革，提高高考指挥棒的指挥水平；健全立德树人培养机制，打破原有纯知识型的考查模式，构建引导学生德智体美劳全面发展的考试内容体系，突出试题的综合性、开放性、应用性、探究性，坚持创新人才在教育改革全局中的核心地位，积极引导学生培养高水平的认知、思维和创新能力，为高水平拔尖创新人才培养奠定基础。第三，将“五育并举”落实到教育教学全过程，以提高国民素质为根本宗旨，以培养学生的社会责任感、创新意识和实践能力为重点，造就具有国际视野、德智体美全面发展的社会主义接班人。第四，充分肯定了“双减”政策在减轻学生作业负担与校外培训负担方面的成效，以及推进教育、科技、人才高质量发展上的重大价值。

二、进一步深化普通高中育人方式变革

2023 年 5 月 29 日，习近平总书记在二十届中共中央政治局第五次集体学习时指出，党的十八大以来，党中央坚持把教育作为国之大计、党之大计，作出加快教育现代化、建设教育强国的重大决策，推动新时代教育事业取得历史性成就、发生格局性变化。我国已建成世界上规模最大的教育体系，教育现代化发展总体水平跨入世界中上国家行列。据中国教育科学研究院测算，我国目前的教育强国指数居全球第 23 位，比 2012 年上升 26 位，是进步最快的国家。我国教育已由规模扩张阶段转向高质量发展阶段。要坚持把高质量发展作为各级各类教育的生命线，加快建设高质量教育体系，以教育高质量发展赋能经济社会可持续发展。

我国普通高中教育取得了历史性成就，同时也面临一系列挑战：一是普通高中办学的同质化问题仍然存在；二是人才培养模式不够灵活；三是高中多样化有特色发展后劲不足。为此，需要持续深化普通高中育人方式改革，一是更加聚焦学生自主发展、沟通合作、创新能力及批判性思维等核心素养的培养；二是兼顾升学准备和就业准备双重任务，强调学生的德智体美劳全面发展；三是从办学类型、培养模式、课程结构、教育法治等多个方面进行系统化建设，建构适应时代发展、服务国家发展和促进学生全面而有个性发展的高质量教育体系。2014 年开启的高考综合改革旨在“发展素质教育、推进教育公平、科学选拔人才、建设教育强国”，由试点省份逐步向全国范围稳妥推进。考试招生制度改革带动了一系列教育变革的深化，除了高考内容和命题改革发生深刻变化外，与高考配套的其他措施和方案也得到了进一步的完善和优化，高考多元评价机制进一步落地和推进。

首先，新高考把促进学生健康成长作为改革的出发点和落脚点，坚持了正确的育人导向。“统考 + 选考”模式进一步优化，增加考生选择的自主性，一定程度上满足了学生追求全面多元的个性化发展的需要。学生从 6 门或 7 门学科中进行自主选择，打破传统理科考“物化生”、文科考“史地政”的限制，考生除“语数英”3门必考科目外，可以选择新的科目组合，组成自己的考试方案，个人兴趣爱好和潜能特点得到了充分体现。学生选择权的增加，使学生们根据自己的特长和兴趣进行学习和选择成为可能：一是不再强制分文理，文科思维与理科思维碰撞融合，有助于提升学生的综合素质与全面发展；二是选科组合强调个人兴趣特长，志愿填报也由学校导向转为专业导向，自主学习动力被有效激发；三是学生选定选考科目的同时也基本确定了报考专业范围，持续学习、终身学习成为可能。

其次，学生自主选科模式有效推动了高中教育教学改革的深化。本轮新高考改革不仅是一场针对考试方式和考试内容的改革，更是通过“教学—考试—招生”链条的整体设计，倒逼学生培养模式的变革，有效推动高中教育教学改革。一方面，为适应新的科目组合，高中阶段选课走班、分层教学等新常态应运而生；另一方面，中学阶段的学业与进入高校选择的专业，甚至与日后的职业道路紧密结合，在高中开展职业生涯教育和学科专业认知的重要性凸显，职业生涯规划与教育成为高考综合改革中不可忽视的课题。

最后，新高考实施选择性考试科目设置方式、“院校 + 专业”平行志愿投档模式、多元招生录取模式等，加强学生过程评价、综合评价，体现了促进科学选才的首要价值导向。新高考改革背景下，中学教育面临着挑战与机遇，高校选拔人才方式同样面临着考验，直接影响高校招生录取环节甚至是专业培养方案。如何有效衔接中学教育与大学教育，为创新人才的选拔与培养探索出有效的联动机制成了迫切任务。新高考招生录取实行“院校专业组”或“院校 + 专业”的模式，理论上，一个专业一个分数线，这给具有较强学科特色的普通高校提供了赶超机会，也给高水平大学的薄弱学科敲响了警钟。在专业导向的志愿填报方式下，高校各专业的建设水平和选才要求都将在招生中予以体现。高校若要保持竞争力，必须优化学科专业布局，形成具有本校特色的人才选拔方式和培养方案。

高考改革背后的深意是育人方式的变革。考试评价指挥棒的调整，是为了撬动高中育人方式的变革。为深化高中育人关键环节和重点领域改革，坚决扭转片面应试教育倾向，切实提高普通高中育人方式的转变，2019 年国务院办公厅印发了《关于新时代推进普通高中育人方式改革的指导意见》，就推进普通高中教育教学改革、全面提高普通高中教育质量进行了系统设计和全面部署，有效结合高考综合改革的推进。

其一，强化综合素质培养。要求改进科学文化教育，统筹课堂学习和课外实践，强化实验操作，培养学生创新思维和实践能力，提升人文素养和科学素养；强化体育锻炼，修订学生体质健康标准及评价办法，丰富运动项目和校园体育活动，培养体育兴趣和运动习惯；加强美育工作，积极开展舞蹈、戏剧、影视与数字媒体艺术等活动，培养学生艺术感知、创意表达、审美能力和文化理解素养；重视劳动教育，制定劳动教育指导纲要，统筹开展好生产性、服务性和创造性劳动，使学生养成劳动习惯、掌握劳动本领、树立热爱劳动的品质。

其二，完善综合素质评价。要求把综合素质评价作为发展素质教育、转变育人方式的重要制度，强化其对促进学生全面发展的重要导向作用；强化对学生爱国情怀、遵纪守法、创新思维、体质达标、审美能力、劳动实践等方面的评价；要求从城乡学校实际出发，完善综合素质评价实施办法，以省为单位建立学生综合素质评价信息管理系统，统一评价档案样式，建立健全信息确认、公示投诉、申诉复议、记录审核等监督保障与诚信责任追究制度。要客观真实、简洁有效地记录学生的突出表现，对在学生综合素质评价中造假的，要依规依纪严肃追究相关人员责任。

其三，深化课堂教学改革。要求按照教学计划循序渐进开展教学，提高课堂教学效率，培养学生学习能力，促进学生系统掌握各学科基础知识、基本技能、基本方法，培养适应终身发展和社会发展需要的正确价值观念、必备品格和关键能力；积极探索基于情境、问题导向的互动式、启发式、探究式、体验式等课堂教学，注重加强课题研究、项目设计、研究性学习等跨学科综合性教学，认真开展验证性实验和探究性实验教学；提高作业设计质量，精心设计基础性作业，适当增加探究性、实践性、综合性作业；积极推广应用优秀教学成果，推进信息技术与教育教学深度融合，加强教学研究和指导。

其四，深化考试命题改革。要求学业水平选择性考试与高等学校招生全国统一考试命题要以普通高中课程标准和高校人才选拔要求为依据，实施普通高中新课程的省份不再制定考试大纲；优化考试内容，突出立德树人导向，重点考查学生运用所学知识分析问题和解决问题的能力；创新试题形式，加强情境设计，注重联系社会生活实际，增加综合性、开放性、应用性、探究性试题。科学设置试题难度，命题要符合相应学业质量标准，体现不同考试功能；加强命题能力建设，优化命题人员结构，加快题库建设，建立命题评估制度，提高命题质量。

其五，稳步推进高校招生改革。要求进一步健全分类考试、综合评价、多元录取的高校招生机制，逐步改变单纯以考试成绩评价录取学生的倾向，引导高中学校转变育人方式、发展素质教育；加强高等学校招生工作能力建设，不断提高招生录取工作科学化专业化水平；高等学校要根据人才培养目标和专业学习基本需要，结合实施高考综合改革省份学生选考情况，不断完善招生专业选考科目要求。

《普通高中课程标准》和《义务教育课程方案和课程标准》的颁布，进一步推进高中育人方式的改革，一是强调素养导向，注重培育学生终身发展和适应社会发展所需要的核心素养，特别是真实情境中解决问题的能力，基于核心素养确立课程目标，遴选课程内容，研制学业质量标准，推进考试评价改革。二是优化课程内容组织形式，跳出学科知识罗列的窠臼，按照学生学习逻辑组织呈现课程内容，加强与学生经验、现实生活、社会实践的联系，通过主题、项目、任务等形式整合课程内容，突出主干、去除冗余。三是突出实践育人，强化课程与生产劳动、社会实践的结合，强调知行合一，倡导做中学、用中学、创中学，注重引导学生参与学科探究活动，开展跨学科实践，经历发现问题、解决问题、建构知识、运用知识的过程，让认识基于实践、通过实践得到提升，克服认识与实践“两张皮”现象。

与此同时，高考内容改革助力高中课程教学改革。高考内容改革的推进正在促使高中课程教学朝着更为多元、综合和实践导向的方向发展，更好地满足学生全面发展的需求，培养具备综合素质和创新能力的人才。主要体现为以下几个方面：一是通过考试科目的优化，减少对传统学科知识的重视，更加注重学生的综合素质和能力培养。这将促使高中课程教学改革朝着培养学生的创新思维、批判思维、实践能力等多方面发展，从而引导教学重心和方式的改变。二是跨学科教学的推进，鼓励跨学科知识与技能的学习和考核。这将促使高中课程教学跳出传统学科的划分，推进项目制、探究性学习和综合性实践活动等跨学科教学模式的实施。学生通过跨学科教学的授课方式，可以更综合地理解和应用知识，培养综合素质。三是实践与实际应用的融入，鼓励学生通过实践、实际应用来学习和应用知识。这将推动高中课程教学从纯粹的理论教学转向注重实际应用和解决实际问题的教学。学生可以通过参与实践活动、实验课程、实际案例分析等形式，增强实践能力与职业素养。四是能力评价体系的建立，推动建立更全面的学生能力评价体系。传统的高考评价主要以书本知识为主导，忽略了学生的实际能力和综合素质。高考内容改革可以鼓励采用多元化的评价方式，考查学生的实践能力、创新能力、合作能力等方面，这将促使高中课程教学改革朝着更全面的学生培养目标进行调整。五是个性化学习和发展的支持，为学生提供更多个性化学习和发展的机会。传统高考注重统一的考试和招生标准，对学生的个体差异回应较少。高考内容改革可以通过设置选修课程、多样化的考试方式等，给予学生更大的选择空间和发展方向，促进个性化学习的实现。

综上所述，普通高中教育是国民教育体系的重要组成部分，在人才培养中起着承上启下的关键作用。继续实施高中学业水平考试、加强和改进综合素质评价、规范高考加分、实施“强基计划”等，形成了分类考试、综合评价、多元录取的考试招生模式，国家高质量教育体系建设和创新人才培养模式探索成效显著。以上措施旨在推动普通高中育人方式的改革和升级，使普通高中更贴近现代社会的需求和学生的需求，通过培养学生的综合素质和个性化发展，促进学生的自主学习和创新思维，提高他们的适应能力和竞争力，为他们的未来发展奠定坚实的基础。办好普通高中教育，对于巩固义务教育普及成果、增强高等教育发展后劲、进一步提高国民整体素质和拔尖创新人才培养具有重要意义。

三、“双减”政策与良好教育生态构建

提高人才自主培养质量，造就拔尖创新人才，需要遵循教育规律和人才成长规律，厚植有利于创新人才培养的土壤，形成充满活力、更加开放、有利于高质量人才培养的教育机制体制。破除教育剧场效应以及应试教育弊端，营造和谐、健康的教育生态和环境，培养学生独立思考、敢于质疑、勇毅果敢、勇于担当、自主决策的人格特质和意志品质以及健全的体魄，这些是提高人才培养质量、造就拔尖创新人才的必要前提。

为深入贯彻党的十九大和十九届五中全会精神，切实提升学校育人水平和人才培养质量，持续规范校外培训（包括线上培训和线下培训），有效减轻义务教育阶段学生过重作业负担和校外培训负担，2021 年 7 月，中共中央办公厅、国务院办公厅印发《关于进一步减轻义务教育阶段学生作业负担和校外培训负担的意见》（以下简称《意见》），俗称“双减”政策，即要有效减轻义务教育阶段学生过重作业负担和校外培训负担。另外，2021 年 7 月，教育部办公厅发布《关于进一步明确义务教育阶段校外培训学科类和非学科类范围的通知》，明确义务教育阶段校外培训学科类和非学科类范围。

《意见》的出台打出了前所未有的最强减负令，“双减”政策的主要任务和重大措施有：一是全面压减作业总量和时长，减轻学生过重作业负担。健全作业管理机制，合理调控作业结构，分类明确作业总量，提高作业设计质量，加强作业完成指导。二是提升学校课后服务水平，满足学生多样化需求。拓展课后服务渠道，做强做优免费线上学习服务。三是坚持从严治理，全面规范校外培训行为。四是大力提升教育教学质量，确保学生在校内学足学好。促进义务教育优质均衡发展，充分激发办学活力，整体提升学校办学水平。五是强化配套治理，提升支撑保障能力。

为贯彻落实“双减”政策，全国各地都相继出台了具体的实施方案，从严管理校外培训机构，校外教育行业正在面临大洗牌。“双减”政策的出台和全力推进，有着其内在的逻辑必然性。

第一，“双减”倡导回归教育本质，尊重教育规律，提高人才培养质量，造就独立自主的拔尖创新人才。在原有教育剧场效应造成的普遍焦虑压力下，很多家长不得不采取一种以子女为中心的密集养育方式，父母倾向于在子女成长和发展全过程进行深度干预并在经济上付出巨大成本。这种养育和教育方式最大的问题在于它不断压缩孩子自由成长空间，让一个孩子不断交出和让渡选择的权力，家长采取全程安排、保护和控制的方式，严重干扰了儿童自主性和独立能力的发展，与教育的本质和人的成长规律背道而驰，不利于创新人才培养与人才培养质量的提升。“双减”政策就是要打破现有的保护式教育方式，破除教育剧场效应和应试教育弊端，倡导给学生更多自主的时间和空间，培养学生独立自主、勇毅果敢、勇于担当、自主决策的意志品质和人格特质，倡导德智体美劳全面发展，倡导高阶思维能力的全方位提升，保护和激发学生的好奇心和想象力，从而提高人才培养质量，造就拔尖创新人才。

第二，“双减”是破除“唯升学”“唯分数”的具体措施，也是《国家教育事业发展“十四五”规划》的工作要点。校外学科类培训机构一定程度上引发了超前教育、过度教育现象的发生，加剧了应试教育中的“死记硬背”“机械刷题”与“唯分数论”的倾向。“双减”卸下了学生额外的负担，使学生得到更多自主探索、培养兴趣、强健身体的机会，以促进青少年的全面发展。“双减”政策的贯彻，撬动了整个教育体制机制改革局面，为教师革新教育方式、推动课堂教学的创新发展提供了方向，使得全国各地的教师开始结合本地教育实践，开展新型教育模式的尝试，推动了中小学教育实践的创新发展，在一定程度上取得了教育改革硕果。中学教师需要根据教育现状，立足本校实际教育情况，开展具有地方特色的教育模式，争取能够更大程度减轻学生的学习负担，扩大学生学习成果，提升学生思维能力和培养质量，让教育回归初心与使命。

第三，“双减”扭转教育不良发展趋势，回归教育公益属性。近年来，教育行业逐渐演化成逐利行业，违背了教育规律以及教育公益性的属性要求，需要进行纠偏。特别是校外培训机构无序发展，催生了不少负面社会问题，“校内减负、校外增负”现象突出。实施“双减”政策就是要回归教育属性、解决社会负面问题。减轻学生负担的同时，全面提高学校教学质量，做到应教尽教，强化学校教育的主阵地作用；深化教育教学改革，提升课堂教学质量，优化教学方式，全面压减作业总量，降低考试压力；鼓励支持学校开展各种课后育人活动，满足学生的多样化需求；加强教师队伍建设，优化教师资源配置，提高教育教学水平，依法保障教师权益和待遇；全面规范管理校外培训机构，坚持从严治理，严禁随意资本化运作，不能让教育行业变成逐利产业。

第四，“双减”缓解家长焦虑，降低教育成本，促进人口均衡发展。居高不下的教育支出和养育成本，造成了很多人对组建家庭和生育子女的顾虑，更深层次地改变了人们的婚姻观和生育观。特别是在互联网资讯对教育焦虑的渲染以及商业机构和资本的推波助澜不断交织下，教育剧场效应日益加剧，很多家长陷入教育焦虑与不堪重负的教育投入之中。家庭教育成本的高企和家长教育焦虑的加深，对家庭的生活质量和国家的经济社会发展也造成了负面影响，婚育观念的改变将加快老龄化社会，对经济社会健康可持续发展产生不利影响。把“双减”工作作为重大民生工程列入重要议事日程，有助于缓解家长焦虑情绪，从根源上破解现有教育体制给家庭及社会带来的困扰，助力解决当前我国人口出生率下降和老龄化加速的问题。

第五，“双减”推动教育公平，助力共同富裕。受教育机会和资源不均等是造成收入差距的重要原因之一，受教育程度与收入水平有着直接的关联。家庭经济背景越好的学生，越能通过校外培训或增加教育投入巩固其在竞争中的优势地位，从而进一步加剧贫富差距和阶层固化。如何打破阶层固化、实现共同富裕既是社会稳定健康发展的内在要求，同时也是中国特色社会主义制度优势的具体体现。“双减”政策明确提出了促进义务教育优质均衡发展，提高课堂教学质量和教师教学水平，校外治理与校内提质联动，做强做优免费线上学习服务，加大优质教学资源的均等化供给，以“互联网 +”教育更好实现教育有效均衡，强化学校教学主阵地的地位，最大限度地避免学生因家庭收入不均等造成的教育机会与资源不均等，促进社会流动，打破阶层固化，缩小收入差距，从而为实现共同富裕奠定基础。

“双减”政策以减轻学生负担、促进人的全面发展为着力点，是落实新时代党的教育方针、践行新的发展理念、构建教育新生态的重要抓手。“双减”

政策以校内校外双管齐下为思路，通过对中小学阶段学生的作业负担和校外培训负担进行综合治理，通过优化教学方式和方法，提高教师的专业水平和责任感，激发学生的主动性和积极性，让学生有时间、有空间自主发展和个性化成长，推动育人方式改革和基础教育高质量发展。进一步巩固和优化“双减”政策的实践成效，将助力一线教学回归教育本质，遵循教育规律和人才成长规律，营造更加有利于创新人才培养的环境和生态，从而全面提高人才自主培养质量，服务于我国人才强国战略和创新驱动发展战略。与此同时，“双减”政策的持续推进和深化将有力打破教育剧场效应，降低教育成本，缓解家长焦虑，促进人口均衡发展，进一步推动教育公平，助力实现共同富裕。

四、以教育公平促进社会公平正义

党的二十大报告明确指出，促进教育公平，加快义务教育优质均衡发展和城乡一体化，优化区域教育资源配置，强化学前教育、特殊教育普惠发展，坚持高中阶段学校多样化发展，完善覆盖全学段学生资助体系。为深入贯彻落实党的二十大精神，加快推进国家基本公共服务均等化，构建优质均衡的基本公共教育服务体系，2023 年 6 月 13 日中共中央办公厅、国务院办公厅印发《关于构建优质均衡的基本公共教育服务体系的意见》，要求全面保障义务教育优质均衡发展、大力提高家庭经济困难学生应助尽助水平、统筹做好面向学生的其他基本公共服务、认真做好组织实施等，明确提出以习近平新时代中国特色社会主义思想为指导，全面贯彻党的教育方针，坚持以人民为中心，服务国家战略需要，聚焦人民群众所急所需所盼，以公益普惠和优质均衡为基本方向，全面提高基本公共教育服务水平，加快建设教育强国，办好人民满意的教育。

习近平总书记指出：“教育公平是社会公平的重要基础”[①]，要“让教育改革发展成果更多更公平惠及全体人民”[②]。教育是提高人民综合素质、促进人的全面发展的重要途径，是民族振兴、社会进步的重要基石，是对中华民族伟

① 习近平：《扎实推动教育强国建设》，中国政府网，https://www.gov.cn/yaowen/liebiao/202309/content_6904156.htm

② 习近平：《教育是强国建设、民族复兴之基》，中华人民共和国教育部门户网站，http://www.moe.gov.cn/jyb_xwfb/s5147/202409/t20240912_1150506.html

大复兴具有决定性意义的事业；要加快发展伴随每个人一生的教育、平等面向每个人的教育、适合每个人的教育、更加开放灵活的教育；努力发展全民教育、终身教育，建设学习型社会，努力让每个孩子享有受教育的机会。这些重要论述揭示了教育在促进人的全面发展和社会全面进步中的重要作用。教育系统准确把握新时代我国教育发展阶段性特征，推动实现更高水平、更有质量的教育普及，进一步扩大人民群众受教育机会。

党的十八大以来，我国教育普及水平实现历史性跨越，各级教育普及程度达到或超过中高收入国家平均水平，其中学前教育、义务教育达到世界高收入国家平均水平，高等教育进入普及化阶段。2023 年，全国共有各级各类学校 49.83 万所，各级各类学历教育在校生 2.91 亿人，专任教师 1891.78 万人。其中，全国共有幼儿园 27.44 万所，普惠性幼儿园 23.64 万所，占全国幼儿园的比例 86.16%，全国共有学前教育在园幼儿 4092.98 万人。全国共有学前教育专任教师 307.37 万人，生师比 13.32∶1。2023 年，九年义务教育巩固率 95.7%。全国共有普通小学 14.35 万所，全国小学招生 1877.88 万人，在校生 1.08 亿人。全国共有小学阶段教育专任教师 665.63 万人，专任教师中本科及以上学历比例 78.03%。全国共有初中 5.23 万所，全国初中招生 1754.63 万人，在校生 5243.69 万人。全国共有初中阶段教育专任教师 408.31 万人，专任教师中本科及以上学历比例 93.09%。2023 年，高中阶段毛入学率 91.8%，全国共有普通高中学校 1.54 万所，招生 967.8 万人，普通高中专任教师 221.48 万人，生师比 12.66∶1，专任教师中研究生学历比例 14.01%。全国中等职业教育（不含人社部门管理的技工学校）共有学校 7085 所，招生 454.04 万人，在校生 1298.46 万人。中等职业教育专任教师 73.48 万人，生师比 17.67∶1，专任教师中研究生学历比例 9.41%。2023 年，高等教育毛入学率 60.2%，比上年提高 0.6 个百分点，提前完成“十四五”规划目标。全国共有高等学校 3074 所。其中，普通本科学校 1242 所（含独立学院 164 所）；本科层次职业学校 33 所；高职（专科）学校 1547 所；成人高等学校 252 所。另有培养研究生的科研机构 233 所。各种形式的高等教育在学总规模 4763.19 万人，比上年增加 108.11 万人，增长 2.32%。全国普通、职业本专科共招生 1042.22 万人，比上年增长 2.73%。其中，普通本科招生 478.16 万人，比上年增长 2.19%。职业本科招生 8.99 万人，比上年增长 17.82%。高职（专科）招生 555.07 万人，比上年增长 2.99%。全国共招收成人本专科 445.49 万人，比上年增长 1.24%；在校生 1008.23 万人，比上年增长 7.99%。招收网络本专科 163.42 万人；在校生 739.97 万人。全国共招收研究生 130.17 万人，比上年增长 4.76%。其中，招收博士生 15.33 万人，比上年增长 10.29%；硕士生 114.84 万人，比上年增长 4.07%。在学研究生 388.29 万人，比上年增长 6.28%。其中，在学博士生 61.25 万人，比上年增长 10.14%；在学硕士生 327.05 万人，比上年增长 5.59%。全国共有高等教育专任教师 207.49 万人，比上年增加 9.71 万人，增长 4.91%。其中，普通本科学校 134.55 万人；本科层次职业学校 3.08 万人；高职（专科）学校 68.46 万人；成人高等学校 1.41 万人。

党的十八大以来，我们党深入实施科教兴国战略、人才强国战略、创新驱动发展战略，一体推进教育发展、科技创新、人才培养，不断强化对现代化建设的支撑。一是我国建成世界上规模最大的教育体系，各级教育普及程度达到或超过中高收入国家平均水平，高等教育毛入学率超过 60%，进入世界公认的普及化阶段。二是新增劳动力平均受教育年限超过 14 年，接受高等教育的人口达到 2.5 亿。我国研发人员总量居世界首位。三是全社会研发经费支出居世界第二位，基础研究和原始创新不断加强，关键核心技术实现重大突破，创新主体和人才的活力进一步释放，我国成功进入创新型国家行列。站在新的历史起点上，我们要着力促进各级各类教育协调发展，在固根基、扬优势、补短板、强弱项上下功夫，持续扩大优质教育资源供给，不断提升全民受教育程度。

教育公平是我国基本教育政策，教育公平是社会公平的基础，也是实现社会阶层合理流动的重要通道，以教育公平促进社会公平正义是现代文明发展的内在要求。改革开放 40 多年来，中国教育取得了很大的成就，在推进教育公平和优质教育资源均等化方面也做出了卓有成效的探索和努力。全面实施免费义务教育，实现高等教育的大众化，这是最大公约数的公平。

第一，切实推动优质教育资源均等化。“双减”政策的出台和落实，一方面要遵循教育规律，回归教育本质，减轻学生负担，培养学生独立自主的健全人格和自主创新的思维能力；另一方面要降低教育成本和家庭负担，特别是要打破因家庭出身不平等带来的教育不平等现象。各级政府和部门要主动作为，促进优质教育资源的均等发展，大力提高课堂教学质量和教师教学水平，进一步强化学校教学主阵地地位，推动免费优质教学资源的供给力度，从而有效促进教育公平。与此同时，要进一步打破“名校壁垒”和“学区壁垒”，推动优质教学资源均衡发展，2021 年 7 月以来，上海、北京、深圳等一线城市开始实施教师轮岗制度。《深圳经济特区社会建设条例》明确提出推行大学区招生和办学管理模式，建立义务教育学校教师交流制度；北京市召开“双减”工作新闻发布会，宣布北京将大面积、大比例推行干部教师轮岗制度；上海则规定大幅压缩重点中学自主招生比例。一线城市的相关举措是一种重要的信号，教育主管部门将在推动优质教育资源均等化、破解教育不公带来的阶层分化等问题上不断探索，持续发力。

第二，教育扶贫，扶贫先扶智。越穷的地方越难办教育，要加大对农村地区、民族地区、贫困地区职业教育支持力度，努力让每个人都有人生出彩的机会。发展乡村教育，就是要让每个乡村孩子都能接受公平、有质量的教育，阻止贫困现象代际传递，是功在当代、利在千秋的大事。党的十八大以来，教育部会同有关部门印发《教育脱贫攻坚“十三五”规划》，统筹推进“两不愁三保障”义务教育有保障、脱贫攻坚“五个一批”发展教育脱贫一批任务、阻断贫困代际传递等各项教育脱贫攻坚工作。坚持把教育扶贫作为脱贫攻坚的优先任务，构建了较为完善的教育扶贫制度体系，深入实施一系列补短兜底的教育扶贫工程项目，不断完善精准到人的困难学生资助体系，推动落实有针对性的教育扶贫倾斜政策，努力实现“人人有学上、个个有技能、家家有希望、县县有帮扶”。近年来中央财政安排专项资金用于改善贫困地区义务教育薄弱学校办学、就学条件，促进“义务教育有保障”得到落实。为使建档立卡贫困家庭人口接受优质职业教育和培训，开展跨省招生，推广义务教育加免费中职教育，帮助贫困家庭掌握一技之长，帮助贫困家庭实现拥有第一代大学生的梦想。

第三，推动城乡义务教育一体化发展。深化基础教育综合改革，进一步完善义务教育有保障长效机制，巩固控辍保学成果，加快补齐农村办学条件短板，整体提升县域普通高中办学水平。加大倾斜力度，巩固拓展教育脱贫攻坚成果同乡村振兴有效衔接，不断提高义务教育巩固水平。一是指导各地完善优化城乡义务教育学校规划布局，加强乡村小规模和乡镇寄宿制学校建设，推动脱贫攻坚成果同乡村振兴有效衔接。二是深入落实义务教育“公民同招”和免试就近入学政策，不断提高进城务工人员子女在公办学校就读比例。三是持续常态化开展控辍保学工作，健全责任体系，深入推进乡村温馨校园建设，确保学生“劝得回、留得住、学得好”，加强农村留守儿童教育关爱。四是在推动普通高中多样化发展方面，继续支持普通高中建设，加快消除普通高中大班额，着力提高“县中”办学水平。

第四，充分发挥职业教育在脱贫攻坚任务上的重要作用。继续实施现代职业教育质量提升计划、职业教育产教融合工程，在重大项目和资金安排上，对贫困地区予以倾斜，因地制宜通过新建中等职业学校、就近异地就读、普教开设职教班、东西协作招生等多种措施，满足适龄人口和劳动力接受职业教育和培训的需求。积极推进高职扩招专项工作，加大贫困地区招生计划的投放力度，鼓励支持各地各高职院校积极招收退役军人、下岗失业人员、农民工、新型职业农民等群体。进一步指导各地各职业院校积极拓宽生源渠道，广泛招收往届初高中毕业未升学学生、城乡劳动者、退役军人、退役运动员、下岗职工、返乡农民工等群体，使更多劳动者长技能、好就业。深入实施东西协助中职招生兜底行动，指导东部、西部地区省（市）教育部门、对口帮扶院校，加大兜底招生计划投放力度，畅通贫困地区学生到东部接受优质职业教育的渠道。扎实做好贫困地区学生资助工作，指导各地各校加强职业教育贫困学生资助政策宣传，强化职业教育贫困学生资助体系建设，建立完善以国家奖学金、国家助学金和免学费为主，地方政府资助、学校和社会资助等为补充的资助政策体系，确保没有一个家庭经济困难学生因贫失学、因学致贫、因学返贫。

第五，提高高考命题、考务和录取工作的严肃性和科学性。高考仍是当下促进社会阶层有序流动的重要途径，是守护教育公平及社会公平的重要底线。与高考有关的每一次政策调整，不仅关系到广大学子的切身利益，也会触动社会最为敏感的神经。进一步完善考试招生制度改革，提升高考命题的科学性，提高考务组织能力、确保考试安全进行，确保试题试卷不泄露、确保考后评分阅卷不出错、严厉打击高考舞弊，提升考试管理和考务组织的严谨性与科学性，保证高考公平公正；进一步加强和改进普通高等学校艺术类专业和高水平运动队考试招生工作，建立以统一高考为基础、省级专业考试为主体，依据高考文化成绩、专业考试成绩，参考学生综合素质评价，分类考试、综合评价、多元录取的高校艺术类专业考试招生制度，形成促进公平、科学选才、监督有力的艺术人才选拔评价体系，确保教育公平。

第三节　建设高质量教育体系，服务新质生产力发展

“发展新质生产力是推动高质量发展的内在要求和重要着力点，必须继续做好创新这篇大文章，推动新质生产力加快发展。”2024年1月31日，习近平总书记在主持二十届中共中央政治局第十一次集体学习时发表重要讲话，系统阐述了新质生产力的深刻内涵和主要特征，指明了新质生产力的发展方向和实践路径，作出了重点部署，提出了明确要求。习近平总书记围绕新质生产力发表一系列重要论述，深刻回答了“什么是新质生产力、为什么要发展新质生产力、怎样发展新质生产力”的重大问题，极大丰富和拓展了马克思主义生产力理论，体现了我们党对生产力发展规律的认识和把握达到新的高度，丰富了习近平经济思想的内涵，为推动高质量发展提供了科学指引。对于教育战线来讲，要深刻认识新质生产力的科学内涵，充分理解新质生产力对中国式现代化和民族复兴的极端重要性，切实增强教育在发展新质生产力中的使命担当，更好以高质量教育支撑引领新质生产力发展。

一、新质生产力发展依靠拔尖创新人才

新质生产力由技术革命性突破、生产力要素创新性配置、产业深度转型升级而催生。习近平总书记指出：“要按照发展新质生产力要求，畅通教育、科技、人才的良性循环，完善人才培养、引进、使用、合理流动的工作机制”“要根据科技发展新趋势，优化高等学校学科设置、人才培养模式，为发展新质生产力、推动高质量发展培养急需人才”。[①] 这一重要论述表明，教育在加快发展新质生产力方面具有战略性作用，发挥独特功能。教育、科技、人才被视为发展新质生产力的三大支柱。教育不仅培育新质生产力所需的人才，有助于提高整体生产效率，还决定着科技创新成果的数量和质量，教育在新质生产力发展中具有基础性作用，是科技创新和人才发展的基石。

---

① 《夯实新质生产力发展的人才要素基础》，光明网，https://baijiahao.baidu.com/s?id=1807753575220722863&wfr=spider&for=pc

培育和发展新质生产力，创新是核心要素，基础和先导靠教育，通过教育来培养拔尖创新人才。发展新质生产力，既需要牵引源头创新的基础学科、交叉学科和新兴学科的拔尖人才，也需要服务新型工业化道路的工程技术人才和大国工匠、能工巧匠；既需要科学家，还需要一流科技领军人才和创新团队，以及大批青年科技人才队伍，更需要一大批全面发展的、投身中国式现代化的建设者和接班人。新一轮科技革命和产业变革正在加速演进，拔尖创新人才是促进和提升国家核心竞争能力最重要的战略资源，这是实现高水平科技自立自强的重要支撑。

加快发展新质生产力，迫切需要大批拔尖创新人才。培育和发展新质生产力，创新是核心要素，基础和先导靠教育，通过教育来培养拔尖创新人才。建成教育强国、建成世界重要人才中心和创新高地，也需要我们在拔尖创新人才上、在人才的自主培养能力上发力，这也是满足发展新质生产力、实现中国式现代化对人才需求的关键一招、破题之举。当前，我国正处于以中国式现代化全面推进强国建设、民族复兴伟业的关键时期，必须紧紧围绕中国式现代化这一最大的政治，深入研究教育强国建设之于发展新质生产力的重要作用，谋划实施教育强国建设规划纲要，构建与国家战略和经济社会发展相适应的教育体系，充分发挥教育、科技、人才一体推进的集聚效应、倍增效应，为新质生产力的培育和发展筑牢基底。要奋力攻坚克难，积极服务科技创新、产业创新，在提高拔尖创新人才自主培养能力上发力，优化学科专业设置和人才供需匹配度，深化高校与科研机构、企业等创新主体的协同，有力支撑经济社会发展。要坚持改革创新，深化分类推进高校改革，持续推进教育评价改革，开展高水平教育对外交流合作，畅通教育、科技、人才的良性循环，为培育和发展新质生产力、推进中国式现代化作出教育贡献。①

二、“强基计划”助力新质生产力发展

党的二十大报告指出，坚持创新在我国现代化建设全局中的核心地位，加快实施创新驱动发展战略和深入实施人才强国战略，坚持面向世界科技前沿、

① 怀进鹏：《以高质量教育支撑引领新质生产力发展》，《中国教育报》2024 年 3 月 27 日第 1 版。

面向经济主战场、面向国家重大需求、面向人民生命健康，加快实现高水平科技自立自强。为了完善人才战略布局，建设规模宏大、结构合理、素质优良的人才队伍，加快建设世界重要人才中心和创新高地。培育和发展新质生产力，要紧密依靠牵引源头创新的基础学科、交叉学科和新兴学科的拔尖人才，2020年教育部开始实施基础学科招生改革试点的“强基计划”，就是要选拔培养有志于服务国家重大战略需求且综合素质优秀或基础学科拔尖的学生。截至目前，全国39所高校招收“强基计划”，包括北京大学、清华大学、中国人民大学、北京航空航天大学、北京理工大学、中国农业大学、北京师范大学、中央民族大学、南开大学、天津大学、大连理工大学、吉林大学、哈尔滨工业大学、复旦大学、同济大学、上海交通大学、华东师范大学、南京大学、东南大学、浙江大学、中国科学技术大学、厦门大学、山东大学、中国海洋大学、武汉大学、华中科技大学、中南大学、中山大学、华南理工大学、四川大学、重庆大学、电子科技大学、西安交通大学、西北工业大学、兰州大学、国防科技大学、湖南大学、西北农林科技大学、东北大学。强基计划突出基础学科的支撑引领作用，重点在数学、物理、化学、生物、力学、历史、哲学、古文字学、基础医学等基础学科以及核技术、生物育种等国家重大战略领域相关专业招生。聚焦高端芯片与软件、智能科技、新材料、先进制造和国家安全等关键领域以及国家人才紧缺的人文社会科学领域。

“强基计划”探索服务国家重大战略需求的人才选拔机制。在确保公平公正的前提下，积极探索多维度考核评价模式，逐步建立基础学科拔尖创新人才选拔培养的有效机制。

（1）在创新人才培养模式方面。高校对通过强基计划录取的学生单独制定培养方案，采取导师制、小班化等培养模式。建立激励机制，增强学生的荣誉感和使命感。畅通成长发展通道，对学业优秀的学生，高校可在免试推荐研究生、直博、公派留学、奖学金等方面予以优先安排。探索建立“本—硕—博”衔接的培养模式。推进科教协同育人，探索建立结合重大科研任务的人才培养机制。通过强基计划录取的学生，入校后原则上不得转到相关学科之外的专业就读。

（2）在招生专业方面。强基计划主要选拔培养有志于服务国家重大战略需求且综合素质优秀或基础学科拔尖的学生。聚焦高端芯片与软件、智能科技、新材料、先进制造和国家安全等关键领域以及国家人才紧缺的人文社会科学领域，由有关高校结合自身办学特色，合理安排招生专业。要突出基础学科的支撑引领作用，重点在数学、物理、化学、生物、历史、哲学、古文字学等相关专业招生。建立学科专业的动态调整机制，根据新形势要求和招生情况，适时调整强基计划招生专业。

（3）在招生学校和规模方面。起步阶段，在部分“一流大学”建设高校范围内遴选高校开展试点。相关高校可向教育部申请并提交相关专业的招生和人才培养一体化方案。试点高校要与各地教育部门充分沟通协商，统筹考虑国家政策与导向、招生定位和培养要求、各地高考综合改革进程以及中学素质教育推进情况等因素，合理确定在各省(区、市)的强基计划招生名额，并在各省(区、市)的分省计划中安排。教育部组织专家综合考虑高校的办学定位、人才培养质量、科研项目及平台建设情况、招生和人才培养方案等因素，按照“一校一策”的原则，研究确定强基计划招生高校、专业和规模。2020年起，不再组织开展高校自主招生工作。

（4）在招生办法方面。在保证公平公正的前提下，探索建立多维度考核评价考生的招生模式。试点高校根据有关拔尖创新人才培养需要，制定强基计划的招生和培养方案。高校依据考生的高考成绩，按照各省(区、市)强基计划招生名额的一定倍数确定参加高校考核的考生名单。考生参加统一高考和高校考核后，高校将考生高考成绩、高校综合考核结果及综合素质评价情况等按比例合成考生综合成绩(其中高考成绩所占比例不得低于85%)，根据考生填报志愿，按综合成绩由高到低顺序录取。有关高校要认真研究制定高中学生综合素质评价使用办法，并在招生简章中提前向社会公布。笔试、面试均须安排在国家教育考试标准化考点进行，面试采取专家、考生“双随机”抽签的方式，过程全程录音录像。完善信息公开公示制度，加强违规违纪查处。将强基计划招生及人才培养工作纳入巡视和督导的工作范围，建立动态准入退出机制。

推行“强基计划”是新时代选拔培养拔尖创新人才、落实人才强国战略和创新驱动发展战略的重要抓手，我们必须站在百年变局和中华民族伟大复兴的高度来认识和理解具有鲜明国家战略导向的“强基计划”。

第一，“强基计划”深入总结了高校自主招生和上海等地高考综合改革试点经验，是继《国务院关于深化考试招生制度改革的实施意见》发布以来，高校人才选拔培养迎来的又一重大变革，集中体现了新高考综合改革的方向。在经历改革开放四十多年经济社会高速发展后，我国进入了一个由模仿型学习向创造型学习转变的关键历史阶段，“强基计划”的实施，一方面更好地保证了人才选拔的公平正义，有助于高校个性化选拔优秀人才，同时又能针对性地确保国家战略领域的后备人才储备。“强基计划”开宗明义：聚焦国家重大战略需求，在确保公平公正的前提下，探索建立多维度考核学生的评价模式，逐步形成基础学科拔尖创新人才选拔培养的有效机制，重点破解基础学科领军人才短缺和长远发展的瓶颈问题。

第二，与之前试点的自主招生不同，“强基计划”从选拔定位、试点学校范围、招生专业、报考条件到入围高校考核方式、录取方式及培养模式等，进行了系统性重塑。“强基计划”明确指出，起步阶段，在部分一流大学建设高校开展试点，突出基础学科的支撑引领作用，结合高校办学特色，重点在数学、物理、化学、生物及历史、哲学、古文字学等基础学科专业招生。在制度设计上，“强基计划”将选拔两类群体，主体是高考成绩优异的学生和少数在某个领域具有突出才能的偏才怪才。就考核而言，取消论文、专利等作为入围高校考核条件的做法，将以往自主招生的降分录取改为基于统一高考的多维度考核评价，按综合成绩重新排序、择优录取，高校考核安排在高考成绩发布后，同时，教育部指导高校积极探索建立基于能力考查的笔试、面试，增强选才的科学性。

第三，“强基计划”改革的亮点还在于明确了聚焦服务国家重大战略需求的改革方向。在外部不确定因素增多、科技和人才竞争日趋激烈的新形势下，“强基计划”着眼于培养拔尖创新人才的时代要求，充分发挥高考指挥棒的正向作用，把高校招生与人才培养、“双一流”学科建设、科研创新等全面贯通衔接起来，形成高等教育综合改革的合力。探索建立多维度考核学生的评价模式，逐步形成拔尖创新人才选拔培养的有效机制。

第四，“强基计划”的实施，不仅引领高中育人方式的转变，也将倒逼高校创新人才培养制度：高校怎样考核才能保证选才的科学性？不允许高考前“掐尖”，高校拿什么特色吸引优秀生源？招进来了，如何培养？如何管理？如何评价？如何完善科教协同育人机制？“强基计划”打通了高等教育与基础教育在学科教学、培养模式等方面的壁垒，成为连通中学新课改、新高考改革的桥梁，还明确将建立在校生、毕业生跟踪调查机制和人才成长数据库。这些举措能更好地按照学科规律培养拔尖创新人才，也将影响、反馈和辐射到基础教育层面，进而促进基础教育的改革，提高创新人才自主培养质量。

2024年3月，教育部发布《关于做好2024年普通高校招生工作的通知》，加强基础学科拔尖创新人才选拔培养。统筹实施强基计划、少年班、英才班、保送生等各类拔尖创新人才选拔培养政策，加强选拔、培养、评价一体化建设。相关高校要进一步优化考核评价办法，注重对学生的“好奇心、探究欲、问题意识、质疑精神、意志品质”等因素考查，着力选拔对基础研究有志向、有兴趣、有天赋的优秀学生。要坚持人才培养的核心地位，遵循拔尖创新人才成长规律，完善培养方案，强化资源配置和核心育人要素建设，提高人才自主培养质量。强基计划试点高校要加强本硕博衔接培养工作，更好服务高水平科技自立自强。高校在“强基计划”选拔程序、校测形式和内容上进行持续优化调整。“强基计划”在招生上采用“高考成绩 + 校测成绩合并录取”的模式，前两年都是在高考成绩公布后安排校测，出现少数考生在高考成绩出来后放弃“强基计划”的情况。2022年，为了强化学生的志向考察，真正筛选出那些“有志向、有兴趣、有天赋”，基础扎实，坚定地服务国家重大战略需求的青年学生，复旦大学、上海交通大学、南京大学率先将校测时间提前到高考成绩公布之前，并依据校考笔试成绩而不是高考成绩确定入围，这一选拔模式被称为“复交南”模式。2023年，中国科学技术大学、浙江大学、西安交通大学、同济大学、厦门大学也对选拔程序做了调整，采用了“复交南”模式；中国科学技术大学还率先采用“按照招生总计划5倍划定全国统一合格线”，而不是分省划定的方式，这意味着初试入围考生面临全国竞争而不是本省竞争，这一政策有利于中科大在全国范围内选拔优才；中国人民大学、北京航空航天大学、北京理工大学、中央民族大学、山东大学、四川大学、中南大学、湖南大学、重庆大学、吉林大学、厦门大学、大连理工大学和中国科学技术大学等多所高校都设置了校测合格的录取前置条件，如湖南大学设专业综合测试最低合格分数线为80分，四川大学划定校考笔试合格线为笔试成绩满分的60%（即180分），北京航空航天大学则对笔试和面试成绩分别划定最低合格线；部分高校更注重数学、物理等核心科目选才要求与报考专业的匹配度，如北京航空航天大学、北京理工大学、大连理工大学和华南理工大学等在入围成绩计算方式上，都在高考文化课总成绩的基础上增加了学生单科成绩的考察比重，增加权重的科目主要是数学和物理。

“强基计划”实施四年以来，选拔培养了一批对基础学科研究有志向、有兴趣、有天赋的优秀学生，在聚焦国家重大战略需求、服务新质生产力发展和拔尖创新人才培养模式探索上迈出了坚定有力的步伐。

三、以教育家精神引领高素质教师队伍

加快发展新质生产力，需要大批拔尖创新人才，而拔尖创新人才的培养，首先要大力弘扬“教育家精神”。习近平总书记指出：“强教必先强师。要把加强教师队伍建设作为建设教育强国最重要的基础工作来抓，健全中国特色教师教育体系，大力培养造就一支师德高尚、业务精湛、结构合理、充满活力的高素质专业化教师队伍。要立足教育强国建设实际需要，加大教职工统筹配置和跨区域调整力度。要弘扬尊师重教社会风尚，提高教师政治地位、社会地位、职业地位，使教师成为最受社会尊重的职业之一，支持和吸引优秀人才热心从教、精心从教、长期从教、终身从教。要加强师德师风建设，引导广大教师坚定理想信念、陶冶道德情操、涵养扎实学识、勤修仁爱之心，树立‘躬耕教坛、强国有我’的志向和抱负，坚守三尺讲台，潜心教书育人。”①

教师是教育的第一资源，是建设高质量教育体系、实施高质量教育的根本力量。教师队伍的素质和水平很大程度上决定了教育的质量和层次，大力提高教师队伍的素养和专业化水平是建设高质量教育的重要保证和核心前提。2023年9月，习近平总书记致信全国优秀教师代表，明确提出并深刻阐释了中国特有的教育家精神：“心有大我、至诚报国的理想信念，言为士则、行为世范的道德情操，启智润心、因材施教的育人智慧，勤学笃行、求是创新的躬耕态度，乐教爱生、甘于奉献的仁爱之心，胸怀天下、以文化人的弘道追求”，并号召全国广大教师“以教育家为榜样，大力弘扬教育家精神”。教育家精神所蕴含的对于理想信念、道德情操、育人智慧、躬耕态度、仁爱之心、弘道追求的内涵，是对中华优秀传统文化中关于教师的品格要求，在新的历史条件下进行的创造性转化和创新性发展。

长期以来，普通高中面临高考综合改革与高中育人方式转换攻坚的双重发

① 习近平：《扎实推动教育强国建设》，中国政府网，https://www.gov.cn/yaowen/liebiao/202309/content_6904156.htm

展机遇与挑战，存在教育师资力量不足、专业化水平偏低的短板问题，加快建设能够支撑起建设高质量教育体系的教师队伍成了迫切任务。早在2018年1月，中共中央、国务院就已印发《关于全面深化新时代教师队伍建设改革的意见》（以下简称《意见》），这是党中央出台的一个专门面向教师队伍建设的政策文件，具有里程碑意义。《意见》指出，要加强教师队伍建设，实施教师教育振兴行动计划，建立以师范院校为主体、高水平非师范院校参与的中国特色师范教育体系，推进地方政府、高等学校、中小学三位一体协同育人。

面对新时代、新征程、新使命，中共中央、国务院与教育部等出台了很多支持性的相关政策，聚焦高质量教师队伍建设，推动教师培养培训模式改革。《教育部2022年工作要点》提出“全面夯实教师发展之基”，并部署了实施新时代基础教育强师计划、实施中西部欠发达地区优秀教师定向培养计划、优化部属师范大学师范生公费教育政策、实施中小学教师发展协同提质计划等具体举措。

第一，扎实推进“国培计划”。为全面落实《意见》的要求，需要规范和指导各地各校实施中小学幼儿园教师在线培训工作，持续推动教师培训模式改革和创新。“国培计划”包括一系列培训项目，对教师提高教书育人能力提出了新的要求。教师需要转变育人理念，创新教学方式与学习方式。通过多种形式的培训项目，提高教师队伍综合素质。

第二，大力加强乡村教师队伍建设。在精准扶贫背景下，乡村教师队伍建设关键在于精准实行乡村教师培训，提升教师专业素养；以教育公平为价值引领，稳定教师资源；从跨区域联动管理入手，健全乡村教师编制结构；根据不同情况，创建乡村教师补充机制。乡村教师队伍建设的问题是多元且复杂的，重视政策“最后一公里”的执行很关键。通过多方位、多层次的共同努力，建设好乡村教师队伍。2020年7月，教育部等六部门印发《关于加强新时代乡村教师队伍建设的意见》；2020年9月，全国教师发展大会召开，指出全面提高教师质量、建设一支高素质专业化的教师队伍，是新时代教育事业的重要课题。

第三，培养高素质“双师型”教师队伍。双师型教师队伍最关键的是需要制度化、法律化的顶层设计，出台双师型教师队伍建设的相应办法，形成高质量的“工匠型”双师教师队伍。双师型教师的素质和水平决定着职业院校和应用型高校教育教学改革的深化程度。为此，2019年，教育部、发改委、财政部、人社部印发的《深化新时代职业教育“双师型”教师队伍建设改革实施方案》

明确提出，新时代国家职业教育改革的关键力量是如何培养造就高素质“双师型”教师队伍。

第四，加强高校教师队伍建设。2021 年 1 月，教育部等六部门印发了《关于加强新时代高校教师队伍建设改革的指导意见》（以下简称《指导意见》），这是党的十八大以来第一个全面系统部署高校教师队伍建设的文件。《指导意见》提出：一是强化高校教师“四史”教育，在一定周期内做到全员全覆盖，引导广大教师厚植信念情怀。二是推进常态化师德培育涵养，将各类师德规范纳入新教师岗前培训和在职教师全员培训必修内容，达到一定学时、考核合格方可取得高校教师资格并上岗任教。三是落实师德第一标准，将师德师风作为教师招聘引进、职称评审、岗位聘用、导师遴选、评优奖励、聘期考核、项目申报等的首要要求和第一标准。四是严肃师德问题查处，建立健全师德违规通报曝光机制，依托政法机关建立的全国性侵违法犯罪信息库，严把教师职业入口关。五是完善教师思政工作组织管理体系，充分发挥高校党委教师工作部在教师思想政治工作和师德师风建设中的统筹作用，加强思想政治引领。

第五，实施基础教育“强师计划”。进入新时代，基础教育发展的基本矛盾从“有学上”转变为“上好学”，对教师队伍的学历结构、专业能力与育人水平提出更高要求。2022 年 4 月 2 日，教育部等八部门联合印发《新时代基础教育强师计划》（以下简称《强师计划》），开启新时代高素质专业化创新型教师队伍建设新征程。《强师计划》以高素质教师人才培养为引领，以高水平教师教育体系建设为支撑，以提升教师思想政治素质、师德师风水平和教育教学能力为重点，提出新时代基础教育教师队伍筑基提质、补短扶弱、做优建强的思路举措，促进教师数量、素质、结构协调发展，推动教师队伍建设创新。主要政策创新点有：一是以高水平师范院校为引领，加强教师教育体系建设。支持建设一批国家师范教育基地，打造师范教育高质量发展的排头兵、领头雁。二是以创新人才培养为目标，提升教师培养层次。三是以中西部欠发达地区教师为重点，推动师资优质均衡。四是以深化评价改革为牵引，提升教师队伍治理水平。五是以信息技术应用为抓手，推动教师队伍建设提质增效。

2024 年 5 月教育部等部门特别制定了《教育部直属师范大学本研衔接师范生公费教育实施办法》（以下简称《实施办法》），该《实施办法》旨在优化师范生公费教育制度，加强研究生层次中小学教师培养，以教育家精神为引领，吸引优秀人才从教，进一步形成尊师重教的浓厚氛围，促进教育公平与质量提升。

面对办好人民满意教育和实现中华民族伟大复兴的现实需要，我们要全面加强教师队伍建设，夯实教师发展之基，加快构建高水平教师教育体系建设新格局，努力为党和国家提供源源不断的大国良师。教育家精神是对教师职业精神的凝练与升华，把对教师立足当前强国建设、民族复兴的特殊历史使命提升到了全新的高度，为我们打造高素质教师队伍，推进教育高质量发展指明了方向。

四、推动“教育、科技、人才”一体化发展

加快发展新质生产力，需要推动“教育、科技、人次”一体化发展。党的二十大报告指出：“教育、科技、人才是全面建设社会主义现代化国家的基础性、战略性支撑。”这是首次将教育、科技、人才一体安排部署，深刻体现了党中央对于教育的高度重视，是党的理论和实践的重大创新。当前，世界之变、时代之变、历史之变正以前所未有的方式展开，我们迎来了世界新一轮科技革命和产业变革同我国转变发展方式的历史性交汇期，围绕科技制高点和高端人才的战略博弈空前激烈，教育领域的赛道和赛跑呈现新的发展态势和特征，既面临难得的历史机遇，又面临空前的严峻挑战。新时代新征程上，我们必须深刻认识教育、科技、人才一体化发展对于推动中国式现代化的重要意义，抢占未来发展先机，以进一步全面深化改革释放创新创业创造活力，为全面建设社会主义现代化国家、全面推进中华民族伟大复兴提供强劲有力的基础性、战略性支撑。坚持教育、科技、人才三位一体统筹推进，才能开辟发展新领域新赛道，不断塑造发展新动能新优势。

近年来，我国经济发展模式不断升级，转换速度加快，高质量发展取得明显成效；区域之间协调性、平衡性明显增强；教育、科技、人才一体统筹推进效果日益显现。但面对中国式现代化建设，还存在一些制约高质量发展的堵点卡点，比如人口质量还不够高、自主创新能力还不够强、要素优化配置效率还需要提升等。这些堵点卡点问题的解决，与教育息息相关，如何发挥好教育的基础性和战略性作用更为关键。作为高质量教育体系基点的基础教育须筑牢根基，要用新质生产力理念来推进基础教育改革发展，从培育发展先进生产力入手，构建优质均衡的基本公共教育服务体系，加强人才培养贯通链、学科融合链和

部门及区域协同链，优化教育资源配置，促进教育从规模发展转向提质增效，全面提升教育生产力，筑牢培育和发展新质生产力的基底，不断增强基础教育对高质量发展的支撑力、贡献力。

在全国科技大会、国家科学技术奖励大会、两院院士大会上，习近平总书记系列重要讲话指出，科技创新靠人才，人才培养靠教育，教育、科技、人才内在一致、相互支撑。要增强系统观念，深化教育科技人才体制机制一体改革，完善科教协同育人机制，加快培养造就一支规模宏大、结构合理、素质优良的创新型人才队伍。习近平总书记的重要讲话为我们充分认识教育在国家战略中的重要价值，加强教育与科技的协同布局，扎实推进教育强国建设各项重大任务，以教育科技人才一体发展作为夯实高水平科技自立自强的基础支撑，指明了前进方向、提供了根本遵循。

第一，教育、科技、人才从来都是不可分割的统一体。作为人类文明进程中最宝贵的资源，三者既同根同源，又同轨同向。教育的本质是培养人才，科技的本质是解放和发展生产力，教育为科技进步提供源源不断的人才支撑，科技也为教育发展持续赋能。教育、科技、人才既有自身子系统，又属于共同大系统。立足于系统观念，既要从子系统看待教育、科技、人才各自的功能价值，也要从整体视角看待共同大系统的总价值，从系统最优解的理论视角界定和把握教育、科技、人才在不同场景下统筹推进的作用和规律，实现教育、科技、人才三位一体统筹推进，从而产生全局性的战略价值，更好汇聚创新合力。从实践来看，有必要增强教育、科技、人才条块管理的互动性，如此方能有效避免创新资源配置的交叉重复。这需要打破行政壁垒，提高统筹层级，进行通盘谋划、一体部署，因地、因时、因需统筹配置资源，让教育、科技、人才实现相互辅助、有机统一。

第二，增强教育、科技、人才三位一体协同融合发展是资源配置的核心问题。教育的公共服务属性，决定了政府是教育资源的主要供给者。科技、人才既有公共属性，又有市场属性，需要政府供给，也需要发挥市场作用。因此，高质量推进区域协调发展，须理顺教育、科技、人才资源的供给关系，解决好供给与需求的匹配方式。更需明确供给与需求边界、遵循效能最大化原则，促进政府供给与市场供给各尽其职、相得益彰，力争实现创新资源的最优匹配。必须从增强教育、科技、人才适配性的角度，遵循创新规律和目标任务，提升资源配置的精准性，把支撑区域高质量发展的要求，体现到创新资源配置的全链条、各环节，切实推进教育、科技、人才资源精准对接和有效配置，实现人尽其才、物尽其用。

第三，促进教育、科技、人才三位一体统筹推进，这是发展新质生产力、开辟发展新领域新赛道的必由之路。教育、科技、人才三位一体统筹推进，也是落实企业创新主体地位的重要抓手。当前，一流的教育、科技、人才资源多流向高水平大学和科研院所，这也是影响企业创新主体地位的瓶颈之一。能否有越来越多一流的教育、科技、人才资源顺畅地流向企业，是检验三位一体统筹推进成效的关键标准。对此，应当尽快建立一流创新资源加速流向企业的相关政策和体制机制，促进教育链、创新链、人才链与产业链深度融合、一体推进，推动强化企业创新主体地位。当前，在推进区域高质量发展过程中，有必要将教育、科技、人才三位一体统筹推进成效作为考核的关键性指标之一，建立基于高质量发展要求、具有区域特色和功能价值的评价考核体系，充分发挥其应有的导向和引领作用，让创新和创造活力竞相奔涌，为高质量发展提供持久而有力的支撑。

第四，促进教育、科技、人才三位一体统筹推进，缩小区域间资源禀赋差异所带来的区域间发展的不平衡、不协调与不充分。面向未来，破解区域协调发展难题，须从教育、科技、人才三位一体统筹推进的新视角，强化三者之间的契合度、提高支撑高质量发展的匹配度、增强服务国家战略的贡献度。唯此，才能使最大创新资源发挥最大创新效能，形成支撑引领区域协调发展的强劲动力。

教育是培养高素质人才的基础，科技是国家强盛的动力，人才是科技创新的关键。教育、科技、人才一体化发展可以实现资源的最优配置，使教育资源、科技资源和人力资源得到充分利用，同时可以最大限度地发挥人的创新潜力，提高国家整体的创新能力和水平。立足两个大局，迫切要求坚持系统观念，充分理解认识教育发展、科技创新、人才培养的发展逻辑和内在规律，将三者的发展作为一个相互作用的有机整体协同推进，夯实高水平科技自立自强的基础支撑。推动教育、科技、人才的一体化发展不仅是提升国家综合竞争力的需要，也是实现可持续发展的重要保障。教育、科技、人才一体化发展的理念和实践将为国家未来的发展奠定坚实基础，推动社会进步和人民福祉的提高。

党的二十大三中全会提出，聚焦现代化产业体系建设的重点领域和薄弱环节，增加高质量科技供给，培育发展新兴产业和未来产业，积极运用新技术改造提升传统产业；建立培育壮大科技领军企业机制，加强企业主导的产学研深度融合；加强创新资源统筹和力量组织，推动科技创新和产业创新融合发展；强化企业科技创新主体地位，促进创新链产业链资金链人才链深度融合，推动科技成果加快转化为现实生产力。

发展以高技术、高效能、高质量为特征的生产力，需要聚焦关键环节，各地推出扎实举措，因地制宜发展新质生产力，塑造发展新动能新优势；需要建立未来产业投入增长机制，引导新兴产业健康有序发展。（1）科技创新能够催生新产业、新模式、新动能，是发展新质生产力的核心要素。扎实推动科技创新和产业创新深度融合，以科技创新推动产业创新、引领高质量发展、保障高水平安全，才能抢占科技竞争和未来发展制高点，助力发展新质生产力，塑造发展新动能新优势。（2）新质生产力主要由技术革命性突破催生而成，这就要求我们加强科技创新特别是原创性、颠覆性科技创新，打好关键核心技术攻坚战，使原创性、颠覆性科技创新成果竞相涌现，培育发展新质生产力的新动能。（3）明确企业是创新的主体，是推动创新创造的生力军。要从制度上落实企业科技创新主体地位，推动企业成为技术创新决策、研发投入、科研组织和成果转化的主体，发挥市场需求、集成创新、组织平台的优势，打通从科技强到企业强、产业强、经济强的通道，引导企业与高校、科研机构密切合作，通过组建创新联合体、建设科技创新平台等方式，面向产业需求共同发现科技问题、联合开展科研攻关、协同培养科技人才，推动企业主导的产学研融通创新。（4）加快促进科技成果转化应用。要深刻认识到，科技成果只有同国家需要、人民要求、市场需求相结合，完成从科学研究到实验开发再到推广应用的三级跳，才能真正实现创新价值、实现创新驱动发展。科技成果转化为现实生产力，表现形式为催生新产业、推动产业深度转型升级；扎实推动科技创新和产业创新深度融合，就要及时将科技创新成果应用到具体产业和产业链上，完善现代化产业体系。

党的二十大报告强调，教育、科技、人才在我国全面建设社会主义现代化国家征程中起着基础性和战略性支撑作用，要坚持创新在我国现代化建设全局中的核心地位，加快实施创新驱动发展战略和深入实施人才强国战略，加快建设高质量教育体系，加快建设世界重要人才中心和创新高地，全面提高人才自主培养质量，着力造就拔尖创新人才。高水平拔尖创新人才成为我国实现第二个百年奋斗目标、全面建设社会主义国家和以中国式现代化全面推进中华民族伟大复兴新征程最重要的战略资源。

当前科技竞争更加激烈，因此我们要把科技的命脉牢牢掌握在自己手中，在科技自强自立上取得更大进展；而实现科技自立自强，归根结底要靠高水平创新人才。当前国际竞争说到底是人才的竞争，尤其是拔尖创新人才培养机制体制的竞争。我国正处于比历史上任何时期都更加渴求拔尖创新人才的关键阶段。拔尖创新人才培养是打破关键技术受制于人的局面和实现我国人才强国战略和创新驱动发展战略的根本途径。坚持创新人才培养在我国教育改革事业全局中的核心地位，准确把握创新人才培养的基本规律，深化创新人才培养机制体制改革，激发各类人才创新活力，自主培养更多高水平创新人才，事关国家发展、民族复兴的长远大计。

首先，要深刻认识创新人才培养规律，按照教育规律培养人才，加快建设世界重要人才中心和创新高地。科学精神坚持实事求是、追求真理的理性精神与实践是检验科学理论真理性唯一标准的实证精神的统一，以理性质疑、求真求实、崇尚创新为其精神内核，是创新人才必备的素养和品质。创新能力是指人们革旧布新和创造新事物的能力，要求人们运用开放性、批判性和发散性思维，提出新问题、创建新设想、发现新方法、得出新观点。创新能力培养是创新人才培养的本质要求。批判性思维是为决定我们的信念和行动而进行的理性的、反思性的思维过程，引导人们树立理性、公正、开放、反思的人格品质和价值观念，其核心功能体现在对创新思维的激发和对创新能力的提升上。科学精神、创新能力和批判性思维这三者构成了一个不可分割的有机整体，为我国创新人才培养提供了理论和方法。教育是人才培养的基石，创新人才的培养关键要从教育上用心着力，尊重创新人才培养规律，深化教育评价改革，大力营造有利于创新人才培养的土壤环境。以高考综合改革推动的基础教育改革在创新人才培养上迈出了坚定有力的步伐，深化考试招生制度改革，创新命题形式，增强试题开放性，着重考查学生独立思考和运用所学知识分析问题、解决问题的能力，稳步实现从考知识向考能力素养的转变、从解题向解决问题的转变，积极引导学生注重科学精神、创新能力和批判性思维的培养培育。学校及其他教育机构应当坚持理论联系实际，注重培养受教育者的独立思考能力、实践能力、创新能力和批判性思维，以及追求真理、崇尚创新、实事求是的科学精神。

其次，要打破短期功利主义，培养学生关键能力、学科素养和创新思维。创新特别是原始创新是对未知领域的艰苦探索，如果缺乏强大的内驱力以及对真理追求不可遏制的激情，是不可能出现颠覆性、革命性创新的。长期以来，因不科学的教育评价导向，导致了社会上一种急功近利和浮躁之风，真正重大的学术贡献和原创性研究乏善可陈。教育评价改革相关政策的出台，就是要扭转不科学的教育评价导向，从根本上改变当前教育短期功利主义，激发学生和研究人员科学探究与追求真理的热情。与此同时，传统教育模式很大程度上是知识的获取与传授，这种知识获得、模仿型学习的人才培养模式已经完全不能适应创新人才培养的需要。打破传统以知识获取为唯一目标的教育导向，坚持学科素养导向，培养学生关键能力，提高学生思维品质，是建立创新人才培养模式的必由之路。国家出台的以高考内容改革为代表的系列教育改革文件，明确提出要培养学生适应终身发展和社会发展需要的正确价值观念、必备知识和关键能力，进一步加强学生信息获取与加工、逻辑推理与论证、科学探究与思维建模、批判性思维与创新思维、语言组织与表达等高阶思维能力的训练，引导学生建立求真和实证的科学精神，大力推动我国创新人才培养进程。进一步来看，创新人才培养需要营造宽松、包容的育人环境和社会氛围。创新是一种对未知世界的自由探索，这就要求在全社会积极营造鼓励大胆创新、勇于探索、宽容失败的良好氛围。与此同时，好奇心与想象力保护与激发是创新人才培养的核心要素，应试导向下对唯一确定性求解的教育评价体系在一定程度上扼杀了学生的好奇心和想象力，不利于创新人才的培养。教育改革要促进学生全面、多元发展，切实解决应试教育“重知识、轻能力”的弊端，加强学科素养和关键能力培养，进一步保护、激发学生的好奇心和想象力，为创新人才培养奠定基础。

再次，要促进教育公平，助力共同富裕。研究表明，受教育机会和资源不均等是造成收入差距的重要原因之一，受教育程度与收入水平有着直接的关联。与此同时，高等教育文凭尤其是顶尖大学文凭对提升劳动力市场竞争力具有关键作用，很多家庭倾向于通过增加教育投入应对不确定的经济前景。家庭经济背景越好的学生，越能通过校外培训或增加教育投入巩固其在竞争中的优势地位。正是在这样一种“高收入—高教育”和“高教育—高收入”双重作用力下，当前社会有朝着阶层固化和贫富差距加剧方向持续恶化的风险：高收入群体加大子女教育投入，其子女获得有竞争力的工作机会，从而成为新的高收入群体；与此对应，低收入群体及其子女则走向了完全相反的方向。一个阶层高度固化和贫富差距巨大的社会是一个充满了张力和风险的社会。打破阶层固化、实现共同富裕既是社会稳定健康发展的内在要求，更是中国特色社会主义制度优越性的具体体现。促进义务教育优质均衡发展，提高课堂教学质量和教师教学水平，做强做优免费线上学习服务，加大优质教学资源的均等化供给，强化学校教学主阵地的地位，最大限度地避免学生因家庭收入不均等造成的教育机会与资源不均等，促进社会流动，打破阶层固化，缩小收入差距，从而为实现共同富裕奠定基础。

最后，要营造和谐、健康的教育生态，破除教育剧场效应。家庭教育和养育成本高昂成为当前国际社会的一个普遍现象。在普遍的教育焦虑压力下，很多家长不得不采取一种密集养育的方式。密集养育是指一种以子女为中心、父母倾向于在子女成长和发展全过程进行干预以及在经济上付出昂贵代价的养育方式。这种养育方式最大的问题在于它不断压缩孩子自由成长的空间，让孩子不断交出和让渡选择的权力，家长采取全程安排、保护和控制的方式，严重干扰了儿童自主性和能力的发展，与教育的本质和人的成长规律背道而驰。成长是一个逐步建立独立意识的过程，孩子只有学会自主意识、独立思考和自主决定，才能形成他们面对挑战、承受和应对逆境考验的能力，才能学会面对不确定性与世界的复杂性，才能形成判断力与决断力，而这些恰恰是在父母的全程干预以及强化补习班上所无法学到的。教育评价改革要打破现有的教育剧场效应，切实缓解家长教育焦虑，有效降低教育成本，营造良好的教育生态和环境，培养学生独立自主、勇毅果敢、勇于担当、自主决策的意志品质和人格特质。

Ⅱ 政策篇

2024 年高考政策解读与 2025 年展望

摘　要： 高考作为国家基本教育制度的重要组成部分，是连接基础教育和高等教育的枢纽，是提高人才自主培养质量和拔尖创新人才培养的关键环节。如何提高高考指挥棒的指挥水平，更好地服务我国拔尖创新人才培养和人才自主培养质量提升，是高考综合改革和高考命题改革的时代使命和核心任务。深化高考内容改革，就是要落实立德树人根本任务，服务高校人才选拔，服务引导高中教学，服务我国拔尖创新人才培养。2024 年高考试题以习近平新时代中国特色社会主义思想为指导，深入贯彻党的教育方针，构建引导学生德智体美劳全面发展的考试内容体系，主要表现出四个特征：（1）坚持立德树人，加强价值引领，强化高考育人功能；（2）突出思维品质，考查关键能力，助力拔尖创新人才培养；（3）注重问题导向，优化情境创设，激发科学探究活力；（4）深化考教衔接，落实课程标准，发挥正向引导作用。在教育强国和高考综合改革的背景下，面对新的时代需要，高中教育理念和教学观念要实现五个转向：从“知识就是力量”转向“思维就是力量”；从“知识传递”转向“知识建构”；从“感性顿悟”转向“理性规范”；从“高分低能”转向“高分高能”；从“授人以鱼”转向“授人以渔”。2025 年高考将继续发挥高考的育人功能，紧扣三条逻辑主线，坚持命题四项原则，重点考查五大关键能力，落实思维的可视化、过程化和规范化，强化问题意识，打破固化命题形式，加强跨学科考查，加大试题的区分效度，为全面提高人才自主培养质量、着力造就拔尖创新人才发挥积极的导向作用。

关键词： 高考改革；关键能力；学科素养；考教衔接；教育观念

教育是国之大计、党之大计，在实现中华民族伟大复兴的新征程中，教育的先导性、基础性、全局性地位和作用更加凸显，肩负的使命更为重大。教育兴则国家兴，教育强则国家强。习近平总书记强调：“建设教育强国，是全面建成社会主义现代化强国的战略先导，是实现高水平科技自立自强的重要支撑，是促进全体人民共同富裕的有效途径，是以中国式现代化全面推进中华民族伟大复兴的基础工程。”①

2019 年 6 月，《国务院办公厅关于新时代推进普通高中育人方式改革的指导意见》（简称《指导意见》）发布，要求进一步深化考试命题改革，学业水平选择性考试与高等学校招生全国统一考试命题要以普通高中课程标准和高校人才选拔要求为依据，实施普通高中新课程的省份不再制定考试大纲。《指导意见》明确提出了实施新课程的省份不再制定考试大纲，意味着我国高考“依考试大纲命题”“依考试大纲教学”“依考试大纲备考”时代的结束，给普通高中教学和高考实践带来了新的任务与机遇。2020 年 1 月，教育部教育考试院（原教育部考试中心）发布《中国高考评价体系》，这是深化新时代高考内容改革

---

① 习近平：《扎实推动教育强国建设》，中国政府网，https://www.gov.cn/yaowen/liebiao/202309/content_6904156.htm

和命题改革的纲领性文件，明确提出了“一核”“四层”“四翼”的高考命题方向。《中国高考评价体系》是高考内容改革的基础工程、理论支撑和实践指南，它的正式颁布和实施对我国高考综合改革和创新人才培养具有里程碑式的意义。2020年10月，中共中央、国务院印发了《深化新时代教育评价改革总体方案》（简称《总体方案》），再次对考试招生制度改革作出部署，旨在扭转不科学的教育评价导向，坚决克服唯分数、唯升学、唯文凭、唯论文、唯帽子的顽瘴痼疾，尊重创新人才培养和教育规律，引导教育回归根本。2021年7月，中共中央办公厅、国务院办公厅印发《关于进一步减轻义务教育阶段学生作业负担和校外培训负担的意见》，切实减轻义务教育阶段学生作业负担、减轻校外培训负担，强化学校教育主阵地作用，深化校外培训机构治理，缓解家长教育焦虑，降低养育教育成本，打破教育剧场效应，构建教育良好生态，促进学生全面发展。

2022年10月，党的二十大报告提出，要实施科教兴国的战略，强化现代化建设的人才支撑，落实立德树人的根本任务，培养德智体美劳全面发展的社会主义建设者和接班人；坚持为党育人、为国育才，全面提升人才自主培养质量，着力造就拔尖创新人才。人才是核心竞争力，人才的高度影响甚至决定着国家发展的高度和国家竞争的真正实力。人才特别是拔尖创新人才自主培养是教育强国建设必须攻克的核心任务。基础教育既要夯实学生的知识基础，也要激发学生崇尚科学、探索未知的兴趣，培养其探索性、创新性思维品质。2024年6月24日习近平总书记在全国科技大会、国家科学技术奖励大会、两院院士大会上强调指出：科技创新靠人才，人才培养靠教育，教育、科技、人才内在一致、相互支撑；要增强系统观念，深化教育科技人才体制机制一体改革，完善科教协同育人机制，加快培养造就一支规模宏大、结构合理、素质优良的创新型人才队伍。

高考作为国家基本教育制度的重要组成部分，是连接基础教育和高等教育的枢纽，是提高人才自主培养质量和拔尖创新人才培养的关键环节。如何提高高考指挥棒的指挥水平，更好地服务我国拔尖创新人才培养和人才自主培养质量提升，是高考综合改革和高考命题改革的时代使命和核心任务。深化考试招生制度改革，尤其是深化高考内容和高考命题改革，就是要落实立德树人根本任务，服务高校人才选拔，服务引导高中教学，服务我国拔尖创新人才培养，进一步突出关键能力、学科素养和思维品质的考查要求，加强科学精神、创新能力、批判性思维的培养培育，构建引导学生德智体美劳全面发展和拔尖创新人才培养的招生考试制度，为全面建设社会主义现代化国家新征程注入最强大的人才动力与支撑。

2014 年以来，分五批 29 个省份启动了高考综合改革，截至 2024 年，前四批 21 个省份（第一批为上海、浙江；第二批为北京、天津、山东、海南；第三批为河北、辽宁、江苏、福建、湖北、湖南、广东、重庆；第四批为吉林、黑龙江、安徽、江西、广西、贵州、甘肃）的新高考已平稳落地。第五批 8 省份（山西、内蒙古、河南、四川、云南、陕西、青海、宁夏）的新高考将于 2025 年落地。

面对新一轮科技革命和产业变革，当前科技竞争更加激烈，我们要把科技的命脉牢牢掌握在自己手中，在科技自强自立上取得更大进展；而实现科技自立自强，归根结底要靠高水平创新人才。当前国际竞争说到底是人才的竞争，尤其是拔尖创新人才培养机制体制的竞争，我国正处于比历史上任何时期都更加渴求创新人才的关键阶段。拔尖创新人才培养是打破关键技术受制于人的局面和实现我国人才强国战略和创新驱动发展战略的根本途径。坚持创新人才培养在我国教育改革事业全局中的核心地位，深化高考内容改革，重点考查关键能力、学科素养和思维品质，引导学生科学精神、创新能力和批判性思维的培养培育，服务拔尖创新人才培养和人才自主培养质量提升，是理解和把握本轮高考综合改革和命题改革的核心要旨。

第一节　2024 年高考政策解读

2024 年高考命题以习近平新时代中国特色社会主义思想为指导，深入贯彻党的教育方针，落实立德树人根本任务，充分发挥高考的育人导向，构建引导学生德智体美劳全面发展的考试内容体系。秉承稳中求进总基调，以课程标准和高考评价体系为命题依据，扎实推进考试内容和命题形式改革，在必备知识的基础上，重点考查学生的关键能力和学科素养，突出思维品质和思维过程的考查，实现从考知识向考能力素养的转变，从解答题目向解决问题的转变，进一步激发学生崇尚科学、探索未知的兴趣。

2024 年高考进一步创新试题形式，创设真实情境，强调开放灵活，注重联系社会生活实际，强化“价值引领、素养导向、能力为重、知识为基”的多维考查模式，进一步增强试题的应用性、探究性和开放性，强化思维的过程化、可视化和规范化考查，引导学生培养适应终身发展和社会发展所需要的正确价值观、必备品格和关键能力，引导学生注重科学精神、创新能力和批判性思维的培养培育，服务拔尖创新人才选拔与培养，助力人才自主培养质量提升。2024 年高考命试题呈现出以下特征。

第一，坚持立德树人，加强价值引领，强化高考育人功能。2024 年高考命题坚持正确的政治方向和价值导向，落实立德树人根本任务，加强价值引领，凸显考试的育人功能，有机融入习近平新时代中国特色社会主义思想，引导学生更好地理解党的创新理论成果，夯实学生思想根基。加强培育社会主义核心价值观，大力弘扬中华优秀传统文化、革命文化和社会主义先进文化，让学生体会中华优秀传统文化的源远流长和博大精深，接受革命文化的熏陶和教育，激发学生对社会主义先进文化的认同感和担当中华民族复兴大任的使命感。将学科内容与国家发展进步、社会生活实际紧密联系，深化文明交流互鉴，推动中华文化更好走向世界，引导学生坚定道路自信、理论自信、制度自信、文化自信，深化爱国主义教育，增强理想信念，形成正确的世界观、人生观、价值观，并鼓励广大青年学子积极投身新时代伟大事业，不断坚定中国特色社会主义共同理想，努力成长为担当民族复兴大任的时代新人。

第二，突出思维品质，考查关键能力，助力拔尖创新人才培养。高考是提高人才自主培养质量、造就拔尖创新人才的关键一环。2024 年高考命题坚持素养导向，突出思维品质，着重考查关键能力，服务拔尖创新人才培养和人才自主培养质量提升。注重学用结合，强化思维品质考查，通过优化试卷结构，打破固化试题形式，让学生有更多的时间深入思考，同时通过丰富呈现方式、创新设问角度，拓展思维考查的空间，强化思维过程和思维方式的考查，引导学生提升思维品质，减少死记硬背和机械刷题。2024 年高考继续遵照“价值引领、素养导向、能力为重、知识为基”的命题原则，考查内容不再只是针对学生拥有知识的多少及深浅，而是在价值引领和必备知识的基础上，突出对关键能力、思维品质和学科素养的考查，继续加大对信息获取与加工、逻辑推理与论证、科学探究与思维建模、批判性思维与创新思维、语言组织与表达等关键能力的考查力度。

第三，注重问题导向，优化情境创设，激发科学探究活力。对于科学研究和科学发现而言，提出一个问题往往比解决一个问题更重要，提出问题和发现问题的能力是创新人才培养不可或缺的重要能力，高考命题必须要强化对学生发现问题提出问题能力培养的积极引导作用。2024 年高考突出问题导向，进一步加大对学生提出问题和发现问题能力的考查力度，进一步加强创新意识培养，优化情境创设，加大试题的开放性、探究性和创新性，增加结构不良试题的数量，鼓励学生发散思维，破除唯一标准答案的束缚，从不同角度提出解决问题的新思路和新方法，引导学生在独立思考、深入探索的过程中增强创新意识，培育创新精神。加强科学实验与科学探究等考查，鼓励学生树立科学精神，坚持理性与追求真理，坚持科学探究中的合客观性与合逻辑性，运用科学研究方法，解决科学问题，引导他们崇尚科学，积极参与科学活动，激发学生的好奇心、想象力和探求欲。

第四，深化考教衔接，落实课程标准，发挥正向引导作用。要充分发挥高考正向的引导作用，提高高考指挥棒的指挥水平，服务高校人才选拔，服务引导高中教学，服务拔尖创新人才培养。2024 年高考依据课程标准和高考评价体系，科学设计命题内容和创新命题形式，积极引导中学教学回归课标、回归课堂。聚焦高校人才选拔要求，加强与高中教育教学的衔接，注重考查学生对基础知识、基本技能、基本方法的理解和掌握，加强考教衔接，实现以考促教，积极引导一线教学改进课堂教学，提高课堂质量。

一、依据《课程标准》和《高考评价体系》命制试题

2019 年 6 月，《国务院办公厅关于新时代推进普通高中育人方式改革的指导意见》要求进一步深化考试命题改革，学业水平选择性考试与高等学校招生全国统一考试命题要以普通高中课程标准和高校人才选拔要求为依据，实施普通高中新课程的省份不再制定考试大纲。自此，我国高考正式进入“后考纲”或“无考纲”的新时期，《考试大纲》完成其历史使命，退出了历史舞台。在“后考纲”时期，《课程标准》和《中国高考评价体系》成了高考命题的基本依据和实践指南。无论是全国统一命题还是分省命题，都以课程标准和高考评价体系为命题依据，这就要求我们一线师生深刻理解和准确把握课程标准和高考评价体系所规定的高考考查内容和考查要求，明确高考的核心功能，落实立

德树人根本任务，坚持学科素养导向，加强关键能力和思维品质培养，适应“价值引领、素养导向、能力为重、知识为基”的四维考查要求，适应高考命题从考知识向考能力素养的转变，适应高考命题从解答题目向解决问题的转变，加强思维的可视化、过程化和规范化训练。

2020 年 1 月 7 日，教育部考试中心正式发布《中国高考评价体系》，高考评价体系是深化新时代高考内容改革的基础工程、理论支撑和实践指南，集中回答了“为什么考、考什么、怎么考”的关键问题。高考评价的核心内容是“一核四层四翼”，“一核”为核心功能，即“立德树人、服务选才、引导教学”，是对素质教育中高考核心功能的概括，回答“为什么考”的问题；“四层”为考查内容，即“核心价值、学科素养、关键能力、必备知识”，是素质教育目标在高考内容中的提炼，回答“考什么”的问题；“四翼”为考查要求，即“基础性、综合性、应用性、创新性”，是素质教育的评价维度在高考中的体现，回答“怎么考”的问题。中国高考评价体系创造性地提出了“价值引领、素养导向、能力为重、知识为基”高考命题理念。

《课程标准》和《中国高考评价体系》对高考命题作出了一般性的要求和规定，两者的内在逻辑和核心指向具有高度的统一性，也即高考命题就是要落实立德树人根本任务，坚持学科素养导向，强化“价值引领、素养导向、能力为重、知识为基”的多维考查模式，实现从考知识向考能力素养的转变，实现从解答题目向解决问题的转变。结合《课程标准》和《中国高考评价体系》的内在逻辑和总体特征，我们可以从“核心价值金线”“能力素养银线”和“情境载体串联线”三条线索进行理解和把握。其中，“核心价值金线”贯穿高考命题和评价的始终，“能力素养银线”成为高考命题和考查的重心，情境作为考查载体，是“金线”和“银线”的串联线。纵观近几年的高考试题，不论是全国统一命制的试卷，还是分省命制的试卷，不仅充分体现了命题的“金线、银线、串联线”三线逻辑，同时还呈现出“无价值，不入题；无思维，不命题；无情境，不成题；无任务，不立题”的典型特征。

第一，“核心价值金线”是指围绕立德树人来考查学生的政治立场、思维观念、理想信念、道德品质以及世界观和方法论。高考试题命制将全面贯彻党的教育方针，充分发挥高考育人功能，落实立德树人根本任务，有机融入习近平新时代中国特色社会主义思想，加大对理想信念、爱国主义、品德修养、知识见识、奋斗精神、综合素质等内容在考试中的考查力度，引导学生培养和践行社会主义核心价值观，弘扬中华优秀传统文化、革命文化和社会主义先进文化，树立正确的国家观、历史观、民族观、文化观，切实增强中国特色社会主义道路自信、理论自信、制度自信、文化自信。高考命题将紧扣核心价值金线，始终坚持正确的政治方向和价值取向，不断强化育人功能和积极导向作用。与此同时，重大社会现实问题、关键历史事件与科技前沿等，也是近年来高考命题中选题和取材的主要来源，引导学生密切关注重大社会现实问题和关键历史事件，从而提高学生的政治站位、思想立场与理想信念。“无价值，不入题”已成为近年来高考内容改革的一个鲜明特征。

第二，“能力素养银线”主要考查学生的学习掌握、实践探索以及思维方法等方面的能力。高考评价体系综合统筹知识、能力、素养的关系，将高考考查内容凝练为核心价值、学科素养、关键能力、必备知识四个层面，在必备知识的基础上，加大力度考查学生的学科素养和关键能力。以高考评价体系为指导，各学科在命制试题时，结合学科特点，以学生在解决学科问题中所要运用的能力为依据，着重考查学生信息获取与加工的能力，考查学生逻辑推理与论证的能力，考查学生实验设计、科学探究与思维建模的能力，考查学生证据识别与证据质量评估的能力，考查学生独立思考、挖掘隐含前提与开放论证的批判性思维与创新能力，考查学生语言建构与运用、语言组织与表达能力，考查学生审美鉴赏与创造、文化交流与文明互鉴的能力，考查学生发现问题、分析问题与解决问题的能力等。近几年高考试题进一步加大对学生思维品质与思维过程的考查力度，包括但不限于形象思维能力、抽象思维能力、归纳思维能力、演绎思维能力、批判性思维能力以及辩证思维能力等。将学科素养、关键能力以及思维品质贯彻到高考命题中进行考查，是高考评价体系指导下高考命题的重要特征，中国高考命题进入了“无思维，不命题”的新时期。

第三，“情境载体串联线”是指通过设计生活实践情境和学习探索情境，将其作为任务创设和基本知识能力运用考查的载体，实现对学生学科基本概念、原理、技能和思维方法的考查和选拔，着重考查学生运用所学知识、原理和思维发现问题、解决现实问题的能力，通过合理创设情境，设置新颖的试题呈现方式和设问方式，促使学生主动思考，发现新问题、进行新解释、找到新规律、得出新结论。高考评价体系中的“四层”考查内容和“四翼”考查要求，是通过生活实践情境与学习探索情境两类载体来实现的，即通过选取适宜的素材，再现学科理论产生的场景或是呈现现实中的问题情境，让学生在真实的问题情境下发挥核心价值的引领作用，运用必备知识和关键能力去解决实际问题，全面综合展现学科素养水平。从近年来的高考试题来看，情境类型可以进一步细分为：重大现实问题与关键历史事件情境，生产生活实践与经济社会发展情境，科学探究、实验探索与科学前沿情境，文化传统与学科史料情境等。高考评价体系要求高考全面落实情境式命题，材料丰富，情境多元，加强情境的新颖性、灵活性、探究性和开放性。高考命题呈现出“无情境，不成题”的新特征。

第四，“问题导向，任务驱动”是高考命题的基本方向和要求，也是衡量高考命题质量的重要标尺，同时还是课程标准、高考评价体系有关高考命题建议的关键指标。高考评价体系特别强调高考命题要着重考查学生有效认识问题、分析问题、解决问题所必备的关键能力、学科知识和综合品质。学科素养是在一个又一个的真实情境中通过完成特定的学科任务而展现出来或生成的综合品质，高考命题的素养导向就是通过特定的情境创设，考查学生调动、运用必备知识与关键能力、思维方法与思维品质、情感态度与价值观高质量完成特定学科任务的综合表现。因此，如果缺乏特定的学科任务设定，高考便很难有效考查学生的学科素养。以问题为导向、以具体任务为驱动进而考查学生综合品质或学科素养是本轮高考命题改革的重要方向。深刻理解学科任务的重要性和优先性对我们准确把握高考命题改革具有重要意义。课程标准规定了学习任务群以任务为导向，以学习项目为载体，整合学习情境、学习内容、学习方法和学习资源，引导学生在解决特定问题的学科任务中提升学科素养。这一理念落实到考试中，就是要通过学科任务的完成来实现对知识、能力、素养的综合考查。课程标准在高考命题建议中强调，要“设计典型任务”，要“以情境任务作为试题的主要载体”“以综合考查作为命题导向”。近年来的高考命题，尤其是那些具有高区分度的试题，就充分体现了“问题导向、任务驱动”的命题理念。以解决实际问题和学科任务为考查目标，要求学生运用所学知识、调动关键能力，寻找解决问题的方案。如近年来的语文高考相当一部分试题已不再单一考查文本的概念、词句含义、表现手法或表达效果等，而是指向综合考查，通过综合性的语文任务活动，考查学生的语文科综合品质或能力水平。理科试题进一步加大科学实验和科学探究的考查比重，以实际科学问题设置学科任务，引导学生整合、调动和运用所学知识，发现问题、提出假设、设计实验、数据处理、找到解决问题的方案。高考试题紧密联系科学实践与概念学习，通过科学实验与科学探究典型学科任务的设置，考查学生问题发现、假设提出、实验设计、实验操作、数据处理和结论分析等方面的能力，有助于培养学生的实践能力和创新精神。当然，我们应该对高考试题中的任务类型进行区分，学科任务一般可以分为简单任务和复杂任务，简单任务的试题在选拔区分功能上比较弱，只有那些复杂任务对学生运用和调动必备知识、关键能力提出了更高的要求，是高水平学科素养的综合体现，因此具有很好的选拔功能。为了更好地实现高考的选拔功能，任务驱动型的试题将得到越来越多的重视，高考命题呈现出“无任务，不立题”的新趋势。

综合来讲，高考评价体系已经成为当前以及未来高考内容和命题改革的重要指南，为高考命题提供了基本遵循，高考命题将在立德树人根本任务和核心价值观考查上下足功夫，同时将继续加大试题的情境创设和呈现方式，进一步加大试题的开放性和探究性，实现对学生创新思维和批判性思维等高阶思维能力的考查。2024 年高考在命题标准建设、命题内容改革、命题形式创新等方面主要体现出“三条线”的逻辑，这也将是未来几年高考命题改革的基本方向。

二、坚持立德树人，加强价值引领，强化高考育人功能

2024 高考命题落实立德树人根本任务，强化价值引领作用，凸显高考的育人功能，加大习近平新时代中国特色社会主义思想融入试题的深度，坚持培育社会主义核心价值观，坚定爱国主义与理想信念，坚定“四个自信”，大力弘扬中华优秀传统文化、革命文化和社会主义先进文化，坚持五育并举，引导学生全面发展，坚持科学与理性，倡导勇于探索与求真创新的科学精神，服务拔尖创新人才培养和人才自主培养质量提升，助力培养担当民族复兴大任的时代新人。

（一）有机融入习近平新时代中国特色社会主义思想

习近平新时代中国特色社会主义思想坚持把马克思主义基本原理同中国具体实际相结合、同中华优秀传统文化相结合，是当代中国马克思主义、二十一

世纪马克思主义，是中华文化和中国精神的时代精华，实现了马克思主义中国化新的飞跃。2024 年高考命题拓展习近平新时代中国特色社会主义思想进入试题的广度和深度，强化思想浸润和政治引领，启发学生学习领会习近平新时代中国特色社会主义思想的世界观和方法论，领会贯穿其中的立场、观点和方法，引导学生理解社会主义制度的优越性，增强制度自信和理论自信。2024 高考语文全国甲卷论述类文本阅读材料节选自学术论文《海洋命运共同体构建与新的海洋文明》。2019 年 4 月 23 日，习近平总书记首次提出“海洋命运共同体”的理念。作为人类命运共同体的重要组成部分，海洋命运共同体是维护海上安全稳定、推进全球海洋治理的中国智慧和方案，具有从海洋层面构建合作共赢、和平安宁的命运共同体的重大现实意义。选文从构建海洋命运共同体的目标、愿景和路径等方面展开论述，引导学生了解构建海洋命运共同体的时代价值，真切体会中国智慧和大国担当。2024 年文综全国甲卷第 23 题，以党的二十大报告中关于党的理论及党与人民群众关系的论述为题材，要求学生理解人民群众既是实践的主体也是认识和价值的主体的道理，引导学生把握习近平新时代中国特色社会主义思想的世界观和方法论。2024 年文综新课标卷第 44 题以新中国装备制造业“从无到有”“从弱到强”的发展过程为切入点，展现从新中国成立到新时代中国现代化建设取得的巨大成就，引导学生了解党领导中国人民探索中国式现代化道路的奋斗历程，领悟习近平新时代中国特色社会主义思想与社会主义现代化建设成就间的内在联系。

（二）培育社会主义核心价值观，坚定爱国主义与理想信念

社会主义核心价值观是当代中国精神的集中体现，凝结着全体中国人民共同的价值追求，是凝聚人心、汇聚民力的强大力量。培育和践行社会主义核心价值观，是新时代坚持和发展中国特色社会主义的重大任务，也是凝聚社会共识、增强人民精神力量的必然要求。要通过培育和践行社会主义核心价值观，让全体人民在理想信念、价值理念、道德观念上紧紧团结在一起，不断巩固和发展全体人民团结奋斗的共同思想基础。展现伟大实践、讲好中国故事，必将进一步提振我们的发展自信，凝聚起奋进新时代的磅礴力量。2024 年高考语文新课标Ⅱ卷信息类文本阅读的材料围绕“探月”主题展开。材料不仅体现出“探索浩瀚宇宙是全人类的共同梦想”，更体现出我国科技工作者“努力在世界高

技术领域占有重要一席之地”的卓越实践，激发学生的民族自豪感和科技报国热情。2024 年高考化学试题选取我国科学家作出的领先研究成果作为素材，在展现我国化学领域突出成就的同时，增强民族自豪感。新课标卷第 11 题以我国科学家研制的一种生物相容性纳米催化剂药物为素材，考查学生对物质结构基础知识的理解和掌握情况。全国甲卷第 9 题以我国化学工作者开发的聚乳酸催化转化为情境，考查有机物的命名、同分异构体、高分子转化与合成等知识内容。这些试题在考查化学知识的基础上，使学生充分了解我国科研工作者在相关领域取得的重要成果，激发学生的爱国主义情怀。2024 年高考英语全国卷注重体现国家发展和社会进步，试卷有机融入社会主义核心价值观，引导学生坚定理想信念、提升品德修养。全国甲卷写作第二节要求学生根据提供的关于共享单车、新能源汽车和高铁的三幅图片，撰写一篇题目为“中国交通发展”的发言稿，引导学生关注我国经济社会的发展变化，增强国家富强、民族复兴的自豪感和自信心。新课标 I 卷读后续写题选取的语篇讲述了作者在出差途中，与出租车司机协商解决车费支付问题的故事，提示学生循着信任他人与遵守诺言的思路进行续写，引导学生培养诚实守信的美好品德。新课标卷第 41 题，以邻居之间的纠纷创设情境，将相邻关系、权利行使界限、侵权责任等多个知识点有机地融合在一起，考查学生运用法律知识分析解决实际法律问题的能力，引导学生树立权利行使有边界、损害他人利益应承担法律责任的规则意识，进而增强法治意识和法治观念，做社会主义法治的忠实崇尚者、自觉遵守者、坚决捍卫者。

党的十八大以来，习近平总书记多次强调铸牢中华民族共同体意识，抓好民族团结进步事业。2024 年高考文综全国甲卷第 39 题素材源于我国西部某自治州贯彻党中央决策部署、开展民族团结创建活动建设“石榴籽家园”、推动经济社会发展的生动实践，要求学生以“铸牢中华民族共同体意识，促进各民族共同繁荣发展”为主题提炼该州经验。文综全国甲卷第 45 题以北魏时期冯太后的教育改革为背景，呈现了冯太后作为历史上的少数民族政权统治者尊崇华夏制度文化，再现了鲜卑与中原交往交流交融的史实，考查学生对鲜卑民族华夏文化认同形成意义的认识，以及魏晋南北朝时期中华民族多元一体格局的理解，引导学生领悟中华文明兼收并蓄的开放胸怀和大一统传统，启发他们认同和铸牢中华民族共同体意识。

（三）弘扬中华优秀传统文化、革命文化与社会主义先进文化

文化是一个国家、一个民族的灵魂，是国家和民族自立的精神支撑。我国具有悠久的历史和深厚的文化积淀，发展和传承中华优秀传统文化有助于提升国家文化软实力和中华文化影响力，坚定学生的文化自信。高考命题加强对中华优秀传统文化的挖掘和阐发，推动中华优秀传统文化创造性转化和创新性发展。2024 年高考试题注重引导考生树立正确的历史观、民族观、国家观、文化观，增强爱国意识和爱国情感，增强民族自豪感和自信心。2024 年高考语文新课标Ⅱ卷文言文阅读材料分别选自《史记·魏世家》《史记·留侯世家》和《论衡·非韩》，引导学生在成长过程中将崇德重礼、尊贤敬长转化为自觉行为；古代诗歌阅读选取宋代诗人叶梦得的《雨后为山亭独卧》，引导学生厚植家国情怀，以时不我待的热情去建功立业。2024 年高考化学试题注重挖掘中华民族优秀文化成果，选取中华传统文化的瑰宝融入试题，增强学生文化自信，激发学生为中华民族伟大复兴而奋斗的责任感和使命感。在中国传统文化的继承与发扬历程中，文房四宝发挥着重要作用，是人类文明得以广泛传播的重要载体。新课标卷第 7 题选取文房四宝作为素材，考查学生对笔墨纸砚中有关化学成分的辨析能力，使学生在感受化学学科对人类生活产生重要影响的同时，认识到中华优秀传统文化对人类发展和社会进步作出的巨大贡献。2024 年高考文综全国甲卷第 26 题立足于中华文明的创新性，依托明代中期经济社会转型背景，以明代中后期士大夫广泛参与日用类书籍编纂的现象创设情境，展现士人以守正不守旧的创新精神，回应民众对日用知识的急迫需求，引导学生认识中国传统文化的创新动力。

2024 年是中华人民共和国成立 75 周年，高考试题大力弘扬革命文化，展示深厚的历史文化底蕴，加强爱党爱国教育，进一步培育和践行爱国主义教育，扎实引导同学们传承红色基因、增强爱国意识和爱国情感。2024 年高考语文新课标Ⅱ卷文学类文本阅读的材料节选自当代作家孙甘露的长篇小说《千里江山图》，节选部分呈现了隐蔽战线上共产党人陈千里、叶桃的鲜活形象。试题引导学生理解“江山就是人民，人民就是江山”的深刻内涵，赓续共产党人精神血脉，传承红色基因。2024 年新课标Ⅰ卷信息类文本阅读的材料一节选自毛泽东同志的《论持久战》。《论持久战》所蕴含的战略思维、所昭示的科学世界

观和方法论具有跨越时空的意义与价值。选文部分文字扼要，层层深入，论辩犀利。习近平总书记多次谈到过《论持久战》，并以之为例指出“战略问题是一个政党、一个国家的根本性问题”，“要善于进行战略思维，善于从战略上看问题、想问题”，引导学生在分析问题和解决问题时从全局、长远和大势着眼。2024 年高考历史试题通过选取新民主主义革命时期、社会主义革命与建设时期、改革开放时期等历史时段的重大历史事件和历史线索，引导学生知史爱党、知史爱国。2024 年文综全国甲卷第 30 题以 1943 年陕甘宁边区佳县城关区各阶层公粮负担情况创设情境，展现中国共产党为团结一切抗日力量，调动社会各阶层支持抗日的坚强决心和不懈努力，引导学生认识中国共产党在抗日战争中的中流砥柱作用，培育爱国精神。

（四）坚持五育并举，引导德智体美劳全面发展

习近平总书记指出：“建设教育强国的目的，就是培养一代又一代德智体美劳全面发展的社会主义建设者和接班人。”[①] 全面提高人才自主培养质量，要聚焦于人的现代化这一目标，服务于学生的身心健康、全面发展。体育锻炼与增强体质既与身体强弱直接相关，更是健全人格、锤炼意志不可或缺的重要手段。劳动是个人安身立命、社会经济发展之本，引导学生崇尚劳动、尊重劳动、热爱劳动，认同劳动最光荣、劳动最崇高、劳动最伟大、劳动最美丽的观念，坚持通过辛勤劳动、诚实劳动、创造性劳动实现人生价值。2024 年高考命题落实考试内容改革要求，选取有关体育、美育和劳动教育的主题，引导学生注重五育并举，实现身心健康成长和德智体美劳全面发展。2024 年高考英语新课标Ⅱ卷阅读 A 篇介绍了秋季徒步健身活动，引导学生走近大自然，开展体育运动，文中提及多项注意事项，于潜移默化之中强调了运动安全的重要性。高考英语全国甲卷阅读 A 篇介绍了校园艺术节上丰富多彩的活动，引导学生走进画廊和博物馆，培养审美情趣，提高艺术品位。高考英语新课标Ⅰ卷阅读 A 篇介绍了一个地区生物栖息地修复工作队的工作内容和招募志愿者的要求，引导学生热爱劳动、参与劳动、享受劳动。2024 年高考物理全国甲卷理科综合第 20 题将

---

① 习近平：《扎实推动教育强国建设》，中国政府网，https://www.gov.cn/yaowen/liebiao/202309/content_6904156.htm

物理知识与“蹦床”运动紧密结合，激发学生参与体育运动的热情，引导学生全面发展。2024 年思想政治全国文综新课标卷第 39 题，以习近平文化思想为指引，选取大南坡村探索美学赋能乡村振兴的典型案例创设情境，将美育同乡村振兴有机结合起来，以美育人、以美化人，让学生在答题过程中提升审美素养。2024 年北京数学卷第 18 题的保险公司保单问题，有着现实的背景，引导学生用所学的知识解决社会实践活动中的问题，试题将劳动教育与数学学科内容有机融合，使学生体会劳动的价值。2024 年北京思想政治卷第 6 题“你劳动的样子真美”，反映了北京劳动教育课程建设的积极成果。北京地理卷第 19（2）题以竹笛产业发展为情境，融入美育和劳动教育。

（五）坚持科学与理性，激发勇于探索与敢于创新的科学精神

科学精神是科学的灵魂，纵观人类历史，但凡取得伟大科学发现的大科学家、大发明家都具有强烈和鲜明的科学精神。科学精神说到底是一种核心价值，是理性信念、实证精神和批判态度的统一，是合客观性、合逻辑性和合理性的统一。概括来讲，科学精神以追求真理作为其逻辑起点，以实证精神和理性精神为两大支柱，秉持怀疑批判、勇于探索、敢于创新、宽容开放的价值取向。我们无法想象一个不具备科学精神的人能够成为真正的科学家。因此，我们提高拔尖创新人才的培养质量，就必须在全社会大力弘扬追求真理、勇攀高峰的科学精神，大力弘扬理性信念、实证精神和批判态度。要充分发挥高考指挥棒的正向指挥作用，引导学生逐步养成科学思维习惯，培养他们运用归纳与概括、演绎与推理、模型与建模、批判性思维、创造性思维等方法，探讨、阐释客观现象及规律的能力。通过展现国家科技发展成果，结合基础研究领域涌现的先进典型和事迹，引导学生传承老一辈科学家以身许国、心系人民的光荣传统，引导他们崇尚科学、热爱科学，积极参与科学活动，运用科学方法解决科学问题、发现科学真理，进一步激发他们敢于使用自己理性的勇气与决心，激发他们坚守理性与实证、勇于探索、敢于创新的科学精神。

2024 年高考语文试题以习近平总书记关于扎实推动教育强国建设的讲话精神为指导，考查学生探究性、创新性思维品质，激发学生崇尚科学、探索未知的兴趣和勇于创新、勇攀科技高峰的精神。2024 年语文新课标Ⅱ卷的现代文阅读材料展现了中国航天人“追逐梦想、勇于探索、协同攻坚、合作共赢”的探

月精神，鼓舞年轻人在科学追梦的道路上不断进取；新课标Ⅱ卷的写作试题“抵达未知之境”，试题围绕我国古今科技成就选材和设题，引导学生树立远大理想，夯实知识基础，勇于探索未知世界，旨在弘扬追逐梦想和勇于探索的科学精神；全国语文甲卷的实用类文本阅读材料选自故宫博物院研究馆员周乾的专著《故宫建筑细探》，图文并茂地介绍了古建筑领域科学实用的修缮加固方法——“偷梁换柱”，设问基于建筑领域中的真实问题，能够激发学生深入思考、寻根究底的科学精神。2024 年全国物理新课标卷第 17 题以 2023 年诺贝尔化学奖获得者的研究为背景，展现不同学科领域交叉融合的重要性，激发学生好奇心、想象力和探求欲，培养学生科学兴趣。新课标卷第 20 题以近年来兴起的电动汽车的动力回收原理为背景，引导学生运用简单的物理模型理解生产实践中的高新技术，建立起用物理知识理解现实生活的桥梁。2024 年高考生物试题紧密联系生产生活，从学科本质的考查出发，评价学生应用生物学知识和方法解决实际问题的能力，体现学以致用导向，激发学生学习生物学的兴趣，达成以考促学的目的。2024 年北京化学卷立足生产研究实践，启迪科学精神，第 16 题以硝酸制备方法的发展与研究为线索，以典型真实的化学技术发展为案例，促使考生思考技术进步背后的原因，感悟科学研究精神。第 3 题酸性锌锰干电池和第 4 题鸡蛋清的盐析通过生活化、体验型、参与式的呈现方式，激发考生对身边的化学问题产生求知欲望和深入学习的动力。2024 年北京生物卷弘扬科学精神与科学家精神，第 10、11、16、20、21 题选用多位科学巨匠以及我国科学家的研究成果作为背景命制试题，激励考生感悟科学巨匠的思想方法，像科学家一样积极投身科学研究与科学实践，在科技战线上建功立业、报效祖国。

三、突出思维品质，考查关键能力，助力创新人才培养

习近平总书记在二十届中共中央政治局第五次集体学习时的讲话中指出：“基础教育既要夯实学生的知识基础，也要激发学生崇尚科学、探索未知的兴趣，培养其探索性、创新性思维品质。”① 建设教育强国的一个核心任务就是要强

① 习近平主持中央政治局第五次集体学习并发表重要讲话 [EB/OL].（2023-05-29）[2024-06-16]. https//www.gov.cn/yaowen/liebiao/202305/content_6883632.htm.

化拔尖创新人才培养，提高人才自主培养质量。高考直接影响高校新生选拔效果与人才培养质量，关系到国家人才的长期战略储备。国务院办公厅颁发的《关于新时代推进普通高中育人方式改革的指导意见》指出，创新试题形式，加强情境设计，注重联系社会生活实际，增加综合性、开放性、应用性、探究性试题。《教育部关于做好2024年普通高校招生工作的通知》指出，高考要注重考查学生的必备知识、关键能力和学科素养，引导培养探索性、创新性思维品质。

落实立德树人根本任务，坚持素养导向，重点考查关键能力和思维品质，助力拔尖创新人才培养和人才自主培养质量提升，是本轮高考命题改革的主要方向和根本任务。学科素养是在一个又一个的真实情境中通过完成特定的学科任务而展现出来或生成的综合品质，高考命题的素养导向就是通过特定的情境创设，考查学生调动、运用必备知识与关键能力、思维方法与思维品质、情感态度与价值观高质量完成特定学科任务的综合表现。因学科素养本身具有的内在性和综合性特征，使得其较难被直接观测和考查，尤其是在高考这种纸笔测试中较难全面、有效地考查。因此，学科素养在高考中的考查往往通过观测学生调动所学知识、运用关键能力完成特定学科任务时所表现出来的关键行为来实现。必备知识是高中学习阶段的核心任务，其重要性无须赘言。但需要特别指出的是，如果仅仅停留在对必备知识简单学习或占有的层面上，那么无论知识掌握得有多全面、多牢固，也将会越来越难以应对学科素养导向下的高考命题改革，这是因为，缺乏关键能力的必备知识将是零碎的、僵化的乃至盲目的，它们很难系统、综合且有效地去解决一个又一个特定的学科任务。当然，这绝不是要否定必备知识的重要性，更不是要将必备知识和关键能力割裂乃至对立起来，任何脱离必备知识来谈关键能力不仅是机械的，而且是错误的。对于新高考而言，没有必备知识是不行的，但如果仅仅只有必备知识也是不行的。我们必须打破传统的以知识占有为唯一目标的学习惯性和思维方式，在夯实必备知识的基础上，注重关键能力的训练和培养，并在一个又一个的特定学科任务中去提高自身的学科素养。

2024年高考试题进一步深化试题的开放性、探究性与创新性，加强关键能力和思维品质的考查，重点考查学生独立思考、信息加工、逻辑推理与论证、科学探究、思维建模、实验实证、审美鉴赏、文化交流、语言建构与表达、批判性思维、创新思维等关键能力，助力拔尖创新人才选拔，培育学生支撑终身发展和适应时代要求的关键能力和学科素养。

（一）信息获取与加工

信息识别、获取与加工是解决问题的最重要的基础能力，要求学生能辨识模型、图表、数据、文本、符号、图形中的各种类型信息，从中提取关键内容，建立关键信息之间的逻辑关联，并与已学相关知识进行嫁接整合，是思维过程中的第一道关卡。高考命题通过文字、图形、表格、符号、数据等方式呈现信息，加大试题信息的广度和容量，考查学生从多种形式呈现的丰富材料中“定位、识别、筛选、分类、概括、连接、转述”关键信息的能力。其中，定位是指通过文本阅读，快速定位和提取关键信息；筛选是指区分有效与无效、主要与次要、排除干扰信息，识别关键信息，一般体现为分析的过程；概括是指从个别到一般、从多到一的归纳过程以及从个别到个别或从一般到一般的类比过程；连接是指在关键信息间建立简单的逻辑关系，形成完整一贯的逻辑链条与关系，一般表现为推理过程；转述包括图文转化、数形转化、句式转换、立场转换、坐标转换等，主要体现为理解过程。

2024 年高考语文试卷中的现代文阅读命题材料，体裁有小说、散文、随笔、科普等，作者有国家领导人、现当代学者、现当代作家，内容丰富多彩。命题选材较之从前选材范围更宽，类型更丰富，信息的广度和深度都有所加强。考查内容有意识地呼应教材，题干、选项与答案设计注重与教材内容建立有效的知识和能力链接。从记忆、筛选、分类、概括，到连接、转述、加工、整合，对学生获取和加工关键信息的能力提出了更高要求。2024 年高考数学试卷对信息整理能力的考查主要表现为理解运算对象、掌握运算法则、探究运算思路、求得运算结果，聚焦在三个方面的要求：会根据概念、法则、公式进行识别筛选、变形和数据处理；能根据问题的条件，寻找与设计合理、简捷的运算途径；会根据要求对数据进行估计和近似计算。数学试卷贯彻改革要求，注重整体设计，很好地处理考试时间、试卷题量、试题难度之间的关系，统筹协调试题的思维量、计算量和阅读量。优化题量设置、合理控制试题的计算量，尽量避免繁难运算，保证学生在分析问题过程中有充裕的时间进行思考，强调对思维能力的考查，适应拔尖创新人才选拔需要。新课标 I 卷第 12 题和全国甲卷理科第 5 题，通过应用双曲线的定义和性质，可以避免较为复杂的坐标计算以及联立方程求解，从而有效地减少计算量，节省考试时间。

2024 年高考英语全国卷精选语篇，扩大选材范围和材料类型，强调对文章整体结构和关键信息的理解能力。文本精细阅读要求考生不仅能从文本中直接提取具体细节信息，如数字、时间、地点、任务，以及活动的起因、过程、方式、结果等重要信息，而且能通过归纳概括，理解概念性信息，推断作者的观点和态度等。新课标卷通过提高阅读理解试题的分值比重，进一步加强对信息加工、关键概念以及阅读理解能力的考查，引导中学英语教学重视信息识别加工能力和阅读理解能力的培养。2024 年全国新课标Ⅱ卷阅读理解 B 篇主要介绍了旧金山湾区快速交通系统（BART）新推出的一项服务：自助服务亭，乘客可以选择打印不同长度的短篇故事来阅读。第 25、26 题考查考生获取事实性信息的能力。

文本、图像和示意图等信息是物理试题必用且最直接、最主要的呈现形式。文本中往往包含着解决问题所必需的隐含信息、符合物理规律的条件信息、打开解决问题突破口的关键信息等等，需要从文本中获取有效信息并对信息进行加工。2024 年高考物理新课标卷第 15 题，要求从题目的文本中获取关键信息，构建起平抛运动的模型，根据平抛运动的规律题目就可以迎刃而解。全国甲卷第 21 题设置半开放问题情境，要求学生正确提取图像中的关键信息，分析各种可能的运动情况，考查学生获取、加工信息以及利用关键信息推理论证的能力。2024 年化学试卷丰富试题呈现形式，考查信息获取与加工能力。化学是一门实践应用性极强的学科，信息获取与加工能力对于化学研究至关重要。高考化学试题提供多种图表形式的信息，深入考查学生的信息获取与加工能力。全国甲卷第 28 题以化工领域具有重要意义的甲烷转化为载体，借助浓度时间图像和催化反应机理等方式提供信息，考查化学反应原理方面的知识。学生需要理解所给信息，根据图文综合分析，并对相关数据进行加工应用。

2024 年高考历史试题注重增强试题的开放性、综合性，灵活设计设问方式，考查学生调取信息、分析信息、综合处理信息的能力。2024 年新课标卷第 44 题以新中国装备制造业从无到有、从弱到强的发展过程为切入点，展现新中国成立以来中国现代化建设所取得的巨大成就，要求学生从材料中提取有效历史信息，考量具体的时空环境，结合所学知识予以解读，概述出新中国成立以来装备制造业的发展历程，综合考查学生最大限度地获取有效信息、开展论证和探讨问题的能力。全国甲卷第 42 题以 1900 年与 2000 年的世界城市分布地图设置情境，要求学生提取材料中的有效信息，概括出1900—2000年间的世界变化趋势，对学生的筛选、概括和转述等逻辑思维能力进行了较好的考查。全国甲卷第26题围绕明朝进士编纂农村生产生活的指导书籍创设情境，考查学生联系明朝中后期的特定背景，在找准题干关键信息的基础上对士大夫阶层广泛参与日用类书籍编纂作出合理历史解释的能力。

（二）逻辑推理与论证

逻辑推理与论证是学生形成科学思维不可或缺的能力，无论科学发现还是理论建立，抑或是工程师寻找解决问题的方案，都依赖于推理与论证技能。通过培养学生的推理与论证技能，可以让学生学会如何提出问题、论证推理、得出结论、修正观点，并能选择和运用证据支持自己的观点，为研究问题建构合理的解释。在推理和论证过程中，学生的思维能力和思维品质尤其是科学思维得到有效提高，而且这种思维能力可以有效运用和迁移到其他的任何情境、学科和问题中。通过推理与论证过程，学生将学会如何针对一个主张表达自己的观点，以及如何评价别人的主张。另外，良好的逻辑推理与论证能力训练能够帮助学生大幅提高其论文写作和表达的能力，引导学生在写作中呈现概念清晰、逻辑严谨、边界明确、证据可靠、论证充分的论证过程及结论。

逻辑推理与论证是指从已知的事实或理论（前提、条件或假设）出发，经由准确、充分的证据链（有效信息）和清晰、严密的逻辑链（相关性、因果性），推导出合理结论的思维过程。逻辑推理与论证着重考查学生根据已有前提和证据逻辑一贯地得出可靠结论的能力，一方面强调逻辑的有效性，另一方面要求证据的可靠性。逻辑推理与论证一般由前提（条件或假设）、证据（数据、文献、史料、理论观点等）、逻辑关系（归纳、演绎、因果、类比等）和结论（观点或主张）四个部分构成。通过比较、概括、推理、综合等思维方法的学习运用提高学生的逻辑论证能力，促使学生思考时做到清晰、准确、规范、严谨，表达时做到言之有物、言之有理、言之有据。

课程标准各个学科的核心素养都提出了要加强学生逻辑思维的发展，促进思维品质的提升，《中国高考评价体系》明确规定了高考命题改革就是要加强对学生思维品质和思维过程的考查，尤其是归纳推理、演绎推理等逻辑思维能力的考查。如果不掌握基本的逻辑推理和有效论证方法，将在整个高中学习和高考备考中举步维艰、事倍功半。我们日常生活和学习中，逻辑推理与论证无所不在，而且每个人都要面对他人的推理和论证。学习逻辑和推理，可以使思维更缜密，论证更严谨，结论更可靠，语言表达更准确有力。逻辑推理与论证能力是高品质思维的核心构成要素，是高素质人才培养的必备条件。良好的思考、推理和论证能力，都是要通过系统学习和规范训练得到改进和提高的。规范、系统的逻辑训练是具备良好推理和论证能力的基础，我们至少应该对规范的逻辑形式及论证方法做系统训练，这些逻辑形式和论证方法包括但不限于：演绎法（如直言三段论、选言三段论、假言三段论、构造性两难等）、归纳法（如概括、简单枚举法、科学归纳法、统计归纳法等）、类比法（如类比的加强与减弱、类比的五要素等）、因果推理（如穆勒法的契合法、差异法、契合差异并用法、共变法、剩余法）、识别常见的逻辑谬误（如概念偷换、以偏概全、不当类比、虚假因果、因果倒置、稻草人谬误、熏鲱谬误、滑坡谬误、否定前件谬误、肯定后件谬误、合成谬误、分解谬误、循环论证、证据偏见等）、论证的结构（如垂直模型、水平模型、共同前提、多重结论等）、论证的评估（如评估三要素：观点、证据、逻辑；评估五准则：清晰、可靠、相关、完整、合理）、论证的构成（如图尔敏模型）等。

高考语文试题从能否识别逻辑谬误、能否有效形成观点、能否进行合理推理、能否展开严谨论证、能否准确表达观点等多个方面对逻辑思维能力进行考查。2024 年高考语文信息类文本阅读的选择题很多选项的正误判断主要考查学生能否快速识别逻辑谬误，新课标 I 卷信息类文本阅读题第 1 题，主要考查学生是否能快速识别选项 B 犯了“以偏概全”的逻辑谬误（从一个特定对象的规律推出一个普遍性的结论）。近年来语文的信息类文本阅读题主要考查学生的逻辑推理与判断能力，该类选择题通常会设置相关干扰项，考查学生在充分掌握信息基础上进行推理判断与逻辑谬误识别的能力。考生如果能够在信息快速处理的基础上，准确识别选项中的逻辑谬误，将极大地提高答题的准确性和效率。与此同时，近年来的信息类文本还设置了论证某一观点的开放性题型，要求学生有效甄别或选择某一观点提供有力的论证，包括论证的结构、证据的选择、观点/结论的得出等，这些对学生的逻辑推理和有效论证能力提出了较高的要求。全国甲卷古诗文阅读题，题目所选吕本中的《次韵钱逊叔泛舟虹桥》的颔联“舟比蜉蝣千顷外，同斥鷃一枝栖”中出现一个缺字，第 14 题 C 项就此设计，“斥鷃见于《庄子・逍遥游》，用来与鹏做对比，因此诗中缺字应是‘鹏’”。此选项兼顾审美感受与逻辑判断，立意不在于让考生补写缺字，而在于引导考生了解推断的依据，借以考查逻辑思维能力，引导学生提升思维品质。新课标Ⅰ卷第 9 题要求学生分析作者是否做到了文中所说“不愿在回忆往事时为放牛‘赋予意义’”，新课标Ⅰ卷第 22 题要求学生分析“恢复疲劳”的说法是否符合逻辑。语言文字运用题的修改病句、补写句子等题目，也需要运用逻辑推理能力加以解答。信息类文本阅读的选择题（如新课标Ⅰ卷、Ⅱ卷的第 3 题，全国甲卷的第 2 题）直接考查论证能力。全国卷的写作题整体上更适合用议论文体完成作文，其中需要的最基本、最重要的能力就是论证能力。作文题试题要求考生调动推理能力，发现问题、形成观点、展开论证，这对学生的独立思考、逻辑推理、概念辨析、证据选择以及论证展开等能力提出了较高要求，具体考查学生论点清晰、持论有据、逻辑一贯、表达准确等关键能力。新课标Ⅰ卷写作试题据此设题，具体材料为“随着互联网的普及、人工智能的应用，越来越多的问题能很快得到答案。那么，我们的问题是否会越来越少？”试题的开放性较强，打破“是”与“否”的简单判断，要求学生深入思考、理性分析、通过逻辑一贯的推理和有效可靠的论证得出自己的观点。

逻辑推理是获得数学结论、构建数学理论体系的重要方式，是数学严谨性的基本保证，是人们在数学活动中进行交流的基本思维品质。逻辑推理素养是高考数学的重点考查内容，要求考生掌握逻辑推理的基本形式和规则，探索和表述论证过程，有逻辑地进行表达和交流。2024 年数学新课标Ⅰ卷第 8 题考查对抽象函数的理解以及基础的逻辑推理能力，熟悉逻辑推理和不等式的学生无需任何计算即可排除选项 C、D，再在选项 A、B 中做简单的推算即可得出正确答案，充分体现了重视逻辑推理和多想少算的命题理念。新课标Ⅰ卷第 18 题，以基本求导公式及求导法则、利用导数判断函数单调性的方法为素材，考查灵活运用导数工具分析、解决问题的能力，考查学生的逻辑推理能力、运算求解能力。新课标Ⅱ卷第 18 题以二项分布、离散型随机变量的分布列为工具，考查分类讨论的思想和推理论证能力。全国甲卷理科第 9 题，将向量内容和常用逻辑用语结合，通过向量的垂直、平行的判定考查充要条件。新课标Ⅰ卷第 19 题以等差数列为知识背景，创新设问方式，设置数学新定义，搭建思维平台，引导学生积极思考，在思维过程中领悟数学方法，通过解答试题展现数学探究的过程，实现对分析、推理、判断等关键能力的考查，引导学生用规范的数学语言、新定义、新符号表达推理与论证过程。

2024年高考英语命题继续加强内容和形式创新，优化试题设问角度和方式，增强试题的开放性和灵活性，引导学生独立思考和判断，培养逻辑思维能力和创新思维能力。新课标Ⅰ卷阅读D篇选取的语篇探究市民科学家使用移动应用程序收集的生物样本数据在生物学研究中的可用性，指出实证研究发现的问题并提出提高数据有效性的措施。基于语篇命制的四道试题循着“了解现状—聚焦问题—分析原因—提出建议”的逻辑进行设计，考查学生能否准确理解每个环节的关键内容，引导学生培养科学探究精神，合理运用逻辑思维和批判思维方法，提升发现问题、分析问题、解决问题的能力。各套试卷总体结构一致，均包括听力、阅读、语言运用和写作四个部分，考查要点覆盖较为全面。听力部分主要考查学生能否听懂日常交际和学习场景中的简短对话或独白，考查的微技能包括在理解对话或独白内容的基础上结合交际情境获取具体信息、理解主旨要义、进行简单推断等；阅读部分主要考查学生能否读懂各种类型和不同主题的简短语篇，考查的微技能包括在理解语篇主要内容的基础上获取具体信息、概括主旨要义、辨析观点或态度、识别作者目的、进行逻辑推断等。

文科学科包括思想政治、历史和地理，不论是开放性综合试题还是封闭型的选择题，不论是全国卷还是分省卷，对逻辑推理与论证能力的考查成为命题的基本要求和普遍特征。2024年高考试题创设了开放性的设题特点和答题要求，对学生围绕相关主题进行独立思考，收集、组织并运用高质量的史料或证据对某一观点进行逻辑严密的论证提出了明确要求。历史试卷以历史事件、历史现象、历史人物等的发展演变为背景，考查学生分析并全面解读历史信息，辨别历史事实与历史结论、历史观点，进而发现历史问题，独立提出观点，并结合相关历史证据和事实予以逻辑严谨的论证，从而明确得出个人观点的综合能力。思想政治高考命题越来越重视逻辑推理与论证能力的考查，演绎推理在开放性试题中得到了广泛的运用，该类试题要求学生在准确把握辩证法或唯物史观基本原理的基础上，提炼出推理论证的大前提，再从材料信息中概括出推理论证的小前提，然后运用演绎推理得出观点或结论，这类试题充分体现了逻辑推理与论证能力在思想政治科目命题中的重要性。2024年高考政治新课标卷第23题结合公交客流量与票价之间的关系这一社会生活话题构建情境，要求学生运用充分条件假言推理的知识对现实问题进行正确判断，引导学生逐步形成对现实问题的逻辑认知，进而提高逻辑思维能力。新课标卷第39题第（2）问，要求学生分析辩证思维的整体性特征和动态性特征在美学赋能乡村振兴发展之路中的具体体现，引导学生多角度、多层次、综合全面地思考问题，用变化发展、矛盾运动的观点看问题，进而提高辩证思维能力。地理试题从要素综合、时空综合、区域综合的角度，强调地理要素之间相互作用、相互影响，引导学生摆脱思维定式，提升学生灵活运用基本原理的能力。地理阐释类试题不仅需要给出结论和观点，还要提供论据，需要对条件和结论进行完整的阐释，对逻辑推理与论证的能力提出了新的要求。2024年地理学科注重考查地理联系，认知区域优势，着力考查逻辑思维。区域优势只有和其他区域相比较方能显现，同时，区域优势只有通过与外部区域的相互作用及联系，才能发挥其价值。全国甲卷第36题，以厄瓜多尔托奎拉草帽产业的形成、发展以及面临的主要问题为背景，考查学生客观地认知与评价区域产业的形成与发展，以及不同区域间的联系与相互作用。新课标卷6～8题，以广西弄岗自然保护区发现我国喀斯特地区“最高树”设置情境，引发学生思考“传统上被认为是亚热带季风气候的地区为何能发育出雨林”“被普遍认为水土流失严重、土壤较为贫瘠的喀斯特地区为何能长出参天大树”，实现对喀斯特地区气候—地貌水文—土壤—植被地理系统的综合考查。

理科学科包括物理、化学和生物，近年来高考试题加大了对逻辑推理和论证能力的考查力度，要求学生从一般原理或规律出发，运用数学演算或逻辑推理得出特殊事实应遵从的规律。高考物理命题突出推理论证能力的考查，更加注重考查思维过程，鼓励学生运用创造性、发散性思维多角度分析解决问题。逻辑推理包括归纳推理和演绎推理，其他常见的推理方式还有类比推理、分析与综合推理等。高考物理新课标卷第26题运用较为新颖的表征方式描写物理状态，要求学生通过速度坐标系获取粒子的运动信息，建立粒子速度空间和运动空间的关联，考查学生推理论证、分析综合能力。全国甲卷第18题通过给出点电荷电势的表达式，考查学生结合已学的物理规律进行推理的能力。全国甲卷第21题设置半开放问题情境，要求学生分析线框以不同速度进入磁场中的运动情形，考查学生利用关键信息推理论证的能力。2024年高考化学试题考查学生的探索归纳与论证能力，要求学生灵活运用所学知识，向学生渗透科学思维。全国甲卷第 13 题和新课标卷第 13 题均提供溶液中离子浓度的数据图，学生需要分析出各数据曲线所代表的微粒种类，考查学生利用数据进行归纳论证的能力。全国甲卷第 10 题给出四瓶无色溶液之间的反应关系图，学生需要分析物质之间相互转化的信息，经过逻辑推导和探索归纳得出各无色溶液所代表的物质种类并加以论证。

（三）科学探究与思维建模

科学探究是围绕科学问题展开的一系列求解过程，是科学思维和科学精神的具体体现，要求学生合理组织、调动相关学科知识，实施调研、探究或实验的活动，采用严谨求真、实证性的逻辑思维方法发现问题、提出问题、分析问题，并寻求有效的问题解决方案。科学探究是指观察、发现和提出科学问题，形成猜想与假设，获取和处理信息，基于证据得出结论并作出解释，以及对科学探究过程和所得结果进行评估和反思。以证据为基础，运用各种信息分析和逻辑推理得出结论是科学研究的主要活动。

科学探究主要包括问题、证据、解释和评估反思四个要素。其中，问题是指具有科学探究意识，能在学习和日常生活中发现问题，提出合理的猜想与假设。证据是指具有设计探究方案和获取证据的能力，能正确实施科学探究方案，使用各种科技手段和方法收集信息，包括通过观察、调查和实验等方法收集证据，准确使用实验器材、设计实验方案和收集实验数据等。解释是指具有分析论证的能力，会使用各种方法和手段分析、处理信息，描述、解释探究结果和变化趋势，基于证据得出合理结论等，包括基于证据分析现象背后的原因、对证据的可靠性进行评估、评价结论的可靠性与有效性等。反思是指具有交流和合作的意愿与能力，能准确表述、评估和反思探究过程以及科学探究所得到的结果。

与科学探究具有一定的相似性，思维建模（包括数学建模、物理建模等）能力是将思维过程模型化、可视化、可运算的能力，主要包括科学抽象、关键变量选择、模型建构、理想实验、科学推理与数学运算等环节。思维建模一般可分为理想模型和理论模型。理想模型是根据研究对象和问题的特点，在一定条件下对研究对象进行抽象，抓住主要的、本质的因素，建立一个易于研究、能反映研究对象主要特征的新形象。理想模型是科学抽象和概括的结果，是科学家为了描述客观事物的规律将研究对象抽象为理想模型。理论模型是在观察、实验的基础上，经过理性思维，对某一研究客体和研究对象的结构、相互作用、运动规律等所做的一种简化描述，这种模型通常是以假说的形式出现，它能解释某些客观现象和实验事实，反映研究对象的主要特征，理论模型的正确性和有效性要经由实验来检验，并且得到不断的修正和完善。建模方法是科学研究的常见方法，模型思维是极为重要的科学思维。科学探究与思维建模能力的考查在数学、物理、化学、生物等理科学科中更为突出，主要以各种情境模拟的科学实验与科学场景，把科学研究活动中的重要步骤、核心环节、主要参数，以图文、数据形式展开问题设置，考查学生科学探究的能力。科学探究和思维建模是科学人才培养的关键，是科技攻关的必备前提。突出科学探究与思维建模能力的考查，是我国拔尖创新人才培养的内在要求。

实验是认识和探究世界的重要手段。高考理科学科（物理、化学、生物）特别重视对科学探究和模型建构能力的考查，具体表现在如何选取实验材料、设计实验方案、分析实验结果、构建理想建模与模型求解等方面。高考理科学科试题注重实验考查，引导学生体验实验过程，掌握科学研究方法，养成科学思维习惯，提高实验能力和探究能力。2024 年高考物理试题同时在实验原理的理解、实验方案的设计、实验仪器的选择、基本仪器的使用、实验数据的处理、实验结论的得出及解释等方面加强设计，考查考生的实验能力与科学探究能力。全国甲卷第 15 题考查的其实是探究物体加速度与力和质量的关系这个实验的误差分析。全国甲卷第 22 题以物理概念建构过程中的演示实验为素材，设置电梯中的超重和失重问题情境，考查学生对基本仪器的使用，引导教学重视实验探究。全国甲卷第 23 题以给电阻型氧气传感器定标为背景创设问题，考查其对基本测量方法的掌握和实验数据的获取与处理，实验对考生的实验探究能力提出了要求。新课标卷第 22 题通过实验题设问，引导学生深入思考实验设计的原理。辽宁卷第 12 题以半圆拱形的积木为素材创设探究影响简谐运动因素的实验。江西卷第 9 题考查的是用双缝干涉测光的波长的实验。甘肃卷第 7 题考查观察电容器的充、放电现象，等等。模型建构能力是指在研究比较复杂的物理学科研究对象过程中，需要抓住主要因素，忽略次要因素，对实际问题进行理想化处理，建立起能够描述客观事物本质的抽象的物理模型。高考物理试题注重物理模型建构能力的考查，通过创设情境，引导学生建构模型，进而解决问题。2024 年高考全国甲卷第 26 题第（2）问建构全反射状态模型。新课标卷第 26 题，建构带电粒子在电场、磁场中的运动模型。湖南卷第 12 题考查了简谐运动模型，等等。

2024 年高考化学在实验原理的理解、实验方案的设计、实验仪器的选择、基本仪器的使用、实验数据的处理、实验结论的得出和解释等方面加强设计，考查学生的实验能力和科学探究能力，充分发挥高考对高中实验教学的积极导向作用，引导教学重视实验探究，引导学生自己动手做实验，切实提升实验能力。全国甲卷第 27 题以合成固体氧化剂过氧化脲为载体，以物质合成、性质检测、化学分析为主线，综合考查化学实验中的基本操作，从操作的规范性、方法的严谨性、分析的缜密性等不同维度考查学生的探究能力。实验原理与规范操作的有机结合是实验能力的一个重要体现。新课标卷第 8 题选取点击化学合成法合成聚硫酸酯作为素材，综合考查学生观察对比、分析推理、迁移创新的科学思维。新课标卷第 9 题涉及铁与水蒸气的反应，考查学生操作规范、产物检验、仪器使用等科学研究的能力。新课标卷第 28 题以合成吡咯的实验为载体，考查学生认知物质性质、规范实验操作、信息解读、现象分析与解释等不同层面的能力，引导学生提升科学探究能力。

生物学试题紧密结合实验，进一步丰富实验探究能力的考查方式和角度，提高学生实验操作的兴趣，加大对学生实验探究和思维建模能力的考查力度，包括实验材料的选取、实验方案的设计、实验结果的分析等方面，从多个角度评价学生科学探究和实验操作的能力。全国甲卷第 30 题要求学生设计实验方案验证蛋白质抗原片段在吞噬细胞的溶酶体中出现，考查学生运用实验方法与技术解决新问题的实验探究能力。新课标卷第 32 题要求学生设计实验方案检验血液样品中的 HIV 病毒，该问题可以选取多种方案，给学生提供丰富的思考空间。全国甲卷第 37 题以合理使用消毒液以减少传染病的传播为情境，考查学生微生物培养、计数、涂布平板法、实验结果分析等实验操作和科学探究能力。全国甲卷第 38 题以基因工程表达目的蛋白为背景，考查质粒载体的双酶切、感受态细胞的制备等关键环节的原理和目的，使学生在解决科学探究问题时理解科学精神与科学原理。

（四）批判性思维与创新思维

发展学生批判性思维有利于学生在学习中慎重鉴别、筛选和运用纷繁复杂的信息，保持客观而深刻的认识，敢于挑战固有观念或权威结论，是学生形成独立人格的前提，也是学生自主创新的基础。[①] 批判性思维是科学思维和理性思维的重要构成要件，是创新人才培养不可或缺的前提。批判性思维属于高阶思维能力，考查学生在面对各种复杂问题时运用已有知识进行审慎思考、分析推理、实证验证等方面的能力。批判性思维以探究和创新为导向，以理性和开放精神为核心。具体来讲，批判性思维是一种自觉通过质疑、查证和推理考查论证的合理性从而决定信什么和做什么的思维。一个完整的批判性思维过程包括理解主题论点、分析论证结构、澄清观念意义、审查理由质量、评价推理关系、挖掘隐含假设、考察替代论证、综合组织论证等步骤或要素。批判性思维与创新思维要求学生具有独立思考的能力，能够自觉运用分析推理、逻辑论证、甄别加工等方法，使用可靠的证据，得出自己的观点，解决实际问题。对于高考试题而言，批判性思维考查形式一般表现为：澄清相关概念、独立提出问题、评估证据与理由、揭示隐含前提、开放与竞争性结论、寻求多种解决方法、构造替代论证、阐释或评估可能的后果等。概括来讲，批判性思维以质疑和提出问题为起点，以获取证据、进行分析推理为过程，以得出有说服力的结论为结果。心智开放、独立思考、敢于质疑是批判性思维的必备品质，训练有素的逻辑推理与论证分析能力以及高水平的证据获取、评估与运用能力是批判性思维的必备技能。

辩证思维旨在反映事物的本来面目，揭露事物内部的深层次矛盾。由于辩证思维是一种深度思维，是从对象的内在矛盾的运动变化中去回答事物的“为什么”与“怎么样”。在理科试题中，要求考生运用开放性、流动性和发散性思维，提出新问题、创建新设想、发现新方法、得出新观点；在文科试题中，试题涉及辨析“观点”、说明“理由”、分析“根本原因”以及评价“意义”的时候，要求考生能够灵活运用辩证法思维，从事物的相互联系与动态发展中进行深度考察，以便从整体上、本质上完整地认识对象。

创新思维的目的是造就高水平的拔尖创新人才，促进社会的整体性进步，通过思维方式的创新，破除迷信，超越陈规，不断推进思想进步和实践发展。创新思维强调革旧布新和创造新事物的能力，批判性思维教育除了引导学生树

① 王宁、曹宗祺：《普通高中语文课程标准解读》，高等教育出版社，2020 年版，第 39 页。

立理智、公正、开放的人格品质和价值观念，其核心功能还体现在对创新思维的激发和创新能力的提升。批判性思维与创新能力各有侧重，但两者高度吻合乃至重叠的地方非常多。普遍的观点认为，批判性思维与创新思维有着密切的、不可分离的关联，我们无法脱离批判性思维来谈创新思维或创新能力。从某种程度上来讲，创新能力往往是对创新活动的一般性描述，而批判性思维是对创新活动所应具备的价值观和工具方法的具体阐明。批判性思维与创新思维均强调独立开放、敢于质疑、勇于探索、开放包容、严谨推理、观点明确、批判态度等思维方式及技术方法。批判性思维与创新思维就是要引导高中教学打破追求标准答案、总结答题套路、重复机械训练等堕化学生思维、违背教育规律的不良做法。

近年来，批判性思维已经成为高考命题的一个重要考查方向，这符合我国拔尖创新人才培养的规律与要求，对引导和推动我国基础教育课堂改革和教研水平提升发挥着不可替代的作用。2024 年高考语文命题通过设置新题型、丰富情境化考查方式、扩大试题的开放性与灵活性，增强启发性、探究性和开放性，加大对思辨能力和创新思维的考查力度，促使学生从深度和广度两个方面提升思维品质。无论是现代文、古代诗文阅读，还是语言文字运用、写作，均注重批判性思维和创新思维能力的考查。新课标Ⅰ卷写作试题以“提出一个问题往往比解决一个问题更重要”这一观点设题：“随着互联网的普及、人工智能的应用，越来越多的问题能很快得到答案。那么，我们的问题是否会越来越少？”要求学生根据材料引发的联想和思考进行写作。试题的开放性强，要求学生打破非此即彼的思维定式，从不同的角度进行思考和写作，围绕核心观点进行充分的论证。新课标Ⅰ卷文言文试题材料由两段文言文组合而成，两则材料在内容上深度关联，材料分别从不同的角度对李陵之降形成完全不同的判断。试题要求从材料一中提取和概括支持王夫之观点的证据，引导考生全方位、多角度地思考问题，明辨是非而不拘于一隅之见，对相关事件、人物从不同角度进行多元评判，以此引导学生批判性思维能力的训练与提高。

2024 年高考数学重点考查学生逻辑推理、批判性思维、创新思维等关键能力，助力拔尖创新人才选拔，引导培育支撑终身发展和适应时代要求的能力。新课标卷调整试卷结构，减少试题数量，创新能力考查策略，设计全新的试题情境、呈现方式和设问方式，加强解答题部分对基本能力的考查，提升压轴题的思维量，突出理性思维和数学探究，考查学生运用数学思维和数学方法发现问题、分析问题和解决问题的能力。新课标Ⅰ、Ⅱ卷的两道压轴题突出探索性和创新性，灵活运用转化思想，提高思维的有效性，引导学生从不同角度认识问题，鼓励学生主动思考、发散思维，考查思维过程、探究过程和数学创新思维能力，考查学生面对新情境、解决新问题的创新能力。两道题同时还具有很好的引导作用，着力于“反套路、反刷题”，引导中学教学破除题海战术，消除解题套路，重视学生思维能力和学科素养的培养。

高考英语试题高度重视批判性思维与创新思维的考查，强调思维的逻辑性、批判性和创新性。各套英语试卷阅读理解部分的多数试题着重考查推断、归纳、概括、探究、开放等批判性思维高阶能力，阅读理解题很大程度上都是对归纳、概括和推断等思维能力的考查。2024 年高考英语试题联系生活实际，加强对批判性思维能力的考查。批判性思维能力一般通过设置推理性、诠释性和评判性问题来考查。全国卷通过选取具有探讨价值的语篇，如纸质阅读与数字阅读（可视化学习）的研究成果、现代生物采样数据的科学性、人工智能设计：与人工智能共生的计划、如何应对过度旅游等启发考生运用批判性思维与创新思维深入思考语篇。通过设置推理判断、主旨大意归纳、观点态度辨析等各类高阶思维类试题充分引导考生调动批判性思维与创新思维，根据语篇内容进行逻辑推理论证，通过归纳和概括等作出回答。考生在分析理解文章观点、作者意图和情感态度的过程和积累中，不断思考中外文化异同，促进多元思维和批判性思维习惯的养成。

文科学科（思想政治、历史、地理）试题强调多个知识点的综合运用以及从不同角度进行分析，启发考生自主发现问题、进行合理推理与论证，鼓励独立思考和质疑，并形成独立见解等。2024 年高考文综全国甲卷第 27 题以清代小说的刊印传播和被禁为素材，通过创设生动且对比强烈的历史情境，引导学生理解清朝统治者在借鉴和吸收中原文化的同时不断加强文化控制的历史史实。文综新课标卷第 28 题围绕清代农业租佃关系创设情境，借佃户之口说明“卖田以佃田”的好处，情境贴近生活实际，生动鲜活。学生需从封建制度、土地生产方式、赋税制度变革等多个维度，理解中国传统农耕生产方式的特点，引导学生强化对中国传统社会发展的长时段思考。山东卷第 13 题引入 1918 年刊登于英国《笨拙》杂志的一幅漫画，引导学生对漫画的内容、性质和价值进行初步鉴别，培养学生对历史问题自主探究的能力。甘肃卷第 20 题以历史的发展变化由多种因素共同促成为主题，要求学生对材料中的观点提出自己的看法，并进行论证，这种全开放的试题，要求学生自主选择论述内容，独立阐释历史内容的深刻含义，引导学生的思维更具开放性和独立性，有效考查学生独立的观察力、思考力等综合能力。

理科学科（物理、化学、生物）各科试题紧密联系生产生活实践，创设日常生活生产实践、技术进步、科学前沿等方面的情境，通过模型建构、科学推理、科学论证、理性思考、实证验证、质疑创新等方面对考生的批判性思维和创新思维进行考查。以物理为例，2024 年高考物理试题明显加强了对批判性思维能力的考查，主要体现在：第一，试题背景中的隐含前提，在探讨力和运动的试题中，能量守恒就是一个隐含前提，能量守恒定律总是成立的；第二，寻找物理过程中的临界条件，这是高考命题的一个重要方向，如求解极值的问题；第三，结构不良问题，如周期性运动中的多解问题，初始条件的不确定造成结果的多种可能性问题；第四，发散思维，同一个问题从不同角度解决。全国甲卷第 21 题，因初始条件的不确定，图像存在若干可能性。新课标卷第 18 题小球的质量、电量大小关系均不确定。新课标卷第 26 题运用对学生而言新颖的表征方式描写物理状态，要求学生通过速度坐标系获取粒子的运动信息，建立粒子速度空间和运动空间的关联，考查学生创新思维。全国甲卷第 18 题通过给出点电荷电势的表达式，考查学生根据物理规律进行推理的能力。山东卷第 12 题可以从多个角度将重物的运动进行分解。湖北卷第 7 题，带电粒子从一点进入磁场从另一点再次进入磁场存在若干的可能性。河北卷第 10 题，带电粒子从 BC 边离开的方式很多，存在不确定性。湖南卷第 10 题可以从多个角度，利用多种方法来解决，问题具有很强的发散性，第 15 题小球在正三角形的三个顶点上相碰存在多种可能性。湖北卷第 10 题寻找木块速度最大时的状态思维含量较高，对批判性思维能力有很高的要求，等等。

（五）语言组织与表达

思维是语言的内涵，语言是思维的载体。语言组织与表达是指信息输入和认知加工之后的具体呈现，它同时也是一个人学科知识、专业素养、思维过程、逻辑论证的具体表现。语言组织与表达指根据应对问题情境的需要，合理地组织、调动各种相关的知识与能力，准确传达信息并进行交流沟通。能够根据具体情境的不同，选用口语、书面语等不同语体并灵活转换。熟练运用图像、图表、图画表达思维、观点，借助口头语言、书写或绘图工具等表达抽象的概念。语言表达同时也是一个人学科知识、专业素养、思维过程、逻辑论证的具体表现，语言表达考查学生能够运用规范和富有逻辑性的语言进行清晰、有条理的书面表达，能够准确地运用学科术语表达抽象的概念和学科知识。

语言表达考查学生能够运用规范和富有逻辑性的语言进行清晰、有条理的书面表达，能够准确地运用学科术语表达抽象的概念和学科知识。可以说，语言组织与表达是思维世界的具体呈现，也是高考“无思维，不命题”最直接的体现。语言组织与表达一般包括以下几个要素：核心概念、逻辑推理与论证的过程、事实证据、观点与结论、专业的术语或符号等。

语言建构与运用是语文学科核心素养的重要组成部分。语言文字运用板块的试题设计注重情境和应用，语言文字运用的考查也渗透于阅读试题之中。2024 年高考语文全国甲卷语言文字运用第 21 题，设置了一个生活中常见的“患者—医生”的交际情境，考查特定语境下识别和提取必要信息并根据需求和对象进行表达交流的能力。新课标Ⅱ卷语言文字运用第 22 题，考查学生结合具体语境分辨词语语义和情感上的细微差别的能力，体现了语言运用的实践本质。新课标Ⅰ卷信息类文本阅读第 4 题考查设问和反问在文中的论证效果，全国甲卷古代诗歌阅读考查了学生对古代诗歌中炼字所取得的艺术效果的赏析能力，都体现了语言文字的基础性和应用性。2024 年高考英语全国卷继续深化语言能力基础性考查，强调对语音、词汇、语法、语篇、语用知识的内化掌握和恰当运用，以及对中外文化知识的理解掌握，强调结合具体语境和交际情境，运用基本语言能力实现准确理解和有效表达。英语学科通过设置特定的情境任务和写作要求，考查考生运用所学语言知识描述解释现象的能力。新课标英语试卷启用读写结合的短文续写新题型，加强对英语语言表达能力的考查。读后续写是一种将阅读与写作紧密结合的考查形式，旨在考查学生的综合语言运用能力。与应用文不同，读后续写除了要求学生掌握丰富的词汇和句式外，还注重学生的内容构思和情节衔接的能力。读后续写所需阅读的短文在 350 个词以内，多以记叙文故事类文章或者夹叙夹议类文章为主，故事情节有曲折、有起伏，但是，故事线索的逻辑性比较强，引导学生协同发展各项语言技能，提升综合语言运用能力。

2024 年文科综合试卷强调能够运用规范和富有逻辑性的语言进行清晰、有条理的书面表达；历史试题、政治试题都通过增加主观题设问的针对性，加强对考生语言表达和组织论述能力的考查。文科综合要求考生以简练、概括和符合逻辑的语言予以论证，重点考查考生的语言组织、逻辑论证、写作表达能力，考查考生面对复杂情境和多层次、连环设问进行语言组织和逻辑表达的能力，考查考生围绕论题组织可靠史料证据进行充分论证和准确表达的能力。2024 年高考理科综合试题结合学科特点，通过“写出实验思路”等对语言表达能力提出了要求，引导考生注重应用写作能力的培养。高考生物题要求考生运用生物学的专业术语有逻辑地展示解题的过程，体现出对考生运用生物学专业术语进行表达交流的要求；化学学科的语言表达是交流和展示理论学习成果、撰写实验报告、发表科研论文的基础，将基础知识融入物质合成与转化、材料结构与性质以及实验探究等方面，考查考生对相似概念、重要学科术语的比较辨析和使用专业术语表达的能力。

四、注重问题导向，优化情境设计，激发科学探究活力

提问是学生思维发展的起点，问题是激发学生思维提升的源泉，正如习近平总书记引用爱因斯坦的话“提出一个问题往往比解决一个问题更重要”[①]，说明在科学发现和科学思维培养过程中，提出问题与发现问题极为重要。如何让学生具有敏锐的问题意识和宽广的问题视野，是培养卓越创新人才的关键。没有问题导向的学习往往会让学生的学习活动陷入简单的知识传递和知识重复。如果没有培养好学生的问题意识，哪怕让他们掌握最多的知识，也无法培养其良好的创新能力和科学思维。我们无法想象一个不具有问题意识和敏锐判断力的人能成为一个真正的科学家或科学发现者，可以说，没有问题，就没有科学研究，不具备问题意识，便无法培养科学思维。认知心理学与脑科学的研究成果表明，以问题为学习驱动力的学习过程能够达成四个层面的发展目标，即灵

---

① 习近平会见探月工程嫦娥五号任务参研参试人员代表并参观月球样品和探月工程成果展览，中国政府网，https://www.gov.cn/xinwen/2021-02/22/content_5588287.htm

活性知识、有效解决问题的能力与自我监控能力、高效团队合作能力、内在学习能力。[①]这四个层面的发展目标对科学思维的培养和发展至关重要，不可或缺。借助问题探究式的学习任务，学生能够自主监控与规范，有效控制问题解决过程，并能够根据过程中产生的即时性问题进行调整，以及评估自己所选择的策略是否能达成既定目标。

科学研究和科学发现都是以问题探究为起点的，一般经历一个产生疑问、发现问题、提出问题（即用规范准确的语言表述问题）、分析问题和解决问题、总结方法与经验、形成新的研究问题的过程。要打破传统课堂中教师采取的强制性说服、诱导式启发、筛选式选择等方式，这将严重阻碍学生质疑精神和提问能力的发展，要避免教师在教学过程中不仅预设了问题，同时还准备了“标准答案”，并最终将解决方案引向“预设答案”的不良做法。真正的问题导向教学，要确立学生“发现问题、提出问题”的主体地位，鼓励和引导学生自主搜集材料、提出问题、提炼观点、比较分析、综合归纳、得出结论，并在原问题解决的基础上提出新问题，或对某一领域或现象进行持续深入的探究与挖掘，从而培养学生的批判性思维与创造性思维能力。

现阶段我国基础教育的教学和教研都充分认识到培养学生调动运用所学知识分析问题、解决问题能力的重要性，而对学生发现问题、提出问题能力的培养还没有得到足够重视。这不符合我国拔尖创新人才培养的现实要求，也与本轮高考综合改革的方向相去甚远。因此，我们要充分认识培养学生发现问题、提出问题能力的重要性，并将这一理念切实贯彻落实到课堂教学和备考实践中去。情境作为高考评价体系中的考查载体，主要指的是“问题情境”，也即是真实的问题背景，是以问题或任务为中心构成的活动场域，问题是情境的核心。高考评价体系中的“四层”考查内容和“四翼”考查要求，是通过生活实践情境与学习探索情境两类载体来实现的，即通过选取适宜的素材，再现学科理论产生的场景或是呈现现实中的问题情境，让学生在真实情境下发挥核心价值的引领作用，运用必备知识和关键能力去解决实际问题，全面综合展现学科素养水平。高考评价体系规定了“基础性、综合性、应用性、创新性”的四翼考查要求，情境在不同的考查要求中表现出不同的形式，尤其是问题呈现的方式存

① 王宁、曹宗祺：《普通高中语文课程标准解读》，高等教育出版社，2020年版，第32页。

在很大差异。在创新性为主的试题中，情境设置要求学生多角度、开放式地思考问题，考查学生独立思考、对问题或观点提出不同看法并进行论证的能力，考查学生发现现实问题、提出科学问题的能力，考查学生敢于质疑、敢于批判的思维能力，考查学生创新性地运用知识去发现新规律、研发新理论、开发新技术的能力。

情境设计的主要目标是增强试题的开放性和探究性，引导学生进行独立思考和理性判断，完成开放性或探究性的任务，发现新问题、找出新规律、得出新结论，以解决现实问题和科学前沿探索为主旨。近年来的高考命题重视情境设题的科学性、有效性、开放性和灵活性，通过情境设题，实现由对传统的识记、理解等基础思维能力的考查向论证、分析、综合、评价等高阶思维能力的考查转变，这符合创新人才培养对高阶思维能力强调的要求。情境试题对学生的学科素养和核心能力提出了更高的要求，它要求学生由解答题目转向解决问题；通过优化考查内容、丰富呈现方式、创新设问角度等途径，突出对关键能力的考查，让善于独立思考、认知能力强的学生脱颖而出。高考命题中的情境主要包括两大：第一类是生活实践情境，这类情境与日常生活生产实践密切相关，考查学生运用所学知识解释日常现象、解决现实问题的能力；第二类是学习探索情境，源于真实的研究过程或实际探索过程，同时包括学科前沿与实验场景等。情境设计的主要目标是增强试题的开放性和探究性，引导学生进行独立思考和理性判断，完成开放性或探究性的任务。2024 年高考延续往年的设题风格，各科都十分注重情境命题，在情境创设方面下足了功夫，尤其是重视考查学生的问题意识以及发现问题、提出问题的能力。根据情境材料情况，大致分为以下类别。

（一）重大现实问题与关键历史事件

高考试题紧扣时代主题，关注青年成长，反映根植于中国特色社会主义伟大实践的社会主义先进文化，引导青年学生将个人命运与国家命运紧密结合，鼓励青年热爱祖国、坚定信念、砥砺奋进、勇于创新。2024 年高考语文全国甲卷论述类文本阅读的材料节选自学术论文《海洋命运共同体构建与新的海洋文明》。2019 年 4 月 23 日，习近平总书记首次提出“海洋命运共同体”的理念。作为“人类命运共同体”的重要组成部分，“海洋命运共同体”是维护海上安全稳定、推进全球海洋治理的中国智慧和方案，具有从海洋层面构建合作共赢、和平安宁的命运共同体的重大现实意义。选文从构建海洋命运共同体的目标、愿景和路径等方面展开论述。2024 高考地理学科注重引导学生增强保护资源与环境的意识，树立维护国家安全、发展利益的观念。全国甲卷第 44 题，以某研究小组在“以水定绿”思想指导下探索合理的人工防风阻沙方式为情境，要求学生结合区域背景条件设计实验方案，探索水资源约束下具有最佳阻沙效果的灌草种植方式。考查学生对实验方案设计的把握，引导学生树立科学的生态安全观。2024 年新课标卷 9 ～ 11 题，围绕一个以提高降水—土壤水转化效率为目标的人工降雨实验，加深学生对地表径流产生过程及其影响因素的认识，促使考生思考环境变化和人类活动共同作用下的水循环与水安全。全国甲卷 4 ～ 5 题，以我国三江平原农垦系统某农场为案例，结合具体区域特点，引导学生以动态的视角，辩证地看待生态环境保护与维护国家粮食安全的关系。

（二）生产实践与经济社会发展

高考试题重视自然科学与生产生活实际的密切联系，加强应用性，强调理论联系实际，突出学以致用，引导考生养成科学思维习惯，利用基础知识和基本原理分析解决生活实践和工业生产中的实际问题。2024 年化学全国甲卷第 7 题以人类利用能源的历史为主线，以不同时期的典型能源为代表，既考查物质组成、能量与物质转化等基本概念，使学生充分认识到化学在社会发展中的重要作用。同时又让考生进一步了解我国能源发展方向，了解发展清洁新能源的必要性，激发学生改善人类生存环境、促进社会可持续发展的责任感。全国甲卷第 28 题以化工领域具有重要意义的甲烷转化为载体，借助浓度时间图像和催化反应机理等方式提供信息，考查化学反应原理方面的知识。2024 新课标生物卷第 33 题以厦门筼筜湖为主题，考查水质评价中监测氮元素的原因、红树植物碳中和的生理过程、鸟类等消费者对于生态系统的关键作用等，以此引导学生思考保护生物多样性的意义，传达“绿水青山就是金山银山”的价值理念，让学生在思考作答过程中领悟习近平生态文明思想的精神特质，使之成为自觉践行生态文明的行动者。2024 年思想政治学科命题紧扣党的创新理论，引导学生领会新发展理念的深刻内涵。文综全国甲卷第 40 题，以某市坚持科技创新推动新质生产力发展的案例创设情境，考查学生对文化创新、系统优化等知识的掌握水平，以及运用这些知识分析和解决发展新质生产力问题的能力。试题以习近平总书记关于发展新质生产力的重要论断为引领，反映新质生产力同创新、科技、人才、教育的内在联系，引导学生立志献身科技强国事业，成为堪当民族复兴大任的时代新人。

（三）日常生活实践与体美劳情境

试题以促进学生全面发展为导向，在引导体育、美育、劳动教育上持续发力。在试题素材选取方面，注重结合中学生的心理发展特点，力求能够引起学生的情感共鸣；在题目情境设计上，注重结合中学生的实际生活，使之能有深入其中的感受与体验；在问题设计上，注重契合中学生的思维方式，提供充足的思考与发挥空间，引导其领会体美劳教育对于个人成长成才的必要性，激发学生的参与热情，引导中学不断优化教学理念，促进学生全面发展。2024 年英语新课标Ⅱ卷阅读 A 篇介绍了秋季徒步健身活动，引导学生走近大自然，开展体育运动，文中提及多项注意事项，于潜移默化之中强调了运动安全的重要性。2024 年英语全国甲卷阅读 A 篇介绍了校园艺术节上丰富多彩的活动，引导学生走进画廊和博物馆，培养审美情趣，提高艺术品位。在劳动教育方面，新课标 I 卷阅读 A 篇介绍了一个地区生物栖息地修复工作队的工作内容和招募志愿者的要求，引导学生热爱劳动、参与劳动、享受劳动。2024 年北京英语卷试题在“德育”和“美育”上创新考查形式，注重方式方法，依托素材，促进五育融合发展，引导考生做一个德智体美劳全面发展的社会主义建设者和接班人。阅读 D 篇一文探讨了道德规范的根源，有利于考生从科学的视角深刻认识社会美德的形成机制，有利于提升考生的思想道德修养和人文素养，也有利于促进社会美德规范的知行合一；“完形填空”和阅读 B 篇选材涉及戏剧艺术和绘画艺术，渗透了“美育”教育，有利于提升考生的审美素养。2024 年北京地理卷第 19（2）题以竹笛产业发展为情境，融入美育和劳动教育；第 2 题以我国传统染料植物红花的生长与应用的跨学科学习活动为背景，将二十四节气与生产活动融合，通过“草木染”上千年的应用历史彰显传统文化。2024 年北京化学第 3 题酸性锌锰干电池和第 4 题鸡蛋清的盐析均为考生身边的化学问题。试题通过生活化、体验型、参与式的呈现方式，激发考生对身边的化学问题产生求知欲望和深入学习的动力。

（四）科学探究、实验探索与科技前沿

通过创设联系实验探索和科学探究等情境，引导考生深入思考、勇于探索、实证求真，实现从解答题目向解决问题转变，助力高中育人方式的改革。物理、化学、生物等自然科学类学科试题中，设置科学探究与实验探索的情境越来越多。实验是培养考生科学素养的重要途径，试题紧密联系科学实践与概念学习，在实验方案设计、实验结果分析、得出实验结论等多个维度进行考查，引导教学注重实验探究能力的培养，促进考生科学素养的发展。2024 年高考理科综合新课标卷第 15 题以我国自主设计建造的首艘弹射型航空母舰——福建舰为背景，鼓励学生关注新时代我国重大科技发展成果，在以国之重器增强学生的民族自信心和自豪感的同时，强调物理学基本规律在前沿科研中的重要应用，引导学生重视基础物理知识的学习。全国甲卷第 16 题以嫦娥六号开启人类首次从月背采样返回之旅为情境，展现我国航天领域的伟大成就，增强科技自信、自立，激励学生树立科技报国的远大志向。全国甲卷第 9 题以我国化学工作者开发的聚乳酸在催化剂作用下转化利用的方法为情境，考查有机物的命名、同分异构体、高分子转化与合成等知识内容，在考查化学知识的基础上，让学生了解我国科研工作者在材料科学领域取得的重要成果，激发学生的爱国主义情怀。全国甲卷第 32 题选取共和国勋章获得者、“杂交水稻之父”袁隆平培育杂交水稻的研究历程作为素材，体现其科学报国的拼搏精神与克服困难的坚强意志，融入科学家精神。

（五）传统文化与学科史料

以丰富的传统文化、革命文化与学科史料作为设题情境是近年来高考试题的鲜明特征和趋势。中华优秀传统文化是中华民族的文化根脉与精神标识，也是实现中华民族伟大复兴的力量源泉。高考试题选材注重体现中华优秀传统文化和革命文化的精髓，试题设问既引导学生在深刻理解其内涵的基础上借鉴古人智慧、汲取精神力量、树立文化信心，又引导学生立足当下现实、融通古今资源、面向未来创新，从而准确把握中华优秀传统文化的内涵与价值，深入思考中华文明在当代的创造性转化、创新性发展。2024 年文综全国甲卷第 26 题立足于中华文明的创新性，依托明代中期经济社会转型背景，以明代中后期士大夫广泛参与日用类书籍编纂的现象创设情境，展现士人守正不守旧的创新精神，

回应民众对日用知识的急迫需求，引导学生认识中国传统文化的创新动力。文综全国甲卷第45题以北魏时期冯太后的教育改革为背景，呈现了冯太后作为历史上的少数民族政权统治者尊崇华夏制度文化，并通过其推行儒学、设立郡学、编写《劝戒歌》向鲜卑人传播中原文化等举措，再现了鲜卑与中原交往交流交融的史实，考查学生对鲜卑民族华夏文化认同形成意义的认识，以及魏晋南北朝时期中华民族多元一体格局的理解，引导学生领悟中华文明兼收并蓄的开放胸怀和大一统传统，启发他们认同和铸牢中华民族共同体意识。2024年高考化学试题注重挖掘中华民族优秀文化成果，选取中华传统文化的瑰宝融入试题，增强学生文化自信，激发学生为中华民族伟大复兴而奋斗的责任感和使命感。在中国传统文化的继承与发扬历程中，文房四宝发挥着重要作用，是人类文明得以广泛传播的重要载体。新课标卷第7题选取文房四宝作为素材，考查学生对笔墨纸砚中有关化学成分的辨析能力，使学生在感受化学学科对人类生活产生重要影响的同时，认识到中华优秀传统文化对人类发展和社会进步作出的巨大贡献。

综上，高考评价体系中的“四翼（基础性、综合性、应用性、创新性）”考查要求是通过问题情境来实现的，目的是在较高的认知层次上提高学生的心智活动和认知能力，从而引导学生自觉培养科学思维和关键能力，激发科学探究活力。通过合理创设试题情境，加强问题导向，注重学用结合，加大试题的开放性与探究性，鼓励学生理论联系实际，关心日常生活、生产活动中蕴含的实际问题，设置新颖的试题呈现方式和设问方式，培养学生主动思考、敢于探索、勇于发现问题以及从不同角度分析问题与解决问题的科学精神，发现新问题、提出新问题，找到新规律、得出新结论，从而有效考查学生思维品质和思维过程，更好地服务高校人才选拔，服务引导高中教学，服务拔尖创新人才培养。

五、深化考教衔接，落实课程标准，发挥正向引导作用

2024年高考全国卷命题进一步加强考教衔接，以课程标准为基本遵循，承接高中课程改革，落实课程标准理念，以深化基础性、突出思维品质为路径方法，充分发挥教育评价的积极导向作用和协同育人功能，引导高中转变育人方式。严格按照课程标准实施教学，夯实学生知识基础，激发学生崇尚科学、探索未

知的兴趣，助力拔尖创新人才培养和人才自主培养质量提升。首先，强化考教衔接，命题紧扣课程标准，不仅在考查内容层面与课程标准、统编教材紧密衔接，更在能力、素养层面深度契合，引导高中一线教师依标教学、用好教材、提高课堂质量。其次，注重夯实学生知识基础，深化基础性考查，强调对学科基础知识、基本方法的深刻理解，引导中学把教学重点从总结解题技巧转向培养学生核心素养，提升课堂效果和作业效率，提高学生能力素养。最后，打破固化命题模式，不考死记硬背、不出偏题怪题，引导中学改变机械刷题、套路训练，摒弃惰化思维能力、影响独立思考的不良学习方法，遏制猜题押题和题海战术，强调学生思维过程与思维品质，提高学生核心素养。

（一）强化考教衔接，命题紧扣课程标准

课程标准是高考命题的核心依据。高考命题依据高中课程标准，进一步增强考试与教学的衔接，试卷的考查内容范围和比例、要求层次与课程标准保持一致，注重考查内容的全面性，同时突出主干、重点内容的考查，引导教学依标施教、施教依标，促进教—学—考的有机衔接。2024 年语文新课标Ⅰ卷现代文阅读Ⅰ材料一摘自毛泽东同志的《论持久战》。中学语文教材中收录多篇毛泽东同志的文章，如《纪念白求恩》《反对党八股》《中国人民站起来了》《改造我们的学习》等。试题呼应教材内容，落实课标要求的“把握作者的观点、态度和语言特点，理解作者阐述观点的方法和逻辑”，以及“学习表达和阐发自己的观点，力求立论正确，语言准确，论据恰当，讲究逻辑。学习多角度思考问题。学习反驳，能够做到有理有据，以理服人”等。2024 年新课标Ⅰ卷文学类文本阅读选文为回忆性散文，试题设置与此相关，可以视为对教材中多篇回忆性散文学习的融会贯通，亦可指导一线教师的教学实践。新课标Ⅱ卷第 20 题考查词语的精细辨析，呼应统编教材“词义的辨析和词语的使用”等内容，与单元“学习资源”中的材料也有联系。2024 年高考数学试卷聚焦主干知识内容和重要原理、方法，引导中学教学遵循教育规律，突出数学教学本质，回归课标、重视教材、重视概念教学，夯实学生学习基础，给学生预留思考和深度学习的空间。新课标Ⅰ卷第 6 题以基本求导公式及求导法则、利用导数判断函数单调性的方法为素材，考查灵活运用导数工具分析、解决问题的能力，以及学生的逻辑推理能力、运算求解能力。又如新课标Ⅱ卷第 18 题以二项分布、离

散型随机变量的分布列为工具，考查分类讨论的思想和推理论证能力。2024 年高考理科综合试题紧扣课程标准要求，严格依据相应版本的课程标准命制，引导中学按照高中课程标准进行教学，确保新老课标平稳衔接，稳妥推进。全国甲卷第 36 题和新课标卷第 30 题分别以药物白藜芦醇和除草剂四氟咯草胺的合成路线为素材，考查学生有机化学基础知识。全国甲卷第 36 题在考查同分异构体时给出手性碳的定义，而新课标卷第 30 题则未给出定义，直接要求学生辨别手性碳原子。根据课标要求，新课标卷第 30 题和 11 题均考查了原子杂化的相关知识，全国甲卷则未针对原子杂化的相关知识进行设问。

（二）夯实学生基础，注重基础知识考查

基础性包括学科内容的基本性、通用性和典型性，是学生进入高校继续学习和终生发展必须打牢的基础，包括学科基本概念、原理、技能和思维方法等。近年来，高考试题注重基础性知识考查，引导学生夯实学科基础。2024 年高考数学试卷立足课程标准，考查的内容依据学业质量标准和课程内容，注重考查学生对基础知识和基本技能的熟练掌握和灵活应用，引导教学注重内容的基础性和方法的普适性，避免盲目钻研应试套路和机械训练。进一步增加基础题比例、降低初始题难度起点，进一步加强对于基础知识、基本原理的考查力度，同时延伸和拓展基础性考查的内涵与形式。高考数学的基础性考查并不是对单一知识点的记忆性考查或重复再现，而是考查学生对基本知识、原理、方法、技能的深入理解和综合运用，引导一线师生更加重视对数学本质属性和内在联系的深刻理解和掌握。基础性考查也不意味着题目难度一定很低，基本原理、基本概念和基本知识的考查同样可以通过较高难度的试题来呈现。如新课标 I 卷第 4 题以两角正切值之积为桥梁，实现和角与差角余弦函数之间的转化，在实现对基础知识考查的同时，考查化归和转化思想及运用所学知识分析问题和解决问题的能力。新课标Ⅱ卷的第 7 题、第 18 题等都是以基础性考查为载体，同时综合考查学生空间想象、逻辑推理、分析综合等方面的能力。2024 年高考历史试题注重增强高考基础性导向，引导教学回归课程标准，提高教学质量。文综新课标卷第 31 题描述了 16、17 世纪多条海上航线的开辟活动，涉及美洲、亚洲、菲律宾群岛、荷兰、太平洋等多地区，学生需熟练掌握“地圆说”、新航路开辟、世界殖民体系等基本概念，才能更好地理解人类历史从分散走向整体的过程及

影响。第 34 题通过呈现十月革命前在俄国主要城市苏维埃中布尔什维克党人地位的变化，考查学生对俄国十月革命这一基本知识的掌握，引导学生理解历史事件发生的因果联系。

（三）遏制机械刷题，积极引导课堂教学

2024 年高考命题加强科学兴趣引导，鼓励学生了解科学研究方法、培养科学精神，进一步加强思维品质考查，通过优化试卷结构，改变试卷固有模式，让学生有更多的时间深入思考，同时通过丰富呈现方式、创新设问角度，拓展思维考查的空间，增强试题的开放性、探究性和创新性，打破追求唯一标准答案的做法，强化思维过程和思维品质的考查，有效降低死记硬背、题海战术和机械刷题的收益，积极引导课堂教学，培养学生独立思考、敢于探索、勇于创新的科学精神。2024 年高考英语命题依据高校人才选拔要求和国家课程标准，注重基础性，强调综合性，以核心素养考查为导向，注重对基础语言知识和文化知识以及综合语言运用能力的考查，引导高中英语教学落实课标要求、尊重英语教育教学规律、回归课堂，减少死记硬背和机械刷题。2024 年高考数学试题打破试题题型、命题方式、试卷结构的固有模式，新课标卷打破以往的命题模式，灵活、科学地确定试题的内容和顺序。机动调整试题顺序有助于打破学生机械应试的套路，打破教学中僵化、刻板的训练模式，防止猜题押题，同时测试学生的应变能力和解决各种难度问题的能力。如新课标Ⅱ卷中，以往作为压轴题的函数题在试卷中安排在解答题的第 2 题；概率与统计试题加强了能力考查力度，安排在解答题的倒数第 2 题。又如新课标Ⅰ卷将解析几何试题安排在解答题的第 2 题，数列内容则结合新情境，安排在最后压轴题的位置。新课标Ⅰ卷第 14 题、新课标Ⅱ卷第 14 题、全国甲卷理科第 16 题等不是考学生记住了哪些知识点，而是突出考查学生的理性思维和探究能力，也使得一些套路无用、技巧失效，使得死记硬背的教学方式不能适应现在高考的新要求。

第二节　高考改革与教育理念的五重转向

新一轮科技革命和产业变革日益深入，围绕高素质人才和科技制高点的国际竞争空前激烈，我们要把科技的命脉牢牢掌握在自己手中，在科技自强

自立上取得更大进展，归根结底要依靠高水平的创新人才，这对我们的人才培养提出了新的更高要求。近年来，高考试题以问题为导向，实现从考知识向考能力素养的转变，实现从解答题目向解决问题的转变，进一步加大试题的开放性、探究性和创新性，进一步打破固化形式、优化试卷结构、丰富呈现方式、创新设问角度、拓展思维空间，破除唯一标准答案束缚，强化关键能力、思维过程和思维方式的考查，引导学生提升思维品质和思维能力，减少死记硬背和机械刷题，激发学生崇尚科学、探索未知的兴趣与勇于创新、敢于探究的科学精神。在拔尖创新人才培养成为国家战略这样的大背景下，传统的那套以知识传授和知识理解程度深浅为主要目标的教学模式面临挑战，原有的教育理念和教学观念都需要反思与重构，主要体现在以下几个方面的转换上。

一、从“知识就是力量”转向“思维就是力量”

弗兰西斯·培根那句振聋发聩的“知识就是力量”响彻神州、深入人心，几乎成了我们过去对教育和人才培养的全部认知，并由此奠基了我国教育的基本底色：以传授知识作为课堂教学和教育活动的根本目标。正是在这样一种观念的支配下，我们对教育的理解和认知，主要表现为教师传授知识是其职责所在，学生获取知识乃天经地义。传统的应试教育就是一种以知识为中心的教育模式，考试的核心目的就是对学生掌握知识多少以及对知识理解深浅程度的考查与检验。学生的职责就是学习知识，教师的职责就是传授知识。清华大学钱颖一教授指出我们对教育从认知到实践都存在一种系统性的偏差，这个偏差就是把教育等同于知识，并局限在知识上，知识几乎成了教育的全部内容。这是我国教育存在的最主要问题。钱颖一教授进一步指出，人工智能将使中国教育优势（广而全的知识传授与练习）荡然无存。①

不可否认，自现代社会诞生以来，知识成为改变世界的重要力量，知识是现代文明的主要特征之一。培根的“知识就是力量”一反中世纪神学及经院哲

① 钱颖一：《批判性思维与创造性思维教育：理念与实践》，《清华大学教育研究》，2018 年 8 月（第 39 卷第 4 期）。

学神启及信仰至上的痼疾，凸显人类理性的光辉与感性经验的优先性，同时明确指出求知的过程就是要破除人类心智的种种迷障，实现理智的真正解放。知识和理性奠定了现代世界的根基。同样不可否认，过去三四十年间，知识是推动中国经济社会发展取得巨大成就的核心力量，知识也改变了无数人的命运。正是在这样的一种认知惯性和路径依赖中，以知识为中心的教育观念便成了顺理成章的事，并由此形成了一整套以掌握知识点为目的且行之有效的教育、学习和备考方法。将知识进行细分和梳理，死记硬背知识点、基本原理、基本公式、标准答案，并通过题海战术和机械刷题来快速识别试题类型、提炼答题技巧、总结解题套路等，从而达到有效提分和精准应考的目的。

以知识为中心的教育模式在过去的几十年时间内为我国提供了大批优秀技术人才和工程师，适应了我国特定历史发展阶段的人才需求，为我国经济社会的发展作出了巨大贡献。但随着强人工智能时代的来临，特别是新一轮科技革命和产业变革日益深入，国际竞争格局发生深刻变化，创新人才培养已经成为国与国竞争的核心力量，传统的以知识为中心的教育模式已经很难或无法适应国家战略和时代发展的需要了。这是因为，创新人才的培养不是知识的简单传递或获取，而是新知识、新理论、新方法的发现和创造。我们必须要重新确立一种以知识发现和知识创造为中心的教育观念。知识获取并不等同于知识创造或知识发现，知识创造和知识发现依靠的人的思维。正如20世纪最伟大的科学家爱因斯坦所言“大学教育的价值，不在于学习多少事实，而在于训练大脑会思考”①。爱因斯坦这里说的事实就是知识，他认为教育的本质和价值不是记住很多知识，而是训练大脑的思维。知识固然重要，我们无法脱离知识来谈知识发现、能力培养和素养提升，但知识不能构成教育的全部，特别是在创新发展驱动和强人工智能快速发展的当下，创造知识和发现知识成了教育的本质要求。换句话来说，在新的竞争格局和强人工智能时代背景下，不论是个人成长还是国家发展，没有知识是不行的，而仅仅只有知识也是不行的。

思维是指通过分析、推理和判断，在对问题进行深入、独立和批判思考的基础上，逻辑一贯、证据可靠地得出自己结论，并能对得出的结论进行评估和

---

① 转引自钱颖一：《批判性思维与创造性思维教育：理念与实践》，《清华大学教育研究》，2018年8月（第39卷第4期）。

反思。思维是一个人的心智活动和认知模式，表现出内生和难以直接观测的特征，但思维并非天生的，而是一种可获得性能力，也即这种能力可通过后天专门的训练得到提高，而且思维能力具有可迁移的特性。思维品质反映了个体智力、思维水平和思维能力的差异，思维品质的衡量主要包括深刻性、灵活性、独创性、批判性、敏捷性和系统性六个方面。思维能力是知识发现和知识创造的核心，是拔尖创新人才培养的关键。本轮高考综合改革就是要对学生思维品质和思维能力的重要性和优先性充分的强调，重点考查学生综合运用所学知识发现问题、分析问题和解决实际问题的能力，聚焦关键能力、思维品质和思维过程的考查。思维能力或关键能力包括但不限于信息获取与加工、逻辑推理与论证、科学探究与思维建模、批判性思维、辩证思维与创新思维、语言组织与表达等。因此，在这样一种背景下，我们要打破传统的以知识为中心的教育模式，重视知识创造和知识发现背后人类思维的重要性，实现从“知识就是力量”向“思维就是力量”这一教育理念的转换。

二、从“知识传递”转向“知识建构”

正如上文讨论，“以知识为中心”的教育观念根深蒂固，深刻影响着一线的教育实践和课堂教学。课程往往被看作是众多专业知识模块的组合，以物理的方式叠加在一起形成完整的课程体系。课堂以教师向学生讲解知识的形式为主，教师按照自身的教学设计，将课标要求或自认为有价值的知识通过讲授、作业、练习、讨论等方式传授给学生，这些传授的知识往往是单一、浅表、碎片化且有确定答案的。事实证明，这种重碎片化知识、轻综合能力培养的课程与教学无法有效促进学生核心素养的发展。当面对复杂、深入、没有确定性答案且很难找到唯一路径的问题，学生大多茫然无措、束手无策。[①] 课程标准和高考评价体系指导下的高考内容和命题改革就是要考查学生面对复杂情境时，调动、整合和运用所学知识和关键能力高水平完成特定学科任务的综合品质，也即学科素养。这种考查表现出典型的开放性、探究性、复杂性和综合性特征，很显然，“以知识传递为中心”的教学方式无法训练和培养学生面对复杂情境、

① 王宁、曹宗祺：《普通高中语文课程标准解读》，高等教育出版社，2020 年版，第 32 页。

解决学科任务的关键能力和核心素养。因此，面对高考综合改革的新要求，对于一线的课堂教学和教学实践而言，必须由“知识传递”转向“知识建构”。

从知识传递转向知识建构，最核心的要素包括三个层面：课堂的主体要由“教师的教”转向“学生的学”，课堂的内容要由“预设的标准答案”转向“探究生成的观点”，课堂的目标要由“量的累计”转向“质的提升”。正如有学者指出，教学是教师的教和学生的学两个方面的活动，施教之功就在于启发、引导、点拨、开窍，充分调动学生学习的自觉性和主动性，促使他们积极地发挥认识主体的作用。①采取专题教学、探究式教学、任务式教学、参与式课堂等方式，打破教师预设标准答案的思维惯性，鼓励学生大胆质疑和提出问题，学生以自主、探究、合作的角色参与课堂，通过不断生成、深入探究、批判质疑的过程，培养学生的问题意识与解决问题的能力。学生在经历了完整的质疑、提出问题、问题界定、概念辨析、分析论证、推理判断、综合评价与批判反思等思维活动，便能建立起建构知识的能力。与此同时，对于关键能力和学科素养而言，量的积累并不必然带来质的飞跃。通过大量重复的知识训练并不能带来能力素养的提升。只有真正实现了课堂主体、课堂内容和课堂目标的三个转变，我们才有可能培养学生建构知识的能力和素养，才有可能培养学生面对复杂情境和特定学科任务时提出问题、分析问题和解决问题的能力。而这种建构知识和解决问题的能力恰恰是可迁移的，它区别于静态、固化的知识，成为发现知识、创造知识最重要的基础和条件。

三、从“感性顿悟”转向“理性规范”

人类思维包括理性思维和感性思维两种。其中，理性是指人们形成概念、进行判断、分析、综合、比较、推理、计算等方面的能力，它基于现有的理论、数据，通过合理的逻辑推导得出确定的结论或观点。感性是指心理结构上的本能意识或无意识，是一种典型的非逻辑认知形式，表现为想象、激情、直觉、灵感、顿悟等。理性思维和感性思维在人类认知和科学发现上均发挥着重要且不可互相替代的作用。理性思维所主张的合逻辑性、合客观性和合理性是科学

① 于漪：《语文课堂教学有效性浅探》，《课程·教材·教法》，2009年第6期。

精神的灵魂，是现代科学诞生和发展的基石。感性思维呈现出的灵感、直觉和顿悟等在人类伟大的科学发现过程中发挥了不可或缺的作用。理性思维和感性思维共同作用推动着人类文明和现代科学的进步。创新人才的培养很大程度上是科学精神、科学思维和科学探究能力的培养，而理性思维又是科学精神和科学思维的前提。因此，我们的课堂教学和教育工作在充分发挥直觉、顿悟、联想优势的同时，也要充分重视理性思维的逻辑性与规范性。我们的教育观念和课堂教学要从感性顿悟转向理性规范。这里需要说明的是，这种转向并非要否定感性顿悟的价值，而是要突出和强调理性规范思维的重要性。

概括来讲，教育教研和课堂教学不能单方面强调顿悟、直觉和联想在思维训练中的重要性，而要加大理性思维包括逻辑推理、科学论证、证据评估、反思批判等能力的训练和培养。尤其是要揭开理性思维的神秘面纱，实现思维的过程化、可视化和规范化，在教学过程中让思维可认识、可观测、可训练和可提升，清晰准确地呈现思维的过程、结构和关键要素，让学生真正做到“知其然而知其所以然”，通过有针对性的训练，提高学生的理性思维，培养其科学精神与科学探究的能力。思维可视化是指要将思维或能力清晰地整理和呈现出来。这要求我们打破思维的模糊性与混沌性，对思维能力进行清晰的分类和界定，正如前文我们强调的五大关键能力，就是思维可视化的一种具体操作。思维过程化是指要对思维或关键能力进行分解，尤其是要对它的过程进行分解，严格界定每一个思维或关键能力的过程形式、关键方法以及构成要素，让思维成为一种可认识、可学习、可操作的实在之物。思维过程化要求我们规范、准确、有效地解释和呈现试题的过程要素和思维要点，包括要素、结构、步骤和结果等方面。思维过程化是一种典型的系统思维和科学思维，它要求我们摆脱人类感性思维中的交叉、模糊以及混沌等，强调思维的清晰、准确和稳定。思维规范化是指我们的思维或能力必须是专业、正确和准确的。每个人都会思维，但并不意味着每个人都会正确、规范地思维。人类思维中充斥着各种逻辑谬误、非理性、偏执和错误，规范、准确的思维是需要经由严格系统的训练才可达成的。

四、从“高分低能”转向“高分高能”

“高分低能”是应试教育最大的诟病，而“高分高能”是高考人才选拔和创新性人才培养的理想状态，也是高考评价体系下的高考命题改革要实现的目标。传统应试教育背景下，“高分”往往是指在各类考试评价（尤其是纸笔测试）中取得优异成绩，代表学生在学科知识掌握和考试应试技能方面的突出表现，但是考试高分并不一定代表着学生具有高水平的思维品质和解决问题的综合能力。一般而言，我们所讲的“高能”是指学生在掌握必备知识的基础上，具备批判性思维、创造力、实践能力、社交沟通等综合能力，能运用所学知识、调动关键能力高水平完成一个又一个的学科任务。高能的培养旨在提高学生发现问题、提出问题、分析问题和解决问题的能力，以及良好的创新和适应能力，使学生能高效、准确处理经验世界或学科探究中的复杂、结构不良等问题。因此，追求高分与高能的统一就成为教育改革和评价上的一个重要命题。高分与高能相统一是指在教育评价和培养过程中，追求学生综合能力的全面提升，既重视学生的学科知识水平，也注重培养学生的学科素养、关键能力和思维品质，既重视学生掌握牢固的基础知识与基本原理，也注重培养学生发现知识和创造知识的能力。高考评价体系指导下的高考内容改革就是要通过专业、科学的试题命制，让那些具有良好学科素养和关键能力的人脱颖而出，尽量减少传统应试教育备受诟病的“高分低能”现象。同时通过“高分高能”的高考选拔机制，积极引导我国基础教育更加重视对学生学科素养、关键能力和思维品质的培养培育，更加注重培养学生的高阶思维能力和知识迁移应用能力，切实改变“重知识、轻能力”“重知识、轻思维”的教育模式，服务国家拔尖创新人才培养和人才自主培养质量提升。

五、从“授人以鱼”转向“授人以渔”

不少进入新高考省份的考生和教师一时难以适应高考命题内容和考查方式的变化。而这种情况往往来自命题逻辑的变革和试题形式的创新，也即高考命题理念由原来的“学科知识立意”转向了“学科素养立意”，由原来的“知识技能考查”转向了“价值引领、素养导向、能力为重、知识为基”的四维考查，同时增加了试题的开放性、探究性和创新性，尤其强调了对思维品质和关键能力的考查要求。长期以来，高考复习采用“题型 + 套路 + 海量重复练习”的模式，广大一线师生为了适应新高考付出了很多的努力。有不少学校和师生采用

“以不变应万变”的应对方式，也即依旧采取传统的备考策略：总结近年高考新题型 + 提取和归纳解题套路 + 实施题海战术。这种“授人以鱼”的备考方式从一开始就注定与新高考背道而驰。进入新高考的考生会发现这种题海战术和机械刷题越来越难起作用，其收益也将逐步降低。正如我们反复分析和论证的，高考关键能力、思维品质和学科素养成为新高考的考查重心，开放性、探究性和创新性已成为高考命题的一般要求，而传统的解题套路化和题海战术在提高学生的关键能力、思维品质和学科素养上是低效率的乃至是起反作用的。所以，有效应对新高考的策略应该是“授人以渔”，也即通过系统、规范、针对性的训练加强关键能力和学科素养的训练，提升思维品质，而非“授人以鱼”（总结解题套路并实施题海战术）。这里讲到的“授人以渔”是指通过长期、规范、专业的针对性训练，培养学生一整套可迁移的包括关键能力和学科素养在内的高阶思维能力。关键能力包括但不限于信息获取与加工、逻辑推理与论证、科学探究与思维建模、批判性思维与创新思维、语言组织与表达等。而学科素养是指在一个又一个的真实情境中通过完成特定的学科任务而展现出来或生成的综合品质。高考命题的素养导向就是通过特定的情境创设，考查学生调动、运用必备知识与关键能力、思维方法与思维品质、情感态度与价值观高质量完成特定学科任务的综合表现。只有通过系统规范的训练，掌握这一套关键能力和学科素养的“渔”，学生才能更好、更高效地应对高考综合改革。

第三节 2025 年高考内容改革展望

课程标准和高考评价体系是指导全国和各省命题工作的标准测评体系与核心依据，是全国所有师生都应该重视的核心文本与指导性文件。简易起见，我们从“1 个坚持、2 个转变、3 条主线、4 项原则、5 大能力”来界定本轮高考内容改革的方向和要求。其中，“1 个坚持”是指落实立德树人根本任务，坚持创新人才培养在我国教育改革事业全局中的核心地位，这是我们理解和把握本轮高考综合改革的核心要旨，高考改革的全部内容和工作均围绕这一“坚持”展开。“2 个转变”是指高考内容改革要实现从解答题目向解决问题转变，实现从考知识向考能力素养转变。“3 条主线”是指高考内容改革将紧扣“核心价值金线”“能力素养银线”“情境载体串联线”三条主线展开，坚持正确导向和育人导向，重点考查学科素养和关键能力，加强情境创设，进一步增强试题的开放性、创新性和探究性。“4 项原则”是指高考内容改革呈现出典型的“无价值、不入题；无思维、不命题；无情境、不成题；无任务、不立题”这四个特征，同时也是近年来高考命题遵循的一般性原则。“5 大能力”是指高考着重考查的五项关键能力，包括信息获取与加工、逻辑推理与论证、科学探究与思维建模、批判性思维与创新思维、语言组织与表达等。

2025 年高考命题将充分发挥高考的育人功能，落实立德树人根本任务，以学科素养为本位，紧扣三条逻辑主线，坚持命题四项原则，重点考查学生的关键能力和思维品质，深化思维的过程化、可视化和规范化，强化问题意识，打破固化命题形式，加强跨学科考查，加大试题的区分效度，增强试题的开放性、探究性和创新性，进一步激发学生质疑批判、敢于探索、勇于创新的科学精神，服务拔尖创新人才选拔培养，助力人才自主培养质量提升。

一、坚持内容改革四项原则，强化考试育人功能

纵观近几年的高考试题，不论是全国统一命制的试卷，还是分省命制的试卷，均呈现出“无价值，不入题；无思维，不命题；无情境，不成题；无任务，不立题”的典型特征，这是高考评价体系在高考命题实践中的具体表现。

第一，无价值，不入题。“核心价值金线”是指围绕立德树人来考查学生的政治立场、思维观念、理想信念、道德品质以及世界观和方法论。高考试题命制将全面贯彻党的教育方针，充分发挥高考育人功能，落实立德树人根本任务，有机融入习近平新时代中国特色社会主义思想，加大对理想信念、爱国主义、品德修养、知识见识、奋斗精神、综合素质等内容在考试中的考查力度，引导学生培养和践行社会主义核心价值观。弘扬中华优秀传统文化、革命文化和社会主义先进文化，树立正确的国家观、历史观、民族观、文化观，切实增强中国特色社会主义道路自信、理论自信、制度自信、文化自信。坚持科学与理性，激发追求真理、敢于探究、勇于创新的科学精神，大力弘扬理性信念、实证精神和批判态度的价值观念。高考命题将紧扣核心价值金线，始终坚持正确的政治方向和价值取向，不断强化育人功能和积极导向作用。与此同时，重大社会现实问题、关键历史事件与科技前沿等，也是近年来高考命题中选题和取材的

主要来源，引导学生密切关注重大社会现实问题和关键历史事件，从而提高学生的政治站位、思想立场与理想信念。“无价值，不入题”已成为近年来高考内容改革的一个鲜明特征。

第二，无思维，不命题。“能力素养银线”主要考查学生学习掌握、实践探索以及思维方法等方面的能力。高考评价体系综合统筹知识、能力、素养的关系，将高考考查内容总结为核心价值、学科素养、关键能力、必备知识四个层面，在必备知识的基础上，加大力度考查学生的学科素养和关键能力。以课程标准和高考评价体系为指导，各学科在命制试题时，结合学科特点，以学生在解决学科问题中所要运用的关键能力为依据，着重考查学生信息获取与加工、逻辑推理与论证、科学探究与思维建模、批判性思维与创新思维、语言组织与表达等能力，同时还考查学生证据识别与证据质量评估的能力，考查学生独立思考、挖掘隐含前提与开放论证的能力，考查学生语言建构与运用、审美鉴赏与创造、文化交流与文明互鉴的能力，考查学生发现问题、提出问题、分析问题与解决问题的能力等。近几年高考试题进一步加大对学生思维品质与思维过程的考查力度，包括但不限于形象思维能力、抽象思维能力、归纳思维能力、演绎思维能力、批判性思维能力以及辩证思维能力等。将学科素养、关键能力以及思维品质贯彻到高考命题中进行考查，是高考评价体系指导下高考命题的重要特征，中国高考命题进入了“无思维，不命题”的新时期。

第三，无情境，不成题。“情境载体串联线”是指通过设计生活实践情境和学习探索情境，将其作为任务创设和基本知识能力运用考查的载体，实现对学生学科基本概念、原理、技能和思维方法的考查，着重考查学生运用所学知识、原理和思维发现问题、提出问题、分析问题和解决现实问题的能力，通过合理创设情境，设置新颖的试题呈现方式和设问方式，促使学生主动思考，发现新问题、进行新解释、找到新规律、得出新结论。高考评价体系中的“四层”考查内容和“四翼”考查要求，是通过生活实践情境与学习探索情境两类载体来实现的，即通过选取适宜的素材，再现学科理论产生的场景或是呈现现实中的问题情境，让学生在真实的问题情境下发挥核心价值的引领作用，运用必备知识和关键能力去解决实际问题，全面综合展现学科素养水平。从近年来的高考试题来看，情境类型可以进一步细分为：重大现实问题与关键历史事件情境，生产生活实践与经济社会发展情境，科学探究、实验探索与科学前沿情境，文化传统与学科史料情境等。不同学科的情境也要结合学科属性来进行界定，例如化学科试题情境主要包括日常生活情境、生产环保情境、学术探索情境、实验探究情境和化学史料情境等，英语科的考查情境包括人与自我、人与社会和人与自然等。高考评价体系要求高考全面落实情境式命题，材料丰富，情境多元，加强情境的新颖性、灵活性、探究性和开放性。高考命题呈现出“无情境，不成题”的新特征。

第四，无任务，不立题。提问是学生思维发展的起点，问题是激发学生思维提升的源泉，提出一个问题往往比解决一个问题更重要。如何让学生具有敏锐的问题意识和宽广的问题视野，是培养卓越创新人才的关键。“问题导向，任务驱动”在高考命题中主要表现为加大科学实验的考查比重，以实际问题为测试任务，引导学生运用已有知识经验，重构知识系统，分析实验提出的问题，并找到解决问题的方案。学科素养是在一个又一个的真实情境中通过完成特定的学科任务而展现出来或生成的综合品质。课程标准在高考命题建议中强调，要“设计典型任务”，要“以情境任务作为试题的主要载体”“以综合考查作为命题导向”。高考命题的素养本位就是通过特定的情境创设，考查学生调动、运用必备知识与关键能力、思维方法与思维品质、情感态度与价值观高质量完成特定学科任务的综合表现。因此，如果缺乏特定的学科任务设定，高考便很难有效考查学生的学科素养。以问题为导向、以具体任务为驱动进而考查学生综合品质或学科素养是本轮高考命题改革的重要方向。近年来的高考命题，尤其是那些具有高区分度的试题，就充分体现了“问题导向、任务驱动”的命题理念。以解决实际问题和学科任务为考查目标的试题命制，真实反映学生在现实场景中所面临的任务与要求，要求学生运用所学知识、调动关键能力，寻找解决问题的方案，培养学生的实际应用能力、跨学科思维与综合运用能力。为了更好地实现高考的选拔功能，任务驱动型的试题将得到越来越多的重视，高考命题呈现出“无任务，不立题”的新趋势。

在强化高考命题育人功能方面，2025 年高考命题将进一步落实立德树人根本任务，加大习近平新时代中国特色社会主义思想融入试题的深度，用社会主义核心价值观铸魂育人，以中华优秀传统文化启智润心，以科学理性精神涵养人，各学科形成合力，坚定“四个自信”，坚持“五育并举”，增强奋斗精神和担当意识，服务全面育人、全面发展，助力培养担当民族复兴大任的时代新人。

二、聚焦五大关键能力，促进思维品质发展

高考内容和命题改革要有利于高校人才选拔，有利于高中教学引导，有利于拔尖创新人才培养。聚焦关键能力考查，促进学生思维品质发展，实现从考知识向考能力素养的转变，是近年来高考命题改革最显著的特征，也是高考综合改革最大的创新之处。高考命题依托课程标准和高考评价体系，进一步深化关键能力和学科素养的考查，有效鉴别学生的思维品质、高阶思维能力和创新潜能；通过优化考查内容、丰富呈现方式、创新设问角度、创设新的题型等途径，进一步加大试题的开放性、探究性和创新性，加强对思维的过程化、可视化和规范化考查，鼓励学生多角度主动思考、深入探究，发现新问题、找出新规律、得出新结论，引导学生在学习和备考中减少死记硬背和机械刷题，培养高阶思维能力和知识迁移应用能力。高考试题考查的关键能力包括但不限于信息获取与加工、逻辑推理与论证、科学探究与思维建模、批判性思维与创新思维、语言组织与表达等。2025 年高考命题也将围绕上述关键能力进行加强和优化。

（一）信息获取与加工

信息识别、获取与加工是解决问题的最重要的基础能力，要求学生能辨识模型、图表、数据、文本、符号、图形中的各种类型信息，从中提取关键内容，建立关键信息之间的逻辑关联，并与已学相关知识进行嫁接整合，是思维过程中的第一道关卡。高考命题通过文字、图形、表格、符号、数据等方式呈现信息，加大试题信息的广度和容量，考查学生从多种形式呈现的丰富材料中“定位、识别、筛选、分类、概括、连接、转述”关键信息的能力。其中，定位是指通过文本阅读，快速定位和提取关键信息；筛选是指区分有效与无效、主要与次要，排除干扰信息，识别关键信息，一般体现为分析的过程；概括是指从个别到一般、从多到一的归纳过程以及从个别到个别或从一般到一般的类比过程；连接是指在关键信息间建立简单的逻辑关系，形成完整一贯的逻辑链条与关系，一般表现为推理过程；转述包括图文转化、数形转化、句式转换、立场转换、坐标转换等，主要体现为理解过程。

信息获取和加工在高考试题中的呈现方式包括但不限于以下题型：（1）阅读理解题。这类题目要求学生阅读一篇或几篇文章，并根据文章中的信息回答相关问题。学生需要通过阅读理解文章的主旨、细节和观点，快速获取和理解文章中的信息，然后运用这些信息来回答问题。（2）数据分析题。这类题目给出了一组数据、图表或统计表格，要求学生根据提供的数据进行分析和解释。学生需要从给定的数据中提取关键信息，理解数据之间的关系和趋势，通过运用数学、统计等知识进行数据分析和解读。（3）实验设计题。这类题目要求学生根据给定的实验目的和条件，设计符合实验要求的实验方案。学生需要仔细阅读和理解实验要求和条件，获取必要的信息，然后进行实验设计和方案制定。（4）信息整理题。这类题目给出了一段或几段信息，要求学生将信息进行整理、概括或归纳。学生需要根据所给信息的逻辑关系和主题内容，快速提取关键信息，运用归纳、总结和概括的方法，整理出准确、简洁的信息概述。（5）信息改编题。这类题目给出了一段或几段文章，要求学生根据要求对原文进行有目的的处理。学生需要理解原文的主旨和要点，获取关键信息，并根据要求对文章进行删减、扩展、改写或转述。

（二）逻辑推理与论证

逻辑推理与论证是学生形成科学思维不可或缺的能力，无论科学发现还是理论建立，抑或是工程师寻找解决问题的方案，都依赖于推理与论证技能。通过培养学生的推理与论证技能，可以让学生学会如何提出问题、论证推理、得出结论、修正观点，并能选择和运用证据支持自己的观点，为研究问题建构合理的解释。在推理和论证过程中，学生的思维能力和思维品质尤其是科学思维得到有效提高，而且这种思维能力可以有效运用和迁移到其他的任何情境、学科和问题中。通过推理与论证过程，学生将学会如何针对一个主张表达自己的观点，以及如何评价别人的主张。另外，良好的逻辑推理与论证能力训练能够帮助学生大幅提高其论文写作和表达的能力，引导学生在写作中呈现概念清晰、逻辑严谨、边界明确、证据可靠、论证充分的论证过程及结论。逻辑推理与论证是指从已知的事实或理论（前提、条件或假设）出发，经由准确、充分的证据链（有效信息）和清晰、严密的逻辑链（相关性、因果性），推导出合理结论的思维过程。逻辑推理与论证着重考查学生根据已有前提和证据逻辑一贯地得出可靠结论的能力，一方面强调逻辑的有效性，另一方面要求证据的可靠性。逻辑推理与论证一般由前提（条件或假设）、证据（数据、文献、史料、理论观点等）、逻辑关系（归纳、演绎、因果、类比等）和结论（观点或主张）四个部分构成。通过比较、概括、推理、综合等思维方法的学习运用提高学生的逻辑论证能力，促使学生思考时做到清晰、准确、规范、严谨，表达时做到言之有物、言之有理、言之有据。

逻辑推理和论证在高考试题中的呈现方式包括但不限于以下题型：（1）推理判断题。这类题目要求学生根据给定的前提或条件，推断出一个结论。学生需要运用逻辑推理的方法，分析前提之间的关系，进行合理的推断，判断结论的正确性。（2）推理论证题。这类题目要求学生对给定的论点或观点进行推理和论证。学生需要从给定的信息中找到支持或反驳该论点的理由和证据，并进行推理论证，确保逻辑合理、连贯和有说服力。（3）逻辑填空题。这类题目给出了一个由空白部分构成的句子或段落，并要求学生根据上下文和逻辑关系在空白处填写合适的词语或句子。（4）评估分析题。这类题目要求学生对给定的观点或论述进行分析和评价。学生需要评估论点的合理性和论证的有效性，分析其逻辑结构、论证链条和论据的可靠性，发现其中的逻辑漏洞或问题。（5）开放式问题。设计试题时可以引入开放性问题，这些问题没有固定答案，鼓励学生进行探索和思考，提出自己的观点和解决方案，给出支撑观点的理由和证据，并且构建出前后一致、逻辑连贯的推理过程。

（三）科学探究与思维建模

科学探究是围绕科学问题展开的一系列求解过程，是科学思维和科学精神的具体体现，要求学生合理组织、调动相关学科知识，实施调研、探究或实验的活动，采用严谨求真、实证性的逻辑思维方法发现问题、提出问题、分析问题，并寻求有效的问题解决方案。科学探究是指观察、发现和提出科学问题，形成猜想与假设，获取和处理信息，基于证据得出结论并作出解释，以及对科学探究过程和所得结果进行评估和反思。以证据为基础，运用各种信息分析和逻辑推理得出结论是科学研究的主要活动。

科学探究主要包括问题、证据、解释和评估反思四个要素。其中，问题是指具有科学探究意识，能在学习和日常生活中发现问题，提出合理的猜想与假设。证据是指具有设计探究方案和获取证据的能力，能正确实施科学探究方案，使用各种科技手段和方法收集信息，包括通过观察、调查和实验等方法收集证据，准确使用实验器材、设计实验方案和收集实验数据等。解释是指具有分析论证的能力，会使用各种方法和手段分析、处理信息，描述、解释探究结果和变化趋势，基于证据得出合理结论等，包括基于证据分析现象背后的原因、对证据的可靠性进行评估、评价结论的可靠性与有效性等。反思是指具有交流和合作的意愿与能力，能准确表述、评估和反思探究过程以及科学探究所得到的结果。

与科学探究具有一定的相似性，思维建模（包括数学建模、物理建模等）是指将思维过程模型化、可视化、可运算的能力，主要包括科学抽象、关键变量选择、模型建构、理想实验、科学推理与数学运算等环节。思维建模一般可分为理想模型和理论模型。理想模型是根据研究对象和问题的特点，在一定条件下对研究对象的抽象，抓住主要的、本质的因素，建立一个易于研究、能反映研究对象主要特征的新形象。理想模型是科学抽象和概括的结果，是科学家为了描述客观事物的规律将研究对象抽象为理想模型。理论模式是在观察、实验的基础上，经过理性思维，对某一研究客体和研究对象的结构、相互作用、运动规律等所做的一种简化描述，这种模型通常是以假说的形式出现，它能解释某些客观现象和实验事实，反映研究对象的主要特征。理论模型的正确性和有效性要经由实验来检验，并且进行不断的修正和完善。建模方法是科学研究的常见方法，模型思维是极为重要的科学思维。科学探究与思维建模能力的考查在数学、物理、化学、生物等理科学科中更为突出，主要以各种情境模拟的科学实验与科学场景，把科学研究活动中的重要步骤、核心环节、主要参数，以图文、数据形式展开问题设置，考查学生科学探究的能力。科学探究和思维建模是科学人才培养的关键，是科技攻关的必备前提，突出科学探究与思维建模能力的考查，是我国拔尖创新人才培养的内在要求。

科学探究与思维建模在高考试题中的呈现方式包括但不限于以下题型：（1）实验设计题。这类题目要求学生根据给定的实验目的和条件，设计实验方案。学生需要考虑实验的步骤、变量的控制、测量方法等，并合理设计实验并写出详细的实验步骤。这个过程中，学生需要运用思维建模的技巧，将实验问题进行抽象和建模，搭建实验方案的逻辑框架。（2）数据分析题。这类题目给出一组实验数据、图表或统计表格，要求学生根据提供的数据进行分析和解释。学生需要从给定的数据中提取关键信息，进行数据计算、数据分析、趋势推断等，并综合分析数据，得出结论。在这个过程中，学生需要运用思维建模的技巧，将数据进行整合和分类，构建数据分析的模型和框架。（3）探究论证题。这类题目要求学生根据相关理论和科学原理，运用科学探究的方法和思维模型，对一个现象或问题进行探究和论证。学生需要提出科学假设或模型，并通过设计实验、收集数据、数据分析等，来支持或否定假设与模型，并进行科学论证和结论总结。（4）问题解决（应用）题。这类题目给出一个科学问题或实际情境，要求学生通过科学探究的方法和思维模型，提出解决问题的方案或措施。学生需要分析问题的原因、影响因素，提出科学的假设或解决方案，并通过实验推测、观察、数据分析等途径验证解决方案的有效性。在这个过程中，学生同样需要运用思维建模的技巧，将问题进行抽象和建模，构建问题解决的思维模型和推理框架。

（四）批判性思维与创新思维

发展学生批判性思维有利于学生在学习中慎重鉴别、筛选和运用纷繁复杂的信息，保持客观而深刻的认识，敢于挑战固有观念或权威结论，是学生形成独立人格的前提，也是学生自主创新的基础。批判性思维是科学思维和理性思维的重要构成要件，是创新人才培养不可或缺的前提。批判性思维属于高阶思维能力，考查学生在面对各种复杂问题时运用已有知识进行审慎思考、分析推理、实证验证等方面的能力。批判性思维以探究和创新为导向，以理性和开放精神为核心。具体来讲，批判性思维是一种自觉通过质疑、查证和推理考查论证的合理性从而决定信什么和做什么的思维，一个完整的批判性思维过程包括理解主题论点、分析论证结构、澄清观念意义、审查理由质量、评价推理关系、挖掘隐含假设、考察替代论证、综合组织论证等步骤或要素。批判性思维与创新思维要求学生具有独立思考的能力，能够自觉运用分析推理、逻辑论证、甄别加工等方法，使用可靠的证据，得出自己的观点，解决实际问题。对于高考试题而言，批判性思维考查形式一般表现为：澄清相关概念、独立提出问题、评估证据与理由、揭示隐含前提、开放与竞争性结论、寻求多种解决方法、构造替代论证、阐释或评估可能的后果等。概括来讲，批判性思维以质疑和提出问题为起点，以获取证据、进行分析推理为过程，以得出有说服力的结论为结果。心智开放、独立思考、敢于质疑是批判性思维的必备品质，训练有素的逻辑推理与论证分析能力以及高水平的证据获取、评估与运用能力是批判性思维的必备技能。

批判性思维与创新思维是高考试题中常见的考查内容，集中考察学生思维的思辨性、灵活性与创造性，是核心素养的最重要组成部分，常见的题型包括：（1）论据分析（证明）。这类题目要求学生分析给定的论据或观点，并评估其合理性和说服力。学生需要通过对论据的逻辑关系和证据的可信度进行推理和分析，判断其是否具有充分性和充分性，提出合理的评价和建议。（2）任务（问题）解决。这类题目给出一个问题或情境，要求学生思考并提出解决方案。学生需要综合考虑问题的各个方面，运用批判性思维与创新思维，有效揭示隐含前提，分析问题的根本原因和潜在影响，然后提出准确、切实可行的解决方案。（3）条件推理（演绎）题。这类题目给出一些条件和限制，要求学生根据给定的条件进行推理和判断。学生需要通过对条件之间的关系和限制条件的理解，揭示重要的隐含前提，进行逻辑推理和推断，得出符合题目要求的结论。（4）策略（方案）评估。这类题目要求学生根据给定的情境和目标，评估不同策略或做法的优缺点。学生需要分析各种策略的利弊、可行性和风险，并进行批判性思考和辩证思维，选择最合适的策略或提出改进意见。（5）意义（价值）评价。这类题目给出一篇文章或者一组信息，要求学生对其内容或者结构进行评价。学生需要运用批判性思维与创新思维，分析文章的作者立场、证据的可信度和逻辑合理性，评价其论证的有效性和逻辑的说服力。

（五）语言组织与表达

思维是语言的内涵，语言是思维的载体。语言组织与表达是指信息输入和认知加工之后的具体呈现，它同时也是一个人学科知识、专业素养、思维过程、逻辑论证的具体表现。语言组织与表达指根据应对问题情境的需要，合理地组织、调动各种相关的知识与能力，准确传达信息并进行交流沟通。能够根据具体情境的不同，选用口语、书面语等不同语体并灵活转换。熟练运用图像、图表、图画表达思维、观点，借助口头语言、书写或绘图工具等表达抽象的概念。语言表达同时也是一个人学科知识、专业素养、思维过程、逻辑论证的具体表现，语言表达考查学生能够运用规范和富有逻辑性的语言进行清晰、有条理的书面表达，能够准确地运用学科术语表达抽象的概念和学科知识。语言表达考查学生能够运用规范和富有逻辑性的语言进行清晰、有条理的书面表达，能够准确地运用学科术语表达抽象的概念和学科知识。可以说，语言组织与表达是思维世界的具体呈现，也是高考“无思维，不命题”最直接的体现。语言组织与表达一般包括以下几个要素：核心概念、逻辑推理与论证的过程、事实证据、观点与结论、专业的术语或符号等。

语言组织与表达在高考文科试题中的呈现方式包括但不限于以下题型：（1）阐述观点。写作类试题会要求学生阐述自己的观点，需要运用清晰、准确、连贯的语言表达自己的观点，并且给出有力的论据和例证支持。（2）推理论证。学生需要用恰当的语言逻辑进行推理，引用相关的知识或经验，对论题进行论证。（3）分析问题。学生需要使用适当的语言表达对问题的分析思路、关键点和逻辑关系。（4）解释描述。学生需要运用准确、简明的语言解释图表的信息、趋势、关系等，并进行合理的描述。（5）语篇连贯。写作类试题要求学生将相关的观点、论据、例证等连贯地组织在文章中。学生需要使用恰当的过渡词语、连接词，使文章在逻辑上连贯、流畅。

高考理科语言组织与表达的考查题型主要包括：（1）解答题。在理科试题的解答过程中，考生需要清晰地陈述问题、列出所用公式、推导推理过程、展示结果等。良好的语言组织能够使解答更加流畅和易于理解。（2）实验报告题。有些理科试题要求考生按照给定的实验条件和数据，撰写实验报告。在报告中，良好的语言组织与表达能力能够帮助考生清楚地描述实验的目的、步骤和结果，并准确地分析和解释实验数据。（3）数据分析题。良好的语言组织与表达能力能够帮助考生准确地提取关键信息、进行数据计算和推理，并用清晰的语言表达分析结果。（4）探究题。一些理科试题要求考生运用科学探究的方法进行实验设计和问题解决。在解答过程中，良好的语言组织与表达能力能够帮助考生清晰地阐述探究过程、表达想法和得出结论，使得答案更加有条理和易于理解。

需要指出的是，上述五大关键能力是相对于所有学科共性而言的，各学科在能力侧重点和表现形式上有所差异，譬如，科学探究与思维建模能力往往在理科学科中表现显著，而在文科学科中则不是那么突出。我们对于学科关键能力的理解不能一概而论，要结合学科属性和特征，来理解和把握学科关键能力。

如语文的关键能力主要表现为信息获取与加工、逻辑推理与论证、审美鉴赏与创造、语言构建与运用、批判性思维与创新思维等；数学关键能力包括数学抽象、直观想象、数学逻辑、数学建模、数学运算、批判性思维；英语关键能力包括信息获取与加工、逻辑推理与论证、语言理解与表达、批判性思维、文化交流等；物理关键能力包括信息获取与加工、逻辑推理与论证、物理建模、科学探究、批判性思维等；化学关键能力包括信息获取与加工、逻辑推理与论证、科学探究与创新、模型建构与应用、批判性思维等；生物关键能力包括信息获取与加工、逻辑推理与论证、模型建构与应用、科学探究与实验、批判性思维等；历史关键能力包括信息获取与加工、逻辑推理与论证、唯物史观、辩证思维、批判性思维、语言组织与表达等；思想政治关键能力包括信息获取与加工、逻辑推理与论证、唯物史观、辩证思维、批判性思维、语言组织与表达等；地理关键能力包括信息获取与加工、逻辑推理与论证、模型建构与应用、区域认知、综合思维与比较思维、批判性思维、语言组织与表达等。

三、考查学生问题意识，激发创新探究活力

提问是学生思维发展的起点，提问也是科学研究的开端，问题是激发学生思维提升的源泉，没有问题便没有科学发现，不具备问题意识，便无从培养科学思维。正如爱因斯坦所言，提出一个问题往往比解决一个问题更重要，因为解决问题也许仅仅是一个数学上或实验室上的技能而已。而提出新的问题、新的可能性，从新的角度去看旧的问题，则需要创造力和想象力，发现和提出新的问题标志着科学的真正进步。很大程度上来讲，“发现问题与提出问题”比“分析问题与解决问题”更具优先性，没有“发现问题与提出问题”，也就没有“分析问题和解决问题”。具体到基础教学和高考改革中来，学生如果没有建立起真正的问题意识，他们哪怕掌握最多、最系统、最全面的知识，也不具备良好的创新能力和科学思维。拔尖创新人才培养首先要培养和提高学生发现问题、提出问题的能力。近年来高考命题进一步加大对学生发现问题、提出问题的能力考查力度，积极引导学生注重问题意识培养，激发他们的想象力、好奇心和科学探究活力。

高考命题中，问题导向的设问方式旨在考查学生的思维深度、创新能力和

综合素质，而非考查学生对既有知识的机械记忆和简单运用。高考试题通过创设灵活新颖的情境、设置开放性问题、提供探究性话题的方式，突出对思维过程和思维品质的考查，鼓励学生独立思考、灵活运用、探究创新，运用创造性、发散性思维多角度发现问题和提出问题，激发学生创新意识，同时有助于改变追求唯一标准答案、总结答题套路等固化的学习和教育模式，充分体现创新性的考查要求。实现这种开放性可以通过以下策略和方法：（1）探究性题目。鼓励学生通过自己的探究和分析来回答问题。比如给出一个现象或问题，要求学生提出假设、设计实验或提出解决方案。（2）情境性题目。提供真实或拟真的情境，如实际生活中的问题、社会热点或者历史事件，要求学生在特定情境中运用所学知识进行分析和解决问题。（3）非唯一答案题目。试题设问开放，鼓励学生从不同的角度、不同的前提切入和思考问题，试题不设定唯一标准答案，可以有多个合理的解释或解法，要求学生逻辑自洽、证据可靠地得出自己的结论或观点。

情境设题成为了高考命题的基本要求，情境创设很大程度上就是为了增强试题的开放性和探究性，引导学生进行独立思考和理性判断，完成开放性或探究性的任务，发现新问题、找出新规律、得出新结论，以解决现实问题和科学前沿探索为主旨，从而培养学生的问题意识和科学精神。近年来的高考命题重视情境设题的探究性、开放性和灵活性，通过情境设题，实现由对传统的识记、理解等基础思维能力的考查向论证、分析、综合、评价等高阶思维能力的考查转变。情境试题对学生的学科素养和核心能力提出了更高的要求，它要求学生由解答题目转向解决问题。通过优化考查内容、丰富呈现方式、创新设问角度等途径，突出对关键能力的考查，让善于独立思考、认知能力强的学生脱颖而出。

高考将进一步加大对学生问题意识的考查力度，进一步加大试题的开放性、探究性和灵活性，以提出问题为导向、以解决学科任务为中心，有效引导一线教学和备考更多地关注学生问题意识培养、提高学生发现问题的能力。科学研究和科学发现都是以问题探究为起点的，包括质疑、发现问题、提出问题、分析问题、解决问题、总结方法与经验、形成新的研究问题等关键环节。以问题发现为导向的考试要求以问题为导向的课堂教学，我们要打破传统课堂中教师采取的强制性说服、诱导式启发、筛选式选择等方式，避免教师在教学过程中不仅预设了问题，同时还准备了“标准答案”，并最终将解决方案引向“预设答案”的不良做法。课堂教学要确立学生“发现问题、提出问题”的主体地位，鼓励和引导学生自主搜集材料、提出问题、提炼观点、比较分析、综合归纳、得出结论，并在原问题解决的基础上提出新问题，从而培养学生发现问题、提出问题的能力，这样才能更好、更有效地应对以问题为导向的高考内容改革。

四、打破固化试题形式，加大跨学科设题

近年来，高考命题落实《深化新时代教育评价改革总体方案》中“改变相对固化的试题形式，增强试题开放性，减少死记硬背和‘机械刷题’现象”的要求，以高考评价体系的基础性、应用性、综合性和创新性为依据，试题重点考查学生的关键能力、思维品质和学科素养，鼓励学生敢于探究、勇于创新的科学精神，在创设新题型、打破常规模式、改变试卷结构上进行了持续努力，并逐步成为高考命题新常态。2024 年高考语文全国卷创设了六种创新题型，全国甲卷实用类文本阅读第 5 题改变传统较为固化的题型，将常见的选择题改变为结合原文材料来作答的新型填空题，赋分方式也由原来的 3 分改变为现在的每填对一空给 1 分，进一步增加试题区分度，同时避免部分考生不看原文就直接看选项进行答题的弊端。第 6 题需要考生同时结合原文与第 5 题的工程实例两则材料进行作答，也就是原文与第 5 题两则材料共同组合成一个新的非连续性文本。这种一环扣一环的全新的试题类型不仅提供了多个观察的视角，打破了单一完整而封闭的格局，以开放的姿态激发学生阅读与信息解读能力，答案开放，只要言之成理，便可得到相应分数。新课标Ⅰ卷文学类文本阅读第 9 题是一道开放型题目，鼓励考生对文学作品有自己的阅读理解，作出能够体现个人思考的回答。参考答案给出的是两种不同的观点，考生还可以有其他观点，只要言之成理，便可得分。新课标Ⅱ卷文学类文本阅读第 8 题、第 9 题，新课标Ⅰ卷文言文阅读 14 题，全国甲卷古代诗歌阅读 14 题，全国甲卷语言文字运用 21 题等均在试题组织形式、设问方式、答案设计上进行创新，打破原有固化的试题形式，进一步增强试题的开放性和探究性。

高考数学试卷在创设新题型、打破固化模式、调整试卷结构等方面下足了功夫，传递了非常强的“改变固化试题形式、增强试题开放性、防止猜题押题”信号。2024 年高考数学新课标卷调减了全卷的题量，减少了解答耗时较多的多

项选择题和学生较难得分的填空题、解答题的数量。多选题、填空题和解答题各减少1道题，全卷由过去的22道题减少到19道题；同时增加了多选题的单题分值和解答题的总分值，多选题由每题5分增加到6分，解答题总分由70分增加到77分，强化对思维过程和思维能力的考查。新课标卷打破以往的命题模式，灵活、科学地确定试题的内容和顺序。机动调整试题顺序有助于打破学生机械应试的套路，打破教学中僵化、刻板的训练模式，防止猜题押题，同时测试学生的应变能力和解决各种难度问题的能力。新课标Ⅱ卷中，以往作为压轴题的函数大题在试卷中安排到解答题的第2题，难度大幅度降低；概率与统计试题加强了能力考查力度，安排在解答题倒数第2题的位置；新课标Ⅰ卷将解析几何试题安排在解答题的第2题，数列内容则结合新情境，安排在最后压轴题的位置。

与此同时，高考试题进一步加强结构不良试题的考查。结构不良试题并不是试题本身有错误，而是问题条件或数据存在部分缺失或冗余，需要考生补充缺失条件或剔除冗余条件才能顺利解题。结构不良试题具有较好的开放性，突破了传统试题条件确定的固化模式，无论在试题条件还是解题过程上都更加多元、灵活，为学生创设了自由发挥的空间。解答此类试题，学生需要进行自主的创造性思考，并根据自己的理解添加条件或选择解题过程。结构不良试题更加深入地考查了学生的理解能力、探究能力和创新能力，引导学生和高中教学更加注重思维的灵活性和创造性。①在结构不良问题中，初始状态、目标状态、中间状态至少有一个不确定，有利于引导学生根据具体情境，从多个维度分析问题，寻找不同解题路径，提出多种解决方案，以考查学生思维的系统性、灵活性、深刻性与创造性。

为落实课程标准和高考评价体系的高考综合性的考查要求，高考试题通过创设多条件、多知识点关联的复杂情境，突出考查学科内容之间的内在联系与关键能力的综合运用，要求学生能够综合运用学科知识和思想方法，多角度思考、分析并解决问题，从而进一步引导中学教学重视知识整合，重视在深层次理解基础上的融会贯通，让学生注重知识点间的联系，将其有机串联形成学科整体知识结构，进而纳入自身的知识体系。要实现高考试题的综合性，通常可以采

---

① 任子朝：《新高考十年数学科考试内容改革：成就、挑战与转向》，《中国考试》，2024年第7期。

取以下方法：（1）跨学科内容结合。试题设计可以将不同学科的知识融合在一起，要求学生综合运用多个学科的知识进行分析和解决问题。（2）多元化方案的选择。试题可以要求学生提供多种解决方案，从不同的角度和方法解答问题。这样的要求能够考察学生的多元思维和综合判断能力，培养他们在面对问题时提出多种可能性的能力。（3）实际问题的应用。试题可以设计实际不良结构问题，能够考察学生将学科知识应用到实际情境的能力，培养他们综合运用知识解决实际问题的能力。（4）多维度信息的综合。试题可以提供多个维度的信息，学生需要综合考虑各个方面的信息，从多个角度进行思考，为问题提供综合性的解答，等等。

近年来，加强跨学科综合考查、打破学科壁垒已经成为高考命题的一个重要趋势。跨学科和综合型不是简单的不同学科知识的拼盘或“大杂烩”，而是指各学科知识间交叉渗透、趋向融通，注重考查学生对跨学科知识体系的掌握，以及分析、综合、推理并形成判断的能力。2024 年语文试题阅读材料体现跨学科的综合性，意在引导基础教学进一步打破学科壁垒，注重各类知识的融会贯通，培育学生跨学科的意识和视野。全国甲卷论述类文本阅读材料“海上命运共同体”属于国际关系学科，实用类“偷梁换柱”属于建筑学科，语言文字运用材料“天山全景图”属于人文地理学科；新课标Ⅰ卷信息类文本阅读《论持久战》中的相关材料属于马克思主义哲学学科，语言文字运用材料“睡眠与健康”属于公共卫生与预防医学学科；新课标Ⅱ卷信息类文本阅读材料“登月”素材兼具天文物理学、信息与通信工程、电子科学与技术等多学科属性，语言文字运用材料“运动与放松”属于公共卫生与预防医学学科。试题材料的跨学科选材，目的在于凸显语文作为基础学科的特质，学生阅读和作答试题时并不需要具备专业的学科知识，而是通过阅读理解能力和表达运用能力获得新知识、掌握新方法、解决新问题。①

概括来讲，高考试题将进一步改变固化试题形式，开发新题型，创设试卷

① 教育部教育考试院：《坚持思想铸魂激发科学精神 彰显语文实践——2024 年高考语文全国卷试题评析》，《中国考试》，2024 年第 7 期。

新结构，灵活、科学地确定试题的内容、顺序和难度，增强试题开放性、探究性和创新性。进一步打破学科壁垒，加大跨学科考查力度，引导一线教学和备考减少死记硬背、机械刷题、押题猜题，深化课堂教学改革，探索以思维品质和思维过程为核心的新教学法，打造“新课堂”，激发学生勇于探究和敢于创新的科学精神，有效提升学生的学科素养和关键能力。

五、提高试题区分效度，增强差异选拔功能

要充分发挥高考服务高校人才选拔、服务高中教学引导、服务拔尖创新人才培养的核心功能，提高高考指挥棒的正向指挥作用，坚持稳中求进，提高试题区分效度。一方面，保持高考命题整体平稳，科学设计试题试卷难度，在考试内容覆盖上保持平衡，在试题难度上保持平稳。另一方面，高考改变相对固化的试题形式，科学设计试题设问，优化试题呈现方式，降低学生死记硬背和“机械刷题”的收益，进一步加大对关键能力、学科素养和思维品质的考查力度，不断增强试题的开放性、探究性和创新性，加大试题的区分度，注重培养学生学科素养，让那些具有科学精神、创新能力和批判性思维的学生脱颖而出，更好实现高考的选拔功能，服务人才自主培养质量提升和拔尖创新人才培养培育。

近年来高考试题注重能力层级的合理设计，搭建“基础考查、差异考查、卓越考查”三维考查体系，强化高考的人才选拔功能。基础考查是指对学生通过高中学习应该掌握的学科基本概念、原理、技能和思维方法的考查，高考试卷中包含一定比例的基础性试题，引导学生打牢基础。差异考查是指高考试题在注重基础的同时，强调适当的区分度，能识别和反映考生学习潜能的差异，要求的关键能力和学科素养相对较高，服务高校人才选拔。卓越考查强调试题的区分度，让那些具有较强创新能力和巨大发展潜能的卓越人才脱颖而出。“基础考查、差异考查、卓越考查”相辅相成，共同构成了高考人才选拔的体系。为了实现学生深层次思维能力差异的考查，高考命题除了在情境设计方面下足功夫，在试题设问方式方法上也进行创新，加大开放性探研式的设问，鼓励批判性思维与创新性思维，此类试题在很大程度上弥补了封闭性试题求同思维的不足。开放性试题设问的基本原则就是坚持试题应有开放度和综合性，注重考

查学生提出问题、形成问题解决方案和评价问题解决结论的素养。不仅要考查学生是否会解决他人给予的问题，更要考查学生能否自己发现和提出问题；不仅要考查学生是否会用所学方法解决问题，更要考查学生能否形成自己的问题解决方案或方法；不仅要考查学生是否知晓和能否应用已学知识，更要考查学生能否审视、追问、评价、改进已学知识。

理科试卷一般通过科学实验和典型任务的开放性和灵活性，考查学生多角度、多层次、多维度地认识科学基本规律，在分析和解决科学问题中发挥合理的想象和创造性的思维，加强对学生问题意识和批判性思维能力的考查。文科试题增强设问的开放性，不设定唯一标准答案，鼓励学生根据自己的理解，从不同角度提出问题，分析社会现象和问题，并得出自己的结论和观点，培养其创新思维能力。高考试题将进一步加大试题的开放性、探究性和创新性，提高试题的区分效度，增强高考差异选拔的功能。这就要求广大师生在平时的教学和练习中，坚持学科素养导向，加大对基础知识的融会贯通和灵活运用，加强关键能力尤其是批判性思维和创新思维的培养培育，培养独立思考、敢于质疑、勇于探索、善于创新的科学精神和能力。

第四节　2020—2024 年高考改革重大政策解读

为建设教育强国，党中央、国务院先后出台系列教育改革政策，推动我国教育改革向纵深发展。2019 年 2 月，中共中央、国务院印发了《中国教育现代化 2035》，中共中央办公厅、国务院办公厅印发了《加快推进教育现代化实施方案（2018—2022 年）》。作为我国第一个以教育现代化为主题的中长期战略规划，《中国教育现代化 2035》的出台为教育现代化绘就了宏伟蓝图。同时发布的《加快推进教育现代化实施方案（2018—2022）》，提出了今后五年推进教育现代化的十大重点任务，为实现 2035 年教育现代化目标制订基础的行动计划、绘制施工图。

2019 年 6 月，国务院办公厅发布《关于新时代推进普通高中育人方式改革的指导意见》；2019 年 6 月，中共中央、国务院发布《关于深化教育教学改革全面提高义务教育质量的意见》；2019 年 8 月，中共中央办公厅、国务院办公厅印发了《关于深化新时代学校思想政治理论课改革创新的若干意见》。

2020年，中共中央、国务院及教育部出台了一系列深化教育改革政策，与高考相关的教育政策文件就有：2020年1月《中国高考评价体系》及《中国高考评价体系说明》；2020年1月《关于在部分高校开展基础学科招生改革试点工作的意见》；2020年3月《关于全面加强新时代大中小学劳动教育的意见》；2020年6月《教育部等八部门关于加快和扩大新时代教育对外开放的意见》；2020年9月《职业教育提质培优行动计划（2020—2023年）》；2020年10月《深化新时代教育评价改革总体方案》；2020年10月《关于全面加强和改进新时代学校体育工作的意见》和《关于全面加强和改进新时代学校美育工作的意见》。

2021年，国家出台了很多针对性的教育改革文件。2021年3月，教育部发布《义务教育质量评价指南》；2021年5月，国务院公布修订后的《中华人民共和国民办教育促进法实施条例》；2021年5月，国家发展改革委、教育部、人力资源社会保障部印发《"十四五"时期教育强国推进工程实施方案》；2021年5月，教育部、财政部印发《关于实施中小学幼儿园教师国家级培训计划（2021—2025年）的通知》。

2021年7月，中共中央办公厅、国务院办公厅印发《关于进一步减轻义务教育阶段学生作业负担和校外培训负担的意见》，旨在减轻义务教育阶段学生作业负担和校外培训负担，强化学校教育主阵地作用，深化校外培训机构治理，构建教育良好生态；2023年5月教育部办公厅关于印发《基础教育课程教学改革深化行动方案》。

2022年10月，中国共产党第二十次全国代表大会在京召开。党的二十大报告明确提出了新时代新征程中国共产党的使命任务，发出了"团结带领全国各族人民全面建成社会主义现代化强国、实现第二个百年奋斗目标，以中国式现代化全面推进中华民族伟大复兴"的动员令。党的二十大报告指出，教育、科技、人才是全面建设社会主义现代化的基础性、战略性支撑。必须坚持科技是第一生产力、人才是第一资源、创新是第一动力，深入实施科教兴国战略、人才强国战略、创新驱动发展战略，开辟发展新领域新赛道，不断塑造发展新动能新优势。我们要坚持教育优先发展、科技自立自强、人才引领驱动，加快建设教育强国、科技强国、人才强国，坚持为党育人、为国育才，全面提高人才自主培养质量，着力造就拔尖创新人才，聚天下英才而用之。党的二十大报告为谱写新时代教育改革新篇章指明了方向，提供了遵循，是我国教育综合改革、实施科教兴国和建设教育强国的行动纲领。

教育部等十八部门联合印发了《关于加强新时代中小学科学教育工作的意见》，系统部署在教育“双减”中做好科学教育加法，强化实验教学，着力实现培养学生科学素质的目标。

2024 年 7 月 18 日，中国共产党第二十届中央委员会第三次全体会议通过《中共中央关于进一步全面深化改革推进中国式现代化的决定》。在深化教育和人才综合改革方面，提出构建支持全面创新体制机制。全会提出，教育、科技、人才是中国式现代化的基础性、战略性支撑。必须深入实施科教兴国战略、人才强国战略、创新驱动发展战略，统筹推进教育科技人才体制机制一体改革，健全新型举国体制，提升国家创新体系整体效能。要深化教育综合改革，深化科技体制改革，深化人才发展体制机制改革。

以上各项政策文件，对当前教育领域存在的各种问题作出了明确回应，为下一步落实教育新任务、提升教育新质量、深化教育改革、实现人才强国战略指明了方向。

一、《中国高考评价体系》和《中国高考评价体系说明》

2020 年 1 月，教育部教育考试院（原教育部考试中心）发布《中国高考评价体系》和《中国高考评价体系说明》。高考评价体系是近年来教育部考试中心所着力研究的评价体系。2015 年，教育部考试中心根据中央精神和教育部党组的要求，提出了加强“一点四面”考查的改革重点，即以立德树人为核心，加强对社会主义核心价值观、依法治国理念、中华优秀传统文化与创新能力的考查，不断强化高考的育人功能和积极导向作用。在此基础上，2016 年，教育部考试中心进一步提出构建“一体四层四翼”的高考评价体系，这是落实立德树人根本任务的又一重大举措。后又把“一体”调整为“一核”，这样就形成了“一核四层四翼”的高考评价体系。从“一点四面”考查到“一核四层四翼”的高考评价体系，是教育部考试中心落实立德树人根本任务的系列组合创新。

高考评价体系的研制，首次从高考自身功能出发，衔接基础教育与高等教育培养目标，确立了高考内容改革和命题工作的理论框架，为今后高考内容改革和命题工作提供了理论支撑和实践指南。“一核四层四翼”的高考评价体系涵盖了考查目的、考查内容和考查要求："一核"为考查目的，即"立德树人、服务选才、引导教学"；"四层"为考查内容，即"核心价值、学科素养、关键能力、必备知识"；"四翼"为考查要求，即"基础性、综合性、应用性、创新性"。高考评价体系依据高校人才选拔要求和国家课程标准，从深化高考内容改革、衔接高中育人方式改革出发进行顶层设计，构建全面考查的内容体系，实现了高考的"三个转变"：在教育功能上，实现了高考由单纯的考试评价向立德树人重要载体和素质教育关键环节的转变；在评价理念上，实现了高考由传统的"知识立意""能力立意"评价向"价值引领、素养导向、能力为重、知识为基"综合评价的转变；在评价模式上，实现了高考从主要基于"考查内容"的一维评价模式向"考查内容、考查要求、考查载体"三位一体评价模式的转变。

高考评价体系的具体内容和解读，本书将另辟章节进行详尽解读，本节暂不赘述。但高考评价体系与普通高中课程标准到底是什么关系，这是个重要的问题。高考评价体系要处理好上下游的关系，首先要处理好高考评价体系与高中课程标准之间的关系。高考评价体系与高中课程标准具有统一性，体现在三个方面：一是大局的统一。二者都统一在全面贯彻党的教育方针、落实立德树人根本任务、发展素质教育、推进教育公平上，统一在国家的人才培养战略和服务经济社会发展大局上。二是方向的统一。高考评价体系通过科学的评价手段全面衡量学生核心素养发展水平，与高中课程标准的方向是一致的，内在根基始终相通，从而实现学生成长、国家选才、促进公平的有机统一。三是内容的统一。高考对高中课程标准的核心素养、课程内容、学业质量水平的规定内容进行全覆盖，做到无差别、无遗漏。高考评价体系与高中程标准又具有一定的差异性，体现在3个方面：一是内涵存在差异。课程标准是国家对学生接受一定教育阶段之后的结果所做的具体描述，是国家教育质量在特定教育阶段应达到的具体指标，是纲领性教学文件；高考评价体系是普通高等学校招生全国统一考试的规范性文件和标准，是高考命题的理论基础和实践指南。二是功能存在差异。高中课程标准要构建具有中国特色的普通高中课程体系，高考评价体系要构建满足立德树人和教育改革要求的科学考试评价体系。三是适用人群存在差异。高中课程标准面向的是接受普通高中教育的在校学生，高考评价体系面向的是普通高中、中等职业院校、同等学力、特殊学校的毕业生。

上述差异决定了二者在设计时的关切点和重点考虑的边界条件是不同的。在处理与高中课程标准的关系时，高考评价体系要坚持统一性，不断章取义，正视差异性，不照本宣科，并积极灵活处理差异带来的系列问题，做到齐头并进、教考相长、以考促学，形成教学与考试的良性互动，共同实现育人目标。

二、《关于在部分高校开展基础学科招生改革试点工作的意见》

2020 年 1 月，为落实全国教育大会精神，服务国家重大战略需求，加强基础学科拔尖创新人才选拔培养，教育部在深入调研、总结高校自主招生和上海等地高考综合改革试点经验的基础上，制定出台了《关于在部分高校开展基础学科招生改革试点工作的意见》（也称“强基计划”）。在确保公平公正的前提下，积极探索多维度考核评价模式，逐步建立基础学科拔尖创新人才选拔培养的有效机制。

在创新人才培养模式方面。高校对通过强基计划录取的学生单独制定培养方案，采取导师制、小班化等培养模式。建立激励机制，增强学生的荣誉感和使命感。畅通成长发展通道，对学业优秀的学生，高校可在免试推荐研究生、直博、公派留学、奖学金等方面予以优先安排。探索建立“本—硕—博”衔接的培养模式。推进科教协同育人，探索建立结合重大科研任务的人才培养机制。通过强基计划录取的学生，入校后原则上不得转到相关学科之外的专业就读。

在招生专业方面。强基计划主要选拔培养有志于服务国家重大战略需求且综合素质优秀或基础学科拔尖的学生。聚焦高端芯片与软件、智能科技、新材料、先进制造和国家安全等关键领域以及国家人才紧缺的人文社会科学领域，由有关高校结合自身办学特色，合理安排招生专业。突出基础学科的支撑引领作用，重点在数学、物理、化学、生物、历史、哲学、古文字学等相关专业招生。建立学科专业的动态调整机制，根据新形势要求和招生情况，适时调整强基计划招生专业。

在招生学校和规模方面。起步阶段，在部分“一流大学”建设高校范围内遴选高校开展试点。相关高校可向教育部申请并提交相关专业的招生和人才培养一体化方案。试点高校要与各地教育部门充分沟通协商，统筹考虑国家政策与导向、招生定位和培养要求、各地高考综合改革进程以及中学素质教育推进情况等因素，合理确定在各省（区、市）的强基计划招生名额，并在各省（区、市）的分省计划中安排。教育部组织专家综合考虑高校的办学定位、人才培养质量、科研项目及平台建设情况、招生和人才培养方案等因素，按照“一校一策”的原则，研究确定强基计划招生高校、专业和规模。2020 年起，不再组织开展高校自主招生工作。

在招生办法方面。在保证公平公正的前提下，探索建立多维度考核评价考生的招生模式。试点高校根据有关拔尖创新人才培养需要，制订强基计划的招生和培养方案。高校依据考生的高考成绩，按照各省（区、市）强基计划招生名额的一定倍数确定参加高校考核的考生名单。考生参加统一高考和高校考核后，高校将考生高考成绩、高校综合考核结果及综合素质评价情况等按比例合成考生综合成绩（其中高考成绩所占比例不得低于 85%），根据考生填报志愿，按综合成绩由高到低顺序录取。有关高校要认真研究制定高中学生综合素质评价使用办法，并在招生简章中提前向社会公布。笔试、面试均须安排在国家教育考试标准化考点进行，面试采取专家、考生“双随机”抽签的方式，过程全程录音录像。完善信息公开公示制度，加强违规违纪查处。将强基计划招生及人才培养工作纳入巡视和督导的工作范围，建立动态准入退出机制。

此外，对于极少数在相关学科领域具有突出才能和表现的考生，有关高校可制定破格入围高校考核的条件和破格录取的办法、标准，并提前向社会公布。考生参加统一高考后，由高校组织相关学科领域专家对考生进行严格考核，达到录取标准的，经高校招生工作领导小组审定，报生源所在地省级高校招生委员会核准后予以破格录取。破格录取考生的高考成绩原则上不得低于各省（区、市）本科一批录取最低控制分数线（合并录取批次省份应单独划定相应分数线）。

三、《深化新时代教育评价改革总体方案》

2020 年 10 月，中共中央、国务院印发了《深化新时代教育评价改革总体方案》（以下简称《总体方案》）。这是新中国成立以来第一个关于教育评价系统改革的文件，也是指导深化新时代教育评价改革的纲领性文件。方案的发布对于全面贯彻党的教育方针，完善立德树人体制机制，破除“五唯”等顽瘴痼疾，确立“五育”并举的教育目标，落实教育强国战略具有重大而深远的意义。

《总体方案》坚持问题导向，注重改进结果评价，强化过程评价，探索增值评价，健全综合评价，推进教育评价关键领域改革取得实质性突破。《总体方案》坚持破立结合，重点设计了5个方面22项改革任务，针对党委、政府、学校、教师、学生和社会评价改革做了全面、整体的布局。针对党委和政府教育工作评价，要杜绝短视行为与功利化倾向，坚决纠正片面追求升学率倾向，确立科学履行职责的体制机制；针对学校评价，要打破重智育轻德育、重分数轻素质等片面办学行为，坚持把立德树人作为人才培养的根本标准；针对教师评价，要克服重科研轻教学、重教书轻育人等现象，树立优良师德师风、潜心教学育人的教师评价体系；针对学生评价，要打破用分数给学生贴标签的做法，树立科学成才观念，体现德智体美劳全面发展的育人要求。

《总体方案》针对长期以来困扰教育发展的重点、难点问题，提出了明确的行动方案：不得下达升学指标或以中高考升学率考核下一级党委和政府、教育部门、学校和教师，不得将升学率与学校工程项目、经费分配、评优评先等挂钩，不得通过任何形式以中高考成绩为标准奖励教师和学生；不得将论文数、项目数、课题经费等科研量化指标与绩效工资分配、奖励挂钩；不得把人才称号作为承担科研项目、职称评聘、评优评奖、学位点申报的限制性条件；不得通过设置奖金等方式违规争抢生源；不得将毕业院校、国（境）外学习经历、学习方式作为限制性条件，党政机关、事业单位、国有企业要带头扭转“唯名校”“唯学历”的用人导向。

《总体方案》的正式发布和实施，对深化新时代教育改革有着里程碑式的意义。“破五唯”“五育并举”“综合评价”“深化命题改革”等成了深化教育改革的关键抓手，《总体方案》的贯彻落实，必将有效深化育人方式、办学模式、机制体制的改革，为推进教育现代化、建设教育强国、实现人才强国战略注入强大的基础性力量。深入学习和掌握《总体方案》的政策指向，明确教育改革的基本方向，不仅对于各级党委政府和学校有着重要的指导意义，同时也与广大师生乃至学生家长的利益紧密相关，《总体方案》是广大师生应对新时代教育改革、适应教育发展要求必须把握和切身实践的纲领性文件。

具体落实到高考改革，《总体意见》也作出了明确的规定，要稳步推进中高考改革，构建引导学生德智体美劳全面发展的考试内容体系，改变相对固化的试题形式，增强试题开放性，减少死记硬背和“机械刷题”现象。加快完善初、高中学生综合素质档案建设和使用办法，逐步转变简单以考试成绩为唯一标准的招生模式。要创新德智体美劳过程性评价办法，完善综合素质评价体系。

四、《关于全面加强和改进新时代学校体育工作的意见》《关于全面加强和改进新时代学校美育工作的意见》

党的十八大以来，以习近平同志为核心的党中央高度重视学校体育、美育工作，作出一系列重大决策部署，特别是习近平总书记在全国教育大会上的重要讲话，对新时代学校体育、美育工作提出了新要求。为贯彻落实中央精神，2020 年 10 月，中共中央办公厅、国务院办公厅印发了《关于全面加强和改进新时代学校体育工作的意见》和《关于全面加强和改进新时代学校美育工作的意见》，就全面贯彻党的教育方针，加强和改进新时代学校体育、美育工作进行了系统设计和全面部署。

两份文件在课程体系建设上，提出体育、美育课程体系要注重完善大中小幼相互衔接，按照学前教育、义务教育、高中、职业教育、高等教育，明确各级各类学校体育、美育的课程目标。

在教学改革上，体育教学提出完善“健康知识 + 基本运动技能 + 专项运动技能”的教学模式，美育教学提出了“艺术基础知识基本技能 + 艺术审美体验 + 艺术专项特长”的教学模式，着力提升学生核心素养。在课程开设上，高等教育阶段学校要将体育、公共艺术课程和艺术实践纳入人才培养方案。针对学校体育、美育评价不健全的问题，提出把政策措施落实情况、学生体质健康状况、艺术素质测评情况和支持学校开展体育、美育工作等纳入教育督导评估范围，对政策落实不到位、学生体质健康达标率和艺术素质测评合格率持续下降的地方政府、教育行政部门和学校负责人，依法依规予以问责。把体育、美育工作及其效果作为高校办学评价的重要指标，纳入高校本科教学工作评估指标体系和“双一流”建设成效评价。在学生评价方面，强化体育、美育在学生评价中的占比，加强过程性评价，提出改进中考体育测试内容和计分办法，科学确定并逐步提高分值，推进高校在招生测试中增设体育项目，启动在高校招生中使用体育素养评价结果的研究，探索将艺术类科目纳入中考改革试点，纳入高中阶段学校考试招生录取计分科目。

五、《“十四五”时期教育强国推进工程实施方案》

为贯彻党的十九大精神，落实《中华人民共和国国民经济和社会发展第十四个五年规划和2035远景目标纲要》《中国教育现代化2035》，巩固基础教育脱贫攻坚成果，深化职业教育产教融合，促进高等教育内涵发展，增强教育改革发展活力，加快建设教育强国，2021年5月，国家发展改革委、教育部、人力资源社会保障部印发《“十四五”时期教育强国推进工程实施方案》（以下简称《实施方案》）。

教育强国推进工程聚焦关键领域关键任务，紧紧围绕基础教育、职业教育、高等教育三大板块，对落实教育优先发展战略部署、全面建设社会主义现代化国家具有重大意义。

首先，基础教育注重补短板。集中支持14个原集中连片特困地区的片区县、片区外国家扶贫开发工作重点县，共832个县。特别是“三区三州”等原深度贫困地区、易地扶贫搬迁集中安置区等，以义务教育为重点，统筹学前教育建设，扩大学位供给，巩固教育脱贫攻坚成果，阻断贫困代际传递。

其次，职业教育注重树精品。集中支持一批优质职业院校、应用型本科高校建设一批高水平、专业化产教融合实训基地。推动相关院校面向经济社会发展需求，创新培养模式，优化培养结构，打造一批精品职业院校，带动职业教育质量整体提升，有效增强产业升级和区域发展的人才支撑。

再次，高等教育注重创一流。面向世界科技前沿、面向经济主战场、面向国家重大需求、面向人民生命健康，瞄准关键核心技术特别是“卡脖子”问题，加强“双一流”高校学科基础设施和大型仪器设备建设；布局建设一批国家产教融合创新平台和产教融合研究生联合培养基地。优化高等教育资源布局，促进区域协调发展，支持一批在京中央高校疏解转移到雄安新区，支持一批南疆高校建设，支持一批中西部地方本科高校建设。支持一批优质医学院校建设，重点打造一批高水平公共卫生学院。支持一批优质师范院校建设，重点打造一批师范教育基地。

此外，《实施方案》提出，实施教育强国推进工程所需建设投资由中央预算内投资、地方财政性资金和中高等学校自有资金等相关渠道共同筹措解决。各地方要根据中央支持标准和地方建设资金落实情况，合理申报投资计划，地方建设资金不落实的不得申报。对切块打捆项目，各地方要按照地方财政承受能力合理分解安排项目，避免项目分散加重地方筹资压力。

实施教育强国推进工程是促进教育公平、提升教育质量的重要途径，是完善现代教育体系、加快教育现代化的内在要求，是深化人力资源供给侧结构性改革、提升教育服务经济社会发展能力的迫切需求，是立足新发展阶段、贯彻新发展理念、构建新发展格局的务实举措，对落实教育优先发展战略部署、全面建设社会主义现代化国家具有重大意义。

六、《关于进一步减轻义务教育阶段学生作业负担和校外培训负担的意见》

为深入贯彻党的十九大和十九届五中全会精神，切实提升学校育人水平，持续规范校外培训（包括线上培训和线下培训），有效减轻义务教育阶段学生过重作业负担和校外培训负担，2021 年 7 月，中共中央办公厅、国务院办公厅印发《关于进一步减轻义务教育阶段学生作业负担和校外培训负担的意见》（以下简称《意见》），俗称“双减”政策。紧接着，2021 年 7 月教育部办公厅发布《关于进一步明确义务教育阶段校外培训学科类和非学科类范围的通知》，明确义务教育阶段校外培训学科类和非学科类范围。

《意见》的出台可谓高调迅速，重拳出击，打出了前所未有的“最强减负令”。为了有效减轻学生过重的作业负担，《意见》规定内容细致明确，“双减”政策的主要任务和重大措施有：

一是全面压减作业总量和时长，减轻学生过重作业负担。健全作业管理机制，合理调控作业结构，分类明确作业总量，提高作业设计质量，加强作业完成指导。不得要求学生自批自改作业，严禁给家长布置或变相布置作业，严禁要求家长检查、批改作业。

二是提升学校课后服务水平，满足学生多样化需求。课后服务结束时间原则上不早于当地正常下班时间，学校可统筹安排教师实行“弹性上下班制”。提高课后服务质量，增强课后服务的吸引力。拓展课后服务渠道，做强做优免费线上学习服务，积极创造条件，组织优秀教师开展免费在线互动交流答疑。

三是坚持从严治理，全面规范校外培训行为。各地不再审批新的面向义务教育阶段学生的学科类校外培训机构，现有学科类培训机构统一登记为非营利性机构。线上学科类培训机构改为审批制，学科类培训机构一律不得上市融资，严禁资本化运作。对非学科类培训机构分类制定标准，严格审批。规范培训服务行为，建立培训内容备案与监督制度，校外培训机构不得占用国家法定节假日、休息日及寒暑假期组织学科类培训。强化常态运营监管，培训机构融资及收费应主要用于培训业务，坚决禁止不正当竞争，严禁聘请在境外的外籍人员开展培训活动。

四是大力提升教育教学质量，确保学生在校内学足学好。促进义务教育优质均衡发展，充分激发办学活力，整体提升学校办学水平。提升课堂教学质量，严格按课程标准零起点教学，考试成绩呈现实行等级制。深化高中招生改革，逐步提高优质普通高中招生指标分配到区域内初中的比例，规范普通高中招生秩序。

五是强化配套治理，提升支撑保障能力。保障学校课后服务条件，统筹核定编制，配足配齐教师；制定学校课后服务经费保障办法，确保经费筹措到位；课后服务经费主要用于参与课后服务教师和相关人员的补助。做好培训广告管控，主流媒体、新媒体、公共场所、居民区各类广告牌和网络平台等不刊登、不播发校外培训广告。

为贯彻落实“双减”政策，全国各地都相继出台了具体的实施方案，从严管理校外培训机构。校外教育行业正在面临大洗牌，不少培训机构纷纷转向。“双减”政策旨在减轻义务教育阶段学生作业负担和校外培训负担，强化学校教育主阵地作用，深化校外培训机构治理，构建教育良好生态，促进学生全面发展、健康成长，让教育回归本真。

七、《关于进一步加强和改进普通高等学校艺术类专业考试招生工作的指导意见》

2021 年 9 月，教育部发布《关于进一步加强和改进普通高等学校艺术类专业考试招生工作的指导意见》（以下简称《艺考招生意见》）《关于进一步完善和规范高校高水平运动队考试招生工作的指导意见》，这两份文件分别对深化高校高水平运动队和艺术类专业考试招生改革作出新的安排部署，诸多信息变化值得相关学生重点关注。

《艺考招生意见》明确，从 2021 年开始推进相关改革工作，到 2024 年，基本建立以统一高考为基础、省级专业考试为主体，依据高考文化成绩、专业考试成绩，参考学生综合素质评价，分类考试、综合评价、多元录取的高校艺术类专业考试招生制度，基本形成促进公平、科学选才、监督有力的艺术人才选拔评价体系。

首先，进一步扩大省级统考范围，严控校考范围和规模。《艺考招生意见》要求，到 2024 年，要基本实现艺术类专业省级统考全覆盖，同时，不断提升省级统考的水平和质量，增强考试的区分度，满足不同层次、类型高校选拔需要。《艺考招生意见》对规范高校校考作出了相关规定，严控现场考试规模，鼓励高校采取线上考试或使用省级统考成绩进行初选等方式，严格控制现场校考人数，原则上不超过相关专业招生计划的 6—8 倍。从 2024 年起，不再跨省设置校考考点，所有高校艺术类专业校考工作均在学校所在地组织。此外，将建立健全校考高校和专业准入退出机制。

其次，推进分类考试、分类录取。从 2024 年起，对于高校艺术学理论类、戏剧影视文学等与专业考试要求相关度不高的专业，将不再组织专业考试，直接依据考生高考文化课成绩、参考考生综合素质评价，择优录取。对于音乐、舞蹈、表演、美术、设计等其他对考生专业能力有较高要求的艺术类专业，继续组织专业考试，包括省级统考和高校校考，在考生高考文化课成绩和省级统考成绩都达到所在省（区、市）艺术类专业的录取最低控制分数线基础上，依据考生高考文化课成绩和省级统考成绩按比例合成的综合成绩进行平行志愿择优录取，其中，高考文化课成绩所占比例原则上不低于 50%。省级统考已覆盖的专业，鼓励高校不再组织校考，直接使用省统考成绩作为专业考试成绩。对于少数继续组织校考的专业，在考生高考文化课成绩达到所在省（区、市）普通类专业批次录取最低控制分数线、省级统考成绩合格且达到学校划定的最低成绩要求基础上，依据考生校考成绩择优录取。鼓励高校通过线上考试或直接使用省级统考成绩等方式进行初选，通过初选的考生再参加现场校考，严格控制现场考试规模。

再次，逐步提高文化课成绩要求。《艺考招生意见》要求，各省（区、市）在现有文化课成绩要求基础上，因地制宜、分类划定、逐步提高艺术类各专业高考文化课成绩录取最低控制分数线。在提高文化成绩要求的同时，对于在相关专业领域确有专长的艺术人才，《艺考招生意见》提出，将探索建立破格录取机制。允许组织校考的高校在相关校考专业招生中，对极少数省级统考和校考成绩均特别优异，或在相关专业领域具有突出才能和表现的考生，制定高考文化课成绩破格录取办法。从 2024 年起，高校高水平艺术团不再从高校招生环节进行选拔，改由相关高校从在校生中遴选培养。

此外，《关于进一步完善和规范高校高水平运动队考试招生工作的指导意见》也值得相关考生注意，该文件在 2024 年起高水平运动队录取的招生项目范围、报考条件和资格审核、考试评价方式、提高文化成绩要求、完善招生录取机制等方面作出了新的调整。

八、《关于推动现代职业教育高质量发展的意见》

2021 年 4 月，全国职业教育大会召开，习近平总书记对职业教育工作作出重要指示，强调加快构建现代职业教育体系，培养更多高素质技术技能人才、能工巧匠、大国工匠。2021 年 10 月中共中央办公厅、国务院办公厅印发了《关于推动现代职业教育高质量发展的意见》（以下简称《职教高质量意见》）。《职教高质量意见》提出，职业教育是国民教育体系和人力资源开发的重要组成部分，肩负着培养多样化人才、传承技术技能、促进就业创业的重要职责。

职业教育近几年持续成为热点话题，关注点主要集中在高职扩招、职业教育教师队伍建设、职业教育专业设置、线上职业教育、中职教育、职业教育助力脱贫攻坚等方面。其中，关于“职普比例大体相当”“高职扩大招生”的话题更是与高考话题密切相关。2021 年 4 月，教育部发布《关于做好 2021 年中等职业学校招生工作的通知》，明确各地要保持高中阶段教育职普比大体相当，职普比例较低的地区要提高中等职业教育招生比例。积极拓宽生源渠道，广泛招收往届初高中毕业未升学学生、城乡劳动者、退役军人、退役运动员、下岗职工、返乡农民工等。

《职教高质量意见》提出两个目标：一是到 2025 年，职业教育类型特色更加鲜明，现代职业教育体系基本建成，技能型社会建设全面推进，办学格局更加优化，办学条件大幅改善，职业本科教育招生规模不低于高等职业教育招生规模的 10%，职业教育吸引力和培养质量显著提高。二是到 2035 年，职业教育整体水平进入世界前列，技能型社会基本建成，技术技能人才社会地位大幅提升，职业教育供给与经济社会发展需求高度匹配，在全面建设社会主义现代化国家中的作用显著增强。

《职教高质量意见》要求：要坚持党的领导，坚持正确办学方向，坚持立德树人，优化类型定位，深入推进育人方式、办学模式、管理体制、保障机制改革，切实增强职业教育适应性，加快构建现代职业教育体系，建设技能型社会，弘扬工匠精神，培养更多高素质技术技能人才、能工巧匠、大国工匠，为全面建设社会主义现代化国家提供有力人才和技能支持。

《职教高质量意见》从三个方面提出完善产教融合办学体制的举措：

一是优化职业教育供给结构。推动形成紧密对接产业链、创新链的专业体系，推进部省共建职业教育创新发展高地，持续深化职业教育东西部协作，启动实施技能型社会职业教育体系建设地方试点。

二是构建政府统筹管理、行业企业积极举办、社会力量深度参与的多元办学格局。健全国有资产评估、产权流转、权益分配、干部人事管理等制度，鼓励各类企业依法参与举办职业教育，鼓励职业学校与社会资本合作共建职业教育基础设施、实训基地。

三是协同推进产教深度融合。各级政府要将产教融合列入经济社会发展规划。建设一批产教融合试点城市，打造一批引领产教融合的标杆行业，培育一批行业领先的产教融合型企业。

职业教育是面向市场的实践教育，在今后的发展中，必须深入推进育人方式、办学模式、管理体制、保障机制改革，牢牢把握服务发展、促进就业的办学方向，优化学校专业布局，开设更多紧缺的、符合市场需求的专业。同时，中职教育需要加强内涵发展，提高人才培养质量，取得社会认可。

九、《“十四五”县域普通高中发展提升行动计划》

2021年12月，教育部、国家发展改革委、财政部等九部门联合印发了《“十四五”县域普通高中发展提升行动计划》（以下简称《县中提升计划》），以习近平新时代中国特色社会主义思想为指导，深入贯彻党的十九届五中全会精神，积极服务国家乡村振兴和人才发展战略，全面贯彻党的教育方针，围绕建设高质量教育体系，健全县中发展提升保障机制，全面提高县中教育质量，促进县中与城区普通高中协调发展，加快缩小教育差距，办好人民满意的教育，为实现教育现代化、建成教育强国奠定基础，着力培养能够担当民族复兴大任的时代新人。

党的十九届五中全会明确提出“到2025年高中阶段教育毛入学率提高到92%以上”，2021年《政府工作报告》提出“加强县域高中建设”。我国县域普通高中规模超过全国普通高中学校总数一半，是县域基础教育的龙头，办好县中对巩固提高高中阶段教育普及水平，带动县域义务教育优质均衡发展，服务国家乡村振兴和人才发展战略，具有重大意义。党的十八大以来，国家通过实施高中阶段教育普及攻坚计划，到2020年如期实现了全国高中阶段教育毛入学率达到90%以上的目标，县中办学资源得到显著扩大。但是，目前一些地方县中发展还存在生源和教师流失比较严重、基础条件相对薄弱、教育质量有待提高等突出问题，特别是适应高考综合改革实施选课走班，县中办学资源不足问题更加突出，迫切需要加大扶持力度，整体提升县中办学水平。

“县中提升计划”提出了1项总体目标和5个具体目标。总体目标是：到2025年县中整体办学水平显著提升，市域内县中和城区普通高中协调发展机制基本健全，统筹普通高中教育和中等职业教育发展，推动高中阶段教育毛入学率达到92%以上。

具体目标是：一是公民办普通高中招生全面规范，县中生源流失现象得到根本扭转；二是教师补充激励机制基本健全，县中校长和教师队伍建设明显加强；三是教育经费投入机制基本健全，县中办学经费得到切实保障；四是薄弱县中办学条件基本改善，学校建设基本实现标准化；五是教育教学改革进一步深化，县中教育质量显著提高。

围绕落实主要目标，“县中提升计划”提出了四项重点任务。

一是深化招生管理改革。要求各地全面推进基于初中学业水平考试成绩、结合综合素质评价考试招生录取模式，着力构建规范有序和监督有力的招生机制，坚决杜绝违规跨区域掐尖招生，防止县中生源过度流失，维护良好教育生态。

二是加强教师队伍建设。要求各地促进优秀人才合理流动，防止县中优秀人才流失；加大县中教师补充力度，优化教师资源配置，加强教师培训，保障教师待遇，努力建设一支数量充足、结构合理、素质优良、相对稳定的县中教师队伍。

三是改善办学薄弱环节。要求各地加强县中标准化建设，全面化解大班额，有效控制大规模学校；加强学科教室、创新实验室、实验设备与信息化教学条件建设；加强学校文化建设，改善学校食宿卫生等生活条件。

四是提高教育教学质量。要求各地深化课程教学改革，大力推进优秀教学成果应用，完善选课走班、综合素质评价和学生发展指导，充分利用农业农村资源，加强劳动教育和综合实践活动，形成具有鲜明县域特色的普通高中育人模式。

十、《新时代基础教育强师计划》

2022 年 4 月，教育部等八部门联合印发《新时代基础教育强师计划》（以下简称《强师计划》），开启新时代高素质专业化创新型教师队伍建设新征程。《强师计划》以高素质教师人才培养为引领，以高水平教师教育体系建设为支撑，以提升教师思想政治素质、师德师风水平和教育教学能力为重点，提出新时代基础教育教师队伍筑基提质、补短扶弱、做优建强的思路举措，促进教师数量、素质、结构协调发展，推动教师队伍建设创新，主要政策创新点有：

一是以高水平师范院校为引领，加强教师教育体系建设。支持建设一批国家师范教育基地，打造师范教育高质量发展的排头兵、领头雁。会同国家发展改革委实施“十四五”教育强国推进工程，支持一批师范院校加强教学科研设施建设，每校支持 1 亿元，实现 21 世纪以来国家层面在高等教育重大专项中，专门面向师范院校和师范专业建设进行的最大规模投入。鼓励支持建立教师教育协同创新平台，推进师范院校在教育科学研究、教师教育师资队伍建设、师范人才培养和基础教育服务等领域开展合作。支持有条件的地方师专升本。

二是以创新人才培养为目标，提升教师培养层次。实施高素质教师人才培育计划，深化本硕整体设计、分段考核的人才培养模式改革，推进高素质复合型硕士层次高中教师培养试点和部属师范大学公费师范生攻读教育硕士工作，继续实施农村学校教育硕士师资培养计划，扩大教育硕士培养规模。同时，深入实施名师名校长领航计划，培养造就基础教育领域的教育家、大先生。

三是以中西部欠发达地区教师为重点，推动师资优质均衡。继续实施中西部欠发达地区优秀教师定向培养计划，依托部属师范大学和地方高水平师范院校为832个脱贫县和中西部陆地边境县定向培养本科层次师范生，中央财政给予支持。深入推进“县管校聘”管理改革，完善交流轮岗、支教讲学激励机制，引导优秀人才向乡村学校流动。通过落实补助政策、倾斜职称评聘、加强周转宿舍建设和住房保障等，着力增强乡村教师职业吸引力。

四是以深化评价改革为牵引，提升教师队伍治理水平。落实教育评价改革要求，严格落实师德师风第一标准。深化职称改革，实行分类评价，出台完善中小学岗位设置管理的指导意见。绩效工资分配向班主任、教育教学效果突出的一线教师、从事特殊教育随班就读工作的教师倾斜。改进师范院校评价机制，探索师范类“双一流”建设评价机制。支持地方政府统筹，有关部门密切配合，开展国家教师队伍建设改革试点。

五是以信息技术应用为抓手，推动教师队伍建设提质增效。支持师范生和教师管理信息系统、教师资格管理信息系统、国家教师管理服务信息化平台等的建设和完善，加强信息系统安全防护，为教师队伍建设提供信息化决策和便捷化服务支撑。深入实施人工智能助推教师队伍建设试点行动，探索教师管理优化、教师教育改革、教育教学方法创新、教育精准帮扶的新路径和新模式，进一步发挥教师在人工智能与教育融合中的作用。

十一、《义务教育课程方案和课程标准（2022年版）》

为贯彻落实党的十八大、十九大精神，落实全国教育大会部署，全面落实立德树人根本任务，进一步深化课程改革，教育部于2022年4月印发《义务教育课程方案和课程标准（2022 年版）》。

本次义务教育课程修订对重大主题教育进行整体规划、系统安排，充分反映习近平新时代中国特色社会主义思想，有机融入社会主义先进文化、革命文化和中华优秀传统文化，全面落实有理想、有本领、有担当时代新人的培养要求，强化课程思想性。

本次义务教育课程修订的改革重点主要体现在以下三个方面：一是强调素养导向，注重培育学生终身发展和适应社会发展所需要的核心素养，特别是真实情境中解决问题的能力，基于核心素养确立课程目标，遴选课程内容，研制学业质量标准，推进考试评价改革。二是优化课程内容组织形式，跳出学科知识罗列的窠臼，按照学生学习逻辑组织呈现课程内容，加强与学生经验、现实生活、社会实践的联系，通过主题、项目、任务等形式整合课程内容，突出主干、去除冗余。三是突出实践育人，强化课程与生产劳动、社会实践的结合，强调知行合一，倡导做中学、用中学、创中学，注重引导学生参与学科探究活动，开展跨学科实践，经历发现问题、解决问题、建构知识、运用知识的过程，让认识基于实践、通过实践得到提升，克服认识与实践“两张皮”现象。

本次修订涉及义务教育课程方案和语文等 16 个课程标准，与 2001 年颁布实施的义务教育课程方案相比，修订后的各课程标准有以下主要变化：一是优化了课程内容结构。基于核心素养要求，遴选重要观念、主题内容和基础知识技能，精选、设计课程内容，优化组织形式。涉及同一内容主题的不同学科间，根据各自的性质和育人价值，做好整体规划与分工协调。设立跨学科主题学习活动，加强学科间相互关联，带动课程综合化实施，强化实践要求。二是研制了学业质量标准。依据核心素养发展水平，结合课程内容，整体刻画不同学段学生学业成就的具体表现，明确“学到什么程度”，引导和帮助教师把握教学深度与广度，为教材编写、教学实施、考试评价等提供依据。三是增强了指导性。各课程标准针对“内容要求”提出“学业要求”“教学提示”，细化了评价与考试命题建议，注重实现教、学、考的一致性，增加了教学、评价案例，不仅明确“为什么教”“教什么”“教到什么程度”，而且强化了“怎么教”的具体指导，做到好用、管用。

十二、“实施科教兴国战略，强化现代化建设人才支撑”

2022年10月，中国共产党第二十次全国代表大会在京召开，习近平总书记代表第十九届中央委员会向大会作了题为《高举中国特色社会主义伟大旗帜为全面建设社会主义现代化国家而团结奋斗》的报告，报告中提出“实施科教兴国战略，强化现代化建设人才支撑”。

报告指出，教育、科技、人才是全面建设社会主义现代化国家的基础性、战略性支撑。必须坚持科技是第一生产力、人才是第一资源、创新是第一动力，深入实施科教兴国战略、人才强国战略、创新驱动发展战略，开辟发展新领域新赛道，不断塑造发展新动能新优势。

报告指出，我们要坚持教育优先发展、科技自立自强、人才引领驱动，加快建设教育强国、科技强国、人才强国，坚持为党育人、为国育才，全面提高人才自主培养质量，着力造就拔尖创新人才，聚天下英才而用之。

办好人民满意的教育。教育是国之大计、党之大计。培养什么人、怎样培养人、为谁培养人是教育的根本问题。育人的根本在于立德。全面贯彻党的教育方针，落实立德树人根本任务，培养德智体美劳全面发展的社会主义建设者和接班人。坚持以人民为中心发展教育，加快建设高质量教育体系，发展素质教育，促进教育公平。加快义务教育优质均衡发展和城乡一体化，优化区域教育资源配置，强化学前教育、特殊教育普惠发展，坚持高中阶段学校多样化发展，完善覆盖全学段学生资助体系。统筹职业教育、高等教育、继续教育协同创新，推进职普融通、产教融合、科教融汇，优化职业教育类型定位。加强基础学科、新兴学科、交叉学科建设，加快建设中国特色、世界一流的大学和优势学科。引导规范民办教育发展。加大国家通用语言文字推广力度。深化教育领域综合改革，加强教材建设和管理，完善学校管理和教育评价体系，健全学校家庭社会育人机制。加强师德师风建设，培养高素质教师队伍，弘扬尊师重教社会风尚。推进教育数字化，建设全民终身学习的学习型社会、学习型大国。

完善科技创新体系。坚持创新在我国现代化建设全局中的核心地位。完善党中央对科技工作统一领导的体制，健全新型举国体制，强化国家战略科技力量，优化配置创新资源，优化国家科研机构、高水平研究型大学、科技领军企业定位和布局，形成国家实验室体系，统筹推进国际科技创新中心、区域科技创新中心建设，加强科技基础能力建设，强化科技战略咨询，提升国家创新体系整体效能。深化科技体制改革，深化科技评价改革，加大多元化科技投入，加强知识产权法治保障，形成支持全面创新的基础制度。培育创新文化，弘扬科学家精神，涵养优良学风，营造创新氛围。扩大国际科技交流合作，加强国际化科研环境建设，形成具有全球竞争力的开放创新生态。

加快实施创新驱动发展战略。坚持面向世界科技前沿、面向经济主战场、面向国家重大需求、面向人民生命健康，加快实现高水平科技自立自强。以国家战略需求为导向，集聚力量进行原创性引领性科技攻关，坚决打赢关键核心技术攻坚战。加快实施一批具有战略性全局性前瞻性的国家重大科技项目，增强自主创新能力。加强基础研究，突出原创，鼓励自由探索。提升科技投入效能，深化财政科技经费分配使用机制改革，激发创新活力。加强企业主导的产学研深度融合，强化目标导向，提高科技成果转化和产业化水平。强化企业科技创新主体地位，发挥科技型骨干企业引领支撑作用，营造有利于科技型中小微企业成长的良好环境，推动创新链、产业链、资金链人才链深度融合。

深入实施人才强国战略。培养造就大批德才兼备的高素质人才，是国家和民族长远发展大计。功以才成，业由才广。坚持党管人才原则，坚持尊重劳动、尊重知识、尊重人才、尊重创造，实施更加积极、更加开放、更加有效的人才政策，引导广大人才爱党报国、敬业奉献、服务人民。完善人才战略布局，坚持各方面人才一起抓，建设规模宏大、结构合理、素质优良的人才队伍。加快建设世界重要人才中心和创新高地，促进人才区域合理布局和协调发展，着力形成人才国际竞争的比较优势。加快建设国家战略人才力量，努力培养造就更多大师、战略科学家、一流科技领军人才和创新团队、青年科技人才、卓越工程师、大国工匠、高技能人才。加强人才国际交流，用好用活各类人才。深化人才发展体制机制改革，真心爱才、悉心育才、倾心引才、精心用才，求贤若渴，不拘一格，把各方面优秀人才集聚到党和人民事业中来。

十三、《基础教育课程教学改革深化行动方案》

为贯彻党的二十大精神，落实立德树人根本任务，办好人民满意的教育，2023年5月教育部办公厅关于印发《基础教育课程教学改革深化行动方案》（以下简称《行动方案》）。该《行动方案》以深入贯彻党中央、国务院关于义务教育、普通高中教育教学改革有关文件精神为出发点，全面实施义务教育、普通高中课程方案和课程标准，突出育人方式改革，加强统筹指导，强化教学资源、教学评价、实验教学、培训研修等支撑，立足处理好统一规范管理与激发改革活力的关系，引导各地各校将育人蓝图转化为自觉的改革行动，引导校长、教师将育人理念转化为实际的教育教学行为，促进学生核心素养发展。

该《行动方案》计划2023年5月前部署安排，至2027年持续推进以下四个行动目标：

课程方案转化落地规划行动。在课程实施过程中，切实加强国家课程方案向地方、学校课程实施规划的转化工作。坚持因地制宜“一地一计”、因校制宜“一校一策”，把国家统一制定的育人“蓝图”细化为地方和学校的育人“施工图”，明确课程教学改革的具体路线、措施，提出困难问题破解之策。坚持循证决策，健全监测反馈机制，持续优化改进课程实施规划。

教学方式变革行动。落实课程方案和课程标准，全面推进教学方式变革，通过实验区实验校试点先行、示范引领，着力解决重难点问题，通过精品课遴选、教学成果推广应用带动各地各校广泛参与，不断深化教学改革，提高教学质量。

科学素养提升行动。落实党的二十大关于教育、科技、人才三位一体布局战略要求，针对讲得多做得少，学生对科学技术缺乏内在兴趣等问题，深化中小学科学教育改革，强化做中学、用中学、创中学，激发青少年好奇心、想象力、探求欲，提升学生解决实际问题的能力，发展学生科学素养。

教学评价牵引行动。注重核心素养立意的教学评价，发挥评价的导向、诊断、反馈作用，丰富创新评价手段，注重过程性评价，实现以评促教、以评促学，促进学生全面发展。

十四、《关于进一步加强新时代中小学思政课建设的意见》

为认真贯彻落实党的二十大精神，按照党中央、国务院关于新时代加强和改进思想政治工作的重要部署，2022 年 11 月，教育部印发了《关于进一步加强新时代中小学思政课建设的意见》（以下简称《思政课意见》）。《思政课意见》指出，加强新时代中小学思政课建设，要以习近平新时代中国特色社会主义思想为指导，深入贯彻落实习近平总书记在学校思想政治理论课教师座谈会上的重要讲话精神和关于思政课建设的重要指示批示精神，加强党对中小学思政课建设的全面领导，全面贯彻党的教育方针，落实立德树人根本任务，积极培育和践行社会主义核心价值观，推进大中小学思想政治教育一体化建设，充分发挥思政课关键课程作用。《思政课意见》提出“突出关键地位、强化统筹实施、坚持问题导向、深化改革创新”四项工作原则，到 2025 年，中小学思政课关键地位进一步强化、建设水平全面提高，课堂活力充分激发，优质课程资源更加丰富，实践教学深入开展，思政课教师队伍专职化专业化水平明显提升，“大思政课”体系更加完善，评价机制基本健全。

《思政课意见》提出五个方面举措。一是深化教学管理创新，着力强化思政课关键地位，落实课程教材内容和《习近平新时代中国特色社会主义思想学生读本》，注重用好时政资源。二是丰富课程教学资源，着力解决教学辅助资源不足问题；完善思政课实践教学机制，建立一批思政课实践教学基地；拓展中小学智慧教育平台功能，促进优质资源共建共享。三是加强教师队伍建设，着力解决教师兼职比例过高、专业能力不够强问题。建立思政课教师轮训制度和校外实践教育制度，鼓励支持教师进修思政教育专业、开展教学重点难点问题课题研究。四是完善教研工作机制，着力解决教研支撑不足问题。配齐配强专职思政课教研员，将思政课教研员培训纳入教师“国培计划”。五是构建大思政课体系，着力形成思政工作整体合力。各地各校“一校一案”研究制定德育工作实施方案，深入开展各类主题教育活动，健全家校社协同育人机制，深入开展学生心理健康教育。

十五、《关于加强新时代中小学科学教育工作的意见》

面对全球新一轮科技革命加速演进浪潮，面对加快建设教育强国、科技强国、人才强国的目标要求，我国科学教育还存在着基础总体薄弱、区域发展不均衡、科学教育资源尚未有效整合、师资力量薄弱、实践教学实施程度较低、拔尖创新人才早期发现和培养机制仍需突破等问题和不足，亟待加强和改进，2023 年 5 月，教育部等十八部门联合印发了《关于加强新时代中小学科学教育工作的意见》。该文件系统部署在教育“双减”中做好科学教育加法，支撑服务一体化推进教育、科技、人才高质量发展。《关于加强新时代中小学科学教育工作的意见》以习近平新时代中国特色社会主义思想为指导，全面贯彻落实党的二十大精神，按照中央“双减”工作部署，聚焦立德树人根本任务，着力实现培养学生科学素质的目标。

《关于加强新时代中小学科学教育工作的意见》要求从课程教材、实验教学、师资培养、实践活动、条件保障等方面强化顶层设计，充分整合校内外资源，推进学校主阵地与社会大课堂有机衔接，为中小学生提供更加优质的科学教育，全面提高学生科学素质，培育具备科学家潜质、愿意献身科学研究事业的青少年群体。完善学校教学与服务，按照课程方案开齐开足开好科学类课程，修订完善课程标准及教材，同时，将教辅书纳入监管体系；强化实验教学，并广泛组织中小学生前往科学教育场所进行场景式、体验式科学实践活动。为薄弱地区、薄弱学校援建科学教育场所，提供设备、器材、图书、软件等，并探索利用人工智能、虚拟现实等技术手段改进和强化实验教学，弥补优质教育教学资源不足的状况。用好社会大课堂，统筹动员高校、科研院所、科技馆、青少年宫、儿童活动中心、博物馆、文化馆和工农企业等单位，向学生开放所属的场馆、基地、营地、园区、生产线等阵地、平台、载体和资源；鼓励高校和科研院所主动对接中小学，引领科学教育发展；引导高科技工农企业开展“自信自立技术产品体验”活动等。

十六、《关于构建优质均衡的基本公共教育服务体系的意见》

为深入贯彻落实党的二十大精神，加快推进国家基本公共服务均等化，构建优质均衡的基本公共教育服务体系，2023年6月13日中共中央办公厅、国务院办公厅印发《关于构建优质均衡的基本公共教育服务体系的意见》。

《关于构建优质均衡的基本公共教育服务体系的意见》分为总体要求、全面保障义务教育优质均衡发展、大力提高家庭经济困难学生应助尽助水平、统筹做好面向学生的其他基本公共服务、认真做好组织实施5个部分，明确提出以习近平新时代中国特色社会主义思想为指导，全面贯彻党的教育方针，坚持以人民为中心，服务国家战略需要，聚焦人民群众所急所需所盼，以公益普惠和优质均衡为基本方向，全面提高基本公共教育服务水平，加快建设教育强国，办好人民满意的教育。

《关于构建优质均衡的基本公共教育服务体系的意见》提出，到2027年，优质均衡的基本公共教育服务体系初步建立，供给总量进一步扩大，供给结构进一步优化，均等化水平明显提高。到2035年，义务教育学校办学条件、师资队伍、经费投入、治理体系适应教育强国需要，市（地、州、盟）域义务教育均衡发展水平显著提升，绝大多数县（市、区、旗）域义务教育实现优质均衡，适龄学生享有公平优质的基本公共教育服务，总体水平步入世界前列。

十七、《关于实施新时代基础教育扩优提质行动计划的意见》

为深入贯彻党的二十大精神、习近平总书记在中共中央政治局第五次集体学习时的重要讲话精神，落实中共中央办公厅、国务院办公厅《关于构建优质均衡的基本公共教育服务体系的意见》部署要求，切实办好更加公平、更高质量的基础教育，2023年8月，教育部、国家发展改革委、财政部决定组织实施新时代基础教育扩优提质行动计划，并下发《关于实施新时代基础教育扩优提质行动计划的意见》。

该文件明确：将实施学前教育普惠保障、义务教育强校提质、普通高中内涵建设、特殊教育学生关爱、素质教育提升、高素质教师队伍建设、数字化战略行动、综合改革攻坚等重大行动。到2027年，适应新型城镇化发展和学龄人口变化趋势的城乡中小学幼儿园学位供给调整机制基本建立，优质教育资源扩充机制更加健全，学前教育优质普惠、义务教育优质均衡、普通高中优质特色、特殊教育优质融合发展的格局基本形成。巩固提升普惠性幼儿园覆盖率，公办园在园幼儿占比力争达到60%以上；扩增一批新优质义务教育学校，义务教育优质学位供给大幅增加；培育一批优质特色高中，普通高中多样化发展扎实推进，高中阶段毛入学率持续提升；特殊教育学校在20万人口以上的县基本实现全覆盖，融合教育水平显著提升，适龄残疾儿童义务教育入学率保持在97%以上。

该文件指出，实施普通高中内涵建设行动，促进优质特色发展。扩大优质高中教育资源。有序扩大高中招生规模，主要解决普通高中多样发展不充分、部分县中水平不高以及群众职普分流焦虑问题，从根本上解决优质教育资源总体不足与人民群众期望“上好学”的矛盾，增强人民群众教育获得感、幸福感、安全感。一是加大投入力度“新建一批”，高起点新建和改扩建一批优质普通高中，增加学位供给。二是创新办学机制“帮扶一批”，通过集团化办学、“组团式”帮扶、部属高校和省属高校托管帮扶县中等多种方式，扩大优质普通高中教育资源总量。三是多样化发展“提升一批”，支持一批基础较好的地区和学校率先开展特色办学试点，积极发展综合高中，推进职普融通。四是有序增加招生计划“扩容一批”，深入挖掘现有优质普通高中校舍资源潜力，并结合实际优化招生计划安排，有序扩大优质普通高中招生规模。

该文件同时要求，深化考试招生改革。落实普通高中属地招生和“公民同招”，完善“一依据、一结合”的中考改革模式，稳步推进综合素质评价在招生录取中的使用；深入开展命题质量评估，推进依标命题、难易适度、教考衔接，不断提高中考命题质量。同时实施素质教育提升行动，促进学生全面发展，具体包括构建“大思政课”体系，加强科学与文化素质培养，强化体美劳教育。实施高素质教师队伍建设行动，提高师资保障水平，进一步完善教师培养培训体系，推动教师有序交流轮岗。

党的十八大以来，党中央坚持把教育作为国之大计、党之大计，作出加快教育现代化、建设教育强国的重大决策，明确提出了实施科教兴国战略、人才强国战略和创新驱动发展战略。纵观2020—2023年中央和国家发布的系列教育改革文件，从教育现代化长远目标规划到高考内容和命题改革的具体实施，从高中育人方式改革和义务教育提升计划到体美劳教育改革意见，从国家战略型人才选拔的强基计划到鼓励“工匠精神”的职业教育，从教育强国推进工程到“回归教育本质”的“双减”政策，都充分体现了我国教育现代化和人才强国战略的现实需要。深化教育体制改革，健全立德树人的教育机制，构建德智体美劳全面发展的教育体系，扭转不科学的教育评价导向，从根本上解决教育评价“指挥棒”问题。深化高考综合改革，就是要在落实立德树人根本任务的同时，打破传统的应试教育弊端，坚持创新人才培养在教育改革事业全局中的核心地位，提高高考指挥棒的正向积极指挥作用，实现从“考知识技能”向考能力素养的转变，坚持学科素养导向，着重考查学生的思维品质和关键能力，注重思维的过程化、思维的可视化和思维的规范化，更加重视科学精神、创新能力、批判性思维的培养培育，全面提高人才自主培养质量，着力造就大批拔尖创新人才，为建设教育强国、实施科教兴国战略和以中国式现代化全面推进中华民族伟大复兴提供了最强大的改革动力。

十八、《教育部直属师范大学本研衔接师范生公费教育实施办法》

为优化师范生公费教育制度，加强研究生层次中小学教师培养，以教育家精神为引领，吸引优秀人才从教，进一步形成尊师重教的浓厚氛围，促进教育公平与质量提升，2024 年 5 月教育部联合多部门印发了《教育部直属师范大学本研衔接师范生公费教育实施办法》（以下简称《实施办法》）。

《实施办法》提出，从 2024 年起，国家在六所教育部直属师范大学实施本研衔接师范生公费教育（本科 4 年，教育硕士研究生 2 年），支持符合条件的公费师范生免试攻读本校全日制教育硕士研究生再履约任教。部属师范大学招收本研衔接公费师范生实行提前批次录取，重点为中西部地区省会城市之外的地（市、州、盟）及以下行政区域培养研究生层次中小学教师，进一步优化优质师资在省域内的配置。本研衔接公费师范生在研究生一年级课程学习结束后，根据本科以来的综合考核结果排序，按排序在录取当年公布的生源所在省份履约任教地（市、州、盟）范围内进行选择，毕业后从事中小学教育工作 6 年以上。

《实施办法》要求，本研衔接公费师范生招生培养要与教师岗位需求有效衔接，各地要统筹规划，通过双向选择等方式切实为每位毕业的本研衔接公费师范生落实任教学校和岗位。部属师范大学要建立本研衔接公费师范生职后专业发展跟踪服务机制，持续给予支持。各地要制订五年一周期的专业发展支持方案，有计划地培养公费师范生成长为基础教育领军人才、中小学校领导人员，推动地方基础教育改革发展。

十九、“构建支持全面创新体制机制”

2024年7月18日，中国共产党第二十届中央委员会第三次全体会议通过《中共中央关于进一步全面深化改革推进中国式现代化的决定》。在深化教育和人才综合改革方面，提出“构建支持全面创新体制机制”。全会提出，教育、科技、人才是中国式现代化的基础性、战略性支撑。必须深入实施科教兴国战略、人才强国战略、创新驱动发展战略，统筹推进教育科技人才体制机制一体改革，健全新型举国体制，提升国家创新体系整体效能。要深化教育综合改革，深化科技体制改革，深化人才发展体制机制改革。

深化教育综合改革。加快建设高质量教育体系，统筹推进育人方式、办学模式、管理体制、保障机制改革。完善立德树人机制，推进大中小学思政课一体化改革创新，健全德智体美劳全面培养体系，提升教师教书育人能力，健全师德师风建设长效机制，深化教育评价改革。优化高等教育布局，加快建设中国特色、世界一流的大学和优势学科。分类推进高校改革，建立科技发展、国家战略需求牵引的学科设置调整机制和人才培养模式，超常布局急需学科专业，加强基础学科、新兴学科、交叉学科建设和拔尖人才培养，着力加强创新能力培养。完善高校科技创新机制，提高成果转化效能。强化科技教育和人文教育协同。加快构建职普融通、产教融合的职业教育体系。完善学生实习实践制度。引导规范民办教育发展。推进高水平教育开放，鼓励国外高水平理工类大学来华合作办学。

深化科技体制改革。坚持面向世界科技前沿、面向经济主战场、面向国家重大需求、面向人民生命健康，优化重大科技创新组织机制，统筹强化关键核心技术攻关，推动科技创新力量、要素配置、人才队伍体系化、建制化、协同化。加强国家战略科技力量建设，完善国家实验室体系，优化国家科研机构、高水平研究型大学、科技领军企业定位和布局，推进科技创新央地协同，统筹各类科创平台建设，鼓励和规范发展新型研发机构，发挥我国超大规模市场引领作用，加强创新资源统筹和力量组织，推动科技创新和产业创新融合发展。构建科技安全风险监测预警和应对体系，加强科技基础条件自主保障。健全科技社团管理制度。扩大国际科技交流合作，鼓励在华设立国际科技组织，优化高校、科研院所、科技社团对外专业交流合作管理机制。

改进科技计划管理，强化基础研究领域、交叉前沿领域、重点领域前瞻性、引领性布局。加强有组织的基础研究，提高科技支出用于基础研究比重，完善竞争性支持和稳定支持相结合的基础研究投入机制，鼓励有条件的地方、企业、社会组织、个人支持基础研究，支持基础研究选题多样化，鼓励开展高风险、高价值基础研究。深化科技评价体系改革，加强科技伦理治理，严肃整治学术不端行为。

构建同科技创新相适应的科技金融体制，加强对国家重大科技任务和科技型中小企业的金融支持，完善长期资本投早、投小、投长期、投硬科技的支持政策。健全重大技术攻关风险分散机制，建立科技保险政策体系。提高外资在华开展股权投资、风险投资便利性。

深化人才发展体制机制改革。实施更加积极、更加开放、更加有效的人才政策，完善人才自主培养机制，加快建设国家高水平人才高地和吸引集聚人才平台。加快建设国家战略人才力量，着力培养造就战略科学家、一流科技领军人才和创新团队，着力培养造就卓越工程师、大国工匠、高技能人才，提高各类人才素质。建设一流产业技术工人队伍。完善人才有序流动机制，促进人才区域合理布局，深化东中西部人才协作。完善青年创新人才发现、选拔、培养机制，更好保障青年科技人员待遇。健全保障科研人员专心科研制度。

强化人才激励机制，坚持向用人主体授权、为人才松绑。建立以创新能力、质量、实效、贡献为导向的人才评价体系。打通高校、科研院所和企业人才交流通道。完善海外引进人才支持保障机制，形成具有国际竞争力的人才制度体系。探索建立高技术人才移民制度。

Ⅲ 高考实践篇

第一节　语文命题理论与实践

2024 年的高考语文试题共有六套，其中教育部教育考试院命制三套，包括新课标Ⅰ卷（适用于山东、浙江、广东、江苏、河北、河南、福建、湖北、湖南、安徽、江西，共 11 省）、新课标Ⅱ卷（适用于辽宁、重庆、海南、黑龙江、吉林、广西、贵州、甘肃、宁夏、新疆、西藏，共 11 省市区）、全国甲卷（适用于四川、陕西、内蒙古、宁夏、青海，共 5 省区），北京、上海、天津三市自主命题三套。

这一年高考试题的命制工作，以习近平新时代中国特色社会主义思想为指导，全面贯彻党的教育方针，围绕立德树人的根本任务，弘扬中华优秀传统文化和革命文化，引导青年学子为实现中华民族伟大复兴而奋斗。试题依据课程标准，着意关联教材，创新题目形式，重视学业基础和能力素养考查，全面落实高考评价体系的高考命题理念。

统观 2024 年六套高考语文试题，其命题时代特征鲜明，落实立德树人根本任务，紧扣时代脉搏，培养时代新人，坚持“五育”并举，引导全面发展；考查关键能力，注重学用结合，创设真实情境，突出思维品质，强调灵活开放；注重引导教学，打破“以纲定考”，实现“教考衔接”，坚持稳中求进，遵循课程标准；助力“双减”政策落地，服务创新人才选拔与培养，纠正死记硬背和机械刷题的倾向，充分发挥高考正向引导功能。

一、基本情况概述

2024年语文高考试题的选材，聚焦中华优秀传统文化、革命文化和社会主义先进文化，紧扣时代主题，落实立德树人根本任务。试题在必备知识基础上，突出了关键能力和学科素养的考查要求，同时通过多元情境和真实情境的创设，引导学生高阶思维能力的培养。与此同时，试题命制依据课程标准，深化基础考查，加强教考衔接，有效服务“双减”，切实引导教学回归教育本质，遵循教育规律。

（一）坚持育人铸魂的思想定力

2024年高考语文试题的古代诗文阅读，选取古代典籍中的精短篇章，或褒扬正直、清廉、孝敬、勇敢等为人处世的美德，或展现明辨是非、相机而变、以法治国、以礼待人的智慧，使这些传统文化中的精金美玉在新的时代继续焕发夺目的光彩。信息类文本阅读材料启迪智慧，发人深思，其中既有国家领导人的讲话节选，又有著名学者的精彩论述，与当今改革开放、互联互通的时代脉搏非常合拍。写作题材料类型丰富、兼容并包，或呼应“科技与人文”的时代主题，或展现“不断抵达未知之境”的思考，或照应青少年“与人相处”的心理需求，在引领学生面向世界、关心国事、热爱生活的同时，也促使他们反思自身、思考未来。

（二）强化教考衔接的正确导向

较之从前，2024年的高考语文试卷明显加强了试题与教材的联系，意在矫正长期以来“学的全不考，考的全没学”的非正常现象。除了试卷中的名篇名句默写题全都考查课标规定的篇目之外，其他题目与教材的联系也所在多有。2024年三套全国卷文言文阅读的第11题，其中涉及课内古代诗文14篇，为历年最多。如《师说》《鸿门宴》《周亚夫军细柳》《陈涉世家》《桃花源记》《记承天寺夜游》《老子》《孔雀东南飞》《爱莲说》《项脊轩志》等，这些篇目中还以出自初中语文教材者为多。

（三）创新命题形式的结构内涵

为了保证高考试题的规范和统一，2024 年的高考试题在保证整体格局统一协调的前提下，单个题目不再片面追求一致，而是完全因文设题。比如，同是语言文字运用题，新课标Ⅰ卷分别考查了修辞运用、填写成语、病句辨析、补写语句、语言逻辑，新课标Ⅱ卷则分别考查了长句改短、语句作用、病句辨析、补写语句、词语对比。再如，新课标Ⅰ卷的第 9 题“文末画线的句子表明，作者不愿在回忆往事时为放牛‘赋予意义’，你认为本文是否做到了这一点？请简要说明”，这种开放性的命题思路，是以前的高考试题中从未出现过的。

（四）试卷稳中有变的整体风格

不管是全国通用试卷还是地方自主命制试卷，都保持了稳中有变、新意迭出的基本态势。三套全国卷试题不管是整体框架和长度，还是题目数量与分值分配，都保持了与前几年试题的基本一致。尤其值得关注的是，各套试题之间结构上基本统一，内容上相互映衬，整体上非常协调；而具体选材和考查角度、考查方式却又各有特色，因文设题的特点非常突出。这一点在三套全国卷试题的语言文字运用题上体现得最为突出。三组语言文字运用题都是 5 道小题 20 分，但各组题目的具体构成却各有特色：新课标Ⅱ卷和全国甲卷各有两段阅读材料，新课标Ⅰ卷则只有一段阅读材料；新课标Ⅱ卷有一道选择题，其他都是主观题。各小题的具体类型也是因文而定，各具特色。

二、金线：紧扣核心价值，落实立德树人根本任务

党的二十大报告指出：“培养什么人、怎样培养人、为谁培养人是教育的根本问题。育人的根本在于立德。全面贯彻党的教育方针，落实立德树人根本任务，培养德智体美劳全面发展的社会主义建设者和接班人。”2024 年高考语文命题贯彻党的二十大精神，落实立德树人根本任务，充分发挥高考试题的导向作用，引导广大师生坚定理想信念，在历史与现实、时代与发展中感受中华优秀传统文化、革命文化和社会主义先进文化的魅力，坚定文化自信，厚植爱

国主义情怀，热爱祖国，热爱人民，热爱生活，热爱劳动，踔厉奋发，砥砺前行，为实现中华民族伟大复兴贡献自己的智慧和力量。

（一）紧扣时代主题，增强新时代青年学生的责任感和使命感

2024 年依然是国内外环境较为复杂的一年，面对世界百年未有之大变局，面对国内外发展环境发生的深刻复杂变化，我们要做好打“持久战”的准备，这是对毛泽东等党和国家老一代领导人战略思想的继承，也是适应新事物层出不穷、新情况新问题不断出现的时代要求。《论持久战》所蕴含的战略思维、所昭示的科学的世界观和方法论具有跨越时空的意义与价值。习近平总书记多次谈到《论持久战》并指出“战略问题是一个政党、一个国家的根本性问题”“要善于进行战略思维，善于从战略上看问题、想问题”。全国甲卷论述类文本阅读材料节选自学术论文《海洋命运共同体构建与新的海洋文明》。2019 年 4 月 23 日，习近平总书记首次提出“海洋命运共同体”的理念。作为人类命运共同体的重要组成部分，海洋命运共同体是维护海上安全稳定、推进全球海洋治理的中国智慧和方案，具有从海洋层面构建合作共赢、和平安宁的命运共同体的重大现实意义。高考及时呼应这一社会热点，引导学生关心国家大事和社会发展变化。

2024 年高考试题贯彻落实习近平总书记关于“建设教育强国”重要论述的精神，聚焦发展新质生产力对教育提出的新要求，着力考查学生探索性、创新性思维品质，激发学生崇尚科学、探索未知的兴趣，引导学生借助语言文字解决真实问题，学会沟通、善于表达，

激发探究意识，发展创新思维。“答案与问题”聚焦技术发展背景下问题内涵与外延的变化，思路开放、多元；“抵达未知之境”突出不惧失败、不断尝试、放眼未来的品质；“真正的相遇”引导学生结合切身的体会或对社会的观察去思索成长中的典型问题。三道作文题均以“好奇心、想象力、探究欲”为中心，融合社会与个人、科学与人文，强化对拔尖创新人才潜质的考查。

2024 年高考三道作文试题紧扣当代领导人有关“教育强国”重要论述精神，精心选材，合理布局。试题言简意赅，不在审题立意上设置门槛，让不同层次的学生结合生活体验或社会议题都能找到写作切入点，引导学生深入思考、个性化写作，助力拔尖创新人才培养。

（二）弘扬中华优秀传统文化，厚植新时代青年学生的家国情怀

2024年高考语文试题充分发挥学科的人文优势，选材注重体现中华优秀传统文化的精髓，试题设问既引导学生借鉴古人智慧、汲取精神力量、树立文化信心，又引导学生立足当下现实、融通古今资源、面向未来创新。试题从中华优秀传统文化中寻找育人的源头活水，展现中华文明的悠久历史和人文底蕴，引导学生准确把握中华优秀传统文化的内涵与价值，深入思考中华文明在当代的创造性转化、创新性发展。

新课标Ⅱ卷文言文阅读为组合文本，材料由三部分组成，分别选自《史记·魏世家》《史记·留侯世家》和《论衡·非韩》。材料一讲述魏文侯礼敬名士段干木的故事，材料二讲述汉太子与商山四皓的故事，材料三是汉代思想家王充对上述两个历史故事的评述。第14题要求考生在充分理解材料三王充的议论的基础上，归纳总结材料一中“魏文式段干木之闾，却强秦之兵”与材料二中“太子敬厚四皓，以消高帝之议”两件事的相似之处。这两件事虽然表面上看似无关，但在“力少则修德”上是相通的，试题考查学生透过现象看本质的逻辑思维能力，引导学生在成长过程中将崇德重礼、尊贤敬长转化为自觉行为。

新课标Ⅱ卷古代诗歌阅读素材是宋代诗人叶梦得的《雨后为山亭独卧》，第16题要求考生结合全诗分析理解诗人的“白头心事”，考查学生在理解诗句的基础上提取关键信息、进行知识关联等能力，以此深化学生对古代诗歌常见抒情模式的认知，引导学生厚植家国情怀。

（三）激发学生的科学精神，培养思辨性、创新性的思维品质

2024年高考语文试题以习近平总书记关于扎实推动教育强国建设的讲话精神为指导，挖掘中华优秀传统文化和社会主义先进文化中蕴含的科学教育资源，考查学生探究性、创新性思维品质，激发学生崇尚科学、探索未知的兴趣和勇于创新、勇攀科技高峰的进取精神。

新课标Ⅱ卷中现代文阅读Ⅰ的材料展现了中国航天人“追逐梦想、勇于探索、协同攻坚、合作共赢”的探月精神，鼓舞年轻人在科学追梦的道路上不断进取。同时，新课标Ⅱ卷的写作试题与上述材料相关联，具体为：

本试卷现代文阅读Ⅰ提到，长久以来，人们只能看到月球固定朝向地球的一面，“嫦娥四号”探月任务揭开了月背的神秘面纱；随着“天问一号”飞离地球，航天人的目光又投向遥远的深空……

正如人类的太空之旅，我们每个人也都在不断抵达未知之境。

试题要求学生根据“由材料引发的联想和思考”进行写作。通过联系阅读材料和写作材料，学生可以从多个角度进行写作。例如，未知背后的不确定性让探索变得迷人，也召唤着人类的好奇心；又如，抵达意味着不能停留在空想层面，而要有探索的本领和实际行动；再如，抵达未知之境是上一次探索的终点，也是下一次探索的起点，“不断抵达未知之境”意味着探索永不停歇，等等。阅读材料中蕴含的信息与“抵达未知之境”这一中心语共同形成开放、多元的写作空间，学生可以根据自己的认知结构和知识积累进行个性化写作。在写作评价方面，能否在读、思、写之间灵活转换，能否条理清晰地表达观点，能否生动鲜活地呈现思想，是区分学生思维水平和写作能力的重要标准。

全国甲卷的实用类文本阅读材料选自故宫博物院研究馆员周乾的专著《故宫建筑细探》，试题以图文并茂的方式介绍了古建筑领域科学实用的修缮加固方法——“偷梁换柱”，形式新颖。其中，第 5 题不再是以往的选择题，而是真实的情境填空题，以故宫太和殿的修缮工程实例为题面，要求学生在理解“偷梁换柱”全过程，尤其是原柱、假柱、新柱三者关系的基础上，补写空缺内容。第 6 题与第 5 题相关联，要求学生比较清代古籍中记载的另一种“偷梁换柱”的做法与第 5 题工程实例中做法的差异，并思考差异背后的原因。试题选材于建筑领域中的真实问题，能够很好地激发学生利用阅读获得解决问题的新知识的动力，以及深入思考、寻根究底的学习兴趣。

三、银线：强化关键能力考查，凸显思维过程与思维品质

加大关键能力的考查力度，是高考命题改革的主要方向。关键能力是高考考查的重点内容，主要考查学生的学习掌握、实践探索以及思维方法等方面的高阶思维能力，语文学科考查的关键能力具体表现为：信息获取与加工、逻辑推理与论证、批判性思维与创新思维、文学鉴赏与审美、文化传承与理解、语言建构与运用能力等。2024 年高考语文试题把考查的重点放在学生的思维品质和综合应用所学知识分析和解决实际问题的能力上，进一步凸显对思维过程与思维品质的考查力度。

高考试卷语言建构与运用试题对关键能力的考查，主要呈现出三个方面的特点。

（一）关键能力的全面考查和综合评价

2024年高考语文试题，无论是现代文阅读、古代诗文阅读，还是语言文字运用、写作，均注重关键能力考查的全面性、多样性、层次性。以2024年新课标Ⅰ卷为例，在信息类文本阅读、文学类文本阅读、古诗文阅读、语言文字运用及写作等题型模块中都各有侧重地加强了对信息获取与加工、逻辑推理与论证、文学鉴赏与审美、文化传承与理解、批判性思维与创新思维、语言建构与运用等关键能力的考查（见表3-1-1和表3-1-2）。

表3-1-1　2024年新课标Ⅰ卷试题能力细目表

能力题型	信息类文本阅读	文学类文本阅读	古代诗文阅读	语言文字运用	写作
信息获取与加工	√	√	√	√	√
逻辑推理与论证	√			√	√
文学鉴赏与审美		√	√	√	
文化传承与理解		√	√		
批判性思维与创新思维	√	√	√		√
语言建构与运用	√	√	√	√	√

表3-1-2　2024年高考核心能力考查要点与命题实践

核心能力	考查要点	命题实践
信息获取与加工	1. 命题选材较之从前范围更宽，类型更丰富，信息的广度和深度都有所加强 2. 考查内容有意识地呼应教材，题干、选项与答案设计注重与教材内容建立有效的知识和能力连接 3. 从记忆、筛选、分类、概括，到连接、转述、加工、整合，对学生获取和加工关键信息的能力要求更高、更全面	1. 2024年高考试卷中的现代文阅读命题材料，体裁有小说、散文、随笔、科普等，作者有国家领导人、现当代学者、现当代作家，内容丰富多样 2. 名篇名句默写全部为课标规定的背诵篇目；文言文对实词和文化常识的考查大多与教材（包括初中教材）相联系；部分题目与教材课文作比较鉴赏与评价

续表

核心能力	考查要点	命题实践
逻辑推理与论证	1. 逻辑推理能力。是指根据已知条件，按照严格的内在逻辑关系，推导出恰当结论的能力。只有具备了这种能力，才能对事物作出符合逻辑关系的正确判断 2. 论证能力。是指利用论据证明论点的能力，是说话写文章必须具备的一项基本能力。论证过程要求论据使用准确，论证方法得当，完全遵循各种逻辑规律	1. 信息类文本阅读的选择题(如新课标Ⅰ卷、Ⅱ卷的第2、第3题)很多选项的正误判断需要借助逻辑推理能力，设错点经常体现在概念错位、强加因果、因果颠倒、无中生有、结论绝对化等逻辑错误上。语言文字运用题的修改病句、补写句子等题目，也需要利用逻辑推理能力加以解答 2. 信息类文本阅读的选择题(如新课标Ⅰ卷、Ⅱ卷的第3题，全国甲卷的第2题)直接考查论证能力。全国卷的写作题整体上更适合用议论文体完成作文，其中需要的最基本、最重要的能力就是论证能力
文学鉴赏与审美	1. 文学鉴赏与审美是指学生在语言文字运用的学习中受到美的熏陶，培养自觉的审美意识和高尚的审美情趣，培养审美感知和创造表现的能力，通过审美体验、评价等活动形成正确的审美意识、健康向上的审美情趣与鉴赏品位 2. 文学鉴赏与审美以小说、散文、诗歌等多种方式呈现美，增进美感体验，感受和体验文学作品的语言、形象和情感之美，进而进行美的发现、表达与创造，是高考语文所要达到的重要考查目标	1. 2024年各套高考试题无一例外地都有文学类文本阅读和古代诗歌阅读这两项大的题目类型，其中选择题的大部分选项都是从文学鉴赏与审美的角度设置的，设错点也主要集中在主旨把握、语意理解、手法鉴别等方面 2. 文学类文本阅读和古代诗歌阅读的表达题很多都是从文学鉴赏与审美的角度设置的。如全国甲卷第9题“乌乡霜降夜，作者‘感觉到生命与节气之间发生了某种密切的联系，有很强烈的体验感’，文章是从哪些方面来抒写这种体验感的？请简要分析”；新课标Ⅰ卷第8题“文章为何说‘放牛给了我一个几近完美的少年时代？’”；新课标Ⅱ卷第9题“文本中频频出现‘一年以后’‘现在想来’‘他知道这情况时’之类标示时间线索的语句，产生了怎样的叙述效果？请简要分析”
文化传承与理解	1. 文化传承与理解最重要的内容是继承和弘扬在中华民族悠久历史形成的优秀传统文化，拓展文化视野，热爱祖国语言文字，增强文化自觉和文化自信 2. 文化传承与理解的另一项重要内容是继承和发扬近现代以来优秀文化成果，包括革命文化和社会主义先进文化，汲取精神营养，提升思想境界	1. 最能体现对中华传统文化传承与理解的，是高考试卷中的古代诗文阅读板块。这一部分三套全国卷高考试题中的分值分别是35分、35分、34分 2. 2024年高考试卷中的文学类文本阅读和语言表达运用的命题材料均出自当代名家之手，徐则臣、孙甘露是茅盾文学奖的获得者，周蓬桦也是当代著名作家

续表

核心能力	考查要点	命题实践
批判性思维与创新思维	1. 批判性思维能力。批判性思维要求针对需要作出评判的事物进行理性的反思性的思考，改变过去或他人固有的思维方式，通过合乎逻辑的推理论证，得出独立的、恰当的结论。批判性思维是创新思维的前提 2. 创新思维能力。创新思维要求用新颖独创的方法解决问题，突破常规思维的界限，以超常规甚至反常规的方法、视角去思考和解决问题，从而产生新颖、独到的思维成果	1. 2024 年高考试题对批判性思维的考查随处可见，在写作题中体现得最为集中和突出。全国新课标I卷写作题的命题材料“随着互联网的普及、人工智能的应用，越来越多的问题能很快得到答案。那么，我们的问题是否会越来越少”，显然是要分析人工智能给当下社会带来的影响，这就需要运用批判性思维 2. 2024 年高考试题本身就是创新思维的产物，也有不少题目要求考生运用创新思维解决问题。如全国甲卷第 6 题“清代的古籍中有另一种‘偷梁换柱’的记载：当某根立柱损坏需要更换时，为节省工料，工匠只是在原柱旁边设一根新柱，再撤去原柱。为什么第 5 题‘工程实例’中，太和殿修缮没有采用这种更简便的加固方式呢？请简要分析”
语言建构与运用	1. 语言建构与运用要求学生能够凭借语感和对语言运用规律的把握，根据具体的语言情境和不同的对象，运用口头和书面语言文明得体地进行表达与交流 2. 语言建构与运用主要指信息输入和认知加工之后的具体呈现，它同时也是学科知识、专业素养、思维过程、逻辑论证的具体表现，要求学生能够运用规范和富有逻辑性的语言进行清晰、有条理的书面表达	1. 2024 年高考语文试卷对语言建构与运用能力的考查是全方位的，如全国甲卷在实用类文本中补写句子；也有较深层次的建构运用，如“判断诗歌中空缺的字” 2. 高考试题中的写作题是学生语言建构与运用能力的集中体现，题目要求中的“选准角度，确定立意，明确文体，自拟标题；不要套作，不得抄袭”，可以理解为从不同角度对语言建构与运用划定了范畴和标准

除了在整体设计上注重能力的全面性以外，在局部题目的设计上也体现出能力考查的多样性。例如，2024 年新课标Ⅱ卷语文现代文阅读Ⅰ第 1 题。

1. 下列对材料一中画横线语句的图解，排序恰当的一项是（　　）。（3 分）

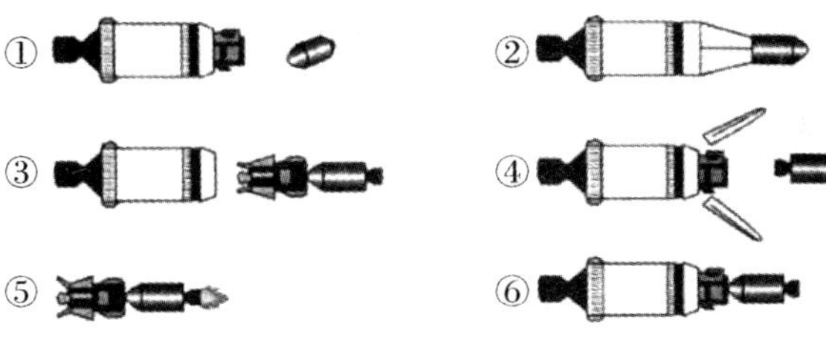

A. ⑥②④①⑤③　　　　B. ②④①⑥③⑤

C. ⑥④①②⑤③　　　　D. ②⑥①④③⑤

题中序号	图形解析	画线内容	排序
①	小小的飞船船体进行了旋转，由“头朝前，尾朝后”变为“头朝后，尾朝前”，且和火箭处于分离状态	“哥伦比亚号的驾驶员柯林斯，让飞船慢慢转身”	第三
②	飞船和火箭未分离，是一个整体	“当地球被甩到身后，就是船箭分离的时候”	第一
③	掉头后的飞船与另一艘飞船对接在一起，并和火箭分离	“宇航员告别土星5号的最后一级火箭”	第五
④	火箭的前端两翼打开，飞船从火箭前端飞出，头朝前，尾朝后	“第三级火箭前端打开，哥伦比亚号从顶端弹出”	第二
⑤	飞船尾部喷射出火焰，表明合体的两艘飞船正在飞行	“乘坐合成一体的两艘小飞船继续飞行”	第六
⑥	旋转掉头后的飞船与另一艘飞船对接在一起，此时两艘飞船和火箭并未分离	“‘哥伦比亚’与‘鹰’对接成功”	第四

本题从总体上考查学生信息获取与加工、逻辑推理与论证等能力，其能力考查的综合性与全面性可见一斑。

(二)关键能力与学科任务考查融为一体

2024年新课标Ⅰ卷的语言文字运用题，命题者精心选择与设计，一个文段命出五道题目，各题之间既有很高的区分度，又能够互相补充和呼应，达到了对学生能力全面考查的目的。

阅读下面的文字，完成18~22题。

当你觉得劳累而懒得说话，情绪、胃口不佳且脑子不转时，往往是身体在提醒你：“电量已经触底，需要立即充电。”常用的充电方式，包括合理睡眠、适度运动、调整饮食等多种，其中睡眠最为重要。①如果睡眠不足和睡眠过度都会加重人的疲惫感，②引发多种疾病，③所以，④通过睡眠如何快速让自己精力充沛，⑤才是问题的关键。

睡眠时长是保证身体正常运转的必要条件。至于每天要睡多久才能保证身体健康，相信喜爱健康科普节目的人，都已经耳熟能详了。实际上，我们所需的睡眠时长是__A__的，有人不睡够9个小时难以清醒，有人睡上4个小时就能活力满满；有人睡了很长时间仍然精神萎靡，有人只要打个盹儿就能__B__。因此，能够保证自己心情舒畅、精神饱满的睡眠时长，就是最适合自己的睡眠时长。

睡眠不足会导致疲劳无法缓解而残留下来，长此以往，疲劳会像负债一样逐渐累积并且利上滚利，掏空你的“家底”，进而引发多种疾病。（甲）也很简单：在节假日睡到自然醒，记下你的睡眠时长，然后减去工作日的睡眠时长，如果多出2个小时以上，即说明你正处于“睡眠负债”的状态，需要及时补充调整。但另一方面，一次性补充过多的睡眠，又会扰乱人体生物钟，使你的睡眠质量大打折扣，同时引发新的疲劳。所以对于“睡眠负债”，要采取“分期偿还”的方式求得解决。其实，（乙）。如果质量不佳，睡眠时间再长也难以恢复疲劳。而提高睡眠质量的方法有很多种，如在固定时间起床，以调整身体节律；在睡眠前洗热水澡，以尽量放松身心。只有睡得够，睡得好，坚持不懈，才能从“感觉身心疲惫”成功转化成“感觉棒极了”。

18．文中第一段用“电”比喻人的精力体力，使用了借喻的修辞手法。请以“云”为本体写一个句子。要求：语意完整，使用借喻；借喻贴切，表达流畅。（5分）

19．请在文中画横线处填入恰当的成语。（2分）

20．文中第一段标序号的部分有两处表述不当，请指出其序号并作修改，使语言准确流畅，逻辑严密，不得改变原意。（4分）

21．请在文中括号内补写恰当的语句，使整段文字语意完整连贯，内容贴切，逻辑严密，每处不超过15个字。（4分）

22．文中画波浪线的“恢复疲劳”，有人说不合逻辑，有人说可以使用。你的看法是什么？请简要说明理由。（3分）

文段内容		睡眠负债				
文体		社科论文				
题号		18	19	20	21	22
考查内容		修辞	成语	修改病句	补写语句	阐释词语
题型		简答	简答	简答	简答	简答
分值		5	2	4	4	3
能力素养	信息获取与加工	√	√	√	√	√
	逻辑推理与论证		√	√	√	
	批判性思维与创新思维				√	√
	文学鉴赏与审美	√				
	文化传承与理解		√			√
	语言建构与运用	√	√	√	√	√

高考写作题考查学生信息获取与加工、逻辑推理与判断、语言建构与运用等多种关键能力，是最具有综合性的题目。以2024年新课标Ⅰ卷写作题为例，试题聚焦新科技快速发展和应用的背景下问题的多与少这一热门话题，引导学生由材料中的“问题”和“答案”出发，得出自己写作的中心论题。试题的开放性较强，可以就问题的“多与少”“浅与深”“得与失”“真与假”进行思考和写作。试题并不是简单让学生作“是”与“否”的判断，而是希望他们结合自己生活中的体验、对社会的观察，在认真思考后提炼出自己的观点。试题适合多种文体的写作。

阅读下面的材料，根据要求写作。(60分)

随着互联网的普及、人工智能的应用，越来越多的问题能很快得到答案。那么，我们的问题是否会越来越少？

以上材料引发了你怎样的联想和思考？请写一篇文章。

要求：选准角度，确定立意，明确文体，自拟标题；不要套作，不得抄袭；不得泄露个人信息；不少于800字。

信息获取与加工	逻辑推理与判断	语言建构与运用
材料由两句话构成。第一句话指出人工智能发展的现状：越来越多的问题能很快得到答案。第二句话是由此引发的思考：我们的问题是否会越来越少？材料意蕴丰富，具有很强的思辨性，关键词是“问题” “问题”的内涵有两层：既可以是需要解答的疑问和难题，又可以指存在的缺陷和毛病。从第一个层面来讲，在互联网普及和人工智能应用这个大前提下，人类有限认知中的很多问题都可以通过互联网得到全面的解答，或通过应用人工智能得到妥善的解决。这样看来，需要解答的疑问和难题确实越来越少。但实际上，社会和人类都是动态发展的，当旧的问题找到了答案和解决方法，人们的认知和能力就得到了提升，视野更阔，眼界更高，原有的解答会变得或过于肤浅或过于片面，内心的疑问只会更多更难，要解答的疑问和难题就会越来越多。也正因为如此，人类才不断进步和飞	材料中前后两个“问题”概念要辨析清楚。 (1)前一个“问题”主要是得到答案，倾向于知识性、技术性问题；后一个“问题”指没有得到答案，新出现的问题，更倾向于依靠现在的技术无法解决的新问题、麻烦、困惑、矛盾等，具体如可能对人类生存的威胁、对人类道德的颠覆、创新能力的弱化等	行文时，若写议论文，可以运用辩证思维，采用并列式结构，辩证分析“问题会越来越多”或“问题会越来越少”或“问题多少视情况而定”的现状和原因，并指出具体的解决方法；若写记叙文，可选取自身经历或身边

续表

信息获取与加工	逻辑推理与判断	语言建构与运用
速发展。从辩证的角度来讲互联网和人工智能并非万能，其给出的答案和解决方案很可能千篇一律，人云亦云，或是浅表式的分析和非专业性的解答，更多具体的、复杂的、情感的、观念的问题，都因人因事而异，互联网和人工智能无法给出最合适的解答和深层的分析，更无法做到对一个问题作出千变万化的解答 从第二个层面来讲，当人们的疑问总能快速便捷地得到解答时，被压抑的惰性就很容易抬头，渐渐地很可能会依赖于这些智能工具，不愿思考，不愿探索，懒得积累，懒得归纳。看似智能工具解决了所有的问题，实际上人们可能会渐渐丧失提问的能力，甚至某些生存的技能。这样看来，我们的问题可能会越来越多。而这个可能性本身又是我们不能忽略的	(2)将两个问题区别思考，看到联系与区别 (3)“问题是否越来越多/少”不能作为评判高下的依据，“是”“否”“无变化”均可，重在“联想和思考”；甚至在“是”“否”之外提出另一个新问题，只要这个问题与具体情境相关，只要这个问题不是抽象化为脱离具体情境的抽象问题，就算合题	的人和事，运用多种叙述手法，讲述智能时代人物“问题”多寡的故事

（三）改变固化试题形式，增强能力考查的开放性与灵活性

2024 年高考语文命题继续贯彻落实《深化新时代教育评价改革总体方案》，在“改变相对固化的试题形式，增强试题开放性，减少死记硬背和‘机械刷题’现象”等方面进一步深入探索，不断创新命题方式和试题类型，从材料信息的丰富性、试题要素的灵活性、解题路径的多样性等方面增强试题的开放性与灵活度，强调思维过程和思维品质，鼓励学生多角度主动思考、深入探究，发现新问题、找到新规律，进一步降低死记硬背和机械刷题的得分收益，使考生正确有效地运用习得的语文知识与能力，在学习和生活实际中学以致用。

命题材料更加丰富多样。如信息类文本阅读方面，2024 年教育部考试中心命制的三套高考试题的命题材料有政论文，有学术论文，有科普文；材料的组合方式也多种多样，全国甲卷继续沿用论述类文本与实用类文本分别考查的方式，两套新课标卷则将两类文本合并随机考查，新课标Ⅰ卷是双文本论述类材料，新课标Ⅱ卷则是三文本论述类材料。文言文阅读的命题材料分别出自《资治通鉴》《读通鉴论》《史记》《论衡》《廿二史札记》等，其中新课标Ⅰ卷采用双文

本，新课标Ⅱ卷第一次采用了三文本材料形式。语言表达运用的命题材料也更趋多样，其中增加了文学类材料的分量（新课标Ⅰ卷和全国甲卷），也出现了一则材料命五道题目的新类型（新课标Ⅰ卷）。写作题的命题材料延续了2023年以试卷中语言表达题材料为话题的新类型（新课标Ⅱ卷）。

考查要点更加机动灵活。与命题材料的丰富多样相适应，试题对各知识点和能力点的考查更全面，也更灵活。这一点在2024年教育部考试中心命制的高考试题语言文字运用题中体现得最为突出，三套试卷的15道小题，竟然涵盖了填写成语、选填俗语、补写句子、修改病句、比较词语用法、修辞手法、语言逻辑、长短句变换、语句作用、阐释成语等十几个考查要点，彼此重合的只有补写句子、修改病句等极少数题型，其他都是各自为战、各有特色，呈现出因文设题、机动灵活的鲜明特征。

题目设置更加开放多元。高考试题不仅要考查学生是否会解决他人给予的问题，更要考查学生能否自己发现和提出问题；不仅要考查学生是否会用所学方法解决问题，更要考查学生能否形成自己的问题解决方案或方法；不仅要考查学生是否知晓和能否应用已学知识，更要考查学生能否审视、追问、评价、改进已学知识。2024年高考试题在这一方面也有所突破。比如，新课标Ⅱ卷根据材料信息对火箭登月过程中的分离进行排序。再如，全国甲卷实用类文本阅读第5题，根据文本内容补写词语，间接考查考生对文本的理解情况。

四、串联线：创设多元情境，引导高阶思维能力培养

高考内容改革倡导加强理论联系实际，紧密结合国家经济社会发展、科学技术进步、生产生活实际等创设情境，充分考虑学生学习和生活实际，把课本知识与具体真实的世界联系起来，考查学生灵活运用所学知识、方法发现问题、分析问题和解决实际问题的能力，引导学生在解决实际问题的过程中建构知识、培养能力、提升素养。

情境试题对学生的学科素养和核心能力提出了更高的要求，它要求学生由“解答试题”转向解决问题；情境试题通过优化考查内容、丰富呈现方式、创新设问角度等途径，突出对关键能力的考查，让善于独立思考、认知能力强的学生脱颖而出。高考命题中的情境，主要指的是真实的问题背景，是以问题或任务为中心构成的活动场景。主要包括两大类情境：第一类是生活实践情境，这

类情境与日常生活生产实践密切相关，考查学生运用所学知识解释日常现象、解决现实问题的能力；第二类是学习探索情境，源于真实的研究过程或实际探索过程，同时包括学科前沿与实验场景等。情境设计的主要目的是增强试题的开放性和探究性，引导学生进行独立思考和理性判断，完成开放性或探究性的任务。

2024 年高考语文试题在保持往年命题基本特点的同时，在情境创设方面作了更多的努力，情境类题目更加丰富多样，所创设的情境也更加“真实”有效，更贴切青年学生的生活和心理实际。

2024 年全国甲卷的语言文字运用题是关于老奶奶表述的问题：

下面的文字是一位老奶奶在医院看病时的自述，不够简明扼要，不利于和医生高效沟通。请对这段自述进行缩写。要求：保留必要信息，不超过 80 个字。(6 分)

大夫好！今天看病的人太多了，我排了好长时间队才看上。我是你们医院的老病号了，这么多年我的高血压和糖尿病一直是在你们医院看的，好多年前有一次扭伤了脚踝，也是在你们这儿看好的，您可得给我好好看看。是这么回事儿。昨天晚上我老闺女来家里，我们一起吃的晚饭。吃过饭看着电视，我就开始头疼，先是头顶一圈疼，一跳一跳的，后来整个头都疼。我试了很多办法，一会儿躺着，一会儿坐着，大口喘气，戴上帽子捂着，都没有用。闺女要带我来医院，我说天太冷了，明天可能就好了，明天再说吧，然后就睡觉了。今天早上醒了还疼，头也不敢动，一晃就更疼了，就赶紧来医院了。

该题通过设置一个生活中常见的“患者 - 医生”交流情境，考查学生在特定语境下识别和提取必要信息，并根据需求和对象进行表达交流的能力。值得注意的是，该题的答案是开放性的，学生有多种作答可能，但要求作答时注意自述者的身份和交流对象、交流目的等信息。

新课标Ⅱ卷语言文字运用第 22 题：

下列句子中的“相信”与文中加点的“相信”，意义和用法相同的一项是（　　）(3 分)

A. 身处困境他却并不消沉，相信自己能拼出一个光明的未来。

B. 我满心欢喜地迎接他回来，相信现在的他一定和从前不同。

C. 看到气势磅礴的壶口瀑布，相信每一位游客都会激动不已。

D. 翠翠还是不离开码头，相信祖父会来找她，同她一起回家。

该题要求学生“结合具体语境分辨词语语义和情感上的细微差别”，体现了语言运用的实践本质。“相信”的本义是认为正确或确实而不怀疑，但在使用时意义发生变化，确信程度降低，常常可以用“大概”“可能”“我认为”“我觉得”等词语替换，这种新用法被称为“话语标记”，是近几年互动语言学研究的热点。虽然背后的支撑理论非常前沿，但本题并不要求学生了解理论知识，而重在运用，只要学生能根据语境和语感判断“相信”与传统用法的区别即可。

再如，2024 年新课标Ⅰ卷语言文字运用题的命题材料，也非常注意贴近青年学生的生活和心理实际。

当你觉得劳累而懒得说话，情绪、胃口不佳且脑子不转时，往往是身体在提醒你：“电量已经触底，需要立即充电。”常用的充电方式，包括合理睡眠、适度运动、调整饮食等多种，其中睡眠最为重要。①如果睡眠不足和睡眠过度都会加重人的疲惫感，②引发多种疾病，③所以，④通过睡眠如何快速让自己精力充沛，⑤才是问题的关键。

睡眠时长是保证身体正常运转的必要条件。至于每天要睡多久才能保证身体健康，相信喜爱健康科普节目的人，都已经耳熟能详了。实际上，我们所需的睡眠时长是__A__的，有人不睡够 9 小时难以清醒，有人睡上 4 小时就能活力满满；有人睡了很长时间仍然精神萎靡，有人只要打个盹儿就能__B__。因此，能够保证自己心情舒畅、精神饱满的睡眠时长，就是最适合自己的睡眠时长。

睡眠不足会导致疲劳无法缓解而残留下来，长此以往，疲劳会像负债一样逐渐累积并且利上滚利，掏空你的“家底”，进而引发多种疾病。（甲）也很简单：在节假日睡到自然醒，记下你的睡眠时长，然后减去工作日的睡眠时长，如果多出 2 小时以上，即说明你正处于“睡眠负债”的状态，需要及时补充调整。但另一方面，一次性补充过多的睡眠，又会扰乱人体生物钟，使你的睡眠质量大打折扣，同时引发新的疲劳。所以对于“睡眠负债”，要采取“分期偿还”的方式求得解决。其实，（乙）。如果质量不佳，睡眠时间再长也难以恢复疲劳。而提高睡眠质量的方法有很多种，如在固定时间起床，以调整身体节律；在睡眠前洗热水澡，以尽量放松身心。只有睡得够，睡得好，坚持不懈，才能从“感觉身心疲惫”成功转化成“感觉棒极了”。

新课标Ⅱ卷语言文字运用Ⅱ：

众所周知，运动可以帮助放松肌肉、减轻身体紧张感，改善血液循环，让我们身体更健康，但是，可能很多人都不知道，运动更是让我们心情愉悦，大脑强健的“灵丹妙药”。多年以前，运动就已被列入情绪障碍的治疗方法之一，疗效不但立竿见影，令人信服，而且适用范围很广。

喜欢运动、经常运动的人，相信都体验过“跑者欣快”，即连续高强度运动一段时间后，__①__。但心情很好，有一种酣畅淋漓的感觉。这是因为，运动可以促使大脑分泌许多与愉悦感相关的“快乐物质”，如多巴胺、内啡肽等，而运动后的大脑，还会分泌一种名叫脑源性神经营养因子的蛋白质，有助于强健大脑。因此，运动不仅会让你轻松快乐，还会让你头脑更清晰，更有活力。当然，不是每个人__②__，但即使做一些轻微运动，也是有助于身心健康的。

睡眠、运动，这些都是几乎天天发生在学生身边或自身的现象，在这一类情境中完成填写成语、补写句子之类的题目，自然很容易有真切的代入感，形成心理共鸣，从而也更能考查学生语言文字运用的基本能力。

总之，有效的情境设计着眼于现实需要和任务驱动，提倡真情实感，注重问题解决，有助于落实立德树人根本任务，有利于发挥高考的引导教学功能。

总之，高考评价体系中对“四翼”的考查是通过情境来实现的，目的是要在较高的认知水平层次上提高学生的心智活动和认知能力，从而引导学生培养高阶思维能力。“基础性”包括学科内容的基本性、通用性以及情境的典型性。它要求以生活实践与学习探索中最基本的问题情境作为任务创设和基本知识能力运用考查的载体，对即将进入高等学校的学习者应掌握的学科基本概念、原理、技能和思维方法进行测量与评价。“综合性”不仅针对学科内容，还包括情境的复杂性，要求以多项相互关联的活动组成的复杂情境作为载体，能够反映学科知识、能力内部的整合及其综合运用，体现对即将进入高等学校的学习者的知识、能力、素养之间的纵向整合能力以及综合运用水平的测量与评价。“应用性”要求以贴近时代、贴近社会、贴近生活的生活实践或学习探索问题情境为载体，将陈述性知识与程序性知识的有机整合和运用作为考查目标，设计生产生活中的实际问题，体现对即将进入高等学校的学习者迁移课堂所学内容、理论联系实际水平的测量与评价。“创新性”要求创设合理情境，设置新颖的试题呈现方式和设问方式，要求对即将进入高等学校的学习者在新颖或陌生的情境中主动思考，完成开放性或探究性的任务，发现新问题、找到新规律、得出新结论的水平进行测量与评价。

五、小结：新时代推动新高考，新高考助力新时代

党的二十大为我国的教育事业指明了方向，全面贯彻党的教育方针，落实立德树人根本任务，发展素质教育，推进教育公平，培养德智体美劳全面发展的社会主义建设者和接班人，新时代对高考提出了新要求，对作为新高考改革重要组成部分的高考命题也提出了新要求。

新高考背景下的高考语文命题遵照“价值引领、素养导向、能力为重、知识为基”的命题原则，不再只是针对学生拥有知识的多少及深浅进行考查，而是在必备知识的基础上，对核心价值、学科素养和关键能力提出了全新的考查要求。这是新高考区别于老高考最重要的地方，也决定了未来高考语文命题的基本方向。

第一，坚持正确的价值导向。立德树人的导向功能正在实现从国家的政策要求到高考内容与命题的现实转化。这不仅体现在高考语文命题中的知识呈现上，包括优秀传统文化、革命文化与社会主义先进文化的内容以及新时代的历史性成就与变革等；也体现在高考内容中的相关性分析与价值判断上，引导学生坚定“四个自信”、厚植爱国主义情怀、加强品德修养、培养奋斗精神等；还体现在高考试卷的评判标准上，注重德智体美劳全面发展，体现社会主义接班人与合格建设者的要求等。

第二，加强创新能力的考查。考查创新能力是时代对高考的要求，是高考选拔性考试特点的重要体现，也是今后高考改革的重要内容。未来的高考语文命题会更加注重动态考查学生对知识的理解和运用能力，尤其是注重对分析、解决问题的能力和探究能力的考查。这些理念将从以下几个方面体现在高考语文命题中。

1. 增强试题的开放性和探究性，加强对独立思考能力的考查。传统的高考试题一般是封闭型的试题，试题条件完善封闭，试题的设问指向明确，试题的结论固定唯一。今后的高考命题方式，将对试题的设计进行革命性的突破，会通过提供多种形式的材料，设计条件或结论开放、解题方法多样、答案不唯一的试题，增强试题的开放性和探究性，引导学生打破常规进行思考，自主发现问题，提出解决方案，作出独立的判断和解答，创造性地解决问题。

2. 创设新颖情境，创新试题呈现方式。新的能力考查要求需要新的考试呈现形式。在设置试题情境时，高考试题会努力实现试题呈现方式的多样化，为

考生提供更加丰富新颖的信息。例如，在传统的文字呈现的基础上，增加具有综合性和形式独特的信息，如多文本、图像、表格、统计数据、实景照片等内容。设计试题时，对于情境的描述会结合考生所学的知识，实现素材与情境的融合。让考生依据语文学科的基本规律进行分析、判断和预测，既有助于提高学生学习的热情，也有助于解决实际问题，更有利于激发考生的探索欲望，培养学生的创新精神。

3. 加强高阶思维能力的考查。批判性思维属于高阶思维能力，要求学生在面对各种复杂问题时运用已有知识进行审慎思考、分析推理。辩证思维是辩证唯物主义哲学在思维领域的鲜活表征，要求学生用联系、发展、全面的观点看待事物和思考问题。纵观高考语文命题的历史，高考语文试题从考查单维知识到考查综合品质，对逻辑思维能力的培养水平和考查要求总体来说是在不断提升的。未来的高考语文命题会更注重对辩证思维能力和批判性思维能力的考查。

第三，教考衔接促进教学提质增效。作为高中教育与高等教育的衔接环节，高考语文命题应该充分发挥高考指挥棒的作用，推动高中语文教学内容、教学组织形式、管理方式的变革，促进高中语文教育特色化、多样化发展。这就要求高考语文试题在选取材料上和试题命制方式上，与语文课程标准中的学习任务群、课本中的学习内容相对接，引导学生利用课堂上学习的知识解决遇到的新问题，从而使教考衔接，以考促教，以考促学，实现教、学、考的有机统一。

引导教学与服务选才的结合是由高考的定位所决定的，也是高考内容改革中的难点。高考语文学科内容改革立足于高考评价体系，突出语文的学科特色，落实立德树人的根本任务，服务高校人才选拔和人才强国战略，引导学生加强以关键能力为代表的高阶思维能力培养，尤其是重视学生的科学精神、创新能力和批判性思维能力的培养。随着考试内容改革的逐步深化，高考语文学科考试内容改革也将在探索和实践中不断充实、完善、提升，充分发挥和实现语文学科在育人过程中的积极作用和价值。

第二节　数学命题理论与实践

2024 年教育部教育考试院负责命制了全国甲卷文、理科数学试卷、新课标Ⅰ卷、Ⅱ卷数学试卷，共 4 套数学试卷。高考数学试题严格遵循考试内容改革的精神和要求，积极进行教育改革和探索，新课标卷改革了试卷结构和难度结构，通过减少题目的数量，给学生提供充足的思考时间，深入考查学生的思维过程。试题既考查学生的基础知识和关键能力，又注重考查学生的思维能力、创新能力以及实际应用能力等综合素养。

试题设计强化素养导向，注重数学本质，突出理性思维，渗透数学文化，全面考查数学抽象、逻辑推理、数学建模、直观想象、数学运算和数据分析的核心素养，体现基础性、综合性、应用性和创新性的考查要求，试卷服务拔尖创新人才选拔，数学试题对考试内容和方法的创新探索，是对我国教育改革和发展的有力推动，助力我国教育强国建设。

一、基本情况概述

（一）立足课程标准，积极引导教学

普通高中数学课程标准是高考数学考查内容范围和考查要求层次的依据，2024 年高考数学试卷立足课程标准中的学业质量标准和课程内容，注重考查学生的基础知识和基本技能，强调知识的结构化和解题方法的普适性，注重对学生数学学科核心素养的考查，新课标卷严格依据《普通高中数学课程标准（2017 年版 2020 年修订）》（以下简称《课程标准》）命制，实行不分文理科的试卷设置。全国甲卷依据教育部 2003 年颁布的《普通高中数学课程标准（实验）》命制，实行文理分科的试卷设置，同时设置了“选修 4 -4：坐标系与参数方程”和“选修 4 -5：不等式选讲”两个选考题目。引导中学教学立足课程标准，以课程目标和核心素养为指引，避免超纲教学。

（二）遵循高考评价体系，重点培育数学学科核心素养

高考评价体系是新时代高考内容改革的理论支撑和实践指南。以高考评价体系为指导，高考数学主要考查理性思维、数学应用、数学探索、数学文化 4 类学科素养，考查逻辑思维能力、运算求解能力、空间想象能力、数学建模能力、创新能力 5 种关键能力，提出具有学科特点的基础性、综合性、应用性、创新性的考查要求，通过设置课程学习情境、探索创新情境、生活实践情境 3 类试题情境落实考查内容和考查要求。2024 年高考数学新课标卷贯彻《中国高考评价体系》，落实高考内容改革的要求，对全卷进行创新设计，调减试卷题量，给学生提供充足的思考时间。不过分强调知识内容的覆盖面，不受限于对某些具体知识内容的考查，着重考查数学学科核心素养，充分体现基础性、综合性、应用性、创新性的“四翼”要求，引导中学教学遵循教育规律，重视教材作用，突出数学本质，重视概念教学，夯实学生学习基础，展示学生思维过程，以数学的“四基”为载体，引导学生提取有效信息、领悟数学思想、学会理性思考、积累数学活动经验，培养数学学科核心素养。

（三）创新试卷结构设计，体现“反刷题、反套路”命题思想

2024 年高考数学新课标卷创设全新的试卷结构，减少题量，给学生提供充足的思考时间，全卷由过去的 22 道题减少到 19 道题，同时增加了多选题的单题分值和解答题的总分值，多选题由每题 5 分增加到 6 分，解答题总分由 70 分增加到 77 分，强化了思维过程和思维能力的考查功能. 解析几何题的位置前移，降低了试题的运算量，导数的考查注重了通性通法，降低了难度，减少了概率等知识的比重。试题深化基础性和综合性，突出考查核心素养与创新能力，运算量稳中有降，坚持多角度、多层次考查，引导考生少算多想，整体有较大的创新，体现了“反刷题”“反套路”的命题思想。例如，新课标Ⅰ卷第 8 题为新情境试题，以不等关系呈现抽象函数与不等式；第 11 题考查学生的空间想象能力与应用意识；第 19 题给出新定义“可分数列”，要求考生有较强的逻辑推理能力与应用意识；试题的顺序安排打破常规，有所变化，灵活、科学地确定试题的内容、顺序和难度。在新课标Ⅱ卷中，以往作为最后一题的函数大题被安排到解答题的第 2 题，难度大幅度降低；概率与统计试题加强了能力考查力度，被安排在解答题的第 4 题的位置. 新课标Ⅰ卷将解析几何试题安排在解答题的第 2 题，难度降低，数列内容则结合新情境，安排在最后。有助于打破学生机

械应试的套路以及固定的训练模式，防止猜题、押题，同时测试学生的应变能力和解决各种难题的能力，为师生后期的复习与备考指明了方向。

二、金线：加强价值引领，发挥育人功能

“核心价值金线”是指围绕立德树人来考查学生的政治立场和思维观念、世界观和方法论以及道德品质。高考作为教育改革的重要领域、素质教育的关键环节，要旗帜鲜明地将立德树人作为根本任务，始终坚持正确的政治方向和价值取向，不断强化育人功能和积极导向作用，培养和选拔德智体美劳全面发展的社会主义建设者和接班人。高考试题命制将全面贯彻党的教育方针，强化理想信念、爱国主义情怀、品德修养、知识见识、奋斗精神、综合素质等内容在考试中的要求。加强对习近平新时代中国特色社会主义思想的考查，加强对社会主义核心价值观，依法治国理念，中华优秀传统文化、革命文化和社会主义先进文化的考查。树立正确的国家观、历史观、民族观、文化观，切实增强中国特色社会主义道路自信、理论自信、制度自信、文化自信，不断提高学生的思想水平、政治觉悟、道德品质、文化素养等。高考命题紧扣“核心价值金线”，始终坚持正确的政治方向和价值取向，不断强化育人功能和积极导向作用。“无价值，不入题”已成为近年来高考内容改革的一个鲜明特征。

数学学科不仅担负着选拔功能，还担负着重要的育人功能。2024 年高考数学卷全面贯彻党的教育方针，根据高考内容改革的总体要求，落实立德树人根本任务。构建了“德智体美劳”五育融合的试卷命制体系。数学试题选取生产生活实践题材，通过特定的学科任务设定，考查学生运用数学知识和数学方法解决生产生活中实际问题的能力，引导学生德智体美劳全面发展。例如，新课标Ⅰ卷第 9 题以农产品出口为背景，引导考生关注数学与生活的联系，体现了“德育”与“劳育”；第 11 题以生活中的飘带图案为背景，考查解析几何的相关知识，引导考生关注生活中的数学问题，体现了“美育”与“智育”。新课标Ⅱ卷第 4 题以稻田上种植水稻的亩产量为载体考查统计知识，全国甲卷第 17 题以抽取车间产品检验优级品率为载体考查概率统计知识，都体现了“劳育”，新课标Ⅱ卷第 18 题是以篮球比赛为载体考查概率知识在体育运动中的应用，体现了“体育”与“智育”。

三、银线：坚持学科素养导向，重点考查关键能力

学科素养是在一个又一个的真实情境中通过完成特定的学科任务而展现出来或生成的综合品质，高考命题的“素养导向”就是通过特定的情境创设，考查学生调动、运用必备知识与关键能力、思维方法与思维品质、情感态度与价值观高质量完成特定学科任务的综合表现。因学科素养本身具有的内在性和综合性特征，使得其较难被直接观测和考查，尤其是在高考这种纸笔测试中较难全面、有效地考查学科素养。因此，学科素养在高考中的考查往往通过观测学生调动所学知识、运用关键能力完成特定学科任务时所表现出来的关键行为来实现。

只是掌握零碎的、僵化的必备知识而缺乏关键能力，则很难系统、综合且有效地去完成一个又一个特定的学科任务。对于新高考而言，没有必备知识是不行的，但如果只有必备知识也是不行的。必须打破传统的以知识占有为唯一目标的学习惯性和思维方式，在夯实必备知识的基础上，注重关键能力的训练和培养，并在一个又一个的特定学科任务中提高自身的学科素养。只有这样，才能更好地应对新高考改革，而这也是新高考改革所倡导的从“知识立意”向“素养立意”转换的内在要求。

关键能力成为当前高考命题的考查重心，主要考查学生的知识获取、实践操作以及思维认知等方面的高阶思维能力，把考查的重点放在学生运用所学知识发现问题、分析问题和解决实际问题的能力上，聚焦于思维过程和思维品质的考查。2024 年高考数学试题坚持学科素养导向，重点考查关键能力，主要包括信息获取与加工、数学抽象、空间想象、运算求解、数学建模、逻辑推理、批判性思维等方面。在数学学科高考命题中，能力考查体现出综合性和结构性特点，即一道试题可能考查多种能力，多道试题可能都涉及同一种能力，一份完整的试卷应该对各种能力都有要求。

（一）信息获取与加工

信息获取与加工能力包含信息的获取与识别、信息的处理与分析等。指的是通过各种方式与渠道获取信息，根据应对问题情境的需要，合理地组织、调动各种相关知识与能力，完成信息获取活动；系统化、多层面、多角度地对新信息进行加工处理，准确把握新信息的实质、新旧信息的联系，形成对新信息的准确判断、分析与评价。以 2024 年高考题为例，分析如下：

题源	信息获取与加工
新课标Ⅰ卷第 14 题	本题以抽取卡片为载体，类似于抽签，考查古典概型的概率，计算出比赛甲乙随机选出卡片的所有情况有 $A_4^4A_4^4=576$ 种；四轮比赛结束后甲得分情况可能为 0 分、1 分、2 分、3 分，不可能为 4 分；乙得分情况可能为 1 分、2 分、3 分、4 分，不可能为 0 分，所求的是事件“甲得分为 2 分和 3 分”的概率，需要计算甲得 2 分的样本点个数和甲得 3 分的样本点个数之和，利用古典概型的计算公式求得概率
新课标Ⅱ卷第 8 题	本题以一次函数和对数函数构成的复合函数为载体，考查函数的性质和数学逻辑推理能力，根据 $f(x)=(x+a)\ln(x+b)\geqslant 0$，可知函数的定义域为 $(-b, +\infty)$，并求得 $f(x)=0$ 的根 $-a$ 和 $1-b$，依次讨论 $-a$ 与 $-b$，$1-b$ 的关系，求使得 $f(x)\geqslant 0$ 成立的 a 与 b 的关系，把求解 a^2+b^2 的最小值问题转化为一元二次函数求最小值问题
全国甲卷文第 21 题、理第 20 题	本题需要根据提干准确作出示意图，第 1 问根据“点 $M\left(1, \dfrac{3}{2}\right)$ 在 C 上，且 $MF\perp x$ 轴”确定点 M 的坐标是 $\left(c, \dfrac{b^2}{a}\right)$，进而可得结果，第 2 问证明：$AQ\perp y$ 轴，获取的信息是证明点 A 和点 Q 的纵坐标相同，可以考虑用 A 点坐标表示 Q 点的坐标，故设 AB 的方程，进而求得 Q 点的纵坐标，证明 A，Q 两点的纵坐标相等即可

（二）数学抽象与空间想象

数学抽象与空间想象能力主要是指学生对客观事物的空间形式进行观察、分析、抽象、思考和创新的能力。在教学上，力求做到使学生能将空间物体形态抽象为空间几何图形，能从给定的立体图形想象出实体形状以及几何元素在空间的实际位置关系，并能用语言符号或式子表达出来且能正确解决问题。空间想象能力具体包括以下几个方面：(1)熟悉基本几何图形（平面或空间），并能找出其概念原型，能正确地画出实物或用语言、数学符号表述；(2)能分析图形中基本元素之间的位置关系及度量关系，明确几何图形与实物空间形式的区别与联系；(3)能借助图形来反映并思考客观事物或用数学语言表达空间形状和位置关系。以 2024 年高考题为例，分析如下：

题源	能力解读
新课标Ⅰ卷第 11 题	本题以轨迹方程为载体，考查解析几何求动点轨迹、曲线与方程的关系、曲线上点的范围问题，根据“C 上的点满足横坐标大于 -2，到点 $F(2, 0)$ 的距离与到定直线 $x=a(a<0)$ 的距离之积为 4”抽象为“曲线 C 满足方程 $\sqrt{(x-2)^2+y^2}\times\lvert x-a\rvert=4$ $(x>-2)$”

续表

题源	能力解读
新课标Ⅱ卷第7题	本题考查以正三棱台为载体，分析出图形中元素之间的位置关系及度量关系，先作出三棱台的平面图，在图形中根据定义找出线面角，通过补形，形成正三棱锥后解决问题

（三）数学建模能力

数学建模是指对一些现实问题进行数学抽象，用数学语言表达、用数学知识构建模型来解决问题的过程。数学建模是为了构建数学与外部世界的桥梁，是解决现实问题的基本手段。在数学高考中对数学建模这一核心素养进行考查，其关键点在于：考生能够结合题目的情境，针对问题建立数学模型，然后运用相关数学知识求解模型，更高水平的考生能够基于现实背景验证模型及改进完善模型，提高创新能力。

数学建模的步骤一般分为四步：第一步，问题分析；第二步，提出假设；第三步，模型选择或建构；第四步，模型求解与检验。针对不同数学模型，采用解方程、几何求解、证明定理、逻辑推理、数学运算等方法，依据相关的约束条件，结合给定的相关数据，进行求解。也可以用如下流程图来表示其步骤。

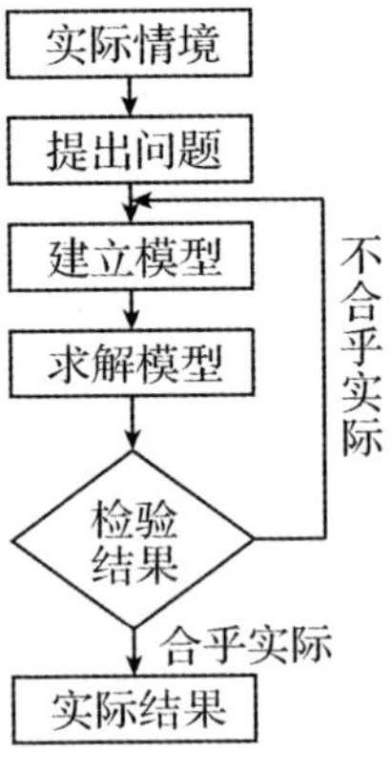

以2024年高考题为例，分析如下：

题源	数学建模
新课标Ⅱ卷第18题	根据篮球赛问题，构建了相互独立事件、独立重复试验、离散型随机变量的分布列与数学期望模型，借助概率知识考查了能在实际情境中从数学的视角发现问题、提出问题、分析问题、建立模型、确定参数、计算求解、检验结果、改进模型的能力

续表

题源	数学建模
新课标Ⅱ卷第 19 题	在第二问中，过点 $P_n(x_n, y_n)$ 且斜率为 k 的直线与双曲线联立，由韦达定理得 Q_n，判断 Q_n 也在双曲线左支上，从而得到 P_{n+1}，通过运算化简寻找 $(x_{n+1}-y_{n+1})$ 与 (x_n-y_n) 的关系，第三问中要证明 $S_n=S_{n+1}$，需证明 $S_{\triangle P_nP_{n+1}P_{n+2}}=S_{\triangle P_{n+1}P_{n+2}P_{n+3}}$，即证 $\overrightarrow{P_nP_{n+3}}$ 和 $\overrightarrow{P_{n+1}P_{n+2}}$ 平行即可，都用到了数学建模关键能力

（四）逻辑推理与论证

逻辑推理是指从一些事实或命题出发，依照逻辑规则推算出另一个命题的推理过程。主要有两类：一是由特殊到一般的推理，主要是归纳推理和类比推理；二是由一般到特殊的推理，主要是演绎推理。逻辑推理是得出数学结论和构建数学体系的一种重要方式，是数学具备严谨性的保证，也是数学活动中交流的基本思维。逻辑推理能力要求学生会对问题或资料进行观察、比较、分析、综合、抽象与概括；会用演绎、归纳和类比进行推理；能准确、清晰、有条理地进行表述。在数学高考中考查逻辑推理能力的题目比重较大，解决此类题目的关键：能够发现并提出问题，掌握逻辑推理的形式及论证的过程，能够理解知识之间的有机联系。以 2024 年高考题为例，分析如下：

题源	逻辑推理与论证
新课标Ⅰ卷第 8 题	本题以抽象函数和一个一次函数为载体，考查函数的性质和数学逻辑推理能力，明确去寻求使得选项成立的充分条件，先计算 $f(1)$，$f(2)$，然后推理求得 $f(3)$ 的范围，依次计算 $f(3)$，$f(4)$，$f(5)$，…，$f(20)$ 的范围。考查考生掌握逻辑推理的形式及论证的过程
新课标Ⅱ卷第 2 题	该题重点考查逻辑思维能力，对于命题 p，采取举反例的方法；对于命题 q，只需要举一个例子就能判断其真假
全国甲卷理科第 21 题	在第一问中，第一步，确定函数的定义域，并求导；第二步，利用复合函数的单调性判断 $f'(x)$ 的单调性，求出极值点，从而判断 $f(x)$ 的单调性；第三步，求出函数 $f(x)$ 的极值。第二问中，第一步，对 $f(x)$ 求导并构造新函数；第二步，对已知条件、新函数进行分析，找出需满足的条件，求出 a 的取值范围；第三步，对 a 的取值范围进一步分析、判断，得出结论。整个解题过程都用到了逻辑推理中“要求学生会对问题或资料进行观察、比较、分析、综合、抽象与概括”

（五）批判性思维

批判性思维是合理的、反思性的思维，它以质疑和提出问题为起点，以获取证据、进行分析推理为过程，以得出有说服力的结论为结果。心智开放、独立思考、敢于质疑以及对冲突、模糊性的包容是批判性思维的必备品质，训练有素的逻辑推理与论证分析能力以及高水平的证据获取、评估与运用能力是批判性思维的必备技能。

数学中的批判性思维融合了数学归纳、数学演绎、数学分析、数学推论、假定性设定及研究等基本内容。加强对批判性思维的考查是近年来高考命题的重要指导思想，目的就是要将素质教育要求具体落实到高考试题中来，更好地引导学生提高独立思考、创新探索和综合实践能力，减少“题海战术”和“机械刷题”的现象，促进学生发散思维的培养和学以致用。高考命题将会进一步增加试题的开放度，通过提供多种素材、设计条件或结论开放、多角度思考、答案不唯一的试题，进一步打破试题的封闭性，引导学生打破常规进行思考，自主发现问题，提出解决方案，作出独立的判断和解答，从而创造性地解决问题。批判性思维是重要的能力素养，是理性思维的高度体现。高考数学突出对批判性思维能力的考查，考查学生推理论证、发现错误、修正错误的能力，以及发现解决问题的方向和方法的能力。以 2024 年高考题为例，分析如下：

题源	批判性思维
新课标Ⅱ卷第 11 题	本题以一个三次函数为载体，考查函数的零点、极值点和对称性，四个选项分别采用了不同的方法来解决问题，选项 A，根据单调性和极值情况刻画函数图象，用函数零点存在性定理判定零点个数。选项 B，判断导函数两侧的符号，即两侧的单调性情况。选项 C，利用反证法可以证明。选项 D，方法一：利用对称中心的表达式化简；方法二：直接利用拐点结论得到。是一道典型的考查学生批判性思维的题目，主要是推理论证、发现错误、修正错误的能力，以及发现解决问题的方向和方法的能力
全国甲卷文科第 16 题	原问题$\Leftrightarrow x^3-3x=-(x-1)^2+a$在$(0,+\infty)$上有两个不同的实数根 思路一：$y=x^3+x^2-5x+1-a$的图象与$x$轴在$(0,+\infty)$上有两个不同的公共点 思路二：分离参数$a$后，研究直线$y=a$与新函数的图象在$(0,+\infty)$上有两个不同的公共点 该题考查学生发现问题、提出问题的能力，要求学生综合与灵活地应用所学的数学知识、思想方法，选择有效的方法和手段分析信息，进行独立思考、探索和研究，从而解决问题

四、串联线：创设真实情境，注重学用结合

“情境载体串联线”是指通过设计生活实践情境和学习探索情境，将其作为任务创设和基本知识能力运用考查的载体，实现对学生学科基本概念、原理、技能和思维方法的考查和选拔，着重考查学生运用所学知识、原理和思维发现问题、解决现实问题的能力。通过合理创设情境，设置新颖的试题呈现方式和设问方式，促使学生主动思考，发现新问题、进行新解释、找到新规律、得出新结论。

高考命题的理想试题情境一般具有典型性、复杂性、新颖性和结构不良性四个特征，其中，典型性是指在真实世界或学习探索中具有代表性，能够充分考查学科素养和关键能力，具有可操作性且符合学生认知和学科发展规律；复杂性是指涉及多种关联活动、涉及多种影响因素、涉及多个参与主体以及要求调动多种关键能力；新颖性是指学生未经历过，或者真实世界新出现的，或者呈现方式新鲜少见；结构不良性是指冗余信息较多、隐含信息较多、问题创设比较开放、结论设定不唯一、解决方案多元。课程标准和高考评价体系要求高考全面落实情境式命题，材料丰富，情境多元，加强情境的新颖性、灵活性、探究性和开放性。高考命题呈现出“无情境，不成题”的特征。未来那些具有选拔区分度的试题将在情境创设上下功夫，可能呈现出由简单向复杂、由熟悉向新颖、由结构良好向结构不良的情境转换。

2024 年高考数学试题通过精心设计的真实情境，全面检验学生对已学知识的系统掌握和灵活运用能力。试题内容涵盖了德智体美劳情境、科学探究情境以及生产实践情境等方面，题目情境设计紧密结合学生的日常生活，使学生能够深入其中，获得真实的感受与体验，如新课标Ⅰ卷第 14 题设置的抽取卡片比较数字大小的比赛情境；问题设计则注重与中学生的思维方式相契合，为他们提供充分的思考与发挥空间，引导他们认识到体美劳教育对个人成长成才的重要性，从而激发他们的参与热情，如新课标Ⅱ卷第 18 题以体育为情境。科学探究与科学前沿情境的创设，引导学生深入思考、勇于探索、实证求真，实现从解题到解决问题的转变，为高中育人方式的改革提供有力支持，如新课标Ⅰ卷第 9 题以一带一路国际合作为情境。此外，试题还设置了生产实践与社会经济发展情境，注重将理论与实际相结合，紧密结合国家经济社会发展和生产实践，引导学生在解决实际问题的过程中提升关键能力与学科素养，如全国甲卷文 18

题，理 17 题，以生产线智能化升级改造为情境。

五、小结：立足课程标准，强化数学思维与关键能力培养

2024 年高考数学试题严格遵循课程标准，全面依据学业质量标准和课程内容，深度关注学生对基础知识和基本技能的熟练掌握与灵活应用能力，同时，强调知识的整体性和连贯性。在试题设计上，试卷将主干知识内容和重要原理、方法作为考查的重点，着重对数学学科核心素养进行深入的考查。新课标卷在试卷结构上进行了全新的创设，与传统试卷相比，题量得到了有效的减少，使得学生在解题时能够拥有更充足的思考时间，有助于提升学生的思维能力，加强对学生素养的考查，进一步强化了素养导向的考试评价体系。这种以学生为中心的试卷设计理念，更好地促进学生全面发展，提升他们的综合素质。针对新高考试卷命题规律，在教育教学中应重点关注以下几个方面。

第一，紧扣课程标准，落实"四基"。落实"四基"就是落实基础知识、基本技能、基本思想和基本的活动经验，在备考中就是加强对数学基本概念、基本原理和基本方法的考查，引导学生重视基础。具体而言，既要重视基础知识和基本技能，又要注重数学的基本思想和基本活动经验，要认真研究教材的定义概念、原理和方法，要做到深刻理解、准确把握、灵活运用。高考试题不会脱离教材，要加强对教材的学习和研究，注重通性通法，突出数学本质，淡化解题技巧，展现考生的思维过程。不要沉迷解题套路，而要认真分析近几年高考试题的命题思路和考查要求，从数学本质和数学应用的角度，有效提高数学关键能力和学科素养。

第二，聚焦学科素养，提升关键能力。数学高考命题一直强化信息获取与加工、逻辑推理与论证、数学建模、数学抽象、数学运算、批判性思维等关键能力的考查。教师要聚焦课堂主阵地，设计特定的任务驱动和情境创设，着重研究试题开放性、探究性和创新性方向，尽可能引导学生运用必备知识、调动关键能力，充分展示学生思维过程，重视思维的可视化、过程化和规范化，经历发现问题、提出问题、分析问题和解决问题的思维历程，实现从"解答题目"向解决问题的转变，实现从"学习知识"向"训练素养能力"的转变。

第三，理解数学本质，突出数学主干。数学的主干知识是函数与导数、三角函数及解三角形、数列、立体几何、解析几何、概率与统计等，针对主干知识、重点题型及主要数学思想方法进行横纵拓展，引导学生理解数学本质；同

时在选择题和填空题中，集合、复数、三角函数的图象和性质、平面向量、数列的概念与性质、圆锥曲线的简单几何性质、解三角形、函数与导数综合问题、函数的性质、排列组合、二项式定理以及概率统计等高频考点都能在教材中寻找到“原点”，强化题组和变式题目的训练，让学生充分体会试题的核心价值、情境变化和问题设问方式变换。

第四，加强情境教学，强化综合性与应用性。综合性是高考的重要考查要求，要求考生面对复杂的问题情境时，梳理相关的各种知识和原理，综合运用必备知识、关键能力和学科素养，合理解决问题，体现的是对考生综合素质的考查。高考数学试题的综合性一方面是数学学科内部各个主题的相互综合，另一方面是数学学科和其他学科的综合。此外，试题情境越来越具有多样性，运用逻辑推理和数学抽象等核心素养加强数学问题情境转化为数学问题过程的考查，注重考查学生利用数学建模和数据分析等核心素养解决生产中的实际问题的能力。

纵观近年高考数学试题，依据课程标准命题、参照教材内容痕迹增多，内容选择进一步灵活，试题开放性进一步加强，难度顺序不再固化，能力考查进一步凸显，思维过程考查多样，这对教学备考提出了新的要求。

1. 回归课标，重视教材。高考试题中基础题占比很大，大部分试题都能在教材中找到原型，是教材中的例题、课后习题改编，高考还特别重视对数学概念的考查，不能题海战术，机械地模仿解题，忽略对基础知识、基本概念的理解和掌握。在平时的教学过程中，要重视研究学生对知识的获得，研究学习过程。切忌几分钟讲完概念，然后开始“题型 n 种 + 解法 n 种”的教学。教师要对教材中的基本概念深入挖掘内涵和外延，对定理、公式进行拓展和探究，发现其内在联系和规律。同时教师要注重对教材中的原题延伸，进行变形和变式练习，将思维背景拓展，有效培养学生数学思维的深度和广度，建构各章节内部及章节之间的网络结构，形成知识板块，促进学生数学思维的提高和发展。

2. 精研往届高考试题，精选题目。当前，部分学校使用质量不高的教辅资料是教学质量低下的原因之一。高考数学试题通过创新试卷，深化基础性考查，强调对学科基础知识、基本方法的深刻理解，不考死记硬背、不出偏题怪题，引导教学重点从总结解题技巧转向培养学生学科核心素养。数学教师应该带领学生精心研究近几年高考试题，从问题情境、设问方式、必备知识考查方式、考查的关键能力和核心素养方向等开展系列研究。通过高考真题的研究和解剖，引导学生实现从“解剖一道题”到“解决一类题”的目标；精选题目，组建模拟试卷要增加基础题比例、降低初始题起点，增强试题的灵活性和开放性。聚焦主干知识内容和重要原理、方法，着重选择考查数学学科核心素养的优质题目。学校和老师要提升数学课堂教学效率，引导教师遵循教育规律，备考过程中要突出数学教学本质，回归课标，重视教材，重视概念教学，夯实学生学习基础，给学生预留思考和深度学习的空间，引导学生在夯实必备知识的基础上，强化数学学科素养和关键能力的训练与提升，避免超纲学、超量学。

3. 实现“知识点教学”到“思维教学”的转变。培养思维是发展核心素养的关键，思维教学需要高质量的问题引导，数学认知结构的建构中，概念的理解和概念体系的建立是核心，概念学习的基本方式是概念形成与概念同化，必须经历“情境与问题—共性分析与归纳—抽象本质特征，下定义—关键词辨析—简单应用—联系与综合”的过程，让学生在观察与实验、分析与综合、归纳与概括中经历概念的抽象过程，发展学生的思维。在教学中，精心设计问题情境，让学生在独立思考中发现和提出问题，在积极思维中分析和解决问题。知识是发展核心素养和提升关键能力的载体，对核心知识深入理解，即对概念或命题的内涵与外延有充分的把握，对知识之间的逻辑关系有清晰的认识，对知识所蕴含的思想方法有深刻的领悟。提高学生的思维能力，给学生提供充分的思考时间和交流表达的机会。

4. 研究高考数学创新题、新定义题教学。2024 年新课标Ⅰ卷和Ⅱ卷第 19 题都设置了创新题和新定义题，新课标Ⅰ卷第 19 题以等差数列为知识背景，创新设问方式，设置数学新定义，搭建思维平台，引导学生积极思考，在思维过程中领悟数学方法，自主选择路径和策略分析问题、解决问题。这两道题重点考查学生对数学的思维方式，学生的数学阅读能力和对数学语言的理解，解决此类问题没有固化的套路与解题模板，传统的机械刷题和题海战术等备考策略很难奏效。创新题（即新定义题）重点检验学生的数学思维能力，涵盖对研究对象定义的深入理解、基于定义的逻辑推理与数学运算能力，特别是阅读理解与数学表达能力的运用。在解读此类题目时，关注对数学符号的理解及有效信息的提取。在教学过程中，引导学生加强对教材内容的阅读理解，强化数学书籍的阅读部分，设计专题训练，加强实际问题向数学问题的转化能力，包括符号化表达的训练。从思维品质层面而言，面对新情境下的陌生问题，学生应通过有逻辑的尝试与试验，从具体到抽象、从特殊到一般进行探索，适当利用图表呈现中间结果，发现规律、提出猜想，最终通过逻辑推理验证结论的正确性。

数学教学的目的之一是在认知及实践活动中发展学生的思考力。近年来，高考数学试题的内容选择和呈现方式越来越开放和灵活，需要学生会“思考”，将知识及其之间的关系理解透彻，数学学科有着严谨的逻辑体系，学生仅靠“机械刷题”已经很难适应指向学科素养的考查，只有会“思考”，真正理解教材内容，才能够顺利解决遇到的数学问题。一线教学中，教师要引导学生重视数学思维。数学是思维的体操，教师在教学中必须让学生多想，引导学生学会“思考”。教师要关注学生思维的差异，给学生提供完整的思考问题的机会，并通过高质量的作业和训练促进学生数学思维的提高。

数学反思能力的基本特征包括：思维的开放性、灵活性、探究性和创新性等。但在传统的教学中，教师对学生反思能力的培养不够。近年来，高考中的试题类型越来越丰富，特别是新高考实施以来，在保留单选题、填空题、解答题的基础上，增加了多选题、开放性问题和结构不良问题等，这要求学生在日常学习中学会“反思”，在日常教学中，教师要注意引导学生掌握多种思路以及关注不同解题条件下的相应的工作量，形成经常反思、梳理、总结解决类似问题的意识。在解题过程中，学生需要充分理解题干中的条件，识别其背后的规律，同时能根据题目所给出的条件建立各条件之间的逻辑关联与运算法则，进而得出结论。

第三节　英语命题理论与实践

2024 年全国高考英语科共包括如下几套试卷：教育部教育考试院（原教育部考试中心）命制 3 套（分别为新课标Ⅰ卷、新课标Ⅱ卷和全国甲卷，以下简称高考英语全国卷），供全国 28 个省份使用；另有北京自主命题卷、天津自主命题卷以及上海自主命题卷。各套试卷坚持“方向是核心，平稳是关键”的原则，试卷结构与往年保持一致，合理设置试卷难度。2024 年高考英语命题以习近平新时代中国特色社会主义思想为指导，以全面贯彻党的教育方针，落实立德树人根本任务为目标，凸显拔尖创新人才培养的时代要求，以《普通高中英语课程标准》（以下简称《课程标准》）为依据，贯彻高考评价体系理念，优化情境创设，增强试题的开放性、探究性和创新性，注重考查学生关键能力、学科素养和思维品质，充分发挥高考命题的育人功能和积极导向作用，加强教考衔接，以考促教，持续发挥对高中英语教学的正向引导作用，服务国家人才选拔培养，助力教育高质量发展。

一、基本情况概述

2024 年新课标Ⅰ卷和Ⅱ卷充分体现了高考评价体系“一核四层四翼”的相关要求，试题具有典型性和时代性，以稳为主，稳中有新，难度和区分度控制较好。试题充分反映英语学科的本质和价值，体现价值引领和素养导向，较好地实现立德树人、服务选才、引导教学的高考核心功能。试题紧紧围绕人与自我、人与社会和人与自然三大主题语境，全面考查考生对英语语言的综合运用能力，引导中学教学认真实施新《课程标准》，研究教学，提高课堂教学成效，培养学生在听力、阅读、写作等中的语用能力，助力高考综合改革顺利实施。语篇选材内容多样化，体裁丰富，并与考生的日常生活和学习息息相关。通过精选语篇，注重体现国家发展和社会进步，有机融入社会主义核心价值观，引导学生坚定理想信念、提升品德修养。写作题设置的情境是写一篇与外国朋友分享在公园上美术课的经历的邮件。情景设置贴近学生日常生活，题目融合“走向自然”（公园背景）和“美育培养”（美术课），既给考生限定了写作的两个方面——

介绍完成的作品和自己的感想，同时在这两方面，考生又有足够的发挥空间，充分体现了“五育”并举的时代背景及新高考对应用性和创新性的要求，在题目情境创新的同时也保证了考生有话可写，有空间可探索。其核心价值在于融美育于语言运用表达，培养学生感受美、鉴赏美、表达美的能力。总之，2024 年新课标Ⅰ卷和Ⅱ卷在试题结构和难度稳定的情况下，充分体现了时代性和公平性，为进一步推进高考综合改革和高考考试内容改革打下了坚实的基础。

2024 年高考英语全国甲卷全面考查考生对英语语言的综合运用能力，加强对关键能力的考查，充分体现时代性。试题以立德树人为原则，以核心素养为目标，所选语篇全面关注人与自我、人与社会、人与自然三大主题，充分体现了高考评价体系“一核四层四翼”的相关要求，稳中有新，难度和区分度控制较好。试卷题型稳定，难度在合理范围内，试题区分度进一步提高，试题质量稳步提升。选材丰富多样，涵盖中外文化，助力文化品格培养，培养考生的家国情怀和国际视野。同时，试题的选材符合时代性强、真实性强、体裁多样、语篇典型及难度适合的原则。命题强化爱国情怀、理想信念、品德修养、知识见解等方面的考查要求，引导考生坚定“四个自信”。命题人将对音乐、体育、美育和劳动教育的引导与考查内容、考查要求和考查情境有机融合，自然呈现于试题当中，引导考生提高运动意识，保持身心健康；加深对艺术的认识，培养健康向上的审美情趣。命题人将文化自信、国际视野、人文情怀有效融入生活实践和学习探索情境考查中，体现了高考立德树人、培养考生良好品德、发展素质教育的目标，并通过融入中华优秀传统文化和社会主义先进文化，引导考生坚定理想信念、提升品德修养、培养奋斗精神。2024 年全国甲卷阅读理解部分 D 篇，作者结合自己的经历，主要探讨了文学作品的结局特点及如何写出令人满意的结局，并推荐读者阅读该期《读者文摘》，旨在为学生提供关于如何创作和欣赏文学作品的结局的实用建议，启发学生深入理解文学作品，提升文学鉴赏能力。四篇阅读理解极其精准地考查考生对文本信息的捕捉、分析能力，以及对作者的观点态度进行推理判断的思辨能力。引导考生形成独立思考的习惯，培养考生主动发现问题和解决问题的能力。通过设置高阶思维类题目，启发考生在分析理解文章观点、作者意图和情感态度的过程中，思考中外文化异同，养成多元思维和批判性思维的习惯，凸显了对考生关键能力的考查。

二、金线：落实立德树人，加强价值引领

2024年高考英语全国卷试题充分体现了“方向是核心，平稳是关键”的原则。高考命题坚持用习近平新时代中国特色社会主义思想教育人，用党的理想信念凝聚人，用社会主义核心价值观培育人，用实现中华民族伟大复兴的历史使命激励人，使考生深刻感受新时代党和国家事业取得的历史性成就、发生的历史性变革，用辉煌成就感染考生、鼓舞考生，引导考生厚植爱国主义情怀，坚定“四个自信”。试题选材围绕人与自我、人与社会、人与自然三大主题全面考查英语综合运用能力，深化基础性，着力考查关键能力，同时，鲜明体现时代主题，强化对考生的价值引领。

（一）凸显文明互鉴，培养家国情怀和国际视野

高考英语命题注重通过精选语篇体现中华文明与世界文明的交流互鉴，引导学生增强国家认同和家国情怀，坚定文化自信，在跨文化交流学习中拓展国际视野、增进国际理解。

新课标Ⅰ卷语法填空题选取的语篇介绍英国丝路花园中新建成的玻璃温室及花园的整体设计，体现绵亘万里、延续千年的古丝绸之路对英国园林艺术的独特影响，宣传了以“和平合作、开放包容、互学互鉴、互利共赢”为核心的丝路精神，引导学生从世界发展的高度看待中西方文明交流互鉴的历史，培育深厚的家国情怀。新课标Ⅱ卷语法填空题选取的语篇报道纪念中国古代作家汤显祖的雕塑和凉亭在英国作家莎士比亚故居落成的新闻，介绍两位伟大作家的诸多相似之处，展现中西方文化的交流与融合，引导学生培养兼容并蓄的国际视野。新课标Ⅰ卷阅读B篇选取的语篇讲述一名美国兽医在亲身感受到中医针灸的疗效后决定学习中医疗法，并利用中医为宠物治病的故事，呈现中西医结合发挥更好治疗效果的精彩案例，彰显了我国传统中医疗法的功效和价值，引导学生学习、继承和弘扬中华优秀传统文化。

（二）注重以文化人，培育正确的世界观、人生观和价值观

高考英语全国卷注重体现国家发展和社会进步，有机融入社会主义核心价值观，引导学生坚定理想信念、提升品德修养。通过选择主题鲜明、内容丰富的语篇，设置能够引发学生深入思考且具有教育意义的试题情境展现国家富强

的生动案例，引导学生深刻理解国家富强的意义，树立正确的世界观、人生观和价值观，做到知行合一。全国甲卷写作第二节设置英语课堂展示发言的情境，要求考生根据共享单车、高铁和新能源汽车的三幅图画，完成题目为“中国交通发展”的发言稿，引导学生关注我国经济社会的发展变化，增强国家富强、民族复兴的自豪感和自信心。新课标Ⅰ卷读后续写题选取的语篇讲述作者出差途经维也纳，由于没有现金、刷卡机无法使用、取款机故障等原因无法支付出租车费，与出租车司机协商解决问题的故事，语篇内容和所提供的段落开头句提示学生循着信任他人与遵守诺言的思路进行续写，引导学生培养诚实守信的美好品德。

（三）坚持“五育”并举，夯实全面发展

英语学科高考命题遵循高中学生的认知水平和成长规律，将对体美劳教育的引导与考查内容、考查要求、考查载体有机融合，在篇章选择和作文情境设计方面，优化试题，体现体育、美育和劳动教育引导的篇章布局。高考英语全国卷围绕人与自我、人与社会、人与自然三大主题选材，对体美劳教育进行积极引导，与考查内容、考查要求、考查情境有机融合，夯实学生德智体美劳全面发展的基础。

体育是实现立德树人根本任务、提升学生综合素质的基础性工程。高考命题强调创设联系体育与健康的情境，引导学生认识体育锻炼对于增强体质、健全人格、锤炼意志的重要意义，使文化学习和体育锻炼协调发展。2024 年新课标Ⅰ卷完形填空题选取的语篇讲述作者在开展体育运动时几次被他人激励又被打击的过程和感悟，引导学生正确理解挑战和失败的意义，选择适合自己的运动项目，制订合理的目标，持之以恒进行体育锻炼。新课标Ⅱ卷阅读 A 篇选取的语篇介绍秋季徒步健身活动，引导学生走近大自然，开展体育运动，保持身心健康。语篇提及多项注意事项，于潜移默化之中强调运动安全的重要性。

美育是审美教育、情操教育、心灵教育，也是丰富想象力和培养创新意识的教育。2024 年全国甲卷阅读 A 篇选取的语篇介绍校园艺术节期间丰富多彩的活动，引导学生走进画廊和博物馆参与各种艺术活动，培养审美情趣，提高艺术品位。新课标Ⅰ卷和Ⅱ卷写作第一节设计的情境是与英国朋友分享在公园里上美术课的经历，要求学生描述自己完成的作品和上课的感受，引导学生在日常学习和生活中发现美、欣赏美、创造美。

劳动教育是学生成长的必要途径，具有树德、增智、强体、育美的综合育人价值，涉及多个工作场景的语篇，旨在引导学生形成劳动观念，在学习和生活中培养劳动精神。2024 年新课标 I 卷听力部分第九段材料是对一位女士的访谈，访谈内容是在家庭菜园中种植水果蔬菜的经验，引导学生热爱劳动、参与劳动、享受劳动。新课标 I 卷阅读 A 篇选取的语篇介绍一个生物栖息地修复工作队的工作内容和这个修复工作队招募志愿者的要求，引导学生在劳动过程中思考人与自然的关系，培养保护大自然的意识。

(四)关注时代热点，落实核心素养

英语学科核心素养，通常是指学生的语言能力、文化意识、思维品质和学习能力。英语新《课程标准》对学科素养的考查并没有把学科核心素养生硬地拆解成 4 个相对独立的构件，而是把它作为一个融会贯通的整体，以学科核心素养为基础提炼出了交际、学习、思辨 3 项素养考查目标。

2024 年高考英语全国卷通过选择具有时代特征的语篇，引导考生树立正确的世界观、人生观和价值观，培育自尊自爱、自信自强的道德品质；引导学生养成喜爱读书、善于求知的学习习惯；倡导爱护自然、热衷环保的生态理念。

2024 年新课标 I 卷阅读 B 篇主要介绍了威廉·法伯(William Farber)博士在兽医界使用针灸和其他非传统治疗方法治疗动物的经历。文章通过他的个人经历、对针灸的看法以及治疗效果的实例，展示了整体医学(holistic medicine)在兽医领域的潜力和应用。其核心价值在于引导学生树立跨文化交流意识，增强文化认同感，提升文化自信。2024 年新课标Ⅱ卷 D 篇文章介绍了卡特里奥娜·坎贝尔(Catriona Campbell)的新书《人工智能设计：与人工智能共生的计划》，分析了当前人工智能(AI)的发展趋势和即将到来的 AI 革命，呼吁人们共同面对，技术公司和世界领袖应与 AI 专家们达成共识、携手共进。其核心价值在于引导学生对人工智能技术的快速发展进行辩证思考，强调在享受人工智能带来的便利的同时，重视其对人类可能造成的负面影响，确保人类能够控制人工智能的发展。2024 年全国甲卷 C 篇文章主要介绍了由俄罗斯政府资助的医疗列车——圣卢卡斯火车为该国中东部偏远欠发达地区提供医疗服务，其运作方式及对当地居民的意义，旨在引导学生关注公益事业，启发和培养学生的社会责任感。

2024 年新课标 I 卷阅读 C 篇主要介绍了在阅读方面，纸质书相比电子书、音频、视频，在信息的吸收、专注度、参与度方面都要胜出不少。为了说明这个论点，作者用了很多理论和实例。其核心价值在于引导学生面对科技发展对

生活和学习带来的便利，要辩证分析，培养学生批判性思维能力，树立客观正确的态度。2024 年新课标 Ⅰ 卷 D 篇文章主要介绍了在记录生态多样性方面，大部分记录都是以照片、视频或者其他电子媒介的方式记录，相比实体标本来说它们真的可靠吗？答案是否定的。本文仔细剖析了这些电子记录不可靠的原因和弥补方案。其核心价值在于引导学生树立正确严谨的科学态度。

2024 年新课标 Ⅰ 卷阅读 A 篇介绍了栖息地恢复团队（Habitat Restoration Team）的活动目标、对参与者的要求以及即将举行的活动。其核心价值在于引导学生关注自然生态保护，激发保护自然的意识，并积极投身到保护自然的志愿行动中。2024 年新课标 Ⅱ 卷阅读 C 篇文章介绍了一种室内花园系统——巴比伦微农场（BMF），它不仅能为家庭和大型机构提供新鲜蔬菜，还能利用云技术实现远程监控和自动化操作。其核心价值在于引导学生提高环保意识，为保护环境贡献自己的力量。

三、银线：坚持素养导向，考查关键能力

加大关键能力的考查力度，是高考命题改革的主要方向。关键能力是高考考查的重点内容，主要考查学生的学习掌握、实践探索以及思维方法等方面的高阶思维能力，把考查的重点放在学生的思维品质和综合应用所学知识解决实际问题的能力，着力聚焦思维过程和思维品质的考查。2024 年英语科高考重点考查的关键能力包括信息识别、获取与加工，逻辑推理与论证，语言组织与表达，批判性思维等高阶思维能力。

（一）信息识别、获取与加工

信息识别、获取与加工是解决问题的基础能力，在高考试题考查中越来越重要，它包含信息的获取与识别、信息的处理与分析等。要求学生能辨识模型、图表、数据、文本中的各种类型信息，从中提取关键内容，建立关键信息之间的逻辑关联，并与已学有关知识进行嫁接整合，是思维过程中的第一道关卡。高考命题，通过文字、图形、表格等方式呈现试题，加大试题信息的广度和容量，考查学生从多种形式呈现的丰富材料中“定位、识别、筛选、分类、概括、连接、转述”关键信息的能力。其中，筛选是指区分有效与无效、主要与次要，排除干扰信息，识别关键信息，一般体现为分析的过程；概括是指从个别到一

般、从多到一的归纳过程，以及从个别到个别或从一般到一般的类比过程；连接是指在关键信息间建立简单的逻辑关系，形成完整一贯的逻辑链条与关系，一般表现为推理的过程；转述包括图文转化、数形转化、句式转换、立场转换、坐标转换等，主要体现为理解过程。

2024 年高考英语全国卷精选语篇，扩大选材范围和材料类型，强调对文章整体结构和关键信息的理解能力。文本精细阅读要求考生不仅能从文本中直接提取具体细节信息，如数字、时间、地点、任务、时间，以及活动的起因、过程、方式、结果等重要信息，而且能通过归纳概括，理解概念性信息，推断作者的观点和态度等。新课标卷通过提高阅读理解试题的分值比重，进一步加强对信息加工、关键概念以及阅读理解能力的考查，引导中学英语教学重视信息识别加工能力和阅读理解能力的培养。如 2024 年新课标Ⅱ卷阅读 B 篇主要介绍了旧金山湾区快速交通系统（BART）新推出的一项服务：自助服务亭，乘客可以选择打印不同长度的短篇故事来阅读。第 25、26 题考查考生获取事实性具体信息的能力，既充分体现了英语的交际性与应用性特征，又进一步强化了对考生阅读理解能力的考查。

【例】（2024 年新课标Ⅱ卷，阅读 B 篇）

Do you ever get to the train station and realize you forgot to bring something to read? Yes, we all have our phones, but many of us still like to go old school and read something printed.

Well, there's a kiosk（小亭）for that. In the San Francisco Bay Area, at least.

"You enter the fare gates（检票口）and you'll see a kiosk that is lit up and it tells you can get a one-minute, a three-minute, or a five-minute story," says Alicia Trost, the chief communications officer for the San Francisco Bay Area Rapid Transit—known as BART. "You choose which length you want and it gives you a receipt-like short story."

It's that simple. Riders have printed nearly 20, 000 short stories and poems since the program was launched last March. Some are classic short stories, and some are new original works.

Trost also wants to introduce local writers to local riders. "We wanted to do something where we do a call to artists in the Bay Area to submit stories for a contest," Trost says. "And as of right now, we've received about 120 submissions. The winning stories would go into our kiosk and then you would be a published artist."

Ridership on transit（交通）systems across the country has been down the past half century, so could short stories save transit?

Trost thinks so.

"At the end of the day all transit agencies right now are doing everything they can to improve the rider experience. So I absolutely think we will get more riders just because of short stories," she says.

And you'll never be without something to read.

25. How are the stories categorized in the kiosk?

A. By popularity.　　　　B. By length.

C. By theme.　　　　D. By language.

【分析】本题是理解文中具体信息题，要求考生准确查找信息，判断小亭中的故事是如何分类的。突出考查信息识别和理解能力。要解答此题，考生需要通过阅读理解第三段的语境对关键信息进行识别与获取，进而加工解读服务亭的故事是如何分类的。解答过程如下表所示：

关键信息定位	信息转述
根据题干信息，可将信息定位于第 3 段中"'You enter the fare gates（检票口）and you'll see a kiosk that is lit up and it tells you can get a one-minute, a three-minute, or a five-minute story,'..."以及"'You choose which length you want and it gives you a receipt-like short story.'"	根据关键信息语句的句意可知，BART 在旧金山湾区设置自助服务亭，服务亭提供短篇小说或诗歌供乘客阅读，这些材料有 1 分钟的、3 分钟的或 5 分钟的。乘客选择想要的长度，它会给乘客一个像收据一样的短篇故事。因此，这些故事的分类是基于它们的长度，而不是它们的受欢迎程度、主题或语言

【参考答案】 B

26. What has Trost been doing recently?

A. Organizing a story contest.　　　　B. Doing a survey of customers.

C. Choosing a print publisher.　　　　D. Conducting interviews with artists.

【分析】本题是理解文中具体信息题，要求考生阅读文章相关内容，并理解 Trost 最近正在做的事情，突出考查考生关键信息定位及排除干扰信息的能力。要解答此题，考生需要通过阅读理解第五段的语境对关键信息进行识别与获取，进而再进行信息加工。解答过程如下表所示：

关键信息定位	同义转述
根据题干信息，可将信息定位于第 5 段中“Trost also wants to introduce local writers to local riders. ‘We wanted to do something where we do a call to artists in the Bay Area to submit stories for a contest,’...”	根据关键信息语句的句意可知，Trost 还想引入当地作者的作品，给当地的乘客阅读。“我们想号召旧金山湾区的艺术家们提交故事，参加故事竞赛活动”。因此，正确答案是 A 项，即组织一个故事比赛

【参考答案】 A

（二）逻辑推理与论证

逻辑推理与论证是指从已知的事实或理论（前提、条件或假设）出发，经由准确、充分的证据链（有效信息）和清晰、严密的逻辑链（相关性、因果性），推导出合理结论的思维过程。逻辑推理与论证着重考查学生根据已有前提和证据逻辑一贯地得出可靠结论的能力，一方面强调逻辑的有效性，另一方面要求证据的可靠性。逻辑推理与论证一般包括以下要素：前提（条件或假设）、证据（数据、文献、史料、理论观点等）、逻辑关系（归纳、演绎、因果、类比等）和结论（观点或主张）。通过比较、概括、推理、综合等思维方法的学习运用提高学生的逻辑论证能力，促使学生思考时做到清晰、准确、规范、严谨，表达时做到言之有物、言之有理、言之有据。

在英语学科试题中，阅读七选五是在一段约 300 词的短文中留出 5 个空白，要求考生从所给的七个选项中选出最佳选项，使补全后的短文意思通顺，前后连贯，结构完整，该题型主要考查考生对文章的整体内容和结构，以及上下文逻辑意义的理解和掌握。从选项设置来看，句际的逻辑关系及语法手段（如替代）、利用词汇手段（如复现关系、同现关系）仍是主要的命题方式，命题人主要考查的是语篇的“衔接”关系。但命题人也会通过语篇中语义的关联，即“连贯”的方式进行命题，突出体现在选项的“不完整”上。从考点分布来看，主题句、过渡句、拓展句和结论句均有涉及，考生需要了解句际关系的类型，如并列、对应、顺序、重复、转折、解释和因果等。

【例 1】（2024 年新课标 I 卷，阅读七选五）

Not all great writers are great spellers. If you want to be published, it's vital to submit a perfect, professionally presented manuscript（原稿）. __36__ No editor is likely to tolerate a writer who does not take the trouble to spell words correctly.

I keep two reference books close-by on my desk: dictionary and thesaurus (同义词词典). I don't trust my laptop's spellchecker. __37__ Of course, these days there are plenty of online dictionaries and thesauruses, but I'm old-fashioned enough to prefer a hard cover and pages I can leaf through with my fingers. I use the *Concise Oxford Dictionary* and the *Collins Thesaurus*.

__38__ It should give you a precise definition of each word, thus differentiating it from other words whose meanings are similar, but not identical. It will also usually show how the word is pronounced.

In addition, I have an old two-volume copy of the *Shorter Oxford Dictionary*, picked up a few years ago in a bookshop sale for just 99 pence. Of course, with its 2,672 pages, it's not exactly short. It contains around 163,000 words, plus word combinations and idiomatic phrases. __39__ However, if I need to check the origin of a word or to look up examples of its usage, there's nothing better.

For well over a hundred years the most influential English dictionary was Samuel Johnson's *Dictionary of the English Language* published in 1755. "To make dictionaries is dull (乏味) work," wrote Johnson, illustrating one definition of "dull". __40__ A few minutes spent casting your eye over a page or two can be a rewarding experience.

A. I don't often use this dictionary.

B. It takes no account of the context.

C. But I still don't want to replace them.

D. But a dictionary can be a pleasure to read.

E. Of course, a dictionary is not only for spelling.

F. That means good grammar and no spelling mistakes.

G. Dictionaries don't always give you enough information.

解题时，应注意把握文章的整体结构，首先通过略读快速掌握文章大意，再从整体上把握文章结构和逻辑性，然后运用语法和语篇知识分析和理解句子的类型与功能，通过对语篇逻辑性、连贯性和一致性的解读来厘清句子与句子之间、句子与段落之间、段落与段落之间的关系。通过快速阅读，先形成逻辑框架，再逐一解题。

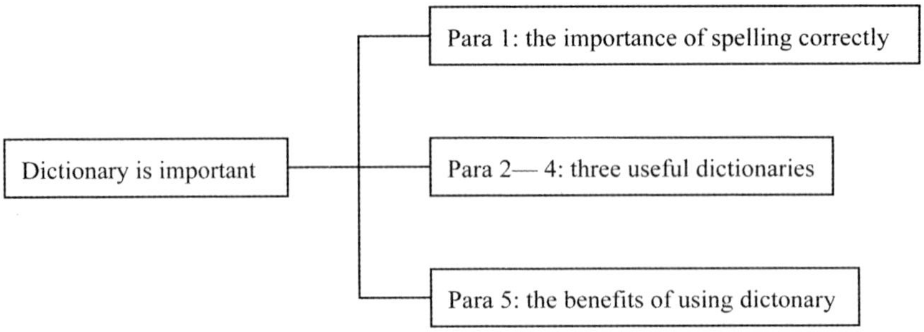

本文节选自 https://inhabitat. com/amazing-greenhouse-set-near-garden-influenced-by-silk-road/，网站上名为 *Amazing greenhouse set near garden influenced by Silk Road* 的文章。主要介绍了字典对作者作家身份的重要性以及查阅纸质字典的好处。

【分析】37 题主要考查学生分析段落句间逻辑关系的能力。设空处上文提及“I don’t trust my laptop’s spellchecker.（我不相信笔记本电脑的拼写检查程序）”，设空处承接上文，进一步解释说明不相信笔记本电脑拼写检查程序的原因，构成逻辑上的因果关系，结合选项，B 项意为“它没有考虑到上下文”，符合语境，其中的“it”指代上文中的“laptop’s spellchecker”。故选 B 项。

【参考答案】 B

【分析】38 题主要考查学生分析段落句间逻辑关系的能力。设空处下文提及“It should give you a precise definition of each word, thus differentiating it from other words whose meanings are similar, but not identical.（它应为每个单词提供准确的定义，从而将其与其他含义相似但不相同的单词区分开来）”，由此可推知，设空处应与字典的功能和作用相关。结合选项，E 项意为“当然，字典不仅仅是用来拼写的”，统领整段，同时引出下文，介绍字典的其他作用。故选 E 项。

【参考答案】 E

【分析】39 题主要考查学生分析段落句间逻辑关系的能力。设空处上文提及了作者购买的《牛津简明词典》包含内容十分丰富，下文则提及“However, if I need to check the origin of a word or to look up examples of its usage, there’s nothing better.（不过，如果我需要查看一个词的来源或查找其用法示例，没有比这更好的了）”，其中的“However”表示转折。由此可推知，设空处内容与其下一句语义相反，结合选项，A 项意为“我不常用这本字典”，与下文衔接紧密。故选 A 项。此题属于推理判断题，考查学生理解句子之间、段落之间的逻辑关系的能力。

【参考答案】 A

各套试卷阅读部分的多数考题都考查推断、归纳和概括等逻辑推理能力。如以下例子。

【例 2】(2024 年新课标 I 卷，阅读 C 篇)

…

But equally important is the mental aspect. Reading researchers have proposed a theory called "shallowing hypothesis (假说)." According to this theory, people approach digital texts with a mindset suited to social media, which are often not so serious, and devote less mental effort than when they are reading print.

Audio (音频) and video can feel more engaging than text, and so university teachers increasingly turn to these technologies—say, assigning an online talk instead of an article by the same person. However, psychologists have demonstrated that when adults read news stories, they remember more of the content than if they listen to or view identical pieces.

Digital texts, audio and video all have educational roles, especially when providing resources not available in print. However, for maximizing learning where mental focus and reflection are called for, educators shouldn't assume all media are the same, even when they contain identical words.

本文是一篇说明文，主要介绍在阅读方面，纸质书相比电子书、音频、视频，在信息的吸收、专注度、参与度方面都要胜出不少。为了说明这个论点，作者用了很多理论和实例。旨在引导学生面对科技发展对生活和学习带来的便利，要辩证分析，培养学生批判性思维能力，树立客观正确的态度。

29. What does the shallowing hypothesis assume?

A. Readers treat digital texts lightly.

B. Digital texts are simpler to understand.

C. People select digital texts randomly.

D. Digital texts are suitable for social media.

【分析】本题是推理判断题，要求考生正确理解"the shallowing hypothesis"的内容，突出考查考生根据文章提供的事实和线索进行推理判断的能力。解答过程如下：

关键信息定位	推理判断能力
根据题干信息，可将答案定位到“According to this theory, people approach digital texts with a mindset suited to social media, which are often not so serious, and devote less mental effort than when they are reading print.”	“根据这一理论，人们接触数字文本的心态和社交媒体相适应，社交媒体通常不那么严肃，而且比阅读纸质书时投入的精力更少。”由此可推知，人们在对待电子文本时，他们的态度类似于对待社交媒体，不太严肃，且脑力投入相比阅读纸质材料要更少，因此他们没有严肃对待电子文本

【参考答案】 A

31. What does the author imply in the last paragraph?

A. Students should apply multiple learning techniques.

B. Teachers should produce their own teaching material.

C. Print texts cannot be entirely replaced in education.

D. Education outside the classroom cannot be ignored.

【分析】本题是推理判断题，要求考生结合文章主旨大意正确归纳理解最后一段的主要意图，突出考查考生的推理判断和归纳总结能力。解答过程如下：

关键信息定位	归纳推理能力
根据题干信息，可将答案定位到最后一段中的“However, for maximizing learning where mental focus and reflection are called for, educators shouldn't assume all media are the same, even when they contain identical words.”	“然而，为了最大限度地提高学习效果，教育工作者不应该假设所有的媒体都是一样的，即使它们包含相同的单词。”由此可推知，作者认为媒介带来的教育效果并不一样，而且，本文的中心是说纸质书在学习效果方面相比视频和音频更加明显，所以纸质文本不能完全在教育中被电子媒介所代替

【参考答案】 C

【例 3】（2024 年新课标 I 卷，阅读 D 篇）

In the race to document the species on Earth before they go extinct, researchers and citizen scientists have collected billions of records. Today, most records of biodiversity are often in the form of photos, videos, and other digital records. Though they are useful for detecting shifts in the number and variety of species in an area, a new Stanford study has found that this type of record is not perfect.

…

What can we do with the imperfect datasets of biodiversity?

"Quite a lot," Daru explained. "Biodiversity apps can use our study results to inform users of oversampled areas and lead them to places—and even species—that are not well-sampled. To improve the quality of observational data, biodiversity apps can also encourage users to have an expert confirm the identification of their uploaded image."

35. What is Daru's suggestion for biodiversity apps?

A. Review data from certain areas.

B. Hire experts to check the records.

C. Confirm the identity of the users.

D. Give guidance to citizen scientists.

【分析】本题是推理判断题，要求考生根据题干中的 biodiversity apps 回溯原文，进行定位，解读相关信息得出结论，突出考查信息识别和理解判断的能力。解答过程如下：

关键信息定位	分析推理能力
根据题干信息，可将答案定位到最后一段中"To improve the quality of observational data, biodiversity apps can also encourage users to have an expert confirm the identification of their uploaded image."	"为了提高观测数据的质量，生物多样性应用程序还可以鼓励用户让专家确认他们上传的图像的身份。"由此推知，采样的用户可以征求专家意见，来核实他们上传图片的真实身份，即专家可以给公民科学家们一些指导

【参考答案】 D

（三）语言组织与表达

思维是语言的内涵，语言是思维的载体。语言组织与表达是指信息输入和认知加工之后的具体呈现，它同时也是一个人学科知识、专业素养、思维过程、逻辑论证的具体表现。语言表达考查考生能够运用规范和富有逻辑性的语言进行清晰、有条理的书面表达，能够准确地运用学科术语表达抽象的概念和学科知识。可以说，语言组织与表达是思维世界的具体呈现，也是高考"无思维，不命题"最直接的体现。语言组织与表达一般包括以下几个要素：核心概念、逻辑推理与论证的过程、事实证据、观点与结论、专业的术语或符号等。语言组织与表达指根据问题情境的需要，合理地组织、调动各种相关的知识与能力，准确传达信息并进行交流沟通。要求学生能够根据具体情境的不同，选用口语、书面语等不同语体并灵活转换；熟练运用图像、图表、图画表达思维、观点，借助口头语言、书写或绘图工具等表达抽象的概念。

英语学科通过设置特定的情境任务和写作要求，考查考生运用所学语言知识描述解释现象的能力，新课标卷启用读写结合的短文续写新题型，加强对英语语言表达能力的考查。读后续写是一种将阅读与写作紧密结合的考查形式，旨在考查学生的综合语言运用能力。与应用文不同，读后续写除了要求学生掌握丰富的词汇和句式，还注重考查学生的内容构思和情节衔接的能力。读后续写所需阅读的短文在350个词以内，多以记叙文或夹叙夹议类文章为主，故事情节有曲折、有起伏，但是，故事线索的逻辑性比较强。

【例】（2024年新课标Ⅰ卷&Ⅱ卷，读后续写）

阅读下面材料，根据其内容和所给段落开头语续写两段，使之构成一篇完整的短文。

I met Gunter on a cold, wet and unforgettable evening in September. I had planned to fly to Vienna and take a bus to Prague for a conference. Due to a big storm, my flight had been delayed by an hour and a half. I touched down in Vienna just 30 minutes before the departure of the last bus to Prague. The moment I got off the plane, I ran like crazy through the airport building and jumped into the first taxi on the rank without a second thought.

That was when I met Gunter. I told him where I was going, but he said he hadn't heard of the bus station. I thought my pronunciation was the problem, so I explained again more slowly, but he still looked confused. When I was about to give up, Gunter fished out his little phone and rang up a friend. After a heated discussion that lasted for what seemed like a century, Gunter put his phone down and started the car.

Finally, with just two minutes to spare we rolled into the bus station. Thankfully, there was a long queue（队列）still waiting to board the bus. Gunter parked the taxi behind the bus, turned around, and looked at me with a big smile on his face. "We made it," he said.

Just then I realised that I had zero cash in my wallet. I flashed him an apologetic smile as I pulled out my Portuguese bankcard. He tried it several times, but the card machine just did not play along. A feeling of helplessness washed over me as I saw the bus queue thinning out.

At this moment, Gunter pointed towards the waiting hall of the bus station. There, at the entrance, was a cash machine. I jumped out of the car, made a mad run for the machine, and popped my card in, only to read the message: "Out of order. Sorry."

注意：

1. 续写词数应为 150 左右；
2. 请按如下格式在答题卡的相应位置作答。

I ran back to Gunter and told him the bad news. Four days later, when I was back in Vienna, I called Gunter as promised.

【分析】本试题重点考查考生的语言理解与表达能力。通过阅读原文，考生要识别或总结概括文章的主旨要义，推断事件的原因、过程、结果，推断人物或事物的特性，推断人物的情绪或语气等。在写作过程中，考生需要使自己的续写文章与原文及段首句衔接恰当，逻辑合理，整体故事情节完整清楚，完全符合写作目的和情景。在文章中进行情节叙述、动作、心理、环境等描写时，要使用丰富多样的词汇和语法结构，恰当地使用衔接词，使文章逻辑合理。

文章构思如下。

1. 人称：第一人称和第三人称并用
2. 时态：一般过去时
3. 情节 + 情感走向：

Para 1: 我跑回 Gunter 那里，告诉他这个坏消息

↓

坏消息是我无法取出现金。我跟 Gunter 协商延迟付钱，他同意了。我很感动

↓

我记下联系方式，承诺会还钱，然后坐公共汽车离开

Para 2: 四天后，当我回到维也纳时，我按照承诺给 Gunter 打了电话

↓

Gunter 知道我会打电话，我们约定见面，我表达感谢并提出支付额外的报酬

↓

Gunter 拒绝，我很感动。我很庆幸遇到像 Gunter 这样心地善良的人

4. 写作思路：

- 出差时协商延迟支付车费
  - 抓住两条线
    - 明线：故事情节发展
    - 暗线：情感变化
  - 抓住四个点
    - 关键点 1：续写首段给定开头的首句（根据续写首段给定开头确定）
    - 关键点 2：续写首段末尾句（根据续写二段给定开头确定）
    - 关键点 3：续写二段给定开头后的首句（根据续写二段给定开头确定）
    - 关键点 4：续写二段末尾（根据全文升华主题）
  - 提问题定逻辑
    - 关键点 1：问：坏消息是什么？我的情感表现如何
答：坏消息是我无法取出现金。我很尴尬
    - 补充细节：问：如何解决车费问题？我的情感表现如何
答：Gunter 同意我延迟付款。我很感动
    - 关键点 2：问：我做出了什么承诺？我是否乘公共汽车离开（按时参加会议）
答：我承诺一定会还钱。我顺利乘车离开（按时参加会议）
    - 关键点 3：问：Gunter 接电话的反应如何？见面时我做了什么以表达感激
答：他知道我会打电话。付完车费后，我提出支付额外费用以表达感激
    - 补充细节：问：Gunter 反应如何？我的情感表现如何
答：Gunter 拒绝。我很感动
    - 关键点 4：问：我对这次经历的感受如何
答：我很庆幸遇到 Gunter 这样心地善良的人

(四)批判性思维

批判性思维属于高阶思维能力，考查学生在面对各种复杂问题时运用已有知识进行审慎思考、分析推理、实证验证等方面的能力。批判性思维和辩证思维要求学生具有独立思考的能力，能够自觉运用分析推理、逻辑论证、甄别加工等方法，使用可靠的证据，得出自己的观点，解决实际问题。对于高考试题而言，批判性思维考查形式一般表现为：独立提出问题、评估证据与理由、揭示隐含前提、得出开放与竞争性结论、构造替代论证、阐释或评估可能的后果等。概括来讲，批判性思维以质疑和提出问题为起点，以获取证据、进行分析推理为过程，以得出有说服力的结论为结果。心智开放、独立思考、敢于质疑是批判性思维的必备品质，训练有素的逻辑推理与论证分析能力，以及高水平的证据获取、评估与运用能力是批判性思维的必备技能。

2024 年高考英语试题联系生活实际，加强对批判性思维能力的考查。批判性思维能力一般通过设置推理性、诠释性和评判性问题来考查。各套试卷阅读部分的多数试题着重考查推断、归纳、概括、探究、开放等批判性思维高阶能力，全国卷阅读部分有 50% 以上的试题考查推断、归纳和概括等高阶阅读理解能力。从主题来看，2024 年全国卷通过选取具有探讨价值的语篇，如纸质阅读与数字阅读(可视化学习)的研究成果、现代生物采样数据的科学性、《人工智能设计：与人工智能共生的计划》、如何应对过度旅游等启发考生运用批判性思维和辩证思维深入思考语篇。在题目设置上，通过设置推理判断、主旨大意、观点态度等各类高阶思维类试题充分引导考生调动批判性思维和辩证思维，根据语篇内容进行逻辑推理论证，通过归纳和概括等做出回答。考生在分析理解文章观点、作者意图和情感态度的过程和积累中，不断思考中外文化异同，促进多元思维和批判性思维习惯的养成。

【例】(2024 年全国甲卷，阅读 C 篇)

……

The annual arrival of the Saint Lukas is another attempt to improve the situation. For 10 months every year, the train stops at about eight stations over two weeks, before returning to the regional capital to refuel and restock (补给). Then it starts all over again the next month. Most stations wait about a year between visits.

Doctors see up to 150 patients every day. The train's equipment allows for basic checkups. "I was very impressed by the doctors and their assistants working and living in such little space but still staying focused and very concerned," says Ducke. "They were the best chance for many rural people to get the treatment they want."

这是一篇说明文，主要介绍了由俄罗斯政府资助的医疗列车——圣卢卡斯火车为该国中东部偏远贫困地区提供医疗服务，其运作方式及对当地居民的意义，旨在引导学生关注公益事业，启发和培养学生的社会责任感。

31. What is Ducke's attitude toward the Saint Lukas' services?

A. Appreciative.　B. Doubtful.　C. Ambiguous.　D. Cautious.

【分析】本题是推理判断观点态度题，要求考生根据题干中 Ducke 准确定位答题信息区间，并通过准确理解 Ducke 的话语及其表达观点态度的标志词，推断其对圣卢卡斯火车服务的态度，突出考查信息理解和推理判断能力，进而培养考生的批判性思维能力。解答过程如下：

题型	推断文中 Ducke 对圣卢卡斯火车服务的态度，属于推断观点态度题
关键能力	观点态度题要求考生能够描述动机、意图及目的，属于解释能力要求的意义解码能力
思维过程	根据题干信息，可将答案信息定位到文中最后一段 Ducke 所说的话"I was very impressed by the doctors and their assistants..."及"They were the best chance for many rural people to get the treatment they want."（"圣卢卡斯火车上的医生及其助理生活在如此狭小的空间，但仍保持专注、关心""他们也是偏远地区人们获得医疗治疗的最佳机会"）观点态度题主要考查对于标志性词语的理解，尤其是形容词，文本中针对圣卢卡斯火车的医疗服务，Ducke 使用了"impressed"、"focused"、"very concerned"和"best chance"等描述，故可推断他持一种赞赏的态度。故选 A 项

【参考答案】 A

四、串联线：优化情境设计，强化思维品质考查

2024 年高考英语命题稳步调整试卷结构，积极正向引导中学英语教学，防止试题形式固化，进一步创新试题形式。

（一）开放多元，创设学习探索情境

语篇取材越来越多元化，设问情境也不断创新。2024 年高考英语全国卷进一步完善试题的情境设计，在听力、阅读、语言运用等部分根据所选素材创设不同的生活实践情境和学习探索情境，努力丰富题型设计和设问方式。同时，

优化书面表达试题的考查形式，除常见的邮件形式外，增设读图画写短文和根据提纲要点写短文的形式。

2024 年新课标Ⅰ卷和Ⅱ卷应用文写作涉及的是一篇与外国朋友分享在公园上美术课的经历的邮件。情景设置贴近学生日常生活，题目融合“走向自然”（公园背景）和“美育培养”（美术课），既给考生限定了写作的两个方面——介绍完成的作品和自己的感想，同时在这两方面，考生又有足够的发挥空间，作品内容可以是风景也可以是人物，感想与作品内容保持一致，充分体现了“五育”并举的时代背景及新高考对应用性和创新性的要求，在题目情境创新的同时也保证了考生有话可写，有空间可探索。其核心价值在于融美育于语言运用表达，培养学生感受美、鉴赏美、表达美的能力。

2024 年全国甲卷应用文写作，主题内容是写一篇英语课堂展示发言稿，根据所给图片介绍中国交通工具的发展，属于说明文文体。题目和首句已经给出，图片内容为共享单车、高铁和新能源汽车，是中国现代交通工具的典型代表。这需要考生分析总结三种交通工具的共性，即“环保”“高效”“可持续发展”，并基于这三个关键词，分别讲述三种交通工具给社会和人们生活带来的好处，充分体现了新高考对应用性和创新性的要求。其核心价值在于通过用英语讲述中国发展，引导学生增强文化自信和文化信仰。

高考英语试题均基于语篇进行考查，提示中学英语教学要有意识地渗透语篇知识，帮助学生形成语篇意识，提高理解语篇意义的能力，以达到提高综合语言运用能力的目的。

（二）学用结合，创设生活实践情境

英语考试语篇多从英语国家的正规和权威媒体、政府官方网站中选取，语篇地道，围绕人与自我、人与社会、人与自然三大主题语境展开，题材与时代精神契合。所选语篇体裁和题材丰富，具有很强的思想性。试题起到了引导学生关注国计民生、关注身边人、关注身边事的作用。通过创建真实的语言运用情境强化应用，贴近生活实际，突出考查考生使用英语从事日常交际、学习和思辨活动，达到交际目的和解决实际问题的能力。

试题中的情境指的是真实的问题背景，是以问题或任务为中心构成的活动场域。2024 年高考英语命题在听力、阅读、语言运用和写作等各部分根据所选素材创新试题情境，在贴近实际生活的、多元化的具体语篇语境中考查考生运用英语理解和表达意义的能力，即通过听、说、读、看、写来考查考生的语言

综合应用能力，增强了试题开放性和灵活性；通过考查批判性思维和辩证思维，引导考生在英语学习过程中减少死记硬背，避免海量刷题。听力部分设置日常对话、明星访谈、专题讨论、通知报告等常见场景，话题包括谈论一首歌、和朋友相约艺术展、天气情况、交通方式、采访菜园博主等，易于学生带入情境，理解材料。全国甲卷阅读D篇选取的语篇以文学作品结尾的创作为主题，指出不同类型的文学作品经常有不同的结尾，但总体上都要符合人物角色设定和故事情节发展，为学生平时欣赏文学作品和开展写作练习提供了有益建议。新课标Ⅰ卷阅读第二节选取的语篇介绍作者使用英语词典的经验、心得与乐趣，引导学生在日常学习和运用英语的过程中充分利用好各类词典，提升表达的准确性。新课标Ⅱ卷阅读第二节选取的语篇探讨过度旅游的问题，并给出应对建议，利用社会热点话题引导学生关注现实生活中的问题并思考解决办法。新课标Ⅰ卷读后续写题要求学生阅读一篇短文后根据提示句续写两段文字，使短文完整连贯。该题考查学生的书面表达能力和创新能力，同时引导学生在阅读语篇过程中学习原文的语言和写作风格，在续写时将语言学习和运用紧密结合。借助读写协同提高综合语言运用能力。

总之，高考的“变”与“不变”是辩证的对立统一。2024年高考英语试题的总体特点可以概括为：守正但求稳定，创新以求发展。“稳定”是高考的“不变”，是为了保证长期以来一直坚持的英语综合考查的基础性和综合性；“发展”是高考的“变”，集中体现了英语综合考查的应用性和创新性。

五、小结：强化关键能力考查，引导学生全面发展

2024年高考英语试卷全面考查考生对英语语言的综合运用能力，突出对关键能力的考查，尤其是强化对阅读理解和书面表达等关键能力的考查，与此同时，加强对批判性思维等高阶思维能力的考查，强调引导教学功能，体现了时代特征，彰显了高考英语在价值引领、科学选拔人才、正向引导教学、反映时代风貌等方面的功能和作用。高考英语试题充分考虑不同地区考生的能力水平和实际情况，合理控制试卷难度与试题区分度，确保对不同考生群体的公平性。在试卷结构设计上，与往年保持一致，稳定维持多年的由听力、阅读、语言知识运用和写作四部分组成的试卷结构。听力试题要求考生基于真实的语言交际完成；写作试题要求考生发挥想象力和创造性，充分展现语言表达能力；阅读和语言知识运用体现基础性和综合性的考查要求。

高考命题依据高考评价体系的总体要求，立足全面发展育人目标，通过考试改革紧密对接高中育人方式改革，实现“考教衔接”“以考促教、以考促学”的目的。高考评价体系提出的基础性、综合性、应用性和创新性考查要求对中学英语教学改革有重要的启示：中学英语教学要重视和回归教材，在夯实学生必备语言知识和文化知识的基础上，促进学生综合语言运用能力的提升；英语学习应关注课程标准对英语语音、词汇、语法、语篇、语用等语言知识及文化知识的要求；英语学习既要学好语法，更要关注词汇的学习和灵活运用。

（一）凸显高考命题的育人功能

高考命题落实立德树人根本任务，以习近平新时代中国特色社会主义思想为指导，用社会主义核心价值观铸魂育人，以中华优秀传统文化启智润心，强化政治引领和价值引导，各学科形成合力，服务全面育人、全面发展，引导考生坚定“四个自信”，助力培养担当民族复兴大任的时代新人。首先，有机融入习近平新时代中国特色社会主义思想，坚持“两个结合”，培养堪当民族复兴大任的时代新人。其次，关注重大社会现实问题，生动展现新时代伟大成就，增强“四个自信”。最后，弘扬中华优秀传统文化，铸牢中华民族共同体意识，厚植爱国主义情怀。

（二）重点考查五大关键能力，强化思维品质培养

聚焦关键能力考查，突出思维品质与创新精神，实现从“考知识”向“考能力”的转变是近年来高考命题改革最显著的特征，也是高考综合改革最大的创新之处。高考命题依托高考评价体系，进一步深化关键能力和学科素养的考查，有效鉴别考生的思维品质、高阶思维能力和创新潜能；通过优化考查内容、丰富呈现方式、创新设问角度、创设新题型等途径，从思维能力的过程性、思维过程的可视性、材料信息的丰富性、试题要素的灵活性、解题路径的多样性等方面增强试题开放性和探究性，鼓励学生多角度主动思考、深入探究，发现新问题、找出新规律，引导学生在学习和备考中减少死记硬背和“机械刷题”现象，培养高阶思维能力和知识迁移应用能力。高考试题考查的关键能力包括但不限于信息识别、获取与加工，逻辑推理与论证，科学探究与思维建模，批判性思维与创新思维，语言组织与表达等。

（三）加强情境创设的开放性、灵活性与创新性

高考试题通过创设灵活新颖的情境、设置开放性问题等方式，突出对关键能力、思维过程和思维品质的考查，鼓励学生独立思考、灵活运用、探究创新，运用创造性、发散性思维多角度发现问题、分析问题和解决问题，激发学生的创新意识，改变追求唯一的标准答案、总结答题套路等固化、封闭的学习模式，培养学生的高阶思维能力和创新能力，服务国家拔尖创新人才发展战略。情境式命题改革的基本原则就是减少裸考知识现象，让考查发生在知识生成状态或应用状态的强情境之中。纵观近年的高考命题，高考试题不断加强理论联系实际，紧密结合国家经济社会发展、生产生活和体美劳教育实践等，充分考虑考生学习和生活实际，把课本知识与具体真实的世界联系起来，增强试题情境的时代性和实践性，通过复杂文本、生产生活等特定情境创设，引导学生在发现和解决实际问题的过程中建构知识、培养能力、提高素养。因此，加强情境创设的开放性、灵活性和创新性，是本轮高考改革的内在要求，也是未来高考英语命题的基本方向。

第四节　物理命题理论与实践

2024 年高考物理命题继续落实立德树人根本任务，以习近平新时代中国特色社会主义思想为指导，贯彻党的二十大精神，聚焦铸魂育人，坚持“价值引领、素养导向、能力为重、知识为基”的四维考查要求，突出“立德树人、服务选才、引导教学”的核心功能，巩固“双减”成效，引导学生德智体美劳全面发展。试题依据《高中物理课程标准》，“内容不超范围，深度不超要求”，依托《中国高考评价体系》，坚持素养导向，注重增强开放性、探究性和创新性，强化关键能力和思维品质的考查，旨在减少“死记硬背”和“机械刷题”现象，加强教考衔接，促进高中育人方式的改革，服务拔尖创新人才的培养。

一、基本情况概述

2024 年高考物理试题，全国共有 22 套，分别是教育部教育考试院考试中心命制的全国甲、新课标理综卷(包含物理试题)，19 省市自主命制的物理单科卷 20 套(其中包含浙江 1 月卷和 6 月卷)。从整体上看，2024 年高考物理试题基本保持稳定，继续加强价值引领，引导考生德智体美劳全面发展，激发考生崇尚科学、探索未知的兴趣，落实立德树人的根本任务；在为国选才方面，聚焦关键能力、学科素养和思维品质，注重考查考生在联系实际中对所学知识的融会贯通和灵活运用，服务拔尖创新人才的培养。高考试题的这些特征也将持续影响教学一线的深化改革。

2024 年全国甲卷物理试题依托高考评价体系和课程标准，在具体情境中深化基础性考查，重视考查考生对规律本质的理解，如第 14 题考查核反应过程中电荷数守恒和质量数守恒；第 16 题通过告知月球表面重力加速度与地球表面重力加速度的关系，考查学生对万有引力定律的理解、对力与平衡知识的理解以及对力与运动关系的认识，考查的都是中学物理的基础知识，同时嫦娥六号的背景素材也有利于激发学生的民族自信心和自豪感。试题注重综合性的考查，如第 17 题，将机械能守恒定律与圆周运动的知识进行有机结合，考查考生综合应用知识解决物理问题的能力；第 20 题以蹦床为背景素材综合考查力、能和动量的相关问题，同时引导考生热爱体育运动，体会体育运动中包含的物理学。试题的考查注重联系生产生活实际，注重应用性的考查，如第 23 题以电阻型传感器为素材创设电学实验，考查了考生应用物理知识解决实际问题的能力；第 15 题也是来自教材的典型模型，但加入了摩擦力的设计，让理想化的模型更接近真实的物理情境，很好地考查了考生的应变迁移能力。试题中还有不少创新设计，如第 18 题，告知考生点电荷电势的表达式，依此考查考生接受新知识、应用新知识的能力，具有鲜明的创新性。在关键能力方面，几乎每一道题都需要用到信息获取与加工能力和逻辑推理与论证能力；不少题对模型建构能力提出很高的要求，如第 18 题，需要根据题给的信息构建起不等量异种电荷电势分布的物理模型；实验题对实验探究能力的考查也是到位的，注重考查科学探究的基本方法和流程；批判性思维能力方面第 21 题显得尤为突出，结构不良问题在该题中得到了充分体现，要正确解答此题，考生需要拥有很强的发散性思维能力。

2024 年全国新课标卷物理试题，注重新旧课标衔接，立足学科基础，聚焦核心内容，如第 14 题考查对位移—时间图像和速度—时间图像的基本理解，第 15 题考查对平抛运动的理解，第 16 题考查利用万有引力定律与圆周运动的向心力求解天体的质量，以及第 17 题考查对不同颜色的光的认识，都是基础性很强的考点。综合性的考查如第 25 题和第 26 题，第 25 题综合考查了牛顿运动定律、动量守恒定律、平抛运动等高中物理核心知识点，第 26 题则综合考查了带电粒子在电场和磁场中的运动。在应用性方面，第 24 题表现尤为突出，该题以从高层楼房往地面运送重物为背景素材，创设了求解力的大小、做功多少的生活实践问题情境，试题还强化了考生对于安全性的认识。在关键能力方面，第 26 题考查得极为全面，首先题目用一种比较少见的图像告知考生粒子的运动情况，这需要考生具有强大的信息获取与加工能力，利用获取的信息构建起粒子运动的模型，则需要建模能力和逻辑推理与论证能力，对两项能力的要求都很高，在建模的过程中需要考生思考各种可能性，这就要求考生要拥有很强的批判性思维能力。在实验探究能力方面，既照顾到了教材上的基础实验，如第 22 题，又有在基础实验上的创新，如第 23 题。总之，新课标卷对于考生的考查与高考评价体系的要求是相吻合的。

其他省市的物理试卷，在坚持“一核四层四翼”的总体要求下，也展现了自己的特色，以山东卷和湖南卷为例说明。

2024 年山东卷物理试题发生了明显的变化，题目的阅读量、信息量和计算量都有明显的降低，但这并没有影响试卷知识点的覆盖面，对关键能力的考查以及综合性、应用性、创新性的要求。必备知识的考查占核心知识点的 70% 以上，覆盖力学、电学、热学、光学、原子物理五大领域，如第 1 题考查原子物理中的衰变，第 2 题考查力学中的摩擦力，第 3 题考查匀变速直线运动的规律，第 4 题考查光学中的薄膜干涉，第 6 题考查热学重点气体实验定律和热力学第一定律，第 10 题考查电学中的静电力等，这些题目基础性强。在关键能力方面，第 16 题很好地考查了信息获取与加工能力和建模能力，而第 18 题对逻辑推理与论证能力提出了很高的要求，题目同时具有很强的综合性，考查了带电粒子在电场中的加速，带电粒子在磁场中的偏转以及带电粒子在电、磁复合场中的运动。需要说明的是，该题也一改山东高考压轴题计算量大的特点，这道题目的难度主要在思维难度上，计算量并不大，也充分体现了高考对思维能力、思维品质的考查，而减少了缺少思维含量的机械运算。两个实验题均源自教材，但在教材实验的基础上设计出了新意，如第 13 题在“动量守恒定律”的实验中加入了位移传感器，利用位移—时间图像来计算滑块的速度，这样对于考生的实验探究能力提出更高的要求。联系生产生活实际的应用性试题如第 12 题，以工程队向峡谷对岸平台抛射重物为背景素材，创设了研究抛体运动的生活实践问题情境，题目具有很强的发散性，对考生的批判性思维能力具有较高的要求，考生需要思考将重物的运动沿怎样的方向分解，分解的方向不同解决问题的难易程度也不同。第 8 题考查正弦式交变电流的产生，题目的设计很有新意，真正考查了考生对于交变电流产生的原理认识是否到位。第 5 题以鹊桥二号为背景素材，创设求解天体质量之比的学习探索问题情境，潜移默化中让考生感受到我们航天科技的发展，增强民族自信心与自豪感。总的来看，山东高考物理试题正在从计算量大向思维量大转变，这种转变是符合中国高考评价体系要求的。

2024 年湖南卷试题通过优化考查内容，丰富试题情境化设计，设置新颖的问题角度等途径，增强学以致用和灵活性的结合力度，突出对关键能力的考查，注重考查思维过程，鼓励学生运用创造性、发散性思维多角度分析解决问题，引导学生实现从解题到解决问题的转变。如第 1 题考查的是前沿的量子论，与当前量子技术紧密融合，第 9 题以洛埃镜为背景考查双缝干涉实验，这些试题情境都会在无形中激发学生的科研热情和探究欲望；第 5 题考查了学生对于点电荷电势的深层次理解，对理解能力提出了很高的要求；第 6 题和第 7 题以我国能源领域和航天领域取得的成就为背景创设问题，增强学生对我国科技领域的自信；第 10 题尤为突出的是考查应用数学方法解决物理问题的能力，题目在物理层面上考查的主要是匀速直线运动，看似简单的物理考点，却需要相对高级的数学方法来解决，体现用数学工具解决物理问题的理念。第 11 题实验题情境设置极有新意，将电学实验与热力学中的气压概念相结合，既体现了试题的综合性特点，又对考生实验探究能力提出很高要求，第 12 题测量物块质量的实验也很有新意，依据的原理是弹簧振子的周期与振子质量的关系，试题通过多个角度全方位考查了考生的实验探究能力。计算题也充分体现出试题命制的创新性特点，第 13 题利用电子天平测算气球内气体体积的大小，与力的平衡相结合，考查考生综合应用知识解决实际问题的能力；第 15 题对批判性思维能力提出很高要求，试题考查的物理模型主要是“弹性碰撞”模型，但试题将情境设置在一个圆环内，设计出了极富思维价值的问题。总的来讲，湖南卷落实《中国高考评价体系》，在强化关键能力和思维品质的考查方面下足了功夫。

综上，2024 年物理高考命题整体上稳中有进，在求进中回归基础，在基础中强化融合，在融合中注重应用，在应用中力求创新。凸显核心功能，聚焦关键能力，坚持素养导向，助推高考、教学改革，助力拔尖创新人才的培养和人才培养质量的提升。

二、金线：坚持立德树人，凸显价值引领

党的二十大报告强调，“育人的根本在于立德。全面贯彻党的教育方针，落实立德树人根本任务，培养德智体美劳全面发展的社会主义建设者和接班人”。高考物理试题通过创设有关实际生产、生活、科研等情境，将社会主义核心价值观融入考试内容和考查要求，强化价值引领与文化渗透，引导考生体会自然科学在推动科技进步和社会发展中的重要作用，提升学科核心素养，助力考生的德智体美劳全面发展。

（一）展现科技成就，激发强国之志

在考试内容中巧妙融入国家社会进步和新时代科技发展及其应用的新成就，在考查科学基本原理的基础上，引导考生树立高远的科学志向，增强考生科技强国的社会责任感，激发考生的爱国之情、强国之志和报国之行。全国甲卷第

16题以嫦娥六号探测器发射成功为背景，介绍了此举对人类认识宇宙的重大意义，同时考查了考生对万有引力定律的理解；山东卷第1题以2024年是中国的航天大年为背景创设考查衰变的相关问题，同时第5题也以鹊桥二号为背景创设比较月球与地球质量的问题，河北卷第8题也是以鹊桥二号为背景创设问题的，这些问题情境的设置都能让考生体会到我国航天科技的发展，民族自信心、自豪感油然而生；湖南卷第7题也是以嫦娥六号为素材创设问题的；安徽卷第1题以我国第一台高增益自由电子激光用户装置为情境素材，创设能级跃迁的问题情境；甘肃卷第1题是以我国科学家合成新核素为背景创设问题。诸如此类的问题几乎每套试卷上都有，这些试题均体现出高考命题的精心选材和设计，采用符合高中学生认知特点的呈现方式，鼓励考生拓展学科视野，关注国家科技进展，激发考生振兴中华的使命感和责任感。

（二）弘扬传统文化，增强文化自信

习近平总书记指出："要增强文化自信，在传承中华优秀传统文化基础上发展社会主义先进文化，加快建设社会主义文化强国。"①中华文化贯通古今，既承载历史、传承历史，又连接现实、服务现实、开拓未来。高考物理试题加强对中华优秀传统文化的挖掘和阐发，推动中华文明创造性转化和创造性发展。中国古代在数学、科技领域的巨大成就以及传统技艺已成为高考重要的命题情境来源。如山东卷第16题以战国时期青铜汲酒器为素材创设考查玻意耳定律的问题，问题情境展现了我国古代劳动人民的智慧；湖北卷第1题以《梦溪笔谈》中的记录为背景素材创设考查涡流的物理情境，展现了我国古代科学技术的发展成就；河北卷第2题以我国古人最早发现尖端放电现象为背景创设问题，展现了我国古人对科学世界的认知水平；辽宁卷第3题以用墨条研磨为背景素材创设考查摩擦力及共点力平衡的问题情境，让考生深切感受毛笔书法这一中国特有的传统文化；江西卷第5题以古诗《望庐山瀑布》为素材创设求解发电功率的问题情境，将传统文化与物理学知识进行了有机结合。事实上，我国航天器的名字也饱含中国的传统文化，空间站叫"天宫"，探月工程叫"嫦娥工程"，月球车叫"玉兔"，中继通信卫星叫"鹊桥"，等等，以我国航天科技为背景的试题也让学生在答题过程中感受到了浓浓的中国传统文化，增强了考生的文化自信。

---

① 习近平:《加强文化遗产保护传承　弘扬中华优秀传统文化》,中国政府网,https://www.gov.cn/yaowen/liebiao/202404/content_6945341.htm

（三）坚持“五育并举”，引导全面发展

高考物理命题将对体美劳教育的引导与考查内容、考查要求、考查载体有机融合，促进考生在科学文化素养、健康和劳动素养等方面全面提升。全国甲卷第 20 题以蹦床运动为背景创设问题，引导考生认识蹦床这种运动形式，激发考生对体育运动的兴趣；浙江 1 月份选考卷第 2 题，问题情境取材自 2023 年杭州亚运会；广西卷第 13 题以轮滑训练为背景素材创设问题情境；新课标卷第 24 题以将重物从高层楼房的窗外运送到地面为背景，考查了共点力的平衡、功的概念等考点，也体现出了劳动人民的智慧；山东卷第 12 题以工程队抛射重物为素材创设问题，诸如此类，不胜枚举。这些试题无不在提醒考生体育运动的美感，体育运动之于健康的重要性，热爱劳动的人是最美的，劳动人民最光荣。同时，考生通过答题也能真切感受到物理既源于生活，又服务于生活的特点，体现了物理学以致用的思想。

三、银线：立足必备知识，考查关键能力

2024 年高考物理试题符合课程标准规定的内容范围及学业质量要求，强化必备知识考查，深化基础性，引导教学回归课标、回归课堂。试题通过优化考查内容、丰富呈现方式和创新设问角度等途径，突出考查考生的思维品质和支撑考生未来长远发展、适应社会进步要求的关键能力，鼓励考生多角度思考、深入探究，引导考生在备考中减少死记硬背和机械刷题现象，服务拔尖创新人才培养。

（一）信息获取与加工

从大量的、多种形式的信息中提取有用信息并利用其解决问题，是考生适应时代和实现终身发展的必然要求。高考物理试题通过文字、图像、表格等方式呈现信息，考查考生筛选、分类、归纳、整合相关信息，提取出有效信息，进而建构物理模型或物理图景，进行推理论证，综合应用物理知识解决实际问题的能力。

1. 文本信息

文本信息是每道试题必用且最直接、最主要的呈现形式。文本信息中往往包含着解决问题所必需的隐含信息、符合物理规律的条件信息、打开解决问题

突破口的关键信息等，从文本中获取有效信息并将信息进行加工，对考生来讲是最基本的能力。

【例 1】(2024 新课标卷 · 第 15 题)福建舰是我国自主设计建造的首艘弹射型航空母舰。借助配重小车可以进行弹射测试，测试时配重小车被弹射器从甲板上水平弹出后，落到海面上。调整弹射装置，使小车水平离开甲板时的动能变为调整前的 4 倍。忽略空气阻力，则小车在海面上的落点与其离开甲板处的水平距离为调整前的(　　)。

A. 0.25 倍　　B. 0.5 倍　　C. 2 倍　　D. 4 倍

信息获取与加工

序号	提取有效信息	信息加工与模型建构	
1	使小车水平离开甲板时的动能变为调整前的 4 倍	根据动能的表达式$E_k=\frac{1}{2}mv^2$，速度变为调整前的 2 倍	
2	配重小车被弹射器从甲板上水平弹出	具有水平初速度	平抛运动
3	忽略空气阻力	只受重力作用	

本题充分从题目的文本中获取信息，构建起平抛运动的模型，根据平抛运动的规律，题目就可以迎刃而解。

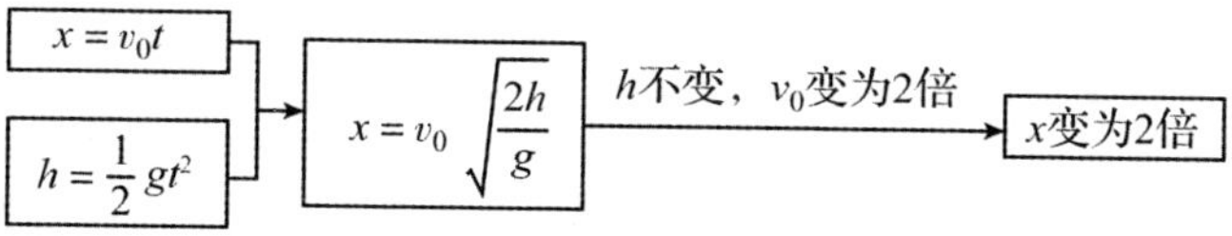

C 项正确。

【例 2】(2024 河北卷 · 第 7 题) 如图，真空中有两个电荷量均为 $q(q>0)$的点电荷，分别固定在正三角形 ABC 的顶点 B、C。M 为三角形 ABC 的中心，沿 AM 的中垂线对称放置一根与三角形共面的均匀带电细杆，电荷量为$\frac{q}{2}$。已知正三角形 ABC 的边长为 a，M 点的电场强度为 0，静电力常量为 k。顶点 A 处的电场强度大小为(　　)。

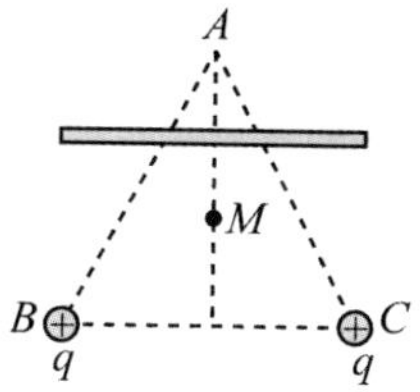

A. $\frac{2\sqrt{3}kq}{a^2}$　　B. $\frac{kq}{a^2}(6+\sqrt{3})$　　C. $\frac{kq}{a^2}(3\sqrt{3}+1)$　　D. $\frac{kq}{a^2}(3+\sqrt{3})$

信息获取与加工

序号	提取有效信息	信息加工与模型建构
1	点电荷	点电荷的电场强度公式 $E=k\frac{Q}{r^2}$
2	M 为三角形 ABC 的中心	M 到 B、C 的距离均为 $r=\frac{\sqrt{3}}{3}a$
3	正三角形 ABC 的边长为 a	
4	均匀带电细杆	细杆产生的电场关于细杆对称分布
5	沿 AM 的中垂线对称放置	A、M 两点电场强度大小相等，且方向均垂直于细杆
6	M 点的电场强度为 0	细杆在 M 点产生的电场强度与两点电荷在 M 点产生的电场强度大小相等，方向相反

本题信息量很大，从文本中提取有效信息并对信息进行加工显得尤为重要，通过对信息进行加工，又获得了更多的信息，这些信息也成为解决整个问题的突破口和关键点。

2. 图像、表格信息

常见的图像信息包括坐标图像及其他图像，其他图像包括图示、图形、装置图、流程图、结构图等。通过图像或表格的形式给出信息是物理命题的重要手段，图像、表格能以直观、简洁、清晰的方式展示丰富的题目信息，要将这些信息充分地挖掘出来需要较强的信息识别与获取能力。

【例 3】（多选）（2024 全国甲卷 · 第 20 题）蹦床运动中，体重为 60 kg 的运动员在 $t=0$ 时刚好落到蹦床上，对蹦床作用力大小 F 与时间 t 的关系如图所示。假设运动过程中运动员身体始终保持竖直，在其不与蹦床接触时蹦床水平。忽略空气阻力，重力加速度大小取 $10\ \text{m/s}^2$。下列说法正确的是(　　)。

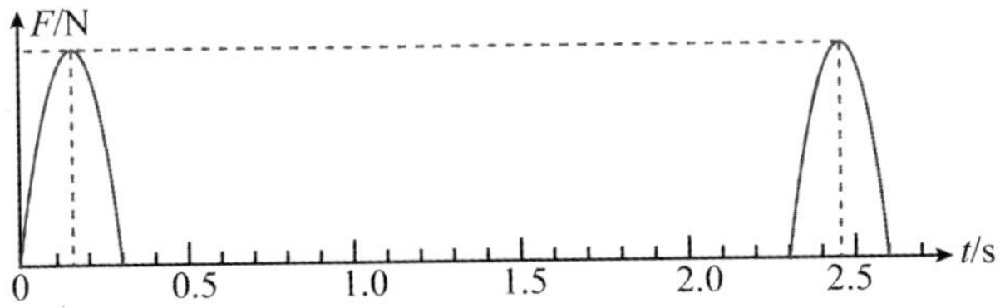

A. $t=0.15$ s 时，运动员的重力势能最大

B. $t=0.30$ s 时，运动员的速度大小为 10 m/s

C. $t=1.00$ s 时，运动员恰好运动到最大高度处

D. 运动员每次与蹦床接触到离开过程中对蹦床的平均作用力大小为 4 600 N

首先从文本中提取有效信息：

序号	提取有效信息	信息加工与模型建构
1	在其不与蹦床接触时蹦床水平	运动员离开蹦床和返回蹦床时，蹦床均处于相同的水平位置
2	运动员身体始终保持竖直	可将运动员视为质点，而不必考虑运动员的身高
3	忽略空气阻力	运动员在空中的运动可视为加速度恒为重力加速度的匀变速直线运动

而重要的推理过程需要从图像中提取有效信息：

选项	推理判断
A	$t=0.15$ s时，运动员对蹦床的作用力最大，蹦床的形变量最大，运动员在最低点，重力势能最小。A项错误
B	$t=0.3$ s至2.3 s，运动员在空中做加速度恒为重力加速度的匀变速直线运动，根据对称性，上升和下落的时间均为1 s，由$v=gt$可知，$t=0.3$ s和2.3 s运动员的速度大小都是10 m/s。B项正确
C	由B项分析，$t=1.3$ s时运动员在最大高度处。C项错误
D	从运动员刚接触蹦床到刚离开蹦床，对运动员应用动量定理：$F\cdot\Delta t-mg\cdot\Delta t=mv-(-mv)$，其中$\Delta t=0.3$ s，解得：$F=4\ 600$ N 根据牛顿第三定律，运动员对蹦床的平均作用力大小为4 600 N。D项正确

【例4】（多选）（2024广东卷·第8题）污水中的污泥絮体经处理后带负电，可利用电泳技术对其进行沉淀去污。基本原理如图所示，涂有绝缘层的金属圆盘和金属棒分别接电源正、负极，金属圆盘置于容器底部，金属棒插入污水中，形成如图所示的电场分布，其中实线为电场线，虚线为等势面。M点和N点在同一电场线上，M点和P点在同一等势面上。下列说法正确的有（　　）。

A. M点的电势比N点的低

B. N点的电场强度比P点的大

C. 污泥絮体从M点移到N点，电场力对其做正功

D. 污泥絮体在N点的电势能比其在P点的大

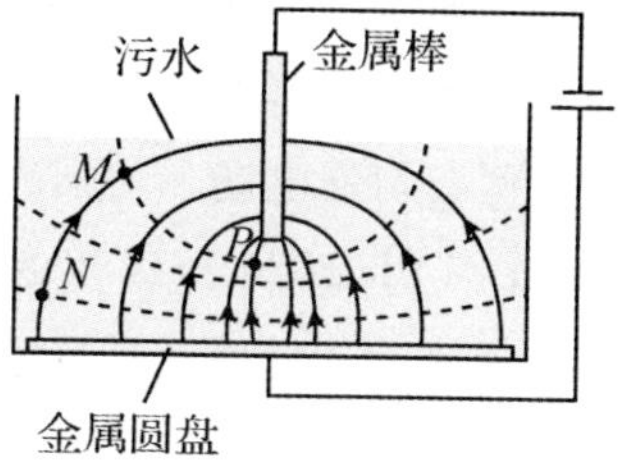

本题重要的信息大多来自题给的示意图：

序号	提取有效信息	信息加工与选项判断
1	M、N 两点在同一电场线上	沿电场线电势降低，M 点的电势比 N 点的低，A 项正确
2	N 处电场线/等势面稀疏； P 处电场线/等势面密集	电场线/等势面越密集，电场强度越大；电场线/等势面越稀疏，电场强度越小，故 N 点的电场强度比 P 点的小，B 项错误
3	电场方向由 N 点指向 M 点	负电荷所受电场力的方向与电场方向相反，故污泥絮体所受电场力的方向与运动方向相同，电场力对其做正功，C 项正确。污泥絮体电势能减少，在 N 点的电势能小于在 M 点的
4	污泥絮体（带负电）从 M 点移动到 N 点	
5	M 与 P 在同一等势面上	污泥絮体在 M 点的电势能等于在 P 点的电势能，故在 N 点的电势能小于在 P 点的电势能，D 项错误

（二）模型建构

模型建构是忽略次要因素，突出主要特征，将现实问题进行简化或理想化处理，构建模型是基于物理事实的抽象概括的科学思维过程。高考试题中多数都需要进行模型建构，只是有些模型较简单明了，建模过程并不复杂，而有些模型的建构过程会比较复杂，会经历复杂的逻辑推理与论证过程。在 2024 年高考中，全国甲卷第 34 题第（2）问建构全反射状态模型，思维难度较低；浙江 1 月份选考卷第 2 题直接考查质点这一理想化模型；湖南卷第 12 题考查了简谐运动模型，建模的过程要略显复杂；新课标卷第 26 题，建构带电粒子在电场、磁场中的运动模型，建模过程复杂，思维难度大。

物理模型主要分为三类：物质模型、状态模型和过程模型。

1. 物质模型

实体物质模型有力学中的质点、轻绳、轻杆、轻质弹簧、光滑斜面、光滑小球、弹簧振子等，电磁学中的点电荷、平行板电容器、密绕螺线管、理想导线、理想变压器等，热学中的理想气体，光学中的薄透镜、均匀介质等。场物质模型有匀强电场、匀强磁场等。

【例 1】（2024 全国甲卷 · 第 18 题）在电荷量为 Q 的点电荷产生的电场中，将无限远处的电势规定为零时，距离该点电荷 r 处的电势为 $k\dfrac{Q}{r}$，其中 k 为静电力常量；多个点电荷产生的电场中某点的电势，等于每个点电荷单独存在时该点的电势的代数和。电荷量分别为 Q_1 和 Q_2 的两个点电荷产生的电场的等势线如图中曲线所示(图中数字的单位是伏特)，则(　　)。

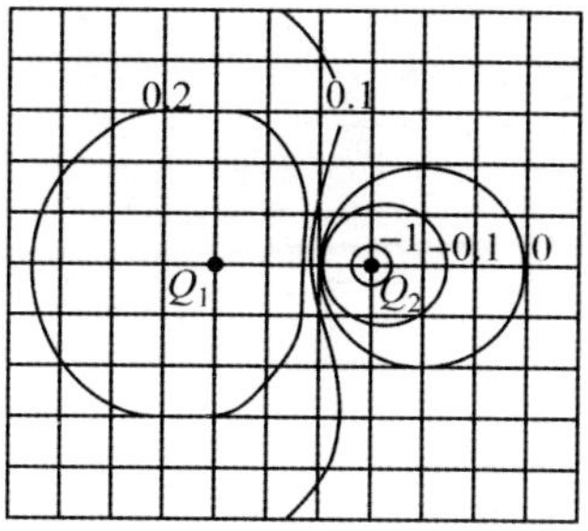

A. $Q_1<0$，$\frac{Q_1}{Q_2}=-2$　　B. $Q_1>0$，$\frac{Q_1}{Q_2}=-2$

C. $Q_1<0$，$\frac{Q_1}{Q_2}=-3$　　D. $Q_1>0$，$\frac{Q_1}{Q_2}=-3$

模型建构：

序号	提取有效信息	模型建构
1	在电荷量为 Q 的点电荷产生的电场中，将无限远处的电势规定为零时，距离该点电荷 r 处的电势为 $k\frac{Q}{r}$	点电荷周围的电场模型
2	示意图中靠近 Q_1 处电势为正，靠近 Q_2 处电势为负	Q_1 为正点电荷；Q_2 为负点电荷
3	电势为零的曲线(圆)与 Q_1Q_2 连线的交点(右边)到 Q_1 和 Q_2 的距离分别为6(格)和3(格)	$k\frac{Q_1}{r_1}+k\frac{Q_2}{r_2}=0\rightarrow\frac{Q_1}{Q_2}=-2$

2. 状态模型

力学中的平衡状态、恰好分离、恰好相对运动、恰好到达轨道最高点、超重、失重状态等，热学中气体的平衡态、原子物理中原子所处的基态和激发态等，都属于状态模型。如湖北卷第6题考查了共点力平衡的状态模型。

【例2】(2024 湖北卷 · 第6题)如图所示，两拖船P、Q拉着无动力货船S一起在静水中沿图中虚线方向匀速前进，两根水平缆绳与虚线的夹角均保持为30°。假设水对三艘船在水平方向的作用力大小均为f，方向与船的运动方向相反，则每艘拖船发动机提供的动力大小为(　　)。

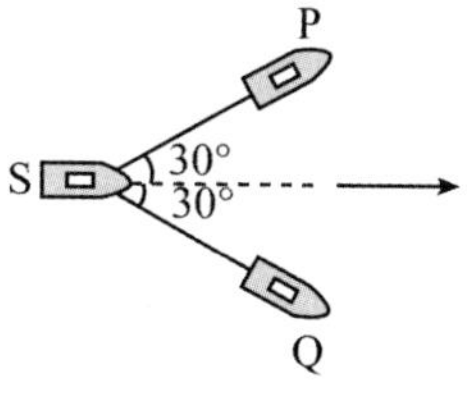

A. $\frac{\sqrt{3}}{3}f$　　B. $\frac{\sqrt{21}}{3}f$　　C. $2f$　　D. $3f$

通过提取有效信息，进行模型建构：

序号	提取有效信息	信息加工与模型建构
1	无动力货船 S	货船 S 只受与运动方向相反的水的阻力 f 和两根缆绳的拉力
2	匀速前进	三艘船均处于平衡状态，所受合外力为零
3	水对三艘船在水平方向的作用力大小均为 f，方向与船的运动方向相反	三艘船所受水的阻力大小都是 f，方向都沿虚线向左

逻辑推理与论证过程：

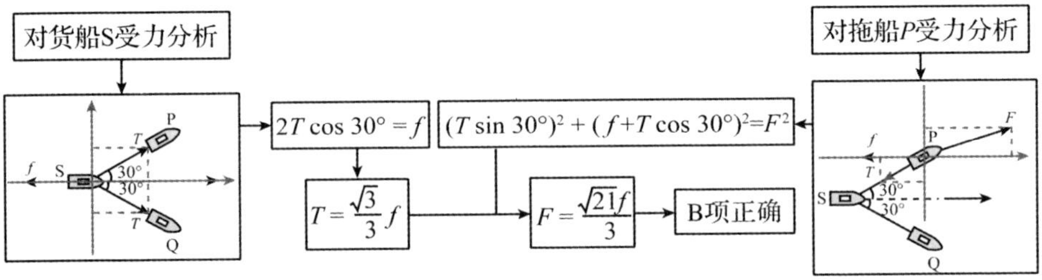

3. 过程模型

在研究质点运动时，如匀速直线运动、匀变速直线运动、匀速圆周运动、平抛运动、简谐运动、弹性碰撞、完全非弹性碰撞等，粒子在电场中的类平抛运动、类斜抛运动等，在研究理想气体状态变化时，如等温变化、等压变化、等容变化、绝热变化等，一些物理量的均匀变化的过程，如某匀强磁场的磁感应强度均匀减小、均匀增加等，这些都属于理想的过程模型。

【例 3】（多选）（2024 山东卷 · 第 12 题）如图所示，工程队向峡谷对岸平台抛射重物，初速度 v_0 大小为 20 m/s，与水平方向的夹角为 30°，抛出点 P 和落点 Q 的连线与水平方向夹角为 30°，重力加速度大小取 10 m/s^2，忽略空气阻力。重物在此运动过程中，下列说法正确的是（　　）。

A. 运动时间为 $2\sqrt{3}$ s

B. 落地速度与水平方向夹角为 60°

C. 重物离 PQ 连线的最远距离为 10 m

D. 轨迹最高点与落点的高度差为 45 m

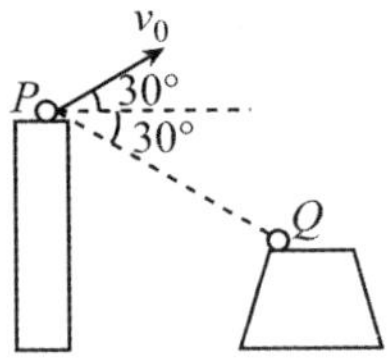

根据解决问题的需要，可以建构不同的运动模型：

运动分解方法	方法一	方法二	方法三
	水平(x)、竖直(y)	平行于 PQ(x)、垂直于 PQ(y)	v_0 方向、竖直方向
示意图	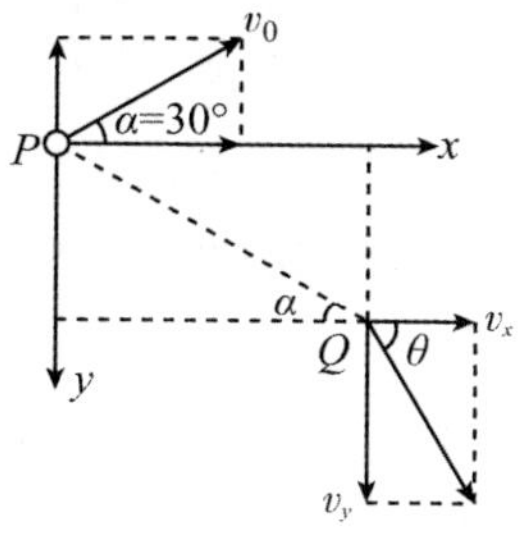	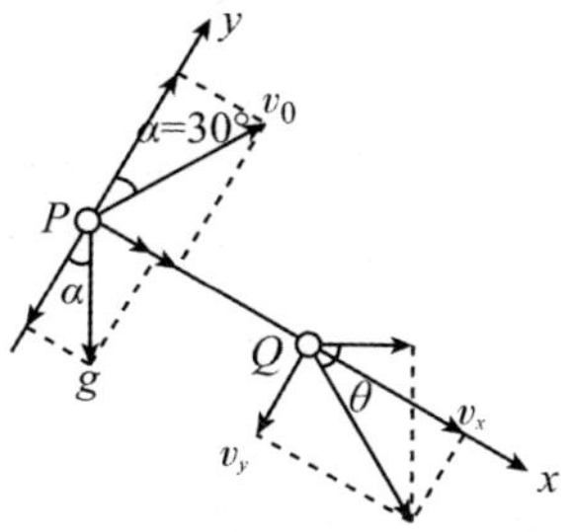	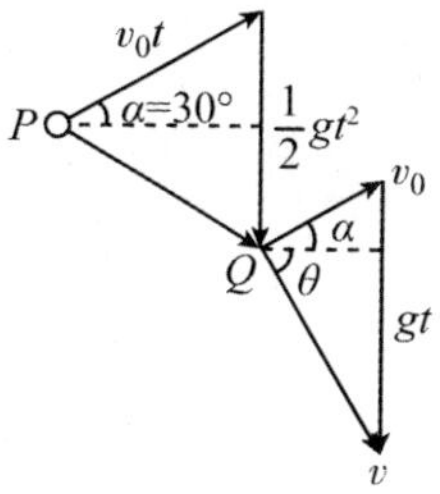
A	$x=v_0\cos\alpha\cdot t$ $y=-v_0\sin\alpha\cdot t+\frac{1}{2}gt^2$ $\frac{y}{x}=\tan\alpha$ 联立解得：$t=4$ s	重物垂直于 PQ 方向向上抛出，到距离 PQ 最远的点后又落回 PQ，运动具有对称性，总时间为 $t=2\frac{v_0\cos\alpha}{g\cos\alpha}=4$ s	重物在 v_0 方向和竖直方向位移的矢量和等于实际位移 x_{PQ}，由几何关系可得 $v_0t=\frac{1}{2}gt^2$，解得：$t=4$ s
B	$v_x=v_0\cos\alpha$ $v_y=-v_0+gt$ $\tan\theta=\frac{v_y}{v_x}$ 联立解得：$\tan\theta=\sqrt{3}$ 即 $\theta=60°$	$v_x=v_0\sin\alpha+g\sin\alpha\cdot t$ $v_y=v_0\cos\alpha$ 重物在 Q 点的速度 $v=\sqrt{v_x^2+v_y^2}=20\sqrt{3}$ m/s $\cos\theta=\frac{v_0\cos\alpha}{v}=\frac{1}{2}$ 即 $\theta=60°$	重物在 Q 点的速度为初速度 $v_0=20$ m/s 与速度的变化量 $\Delta v=gt=40$ m/s 的矢量和，由几何关系可得 v 垂直于 v_0，因此 $\theta=90°-\alpha=60°$
C	重物离 PQ 的最远距离 $d=\frac{v_0\cos\alpha}{2}\cdot\frac{t}{2}=10\sqrt{3}$ m	重物离 PQ 的最远距离 $d=\frac{(v_0\cos\alpha)^2}{2g\cos\alpha}=10\sqrt{3}$ m	重物离 PQ 的最远距离 $d=\frac{v_0\cos\alpha}{2}\cdot\frac{t}{2}=10\sqrt{3}$ m
D	竖直上升的最大高度 $h_m=\frac{(v_0\sin\alpha)^2}{2g}=5$ m 从 P 到 Q 下落的高度 $y=-v_0\sin\alpha\cdot t+\frac{1}{2}gt^2=40$ m 轨迹最高点与落点的高度差 $\Delta h=h_m+y=45$ m	参考方法一或方法三	竖直上升的最大高度 $h_m=\frac{(v_0\sin\alpha)^2}{2g}=5$ m 从 P 到 Q 下落的高度 $y=\frac{1}{2}\cdot\frac{1}{2}gt^2=40$ m 轨迹最高点与落点的高度差 $\Delta h=h_m+y=45$ m

（三）逻辑推理与论证

逻辑推理与论证能力是指能够根据已知的知识和物理事实、条件，对物理问题进行逻辑推理和论证，得出正确的结论或作出正确的判断，并能把推理过程正确地表达出来。具体包含能应用物理概念或物理规律正确分析、推断物理状态存在的条件；根据具体问题，运用物理规律或数学方法确定物理量之间的定量关系，通过运算、估算等进行推断和论证；针对不同观点能进行有力反驳或进行自我观点修正，证据充分，推理过程符合逻辑。逻辑推理与论证能力是高考试题考查中的一种重要能力。2024 年高考物理试题更加注重考查思维过程，增强试题的开放程度和创新性，鼓励考生运用创造性、发散性思维多角度分析解决问题。

【例 1】（多选）（2024 湖北卷·第 10 题）如图所示，在光滑水平面上静止放置一质量为 M、长为 L 的木块，质量为 m 的子弹水平射入木块。设子弹在木块内运动过程中受到的阻力不变，其大小 f 与射入初速度大小 v_0 成正比，即 $f=kv_0$（k 为已知常数）。改变子弹的初速度大小 v_0，若木块获得的速度最大，则（　　）。

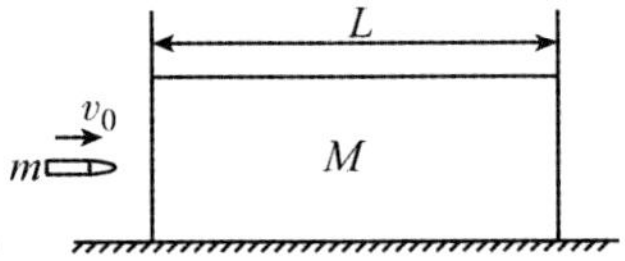

A. 子弹的初速度大小为$\dfrac{2kL(m+M)}{mM}$

B. 子弹在木块中运动的时间为$\dfrac{2mM}{k(m+M)}$

C. 木块和子弹损失的总动能为$\dfrac{k^2L^2(m+M)}{mM}$

D. 木块在加速过程中运动的距离为$\dfrac{mL}{m+M}$

本题思维难度较大，对逻辑推理与论证能力要求比较高。设子弹射入木块或击穿木块后的速度为 v_1，木块获得的速度为 v_2。分两种情况进行讨论：

第一种情况——子弹未击穿木块 $v_1=v_2$。

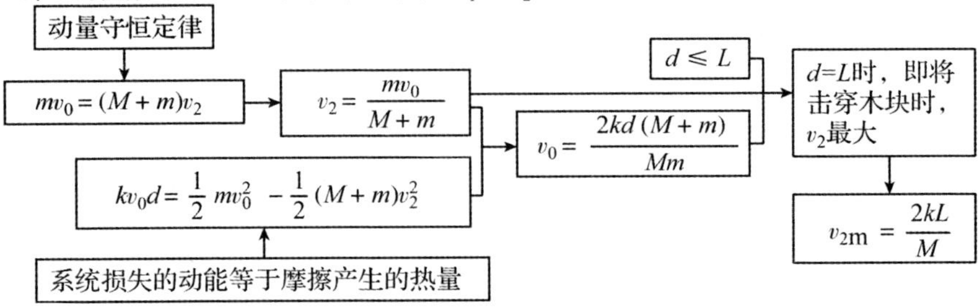

第二种情况——子弹击穿了木块，设击穿木块的时间为 t。

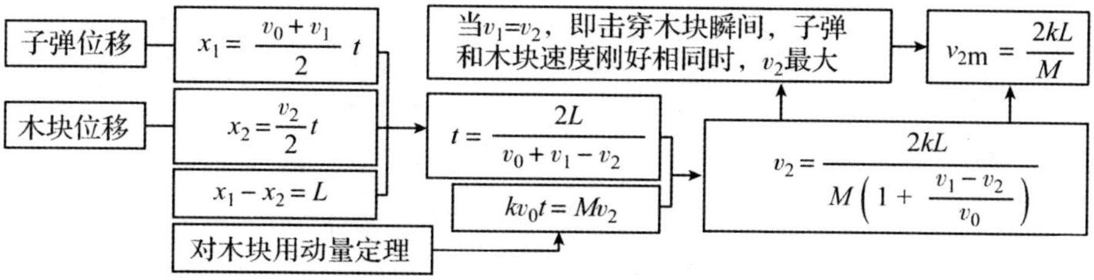

综上，当子弹刚击穿(或刚好未击穿)木块时($v_1=v_2$)，木块获得的速度最大 $v_{2m}=\frac{2kL}{M}$。突破了这一难点，问题就能够迎刃而解了。本题主要应用了演绎的推理思维。

【例 2】(2024 湖南卷，15，16 分)如图，半径为 R 的圆环水平放置并固定，圆环内有质量为 m_A 和 m_B 的小球 A 和 B($m_A>m_B$)。初始时小球 A 以初速度 v_0 沿圆环切线方向运动，与静止的小球 B 发生碰撞。不计小球与圆环之间的摩擦，两小球始终在圆环内运动。

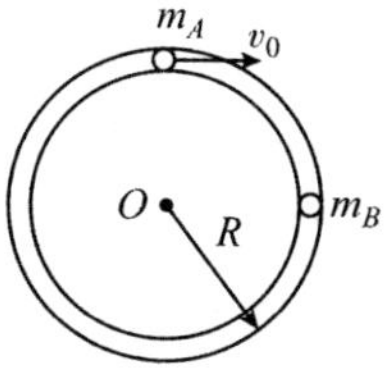

(1)若小球 A 与 B 碰撞后结合在一起，求碰撞后小球组合体的速度大小及做圆周运动所需向心力的大小；

(2)若小球 A 与 B 之间为弹性碰撞，且所有的碰撞位置刚好位于等边三角形的三个顶点，求小球的质量比$\frac{m_A}{m_B}$；

(3)若小球 A 与 B 之间为非弹性碰撞，每次碰撞后的相对速度大小为碰撞前的相对速度大小的 e 倍($0<e<1$)，求第 1 次碰撞到第 $2n+1$ 次碰撞之间小球 B 通过的路程。

本题的第(3)问主要使用了归纳的推理思维。

第 1 次碰前两球的相对速度为 v_0，第 1 次碰后两球的相对速度为 ev_0，至第 2 次碰前，B 球比 A 球多转一圈，因此第 1 次碰后至第 2 次碰前经历的时间 $t_1=\frac{2\pi R}{ev_0}$。同理，第 2 次碰后至第 3 次碰前经历的时间 $t_2=\frac{2\pi R}{e^2v_0}$，依次类推 $t_n=\frac{2\pi R}{e^nv_0}$。

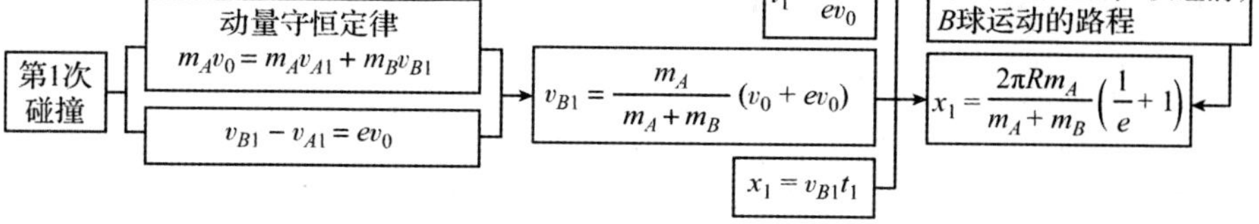

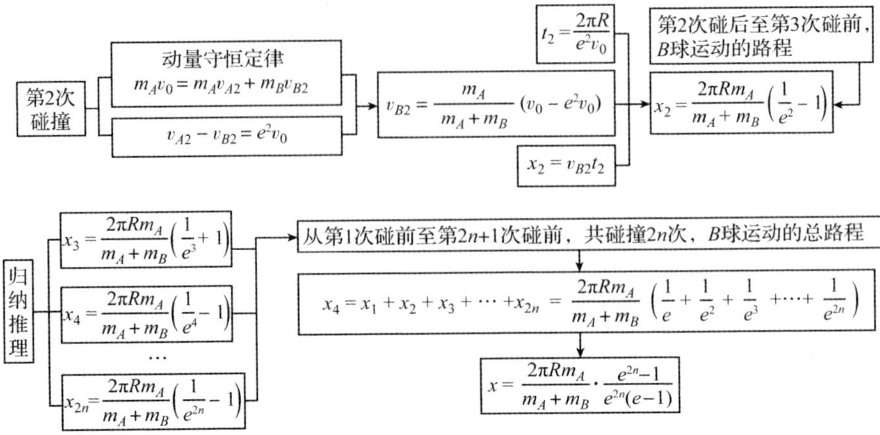

多物体、多过程、利用多种观点（力的观点、能的观点、动量的观点）解决问题，综合性非常强，对考生的逻辑推理与论证能力也提出了非常高的要求。在解答此类问题的过程中，需要时刻明确三件事情：一是明确研究对象，是以单个物体为研究对象还是以整体或其中的某几个物体为研究对象；二是明确研究过程，这类问题往往过程繁多，具体研究的是哪一个过程一定要清楚；三是明确物理规律，不同的研究对象，不同的研究过程，也往往对应着不同的物理规律，无论用力的观点、能的观点还是动量的观点，要根据题目所给条件具体问题具体分析，选择最恰当的规律解题。这是解决复杂物理问题的基本逻辑。

（四）批判性思维

2024 年高考物理试题明显加强了对批判性思维能力的考查，主要体现在①试题背景中的隐含前提，在探讨力和运动的试题中，能量守恒就是一个隐含前提，能量守恒定律总是成立的；②寻找物理过程中的临界条件，这是高考命题的一个重要方向，如求解极值的问题；③结构不良问题，如周期性运动中的多解问题，初始条件的不确定造成结果的多种可能性问题；④发散思维，同一个问题从不同角度解决。

如全国甲卷第 21 题，因初始条件的不确定，图像存在若干可能性；新课标卷第 18 题小球的质量、电荷量大小关系均不确定；山东卷第 12 题可以从多个角度将重物的运动进行分解；湖北卷第 7 题，带电粒子从一点进入磁场，从另一点再次进入磁场存在若干的可能性；河北卷第 10 题，带电粒子从 BC 边离开的方式有很多，存在不确定性；湖南卷第 10 题可以从多个角度，利用多种方法来解决，问题具有很强的发散性，第 15 题小球在正三角形的三个顶点上相碰存在多种可能性；湖北卷第 10 题寻找木块速度最大时的状态，对批判性思维能力有很高的要求；等等。

【例 1】（多选）（2024 河北卷 · 第 10 题）如图所示，真空区域有同心正方形 *ABCD* 和 *abcd*，其各对应边平行，*ABCD* 的边长一定，*abcd* 的边长可调，两正方形之间充满恒定匀强磁场，方向垂直于正方形所在平面。*A* 处有一个粒子源，可逐个发射速度不等、比荷相等的粒子，粒子沿 *AD* 方向进入磁场。调整 *abcd* 的边长，可使速度大小合适的粒子经 *ad* 边穿过无磁场区后由 *BC* 边射出。对满足前述条件的粒子，下列说法正确的是（　　）。

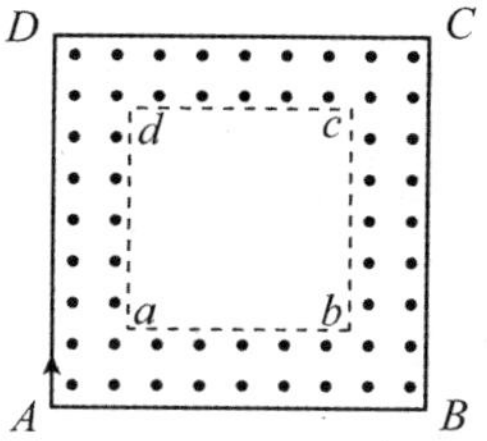

A. 若粒子穿过 *ad* 边时速度方向与 *ad* 边夹角为 45°，则粒子必垂直 *BC* 射出

B. 若粒子穿过 *ad* 边时速度方向与 *ad* 边夹角为 60°，则粒子必垂直 *BC* 射出

C. 若粒子经 *cd* 边垂直 *BC* 射出，则粒子穿过 *ad* 边时速度方向与 *ad* 边夹角必为 45°

D. 若粒子经 *bc* 边垂直 *BC* 射出，则粒子穿过 *ad* 边时速度方向与 *ad* 边夹角必为 60°

在本题中，粒子从 *BC* 边离开的方式具有不确定性，但聚焦题目的四个选项，可着力分析垂直 *BC* 边离开的情况，而垂直 *BC* 边离开无非有两种情况：经 *bc* 边和经 *cd* 边后垂直 *BC* 边离开，分别讨论两种情况如下。

第一种情况：

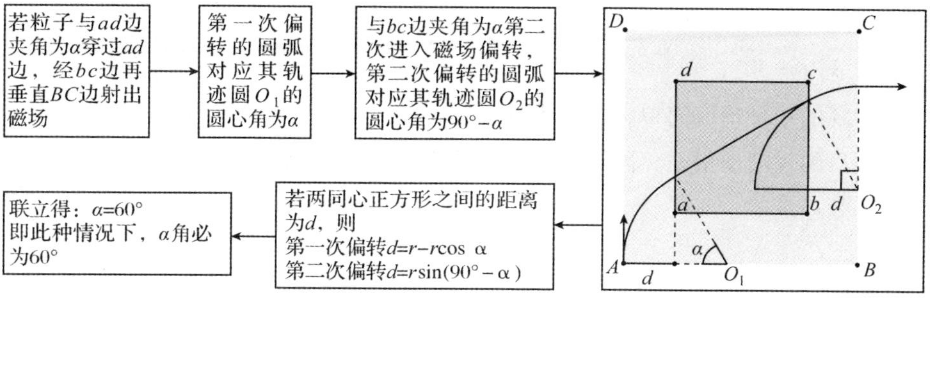

第二种情况：

若粒子与 ad 边夹角为 α 穿过 ad 边，经 ad 边再垂直 BC 边射出磁场 → 第一次偏转的圆弧对应其轨迹圆 O'_1 的圆心角为 α → 与 cd 边夹角为 $90°-\alpha$ 第二次进入磁场偏转，第二次偏转的圆弧对应其轨迹圆 O'_2 的圆心角为 $90°-\alpha$ →

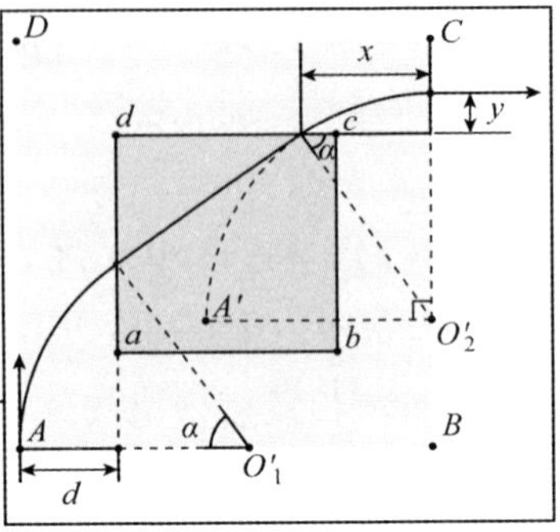

→ 若两同心正方形之间的距离为 d，则对第一次偏转
$d=r-r\cos\alpha$
对第二次偏转
$x=r\sin(90°-\alpha)\geqslant d$
$y=r-r\cos(90°-\alpha)\leqslant d$
→ 联立得：$45°\leqslant\alpha\leqslant 60°$
即此种情况下，α 角必满足此范围

明确了这两种情况，四个选项判断起来也就比较容易了。

【例 2】（2024 湖南卷 · 第 10 题）如图，光滑水平面内建立直角坐标系 xOy。A、B 两小球同时从 O 点出发，A 球速度大小为 v_1，方向沿 x 轴正方向，B 球速度大小为 $v_2=2$ m/s，方向与 x 轴正方向夹角为 θ。坐标系第一象限中有一个挡板 L，与 x 轴夹角为 α。B 球与挡板 L 发生碰撞，碰后 B 球速度大小变为 1 m/s，碰撞前后 B 球的速度方向与挡板 L 法线的夹角相同，且分别位于法线两侧。不计碰撞时间和空气阻力，若 A、B 两小球能相遇，下列说法正确的是（　　）。

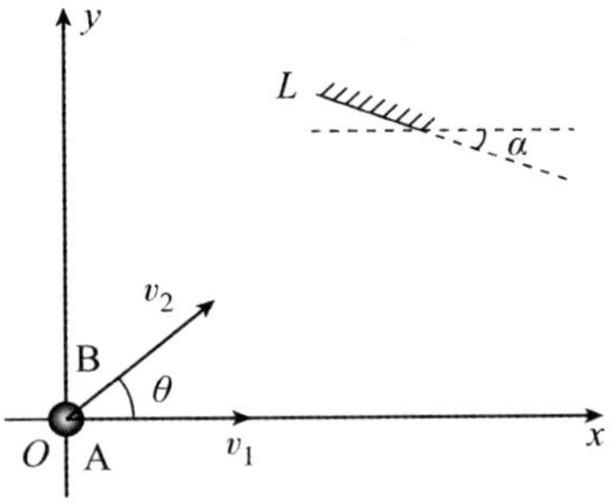

A. 若 $\theta=15°$，则 v_1 的最大值为 $\sqrt{2}$ m/s，且 $\alpha=15°$

B. 若 $\theta=15°$，则 v_1 的最大值为 $\dfrac{2}{3}\sqrt{3}$ m/s，且 $\alpha=0°$

C. 若 $\theta=30°$，则 v_1 的最大值为 $\dfrac{2}{3}\sqrt{3}$ m/s，且 $\alpha=0°$

D. 若 $\theta=30°$，则 v_1 的最大值为 $\sqrt{2}$ m/s，且 $\alpha=15°$

本题的物理情境简单，但思维难度却不低，需要讨论不同情况下 v_1 的最大值，题目的发散性很强。同时，解决这道题的方法也有很多，如三角函数求极值、等效运动等。

用“三角函数求极值”的思路也可以有多个方法：

项目	确定函数关系	示意图
方法一	由正弦定理可得： $\frac{v_2t_1}{\sin(2\alpha+\theta)}=\frac{v'_2t_2}{\sin\theta}=\frac{(t_1+t_2)v_1}{\sin[180^\circ-(2\alpha+2\theta)]}=k$ $v_1=\frac{k\sin(2\alpha+2\theta)}{t_1+t_2}=\frac{k\sin(2\alpha+2\theta)}{\frac{k\sin(2\alpha+\theta)}{v_2}+\frac{k\sin\theta}{v_2'}}$，整理得 $v_1=\frac{v_2v'_2\sin(2\alpha+2\theta)}{v'_2\sin(2\alpha+\theta)+v_2\sin\theta}=\frac{2\sin(2\alpha+2\theta)}{\sin(2\alpha+\theta)+2\sin\theta}$	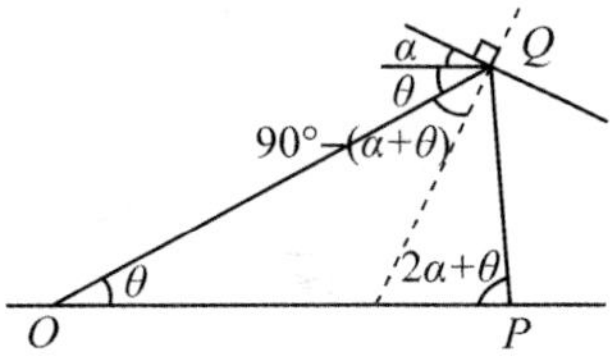
方法二	由 Q 点向 OP 作三角形的高，长度记为 h，则 $v_1=\frac{h\cot\theta+h\cot(2\alpha+\theta)}{\frac{h}{v_2\sin\theta}+\frac{h}{v_2'\sin(2\alpha+\theta)}}$，整理得 $v_1=\frac{2\sin(2\alpha+2\theta)}{\sin(2\alpha+\theta)+2\sin\theta}$	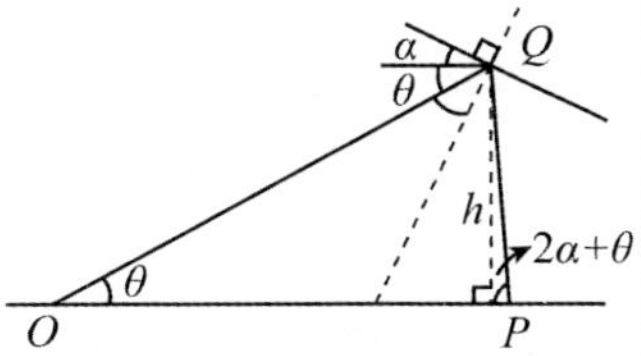
方法三	因 A、B 两球相遇，则第一阶段 B 球相对于 A 球的速度 Δv_1 与第二阶段 B 球相对于 A 球的速度 Δv_2 方向必定相反，速度的矢量关系如图所示。 可以从两个角度表示△OMN 的面积 $S=\frac{1}{2}v_2v'_2\sin(2\alpha+2\theta)$ $S=\frac{1}{2}v_1v_2\sin\theta+\frac{1}{2}v_1v'_2\sin(2\alpha+\theta)$ 联立方程解得 $v_1=\frac{2\sin(2\alpha+2\theta)}{\sin(2\alpha+\theta)+2\sin\theta}$	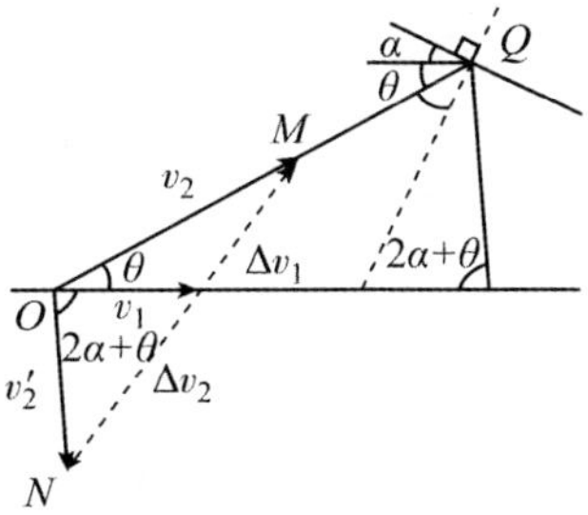
利用导数求最值	令 v_1 对 α 的导数 $\frac{dv_1}{d\alpha}=\frac{4\sin\theta[2\cos(2\alpha+2\theta)-1]}{[\sin(2\alpha+\theta)+2\sin\theta]^2}=0$ 解得 $\alpha=30^\circ-\theta$，代入 v_1 的表达式，得 v_1 的最大值 $v_{1m}=\frac{\sqrt{3}}{2\sin\theta+\sin(60^\circ-\theta)}$ $\theta=15^\circ$ 时，$v_{1m}=\sqrt{2}$ m/s，此时 $\alpha=30^\circ-\theta=15^\circ$，A 项正确，B 项错误 $\theta=30^\circ$ 时，$v_{1m}=\frac{2\sqrt{3}}{3}$ m/s，此时 $\alpha=30^\circ-\theta=0^\circ$，C 项正确，D 项错误	

这只是在这一思路下的三种方法，还可以用其他的思路解决本题，可见本题对批判性思维能力的要求是非常高的，当然也需要考生具有很强的逻辑推理与论证能力。

（五）实验探究

实验是培养学生科学素养的重要途径，考查实验探究能力是高考物理学科的鲜明特征。2024 年高考物理在实验原理的理解、实验方案的设计、实验仪器的选择、基本仪器的使用、实验数据的处理、实验结论的得出和解释等方面加强设计，考查学生的实验能力和科学探究能力。

全国甲卷第 23 题以给电阻型氧气传感器定标为背景创设问题，氧气传感器对考生来讲是一个新奇的事物，因此这个实验对考生的实验探究能力提出了很高的要求；湖南卷第 12 题以用弹簧振子测量物块的质量为基本原理，创设实验探究问题，问题的设置颇有新意，能很好地考查学生的科学探究能力；辽宁卷第 12 题以半圆拱形的积木为素材创设探究影响简谐运动周期的因素的实验，同样颇具创新性。这样的实验还有很多，这里不一一列举。

对实验探究能力的考查，在选择题中也时有出现，如全国甲卷第 15 题考查的其实是探究物体加速度与力和质量的关系这个实验的误差分析；浙江卷(6 月份)第 6 题考查“研究电容器两极板间距对电容大小的影响”实验；江西卷第 9 题考查的是用双缝干涉测光的波长的实验；甘肃卷第 7 题考查观察电容器的充、放电现象，等等。2024 年高考题几乎涵盖了《普通高中物理课程标准》所列的学生必做的 21 个实验。

【例 1】(2024 辽宁卷 · 第 12 题)图(a)为一套半圆拱形七色彩虹积木示意图，不同颜色的积木直径不同。某同学通过实验探究这套积木小幅摆动时周期 T 与外径 D 之间的关系。

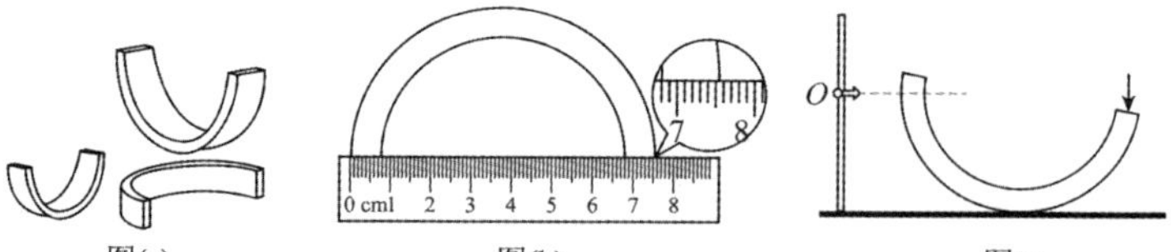

图(a)　　图(b)　　图(c)

(1)用刻度尺测量不同颜色积木的外径 D，其中对蓝色积木的某次测量如图(b)所示，从图中读出 $D=$ ________ cm。

(2)将一块积木静置于硬质水平桌面上，设置积木左端平衡位置的参考点 O，将积木的右端按下后释放，如图(c)所示。当积木左端某次与 O 点等高时记为第 0 次并开始计时，第 20 次时停止计时，这一过程中积木摆动了________个周期。

(3)换用其他积木重复上述操作，测得多组数据。为了探究 T 与 D 之间的函数关系，可用它们的自然对数作为横、纵坐标绘制图像进行研究，数据如下表所示：

颜色	红	橙	黄	绿	青	蓝	紫
$\ln D$	2. 9392	2. 7881	2. 5953	3. 4849	2. 197	…	1. 792
$\ln T$	−0. 45	−0. 53	−0. 56	−0. 65	−0. 78	−0. 92	−1. 02

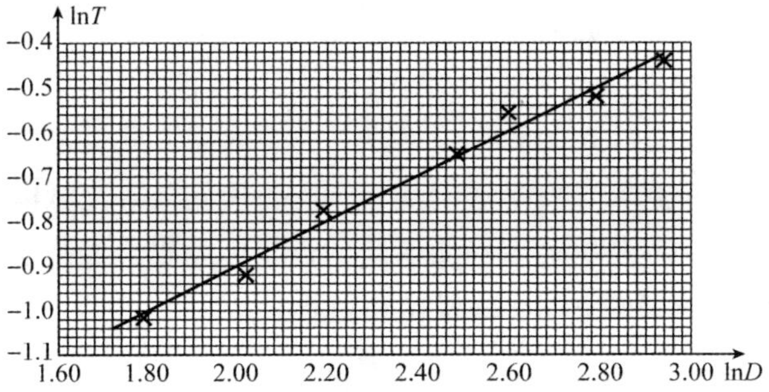

图(d)

根据表中数据绘制出 $\ln T-\ln D$ 图像如图(d)所示，则 T 与 D 的近似关系为________。

A. $T\propto\sqrt{D}$　　B. $T\propto D^2$　　C. $T\propto\frac{1}{\sqrt{D}}$　　D. $T\propto\frac{1}{D^2}$

(4)请写出一条提高该实验精度的改进措施：________________。

<table>
<tr><td colspan="2">问题</td><td>探究这套积木小幅摆动时周期 T 与外径 D 之间的关系</td></tr>
<tr><td rowspan="3">证据</td><td>实验方案</td><td>如题所述</td></tr>
<tr><td>实验操作</td><td rowspan="2">①积木外径的测量：根据刻度尺的读数规则，毫米刻度尺需要估读到 0. 1 mm，因此 $D=7.54$ cm 或 7. 55 cm 或 7. 56 cm
②周期的测量：以左端的平衡位置为观测点，左端相邻两次经过平衡位置的时间间隔为半个周期，因此第 20 次经过时所用时间为 10 个周期</td></tr>
<tr><td>获取数据</td></tr>
<tr><td rowspan="3">解释</td><td>分析数据</td><td>从图像可以看出，所描点迹近似在一条直线上，$\ln T$ 与 $\ln D$ 应为线性关系(正比例函数或一次函数)。设图像的函数表达式为 $\ln T=k\ln D+b$，从直线上取相距较远的两个点如(1. 80，−1. 0)和(2. 80，−0. 5)，代入函数表达式得 $k=0.5$，$b=-1.90$，即 $\ln T=\frac{1}{2}\ln D-1.90$，整理得 $\ln T=\ln\frac{D^{\frac{1}{2}}}{e^{1.90}}$</td></tr>
<tr><td>得出结论</td><td>$T\propto\sqrt{D}$，A 项正确，其余选项错误</td></tr>
<tr><td>评估</td><td>提高实验精度即减小实验误差，可从两个角度来考虑：偶然误差和系统误差。减小偶然误差常用的方法是多次测量取平均值；减小系统误差可以从实验器材、实验环境的角度考虑，如换用游标卡尺测量外径，换用更光滑坚硬的接触面(如玻璃)等</td></tr>
</table>

本题创设了一个考生并不熟悉的物理情境，这个实验不是课标或教材上的基础实验，但却很好地考查了考生的实验探究能力，从实验操作、数据获取、分析数据到得出结论，乃至误差分析，探究实验的重要步骤都融入其中。这样的考查形式能有效地防止考生只“背实验”而不做实验的备考方式。

【例2】（2024 广东卷·第 12 题）某科技小组模仿太阳能发电中的太阳光自动跟踪系统，制作光源跟踪演示装置，实现太阳能电池板方向的调整，使电池板正对光源。图甲是光照方向检测电路。所用器材有：电源 E（电动势 3 V）、电压表（V_1）和（V_2）（量程均有 3 V 和 15 V，内阻均可视为无穷大）、滑动变阻器 R、两个相同的光敏电阻 R_{G1} 和 R_{G2}、开关 S、手电筒、导线若干。图乙是实物图。图中电池板上垂直安装有半透明隔板，隔板两侧装有光敏电阻，电池板固定在电动机转轴上。控制单元与检测电路的连接未画出。控制单元对光照方向检测电路无影响。请完成下列实验操作和判断。

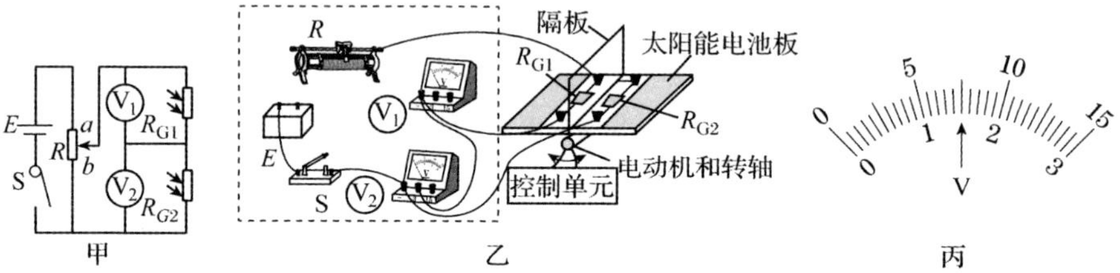

（1）电路连接。

图乙中已正确连接了部分电路，请完成虚线框中滑动变阻器 R、电源 E、开关 S 和电压表（V）间的实物图连线。

（2）光敏电阻阻值与光照强度关系测试。

①将图甲中 R 的滑片置于________端。用手电筒的光斜照射到 R_{G1} 和 R_{G2}，使 R_{G1} 表面的光照强度比 R_{G2} 表面的小。

②闭合 S，将 R 的滑片缓慢滑到某一位置。（V）的示数如图丙所示，读数 U_1 为________ V，示数 U_2 为 1.17 V。由此可知，表面光照强度较小的光敏电阻的阻值________（填“较大”或“较小”）。

③断开 S。

（3）光源跟踪测试。

①将手电筒的光从电池板上方斜照射到 R_{G1} 和 R_{G2}。②闭合 S，并启动控制单元。控制单元检测并比较两光敏电阻的电压，控制电动机转动。此时两电压表的示数 $U_1 < U_2$，图乙中的电动机带动电池板____（填“逆时针”或“顺时针”）

转动，直至________时停止转动，电池板正对手电筒发出的光。

本题虽为实验题，但除了考查实验探究能力以外，对于信息获取与加工能力、逻辑推理与论证能力甚至批判性思维能力都有很高的要求。

信息获取与加工方面如需读懂题意，理解实验原理，能依据甲图对乙图进行实物连线；逻辑推理与论证方面如第(2)问第②小问的判断需要根据已知条件，结合串、并联电路的基本规律推理出光敏电阻阻值的大小与光照强度大小的关系；题目的设计极富创新性，理解题意并利用所学知识进行解答需要较强的批判性思维能力，需要从多个角度思考问题。

实验探究能力方面：

问题		通过光敏电阻的调整来控制电池板转向
证据	实验操作	为了保证电路的安全，实验开始前要将 R 的滑片置于阻值最大处，即置于 b 端，使光敏电阻两端的电压可以从 0 开始变化
	获取数据	电压表(V_1)量程为 3 V，最小刻度为 0.1 V，则读数为 1.60 V
解释	分析数据	电压表(V_1)比电压表(V_2)的示数大，说明 $R_{G1} > R_{G2}$，由此可知表面光照强度较小的光敏电阻的阻值较大
	得出结论	电压表的示数 $V_1 < V_2$，说明 R_{G1} 表面的光照强度比 R_{G2} 表面的大，因此电动机带动电池板逆时针转动，直至 $U_1 = U_2$ 时停止转动，电池板正对手电筒发出的光

四、串联线：创设新颖情境，注重学以致用

高考评价体系中的“四层”考查内容和“四翼”考查要求，是通过情境载体来实现的。情境是运用文字、数据、图表等，围绕一定主题设置的，为呈现解题信息、设计问题任务、达成测评目标而提供的载体，高考就是让考生在真实的问题情境中运用必备知识和关键能力去解决实际问题，全面综合展现学科素养水平。2024 年高考物理无情境不命题，材料丰富，情境多元，加强了情境的新颖性、灵活性、探究性和开放性。

(一)生活实践类问题情境

高考物理试题选取了贴近考生生活、贴近时代的真实问题情境进行考查，既能够激发考生学习的兴趣，又能够较好地考查考生从复杂的情境中抓住主要

因素，抽象出物理模型并解决问题的能力和素养，是落实物理学科素养考查的重要途径。生活实践类问题情境主要包括 3 个方面的内容。

（1）自然现象类包括考生常见的自然现象和最新天文发现等。如新课标卷第 16 题以天文学家的最新发现为素材创设考查万有引力定律的问题情境；湖北卷第 3 题以青蛙在荷叶之间跳跃为背景素材创设考查平抛运动的问题情境；广西卷第 1 题以潮汐现象为背景素材创设考查万有引力定律的问题情境；北京卷第 3 题以气泡在水中上浮为背景素材创设考查气体实验定律和热力学第一定律的问题情境。海南卷第 10 题以歌手在湖边唱歌为背景素材创设考查机械波的问题情境；浙江卷(6 月份)第 2 题以小猫蹬地跃起腾空追蝴蝶为背景素材创设考查多个力学问题的情境，等等。

（2）生产生活类包括与体育运动、劳动实践等与日常生活相关的情境。如全国甲卷第 24 题以救护车的运动、鸣笛声的传播为背景创设问题；新课标卷第 20 题以电动汽车制动时储存电能为背景创设交变电流方面的问题；山东卷第 4 题以检测球形滚珠直径是否合格为背景素材创设考查薄膜干涉的问题；广东卷第 14 题以汽车的安全带和安全气囊为背景素材创设考查牛顿第二定律与动量定理的问题情境；河北卷第 3 题以篮球运动为背景素材创设问题；海南卷第 5 题以商场自动感应门为背景素材创设问题情境，等等。

（3）科技进展类。如新课标卷第 15 题以福建舰发射配重小车为背景素材创设问题，彰显我国军事科技的发展；第 17 题以 2023 年诺贝尔化学奖的重大发现为背景素材创设问题，让考生在考试过程中了解当今的科技前沿；山东卷第 2 题以国产机器人“天工”为背景素材创设共点力平衡的问题；广东卷第 4 题以“电磁俘能器”为背景素材创设电磁感应问题情境；广西卷第 4 题以我国首次合成的新核素为背景素材创设问题，等等。

（二）学习探索类问题情境

学习探索类问题情境取自真实的物理科学研究过程、学生实际的探索过程，涵盖学习探索与科学探究过程中所涉及的问题，是发展学生学科素养的重要途径。学习探索类问题情境主要包括 3 个方面的内容。

（1）物理学史类。课程改革以后，高考物理不再单纯地考查物理学知识，而是通过有关物理概念和规律的产生和发展过程，物理学家探索发现物理概念和规律的过程、研究方法等试题内容，考查考生的基本科学素养。如湖南卷第 9 题以洛埃镜实验为背景素材创设考查双缝干涉的问题，洛埃镜实验是在 1834

年进行的；浙江卷(6 月份)第 21 题以法拉第圆盘电机为背景素材创设考查电磁感应和电路知识的问题情境；辽宁卷第 4 题考查杨氏双缝干涉实验，等等。

(2)课标和教材类。适当加入源自教材的试题，有利于引导教学遵循课程标准，回归教材。事实上，近年来高考中源自教材的试题非常多，本书“追根溯源”栏目就是为了梳理试题的题源而设置的。如全国甲卷第 15 题来自教材上的实验“探究物体的加速度与力和质量的关系”；新课标卷第 20 题来自教材上的交变电流的产生过程示意图；海南卷第 7 题用铝制易拉罐制作温度计也是教材上曾经出现过的题目；甘肃卷第 6 题电磁感应电炉也是教材上的实例；江西卷第 14 题雪地转椅与教材上的旋转飞椅大同小异，等等。

(3)科学探究类。立足于课本基础实验，在考查基本实验知识方法、技能的基础上，进行物理量测量方法、研究对象、实验器材、实验目的等的创新，突出对考生实验探究能力和实验设计能力的考查。这样的实例非常多，甚至可以说高考中多数的实验都是此类实验，这些实验都是基础性实验，体现了考教衔接的导向。

五、小结：加强考教衔接，考查关键能力，服务创新人才培养

高考充分发挥教育评价的积极导向作用，与高中教育教学同向同行、同频共振，逐步形成“招—考—教—学”良性互动、有机结合的一体化育人格局，引导教学回归课标、回归课堂主渠道。2024 年高考物理试题既注重对核心物理概念和规律的考查，也注重对探究过程研究方法、科学态度等的考查，考查考生在深刻理解基础上的融会贯通、灵活运用，引导高中教育把教学重点从总结解题技巧转向培养学生学科核心素养，提升课堂效果和学习效率。

(一)加强考教衔接，落实课程标准，引导课堂教学

高考理科综合全国甲卷试题遵循国家课程标准，强调对主干知识的深刻理解和运用，引导中学教学遵循教育规律，回归课标、回归课堂。试题内容依据课标命制，确保考查知识点都在课标要求的范围之内，不追求标新立异，不出“繁难偏怪”试题，通过依标施考引导中学依标施教。全国新课标卷不再设置选考题后，全面考查《普通高中课程标准(2017 年版 2020 年修订)》规定的必修一、二、三和选择性必修一、二、三的内容。2024 年物理高考命题严格依据高中课程标准，确保“内容不超范围，深度不超要求”考查内容，限定在课程标准范围

之内，既注重考查内容的全面性，又突出主干和重点内容的考查；考查要求依据学业质量标准，深度不超过其规定的层次。

2024 年高考物理注重对基本物理概念、基本物理规律、基本实验技能的考查，既让考生更有成就感和获得感，又能为考生的未来发展打下坚实基础。高考物理试题并不是直接考查概念定义，而是通过创设典型的生活实践和学习探索问题情境，深入考查学生对基本概念、基本规律的理解和掌握，体现物理来源于生活又服务于生活的特征。

（二）夯实知识基础，考查关键能力，服务拔尖创新人才培养

高考物理进一步深化基础性考查，突出主干知识和基本规律，注重对基本概念、基本方法和基本技能的考查，要求考生深入思考物理学科本质，重视知识的内在联系。2024 年高考物理聚焦高中物理学科的必备知识，突出主干内容，科学设计试题设问，优化试题呈现方式，注重考查一些通用性方法，避免将考生导向细枝末节知识的过度辨析、典型题套路和技巧的运用，引导教学减少“机械刷题”现象。

物理命题以学科素养为导向，加强对学生关键能力、思维品质和思维过程的考查。关键能力主要包括信息获取与加工能力、模型建构能力、逻辑推理与论证能力、实验探究能力、批判性思维能力。上文通过具体的示例详细说明了关键能力在物理学科中的考查要求和方式。另外，值得指出的是，思维品质是人才培养质量提升和拔尖创新人才培养的关键指标和核心要素。在思维品质考查形式上，主要包括思维过程化、思维可视化和思维规范化三个方面。思维可视化是指要将思维包括过程、方法和技能清晰准确地呈现出来，让思维“看得见”。思维过程化是指要对思维能力尤其是思维过程进行分解，严格界定思维的过程形式、关键方法与构成要素，让思维成为可学习、可操作的实在之物。思维规范化是思维品质的核心构成，要求思维必须是专业的、准确的和规范的，而非混乱的乃至错误的思维。从国家经济社会发展、科学技术进步、生产生活实际等方面广泛选材创设物理试题情境，充分考虑考生学习和生活实际，把课本知识与具体真实的世界联系起来。注重考查思维过程，增强试题的开放程度，考查考生建立物理模型的能力，灵活运用所学物理知识解决实际问题的能力，鼓励考生运用发散性思维多角度分析解决问题。

总之，高考正在通过自己特有的方式，以“四层”的考查内容、“四翼”的考查要求，完成着自己“立德树人、服务选才、引导教学”的使命。

第五节　化学命题理论与实践

2024 年全国高考（或学业水平等级性考试）化学学科共有 22 套试卷，其中教育部教育考试院（原教育部考试中心）命制 2 套（分别为全国甲卷、新课标卷），高考综合改革前四批（第一批为上海、浙江；第二批为北京、天津、山东、海南；第三批为河北、辽宁、江苏、福建、湖北、湖南、广东、重庆；第四批为吉林、黑龙江、安徽、江西、广西、贵州、甘肃）21 个省份采用自主命题，其中浙江省包括 1 月卷和 6 月卷共 2 套，东北三省（吉林、黑龙江、辽宁）共用 1 套卷，其余省份各命制 1 套。各套试题遵循化学课程标准，加强考教衔接，引导依标教学；围绕与化学关系密切的材料、环境、能源与信息等领域，通过对应用于社会生产实践中化学原理的考查，充分体现了化学学科推动科技发展和人类社会进步的重要作用，凸显化学学科的社会价值。试卷依据《中国高考评价体系》，注重学用结合，通过创设真实情境和特定的学科任务，突出对学生学科素养、关键能力和思维品质的考查，增加试题的开放性、探究性和创新性。2024 年高考化学试题释放出明确的信号，即提高分数要依靠知识的积累和能力素养的提升，减少死记硬背和“机械刷题”现象，促进素质全面发展，充分发挥高考的育人功能和积极导向作用，助力创新人才培养。

一、基本情况概述

化学高考命题逻辑可以从“核心价值金线”“能力素养银线”和“情境载体串联线”三条线索进行理解和把握。其中，“核心价值金线”贯穿高考命题和评价的始终，是围绕立德树人来考查学生的政治立场和思维观念、世界观和方法论以及道德品质。“能力素养银线”是高考命题和考查的重心，主要考查学生的学习掌握、实践探索以及思维方法等方面的能力。情境探索作为考查载体，是“金线”和“银线”的“串联线”，是指通过设计生活实践情境和学习探索情境，将其作为任务创设和基本知识能力运用考查的载体，实现对学生学科基本概念、原理、技能和思维方法的考查和选拔，着重考查学生运用所学知识、原理和思维，发现问题、解决现实问题的能力。“问题导向，任务驱动”是高考命题的基本方向和要求，也是衡量高考命题质量的标尺，同时还是课程标准、高考评价体系有关高考命题建议的关键指标。纵观近几年的高考试题，不论是全国统一命制的试卷，还是分省命制的试卷，均呈现“无价值，不入题；无思维，不命题；无情境，不成题；无任务，不立题”的典型特征，这也是高考评价体系在高考命题实践中的具体表现。

（一）彰显学科价值，落实立德树人根本任务

2024 年高考化学全国卷落实立德树人根本任务，精选试题素材以弘扬爱国主义，加强对学生的价值引领，发挥学科的育人价值。试题命制遵循高中课程标准，加强教考衔接，有效落实高考改革理念。试题命制过程中加强问题设计，考查创新思维，激发学生从事科学研究、探索未知的兴趣，助力拔尖创新人才的选拔培养。

（二）考查关键能力，聚焦学科素养

化学是一门实践应用性极强的学科，信息获取与加工能力对于化学研究至关重要。高考化学试题提供多种图表形式的信息，深入考查学生的信息获取与加工能力。2024 年全国甲卷第 28 题以化工领域具有重要意义的甲烷转化为载体，借助浓度—时间图像和催化反应机理等方式提供信息，考查化学反应原理方面的知识。学生需要理解所给信息，根据图文综合分析，并对相关数据进行加工应用。设问层层递进，步步深入，全面考查考生对反应原理领域各方面知识的掌握情况。高考化学试题考查学生的探索归纳与论证能力，使学生灵活运用所学知识，向学生渗透科学思维。2024 年全国甲卷第 13 题和 2024 年新课标卷第 13 题均提供溶液中离子浓度的数据图，学生需要分析出各数据曲线所代表的微粒种类，考查学生利用数据进行归纳论证的能力。2024 年全国甲卷第 10 题给出四瓶无色溶液之间的反应关系图，学生需要分析物质之间相互转化的信息，经过逻辑推导和探索归纳得出各无色溶液所代表的物质种类并加以论证。高考化学试题考查学生的辩证思维与探究能力，选拔具有研究潜质的学生，助力拔尖创新人才培养。2024 年新课标卷第 8 题选取点击化学合成法合成聚硫酸酯作为素材，从结构决定性质的化学观念出发设计问题，在考查聚合反应途径、聚合物稳定性等有机化学必备知识的同时，综合考查学生观察对比、分析推理、迁移创新的科学思维。该方法是 2022 年诺贝尔化学奖获得者研发的一种高效合成反应，对学生了解科学前沿，激发崇尚科学、探索未知的兴趣以及培养探索

性、创新性思维品质具有重要的现实意义。

（三）遵循课程标准，加强考教衔接，落实高考改革理念

高考化学试题精心设置问题，在考查化学核心知识、基础实验和基本原理的同时，考查学生的科学态度和学科关键能力，引导教学回归基础。2024 年新课标卷第 9 题涉及铁与水蒸气的反应，该实验来源于教材，是学生相对熟悉的情境，但得出正确答案需要从反应原理、操作规范、产物检验、仪器使用等方面深入思考。鼓励学生理性学习，注重在基础知识上进一步思考，而非死记硬背和机械刷题。

化学试题的命制严格依据课程标准，参考教材。化学全国甲卷和新课标卷均依据相应版本的课标命制，确保考查内容在课标要求的范围之内，有助于新老课标衔接，稳妥推进高考改革。2024 年全国甲卷第 36 题和 2024 年新课标卷第 30 题分别以药物白藜芦醇和除草剂四氟咯草胺的合成路线为素材，考查学生利用有机化学基础知识解决问题的能力。上述两题命制时严格依标设计考查内容，其中 2024 年新课标卷第 30 题依据新课标（2017 年版），因该版课标中要求学生掌握“手性碳”概念，所以在试题设计时未给出“手性碳”的定义，直接要求学生辨别“手性碳”；而 2024 年全国甲卷第 36 题依据老课标（实验版），因该版课标对“手性碳”的概念未作要求，所以在考查相关内容时提供“手性碳”的定义。2024 年北京卷第 6 题大多实验操作来自课标要求的学生必做实验。其中第 3 题酸性锌锰干电池、第 7 题工业生产制取硫酸的原理、第 16 题以氨为氮源催化氧化制备硝酸、第 17 题乙酸乙酯的制备等素材均来自教材。

高考化学试题关心学生答题感受，注重选取学生熟悉的考查方式和设问角度，避免“偏难繁怪”试题，帮助学生发挥自身水平。2024 年全国甲卷第 7 题和 2024 年新课标卷第 7 题均为化学与生活类试题，考查方式为学生所熟悉，考查的核心知识来源于教材并与学生的日常生活密切相关，在考查学生知识面的同时，使学生充分认识到化学学科的社会价值。2024 年全国甲卷第 8 题和新课标卷第 10 题均针对离子方程式进行考查，离子方程式是中学化学教学的重要内容，使用学生熟悉方式考查的同时强调对基础知识的掌握，综合考查元素及其化合物的性质、金属活泼性变化规律、溶液酸碱性、物质溶解性及沉淀转化等知识点。高素质人才的成长需要有扎实的基础。追求“过新、过深、过难”的教学均易加重考生的课业负担，降低学习兴趣。为引导教学夯实基础，高考化学卷强化学科基础内容。一是基础试题比例略微增大，选择题加大了基础试题分

值，非选择题各题均设置基础设问。二是注重考生多年的基础积累，2024 年北京卷第 6 题浓硫酸的稀释来源于初中化学教材，启发基础培养的持续性。

二、金线：紧扣时代主题，弘扬核心价值

（一）选取中华传统文化成果，增强文化自信

中华优秀传统文化，蕴含着丰富的哲学思想、人文精神与道德理念，积淀着中华民族最深沉的精神追求，是中华民族的“根”和“魂”，也是培育和践行社会主义核心价值观、落实立德树人根本任务的重要基础。近年来，国家高度重视中华优秀传统文化教育。自教育部印发《完善中华优秀传统文化教育指导纲要》中提出要“增加中华优秀传统文化内容在中考、高考升学考试中的比重”以来，全国统考和各省份自命题高考化学试卷中融入传统文化的试题逐渐增多。高考化学试题选取中华传统文化的瑰宝融入试题，增强学生文化自信，激发学生为中华民族伟大复兴而奋斗的责任感和使命感。2024 年新课标卷第 7 题选取文房四宝作为素材，考查学生对笔、墨、纸、砚中有关化学成分的辨析能力，使学生在感受化学学科对人类生活产生重要影响的同时，认识到中华优秀传统文化对人类发展和社会进步做出的巨大贡献。

（二）选取我国最新科研成果，厚植爱国情怀

试题选取我国科学家做出的领先研究成果作为素材，在展现我国化学领域突出成就的同时，增强民族自豪感。2024 年新课标卷第 11 题以我国科学家研制的一种生物相容性纳米催化剂药物为素材，考查学生对物质结构基础知识的理解和掌握情况。2024 年全国甲卷第 9 题以我国化学工作者开发的聚乳酸催化转化为情境，考查有机物的命名、同分异构体、高分子转化与合成等知识内容。2024 年北京卷第 1 题以我国科研人员利用激光操控法，从钙原子束流中直接俘获钙 41 原子的研究成果为素材，展现出我国科学技术高速发展、综合国力蒸蒸日上，增强考生的国家认同感和成就感。这些试题在考查化学知识的基础上，使学生充分了解我国科研工作者在相关领域取得的重要成果，激发学生的爱国主义情怀。

(三)选取化学学科应用成果，体现学科价值

化学在材料、生命、环境、能源与信息等领域均具有重要的学科价值，对推动人类社会进步和科技发展作出了重大贡献。2024 年全国甲卷第 7 题以人类利用能源的历史为主线，以不同时期的典型能源为代表，既考查物质组成、能量与物质转化等基本概念，使学生充分认识到化学在社会发展中的重要作用；同时又让考生进一步了解我国能源发展方向，了解发展清洁新能源的必然性，激发学生改善人类生存环境、促进社会可持续发展的责任感。2024 年北京卷第 16 题以硝酸制备方法的发展与研究为线索，以典型真实的化学技术发展为案例，促进考生思考技术进步背后的原因，感悟科学研究精神。

三、银线：注重学用结合，考查关键能力

《普通高中化学课程标准(2017 年版 2020 年修订)》提出“学科核心素养是学科育人价值的集中体现，是学生通过学科学习而逐步形成的正确价值观、必备品格和关键能力。”《中国高考评价体系》提出：“根据高校人才选拔要求和国家课程标准，遵循考试评价的规律，高考评价体系将应考查的素养教育目标凝练为‘核心价值、学科素养、关键能力、必备知识’的‘四层’考查内容。”由此可见，关键能力既是教学的重要目标，又是高考考查的重要内容。结合近年来的高考化学命题实践，将化学的关键能力归纳为信息获取与加工、逻辑推理与论证、批判性思维、科学探究与实验能力。信息获取与加工包括分析与推测能力、归纳与论证能力。分析与推测能力是从知识的抽象理论到具体应用，包括判断物质结构、分析物质性质、预测反应现象和推断反应结果；归纳与论证能力是个别现象到一般规律的要求，包括识别有效证据、学科推理论证、处理转化数据和归纳总结规律。批判性思维的特征主要有分析性、条理性、探究性和创新性，被包含在分析与推测和归纳与论证能力中，是对思维进行反思、质疑、分析和推理的过程，有利于学生高阶思维的培养。科学探究与实验能力包括设计探究方案、描述实验现象、分析实验数据以及评价探究方案。

(一)信息获取与加工的考查

信息获取与加工的考查，通常是指学生针对化学问题，从信息中提取有价值性的内容，经过自己的加工整合所形成的解决问题的能力。高考化学试题中

所考查的信息获取与加工主要包括以下三种形式。

1. 文字类信息的获取与加工

文字信息在高考试题中应用最多，是一种最常用、最直接的呈现形式。常见类型有两种：一是熟悉、简单的文字信息的获取与加工，常出现在日常生活情境类的试题中，主要取材于新闻、环境、健康、能源、传统文化，以及学生在生活中有所体验的或者所接触的某些生活常识或生活知识等，常见有以下六个考向：化学与生活；化学与健康；化学与科技；化学与材料；化学与环保；化学与传统文化。如2024年全国甲卷考查了化学与能源、2024年新课标卷考查了化学与传统文化。二是陌生、复杂的文字信息的获取与加工，这类信息主要出现在学生探索情境和化学史料情境类的试题中，所涉及的情境和信息是全新的，知识大都是学生未知的，以新物种、新概念和新规律的形式呈现，解题时首先要获取新知识，再运用新知识解决新问题。如2024年全国新课标卷第9题的实验目的是“合成1-(4-甲氧基苯基)-2，5-二甲基吡咯”，对于学生来说这种物质是陌生、复杂的，需要从有机物官能团的性质和变化中去理解实验原理。

2. 化学用语信息的获取与加工

化学用语是化学学科独特的信息形式，高考化学试题会通过不同的化学语言传递相关信息。常见类型有两种：一是表示物质组成的化学用语，如分子式、化学式、结构简式等，如2024年，全国甲卷第9题、全国新课标卷第2题、山东卷第8题、广东卷第9题、北京卷第11题、湖南卷第5题等，均给出了有机物的结构简式，解题时需要根据结构简式进行分析判断；二是表示物质变化的化学用语，如离子方程式、化学方程式、电离方程式、热化学方程式、电极反应式等，如2024年全国新课标卷第11题、黑吉辽卷第19题、山东卷第17题、浙江6月卷第21题，除有机合成路线图外，均给出以化学方程式表示物质转化的新信息，解题时需要从这些化学方程式中找出物质转化的规律，化学键的断开与形成的规律，再进行迁移应用。

3. 图表类信息的获取与加工

为有效考查学生的关键能力和学科素养，高考命题改变相对固化的命题形式，在试题呈现方式上不断进行创新，近年来数据表格、变化曲线、结构模型图等图表信息在高考题中被越来越多地被采用。此类试题要求学生从所给的图表中提取和筛选关键数据，并进行数据转化，进而分析解决实际问题，实现对学生信息理解、数据处理等能力以及证据推理与模型认知学科核心素养的考查。如 2024 年全国甲卷第 13 题给出离子浓度对数图像、全国新课标卷第 8 题给出工艺处理图和溶度积表格、北京卷第 18 题给出的工艺处理图和吸收率与浸出率图、山东卷第 13 题给出电解装置图等。

下面以 2024 年全国甲卷第 26 题为例说明对信息获取与加工的考查。

【例1】(2024 年全国甲卷 · 26)钴在新能源、新材料领域具有重要用途。某炼锌废渣含有锌、铅、铜、铁、钴、锰的 +2 价氧化物及锌和铜的单质。从该废渣中提取钴的一种流程如下。

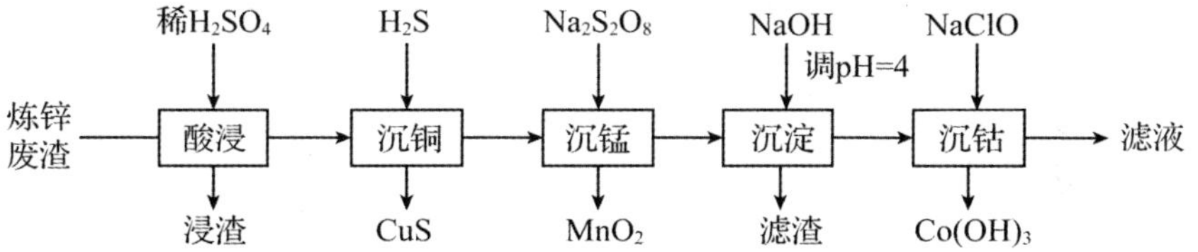

注：加沉淀剂使一种金属离子浓度小于等于 10^{-5} mol · L^{-1}，其他金属离子不沉淀，即认为完全分离。

已知：① $K_{sp}(CuS) = 6.3 \times 10^{-36}$, $K_{sp}(ZnS) = 2.5 \times 10^{-22}$, $K_{sp}(CoS) = 4.0 \times 10^{-21}$。

②以氢氧化物形式沉淀时，lg[c(M)/(mol · L^{-1})]和溶液 pH 的关系如图所示。

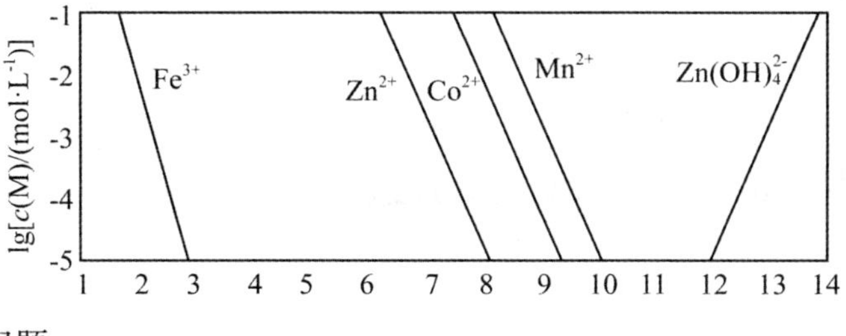

回答下列问题：

(1)“酸浸”前，需将废渣磨碎，其目的是________________。

(2)“酸浸”步骤中，CoO 发生反应的化学方程式是________________。

(3)假设“沉铜”后得到的滤液中 $c(Zn^{2+})$ 和 $c(Co^{2+})$ 均为 0.10 mol · L^{-1}，向其中加入 Na_2S 至 Zn^{2+} 沉淀完全，此时溶液中 $c(Co^{2+})$ = ________ mol · L^{-1}，

据此判断能否实现 Zn^{2+} 和 Co^{2+} 的完全分离（　　）（填“能”或“不能”）。

(4)“沉锰”步骤中，生成 1.0 mol MnO_2，产生 H^+ 的物质的量为________。

(5)“沉淀”步骤中，用 NaOH 调 pH = 4，分离出的滤渣是________。

(6)“沉钴”步骤中，控制溶液 pH = 5.0 ~ 5.5，加入适量的 NaClO 氧化 Co^{2+}，其反应的离子方程式为________________________。

(7)根据题中给出的信息，从“沉钴”后的滤液中回收氢氧化锌的方法是________。

【解析】本题以流程图形式呈现从湿法炼锌产生的废渣中分离提取含锰高钴成品的多步转化过程，将化学反应与中学化学知识相融合，侧重工艺流程中涉及的反应和操作、化学反应原理剖析、与 K_{sp} 有关的计算等考查。本题从湿法炼锌产生的废渣中分离提取含锰高钴成品真实情境为载体，在复杂、陌生的研究对象及问题情境下，主要考查了学生信息获取与加工的能力。

首先，从文字部分进行加工，由“某炼锌废渣含有锌、铅、铜、铁、钴、锰的 +2 价氧化物及锌和铜的单质”，可知炼锌废渣中含有的物质；其次，对工艺流程图进行加工，如下图所示，中间的虚线为操作线（从左到右依次操作），上面的虚线为试剂线；最后，如下表所示，从 lg[c(M)/(mol · L^{-1})] 和溶液 pH 的关系数据中，可判断沉淀情况。该题综合考查了学生获取文字信息、读图、获取图示数据以及分析问题、解决问题的能力。

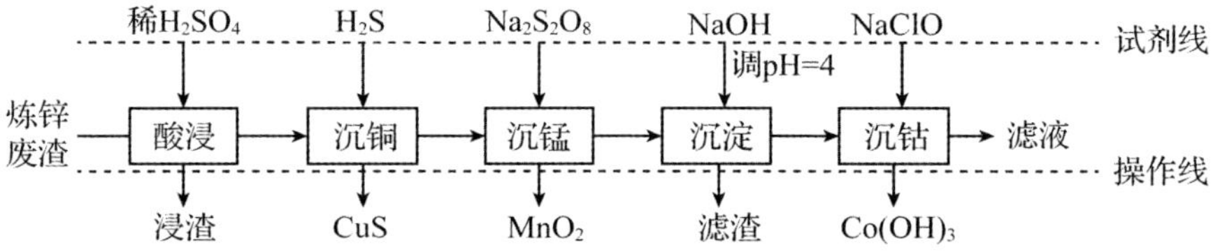

信息获取	信息加工
题干信息中给出炼锌产生的废渣成分	区分杂质元素和产品元素
工艺流程图	对产品元素和杂质元素进行示踪，第一行为除杂试剂线，第二行为操作线，第三行主要是杂质线，可获得多种产品
四种离子完全沉淀的 pH	pH = 4 时，四种沉淀的沉淀情况

（二）逻辑推理与论证的考查

逻辑推理与论证着重考查学生根据已有前提和逻辑得出可靠结论的能力，

一方面强调逻辑的有效性，另一方面要求证据的可靠性。高考化学试题逻辑推理和论证能力的考查，主要是要求学生能从一般原理或规律出发，运用数学演算或逻辑推理得出特殊事实应遵从的规律。概括来讲，高考化学试题所考查的逻辑推理与论证主要包括：分析与推测、归纳与论证。

1. 分析与推测

分析与推测能力主要指基于对化学反应规律的认识，运用比较和分类等方法，预测物质的性质或可能发生的反应及产物；根据物质性质或反应现象等，判断物质的结构特征；结合化学原理，推测简单反应过程和机理。如 2024 年全国甲卷第 9 题，首先要分析题给 PLA、MP、MMA 的结构简式，再根据物质所含基团和官能团的种类，结合已学知识推测该物种的结构和性质；2024 年全国甲卷第 36 题，给出白藜芦醇的合成路线，分析推测合成过程中物质所含的官能团名称、物质的结构简式、反应类型、物质转化涉及反应的化学方程式等；2024 年全国新课标卷第 11 题，给出四氟咯草胺的合成路线，分析推测合成过程中的反应类型、试剂作用、物质结构、官能团名称、结构简式、手性碳原子等。

2. 归纳与论证

归纳与论证能力主要指根据不同呈现方式的数据和信息，利用数学方法对数据进行转化，推导化学参数以及它们之间的定量关系，归纳总结出变化特征和规律；比较不同方式得到的结果，论证并得出科学合理的结论。如 2024 年全国新课标卷第 29 题的第(3)小问，首先要根据 $Ni(CO)_4$ 制备反应的特点以及其他条件不变时增大压强平衡右移的性质，论证不同压强下 $Ni(CO)_4$ 体积分数与温度的关系曲线的对应关系，才能进行基于“三段式”的转化率计算和基于定义表达式的平衡常数计算。

下面以 2024 年全国甲卷第 28 题为例说明对逻辑推理与论证的考查。

【例2】(2024 年全国甲卷·28)甲烷转化为多碳化合物具有重要意义。一种将甲烷溴化再偶联为丙烯(C_3H_6)的研究所获得的部分数据如下。回答下列问题：

(1)已知如下热化学方程式：

$CH_4(g) + Br_2(g) \xlongequal{} CH_3Br(g) + HBr(g) \quad \Delta H_1 = -29\ kJ \cdot mol^{-1}$

$3CH_3Br(g) \xlongequal{} C_3H_6(g) + 3HBr(g) \quad \Delta H_2 = +20\ kJ \cdot mol^{-1}$

计算反应 $3CH_4(g) + 3Br_2(g) \xlongequal{} C_3H_6(g) + 6HBr(g)$ 的 $\Delta H =$ ________

$kJ \cdot mol^{-1}$。

(2) CH_4 与 Br_2 反应生成 CH_3Br，部分 CH_3Br 会进一步溴化。将 8 mmol CH_4 和 8 mmol Br_2 通入密闭容器，平衡时，$n(CH_4)$、$n(CH_3Br)$ 与温度的关系见下图（假设反应后的含碳物质只有 CH_4、CH_3Br 和 CH_2Br_2）。

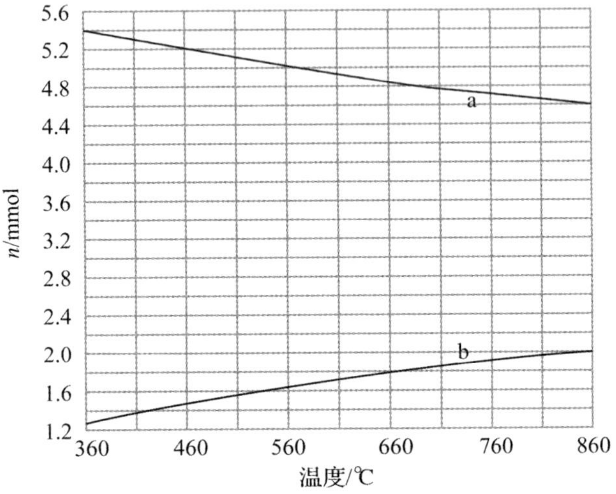

(ⅰ)图中 CH_3Br 的曲线是________（填"a"或"b"）。

(ⅱ)560 ℃时，CH_4 的转化率 $\alpha =$ ________，$n(HBr) =$ ________ mmol。

(ⅲ)560 ℃时，反应 $CH_3Br(g) + Br_2(g) \xlongequal{} CH_2Br_2(g) + HBr(g)$ 的平衡常数 $K =$ ________。

(3)少量 I_2 可提高生成 CH_3Br 的选择性。500 ℃时，分别在有 I_2 和无 I_2 的条件下，将 8 mmol CH_4 和 8 mmol Br_2 通入密闭容器，溴代甲烷的物质的量(n)随时间(t)的变化关系见下图。

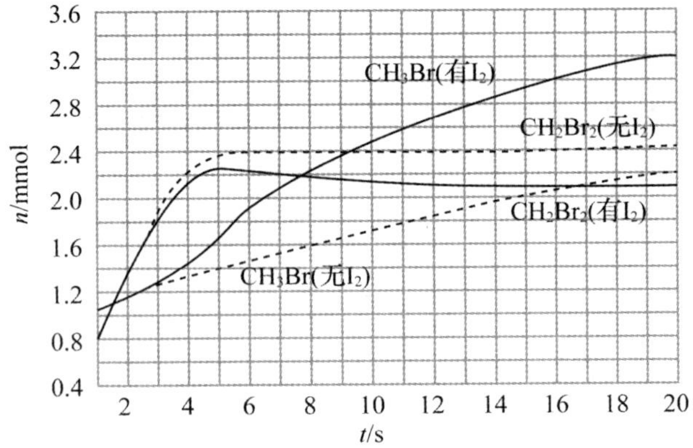

（ⅰ）在 11 ~ 19 s 之间，有 I_2 和无 I_2 时 CH_3Br 的生成速率之比 $\frac{v(有\ I_2)}{v(无\ I_2)}$ = ________。

（ⅱ）从图中找出 I_2 提高了 CH_3Br 选择性的证据：________________。

（ⅲ）研究表明，I_2 参与反应的可能机理如下：

① $I_2(g) = \cdot I(g) + \cdot I(g)$

② $\cdot I(g) + CH_2Br_2(g) = IBr(g) + \cdot CH_2Br(g)$

③ $\cdot CH_2Br(g) + HBr(g) = CH_3Br(g) + \cdot Br(g)$

④ $\cdot Br(g) + CH_4(g) = HBr(g) + \cdot CH_3(g)$

⑤ $\cdot CH_3(g) + IBr(g) = CH_3Br(g) + \cdot I(g)$

⑥ $\cdot I(g) + \cdot I(g) = I_2(g)$

根据上述机理，分析 I_2 提高 CH_3Br 选择性的原因：________________。

【解析】甲烷转化为多碳化合物具有重要意义。本题以一种将甲烷溴化再偶联为丙烯（C_3H_6）的研究为载体，主要考查化学反应原理模块的基础知识，涉及反应热、转化率、平衡常数、多平衡组分物质的量等定量计算的问题。本题通过对反应原理的定量计算，在复杂、陌生的研究对象及问题情境下，主要考查了学生信息获取与加工、逻辑推理与判断的能力。

第（1）问，基于给出的已知热化学方程式利用盖斯定律进行计算求解。

第一步——找出目标反应中的相应物质

- 反应物：$CH_4(g)$、$Br_2(g)$
  生成物：$C_3H_6(g)$、$HBr(g)$
  其他物质：$CH_3Br(g)$

第二步——消去其他物质

- ① $CH_4(g)+Br_2(g) = CH_3Br(g)+HBr(g)$　$\Delta H_1=-29\ kJ\cdot mol^{-1}$
  ② $3CH_3Br(g) = C_3H_6(g)+3HBr(g)$　$\Delta H_2=+20\ kJ\cdot mol^{-1}$
- 则目标反应=3①+②

第三步——计算

- $\Delta H=3\Delta H_1+\Delta H_2$
  $=(-29\times3)kJ\cdot mol^{-1}+20\ kJ\cdot mol^{-1}$
  $=-67\ kJ\cdot mol^{-1}$

第(2)问第一个空，通过图像信息和反应特点，分析判断曲线与温度的对应关系。

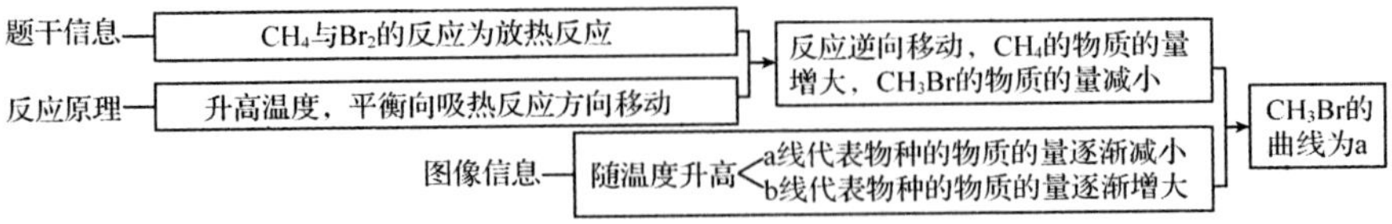

第(2)问第二个空，结合图中所给信息，计算转化率。

第一步 —— 写出定义表达式

CH_4的转化率$=\dfrac{\text{已反应的}n(CH_4)}{\text{原有}n(CH_4)}\times100\%=\dfrac{n(CH_4)_{\text{转化}}}{n_0(CH_4)}\times100\%$

第二步 —— 找数据

560℃时，$n_0(CH_4)=8$ mmol
剩余甲烷 $n(CH_4)=1.6$ mmol

$n(CH_4)_{\text{转化}}=n_0(CH_4)-n(CH_4)=8\text{ mmol}-1.6\text{ mmol}=6.4\text{ mmol}$

第三步 —— 代数计算

CH_4的转化率$=\dfrac{n(CH_4)_{\text{转化}}}{n_0(CH_4)}\times100\%=\dfrac{6.4}{8}\times100\%=80\%$

第(2)问第三个空，基于“三段式”的物质的量计算。

图中560 ℃时，$n(CH_4)=1.6$ mmol、$n(CH_3Br)=5.0$ mmol，假设CH_4与Br_2、CH_3Br与Br_2的变化量分别为x mmol、y mmol，则

	$CH_4(g)$	$+\ Br_2(g)$	$=\!=\!=\ CH_3Br(g)$	$+\ HBr(g)$
始/mmol	8	8	0	0
变/mmol	x	x	x	x
平/mmol	$8-x$		$x-y$	$x+y$

	$CH_3Br(g)$	$+\ Br_2(g)$	$=\!=\!=\ CH_2Br_2(g)$	$+\ HBr(g)$
变/mmol	y	y	y	y
平/mmol	$x-y$			$x+y$

$n(CH_4)=(8-x)\text{ mmol}=1.6\text{ mmol}$

$n(CH_3Br)=(x-y)\text{ mmol}=5.0\text{ mmol}$

$x=6.4$，　$y=1.4$，　$n(HBr)=(x+y)\text{ mmol}=7.8\text{ mmol}$

第(2)问第四个空，基于定义表达式的计算。

第一步 —— 写出定义表达式

$$K=\frac{c(CH_2Br_2)\cdot c(HBr)}{c(CH_3Br)\cdot c(Br_2)}\xrightarrow{c=\frac{n}{v}}K=\frac{n(CH_2Br_2)\cdot n(HBr)}{n(CH_3Br)\cdot n(Br_2)}$$

第二步 —— 找数值

$n(CH_3Br)=5.0\ \text{mmol}$　$n(Br_2)=0.2\ \text{mmol}$

$n(HBr)=7.8\ \text{mmol}$　$n(CH_2Br_2)=1.4\ \text{mmol}$

第三步 —— 代数计算

$$K=\frac{n(CH_2Br_2)\cdot n(HBr)}{n(CH_3Br)\cdot n(Br_2)}=\frac{1.4\times7.8}{5.0\times0.2}=10.92$$

第(3)问第一个空，结合图中所给信息，反应速率比值计算。

第一步 —— 写出定义表达式

$$v=\frac{\Delta c}{\Delta t}=\frac{\frac{\Delta n}{V}}{\Delta t}$$

第二步 —— 找数值

	11 s	19 s
有I_2	$n(CH_3Br)=2.6\ \text{mmol}$	$n(CH_3Br)=3.2\ \text{mmol}$
无I_2	$n(CH_3Br)=1.8\ \text{mmol}$	$n(CH_3Br)=2.2\ \text{mmol}$

第三步 —— 代数计算

有I_2 $v=\frac{\frac{\Delta n}{V}}{\Delta t}=\frac{\frac{3.2-2.6}{V}}{\Delta t}$

无I_2 $v=\frac{\frac{\Delta n}{V}}{\Delta t}=\frac{\frac{2.2-1.8}{V}}{\Delta t}$

→ 有I_2和无I_2时CH_3Br生成速率之比$=\frac{\frac{\frac{3.2-2.6}{V}}{\Delta t}}{\frac{\frac{2.2-1.8}{V}}{\Delta t}}=\frac{3.2-2.6}{2.2-1.8}=\frac{3}{2}$

（三）批判性思维的考查

现代高中化学课程重视开展“素养为本”的教学，注重引导学生形成科学精神，拥有创新能力，发挥化学学科的整体育人功能，这要求学生不仅要学习核心化学知识，还要能够发展科学思维，强化创新意识，具有批判性思维精神。通过批判性思维的培养，学生能够能动地构建科学文化知识，辩证地分析生活中的现象和问题，创造性地解决实践问题，形成严谨求实的科学态度。2024 年高考化学试题对于批判性思维的考查进行了有益的、全面的探索，为高等学校选拔具有较好发展潜力的新生提供了有效参考，对中学教学培养创新意识发挥了良好的导向作用。主要体现在以下三个方面。

1. 结构不良问题的反思

结构不良问题又称非良构问题、劣构问题，是指那些初始状态、目标状态、解决方法至少有一项不清晰的问题。结构不良问题具有如下特点：一是和具体情境相联系；二是问题的描述比较含糊；三是给定信息不完全，缺少限定；四是目标不确定，问题的构成存在未知或某种程度的不可知部分；五是不知道哪些概念、规则和原理对于解决问题有用。如2024年全国甲卷第28题，针对HBr的物质的量计算时，对于缺少的数据可以利用假设法，可设CH_4与Br_2、CH_3Br与Br_2的变化量分别为x、y进行计算；2024年湖北卷第13题，在比较CO_3^{2-}与Pb^{2+}浓度大小时，可根据$pH=6.5$时，$\delta(Pb^{2+})>50\%$，计算过程中可对Pb^{2+}浓度作近似运算，再根据$Q(PbCO_3)<K_{sp}(PbCO_3)$，算出CO_3^{2-}浓度的范围。

2. 常规认知思维的质疑

批判性思维是一种识别、评价思维过程中各种推理论证的能力，从是否合理的角度来评判推理与论证。高中化学教学中培养学生的批判性思维，很重要的一点就是树立学生尊重事实和依据的意识，形成严谨务实的科学态度，防止定势思维、死记硬背、机械刷题。2024年安徽卷第13题，离子浓度大小比较，思维定式地认为S^{2-}水解程度较弱，得出错误的结论$c(S^{2-})>c(OH^-)$。很多结论是在特定的条件下推出的，当情况变复杂时就不能主观臆断。遇到此类问题时，要作定量分析，基于数据得出离子浓度关系的大小结论，而不是仅仅停留在定性分析。通过构建离子浓度的数学模型进行比较，来获取离子浓度的数据，可以更加深入学习知识的本质内涵，训练化学思维，培养严谨求实的科学态度。

3. 复杂动态体系的辨析

化学科学具有严谨的理论和逻辑体系，在高考中通过对逻辑推理和理性思维的考查，可以衡量学生批判性思维的发展水平，而对于理性思维的考查，突出体现在综合分析问题的过程之中，通过复杂情境的设计增强题目综合性，考查学生是否能够根据已知信息，辨析研究对象，从合理的角度思考问题，用合理的方法解决问题。高考试题中主要有以下两种形式：一是呈现方式的复杂性，如2024年吉林卷第15题，题给图像采用了负对数坐标且给了三种难溶性物质，要求考生从复杂的呈现方式中找到有用的信息和数据；二是研究对象的复杂性和动态性变化，如2024年湖南卷第18题的研究对象就是一个多平衡动态变化体系，该题所给的反应体系中发生了三个反应，三个反应先后进行且相互影响，最终达到平衡。

（四）科学探究与实验能力的考查

根据《普通高中化学课程标准(2017年版2020年修订)》，科学探究与创新意识素养的内容表述为：认识科学探究是进行科学解释和发现、创造和应用的科学实践活动；能发现和提出有探究价值的问题；能从问题和假设出发，依据探究目的，设计探究方案，运用化学实验、调查等方法进行实验探究。科学探究与实验能力主要是根据实验操作和过程，分析实验目的或预测实验结果，要求学生根据已有原理或规律，设计实验方案并操作实验、收集证据，表达自己的观点，是具有化学学科特征的重要能力。高考化学试题中所考查的学科探究与实验能力主要包括以下三个方面。

1. 实验方案的设计与评价

实验方案的设计与评价主要是指根据实验目的和要求，设计或评价实验方案。对实验方案设计的考查主要出现在非选择题中，包括实验仪器的选择和使用、实验基本操作、实验方案的设计等。如2024年全国甲卷第27题以“过氧化脲的合成、检测和纯度测定”实验为情境，通过对实验现象和实验操作的设问，考查学科论证、逻辑推理的能力；2024年浙江1月卷第20题第(2)小问要求回答装置的连接顺序；2024年安徽卷第16题第(6)问要求回答试剂的选择；2024年全国新课标卷第28题第(7)问要求回答操作方法，考查的均为实验基本操作和试剂功能。

2. 实验过程的分析与判断

实验过程的分析与判断主要指描述实验现象，处理、分析实验数据和结果，得出相应结论。如2024年山东卷第19题第(3)问要求回答滴定终点的现象；2024年湖北卷第18题第(2)问要求分析实验过程中“HCO_3^-大大过量”的原因。

3. 实验结果的处理与分析

实验结果的处理与分析主要指在运用规律、原理和方法解决生产生活、实践探索、科学研究等实际问题的过程中，构建解决问题的模型，清晰、准确而有逻辑地运用化学专业术语、数据图表和模型等方式表达自己的观点和方案，科学而有创造性地解决问题。2024 年高考试题中主要有以下形式：一是根据实验数据进行计算，如浙江 1 月卷第 20 题、河北卷第 15 题、黑吉辽卷第 17 题、山东卷第 19 题、安徽卷第 16 题；二是分析实验误差，如全国甲卷第 27 题，山东卷第 19 题、安徽卷第 16 题；三是根据实验结构优化方案，如 2024 年广东卷第 17 题的第(4)问要求优化实验方案证明 $CaSO_4(s) + CO_3^{2-}(aq) \rightleftharpoons CaCO_3(s) + SO_4^{2-}(aq)$ 平衡的建立。

四、串联线：优化情境设计，重视思维品质培养

高考化学试题通过创设灵活新颖的情境、设置开放性问题等方式，反对机械刷题、优化考查方式，引导学生灵活运用所学知识，在学好学科知识的基础上自主思考，培养其探索性、创新性思维品质。化学情境一般包括学习探索情境、生产生活实践情境、学术探索情境和实验探究情境，2024 年化学高考试题在情境创设上进一步加强开放性和灵活性，引导学生思维品质和关键能力培养培育。

(一)学习探索情境

学习探索情境试题主要以学科知识研究中遇到的复杂问题，通过情境的描述和问题的设问，考查学生建构及应用的能力，强调学生要主动将新的问题纳入已有的知识体系中，从而构建新的解决问题的途径。学习探索情境一般具有以下几个特点：一是试题素材主要来源于教材，情境素材的熟悉度高，有利于提升学生入题的信心；二是试题设问的形式常规，利于学生有充分的获得感；三是情境素材不仅是辨识记忆型的素材，还有整合性素材，以促进学生能力与思维的发展；四是情境素材呈现的多样性，有流程图、图像、曲线、表格、模型等多种形式，锻炼学生准确提取关键信息并与已学知识整合的能力。如 2024 年全国甲卷第 8 题以离子方程式的书写为情境；2024 年全国新课标卷第 5 题以化学式、原子结构、周期表为情境。

（二）生产生活实践情境

生产生活实践情境，是指按照现实生产生活中化学现象及其转化的内在规律呈现的真实情境，主要用于检测化学原理的迁移与应用。生产生活实践情境一般具有以下几个特点：一是体现生活性，情境素材与生产生活高度相关，学生在试题解答过程中能感悟到化学与人类生产生活之间的紧密联系；二是体现真实性，生产生活实践情境符合大众的基本认知，能通过学科知识来进一步深化大众的认知；三是体现科学性，情境素材经得起推敲，要符合实验事实和科学原理。如2024年全国新课标卷第6题以一种可植入体内的微型电池为情境；2024年山东卷第11题以食醋风味形成的关键是发酵，发酵包括淀粉水解、发酵制醇和发酵制酸等为情境；2024年湖北卷第2题以我国第三艘航空母舰舰体表面需要采取有效的防锈措施为情境。

（三）学术探索情境

学术探索情境试题以学术刊物最新的研究方法和成果为情境信息，还原了知识产生和应用的真实场景，与新课程改革及招生考试制度改革的理念相契合。从试题的命制来看，学术探索情境试题首先遵从了原文献，还原了知识的真实场景，表现在试题的图片情境信息和关键文字情境信息直接取材于原文献。同时，为适应高考要求，对专业的研究方法和成果进行了简化和提炼，对部分信息进行了适当的补充或删减。最新的学术研究成果与社会经济发展、科技进步、生活实际等密切相关，是考查学生知识和素养水平的良好素材。文献情境素材对所有考生而言是陌生的，可以保证试题的公平性，也能引导学生重视情境的分析和知识的应用，避免机械式记忆。化学学科学术探索情境大致分为三类：一是最新合成方法，是指对已知化合物采用新方法或新技术进行合成。这类情境对应的物质多数是有机物，其中新合成方法的基本特征是绿色、经济、高选择性，要求生产技术更加高效并注重环保。二是新颖功能物质，其基本特征是新型复合材料或新型催化剂的结构。因此，该情境主要考查物质结构与性质。三是对于某些已经工业化的化学反应，采用新型的催化技术可提高转化效率、降低生产成本。催化理论属于反应原理的内容，以此为情境可以考查考生推理反应过程中的能量变化、判断反应历程和机理以及提高反应物转化率的措施等。

（四）实验探究情境

化学作为一门以实验为基础的学科，它需要学生掌握科学实验的基本思路和方法，去解决真实世界中的复杂化学问题。在实验中寻求思维创新和能力提升，成为化学学科关键能力培养的核心内容。因此，在高考化学试题中，命题者常将真实的科学实验和探究实验情境融入试题，考查学生分析实验的能力、迁移实验方法的能力，以及综合运用所学知识和技能解决实际问题的能力。高中阶段的化学实验情境包括两个方面：一是基本操作型实验，锻炼学生的动手操作能力，为深入研究打下基础；二是研究型实验，可以提高学生认识物质的水平，提升实验探究能力。根据实验目的的不同，可将实验情境分为三类：一是确定某种物质的组成，属于定性与定量分析情境；二是在实验室中利用常见药品制取目标物质并进行分离提纯的实验，属于物质制备与纯化情境；三是研究温度、浓度、压强等不同条件对反应速率和化学平衡的影响，属于探究反应规律情境。如 2024 年山东卷第 12 题以实验操作、实验现象的一致性为情境；2024 年北京卷第 6 题以实验、实验装置的一致性为情境；2024 年全国甲卷第 27 题以过氧化脲的制备为情境。

五、小结：突出关键能力考查，引导创新人才培养

高考试题以立德树人为根本任务，加强对学生的价值引领。试题命制依托《中国考试评价体系》，坚持素养立意，注重考查科学素养，有效落实高考改革理念，着力发挥高考科学选才和引导教学的核心功能，提升人才选拔培养质量。高考命题遵循高考评价体系“价值引领、素养导向、能力为重、知识为基”的综合评价理念，坚持素养立意，增强试题的基础性、应用性、综合性、创新性，减少机械刷题，引导课堂教学提质增效，培养学生的科学精神。试题要求学生扎实掌握基础知识，触类旁通、融会贯通地运用知识解决生产生活和科学研究中的实际问题，充分认识所学知识的应用价值，促进学生主动思考，培养创新性思维。结合近年来的高考化学命题实践，化学命题将呈现以下特点或趋势。

第一，以《课程标准》和《中国高考评价体系》为命题依据。《课程标准》和《中国高考评价体系》是高考试题命制的基本依据和核心指南。这就需要我们深刻理解和认识高考的核心功能，准确把握高考的考查内容和考查要求，坚持学科素养导向，强化“价值引领、素养导向、能力为重、知识为基”的多维考查模式，化学试题要实现从“考知识技能”向“考能力素养”的转变，实现从解题向解决问题的转变。

第二，紧扣“三线”逻辑，坚持命题四项原则，重点考查关键能力。高考命题将继续落实立德树人的基本任务，加强价值引领，引导学生德智体美劳全面

发展；坚持素养导向，着重考查关键能力，服务拔尖创新人才培养和人才自主培养质量提升；进一步优化情境创设，加大试题的开放性、探究性和创新性，注重学用结合，强化思维品质考查。“核心价值金线”“能力素养银线”“情境载体串联线”是高考命题的逻辑主线，这在过去几年的高考命题中得到了充分体现，也将是未来高考命题遵循的基本方向。以“三线”为基础，高考命题坚持“无价值，不入题；无思维，不命题；无情境，不成题；无任务，不立题”的命题原则。在关键能力方面，化学高考命题将进一步加强对信息获取与加工、逻辑推理与论证、科学探究与实验、批判性思维、语言组织与表达等能力的考查。高考试题要通过特定的任务驱动和情境创设，增强试题的开放性、探究性和创新性，考查学生灵活运用所学知识、调动关键能力、发现问题、分析问题和解决问题的综合品质。

第三，夯实基础知识，坚持稳中求进，科学调控试题难度。一方面，试题合理调整设计，鼓励学生回归课堂、理性学习，注重在回归基础上深入思考，拒绝死记硬背和机械刷题。学科必备知识是学生把握学科本质、灵活运用积累、发展创新性思维的基础和必要条件。试题加强必备知识考查，强调对学科主干知识的深刻理解和应用，助力学生夯实科学基础。化学的必备知识分为化学语言与概念、物质结构与性质、反应变化与规律、物质转化与应用、实验原理与方法五个方面，这些内容是学生今后进一步学习化学的基础，因此成为高考化学考查的主要内容。试题通过对这些必备知识的考查，包括概念辨析、事实判断、原理分析等，有效鉴别学生对学科必备知识的掌握程度。另一方面，化学命题保持整体平稳，科学设计试题试卷难度，在考试内容覆盖上保持平衡，在命题素材选择上保持平实，在试题设问上保持平和，在试卷结构设计上保持平稳。与此同时，高考改变相对固化的试题形式，科学设计试题设问，优化试题呈现方式，减少死记硬背和机械刷题现象，进一步加大对关键能力、学科素养和思维品质的考查力度，不断增强试题的开放性、探究性和创新性，加大试题的区分度。

第四，高考化学试题严格依据课程标准命制，考查内容不超过课标要求，引导中学按照高中课程标准进行教学，确保新老课标平稳衔接，稳妥推进。有效控制试题难度，注重考查一些通用性的化学思维和方法，加强对主干知识、基本规律和基本原理的考查。进一步加大试题的开放性、探究性和创新性，注重对学生关键能力和思维品质的考查，助力创新人才培养。

第六节　生物命题理论与实践

2024 年高考生物命题坚持以习近平新时代中国特色社会主义思想为指导，全面落实立德树人根本任务，有机融入党的二十大精神和党的教育方针，助力人才自主培养质量提升，引导学生德智体美劳全面发展，服务教育强国建设。命题遵循国家课程标准，进一步加强考教衔接，对基础教育发挥良好导向作用；旨在反映自然科学的本质，为学生终身学习和发展奠定重要基础，促进人类科学事业的发展与社会的进步，引导基础教育依标教学；依托中国高考评价体系，提高试题的基础性、综合性、应用性、创新性；聚焦高中生物学学科必备知识、关键能力、学科素养和思维品质，注重考查所学知识在社会生产、生活实际中的融会贯通和灵活运用，服务拔尖创新人才培养。

一、基本情况概述

2024 年高考生物全国卷命题全面贯彻落实党的二十大精神和党的教育方针，以立德树人为根本任务，加强对学生的价值引领，激发学生崇尚科学、探索未知的兴趣，落实立德树人根本任务。试题命制依托《中国高考评价体系》，坚持素养立意，注重考查学科素养，有效落实高考改革理念，着力发挥高考科学选才和引导教学的核心功能，提升人才选拔培养质量。全国卷 2024 年生物学试题遵循以稳为主、稳中求进的总基调。试题充分考虑学情变化，衔接课程改革和新高考改革，加强教考衔接，注重基础性、综合性、应用性、创新性考查，注重理论联系实际，考查学生灵活运用所学知识、学以致用的能力，服务教育强国建设。

第一、第二批进入新高考省份的 2024 年生物学试题稳中有新。2024 年山东卷试题继续保持近年来的命题风格，立足学科特征，精心选取素材、创设情境，注重衔接课程改革，保持以稳为主、稳中求进的总基调；从新高考以来的山东卷看，每道题的阅读量大、思维量大、涉及的内容多，需要不断进行多点综合、分析等能力转换才能解决问题。2024 年北京卷生物试题立足国家人才战略，以科学家精神铸魂育人，引导考生像科学家一样思考，集中反映生命科学特征规律，带动学科思想观念提升。

第三批进入新高考的 8 个省份的 2024 年高考试题，较好地落实了高考评价体系的要求，大多数题目传承 2023 年的设计思想，采用强情境，突出对考生进行“一核四层四翼”的考查。如 2024 年广东卷生物试题突出了时代性、学科性、创新性、开放性、灵活性，坚持守正创新，突出真实问题情境的设计，强调知行合一、学以致用，考查学生解决问题的能力，助力创新人才的多层次选拔。

2024 年首届新高考的 7 个省份生物学试题充分考虑学情变化和新旧课标的差异，加强教考衔接，精选试题素材，创新试题设计，发挥自然科学独特育人功能，激发学生崇尚科学、探索未知的兴趣，引导学生夯实知识基础，更好服务拔尖创新人才培养和造就。

二、金线：坚持立德树人，凸显价值引领

党的二十大报告强调，“育人的根本在于立德。全面贯彻党的教育方针，落实立德树人根本任务，培养德智体美劳全面发展的社会主义建设者和接班人”。高考命题充分发挥学科德育价值，通过精心创设试题情境，让学生感受我国悠久的传统文化、了解重大科技成就，激发爱国主义情怀。

高考生物学试题落实立德树人根本任务，加大习近平新时代中国特色社会主义思想进入试题的深度，用社会主义核心价值观铸魂育人，以中华优秀传统文化启智润心，强化政治引领和价值引导，各学科形成合力，服务全面育人、全面发展，引导学生坚定“四个自信”，引导学生坚定理想信念，培育正确的世界观、人生观、价值观，夯实成长成才的思想理论基础，助力培养担当民族复兴大任的时代新人。用精品试题让考生接受思想的启迪、文化的熏陶。促使学生将其内化为精神追求、外化为行动自觉，从而实现教育根本目标。

（一）展现科技成果，增强社会责任

2024 年生物高考试题关注我国新时代重大科技发展成果，以科技成就为背景，围绕运动与人体健康、植物激素调节、构建人类命运共同体、“生态工程”、粮食安全、生物制造新领域、全面建成小康社会等重大时代主题，精心选材和设计试题，采用符合高中学生认知特点的呈现方式，在考试内容中巧妙融入新时代党和国家事业取得的历史性成就、发生的历史性变革，引导学生坚定

“四个自信”，激励学生树立科技报国的远大志向，助力培养勇于担当民族复兴大任的时代新人。

2024 年全国甲卷第 32 题选取共和国勋章获得者、“杂交水稻之父”袁隆平培育杂交水稻的研究历程作为素材，体现其科学报国的拼搏精神与克服困难的坚强意志，融入科学家精神；以三系法杂交水稻的选育过程为核心，借助对关键环节的遗传分析考查相关必备知识和关键能力，引导学生崇尚和热爱科学，激发强国之志。2024 年山东卷第 7 题考查疫苗接种在免疫方面的应用，聚焦科技前沿，突出价值引领，充分展现生物学的学科魅力，激发学生崇尚科学、探索未知的兴趣。2024 年广东卷第 17 题和第 21 题分别以抗肿瘤新药开发和新型生物材料的制造为素材，显示了现代生物制造技术在人类健康、生产生活等领域中的巨大应用前景。

2024 年江西卷第 20 题、河北卷第 16 题、吉林卷第 11 题，以学生熟悉的体育活动和人类疾病等实例考查内环境稳态的概念、稳态调节的具体应用，2024 年全国甲卷第 3 题、吉林卷第 13 题、山东卷第 10 题，以学生熟悉的农业生产情景考查植物生命活动的调节。试题在情境设置、考查内容、提问方式等多方面体现创新性，多方位考查学生创新能力，引导学生注重创新思维，激发学生学习兴趣。

2024 年北京卷第 21 题聚焦粮食安全问题，以我国科研工作者对玉米遗传育种的研究为情境，要求考生运用假说—演绎法，分析基因与玉米籽粒性状的复杂关系，感悟生命科学研究对祖国发展的贡献。

这些试题体现了时代特点，有助于增强考生的社会责任感和使命担当意识，充分发挥了高考立德树人的核心功能。

（二）传达绿色理念，提升环保意识

保护生态环境是生物学学科素养中社会责任的重要体现。高考生物学试题坚持学科素养导向，注重传递保护环境的社会责任感与建设生态文明的使命担当意识。高考试题突出对应用性的考查，强调学以致用，通过创设自然真实的生活实践、学习探索等问题情境，将理论知识与实际问题相结合，考查学生有机整合运用所学知识方法分析问题、解决问题的能力，引导学生主动探索并思考解决日常生活、劳动生产、科学研究、国家发展中的各种问题，不断增强实践能力。

2024 年生物学试题立足学科内容，在生态学的考查中融入习近平生态文明思想，凸显人与自然和谐共生，关注生态文明，关注科技赋能美丽中国的建设成果，展现人与自然一体共存的生态文明理念。如 2024 年山东卷第 18 题以坐标曲线为情境，考查种间关系和种群数量的增长曲线；第 24 题以调查群落的物种丰富度、比较不同群落的物种组成为情境，综合考查生态位、物种丰富度和科学合理规划自然保护区以维系物种多样性所选择的群落及原因。2024 年北京卷第 15 题以“全球人类生态足迹的变化”创设情境，聚焦“绿色发展”的国家重大发展战略和“构建人类命运共同体”。

2024 年新课标卷第 30 题以生态治理为背景，要求学生利用水体富营养化、物质循环过程、生态系统的结构和功能及保护生物多样性等生物学必备知识解析我国生态修复的典型案例“厦门筼筜湖的变化”。2024 年广东卷第 1 题以“碳汇渔业”为素材，第 20 题以“水体生态恢复”为背景，考查了光合作用、群落结构、生态工程原理等必备知识，并要求学生针对具体实际问题从生态学角度提出合理解决措施，引导学生关注身边和社会的生态学问题。2024 年湖北卷第 3 题要求学生利用生态足迹的生物学必备知识解析 2015 年到 2019 年长江经济带人均生态足迹和人均生态承载力的变化。2024 年湖南卷第 20 题以“施用不同情况的肥料及秸秆还田与土壤肥力的关系”为学科情境，要求学生利用生态系统的组成和功能、生态足迹、实验探究的过程等生物学必备知识解析不同施肥方式对土壤微生物数量和脲酶活性的影响。这些题都精心创设情境，联系生活实际，要求学生分析实际案例的同时，增强学生主动注重环境保护、废物循环利用的意愿。引导学生运用所学生物学知识解决环境实际问题，从解题引向解决问题，形成环保理念。

（三）弘扬中华优秀传统文化，增强学生文化自信

文化兴国运兴，文化强民族强。习近平总书记指出：“要增强文化自信，在传承中华优秀传统文化基础上发展社会主义先进文化，加快建设社会主义文化强国。”①中华文化历史悠久，璀璨夺目，发展和传承中华优秀传统文化有助于提升国家文化软实力和中华文化影响力，坚定学生的文化自信。在人类历史的

---

① 习近平:《加强文化遗产保护传承　弘扬中华优秀传统文化》,中国政府网,https://www.gov.cn/yaowen/liebiao/202404/content_6945341.htm

长河中，中华民族的祖先用劳动和智慧创造了光辉灿烂的文化。这些文化一直影响着我们的生活。继承和弘扬中华优秀传统文化，是凝聚中华民族力量的客观要求，是建设中国特色社会主义物质文明和精神文明的现实需要。

2024 年高考生物试题精选传统文化成果，引导学生增强文化自信，自觉传承优秀文化。2024 年新课标卷第 4 题围绕稻田养蟹的生态农业模式，在其兼顾提高水稻产量与收获螃蟹的生产优势基础上，考查学生对生态系统的营养结构、物质循环、能量流量等核心概念的理解和辨识，充分彰显劳动人民科学智慧的同时，引导学生挖掘、继承、创新我国农耕文化。2024 年河北卷第 10 题，以我国悠久的农业文明史为背景，以文化古籍描述为载体，要求学生利用影响种群数量变化的因素、生物的种间关系、生态位和物质循环等生物学必备知识解析传统文化蕴含的生物学原理。2024 年浙江 6 月卷第 10 题，展示柿子醋的制作工艺，考查细胞呼吸原理的同时，更是充分彰显我国劳动人民的智慧，有助于引导学生继承和弘扬中华优秀传统文化，增强文化自信，厚植爱国主义情怀。

这些试题无不显示中华传统文化的博大精深，体现了我国劳动人民的智慧与勤劳，加强文化浸润，坚定学生的文化自信。

（四）倡导体育健身，加强健康意识

生物学是一门与生命现象密切相关的学科，试题融合细胞的元素、化合物组成，稳态的调节，神经调节、体液调节和免疫调节等与健康生活息息相关的知识内容，倡导积极健康的生活方式，强调通过健康生活习惯减少疾病的发生。

2024 年江西卷第 20 题以“运动前、中、后内环境稳态的调节”为学科情境，融入体育教育，从生物学角度探讨运动对机体机能的影响，内容贴近学生实际，引导学生在运动过程中思考各项生理变化的原因和作用机制，提升运动的科学性和准确性，激发锻炼热情，强健体魄，促进学生全面发展。2024 年浙江 1 月卷第 7 题本题以“快递小哥跳入冰冷刺骨的河水勇救落水者时生理变化”为学科情境，弘扬社会正能量的同时有助于增强学生健康意识，关爱生命的社会责任。

2024 年安徽卷第 8 题以“羊口疮病毒引发人畜共患病羊口疮”为情境，由表及里，启示大家关注健康问题。2024 年湖南卷第 9 题以“甲状腺功能异常”为情境考查自身免疫病。2024 年吉林卷第 11 题以“梅尼埃病”为学科情境，要求学生利用内环境稳态的意义、水盐平衡调节的过程等生物学必备知识探索梅尼埃

病的相关症状成因及注意事项，渗透健康教育，将生物学知识与人类疾病的形成联系起来，引导学生探讨生物学知识与人类健康的关系。2024 年河北卷第 16 题以“假性醛固酮减少症”为学科情境，要求学生利用钠盐的代谢、醛固酮的作用、内环境渗透压的调节等生物学必备知识解析生命现象，贴近生活实际，引导学生关注人体健康，注重学生高中生物学科核心素养的培养。

2024 年广东卷第 18 题以“遗传性牙龈纤维瘤病（HGF）”为学科情景，探究人类遗传病遗传方式的判定并涉及人类伦理学等知识；2024 年湖南卷第 18 题考查人类红绿色盲的遗传特点。2024 年山东卷第 7 题以“HBV 侵染肝细胞并增殖的过程”为情境，考查疫苗接种在免疫方面的应用；第 9 题以“血浆 K^+ 浓度异常升高，引起高钾血症”的情境，考查学生利用生物学知识理解高钾血症患者的治疗问题，在关注人体健康的同时培养科学素养中的社会责任与担当。

（五）创新试题设计，考查探索性、创新性思维品质

高考试题反对机械刷题，优化考查方式，引导学生灵活运用所学知识，在学好学科知识的基础上自主思考，培养其探索性、创新性思维品质。获取信息、加工处理信息的能力是学生进一步学习和发展的重要基础。生物试题在情境设置、考查内容、提问方式等多方面体现创新性，多方位考查学生创新能力，引导学生注重创新思维，激发学生学习兴趣。新课标卷第 32 题要求学生设计实验方案检验血液样品中的 HIV，该问题可以选取多种方案，具有一定的开放性，为学生提供了丰富的思考空间，考查学生的创新思维，有助于激发学生的学习热情。

（六）遵循国家课程标准，强调对主干内容的深刻理解和运用

高考生物全国卷试题引导中学教学遵循教育规律，回归课标、回归课堂，严格按照高中课程标准进行教学。各科试题严格依据相应版本的课标命制，确保各卷种的考查内容都在课标要求的范围之内，不追求标新立异，不出“繁难偏怪”试题，通过依标施考引导中学依标施教。例如 2024 年全国甲卷第 3 题围绕几种重要植物激素的运输方式和作用模式，综合考查学生对激素调节模式的理解深度和认知广度。新课标卷第 3 题围绕消化吸收过程的神经调节和体液调节，涉及自主神经对消化机能的调节、条件反射的建立基础、胃液中消化酶的特殊理化条件以及小肠上皮细胞吸收氨基酸等营养物质的过程，多维度关联考查消化吸收各个环节的核心问题，夯实学生的生物学基础。

三、银线：立足必备知识，考查关键能力

关键能力是高考评价体系“四层”中的内容之一，是对必备知识的提升，是发展学科素养的基础。高考生物学试题立足学科本质，以信息获取能力、实验探究能力、逻辑推理能力为突破口，进一步强化关键能力考查方式，引导教师在教学中注重学生关键能力的培养，促进学生学科核心素养的发展。

（一）信息获取、加工与语言表达

信息获取与加工能力主要是学生针对生物学试题，从信息中去提取价值性的内容，经过自己的加工、整合所形成的解决问题的能力。信息可以来自题干或选项中，可能以文字形式或图表等形式存在，获取信息的关键是仔细审题，注重细节抓关键字，而对信息加工处理的主要方法有分析、比较、分类、归纳、概括等，从提供的繁杂信息中抓住关键特征信息，筛除干扰信息，分析重组信息，确定解决问题所需的有用信息，能“从可见的东西中看出不平常的东西来”，进而解决实际问题。

如 2024 年浙江 6 月卷第 10、第 11 题：阅读下列材料，完成下面小题。

柿子具有较高的营养价值和药用价值。采用液体发酵法可酿制出醋香浓郁、酸味纯正的柿子醋，提高了柿子的经济价值。柿子醋的酿造工艺流程如图所示。

柿子 —破碎、加酶榨汁、过滤→ 柿子汁 —酵母菌 酒精发酵→ 柿子酒 —醋母菌 醋酸发酵→ 柿子醋 —过滤、杀菌→ 柿子醋成品

（10）下列关于酒精发酵和醋酸发酵的叙述，错误的是（　　）。

A. 酒精发酵是吸能反应　　B. 酒精发酵在无氧条件下进行

C. 醋酸发酵是放能反应　　D. 醋酸发酵在有氧条件下进行

（11）下列关于柿子醋酿造过程的叙述，错误的是（　　）。

A. 加酶榨汁环节加入果胶酶，有利于提高柿子汁产量

B. 酒精发酵前可对柿子汁进行杀菌，以利于酒精发酵

C. 若柿子酒的酒精度过高，应稀释后再用于醋酸发酵

D. 用不同品种和成熟度的柿子酿造的柿子醋风味相同

【分析】本题考查了高中生物学必备知识微生物发酵的相关内容，题干与选项的总字数在 260 字左右，并给出了柿子醋的酿造工艺流程图解，文字凝练阅读量不大，但信息容量大，需要准确提取关键信息，并对关键信息进行加工，

才能准确作答此题。以下是对本题关键信息的提取与加工过程。

关键信息	隐含前提	信息加工
酒精发酵和醋酸发酵	榨汁环节加入果胶酶，对柿子汁进行杀菌	醋酸发酵
酒精发酵是利用的酵母菌的无氧呼吸，需要的是无氧条件，属于放能反应，(10)A 选项错误，B 选项正确；醋酸发酵利用的是醋酸菌的有氧呼吸，需要的是有氧条件，属于放能反应，(10)C、D 选项正确	酶具有高效性和专一性。榨汁环节加入果胶酶，破坏其细胞壁，有利于提高柿子汁产量，(11)A 选项正确；酒精发酵前要先对柿子汁进行杀菌，再接种酵母菌，以利于酒精发酵，(11)B 选项正确	醋酸菌是好氧细菌，当氧气、糖原充足时可以将糖分解成醋酸，当缺少糖原时可以将乙醇转化为乙醛，再有乙醛转化为醋酸，因此若柿子酒的酒精度过高，应稀释后再用于醋酸发酵，(11)C 选项正确；用不同品种和成熟度的柿子酿造的柿子醋风味不相同，(11)D 选项错误

再如 2024 年全国新课标卷第 31 题：某同学将一种高等植物幼苗分为 4 组(a、b、c、d)，分别置于密闭装置中照光培养，a、b、c、d 组的光照强度依次增大，实验过程中温度保持恒定。一段时间(t)后测定装置内 O_2 浓度，结果如图所示，其中 M 为初始 O_2 浓度，c、d 组 O_2 浓度相同。回答下列问题。

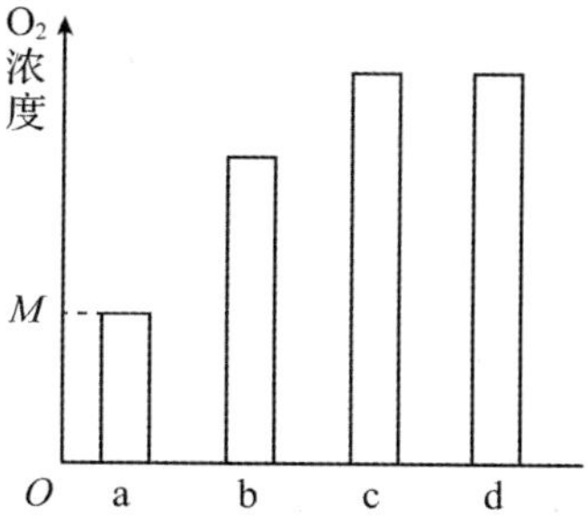

(1)太阳光中的可见光由不同颜色的光组成，其中高等植物光合作用利用的光主要是________,原因是________。

(2)光照 t 时间时，a 组 CO_2 浓度________(填“大于”“小于”或“等于”)b 组。

(3)若延长光照时间，c、d 组 O_2 浓度不再增加，则光照 t 时间时 a、b、c 中光合速率最大的是________组，判断依据是________________。

(4)光照 t 时间后，将 d 组密闭装置打开，并以 c 组光照强度继续照光，其幼苗光合速率会________(填“升高”“降低”或“不变”)。

【分析】本题以“密闭装置中照光培养高等植物幼苗对 O_2 浓度的影响”为学科情境，主要要求学生能够利用光合作用原理、影响光合作用的因素等生物学必备知识解释生物学现象，考查学生对课程标准内容“细胞的功能绝大多数基于化学反应，这些反应发生在细胞的特定区域”的理解。本题要求学生从题干语言描述与柱状图中获取有效信息并进行加工，进一步解决实际问题。

（1）文字信息获取与加工

<table>
<tr><th>关键信息</th><th>隐含前提</th><th>信息加工</th></tr>
<tr><td>将高等植物幼苗分为4组（a、b、c、d），分别置于密闭装置中照光培养，a、b、c、d组的光照强度依次增大，实验过程中温度保持恒定</td><td>①光合作用是指绿色植物通过叶绿体，利用光能，将二氧化碳和水转化成储存着能量的有机物，并且释放出氧气的过程
光反应包括水的光解，ATP、NADPH的合成
暗反应包括 CO_2 的固定和 C_3 的还原
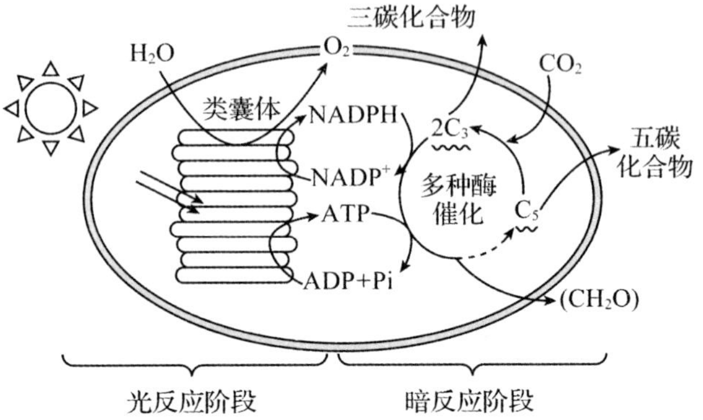

②叶绿体中吸收光能的4种色素分布在类囊体的薄膜上，其中叶绿素主要吸收蓝紫光和红光，胡萝卜素和叶黄素主要吸收蓝紫光
③影响光合作用的因素：包括水、CO_2、光照强度、无机营养、病虫害、温度等。其中光照强度通过影响光反应影响光合作用强度；CO_2 作为暗反应的原料直接影响暗反应的速率；温度通过影响光合作用与呼吸作用相关酶的活性影响光合作用强度</td><td>密闭装置中的植物会进行光合作用和呼吸作用。光合作用产生 O_2，而呼吸作用会消耗 O_2。密闭装置内植物光合作用的速率受到光照强度、装置内 CO_2 浓度的影响</td></tr>
<tr><td>一段时间（t）后测定装置内 O_2 浓度</td><td colspan="2">植物在进行光合作用的同时，还会进行呼吸作用。我们观测到的光合作用指标，如 O_2 的浓度变化量，实际上是光合作用实际产生的总 O_2 量与呼吸作用消耗 O_2 量的差值</td></tr>
</table>

（2）图形信息获取与加工

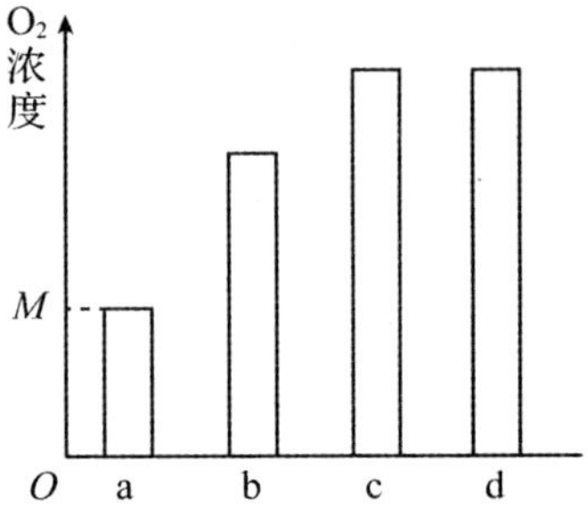

a 光照强度下，t 时间后装置内 O_2 浓度与初始 O_2 浓度相同；说明该光照强度下，t 时间内总光合作用强度与呼吸作用强度相等，净光合作用强度为 0。

b、c、d 光照强度下，t 时间后装置内 O_2 浓度大于初始 O_2 浓度，并且 c 组 O_2 浓度大于 b 组，说明 b、c、d 光照强度下，t 时间内净光合作用强度大于 0。

（二）生物专业术语（长句）表达

长句表达注重考查考生的表达能力，要求考生能运用文字、图表以及数学方式描述生物学方面的内容。试题呈现形式是在非选择题中要求考生用一句或多句文字语言描述、分析生物学内容，我们把这种形式称作"长句表达"考查。长句表达的设问一般是要求考生分析原因、说明依据和阐明结论，这类题答案往往字数比较多，经常出现"原因是""目的是""意义是""判断依据是""优点是""结果（论）是""实验思路是"这样的设问方式。此类试题需要考生运用逻辑思维进行解释、推理，做出合理的判断，并用科学规范的生物学术语得出准确的结论。

长句表达可以概括为三类题型，即"判断依据""结果结论""原因分析"。这三类题型的作答模式可以提炼成如下模型："描述事实→分析本质→得出结论"。

如 2024 年全国甲卷第 29 题：在自然条件下，某植物叶片光合速率和呼吸速率随温度变化的趋势如图所示。回答下列问题。

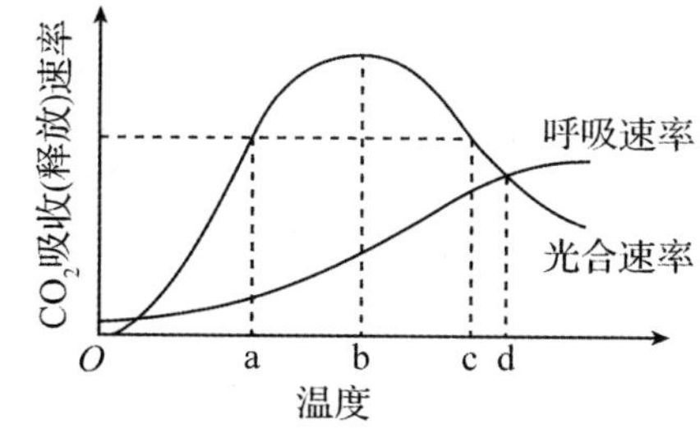

（1）该植物叶片在温度 a 和 c 时的光合速率相等，叶片有机物积累速率________（填"相等"或"不相等"），原因是______________________________。

（2）在温度 d 时，该植物体的干重会减少，原因是______________________________。

（3）温度超过 b 时，该植物由于暗反应速率降低导致光合速率降低。暗反应速率降低的原因可能是______________________________。（答出一点即可）

（4）通常情况下，为了最大程度地获得光合产物，农作物在温室栽培过程中，白天温室的温度应控制在________最大时的温度。

【分析】该题以“自然条件下，某植物叶片光合速率和呼吸速率随温度变化的趋势”为学科情境，三处设问“原因”，要求学生利用光合作用、呼吸作用原理等必备知识，准确运用专业术语阐释生物学现象的本质。

(1)小问，“起因”：温度 a 和 c 时的光合速率相等。“结果指标”：叶片有机物积累速率不相等，说出原因。“媒介”即题干中提供的信息“植物叶片光合速率和呼吸速率随温度变化”、曲线提供的信息“温度 a 和 c 时的光合速率相等，但是呼吸速率并不相等”。相关信息加工：叶片有机物积累速率是指光合作用制造有机物速率和呼吸作用消耗有机物速率的差值。根据“媒介和信息加工”理顺作答思路：该植物叶片在温度 a 和 c 时的光合速率相等，但由于呼吸速率不同，因此叶片有机物积累速率不相等。

(2)小问，“起因”：温度为 d 时。“结果指标”：植物体的干重减少，说出原因。“媒介”即曲线中提供的信息“温度为 d 时，该植物叶片光合速率和呼吸速率相等”。相关信息加工：①植物只有含有叶绿体的叶片能够进行光合作用，制造有机物，但是植物体内细胞，包括不含叶绿体的根部细胞等都可以进行呼吸作用消耗有机物；②温度为 d 时，该植物叶片制造有机物的速率和植物叶片消耗有机物的速率相等。根据“媒介和信息加工”理顺作答思路：温度 d 时，叶片的光合速率与呼吸速率相等，但植物的根部等细胞不进行光合作用，仍呼吸消耗有机物，导致植物体的干重减少。

(3)小问，“起因”：温度超过 b 时。“结果指标”：光合速率降低，说明原因。“媒介”即题干中提供的信息“植物叶片光合速率和呼吸速率随温度变化”“该植物由于暗反应速率降低导致光合速率降低”。相关信息加工：①暗反应包括 CO_2 的固定和 C_3 的还原，其速率受到原料 CO_2 浓度、暗反应相关酶活性的限制；②CO_2 通过气孔被绿叶吸收，但是温度过高时植物气孔会关闭；③酶的活性需要适宜的温度，温度过高会导致酶活性降低。根据“媒介和信息加工”理顺作答思路：从暗反应速率降低的角度分析，光合速率降低的原因可能是，温度过高导致气孔关闭，CO_2 吸收量减少；暗反应的关键酶因为温度升高而降低。

(三)科学探究能力

科学探究能力是在掌握科学探究技能的过程中形成的能力，包括观察能力、提出问题的能力、收集资料和信息的能力、建立假说的能力、进行社会调查的能力、进行科学观察和科学实验的能力、得出结论的能力、合作与交流的能力以及反思与评价的能力等。

如2024年浙江6月卷第24题：原产热带的观赏植物一品红，花小，顶部有像花瓣一样的红色叶片，下部叶片绿色。回答下列问题：

(1)科学研究一般经历观察现象、提出问题、查找信息、作出假设、验证假设等过程。

①某同学观察一品红的叶片颜色，提出了问题：红叶是否具有光合作用能力。

②该同学检索文献获得相关资料：植物能通过光合作用合成淀粉。检测叶片中淀粉的方法，先将叶片浸入沸水处理；再转入热甲醇处理；然后将叶片置于含有少量水的培养皿内并展开，滴加碘－碘化钾溶液(或碘液)，观察颜色变化。

③结合上述资料，作出可通过实验验证的假设：________________。

④为验证假设进行实验。请完善分组处理，并将支持假设的预期结果填入表格。

分组处理	预期结果
绿叶＋光照	变蓝
绿叶＋黑暗	不变蓝
i ________	ii ________
iii ________	iv ________

⑤分析：检测叶片淀粉的方法中，叶片浸入沸水处理的目的是________。热甲醇处理的目的是________________________。

(2)对一品红研究发现，红叶和绿叶的叶绿素含量分别为0.02 g(Chl)·m^{-2}和0.20 g(Chl)·m^{-2}，红叶含有较多的水溶性花青素。在不同光强下测得的q_{NP}值和电子传递速率(ETR)值分别如图甲、乙所示。q_{NP}值反映叶绿体通过热耗散的方式去除过剩光能的能力；ETR值反映光合膜上电子传递的速率，与光反应速率呈正相关。花青素与叶绿素的吸收光谱如图丙所示。

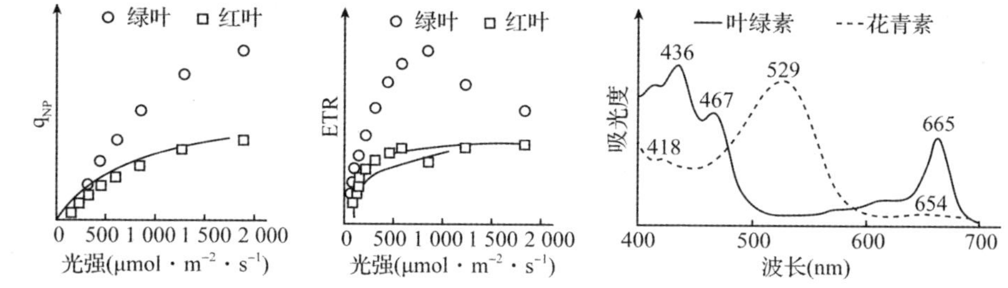

甲　　　乙　　　丙

①分析图甲可知，在光强 500 ~ 2 000 $\mu mol \cdot m^{-2} \cdot s^{-1}$范围内，相对于绿叶，红叶的________能力较弱。分析图乙可知，在光强 800 ~ 2 000 $\mu mol \cdot m^{-2} \cdot s^{-1}$范围内，红叶并未出现类似绿叶的光合作用被________现象。结合图丙可知，强光下，贮藏于红叶细胞________内的花青素可通过________方式达到保护叶绿体的作用。

②现有实验证实，生长在高光强环境下的一品红，红叶叶面积大，颜色更红。综合上述研究结果可知，在强光环境下，红叶具有较高花青素含量和较大叶面积，其作用除了能进行光合作用外，还有保护________________的功能。一品红的花小，不受关注，但能依赖花瓣状的红叶吸引________________，完成传粉。

【分析】该题以“一品红绿叶和红叶的光合作用”为学科情境，探究一品红绿叶和红叶进行光合作用情况的不同，第(1)题为教科书实验的迁移应用，第(2)题探究不同光照条件对两种叶片光合作用的影响，该题对学生科学探究能力有较高的要求。

科学探究

实验目的：红叶是否具有光合作用能力。

作出假设：红叶具有光合作用能力。

实验过程：探究红叶是否像绿叶一样具有光合作用的能力，需分别设置绿叶 + 光照、绿叶 + 黑暗、红叶 + 光照、红叶 + 黑暗四个小组。并检测红叶 + 光照能否产生淀粉。

淀粉检测方法：

先将叶片浸入沸水处理 $\xrightarrow{\text{目的}}$ 杀死细胞，溶解水溶性花青素

再转入甲醛处理 $\xrightarrow{\text{目的}}$ 去除叶绿素，以免影响实验结果

然后将叶片置于含有少量水的培养皿内并展开，滴加碘—碘化钾溶液(或碘液)，观察颜色变化。

$\xrightarrow{\text{目的}}$ 检测淀粉

实验结果

分组处理	预期结果
绿叶 + 光照	变蓝
绿叶 + 黑暗	不变蓝
红叶 + 光照	变蓝
红叶 + 黑暗	不变蓝

实验结论：红叶具有光合作用能力。

(四)批判性思维

批判性思维包括严密思维和逻辑推理等科学思维，要求尊重事实和证据、崇尚严谨和求实的态度、进行符合逻辑的推理和判断、具有质疑和批判的精神。当前社会发展对创新型人才的需求强烈，要求学生能够根据自己的认知水平，及生活生产实践等情境中的问题，运用知识、经验、获取的相应信息，提出新解释、新方法、新思路或得出新结论；或者在已有知识的基础上，能够依据新证据得出新的结论或提出新的观点。

如 2024 年山东卷第 6 题。某二倍体生物通过无性繁殖获得二倍体子代的机制有 3 种：①配子中染色体复制 1 次；②减数分裂Ⅰ正常，减数分裂Ⅱ姐妹染色单体分离但细胞不分裂；③减数分裂Ⅰ细胞不分裂，减数分裂Ⅱ时每个四分体形成的 4 条染色体中任意 2 条进入 1 个子细胞。某个体的 1 号染色体所含全部基因如图所示，其中 A_1、A_2 为显性基因，a_1、a_2 为隐性基因。该个体通过无性繁殖获得了某个二倍体子代，该子代体细胞中所有 1 号染色体上的显性基因数与隐性基因数相等。已知发育为该子代的细胞在四分体时，1 号染色体仅 2 条非姐妹染色单体发生了 1 次互换并引起了基因重组。不考虑突变，获得该子代的所有可能机制为(　　)。

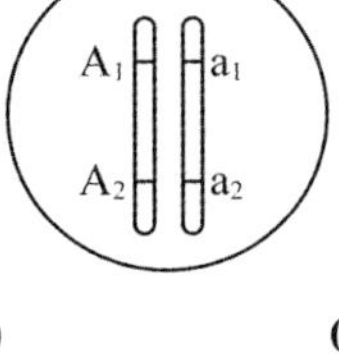

A. ①②　　B. ①③　　C. ②③　　D. ①②③

【分析】本题以“通过无性繁殖获得二倍体子代”为学科情境，考查学生对减数分裂过程中染色体特殊行为的认知与理解，本题的分析推理过程需要考生运用批判性思维揭示题目中隐含的前提，并结合所给信息进行合理论证。通过无性繁殖如何使子代体细胞中所有 1 号染色体上的显性基因数与隐性基因数相等？减数分裂过程中会发生哪种类型的变异？

该类试题注重对批判性思维能力等高阶思维能力的考查，以此引导考生注重思维的严密性和逻辑性，助力支撑考生终身发展能力的培育。除此之外，生物学的科学表达既是梳理科学逻辑的过程，也是反映生物学思维路径的过程，因此也是高考中重点考查的能力之一。

（五）逻辑论证

逻辑论证是我们从假设（已知前提）出发，经由准确、充分的证据链（有效信息）和清晰、严密的逻辑链（相关性、关系网），推导出合理结论的思维过程。逻辑论证着重考查考生根据已有的证据逻辑得出可靠结论的能力，一方面强调逻辑的有效性，另一方面注重证据的可靠性，换言之，逻辑论证是指以已知的事实或理论为依据来证明论题真实性的解题形式。可以简明地理解为作答必须“言之有理、言之有据”。

如 2024 年全国新课标卷第 5 题：某种二倍体植物的 P_1 和 P_2 植株杂交得 F_1，F_1 自交得 F_2。对个体的 DNA 进行 PCR 检测，产物的电泳结果如图所示，其中①~⑧为部分 F_2 个体，上部 2 条带是一对等位基因的扩增产物，下部 2 条带是另一对等位基因的扩增产物，这 2 对等位基因位于非同源染色体上。下列叙述错误的是（　　）。

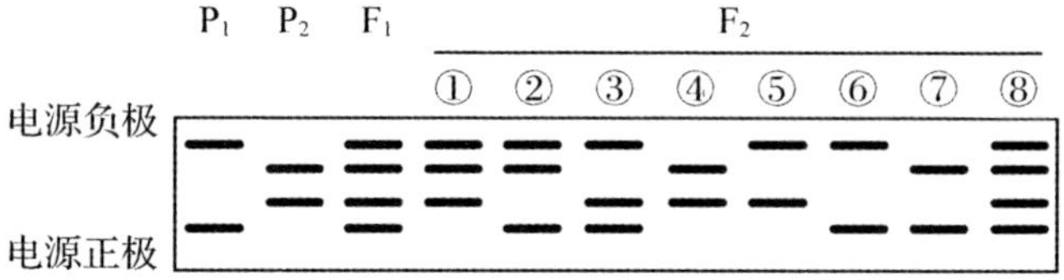

A. ①②个体均为杂合体，F_2 中③所占的比例大于⑤

B. 还有一种 F_2 个体的 PCR 产物电泳结果有 3 条带

C. ③和⑦杂交子代的 PCR 产物电泳结果与②⑧电泳结果相同

D. ①自交子代的 PCR 产物电泳结果与④电泳结果相同的占 1/2

【分析】本题以某种二倍体植物的杂交实验为情境，考查学生对基因自由组合定律实质的理解及应用，分析本题着重考查了逻辑推理论证的能力。

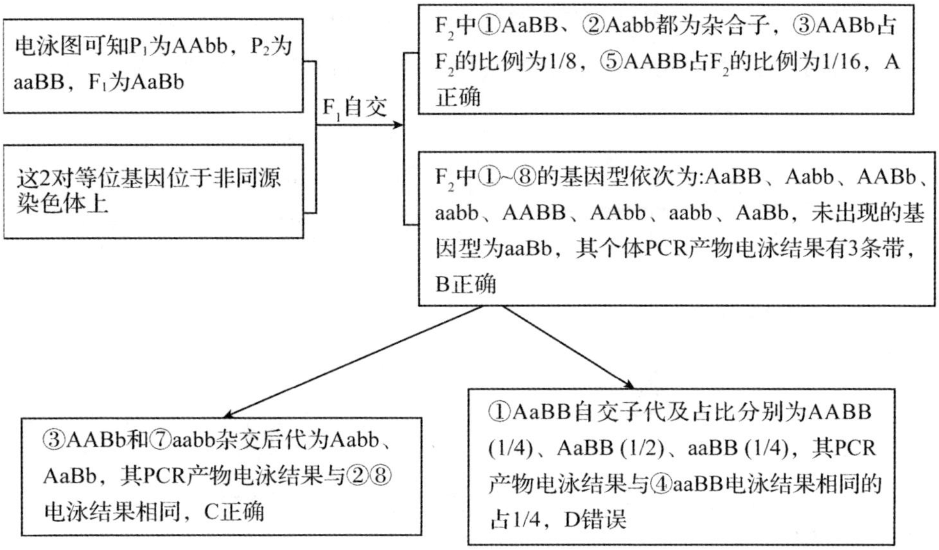

（六）模型构建

模型是人们为了某种特定目的而对认识对象所作出的一种简化的、概括性的描述，这种描述可以是定性的，也可以是定量的，有的借助于具体的、形象化的实物，有的则以抽象化的形式表现出来，它没有包括原型的所有特征，但是能反映出原型的本质特征。在生物学教学中，模型建构就是指用一定的物质形式或思维形式构建生物模型，使得生物事实直观化、简单化，帮助学生理解和构建概念，也为学生认识事物提供新的思路和方法。

生物学模型的形式很多，主要包括物理模型、概念模型和数学模型。模型方法是以研究模型来揭示原型的形态、特征和本质的方法，是逻辑方法的一种特有形式。模型具有三个基本特点：①是对实际对象的模仿和抽象，②组成体现认识对象系统中的主要因素，③反映主要因素之间的关系。

如 2024 年山东卷第 1 题：植物细胞被感染后产生的环核苷酸结合并打开细胞膜上的 Ca^{2+} 通道蛋白，使细胞内 Ca^{2+} 浓度升高，调控相关基因表达，导致 H_2O_2 含量升高进而对细胞造成伤害；细胞膜上的受体激酶 BAK1 被油菜素内酯活化后关闭上述 Ca^{2+} 通道蛋白。下列说法正确的是(　　)。

A. 环核苷酸与 Ca^{2+} 均可结合 Ca^{2+} 通道蛋白

B. 维持细胞 Ca^{2+} 浓度的内低外高需消耗能量

C. Ca^{2+} 作为信号分子直接抑制 H_2O_2 的分解

D. 油菜素内酯可使 BAK1 缺失的被感染细胞内 H_2O_2 含量降低

【分析】本题以“探究植物细胞膜上 Ca^{2+} 通道蛋白的开关机制”为学科情境，可以构建如下模型用于分析。

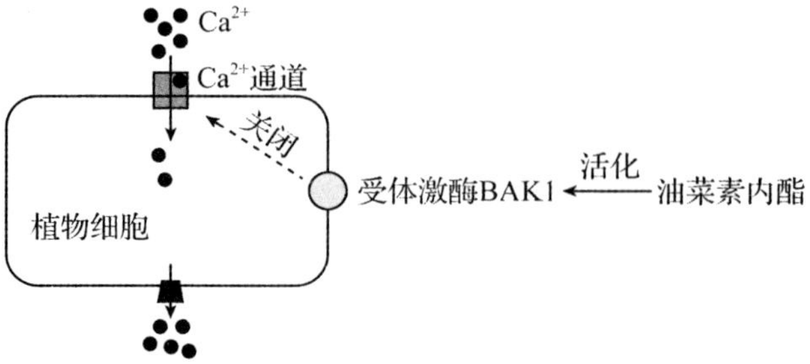

四、串联线：精心创设情境，实现考查目的

高考命题在增强应用性上下功夫，让实践能力更过硬。突出对应用性的考查，强调学以致用，通过创设自然真实的生活实践、学习探索等问题情境，将理论知识与实际问题相结合，考查学生有机整合运用所学知识方法分析问题、解决问题的能力，引导学生主动探索并思考解决日常生活、劳动生产、科学研究、国家发展中的各种问题，不断增强实践能力。高考命题依据高中课程标准，以真实的情境为考查的载体，实现考查目的与考查内容的串联，即通过考查必备知识实现考查关键能力与素养的串联。能力以知识为基础，在正确理解知识内在关系基础之上的融会贯通、灵活运用，是提升学生关键能力与素养的必由之路。

（一）生活、学习和实践情境

生活、学习和实践情境，是指考生日常生活中或社会实践中常见的生物学相关现象或问题。这类情境试题与考生实际生活最为密切，可用来考查考生知识技能迁移的能力，考生对融入生活情境的学科知识觉得更加亲切，也更易理解，试题的难度也较低。

如 2024 年江西卷第 20 题：人体水盐代谢平衡是内环境稳态的重要方面。研究人员为了探究运动中机体维持水盐平衡的机制，让若干名身体健康的志愿者以 10 km/h 的速度跑步 1 h，采集志愿者运动前、中和后的血液与尿液样本，测定相关指标（下表）。回答下列问题：

状态	血浆渗透压 (mOsm/L)	血浆 Na^+ 浓度 (mmol/L)	血浆 K^+ 浓度 (mmol/L)	尿渗透压 (mOsm/L)	尿 Na^+ 浓度 (mmol/L)	尿 K^+ 浓度 (mmol/L)
运动前	289.1	139.0	4.3	911.2	242.4	40.4
运动中	291.0	141.0	4.4	915.4	206.3	71.1
运动后	289.2	139.1	4.1	1005.1	228.1	72.3

(1)上表中的数据显示，与尿液相比，血浆的各项指标相对稳定。原因是血浆属于内环境，机体可通过________、体液调节和________维持内环境的稳态。

(2)参与形成人体血浆渗透压的离子主要是 Na^+ 和________。

(3)运动中，尿液中 Na^+ 浓度降低、K^+ 浓度升高，是因为________(从"肾小球""肾小管""肾小囊"和"集合管"中选 2 项)加强了保钠排钾的作用，同时也加强了对________的重吸收，使得尿液渗透压升高。

(4)为探究上表数据变化的原因，测定了自运动开始 2h 内血浆中醛固酮(由________分泌)和抗利尿激素(由________释放)的浓度，结果发现，血浆中 2 种激素的浓度均呈现先上升后下降的趋势。分析激素浓度下降的可能原因包括________(答出 2 点即可)。

(5)进一步实验发现，与运动前相比，运动后血容量(参与循环的血量)减少，并引起一系列生理反应，由此可知，机体水盐平衡调节途径为________(将以下选项排序：①醛固酮和抗利尿激素分泌增多；②肾脏的重吸收等作用增强；③血容量减少；④尿液浓缩和尿量减少)，使血浆渗透压维持相对稳定。

【分析】本题以"运动前、中和后内环境稳态的调节"为学科情境，从生物学角度探讨运动对机体机能的影响，内容贴近学生实际，引导学生全面发展。此类试题利用生活、学习和实践情境，考查考生的必备知识、关键能力及学科素养。

(二)生态环境情境

生态环境情境，是指涉及生态系统组成、各成分的作用，生态系统物质循环、能量流动、信息传递的规律和特点等，多与环境资源、环境保护、天气与气候的变化等相关的情境。这类情境试题也贴近考生的实际生活，除考查考生有关生态环境的必备知识外，还考查学生的理解能力、运用所学知识分析解决实际问题等能力，最终指向学科素养，是使学生形成生态文明的观念。

如2024年北京卷第15题。1961年到2007年间全球人类的生态足迹如图所示，下列叙述错误的是(　　)。

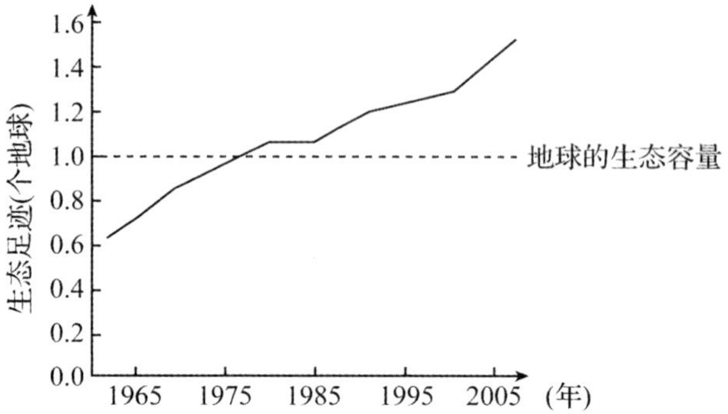

A. 1961—2007年间人类的生态足迹从未明显下降过

B. 2005年人类的生态足迹约为地球生态容量的1.4倍

C. 绿色出行、节水节能等生活方式会增加生态足迹

D. 人类命运共同体意识是引导人类利用科技缩小生态足迹的重要基础

【分析】本题以全球人类生态足迹为情境，考查学生的理解能力、信息获取与加工、逻辑推理与论证和解决问题的能力。此类试题利用生态环境的情境，考查考生的必备知识和关键能力及学科素养。

(三)科学实验和探究情境

科学实验与探究情境，包括教材实验的整合，以实验为背景的相关问题的分析及实验验证，探究某些问题的实验设计与分析等。绝大多数的生物学必备知识都可以放在该类情境进行考查，通过这类题目的训练与考查，培养考生的科学精神和科学品质。

如2024年广东卷第3题：银杏是我国特有的珍稀植物，其叶片变黄后极具观赏价值。某同学用纸层析法探究银杏绿叶和黄叶的色素差别，下列实验操作正确的是(　　)。

A. 选择新鲜程度不同的叶片混合研磨

B. 研磨时用水补充损失的提取液

C. 将两组滤纸条置于同一烧杯中层析

D. 用过的层析液直接倒入下水道

【分析】本题以“用纸层析法探究银杏绿叶和黄叶的色素差别”为学科情境，考查学生对课程标准内容“植物细胞的叶绿体从太阳光中捕获能量”的理解，在考查必备知识的基础上，重点考查理解能力、实验探究能力。

（四）生命科学史情境

生命科学史述说生物学学科发展的脉络轨迹，是生物学知识体系的重要组成成分，它向我们展示了科学理论的发展趋势、科学家的探究历程、科研方法、科学家的生平、科学态度以及科学精神。

（2024 年全国甲卷第 10 题）袁隆平研究杂交水稻，对粮食生产具有突出贡献。回答下列问题。

（1）用性状优良的水稻纯合体（甲）给某雄性不育水稻植株授粉，杂交子一代均表现雄性不育；杂交子一代与甲回交（回交是杂交后代与两个亲本之一再次交配），子代均表现雄性不育；连续回交获得性状优良的雄性不育品系（乙）。由此推测控制雄性不育的基因（A）位于________（填“细胞质”或“细胞核”）。

（2）将另一性状优良的水稻纯合体（丙）与乙杂交，F_1 均表现雄性可育，且长势与产量优势明显，F_1 即为优良的杂交水稻。丙的细胞核基因 R 的表达产物能够抑制基因 A 的表达。基因 R 表达过程中，以 mRNA 为模板翻译产生多肽链的细胞器是________。F_1 自交子代中雄性可育株与雄性不育株的数量比为________。

（3）以丙为父本与甲杂交（正交）得 F_1，F_1 自交得 F_2，则 F_2 中与育性有关的表型有________种。反交结果与正交结果不同，反交的 F_2 中与育性有关的基因型有________种。

【分析】本题选取共和国勋章获得者、“杂交水稻之父”袁隆平培育杂交水稻的研究历程作为素材，学习其独特的思维方式，让考生领悟科学家设计实验、处理实验结果、对实验结果分析的逻辑性、得出结论的严谨性和实验手段的先进性，考查理解能力、实验探究能力和解决问题的能力，体现其科学报国的拼搏精神与克服困难的坚强意志，融入科学家精神。

五、小结：坚持守正出新，迎接新高考改革

高考命题探索“价值引领、素养导向、能力为重、知识为基”的综合考查模式，不断增强试题的应用性、探究性、开放性，把考查的重点放在学生的思维品质和综合应用所学知识解决实际问题的能力上，不断完善人才选拔标准和方式方法，服务高校招生和人才培养改革。

自 2022 年开始，分省命题成为本轮新高考改革的常态，命题的共同标准是《中国高考评价体系》和《生物学课程标准》，同时，不同省份的命题也会有自己

的特点与传统，特别是在情境设置方面，分省命题会更加突出区域特色与文化，在难度上也会有所不同。全国卷仍维持“平衡过渡”的操作。展望2025年高考命题，有以下预测。

（一）落实高考综合改革，发挥学科育人功能

2025年全国卷和分省试卷都是在《中国高考评价体系》这一文件的指导下进行命制，有着内在的逻辑一致性，具体体现：一是加强立德树人的考查，关注重大的社会现实问题和历史事件，凸显核心价值与五育并举的命题主线，强化考生关键能力和高阶思维的考查力度，加大情境的设计能力。二是将始终围绕时代主题，坚定“四个自信”，坚持德智体美劳全面考查，充分发挥高考在发展素质教育、促进考生健康成长中的正向指挥棒作用。三是弘扬中华民族的优秀传统文化，让考生有民族自豪感和责任感。

（二）注重教材基础知识考查，提升创新能力

高考试题以教材必备知识为基础。在正确理解与掌握基础知识、知识间内在联系及逻辑关系的基础上，通过创设新情境，考查考生的各种能力，提升考生的学科素养。体现在：一是将进一步加强学科能力考查，以阅读理解、信息整理、应用写作、语言表达、批判性思维、辩证思维等为考查突破口，全面提升能力考查水平和试题质量。二是将贯彻落实高考综合改革的核心理念，创设新题型，优化试卷结构，突出对创新能力的考查。三是鼓励考生理论联系实际，关心日常生活、生产活动中的蕴含的实际问题、思考课堂所学内容的应用价值，促使考生主动思考，发现新问题、找到新规律、得出新结论，进而增强解决实际问题的能力。

（三）创设开放命题情境，落实学科素养

情境是实现考查立意的载体。新高考命题，对于不少的考生来说，第一感受是情境的新颖度、多元性和开放度都大大增加。试题设计情境的多元性和开放度加大，是单纯考查知识转向考查考生关键能力和学科素养的标志。开放性试题使考生思考和答题有很大的自由发挥空间，答案也不唯一，目的是培养考生的创新精神和创造意识，引导考生在更广阔的视野中探究问题，在更开放的情境中解决问题。

高考试题通过给予考生解决生活问题、科研问题的真实情境，让考生运用自己所学的知识和能力解决问题，而不是回答知识、记忆知识。灵活多变的情境是新高考理念落地的主要载体。

第七节 思想政治命题理论与实践

2024 年高考思想政治学科命题将习近平新时代中国特色社会主义思想融入试题，贯彻党的二十大精神，落实立德树人根本任务，彰显学科育人功能；注重考查学生的必备知识、关键能力和学科素养，突出创新思维、逻辑思维、辩证思维等科学思维的考查，引导学生培育提升思维品质。优化试卷结构和试题形式，增强试题的应用性、探究性、开放性。注重用党的最新创新理论成果武装头脑，加强政治方向和社会主义核心价值观引领，筑牢青年学生理想信念之基。

一、基本情况概述

2024 年高考思想政治试题共计 21 套，其中全国甲卷和新课标卷 2 套，省(市)地方卷 19 套。试题结合重大时代主题，将习近平新时代中国特色社会主义思想有机融入试题，贯彻党的二十大精神，强化政治引领和价值导向，引领考生更好地理解当前党的创新理论成果，体现德智体美劳的育人要求，注重夯实考生的思想根基，激发考生对国家的认同感和担当中华民族伟大复兴大任的使命感。命题立足学科知识，突出新中国成立 75 周年、中法建交 60 周年、共建“一带一路”、新质生产力、推动消费品以旧换新、低空经济、乡村全面振兴、全过程人民民主、社会主义法治建设、“双碳”目标与生态文明建设等重要事件，厚植爱党爱国爱社会主义情感，引导学生提升思想政治素质。命题结合学科特点，突出强基固本考查要求，突出对信息整理、辨识与判断、分析与综合、推理与论证、探究与建构、反思与评价等关键能力的考查，发挥“以考促学”积极导向作用，实现教考有效衔接，促进学生素养提升。通过有效的情境设计对知识、能力、素养进行综合考查，稳步推进考试内容改革和高中育人方式改革。

全国甲卷、新课标卷试题总体平稳，难易适中。进一步加深习近平新时代中国特色社会主义思想融入试题的深度和广度，注重用党的创新理论成果武装头脑，让考生在考试中得到马克思主义中国化时代化最新成果的熏陶和教育。立足主干知识，促进教考衔接，优化试卷结构布局，并且根据不同考查目标，注重从现实生活中选材，构建与考查目标相适应的真实情境，提高了考查的有效性和适应性，以达到有效鉴别评价考生、服务高校人才选拔的目标。通过合理配置不同梯度试题，体现了考查要求的层次性，考生只有理解有关概念及其关联，才能正确作答。热点事件在试卷中以小见大、自然而然地融入，润物无声地引导考生感受国家大政方针的科学性，感受中国共产党人信仰崇高、理想伟大、使命光荣，使学生为中国智慧、中国力量而骄傲自豪，同时责任感、使命感油然而生，使考生心有中国情、胸怀大世界、放眼观天下，有助于培养学生的政治认同、科学精神、法治意识、公共参与等学科核心素养。全国新课标卷更是强化学科素养和关键能力考查，引导学生提升思维品质，促进全面发展。

地方卷试题在依据课程标准、遵循和落实高考评价体系相关要求的前提下，根据各省市的教学实际情况创新试题设计，在试卷结构、模块考查方式、题型等方面不尽相同，凸显出地方特色。

二、金线：坚持立德树人，强调核心价值引领作用

核心价值引领作为高考评价的“金线”，也是实现立德树人最重要的任务。高考评价体系将考试内容凝练表达为核心价值、学科素养、关键能力、必备知识，其中核心价值指向立德树人根本任务，具有积极的方向引领作用。思想政治作为立德树人的关键课程，要充分体现课程性质，发挥好考试的指挥棒作用，突出价值引领和思想教育作用。强化高考立德树人核心功能是思想政治学科命题的基本要求，也是推进考试内容改革的方向。

2024 年思想政治试题坚持弘扬社会主义核心价值观，深入挖掘学科育人资源，弘扬中华优秀传统文化、革命文化、社会主义先进文化，将学科内容与国家发展进步、社会生活实际紧密联系，既呈现中国共产党带领各族人民百年奋斗的辉煌历程，又展现新时代中国特色社会主义事业的伟大成就，引导考生胸怀祖国、关注社会，厚植爱国爱党情怀、坚定理想信念、加强品德修养、增长知识见识、树立奋斗精神和劳动意识，助力考生培育正确的世界观、人生观、价值观，引导考生德智体美劳全面发展，鼓励广大青年学子积极投身新时代伟大事业，努力成长为担当民族复兴大任的时代新人。

（一）聚焦重大时代主题，坚定理想信念

思想政治学科命题在理论与实践变革中所蕴藏的内在逻辑是：理解历史性

成就背后的中国特色社会主义道路、理论、制度、文化优势，学会用中国理论解读中国实践，激发考生跟随党走进新时代、奔向新征程、实现伟大梦想的强大精神动力。依据学科性质和特点，聚焦重大时代主题，在2024年高考的思想政治试题中体现得非常明显。

2024年思想政治命题紧扣时代主题，坚持理论联系实际，选取经济、政治、文化、社会、生态文明建设等各领域的重大热点问题和国家政策，有效设置热问题，充分体现思想政治学科的鲜明特色。试题立足中国特色社会主义建设的实践，全面贯彻党的二十大精神，凸显党的创新理论的指导作用，引领我们感悟习近平新时代中国特色社会主义思想是全党全国人民为实现中华民族伟大复兴而奋斗的行动指南。全国文综甲卷第23题，以党的二十大报告中关于党的理论及党与人民群众关系的论述为题材，要求学生理解人民群众既是实践的主体也是认识和价值的主体的道理，引导学生把握习近平新时代中国特色社会主义思想的世界观和方法论。山东卷第1题和第19题直接以习近平讲话内容入题，做到首尾呼应、浑然一体。第1题引用习近平总书记讲话内容“只要是对全人类有益的事情，中国就应该义不容辞地做，并且做好”，展现大党大国的天下胸怀和责任担当。第19题设问引用习近平讲话内容“以‘一辈子办成一件事’的执着，成就有价值的人生”，引导学生坚定信仰、砥砺躬耕。

(二)弘扬中华优秀传统文化，增强文化自信

文化是一个国家、一个民族的灵魂，是国家和民族独立的精神支撑。我国具有悠久的历史和厚重的文化积淀，发展和传承中华优秀传统文化有助于提升国家文化软实力和中华文化影响力，坚定文化自信。高考命题加强对中华优秀传统文化的挖掘和阐发，推动中华文明创造性转化和创新性发展，同时加大对革命文化、社会主义先进文化的挖掘，为学生成长提供精神指引。2024年高考试题注重引导学生树立正确的历史观、民族观、国家观、文化观，增强爱国意识和爱国情感，增强民族自豪感和自信心。

全国文综新课标卷第39题，以习近平文化思想为指引，选取大南坡村探索美学赋能乡村振兴的典型案例创设情境，考查学生对文化的功能、辩证思维的特征等学科主干知识的掌握水平和运用能力，将美育同乡村振兴有机结合起来，以美育人、以美化人，让学生在答题过程中提升审美素养，激发创新创造活力。安徽卷第2题，引用习近平讲话内容“马克思主义中国化时代化这个重大命题本身就决定，我们决不能抛弃马克思主义这个魂脉，决不能抛弃中华优秀传统文

化这个根脉”考查学生对“魂脉”与“根脉”的正确理解。又如，北京卷第 5 题，长城是中华文明的重要象征，带动更多人了解长城、保护长城，传承长城文化，引导学生做中华优秀传统文化的传承者和弘扬者。黑吉辽卷第 8 题，图文结合展示了中国国家博物馆收藏的三彩骆驼载乐俑，其造型为一峰骆驼驮载五位胡、汉乐舞人表演的形象，该文物展现了盛唐时期国际化都城长安百姓喜爱的胡人乐舞艺术，是当时文化交流和民族融合的印证。引导学生从中华优秀传统文化中汲取营养和智慧，感知中华文化魅力，坚定历史自信、文化自信。

（三）坚持“五育并举”要求，引导学生全面发展

高考内容改革不断加强对“体美劳”的考查和引导，发挥高考“指挥棒”作用，引导高中学校转变教学方式、发展素质教育。加强体育、美育和劳动教育是立德树人的需要，是培养德智体美劳全面发展时代新人的必然要求。

2024 年思想政治试题结合高中教学实际和学科特点、学生认知水平，将对体美劳教育的引导与学科内容、考查要求、考查载体有机融合，构建引导学生德智体美劳全面发展的考试内容体系，凸显学生发展核心素养的要求；注重挖掘体、美、劳素材中蕴含的育人价值，将对体、美、劳教育的引导与考查内容、考查要求、考查载体有机融合，促进学生在人格、心理等方面获得丰富体验，促进学生在思想道德修养、科学文化素养、人文和审美素养、健康和劳动素养等方面全面提升，引导高中教学增强育人的综合性、拓展性，促进学生全面发展、健康成长。广东卷第 16 题使用了第 33 届奥运会的素材，阐明所有参赛运动员都是优秀运动员，并不是所有参赛运动员都能打破个人最好成绩纪录，但所有参赛运动员都能获得宝贵经验，以此引导学生认识体育运动的重要性、我国加快建设体育强国的必要性。

2024 年思想政治试题注意挖掘学科育人价值，重视审美意识的引导，通过精心设计试题情境，让学生从阅读材料中感知美丽，体验美好，提升审美能力，增强学生追求美好生活的信心和力量。引导学生提高审美认知，理解艺术作品作为精神产品是人们认识和实践的产物，认识主体自身的知识结构和审美情趣会对认识的形成产生影响。湖北卷第 15 题，图文并茂展现马面裙，新式马面裙添加了复古提花松紧腰带，融入了现代的设计与裁剪，款式简约百搭，成为年轻人的龙年“战袍”。湖南卷第 7 题，“潇湘八景”最早由宋初山水画大师所作，作为一个超越地域和历史范畴的美学意象，赞美大美潇湘、山水如画，培育学生良好的艺术素养和审美情趣。

习近平总书记强调，要在学生中弘扬劳动精神，教育引导学生崇尚劳动、尊重劳动。劳动教育是落实立德树人根本任务的重要课程，在高考中加强对劳动教育的考查，对于引导学生树立正确的劳动观、更好地发挥劳动的育人功能具有十分重要的作用。湖北卷第6题，某中学开设了植物栽培、面点制作、陶瓷修复、三维打印等劳动课程，让学生感受到“你劳动的样子真美”。湖南卷第16题，某班开展劳动教育，并评选一名劳动小能手，展现贴近学生生活的新时代劳动教育。

三、银线：强化学科素养培育，聚焦关键能力考查

学科素养和关键能力的考查是高考评价“银线”落地的重要体现。关键能力是指进入高等学校的学习者在面对与学科相关的生活实践或学习探索问题情境时，高质量地认识问题、分析问题、解决问题必须具备的能力，它是形成与发展思想政治学科素养、培育核心价值的重要基石，是使学习者适应时代要求并支撑其终身发展的能力，是培育核心价值、发展学科素养所必须具备的能力基础，是高水平人才素质的重要组成部分。

2024年思想政治试题坚持以课程标准为依据，在试题中深化对基础性内容的考查，综合评价学生的理论思维能力、价值判断力、法治素养和社会参与能力，引导学生夯实知识能力基础以强基，把握学科本原性思想方法以固本，增强考试与教学的有效衔接，引导高中课堂提高质量、减少学生机械刷题，引导课堂教学把重点从总结解题技巧转向培养学生学科素养，引导学生学有所思、思有所疑、疑有所问、问有所悟，使教学的关注点向解决问题和“做人做事”转变。试题贯彻高考内容改革要求，以高考评价体系为指南，结合学科特点，突出信息获取与加工、逻辑论证与阐释、辩证批判与创新思维等关键能力的考查，提升人才选拔效果。

(一)信息获取与加工

信息获取与加工能力是解决问题所必需的重要能力，要求考生能够对大量、无序的信息进行筛选、分类、归纳。在知识内容迅速更新、知识结构不断调整的当代，信息获取与加工能力是学生适应未来不断变化的社会生活的重要素质。高考思想政治试题强化对信息获取与加工能力的考查，引导考生学会捕捉新信息，感受新变化，提高不断更新知识的能力。高考思想政治命题，通过文字、图形、表格等方式呈现试题，加大试题信息的广度和容量，考查考生从以多种

形式呈现的材料中筛选、分析、概括、连结、转述关键信息的能力。学生如果缺乏良好的信息处理能力，将越来越难以应对未来的高考试题。

2024 年延续了 2022 年、2023 年命题特点，仍然注重考查考生根据图表对关键信息的获取与加工能力。

例如，2024 年湖北卷第 3 题。

下表反映了 2023 年我国城乡居民人均可支配收入及其来源结构情况。

统计指标	收入主体	人均可支配收入	按收入来源分			
			工资性收入	经营净收入	财产净收入	转移净收入
收入绝对量(元)	城镇居民	51 821	31 321	5 903	5 392	9 205
	农村居民	21 691	9 163	7 431	540	4 557
收入较上年名义增速	城镇居民	5.1%	5.9%	5.7%	2.9%	3.6%
	农村居民	7.0%	8.4%	6.6%	6.0%	8.4%

据此可以推断出(　　)。

①经营净收入是农村居民最大的收入来源

②城乡居民人均可支配收入比值较上年有所上升

③经济回升向好，农民外出务工形势好转

④与农村居民相比，城镇居民的财产净收入占比更高

A. ①②　　B. ①③　　C. ②④　　D. ③④

本题以 2023 年我国城乡居民人均可支配收入及其来源结构情况为情境，主要考查城乡协调发展、居民收入的来源与途径等必备知识，体现了国家坚持以人民为中心的发展思想，贯彻新发展理念，推动城乡协调发展，引导学生感受国家发展进步，增强对协调、共享发展理念的认同。考查了学生对关键信息的获取与加工能力以及辨识经济现象、作出判断的能力。

关键信息	揭示隐含前提	辨识与判断
农村居民工资性收入较上年名义增速达8.4%	经济回升向好，就业形势总体稳定，有利于保障居民工资性收入增长	农村居民工资性收入较上年名义增速较快→经济回升向好，农民外出务工形势好转，故③正确
城镇居民人均可支配收入为51 821元，其中财产净收入为5 392元；农村居民人均可支配收入为21 691元，其中财产净收入为540元	财产净收入占比是财产净收入在人均可支配收入中的比重	农村居民财产净收入占比为540/21 691≈0.02，城镇居民财产净收入占比为5392/51821≈0.1→与农村居民相比，城镇居民的财产净收入占比更高，故④正确

【参考答案】D

又如，2024 年山东卷第 2 题。

贷款余额是指在某一时间点上银行尚未收回的各类贷款本金总额，反映银行的信贷规模。截至 2023 年年末，中国银行等六大国有银行的绿色贷款余额达 17.86 万亿元。图中是 2018—2023 年我国金融机构绿色贷款余额及其增长情况。据材料，可以推断出(　　)。

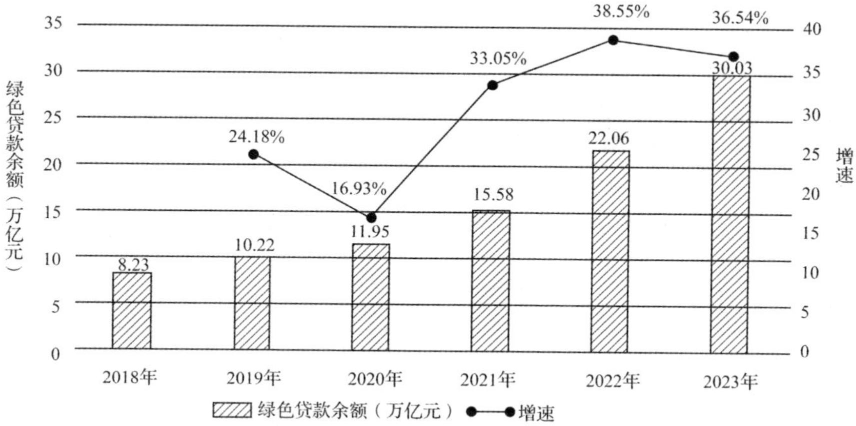

①绿色贷款余额增加使市场流动性出现了过剩

②国有银行在绿色信贷领域发挥着主导作用

③金融机构绿色贷款安全性、收益率逐年提高

④企业绿色发展的营商环境不断优化

A. ①②　　B. ①③　　C. ②④　　D. ③④

本题以我国金融机构绿色贷款余额及其增长情况为情境，主要考查国有经济的地位与作用、宏观调控政策、绿色发展理念等必备知识，引导学生理解国有经济的主导作用和我国的货币政策，增强对我国经济绿色发展的科学认知。考查了学生对关键信息的获取与加工能力以及辨识经济现象、作出判断的能力。

关键信息	信息加工	辨识与判断
2023 年，我国金融机构绿色贷款余额 30.03 万亿元 截至 2023 年年末，中国银行等六大国有银行的绿色贷款余额达 17.86 万亿元	六大国有银行的绿色贷款余额在金融机构绿色贷款余额中占比将近 60%→国有银行绿色信贷规模较大，在绿色信贷领域发挥重要作用	国有银行在绿色信贷领域发挥着主导作用，②正确

续表

关键信息	信息加工	辨识与判断
2018－2023年我国金融机构绿色贷款余额不断增长	我国金融机构绿色信贷规模不断扩大→支持企业绿色发展	企业绿色发展的营商环境不断优化，④正确

【参考答案】C

再如，2024年北京卷第12题。

水是生命之源。随着我国市政公用事业市场化改革，水务市场参与主体多元化，政府对居民生活用水实行“阶梯式水价”。

大型国有水务企业占国内80%的供水业务。规模较大，市场化较早，多为专业化水务环境综合服务商，集投资、建设、运营、技术服务于一体
国际水务企业占国内10%的供水业务。拥有雄厚资本、先进技术和管理经验、成熟的市场化运营机制
区域性水务企业占国内10%的供水业务。规模有限，市场化较晚

下列说法正确的是（　　）。

①水是混合型公共物品和战略资源，供水应由国有经济占支配地位

②国有企业主导供水市场，通过获得垄断利润实现资产保值增值

③多种所有制水务企业相互竞争，有利于增强国有水务企业活力

④向下调整“阶梯式水价”的阶梯价格，促使居民减少生活用水量

A. ①③　　B. ①④　　C. ②③　　D. ②④

本题以我国水务市场参与主体多元化为情境，主要考查我国生产资料所有制、国有经济的地位与作用、市场调节与宏观调控等必备知识，引导学生理解国有经济的主导作用，理解市场调节与宏观调控有机结合，增强对我国基本经济制度的科学认知，坚定制度自信。考查了学生对关键信息的获取与加工能力以及辨识经济现象、作出判断的能力。

关键信息	信息加工	辨识与判断
水是生命之源。大型国有水务企业占国内80%的供水业务。国际水务企业占国内10%的供水业务。区域性水务企业占国内10%的供水业务	大型国有水务企业在国内供水业务中所占比重较大，且综合实力较强	对关系国民经济命脉的重要行业和关键领域，国有经济必须占支配地位→水是混合型公共物品和战略资源，供水应由国有经济占支配地位，①正确

续表

关键信息	信息加工	辨识与判断
我国市政公用事业市场化改革，水务市场参与主体多元化。国际水务企业拥有雄厚资本、先进技术和管理经验、成熟的市场化运营机制	国际水务企业、区域性水务企业参与水务市场竞争，且国际水务企业优势明显	多种所有制水务企业相互竞争→有利于发挥各种所有制水务企业的长处，有效利用各方面资源，取长补短→增强国有水务企业活力，③正确

【参考答案】A

(二)逻辑推理与论证

逻辑推理与论证是指从已知的事实或理论(前提、条件或假设)出发，通过准确、充分的证据链(有效信息)和清晰、严密的逻辑链(相关性、因果性)，推导出合理结论的思维过程。高考思想政治试题推理与论证能力的考查的重点在于强调对知识总体把握的程度以及答案组织的逻辑性和层次性，要求考生能够对理论和现实问题进行全面分析和评价，强调多个知识点的综合运用以及从不同角度进行分析。培养推理与论证能力，可以有效引导学生正确地进行思维，准确、有条理地表达思想；可以用来检查和发现逻辑错误，辨别是非。高考思想政治命题对逻辑推理与论证的考查，主要是要求考生遵循一定的逻辑思维要求，运用各种推理方法得出正确结论，避免推理错误；运用所学的基本原理和恰当的论据，对观点、论断进行有说服力的论证和阐释，做到言之有物、言之有理、言之有据。

例如，2024 年新课标卷第 39 题第 2 问。

习近平指出，要发挥美术在服务经济社会发展中的重要作用，把更多美术元素、艺术元素应用到城乡规划建设中，增强城乡审美韵味、文化品位，把美术成果更好服务于人民群众的高品质生活需求。

大南坡村地处太行山区，曾经依靠挖煤而富，又因煤炭资源枯竭而陷入贫困。2019 年成功脱贫后，该村开始探索美学赋能乡村振兴的发展之路。在上级政府的引导和支持下，该村引进建筑、设计、美学、教育等领域的专家，对村里的建筑和环境加以美学改造和重新利用。村大队部、大舞台、供销社等闲置老旧公共建筑设施，被改造成为大南坡艺术中心、书店、游乐景观装置等，用于开展文化活动、展销文创产品；举办大南坡艺术团演出、南坡村民讲堂、民谣音乐会等充满乡风乡情的文化活动，给游客和村民带来美的享受；开展“艺同生长”美育系列活动，让美的种子在孩子们心中生根发芽……如今，村民热爱家乡、建设家乡的积极性空前高涨，文化产业、休闲农业、乡村旅游等特色产业不断发展，大南坡村入选省级文化产业特色乡村、全国乡村旅游重点村。2024年，大南坡村“留住乡愁 传承文脉 用‘美学经济’引领乡村振兴”入选全国文化和旅游赋能乡村振兴十佳案例。

运用《逻辑与思维》相关知识并结合材料，分析大南坡村探索美学赋能乡村振兴的发展之路体现的辩证思维特征。

本题以大南坡村探索美学赋能乡村振兴的发展之路为情境，考查辩证思维的特征等必备知识，提升学生综合运用学科知识应对真实情境的能力，增强学生对乡村振兴国家战略的理解与认同，培养学生的科学精神。主要考查学生信息获取与加工、辨识与判断的能力。

(1)信息获取与加工。

关键信息	归纳判断
大南坡村引进建筑、设计、美学、教育等领域的专家，对村里的建筑和环境加以美学改造和重新利用	辩证思维的整体性特征
大南坡村曾经依靠挖煤而富，又因煤炭资源枯竭而陷入贫困，2019 年成功脱贫后，特色产业不断发展，大南坡村入选省级文化产业特色乡村、全国乡村旅游重点村	辩证思维的动态性特征

(2)逻辑推理与论证。

理论基础	辩证思维的整体性与动态性特征
推理与论证	大南坡村引进建筑、设计、美学、教育等领域的专家，对村里的建筑和环境加以美学改造和重新利用 ↓ 整体性是辩证思维的重要特征，要求用全面的观点看问题 大南坡村曾经依靠挖煤而富，又因煤炭资源枯竭而陷入贫困，2019年成功脱贫后，特色产业不断发展，大南坡村入选省级文化产业特色乡村、全国乡村旅游重点村 ↓ 动态性是辩证思维的重要特征，要求用变化发展的观点看问题，用矛盾运动的观点看问题 ↓ 辩证思维在整体性与独立性、动态性与静态性的对立统一中把握事物，赋能乡村振兴

又如，2024 年山东卷第 16 题第 1 问。

甲社区准备逐步开展嵌入式服务设施建设。以下是该社区工作人员查询的部分政策、案例。

材料 【相关政策】国家发展改革委发布的《城市社区嵌入式服务设施建设工程实施方案》提出，在城市社区（小区）嵌入养老托育、社区助餐等功能性设施和适配性服务，推动优质普惠公共服务下基层、进社区；按照精准化、规模化、市场化原则，优先和重点提供急需紧缺服务。

结合材料，运用超前思维的方法，分析甲社区在开展嵌入式服务设施建设前应如何确定本社区的急需紧缺服务。

本题以社区开展嵌入式服务设施建设为情境，主要考查超前思维的方法的必备知识，引导学生关注社会问题，提升学生综合运用学科知识应对真实情境的能力，培养科学精神、提升公共参与意识。主要考查学生信息获取与加工、辨识与判断的能力。

(1)信息获取与加工

关键信息	归纳判断
社区工作人员查询关于开展嵌入式服务设施建设部分政策、案例；在开展嵌入式服务设施建设前，应该调研明确本社区的需求	注重调查研究
按照精准化、规模化、市场化原则，优先和重点提供急需紧缺服务	矛盾分析法；推理和想象的方法

(2)逻辑推理与论证

理论基础	超前思维的方法
推理与论证	甲社区在开展嵌入式服务设施建设前，应该深入社区实地调研明确本社区的急需紧缺服务 → 超前思维要注重调查研究 按照精准化、规模化、市场化原则，优先和重点提供急需紧缺服务 → 科学思维要运用矛盾分析法、推理和想象的方法 → 逐步开展嵌入式服务设施建设

（三）创新性思维与辩证思维

辩证唯物主义是科学的世界观和方法论，是人们认识世界、改造世界的锐利武器。辩证思维是理论思维的最高形式，也是高阶思维能力的最抽象层次。培养担当民族复兴大任的时代新人，需要掌握辩证唯物主义，锻炼和培养辩证思维能力。高考思想政治试题高度重视辩证思维能力的考查，通过精心设计试题情境和问题，引导学生提高运用唯物辩证法的基本原理分析和解决问题的能力。

例如，2024 年山东卷第 17 题。

阅读材料，完成下列要求。

我国积极实施标准化战略。一方面，对标国际先进水平，引进转化先进适用的国际标准；另一方面，加强我国重点领域标准的外文编译，让世界更多了解中国标准。

材料一　目前，以标准、合格评定等为主要内容的技术性贸易措施影响全球 80% 的贸易活动，但我国主导制定的国际标准仅占国际标准总数的 2% 左右。由于世界经济复苏乏力，外需放缓，导致一些外贸企业“出口转内销”需求强烈；我国经济发展势头强劲，一些具有竞争力的内贸企业“走出去”意愿不断增强。要实现内外贸“两条腿”走路，企业就需要面对产品适用国内国际标准的差异。

材料二　高质量专利技术标准化是国际大型企业占领国际市场最有效的措施。我国是全球新一代汽车专利布局数量最多的国家，但被用于标准的高价值专利相对较少，不到全球十分之一。

有观点认为，我国企业应采用国际标准以提升自身竞争力。结合材料，运用经济与社会、当代国际政治与经济知识，对该观点进行评析。

本题以我国积极实施标准化战略为情境，设置分析探究的学科任务，主要考查企业的经营、构建新发展格局、高水平对外开放等必备知识，引导学生理解我国对外开放的基本国策，开拓国际视野，对经济全球化和我国开放发展理念有科学的认知。主要考查了学生的关键信息获取与加工能力，以及运用所学经济知识进行逻辑推理与论证、反思与评价的能力。

（1）信息获取与加工

关键信息	归纳判断
目前，以标准、合格评定等为主要内容的技术性贸易措施影响全球 80% 的贸易活动；高质量专利技术标准化是国际大型企业占领国际市场最有效的措施	标准化对全球经济有重要影响→企业需要通过标准化提升自身竞争力

续表

关键信息	归纳判断
对标国际先进水平，引进转化先进适用的国际标准；我国经济发展势头强劲，一些具有竞争力的内贸企业“走出去”意愿不断增强	企业采用国际标准有利于更好地与国际市场接轨→企业要正确认识国际标准对企业发展的影响
加强我国重点领域标准的外文编译，让世界更多了解中国标准；我国主导制定的国际标准仅占国际标准总数的2%左右；一些外贸企业“出口转内销”需求强烈	我国要积极参与制定国际标准，并推动中国标准走向世界
要实现内外贸“两条腿”走路，企业就需要面对产品适用国内国际标准的差异	企业要根据实际情况灵活运用国内标准与国际标准

(2)逻辑推理与论证

<table>
<tr><td>理论基础</td><td>企业如何经营成功
经济全球化发展趋势
开放发展理念；构建新发展格局；独立自主、自力更生与高水平对外开放</td></tr>
<tr><td>推理与论证、反思与评价</td><td>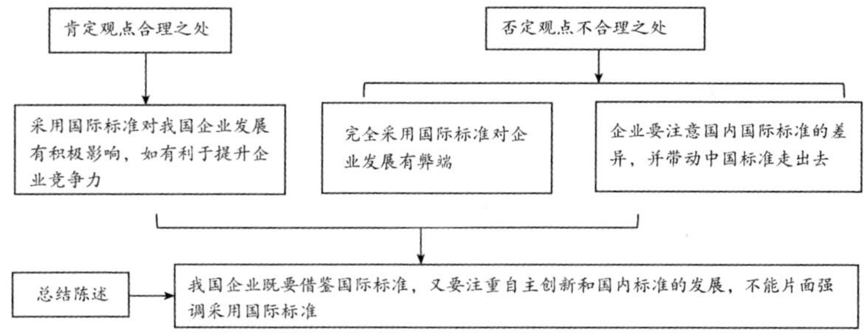
</td></tr>
</table>

又如，2024年广东卷第18题第(1)问：

阅读材料，完成下列要求。

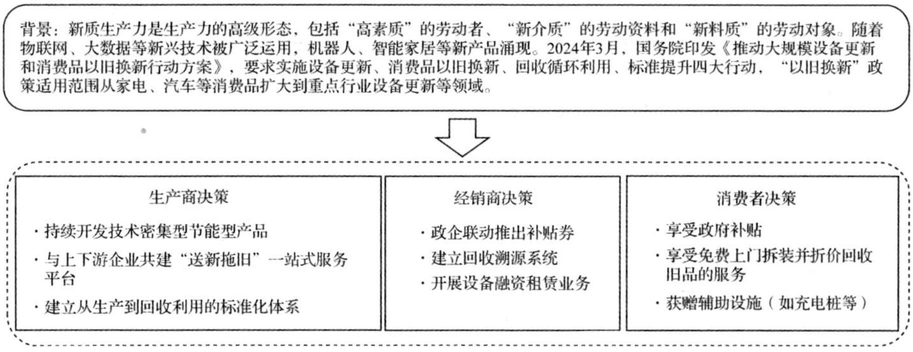

有专家认为，此波“以旧换新”将进一步推动新质生产力发展，也是新质生产力推动消费变革的生动写照。结合材料一，运用经济知识，从供给侧或者需求侧的角度(任选一个)，对此观点加以分析。

本题以新质生产力发展为情境，设置分析探究的学科任务，主要考查生产与消费、构建新发展格局、市场调节与宏观调控等必备知识，引导学生了解我国实施扩大内需战略与深化供给侧结构性改革的具体举措，理解国家经济政策，增强创新意识，对新质生产力形成科学认知。主要考查了学生的关键信息获取与加工能力，以及运用所学经济知识进行分析与综合、逻辑推理与论证的能力。

(1)信息获取与加工。

关键信息	归纳判断
新质生产力是生产力的高级形态，包括“高素质”的劳动者、“新介质”的劳动资料和“新料质”的劳动对象	推动新质生产力发展要从生产力的基本要素角度分析
随着新技术运用，新产品涌现 国务院印发《推动大规模设备更新和消费品以旧换新行动方案》，要求实施设备更新、消费品以旧换新、回收循环利用、标准提升四大行动	技术创新、标准提升→优化产品供给结构→优化需求结构
生产商决策：开发技术密集型节能型产品、与上下游企业共建一站式服务平台、建立从生产到回收利用的标准化体系	开发节能型产品、回收循环利用→资源节约、环境保护、绿色发展 与上下游企业共建平台、建立从生产到回收利用的标准化体系→构建从生产到回收全产业链，提高要素配置效率
经销商决策：政企联动推出补贴券、建立回收溯源系统、开展设备融资租赁业务 消费者决策：享受政府补贴、享受免费上门拆装并折价回收旧品的服务、获赠辅助设施	政府支持、企业让利→推动消费变革→推动供给侧改革
从供给侧或者需求侧的角度(任选一个)，对此观点加以分析	答题时要先作出选择，再具体分析

(2)逻辑推理与论证。

理论基础	生产力的基本要素 企业的生产经营、市场调节与宏观调控 构建新发展格局、推动高质量发展

续表

推理与论证	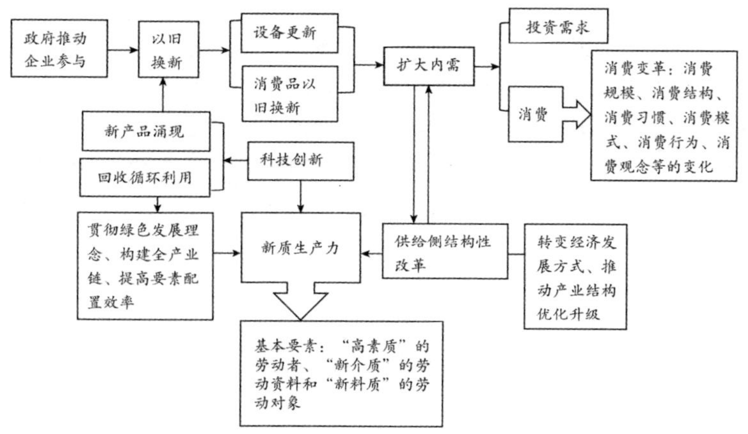

四、串联线：紧扣重大时代主题，凸显鲜活的实践情境

试题情境是用于引出问题、刺激应试者作答反应和完成特定任务的背景与依托，是测试和反映应试者思想政治学科素养的载体，是链接"金线"和"银线"、进行科学评价的"串联线"。通过情境与任务的紧密衔接，把课本知识与具体真实的世界联系起来，增强二者的内在一致性，可以产生明确的作答指引作用，提升能力素养考查的效果。思想政治命题最具有时代性，鲜活的现实实践天然就是一条条的"串联线"，试题以时代的重大主题设置情境，注意结合学生认知水平和思想实际，促使学生关注社会生活，思考我国改革开放发展取得伟大成就的深层原因，引导学生增强"四个自信"，拥护中国共产党的领导，认同中国特色社会主义，立志为实现中华民族伟大复兴的中国梦而奋斗。

新的高考评价体系下，可谓"无情境，不成题"。通过加强试题情境设计，可以考查学生灵活运用所学知识方法分析和解决实际问题的能力，引导学生在解决实际问题的过程中建构知识、培养能力、提升素养。2024 年思想政治试题广泛选取日常生活、生产实践、科学研究中的真实问题创设情境，考查学生通过联系实际运用所学知识分析解决现实问题的能力，引导实现从解题到解决问题的转变，增强学习主动性与学习兴趣。高考试题正在实现由考试评价工具到全面育人载体的转变，试题情境发挥着重要的育人导向功能，彰显立德树人时代性，为学生的

全面发展奠定思想政治素质基础。例如，2024 年部分试卷的试题情境：

试题情境	选择题	非选择题
2024 年 全国新课标卷	空想社会主义，党纪学习教育，2024 年政府工作报告，盘活本地闲置耕地，党建工作，数字政府建设，《流浪地球 2》，“鲁班工坊”，“西共体”，中国复眼，饭店消费，地铁客流高峰时段调价举行听证会	工业园区绿色发展，大南坡村美学赋能乡村振兴，西部大开发，宅基地翻建房屋
2024 年 黑吉辽卷	“两个必然”和“两个决不会”，新质生产力，城镇化与产业发展，中央一号文件，“卡脖子”难题，人大代表督事制度，大病救助，三彩骆驼载乐俑，柳树与生态修复，龟兔赛跑，知识产权合作，联合国水机制，《合作经营合同》，摄影作品在杂志发表，Vidu 原创视频大模型，劳动选修课	检察机关高质效办案，消费品以旧换新，“冰上丝绸之路”
2024 年 山东卷	习近平的“胸怀天下”，金融机构绿色贷款余额，搭建黄河大集平台，建设新型智慧医疗服务体系，全国统一大市场建设相关典型案例，加强未成年人网络保护，全球粮农治理，核电，玑衡抚辰仪，县域小城文旅火热，互花米草引入与防治，爱国主义教育法，古代欹器，财产继承与抵押，公司广告	社区嵌入式服务设施建设，标准化战略，法治护航乡村振兴，以执着成就有价值的人生，真理与理想交相辉映
2024 年 广东卷	改革进入深水区，党的二十大报告，文艺工作，低空经济，个人养老金制度，党纪学习教育，“政协 + 检察”模式，社区议事场所，清朝灵芝故事，漫画《“码”上办》，古典家具，科普活动，中国与世界贸易组织（WTO）改革，买卖合同案例，在税务局“摔倒”案例	备案审查工作，推动新质生产力发展，中国发展为全球发展带来新机遇

2024 年的试题通过创设简单情境，设计选择题等题型，考查辨识与判断等较低层级能力；通过设置一般情境，以相对简单的主观题考查分析与综合等较高层级能力；通过创设复杂情境，设计综合性主观题，考查学科素养和高层次能力的综合运用。试题情境来源于社会生活实践，既选取政治、经济、文化、社会、生态文明建设等各领域的重大热点主题，又选取马克思的重要观点及习近平的重要论断；既关注紧贴时代热点的宏大叙事，又关注日常生活中的热点现象。试题素材的选择和创设兼具简明性、丰富性、真实性、典型性等特点，能够有效实现考查目标要求，有效测试学生的思想政治学科素养。通过考查载体的打造，保证了学科素养测试的全面性和层次性。

（一）彰显新时代伟大成就，坚定四个自信

2024 年高考思想政治多道试题选材聚焦人民群众普遍关心的问题，讲述党和国家推进实施改革创新举措，始终坚持顺应民心、尊重民意、关注民情、致力民生，把医疗、社保、养老、生态环境等领域难解决的事一件一件办好，努力让人民群众的获得感成色更足、幸福感更可持续、安全感更有保障。

生态文明建设是关系中华民族永续发展的千年大计。例如，新课标卷第 38 题坚持走生态优先、绿色发展之路，制定了多部与生态环境保护有关的地方性法规。黑辽吉卷第 4 题，严守十八亿亩耕地红线；第 9 题利用柳树能吸收并转化土壤中污染物的特性将其用于生态修复。湖北卷第 4 题，2023 年中国贡献了超过一半的全球可再生能源新增装机容量；第 14 题，做到秸秆科学离田，以实现经济效益与生态保护的统一。山东卷第 8 题，中国政府提出到 2025 年核电装机容量达到 7 000 万千瓦；第 11 题，互花米草从引入到防治。学生通过阅读材料就能感受到我国在现代化建设中贯彻新发展理念，坚持绿色发展，坚持可持续发展，建设美丽中国。

关注民生，引导学生站稳人民立场，坚定制度自信。2024 年广东卷第 5 题，个人养老金在退休后领取时享受优惠税率。山东卷第 4 题，建设新型智慧医疗服务体系，推动优质医疗资源下沉。安徽卷第 18 题，创建“省级总统揽、广泛集民声、快速解难题、跟踪抓督办、源头大治理”的“民声呼应”工作机制。引导学生体会我国正在进一步织密社会保障安全网，为满足人民对美好生活向往而不懈努力。黑吉辽卷第 7 题，村协管员将摸排和救助结果及时录入大数据救助平台。学生分析我国政府出台的一系列调控政策如何为宏观经济稳定、民生改善提供有力支撑，看到中国经济的奔涌活力正在高质量发展中不断彰显。

（二）关注法治建设，突出宪法精神与法治意识

思政课着力培养学生的法治意识和法治素养。法治是国家治理体系和治理能力的重要依托，大到国家治理小到日常问题都离不开法治。党的二十大报告强调“必须更好发挥法治固根本、稳预期、利长远的保障作用，在法治轨道上全面建设社会主义现代化国家”。培育学生的法治意识要求树立宪法至上、法律面前人人平等的法治理念，要求全面理解党的领导、人民当家作主、依法治国有机统一的重要性。2024 年思想政治试题注重引导学生尊法学法守法用法，自觉参与法治建设，依法行使政治权利，自觉履行政治义务。北京卷第 11 题，以旅

游合同为情境，考查合同、消费者的合法权益、侵权责任等必备知识，增强学生的维权意识。湖南卷第 19 题，创设生活化法治情境，以更好呵护未成年人健康成长为主题，以系列情境案例的形式，从父母对未成年子女权利义务、劳动者权利义务等角度考查学生释法析理，引导学生发现问题、分析问题、解决问题，培养学生法治意识和公共参与素养。广东卷第 14 题，以不同物的所有权取得为情境，考查所有权、用益物权等必备知识，引导学生明确不同物的所有权取得方式。山东卷有 5 道选择题、2 道非选择题围绕法治主题命题，引导学生德法兼修事上练，明断是非解民忧，为国家的法治建设添砖加瓦，让法治之光照亮新征程。

（三）挖掘自主命题的资源价值，凸显地方特色

高考分省自主命题的资源价值在于它具有丰富的创新元素和创意空间，可以充分发挥地方资源优势，彰显地方特色。2024 年北京卷试题凸显北京特色，第 5 题延庆区八达岭镇石峡村的乡亲们自发守护石峡关长城；第 9 题，北京市儿童友好城市的“五个友好”；第 18 题，发展新质生产力的地区动态：北京依据自身的人才和技术等优势，加快打造人工智能技术创新策源地和产业发展新高地。广东卷第 7 题，广东某市实施“政协 + 检察”衔接转化工作模式；第 8 题广东某社区新建的议事场所“玻璃屋”。山东卷第 3 题，山东省搭建黄河大集平台；第 4 题，山东某市运用数字化技术打造新型智慧医疗服务体系。湖南卷第 7 题，“潇湘八景”大美潇湘，山水如画；第 17 题，湖南以乡村治理为载体，大力推进“和美湘村”建设，等等。

五、小结：加强思想政治引领，注重学科思维品质培养

2024 年高考思想政治学科命题以习近平新时代中国特色社会主义思想为指导，贯彻党的二十大精神，落实立德树人根本任务，彰显学科育人功能；深化考试内容改革，注重用党的创新理论成果武装头脑，加强政治方向和社会主义核心价值观引领，筑牢青年学生理想信念之基；加强法治教育，在法治轨道上全面建设社会主义现代化国家；加强综合考查，引导学生提升思维品质，促进全面发展。这启示我们在备考中应关注以下几点。

（一）关注时政热点，有机融入习近平新时代中国特色社会主义思想

思想政治学科教学要结合重大时代主题，将习近平新时代中国特色社会主

义思想有机融入教学备考之中，坚持用习近平新时代中国特色社会主义思想武装头脑、指导实践、推动工作，感悟习近平新时代中国特色社会主义思想的伟力，引导学生筑牢信仰之基、补足精神之钙，把好世界观、人生观、价值观这个“总开关”，强化政治引领和价值导向。以中国特色社会主义取得的举世瞩目成就为内容支撑，习近平经济思想、法治思想、文化思想、生态文明思想、外交思想等构成的习近平新时代中国特色社会主义思想之光照亮前行之路，深刻认识习近平新时代中国特色社会主义思想的时代意义、理论意义、实践意义、世界意义。比如党的二十届三中全会强调以进一步全面深化改革开辟中国式现代化广阔前景，必将成为中国改革开放又一座标注时代的里程碑。以此引导学生感知党的十八大以来，以习近平同志为核心的党中央掌舵领航，以伟大的历史主动精神、巨大的政治勇气和智慧，掀起全面深化改革的春江大潮。

（二）整合必备知识，探索实施单元教学改革

实施单元教学是深化课程改革、推进课堂转型、适应高考内容改革的需要。高考试题通过特定的任务驱动和情境创设，增强试题的开放性、探究性和创新性，明确将考查重点放在学生的思维品质以及综合应用所学知识发现问题、分析问题和解决问题的能力上。单元教学旨在促进教学内容的结构化，构建教学的整体意识，以实现“整体大于部分之和”，提升教学效益，落实学科核心素养。单元教学超越单纯的知识点的识记和技能训练，强调知识学习从理解到迁移运用。通过重新整合架构教学内容，从学生的学习需要出发，调动迁移运用知识，以分析解决生活情境问题为核心，优化组织学习方案，提高学生解决复杂情境问题的能力，这是学生学科核心素养的外显形式。整合赋予知识以活力，使知识的功能更强大。核心素养导向下的单元教学，把离散的知识、技能、思维方法聚合起来，形成意义。实施大单元教学以明晰的主题、主体、主线整合学科知识，以大概念、大问题、大任务为单元组织统领，为解决真实的情境问题将知识深度组织起来，把碎片化知识统整为解决问题的知识架构，培养学生多角度观察思考和发现、分析、解决问题的能力，形成关于社会现象的整体性认知。比如基于学科大概念整合知识，实施大概念教学，以核心概念、关键问题、研究项目、学科任务等整合知识内容，对不同模块的知识解构、重构，促进深度学习，让教与学走向系统化，实现知识的深度迁移和运用。

（三）加强法治教育，增强社会主义法治观念

立德树人须德法兼修，思政课着力培养学生的法治意识和法治素养。大到国家治理、小到日常问题都离不开法治，党的二十大报告强调“必须更好发挥法治固根本、稳预期、利长远的保障作用，在法治轨道上全面建设社会主义现代化国家”。2024 年无论是全国卷还是地方卷的试题，围绕法治主题的试题数不少，如分析典型案例，解读法条，处理家庭和职场法律关系，判明遗产继承、抵押、不正当竞争、合同违约、名誉侵权等行为的法律和事实依据；或将相邻关系、权利行使界限、侵权责任等多个知识点有机地融合在一起，考查学生运用法律知识分析解决实际法律问题的能力，引导学生树立权利行使有边界、损害他人利益应承担法律责任的规则意识，进而增强法治意识和法治观念。通过以案说法、说纪、说德、说责，教育引导学生知敬畏、存戒惧、守底线，尊法信法、学法守法、用法护法，不断推动新时代法治中国建设行稳致远，让人民群众拥有更多获得感、幸福感、安全感。引导学生逐步树立“为天地立心，为生民立命，为往圣继绝学，为万世开太平”的远大理想，尊法、学法、守法、用法，做社会主义法治的忠实崇尚者、自觉遵守者、坚决捍卫者。

（四）聚焦关键能力，注重学科思维品质培养

科学思维方法是深度学习、科学研究和分析解决问题的基础。聚焦关键能力考查，突出思维品质与创新精神，是近年来高考命题改革最显著的特征，也是高考综合改革最大的创新之处。思想政治学科命题坚持内容改革方向，突出创新思维、逻辑思维、辩证思维等科学思维的考查，引导学生培育提升思维品质。第一，加强开放性设计，培养创新思维。思想政治学科试题增强设问的开放性，鼓励学生根据自己的理解，从不同角度分析社会现象和问题，培养创新思维能力。比如让学生模拟角色来解决情境中的真实问题，引导学生创新作答。第二，关注演绎推理过程，培养逻辑思维。逻辑思维是科学思维的重要内容。思想政治学科加强对逻辑思维能力的考查，体现“科学精神”的学科素养要求。引导学生认识现实问题的系统性、条件性，考查学生对情境中多种逻辑关系的掌握情况，进而提升学生正确使用判断和有效进行演绎推理的逻辑思维能力。第三，强调思维整体性动态性特征，培养辩证思维。辩证思维能力是探索世界、改造世界过程中必不可少的能力，所以需要培养和锻炼学生的辩证思维，组织好辨析式教学。坚持价值引领、保证思辨的方向，创设真实情景、培植思辨的土壤，设置“两难”辩题、开辟思辨的路径，依托基础知识、明确思辨的载体，精简辩论环节、突出思辨的过程，跟进总结评价、发挥思辨的意义。

第八节　历史命题理论与实践

2024 年高考和学业水平等级考试历史试题以习近平新时代中国特色社会主义思想为指导，坚持落实党的二十大精神和立德树人根本任务，坚持以社会主义核心价值观为方向引领，将服务教育强国建设、提升人才培养质量、服务拔尖创新人才选拔等要求融入试题。试题强化必备知识和关键能力考查，突出核心素养立意，引导学生提升学科素养，促进全面发展，注重教考衔接，引导中学课堂提质增效。试卷风格、结构、题型、题量保持稳定，符合新课标新增内容考查要求，推动考试内容改革稳步前行。

与此同时，各分省命题的学业水平等级考试历史试题在命题选材方面突出地方特色，作出了很多有益的尝试，特别是东三省联合命题，开启了新的命题模式的探索，助力课程改革和考试改革平稳落地。

一、基本情况概述

2024 年历史试题严格依据并遵照《中国高考评价体系》和《普通高中课程标准(2017 年版 2020 年修订)》(以下简称《课程标准》)的要求命制，坚持素养导向，贯彻“价值引领、素养导向、能力为重、知识为基”的四维考查要求，着重考查学生的关键能力和思维品质，加大对学生逻辑思维与推理能力的考查，凸显学以致用、灵活运用，鼓励创新和探究意识，改变相对固化的试题形式，服务拔尖创新人才选拔与培养。

(一)试题内容分布及分数构成

目前，高考历史试卷和等级考试历史试题的内容分布及分数构成主要包括以下几种模式。

2024 年高考全国甲卷各部分所占分数

	选择题	非选择题(必做)		总分
中国古代史	20	13	33	57
中国近代史	8	12	20	
中国现代史	4	0	4	

续表

	选择题	非选择题（必做）		总分
世界古代史	0	0	0	28
世界近代史	12	6	18	
世界现代史	4	6	10	

2024 年高考新课标卷各部分所占分数

	选择题	非选择题	总分	
中国古代史	20	12.5	32.5	63.5
中国近代史	4	12	16	
中国现代史	0	15	15	
世界古代史	4	12.5	16.5	36.5
世界近代史	12	0	12	
世界现代史	8	0	8	

2024 年分省命题的等级考历史试题（以山东、湖南、湖北、安徽、甘肃、东三省卷为例）

		山东	湖南	湖北	安徽	甘肃	东三省
选择题	数量（个）	15	16	15	16	16	16
	分值	45	48	45	48	48	48
非选择题	数量（个）	4	3	4	3	4	4
	分值	55	52	55	52	52	52

传统的文科综合试卷历史试题，中国史与世界史的占比基本保持不变，中国史分数基本上保持占必做题分数的约 65%，世界史保持占比约 35%。2024 年文科综合的考试试题基本坚持了传统的试卷结构，体现了历史高考向历史学业水平等级考试平稳过渡的特点。

2024 年新课标卷历史试题，中国史占 63.5 分，世界史占 36.5 分。就其分数的分配来看，中国史在总分中的占比，与传统文科综合历史试题中的占比基本相当。就中国史各部分的分数占比来看，依然是中国古代史最为突出，中国近代史与中国现代史相当；就世界史部分来看，本年度试题明显突出了对世界古代史的考查，世界近代史与世界现代史也基本相当。

就分省命题的学业水平等级考试历史试题来看，试卷结构趋向统一，基本上趋向于选择题 15 或 16 个，分值 45 分或 48 分；非选择题 3 或 4 个，分值 55

分或 52 分。就试卷结构来看，都取消了选做题，完全按照《课程标准》的要求，实现了必修与选择性必修的有机融合。试题按照《中国高考评价体系》的要求，彰显立德树人导向，突出对核心素养和关键能力的考查。

（二）依标施考，全面落实《中国高考评价体系》

2019 年，国务院办公厅发布《关于新时代推进普通高中育人方式改革的指导意见》，明确提出“实施普通高中新课程的省份不再制定考试大纲”，“以纲定考”的时代宣告终结，《课程标准》成为命题的唯一依据。《课程标准》明确规定，历史试题的命制，“以《课程标准》为命题依据，以考查核心素养的具备程度为目的，以新情境下的问题解决为重心”。2024 年的高考历史试题和学业水平等级考试历史试题，都贯彻落实了这一精神。新的《课程标准》下的课程体系，必修和选择性必修内容都是全修全考的内容。2024 年新课标卷和各省分制的历史试题，已经没有选做题的设计，这一做法全面落实了新的《课程标准》的要求。

2020 年 1 月出台的《中国高考评价体系》是新时代高考内容改革和命题工作的理论支撑和实践指南，它为高考和学业水平等级考试命题提供了基本原则，从国家层面明确了高考的功能定位，即立德树人、服务选才、导向教学。2024 年的高考历史试题和学业水平等级考试历史试题对标《中国高考评价体系》，在高考核心功能、考查内容、考查方式、试题情境设计等方面，全面落实了评价体系的要求，精心设计考查内容、考查形式和考查载体，将立德树人根本任务融入试题，从不同的维度考查了唯物史观、史料实证、时空观念、历史理解、历史解释和历史价值观等核心素养。

（三）落实立德树人，培养有理想信念的时代新人

立德树人是新时代高考的根本任务。2024 年高考历史试题全面贯彻党的二十大精神，注重以习近平新时代中国特色社会主义思想培根铸魂，深度融入社会主义核心价值观，弘扬中华优秀传统文化、革命文化、社会主义先进文化，把显性考查和隐性教育相结合，用精品试题让学生接受思想的启迪、文化的熏陶。试题采用符合高中学生认知特点的呈现方式，融入新时代党和国家事业取得的历史性成就、发生的历史性变革，引导学生坚定“四个自信”。试题将体美劳教育的引导与考查内容、考查要求、考查载体有机融合，走出一条以德引领、以智为基、体美劳强力呼应的内容改革之路。

（四）注重提升人才培养质量，优化考查要求设计

随着新时代国际国内形势的变化，如何全面提高人才自主培养质量，助力拔尖创新人才的培育，已成为当前考试内容改革的重要任务。2024 年试题优化考查内容、丰富呈现方式、创新设问角度，注重考查支撑学生未来长远发展和适应社会进步要求的关键能力，让善于独立思考、认知能力强的学生脱颖而出。如全国甲卷第 42 题通过呈现学者关于 20 世纪世界城市发展变迁的示意图，构建多视角、多层面的问题任务，涉及的必备知识较为丰富，要求学生既要有扎实的基础，又要有综合运用知识的迁移能力和全面深刻地认识历史发展规律、进行合理阐释的综合能力。全国新课标卷第 43 题通过展示 1932 年重要新闻的标题，要求学生结合时事，写一篇短评，涉及的信息量大，留下的开放性思维空间广阔，考查的能力要求较高。这些命题反套路、反对背素材，材料来源于生活，接地气。死记硬背、机械刷题、题海战术等传统应试办法难以发挥作用。

（五）进一步加强教考衔接，确保考试内容改革平稳实施

2024 年历史试题严格依据高中《课程标准》，突出落实核心素养理念，丰富考查内容、考查要求、考查整体内涵和实施路径，确保平稳衔接。试题考查内容限定在课标范围之内，既注重考查内容的全面性，又突出主干和重点内容的考查。考查要求依据学业质量标准，深度不超过其规定的层次，引导中学做到应教尽教，开齐开好国家规定课程。在此基础上，试题同时突出了对新教材增加内容的考查力度。试题注重考查对基础知识、基本技能、基本方法的深刻理解，引导教学把精力放在讲透课程重点内容上，强调在深刻理解基础上的融会贯通、灵活运用，不考死记硬背，不出偏题怪题，引导学校把教学重点从总结解题技巧转向培养学生学科核心素养，提升课堂效果和作业的效率。历史试题注意区分新、旧《课程标准》的差别，基于不同课标的卷种，既在内容范围上与《课程标准》保持一致，注重全面性，突出主干；又在考查要求上与新《课程标准》提出的要求对接，促进教、学、考的有机衔接。

二、金线：加强价值引领，聚焦铸魂育人

历史命题落实立德树人的根本任务，贯彻党的二十大精神，把习近平新时代中国特色社会主义思想最新成果有机融入试题，引导学生把习近平新时代中

国特色社会主义思想的世界观和方法论以及贯穿其中的立场、观点、方法，转化为认识问题、分析问题和解决问题的思想方法。总之，历史试题融入党的二十大精神，构建“五史”考查体系，筑牢理想信念，坚定“四个自信”，落定“五育”并举，促进全面发展。

（一）传承爱国主义红色基因，深化“五史”考查

2024 年高考历史试题通过选取新民主主义革命时期、社会主义革命与建设时期、改革开放时期等历史时段的重大历史事件和历史线索，引导学生知史爱党、知史爱国。

2024 年试题对新民主主义革命的考查而言，山东卷第 6 题引用吴玉章在中国国民党“二大”上的谈话，考查了对国民革命运动必要性的认识；山东卷第 7 题以新民主主义革命时期报刊的关键词切入，考查了对新民主主义革命时期各阶段特别是国共十年对峙时期阶段特征的认识，引导学生理解革命的艰难曲折。全国甲卷第 30 题以 1943 年陕甘宁边区佳县城关区各阶层公粮负担情况创设情境，展现中国共产党为团结一切抗日力量，调动社会各阶层支持抗日的坚强决心和不懈努力，引导学生认识中国共产党在抗日战争中的中流砥柱作用，培育爱国精神。东三省卷（黑吉辽卷）第 9 题以土地改革后农民认识的变化切入，考查土地改革带来的重大变化，引导学生充分认识党在民主革命时期战略决策和政策调整的伟大之处。

从对新中国国史的考查来看，新课标卷第 44 题以新中国装备制造业“从无到有”“从弱到强”的发展过程为切入点，展现从新中国成立到改革开放新时代中国现代化建设取得的巨大成就，引导学生了解党领导中国人民探索中国式现代化道路的奋斗历程，领悟习近平新时代中国特色社会主义思想与社会主义现代化建设成就间的内在联系。2024 年山东历史卷第 18 题以“数字里的上海”为题，所选材料涉及上海在新中国成立前后工业数字的变化，考查对新中国成立为上海带来巨变的认识，引导学生充分理解新中国党和国家具有的强大的治国能力。2024 年湖南卷第 11 题把 1993 年的粮食播种面积、农村社会商品零售总额与 1978 年的相关数字作比较，引导学生在比较的基础上认识经济体制改革决策的伟大，从而坚定坚持改革开放的意识，坚定道路自信的理念。

2024 年试题突出了对中华优秀传统文化和人类优秀思想文化的考查。2024 年新课标卷第 1 题以考古发现切入，通过对墓葬规模大小不一以及出现礼器等信息的加工整理，引导学生理解中华早期文明的特点；第 2 题以春秋战国时期

诸子百家在“选贤任能”主张方面的同与不同构建情境，引导学生认识诸子百家思想的特色，增强对中华民族优秀传统文化的认同感。

（二）铸牢中华民族共同体意识，增强中华文化认同

党的十八大以来，习近平总书记多次强调铸牢中华民族共同体意识，抓好民族团结进步事业。全国甲卷第45题以北魏时期冯太后的教育改革为背景，呈现了冯太后作为历史上的少数民族政权统治者，尊崇华夏制度文化、推行儒学、设立郡学、编写《劝戒歌》向鲜卑人传播中原文化等举措，再现了鲜卑与中原交往交流交融的史实，考查学生对鲜卑民族华夏文化认同形成意义的认识，以及魏晋南北朝时期中华民族多元一体格局的理解，引导学生领悟中华文明兼收并蓄的开放胸怀和大一统传统，启发他们认同和铸牢中华民族共同体意识。

甘肃地处祖国西北边陲，在历史上曾出现过一系列的民族政权。在历史上，该地区对促进中华各民族文化的交融以及中华文化与外来文化的交流方面曾发挥重要作用。2024年甘肃卷引导学生从熟悉的地域入手，思考该地域与中华文明内涵发展之间的互动关系。试题将家国情怀与时空观念相融合，启发学生由爱家、爱乡到爱国，争做中华文明的拥护者、传承者。甘肃卷第3题以北魏孝文帝改定刑律为切入点，通过对其“宽仁”“民由化穆”“示之以礼”的认识以及北魏统治者对中华优秀文化的认同，引导学生认识中华文化对促进民族交融、稳定社会秩序以及促进社会发展的重要作用。甘肃卷第4题以唐代波斯人李素及其后代的经历设置情境，从促进中外交流的视角展现了中华民族优秀文化的包容性和开放性。甘肃卷第17题以辽、西夏、金的职官设置切入，通过了解辽、西夏、金职官设置的发展历程，认识它们的共同特点，在分析和解决上述问题的过程中，学生自觉地形成了中华民族的民族共同体意识，更加明确各民族在相互借鉴、相互学习的基础上，共同促进了中华民族优秀文化的发展。

（三）落实“五育”并举，促进全面发展

习近平总书记在全国教育大会上提出德智体美劳“五育”并举和“六个下功夫”等重要讲话，标志着新时代教育工作迈上新台阶。2020年《关于全面加强新时代大中小学劳动教育的意见》《关于全面加强和改进新时代学校体育工作的意见》《关于全面加强和改进新时代学校美育工作的意见》等文件的发布，为全面加强和改进新时代劳动教育和学校体育、美育工作指明了方向，提供了遵循。

近年来，历史试题多次将各艺术门类与历史相结合创设情境，引导学生感

悟艺术的美学理念，培养高雅的审美情趣和良好的审美意识，并在审美的过程中培养历史学科素养，深化对历史发展的理解和认识。如2024年全国甲卷第31题以1982年宪法的规定切入，考查中华人民共和国对文艺创作以及对其他文化事业的创造的支持和鼓励，引导学生从国家政策层面认识我国文艺创作的良好环境。甲卷第32题以文艺复兴时期一位母亲给儿子的信设置情境，考查文艺发展、思想解放与社会进步之间的内在联系，引导学生理解接受文艺熏陶对陶冶情操、促进个性成长乃至对社会发展的重要作用。甲卷第34题引用伏尔泰的演讲构建学习情境，旨在通过对伏尔泰关于理性的认识，引导学生体会美德在社会进步的作用和力量。

历史试题还通过设置与体育、劳动相关的情境渗透对“五育”的考查。如2024年甘肃卷第9题选取了1959年至70年代初中国乒乓球运动发展的材料，考查体育运动的发展与国际影响扩大，甚至拓展外交领域之间的内在联系，引导学生深刻理解体育运动的重要意义，培养学生健康强体，为国争光的意识。湖南卷第9题以20世纪30年代毛泽东对江西寻乌人口成分的调查切入，引导学生认识劳动人民在近代民主革命中的重要地位，培养人们关注社会、关注农民的社会责任感。全国新课标卷第42题把中国古代传统农业与欧洲传统农业的发展放在一起比较，在比较的基础上引导学生认识中国古代劳动人民的高超智慧，培养热爱劳动、热爱国家的情怀。

三、银线：坚持学科素养导向，重点考查关键能力

在高考命题和测试的实际操作过程中，能力考查往往体现出综合性和交叉性特点，即一道试题可能考查多种能力，若干道试题也可能均考查多种能力，一次考试应该是一次覆盖到多种能力的考查。历史学科考查的主要关键能力包括信息获取与加工、逻辑推理与辩证思维、批判性思维与历史探究等方面。

（一）信息获取与加工

信息识别、获取与加工是解决问题的基础能力，在高考中越来越重要，它包含信息的获取与识别、信息的处理与分析等。要求学生能辨识模型、图表、数据、文本中的各种类型信息，从中提取关键内容，建立关键信息之间的逻辑关联，并与有关已学知识进行嫁接整合，是思维过程中的第一道关卡。高考命题，通过文字、图形、表格等方式呈现试题，加大试题信息的广度和容量，考

查学生从多种形式呈现的丰富材料中，定位、识别、筛选、分类、概括、连接、转述关键信息的能力。其中，“筛选”是指区分有效与无效、主要与次要，排除干扰信息，识别关键信息，一般体现为分析的过程；“概括”是指从个别到一般、从多到一的归纳过程以及从个别到个别或从一般到一般的类比过程；“连接”是指在关键信息间建立简单的逻辑关系，形成完整一贯的逻辑链条与关系，一般表现为推理的过程；“转述”包括图文转化、数形转化、句式转换、立场转换、坐标转换等，主要体现为理解过程。历史高考命题越来越重视对学生信息获取与加工能力的考查，获取与解读历史信息，形成合理见解并作出合理评价，是历史信息能力考查的主要方向。历史信息包括文献原文、数据、档案等多种史料和统计图表、图片等多种呈现形式。考查考生对材料信息读取、筛选、分类、归纳、提炼、阐释的能力，或要求考生在阅读理解和信息加工的基础上对史料进行去伪存真、去粗取精地处理，形成新的合理见解和客观评价。

2024 年新课标卷第 44 题以新中国装备制造业从无到有、从弱到强的发展过程为切入点，展现新中国成立以来中国现代化建设所取得的巨大成就，要求学生从材料中提取有效历史信息，考量具体的时空环境，结合所学知识予以解读，概述出新中国成立以来装备制造业的发展历程，综合考查学生最大限度地获取有效信息、开展论证和探讨问题的能力。2024 年全国甲卷第 42 题以 1900 年与 2000 年的世界城市分布地图设置情境，要求学生提取材料中的有效信息，概括出 1900—2000 年的世界变化趋势，对学生的筛选、概括和转述等逻辑思维能力进行了较好的考查。2024 年全国甲卷第 26 题围绕明朝进士编纂农村生产生活的指导书籍创设情境，考查学生联系明朝中后期的特定背景，在找准题干关键信息的基础上对士大夫阶层广泛参与日用类书籍编纂做出合理历史解释的能力。

如 2024 年新课标卷第 28 题。

清乾隆进士李调元在《卖田说》中借佃户王某之口说明“卖田以佃田”的好处：家中有十亩耕地，难以养活十口之家；卖出自己的十亩地，则可以长期租佃一百亩维持生计，且能免于官府钱粮加派。当时农业中租佃关系的盛行（　　）。

A. 延续了个体农耕方式　　B. 遏制了土地兼并扩大

C. 抑制了商业货币经济　　D. 削减了国家赋税来源

【关键能力】考查从乾隆年间某一进士的论述中提取关于农业经营模式的信息，并把其置于农业社会这一特定的时间框架下分析，进而得出正确历史结论的能力。

第一步：获取关键信息	信息 1：清代乾隆年间佃户对于租佃关系的认可 信息 2：乾隆年间，时人认为成为雇工，可以维持家庭生计，且能免于官府钱粮加派
第二步：加工整理信息	信息 1：随着人头税的废除，租佃经营逐渐被世人所认可 信息 2：乾隆年间，时人认为租佃经营模式优于自营
第三步：揭示隐含前提	前提 1：雍正帝推行摊丁入亩，正式废除了人头税 前提 2：以家庭为生产和生活单位的小农经济始终是中国传统农业基本的经营模式
第四步：推理评判选项	A 项：题目提供的材料表明，虽然自耕农出卖了自己的土地，靠租佃方式生存，但其租种的土地仍然有限，仍然维持着小农的经营状态。事实上，铁犁牛耕的生产力发展水平，决定了古代中国不可能突破小农经济这一生产关系的范畴，依然是延续个体农耕方式，故 A 项正确 B 项：土地兼并是指地主通过土地买卖、巧取豪夺等方式将土地愈来愈集中到自己手中。清朝时期土地买卖加剧，而非遏制土地兼并的扩大，故 B 项错误 C 项：农村中租佃关系的盛行，适应了社会发展潮流，促进了农业经济的发展，也为商品经济的发展奠定基础，促进商品货币关系的发展，故 C 项错误 D 项：清朝雍正年间实行摊丁入亩，以占有的土地作为课税依据，顺应了历史发展潮流，保证了国家赋税的来源，故 D 项错误

历史试题的图表信息形式多样，主要包括地图、柱状图、饼状图、表格等，图表信息可以直观地呈现历史事实和历史变化，考查学生从图表中获取、解读、理解和辨识历史信息的能力，便于学生发现和把握历史规律。以下是 2022—2024 年全国卷试题材料为图表信息的题目：

试卷	题号	图表信息
2024 年新课标卷	第 27 题	涉及南宋初年与金朝关系的史书统计表
	第 29 题	清末新军第九镇、第八镇及第二十一协军官的来源构成表
2024 年全国甲卷	第 30 题	1943 年陕甘宁边区佳县城关区各阶层公粮负担情况表
	第 42 题	1900 年与 2000 年的世界城市分布地图

续表

试卷	题号	图表信息
2023 年全国甲卷	第 25 题	两汉间江浙一带与湘江流域人口增长示意图
	第 42 题	武汉长江大桥图
2023 年全国乙卷	第 30 题	《神笔》和《骄傲的将军》剧照
	第 42 题	《中国历代民德升降表》
2023 年新课标卷	第 27 题	关于唐代李元谅身世的史料表
	第 30 题	中国民族资本构成比重表
	第 33 题	1808 年欧洲的时事漫画《蛛网里的科西嘉蜘蛛》
2022 年全国甲卷	第 31 题	1978 年和 1987 年全国社会商品零售总额中各经济成分所占比重图
	第 33 题	17—18 世纪英国东印度公司进口的部分亚洲货物价值占比表
2022 年全国乙卷	第 24 题	商周时期关于青铜器铸造的地图
	第 31 题	1978 年与 1986 年北京郊区男户主职业占比变化情况柱状图

（二）逻辑推理与辩证思维

逻辑推理与论证是指从已知的事实或理论（前提、条件或假设）出发，经由准确、充分的证据链（有效信息）和清晰、严密的逻辑链（相关性、因果性），推导出合理结论的思维过程。逻辑推理与论证着重考查学生根据已有前提和证据逻辑一贯地得出可靠结论的能力，一方面强调逻辑的有效性，另一方面要求证据的可靠性。逻辑推理与论证一般包括以下要素：前提（条件或假设）、证据（数据、文献、史料、理论观点等）、逻辑关系（归纳、演绎、因果、类比等）和结论（观点或主张）。通过比较、概括、推理、综合等思维方法的学习运用提高学生的逻辑论证能力，促使学生思考时做到清晰、准确、规范、严谨，表达时做到言之有物、言之有理、言之有据。纵观近年来的高考和学业水平等级考试题，一个显著的特征就是越来越重视对学生逻辑推理和论证能力的考查，逻辑推理与论证考查已经成为高考命题的核心。课程标准各个学科的核心素养都提出了要加强学生逻辑思维的发展，促进深层次思维品质的提升。如果不掌握基本的逻辑推理和有效论证方法，将在整个高中学习和高考备考中举步维艰、事倍功半。在我们的生活和学习中，逻辑推理与论证无所不在，而且每个人都要面对他人的推理和论证。学习逻辑和推理，可以使思维更缜密，论证更严谨，语言表达更准确有力。逻辑推理与论证能力是高品质思维的核心构成要素。有些人善于思考，善于推理，擅长论证，但有些人则不是这样，个人逻辑思维能力的差异不仅体现在日常生活与学习中，还将对高考成绩产生直接影响。良好的思考、推理和论证能力，都可以通过系统学习和规范训练得到改进和提高。规范、系统地逻辑训练是具备良好推理和论证能力的基础，我们至少应该对规范的逻辑形式及论证方法做针对性训练，这些逻辑形式和论证方法包括但不限于：演绎法（如直言三段论、选言三段论、假言三段论、构造性两难等）、归纳法（如概括、简单枚举法、科学归纳法、统计归纳法等）、类比法（如类比的加强与减弱、类比的五要素等）、因果推理（如穆勒法）、识别常见的逻辑谬误（如偷换概念、以偏概全、不当类比、虚假因果、因果倒置、错置关系、稻草人谬误、熏鲱谬误、滑坡谬误、否定前件谬误、肯定后件谬误、合成谬误、分解谬误、循环论证、证据偏见等）、论证的结构（如垂直模型、水平模型、共同前提、多重结论等）、论证的评估（如评估三要素：观点、证据、逻辑；评估五准则：清晰、可靠、相关、完整、合理）、论证的构成（如图尔敏模型）等。

分析历史要求学生能够运用辩证唯物主义和历史唯物主义方法分析历史事物，运用历史思维分析历史事物，并规范地阐述历史事物。具体而言，需要学生掌握逻辑推理与判断的方法，运用辩证思维去分析已获知的历史信息。

1. 逻辑推理与论证

近年来高考历史试题，不论是开放性综合试题还是封闭性的选择题，不论是全国卷还是分省卷，对逻辑推理与论证能力的考查都成为命题的基本要求和普遍特征。2024 年历史高考试题延续开放性的设问特点和答题要求，对学生围绕相关主题进行独立思考，收集、组织并运用高质量的史料或证据对某一观点进行逻辑严密的论证提出了明确要求。以历史事件、历史现象、历史人物等的发展演变为背景，考查学生分析并全面解读历史信息，辨别历史事实与历史结论、历史观点，进而发现历史问题，独立提出观点，并结合相关历史证据和事实予以逻辑严谨的论证，从而明确得出个人观点的综合能力。

2024 年历史试题强调综合运用科学方法对历史现象进行梳理、论证和探讨，新课标卷第 43 题，结合所学中国近现代史知识，择取材料中的有关时事，拟定一个主题，写一篇短评，要求：主题正确，运用材料，史实准确，评论合理。山东卷第 18 题，提取材料信息，以“上海・缩影”为题写一则历史短文。要求：表述成文，叙述完整；立论正确，史论结合；逻辑严密，条理清晰。安徽卷第 19 题，田子茂的生平是宋代某些历史场景的再现。从材料中提取历史信息，运用所学中国古代史知识，任选角度，自拟论题，加以阐释，要求：论题明确，观点正确，史论结合，表述清晰。甘肃卷第 20 题，请根据上述视角，运用所学知识，选取某一历史事件或现象，展开评述。要求：自拟题目，史论结合，观点正确，结构完整，逻辑严谨，表述清晰，不得抄袭示例。上述这些开放性试题在设问和答题要求上都明确要求学生观点清晰、言之成理、证据可靠、逻辑严谨、表达正确，着重考查学生逻辑推理与论证的能力，这已成为近年来高考历史试题的一般性要求。

新课标卷第35题围绕1956年美国干涉英国占领苏伊士运河事件的史实创设情境，考查学生在找准题干关键信息的基础上调动所学知识进行推理判断的能力，提取信息、推理判断的过程如下。

1956年苏伊士运河危机爆发后，美国大量抛售英镑，导致英国外汇储备骤减。英国抱怨美国的行为是对国际货币基金组织宗旨和精神“不可饶恕的背叛”。最终，英国停止了对埃及的军事干涉行动。这反映出（　　）。

A. 美元占据国际货币体系主导地位　B. 埃及民族解放运动获得广泛支持

C. 布雷顿森林体系走向瓦解　　　　D. 西方大国间盟友关系破裂

【关键能力】考查学生快速准确获取关键信息，并通过逻辑推理得出正确结论的能力。

第一步：获取关键信息	信息1：1956年苏伊士运河危机 信息2：美国大量抛售英镑导致英国外汇储备骤减，英国停止对埃及的军事干涉行动
第二步：加工整理信息	信息1：第二次世界大战后，非洲民族解放运动进入高潮，埃及要求收回苏伊士运河的主权 信息2：第二次世界大战后，欧洲地位下降，美国成为资本主义世界的核心。美国抛售英镑的行为导致英国外汇储备骤减，显示了美元的中心地位
第三步：揭示隐含前提	前提1：国际货币基金组织是根据布雷顿森林会议签订的《国际货币基金组织协定》，于1945年12月27日在华盛顿成立的国际组织之一 前提2：20世纪70年代初，在日本、西欧崛起的同时，美国经济实力相对削弱，以美元为中心的布雷顿森林体系瓦解
第四步：推理评判选项	A项：美元与英镑都是国际货币基金组织的重要货币，美国的行为造成英国外汇储备骤减，迫使英国停止对埃及的军事干涉，表明美元占据国际货币体系的主导地位，故A项正确 B项：美国干涉英国占领苏伊士运河事件的本质目的是基于美国自身国家利益的考虑，其行为实质是新殖民主义的体现。材料中仅涉及美国的态度，“广泛”无从谈起，故B项错误 C项：布雷顿森林体系走向瓦解是在20世纪70年代，故C项错误 D项：第二次世界大战后，英法等西欧国家衰落，在对外政策上唯美国马首是瞻。虽然在苏伊士运河事件上双方发生分歧，但在对苏冷战上，双方依然是盟友，故D项错误

2. 辩证思维

辩证思维旨在反映事物的本来面目，揭露事物内部的深层次矛盾。由于辩证思维是一种深度思维，是从对象的内在矛盾的运动变化中去回答事物的“为什么”与“怎么样”。在文科试题中，一旦试题涉及辨析“观点”、说明“理由”、分析“根本原因”以及评价“意义”的时候，就要求学生能够灵活运用辩证法思维，从事物的相互联系与动态发展中进行深度考查，以便从整体上、本质上完整地认识对象。辩证思维是反映和符合客观事物辩证发展过程及其规律性的思维。辩证思维的考查主要体现在观点评述、人物评价的试题中，要求学生运用辩证唯物主义的方法分析问题，引导学生采用一分为二的方法评析事件和评价人物。

如 2024 年湖北卷第 4 题。

元英宗即位初，中书省奏议：南宋故地纳入版图四十余年来，有田地的纳地税，做买卖的纳商税，此外别无征发，比北方的汉人负担要轻；田多的富户们，有的一年收二三十万租子，纳的官粮却轻。据此可知，元朝前期(　　)。

A. 抑制土地兼并　　B. 优容江南经济

C. 简化赋税名目　　D. 提高南人地位

本题考查了运用唯物史观分析历史问题的能力。元朝时期实行“四等人制”，南宋故地的人们地位低下，受到种种不平等待遇。但本题另辟蹊径，考查了元朝统治者对南宋故地的一些优容政策。注意培养学生的批判性思维，引导学生打破思维定式，全面、辩证地看待历史问题。

(三)批判性思维与历史探究

批判性思维属于高阶思维能力，考查学生在面对各种复杂问题时运用已有知识进行审慎思考、分析推理、实证验证等方面的能力。批判性思维和辩证思维要求学生具有独立思考的能力，能够自觉运用分析推理、逻辑论证、甄别加工等方法，使用可靠的证据，得出自己的观点，解决实际问题。对于高考试题而言，批判性思维考查形式一般表现为：独立提出问题、评估证据与理由、揭示隐含前提、开放与竞争性结论、构造替代论证、阐释或评估可能的后果等。概括来讲，批判性思维以质疑和提出问题为起点，以获取证据、进行分析推理为过程，以得出有说服力的结论为结果。心智开放、独立思考、敢于质疑是批判性思维的必备品质，训练有素的逻辑推理与论证分析能力以及高水平的证据获取、评估与运用能力是批判性思维的必备技能。历史探究能力要求学生能够自主发现问题，综合运用历史知识与方法解决问题和独立提出历史观点。历史探究能力突出考查了学生的批判性思维。批判性思维主要强调开放心态与独立思考、明确的问题意识和清晰的逻辑思维、严密的论证过程、求真与验证的科学思维，发现新规律，运用新方法，解释或解决新问题。

历史学科素养包括唯物史观、时空观念、史料实证、历史解释和家国情怀。时空观念、史料实证和历史解释三大学科素养都需要运用批判性思维和历史探究的能力。2024 年高考历史试题强调多个知识点的综合运用以及从不同角度进行分析，启发考生自主发现问题、进行合理推理与论证，鼓励独立思考和质疑，并形成独立见解等。如山东卷第 13 题引入 1918 年刊登于英国《笨拙》杂志的一幅漫画，引导学生对漫画的内容、性质和价值进行初步鉴别，培养学生对历史问题自主探究的能力。甘肃卷第 20 题以历史的发展变化由多种因素共同促成为主题，要求学生对材料中的观点提出自己的看法，并进行论证，这种全开放的试题，要求学生自主选择论述内容，独立阐释历史内容的深刻含义，引导学生的思维更具开放性和独立性，有效考查学生独立的观察力、思考力等综合能力。

揭示隐含前提是历史批判性思维的重要表现之一，也是快速准确作答历史试题必备的关键能力之一。如果培养起快速、准确揭示隐含前提的能力，很多历史问题将迎刃而解。一般而言，前提表现为两种形式：被明确表达出来和没有被明确表达出来的，前者称为“已知条件”，后者称为“隐含前提”，“隐含前提”往往是被省略的、被隐藏的、被默认为“真”的。认真研究高考历史试题，我们会发现，绝大多数的历史试题，不论是选择题还是非选择题，都需要学生能快速识别某一特定的隐含前提。这些隐含前提可能是特定时空信息背后的历史事实，也可能是唯物史观或历史规律等，构成了解题的关键条件。

如 2024 年全国甲卷第 24 题。

春秋时期，周王室衰微，诸侯争当“盟主”。齐国、晋国、楚国接续争雄，吴越争霸。诸侯成为“盟主”可以(　　)。

A. 取代周天子获得分封权力　　B. 成为诸侯国的“大宗”

C. 免除向周王室纳税的义务　　D. 号令各诸侯国的行动

要快速准确作答这道题，要求学生能根据题干提供的时空和人物信息，快速揭示出隐含的前提：①时间为春秋时期，出现了礼崩乐坏；②人物为各诸侯，各国争当盟主。诸侯争霸是社会大变革的表现形式之一，其违背了礼乐秩序，使传统政治秩序受到挑战。这些强大的诸侯召集其他诸侯会盟并称霸，得以号令诸侯。在有效识别以上两个关键隐含前提的条件下，答案也就自然呈现出来。

又如 2024 年安徽卷第 1 题。

西周前期，青铜器高古凝重，无取巧用意，纹饰原始，颇有图腾意味；春秋中叶至战国末年，器制多轻便实用，每每以现实性的动物为附饰物，追求精巧玲珑，标新立异。这一变化说明(　　)。

A. 宗法观念已经名存实亡　　B. 青铜铸造进入鼎盛时期

C. 青铜器的礼乐功能弱化　　D. 农耕工具发生显著变化

在解答时，如能准确揭示其隐含的两个主题，一是青铜器是夏商周礼乐文化的代表，二是春秋战国时期礼崩乐坏，是中国历史上的社会转型时期，便可迅速找到解决本题的答案。揭示隐含前提的例子非常多，遍布了几乎所有的历史试题(包括选择题和非选择题)，在此不再赘述。

近年来，历史试题着重考查学生的历史探究能力，充分体现在开放性试题上。开放性试题答案不唯一，旨在让学生打破思维定式，培养发散思维能力，引导学生从多维视角观察历史发展，多角度发现问题、思考问题和解决问题，提升学生的自主思维和创新思维。以下是 2022—2024 年全国卷开放性试题的题目及要求：

题目来源	题号	题目材料	题目要求
2024 年新课标卷	第 43 题	1932 年中国重要新闻标题摘编	结合所学中国近现代史知识，择取材料中的有关时事，拟定一个主题，写一篇短评
2024 年全国甲卷	第 42 题	1900 年与 2000 年的世界城市分布地图	根据材料，结合所学世界近现代史知识，概括出 1900—2000 年世界变化趋势，并加以阐释
2023 年全国甲卷	第 42 题	武汉长江大桥成为新中国的“国家记忆”	结合史实阐释一则新中国的“国家记忆”
2023 年全国乙卷	第 42 题	梁启超对“民德”的研究与阐释	选取中国古代史整体、部分或某个朝代，对材料中的观点提出自己的看法，并加以阐释
2023 年全国综合卷	第 43 题	中华文明五千年发展史呈现出的突出特征	选择一个地域，结合所学中国古代史知识，以具体史实阐述该地域对于中华文明的贡献

续表

题目来源	题号	题目材料	题目要求
2022 年全国甲卷	第 42 题	学者对 1914 年至 20 世纪70 年代国家发展“面向”的定义和阐释	据此，结合所学知识，提出世界近现代某一历史时期的国家发展“面向”，并进行简要阐释
2022 年全国乙卷	第 42 题	史书所载东汉四位良吏的事迹	阐述从上述材料中发现的历史现象，并得出一个结论

四、串联线：优化情境创设，凸显学以致用

历史学科试题情境按照复杂程度可分为简单情境、综合情境和复杂情境。简单情境材料信息构成单一，问题指向是显性的，方法和路径是再认再现的，作答指向是材料和已有知识的对应；综合情境材料的信息构成多样，问题指向是显性和多维度的，方法和路径需要比较、概括和说明，作答指向需要叙述和论证；复杂情境材料的信息构成复杂，问题指向是多维度和多层级的，方法和路径需要分析和论证，作答指向需要现实材料、观点、论述和历史价值观的有机统一。从近几年的历史试题中可以看出，综合情境和复杂情境的设置成为命题的趋势，突出体现在开放性试题的设置上。“无情境，不成题”，历史高考试题考查内容和考查目的的实现，离不开学习情境、生活情境、社会情境和学术情境的创设，情境由文字、图表等多种形式构成，大量引用史料，通过优化情境创设，增强试题的开放性、探究性和创新性，实现对学生关键能力和思维品质的考查。

（一）学习情境

学习情境多突出历史学习中遇到的问题，包括史料、图表、历史叙述、史论等。高考历史试题学习情境的呈现并不是单单把教材中的知识和史料简单迁移，再认再现，而是对教材中的学习情境进行变式或者拓展延伸。如 2024 年东三省卷第 4 题以宋代赦书颁行要求的变化为切入点，从国家治理的角度，以北宋赦书颁行方式的变化考查了国家治理方式的创新，从一个侧面展示了宋代加强中央集权的举措及其成效。从不同的层面展示中国古代制度创新的成果，并将其与国家治理密切结合，引导学生认识中国古代文明不断发展、国家治理水

平不断提升的历史进程，培养学生的民族自豪感和自尊心。2024 年湖北卷第 5 题以明太祖行事多仿效汉高祖为切入点，引导学生运用把相似的历史现象放在一起，并能将历史现象置于特定的时空背景下分析作出正确判断的能力，以拓展学生的历史思维。

（二）生活情境

生活情境指在现实生活中遇到的与历史有关的问题，包括长辈的回忆、影视剧、名胜古迹中的问题等。近年来，历史试题的生活情境设置旨在贴近真实生活，拉近学生与历史学习的距离，引导学生运用历史思维和历史方法诠释生活中发生的事情。如 2024 年甘肃卷第 16 题以新中国第一支服装模特队的建立及开展的活动构建生活情境，考查改革开放对中国带来的巨大影响，引导学生多角度地认识改革开放的伟大意义。本题贴近社会生活，是一个实际的案例，它引导学生进一步深入思考在社会发展过程中出现的新现象，认识改革开放给人们生活带来的巨变，培养学生坚定“四个自信”。这样就把显性的考查与隐性的教育相结合，通过情境设置，以精品试题让学生接受思想的启迪，把做题变成了做事和做人。

（三）社会情境

社会情境指对社会问题的历史考查，包括社会风俗的来源、国际争端中的历史背景等。历史试题不回避社会热点问题，反而关注国际、国内重大事件，引导学生关注国际关系和国内社会热点。如 2024 年安徽卷第 18 题，以第二次世界大战后国际货币体系的演变设置问题情境，考查的知识点包括国际货币体系的确立，战后资本主义国家的新变化，试题将第二次世界大战后资本主义各国经济实力的变化对国际货币体系所带来的冲击，所选材料新颖，契合当前“人民币国际化”的时代背景。引导学生了解一些社会热点话题，加强历史与现实之间的联系，启发学生运用历史思维对现实问题进行思考。

（四）学术情境

学术情境指历史学术研究中的问题，包括历史学家对某一历史问题有多种看法等。高考和学业水平等级考试是迈向高等教育的起点，历史试题考查内容的选取对接大学教材和学术研究，引导学生增加对历史研究的兴趣、增强对大学历史课堂的向往。同时，试题旨在引导学生增加课外书籍阅读兴趣，提高独立思考的能力。如2024年山东卷第17题第2问以学者对中国近代史研究的观点构建学术情境，全面考查了影响历史解释的因素及不同时代历史解释的区别，鲜明地体现了素养立意的导向。

五、小结：聚焦育人功能，助力拔尖创新人才培养

《课程标准》和《中国高考评价体系》是新时代指导全国和各省命题工作的纲领性文件，是所有师生都应该重视的核心文本与指导性文件。高考评价体系和《课程标准》在高考命题实践中最为明显的地方体现为“三线贯通”。

第一，“核心价值金线”将贯穿高考命题的始终。高考考查的内容和倡导的价值，必须反映党的教育方针，体现国家意志。历史试题突出正确政治方向和社会主义核心价值观的引领，厚植学生爱党爱国爱社会主义的思想情怀，扎实落实立德树人的根本任务。以习近平新时代中国特色社会主义思想铸魂育人，强化对社会主义核心价值观的考查，引导学生成为自立自强、爱党爱国、堪当民族复兴大任的时代新人，是高考和学业水平等级考试命题的重要使命。

第二，“能力素养银线”始终是高考命题考查的重心。强调对学科素养、关键能力的考查，特别是对信息获取与加工、逻辑推理与论证、创新思维、批判性思维、辩证思维、历史探究与解释等高阶思维能力的考查。

第三，“情境载体串联线”在高考命题实践中不断优化和加强。各个学科下足功夫，增强试题的综合性、应用性和创新性，贴近生活、联系社会实际，借助情境化的设计理念与实践，实现对学生发现问题、分析问题和解决问题能力的考查。

纵观近几年的高考试题，呈现出“无价值，不入题；无思维，不命题；无情境，不成题；无任务，不立题”的典型特征。准确理解和掌握“四无四不”原则，是全面把握《中国高考评价体系》和《课程标准》的总体特征，准确把握高考考查内容和考查要求的有效途径，有利于通过高考进一步落实“立德树人”根本任务，发挥高考对拔尖创新人才培养的促进作用。

2024年高考历史试题以习近平新时代中国特色社会主义思想为指导，坚持落实立德树人根本任务，将服务教育强国建设、提升人才培养质量、服务拔尖创新人才选拔等要求融入试题，优化试卷设计，突出关键能力和核心素养考查，注重教考衔接，引导中学课堂提质增效。试卷风格、结构、题型题量保持稳定，推动考试内容改革稳步前行。结合近年来的高考历史命题实践，历史命题将呈

现以下特点及考查要求。

第一，坚持立德树人有机融入，培养有理想信念的时代新人。历史学科命题把传承爱国主义红色基因，深化“五史”考查放在战略高度，通过选取新民主主义革命时期、社会主义革命与建设时期、改革开放时期等历史时段的重大历史事件和历史线索，引导学生知史爱党、知史爱国。党的十八大以来，习近平总书记多次强调铸牢中华民族共同体意识，抓好民族团结进步事业。历史学科命题将强化铸牢中华民族共同体意识，增强中华文化认同。习近平总书记指出，“深厚的家国情怀与深沉的历史意识，为中华民族打下了维护大一统的人心根基，成为中华民族历经千难万险而不断复兴的精神支撑”。历史学科命题将坚守弘扬中华传统优秀文化、厚植家国情怀的初心，在这方面作出有益的探索。

第二，注重提升人才培养质量，优化考查要求设计。首先，创新试题设问方式，凸显关键能力考查。《深化新时代教育评价改革总体方案》要求增强试题开放性，减少死记硬背和“机械刷题”现象。高考历史试题注重增强试题的开放性、综合性，灵活设计设问方式，考查学生调取信息、分析信息、综合处理信息的能力。其次，优化试题情境设置，突出思维品质要求。高考历史试题注重增加试题情境的生动性、真实性，强调对独立思考、深度分析能力的考查，引导教学从解题向解决问题转变。

第三，进一步加强教考衔接，确保考试内容改革平稳实施。首先，对接高中《课程标准》，落实素养考查目标。高考历史试题始终坚持依标施考、以考促教，注重对学科核心素养的全面考查。其次，强化基础主干考查，促进教学提质增效。基本概念和基本原理是构成历史学科主体框架和本质内核的重要内容。高考历史试题注重增强高考基础性导向，引导教学回归《课程标准》，提高教学质量。同时，还要注重呈现新内容特点，推动课程改革进程。新课标卷历史试题注重呈现高中课标新要求，强化核心素养考查，关注新增教学内容。

第九节 地理命题理论与实践

2024年高考地理命题落实立德树人根本任务，将党的创新理论有机融入试题，培育社会主义核心价值观，充分发挥考试的育人导向。坚持改革创新、稳中求进，坚持回归课标课堂，坚持素养导向，重点考查学生地理关键能力，充分发挥高考服务选才、引导教学和助力创新拔尖创新人才培养的功能，巩固“双减”成效，引导学生德智体美劳全面培养。

一、基本情况概述

2024年高考地理试题充分体现了高考评价体系“一核四层四翼”命题要求，紧扣“核心价值金线”“能力素养银线”“情境载体串联线”逻辑主线，坚持“无价值、不入题；无思维、不命题；无情境、不成题；无任务、不立题”的命题原则，以稳为主，稳中求进、稳中有新，难度和区分度控制较好。试题充分反映地理学科的学科属性和价值观念，坚持价值引领和素养导向，实现立德树人、服务选才、引导教学的高考核心功能。

（一）突出课程思政，落实立德树人根本任务

2024年高考命题坚持正确的政治方向和价值导向，充分发掘地理学科的德育内涵。试题有机融入习近平新时代中国特色社会主义思想，聚焦新发展理念，以经济社会发展催生的新产业、新模式、新动能等真实案例为载体，展现时代风貌，大力弘扬中华优秀传统文化。牢固树立和践行“绿水青山就是金山银山”的理念，加强生态文明建设和坚持可持续发展战略，从人地关系视角关注全人类共同面临的机遇与挑战，强化人地和谐共生理念，引导学生探究在经济社会发展的同时如何实现人与自然和谐共生。试题以真实案例为载体，采用自然或人文真实案例创设情境，考查实际问题，让学生体会中华优秀传统文化的源远流长和博大精深，有效地引导教学走向学生的生活实践、走向自然环境、走向生产实践，组织地理考察、模拟实验、调查等教学活动，培养学生的地理实践能力，培养理想信念坚定、动手能力强的时代新人。

(二)聚焦思维品质，服务创新人才选拔培养

2024 年高考地理命题坚持面向未来，服务拔尖创新人才自主培养的命题理念，引导学生从解题到解决问题的转变，注重加强对考生思维品质考查和科学兴趣引导，通过展现国家科技发展成果、加强科学实验考查等方式，鼓励学生了解科学研究方法、培养科学精神，引导他们崇尚科学，积极参与科学活动，激发好奇心、想象力和探求欲。通过优化试卷结构、创设特定的试题情境和学科任务，让学生有更多的时间深入思考，同时通过丰富呈现方式、创新设问角度，拓展思维考查的空间，强化思维过程和思维方式的考查，引导学生提升思维品质，减少死记硬背和“机械刷题”现象；加强创新意识培养，增强试题的开放性设计，鼓励学生发散思维，破除唯一标准答案的束缚，在对所学知识灵活运用、举一反三的基础上，从不同角度提出解决问题的新思路和新方法，引导学生在独立思考、深入探索的过程中增强创新意识，培育创新精神，助力拔尖创新人才培养。

地理试题紧紧围绕新时代社会发展的新成就，选择新时代的主题和案例进行探究，彰显学科价值，考查解决现实问题的能力，凸显学以致用。通过呈现多维度、多角度、立体化的材料，从要素综合、时空综合、区域综合等角度，强调地理要素之间的相互作用、相互影响和非线性关系，引导学生打破思维定式，提升学生灵活运用基础地理知识和地理原理解决实际问题的能力，加强对学生信息获取与加工、逻辑推理与论证、科学探究与建模、批判性思维与创新思维、综合思维与区域认知、语言组织与表达等思维品质和关键能力的考查，引导学生突破思维定式，透过现象看本质，鼓励创新精神和探究意识，努力发挥地理考试在学生综合素养培养中的积极导向作用。

综合思维和区域认知是地理试题重点考查的地理学科核心素养，地理试题从要素综合、时空综合及过程综合的角度，重点考查地理事象的形成和演化过程，引导考生从整体的角度，全面、系统、动态地分析和认知地理环境及其与人类活动的关系，有助于综合思维素养的养成。地理高考试题多落脚于具体的区域空间创设情境，引导考生从区域的视角认知地理环境以及它与人类活动的关系，有助于区域认知素养的培养。

地理试题以贴近时代、贴近社会、贴近生活实践的真实情境为载体，通过精心设计的具体问题，考查学生用所学理论回答并指导解决生产生活实践中遇到的问题。注重对考生迁移和综合运用所学地理知识、地理规律、地理原理，

对面对新情境、发现新问题、提出新对策的水平和综合素养进行了有效的测量和评价。情境创设来源渠道广，表现形式多样，加大试题情境创设的开放性、探究性和创新性，为学科任务和素养能力考查提供了良好的载体，引导学生思维品质、创新意识及关键能力的培养和提升。

（三）深化考教衔接，引导课堂教学回归教育本源

2024 年高考地理命题遵循高中课程标准，既在内容范围上与课程标准保持一致，又在考查要求上与课程标准提出的要求紧密对接，要求学生能够建立知识、能力、素养之间的内在联系，并融会贯通，促进教、考、学的有机衔接，引导课堂教学依据新课程标准要求制定教学目标、教学任务，落实教学内容和改革教学方法，确保新课程标准平稳落地。地理试题充分发挥高考导向作用，承接课程标准提出的“学科素养本位”要求，突出关键能力的考查，落实立德树人根本任务，助力高中育人方式改革。

“学科素养本位”是新一轮课程改革提出的要求，学科核心素养是地理学科育人价值的集中体现。情境教学、问题式教学和项目式教学等教学方式是落实学科素养教育的有效路径，强调结构化、过程化和生成化是学科素养培育的必然要求。2024 年高考地理试题通过设置多样的情境类型和灵活的设问方式，以“项目—题组”的形式呈现，体现了以学生为本的评价要求，体现了高考命题以情境、任务为基础考查素养的评价要求。充分发挥了高考“指挥棒”的作用，体现了新一轮教学和高考改革的方向和要求，对中学地理教学改革具有较强的引领作用。

二、金线：坚持立德树人，引导学生全面发展

高考作为连接基础教育和高等教育的重要枢纽，是落实立德树人根本任务的有效途径和重要载体。2024 年高考地理试题通过精心选择体现时代精神、地域特色、生态文明等特色的素材，将正确的价值观、家国情怀、全球视野、传承中华优秀传统文化等德育目标渗透到试题中，确保立德树人在高考地理学科中的落实力度和实现效果。

（一）有机融入习近平新时代中国特色社会主义思想，强化价值引领

2024 年高考命题坚持正确的政治方向和价值导向，充分发掘各学科的德育内涵。试题有机融入习近平新时代中国特色社会主义思想，强化思想浸润与价

值引领，引导学生更好地理解党的创新理论成果，夯实学生思想根基。近年来全球性的生态系统退化、水资源短缺等问题日益突出。地理学科注重引导学生增强保护资源与环境的意识，树立维护国家安全、发展利益的观念。全国甲卷第44题，以某研究小组在“以水定绿”思想指导下探索合理的人工防风阻沙方式为情境，要求学生结合区域背景条件设计实验方案，探索水资源约束下具有最佳阻沙效果的灌草种植方式。考查学生对实验方案设计的把握，引导学生树立科学的生态安全观。新课标卷9～11题，围绕一个以提高降水－土壤水转化效率为目标的人工降雨实验，加深学生对地表径流产生过程及其影响因素的认识，促使考生思索环境变化和人类活动共同作用下的水循环与水安全。

围绕新时代经济建设与科技创新发展的巨大成就，高考命题注重展现时代新貌，弘扬优秀传统文化。如，全国甲卷第43题，以旅游业新质生产力发展为主题，要求学生结合材料所给信息，选择某一世界文化遗产地，设计一个参与感强、互动度高、体验性好的文化旅游产品。试题聚焦新发展理念，体现在核心价值引领下知识的交叉、能力的复合、素养的融合。传统村落是特定地域文化传承的重要空间载体。新课标卷1～3题，以被誉为中国“土家第一村”的湖南省永顺县双凤村为案例，展现我国少数民族典型传统村落的建筑特色，体现勤劳淳朴的土家人热爱自然、崇尚生态的生活方式和与环境和谐共处的聪明才智。

2024年是我国总体国家安全观提出的十周年，资源安全特别是战略性矿产资源及能源安全常在高考中出现。筑牢总体国家安全观是广大青年学生的必修课，青年学生应该学会识别安全风险、增强忧患意识、苦练维护国家安全的实战技能。2024年地方卷围绕习近平新时代中国特色社会主义思想，选取经典案例，引导正确的价值理念和发展方向。如2024年湖北卷4～6题，创设某市食物消费结构变化及不同类型食物产生的碳足迹结构变化的学习探索情境，倡导在当前生活水平提高的前提下合理消费、适度消费的价值观念，引导学生关注我国的“双碳”政策和“双碳”目标；安徽卷第17题，在“碳中和”背景下，战略性新兴产业和低碳能源技术的发展高度依赖镍等关键金属，各国围绕关键金属的争夺日趋激烈。为提升产业链掌控力，未来中国应注重对海外镍矿资源的投资开发，推动构建区域供应链，并通过加强主要上游产品进口国家和地区对中国镍产业链中下游产品的依赖，来对冲中国从这些国家大量进口上游产品所带来的风险；山东卷第18题，借鉴澳大利亚埃尔湖碳库的材料设置试题，引导学生分析埃尔湖入湖碳量大的自然原因、埃尔湖泥炭中碳不易释放的原因，强化学生坚定树立绿水青山就是金山银山的理念，理解我国加强生态文明建设、积极稳妥推进碳达峰、碳中和，全面推进美丽中国建设的战略意义。

（二）立足学科本质，凸显地理核心价值和学科素养

地理学本质上是研究人类活动与地理环境之间关系的科学，人地协调观是高中地理课程的核心价值观。地理试题响应现代社会对国民基本素养的要求，紧密联系生活和社会生产实际，围绕人地关系设置问题，引导学生构建认知地理环境及其与人类活动之间关系的能力和素养，形成正确的人口、资源、环境和可持续发展的观念，树立人地协调观，并将其付诸实践，有利于提高生活方式、生产方式的文明程度。

自然地理部分试题侧重全球变化研究中的热点区域，从建立与维持系统平衡的角度设计情境与问题，体现“和谐”思想在实现可持续发展中的重要性，从要素综合、时空综合的角度，重点考查地理事象的形成和演化过程，着力培养探究能力。全国甲卷第37题，以洞庭湖历史时期的形成和演化为素材，探究自然地理过程中的因果关系，关注人类活动对自然地理过程的影响。全国甲卷9～11题，以青藏高原东缘为背景，以沉积剖面中丰富的环境演化信息为载体，考查学生综合分析多种地理要素与过程的能力，激发学生对全球变化等科学问题的探索兴趣。

2024年高考地理试题着重考查学生运用地理规律与地理原理，考查学生面对新情境、发现新问题、寻找新对策的能力，着力培养学生的创新思维和创新意识。2024年高考地理试题注重挖掘地理基本概念、基本原理的内涵，引导学生摆脱思维定式，灵活运用所学知识解决实际问题。全国甲卷6～8题，以阿拉斯加某冰川上生长的“冰川老鼠”为案例，要求学生准确理解岩屑、矿物和矿物质的关系以及物理风化和化学风化的差异，调用物质循环、温室效应等相关知识和原理，分析苔藓球在极端严寒和营养贫乏的冰面上生存并营造出独立生态系统的过程，考查学生的创新思维。新课标卷第13题，将雨养型泥炭湿地发育过程凝练成五个典型的地理问题，将自然地理主要内容融入一个情境，涵盖生物、水文、气候、土壤、地貌等地理要素，深化区域认知和综合思维的考查。试题情境和任务高度统一，科学问题和分层设问有机结合，既保证了考查的深度，又适度降低了解决问题的难度。

人文地理部分试题选取在应对区域环境问题挑战方面取得显著成效的典型案例，引导学生探究社会经济发展的同时如何实现人与自然和谐共生。全国甲卷 4 ~ 5 题，以我国三江平原农垦系统某农场为案例，在国家大力实施生态文明建设的背景下，结合具体区域特点，引导学生以动态的视角，辩证地看待生态环境保护与维护国家粮食安全的关系。2024 年福建卷 1 ~ 3 题，以不同村落区位条件等级为情境设计，引导考生明确因地制宜实现乡村振兴的对策，理解乡村振兴需要因地制宜，发展特色产业，实现区域可持续发展。2024 年山东卷 13 ~ 15题，以我国某大都市某新城生活空间现状和新城生活空间理想模式创设情境，探究在经济发展的同时如何建设生态城市、提高生活质量、享受美好生活，增强学生对绿色和谐发展理念的深入理解。

地理学科引导学生建立全球视野，加强国际合作和交流，倡导人类命运共同体理念。大量地理试题通过对产业的全球布局、国际经济、资源和环境的发展等内容进行考查，意在引导学生学会用全球视角研究区域地理事物的发展规律，形成国际比较和国际借鉴，倡导国际合作与发展的理念。2024 年新课标卷第 12 题，以东京都市圈大型商业设施的分布为案例，反映不同时期城市功能疏解与再集聚的矛盾，考查学生对服务业区位因素的理解，交通布局与区域发展的关系；湖北卷第 18 题，以全球气候变暖背景下北极育空河流域的变化背景材料创设情境，设置试题考查全球气候变化的大背景下，气候变暖对水循环、冻土变化的影响，促使考生思考环境变化作用下的水循环与水安全；福建卷第 4 ~ 5题，在产业协作与经济全球化的大背景下，创设我国和欧洲产业协作不断加深的现实情境，倡导学生在经济发展过程中积极参与国际分工与协作，培育学生形成全球视野。

（三）聚焦经济社会发展，厚植家国情怀

科技创新催生的新产业、新模式、新动能，是发展新质生产力的核心要素。2024 年高考地理试题的区域背景多落脚在中国区域，聚焦国家的生态文明建设、小康社会、科技进步、产业发展、优秀传统文化、人口和城镇化等主题，引领学生关注国家社会经济发展，培育学生热爱祖国并为国家发展敢于担当、勇于作为的品质。试题从我国不同的产业和区域，选取典型的发展案例，展示新时代我国先进的发展理念和成就，增强学生的民族自豪感，增进学生对国家、对家乡未来发展的自信心。如全国甲卷第 43 题，创设旅游业新质生产力发展的生活情境，设置开放性试题，让学生以某一世界文化遗产地为例设计文旅产品，培养学生积极参与家乡和国家建设的意识；全国甲卷 1 ~ 3 题，以苏州工业园区中的中新合作区为案例，聚焦商业区、住宅区、工业区布局规划，关注了社会

经济发展，又重点考查学生对功能分区与布局等基础知识和基本原理的掌握程度。新课标卷4～5题，以工业园区规划的各功能分区容积率差异为背景，通过文字信息与示意图的呈现，考查学生迁移所学地理知识、运用新概念解决现实问题的能力，培养学生以城市主人翁的态度参与城市管理、建设与发展的意识。

地方试卷也从不同的角度选材，从地理的视角展现乡村、城镇、产业发展的新成绩和存在的问题，引导学生热爱国家、关心家乡，培育家国情怀。湖北卷第16题，云南昭通市充分利用得天独厚的原生态自然条件，创新发展模式，精心打造县域特色产业基地情境；山东卷第17题，创设吉林辽源市煤炭资源渐近枯竭背景下，将纺织袜业作为煤炭产业接续替代产业的情境；湖南卷第1～3题，选用石牌镇豆制品加工业的案例创设学习探索情境，针对“石牌豆腐”的发展变化设计问题；广东卷第18题，针对干旱区煤矿采空区治理和水资源短缺问题，利用采空区建设地下水库的学习探索情境的创设，等等，引导学生关注新时代我国不同地区经济社会发展的新举措、新成果，增强学生的民族自信心和自豪感。

三、银线：坚持学科素养导向，强化关键能力考查

高考评价体系明确提出了“价值引领、素养导向、能力为重、知识为基”的四层考查目标，核心价值、学科素养、关键能力和必备知识是高考考查的内容。同样，课程标准也明确提出了高中教学和高考命题要以“学科素养”为核心目标，实现由传统的“知识立意”向“素养立意”的转换。地理学科以高考评价体系和课程标准为命题依据，坚持学科素养导向，强化关键能力考查，通过关键能力的测量来评价综合素养水平。依据课程标准和高考评价体系，结合近年来的高考命题实践，可将地理学科的关键能力和学科素养整合为七大类：模型建构、信息获取与加工、逻辑推理与论证、综合思维、区域认知、批判性思维、语言的组织与表达。

（一）模型建构

地理学科的模型可以通俗地理解为有组织有结构的知识、思路和方法。教材中的知识是相对零散的、浅显的，难以应对高考，只有将其整理成有一定的组织和结构的模型并渗透严密的思维，才有意义，才可以解决实际问题，这就是模型建构。模型建构是知识与解决问题之间的纽带和桥梁。地理模型的建构和使用是有条件的，因此需要在学习的过程中不断总结完善，并能够在不同条

件下灵活运用。

例如，水平衡模型。水平衡是自然地理基础部分经典的内容之一，也是非自然地理部分经常考查的重要考点。水平衡原理：某地区多年平均水量收入 - 多年平均水量支出 = 水量变化量。分析某地区的水量变化，关键是要结合水循环原理，明确该地区的水量收入与支出(如右图)，区域尺度不同，水量收支来源不同；来水多于去水，则区域水多，去水多于来水，则区域少水。如图所示，

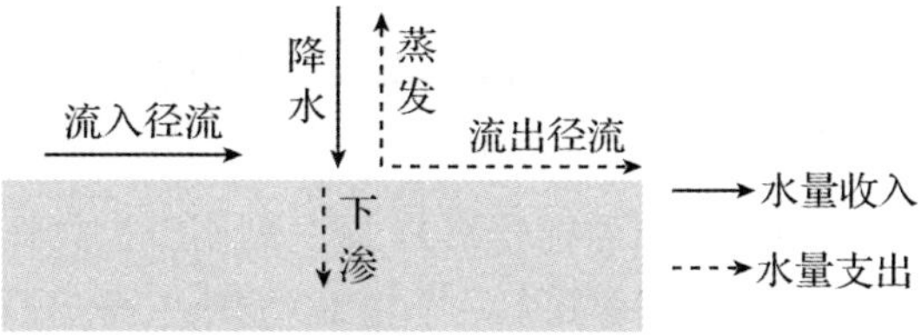

区域水的收入主要有降水、流入的径流，区域水的支出主要有蒸发、下渗、流走的径流。不同区域尺度，水的收支不同，因此一定要结合具体区域的实际情况具体问题具体分析。2024 年全国卷第 4 题、新课标卷第 11 题、山东卷第 11 题、湖南卷第 18 题，都从不同角度考查了这一模型。

如 2024 年全国甲卷第 4 ~ 5 题：三江平原某农场由最初开垦沼泽地种小麦，到近年来种植水稻的变化，沼泽是因水多积水导致，而小麦属于旱作谷物，沼泽地发展小麦种植，需要解决积水的问题；地表积水减少，导致生态环境恶化；在国家大力实施生态文明建设背景下，应该恢复湿地面积，发展水田作物生产。结合水循环原理分析，基本思路如下：

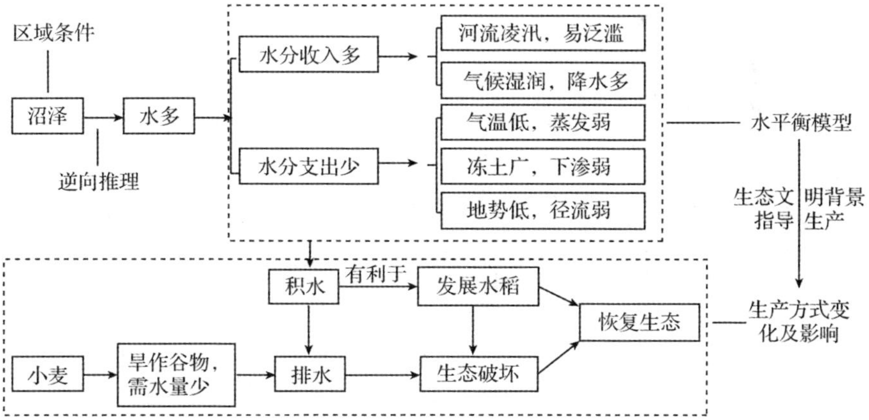

2024 年山东卷第 11 题：锡拉岛上的葡萄生产问题，任务要求提供的信息是在“需水量较大的生长期”也“无需灌溉”，说明该地土壤水分充足。结合水平衡原理及模型，分析如下：

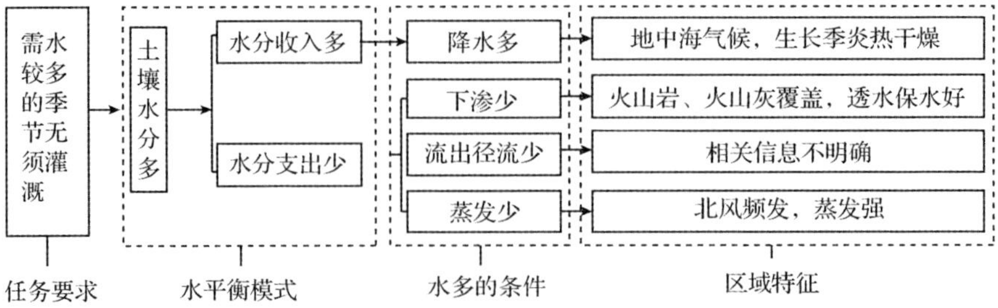

2024 年新课标卷第 11 题，利用以提高降水—土壤水转化效率为目标的人工降雨实验，改变其中一个变量“坡地上覆盖石子”，影响到水循环环节，进而影响土壤水收支状况。利用水平衡模型分析如下：

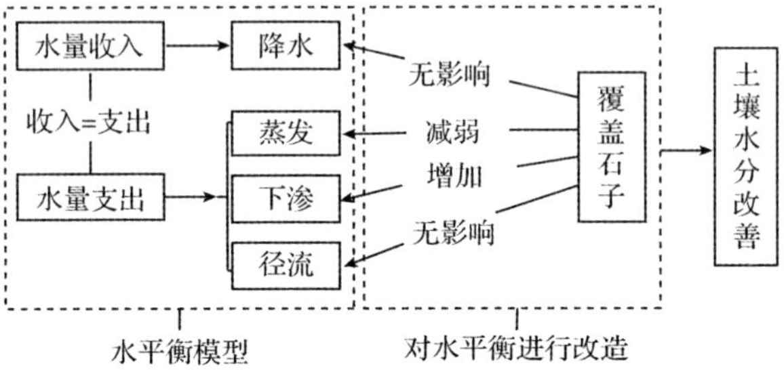

再如湖南卷 18 题第(3)小题，针对伊朗北部淡水湿地演变为沼泽的过程，为减缓这种现状提出合理对策，可以利用水平衡原理，围绕减少水量支出，维持水分平衡进行分析。

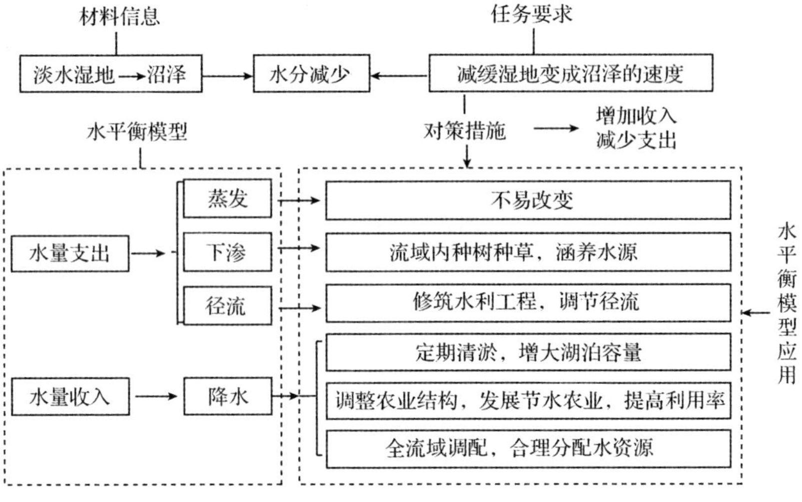

再如，地质作用部分力的分析是判断外力地貌形成变化的基础，力强则以

侵蚀搬运为主，力弱则以沉积作用为主，让学生学会从受力分析的角度，围绕力的强弱构建模型（如下图），能够更好地应对外力地貌形成演变类的试题。

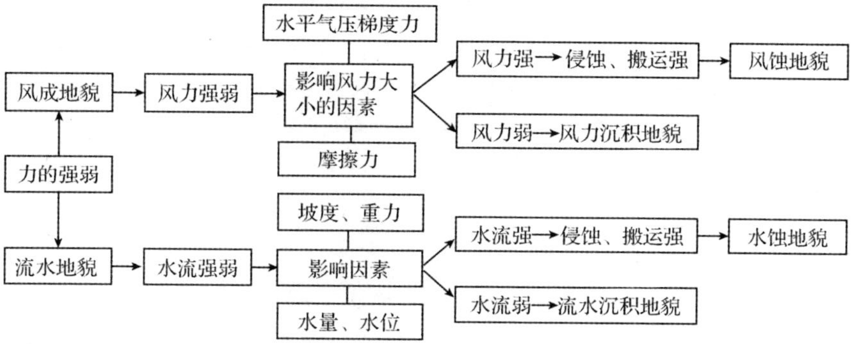

2024年安徽卷第7～8题关于陕西榆林横山区沙漠—黄土过渡带的问题，可以利用此模型进行分析，结合图文信息，利用沉积层的变化推测风力强弱变化，进而推知古地理环境的特点；2024年安徽卷第19题南美洲卡河袭夺问题，围绕水流速度变化分析区域的堆积体、河道变迁等；福建卷19题第(2)小题，利用造沟排水的特点，分析造沟后水流速度的变化，分析水土流失的强弱；湖北卷13～15题，以冬季“绿洲风”与“沙漠风”为案例创设的学习探索问题，同样可以利用该模型进行迁移分析。

因此，帮助学生构建模型或学生自主构建模型，将碎片化的知识点构建成完善的分析思路，才能更好地面对复杂、真实情境，灵活利用所学地理规律原理解决问题，真正实现由解题到解决问题。

（二）信息获取与加工

信息获取与加工能力是高考的关键能力之一，也是制约学生高考成绩的重要因素之一，在解答高考试题中具有非常重要的基础性地位。给出一定信息，隐藏部分信息，设置不良结构的问题情境，是高考地理试题考查信息获取与加工能力的主要途径。高考地理命题多选择生活实践情境或学习探索情境，以文字材料、地理图像、统计表格等形式呈现，增加了试题信息的广度、容量以及不同地理信息形式之间的融合，重视考查学生从多种形式的材料中获取、识别、归纳、整合、处理分析信息的能力，并运用有效信息解决实际问题。

信息获取与加工，重要的是获取材料中的显性信息，并准确解读隐性信息。显性信息是在材料中直接读取的，隐性信息往往是材料中不能直接看到，但对解答问题又是不可或缺的，这也成为获取与解读信息的关键所在。

如 2024 年全国甲卷第 6 ~ 8 题。

阿拉斯加某冰川前端(61.5°N，142.9°W 附近)的冰面上，呈斑块状分布着少量的矿物质，并生长着一种苔藓球。这种苔藓球内部由生物体和有机残体交织，形成相对独立的生存环境。它们靠暖季在冰面上滚动方能维持生存，被形象地称为“冰川老鼠”。如图是冰面上的苔藓球照片。据此完成 6 ~ 8 题。

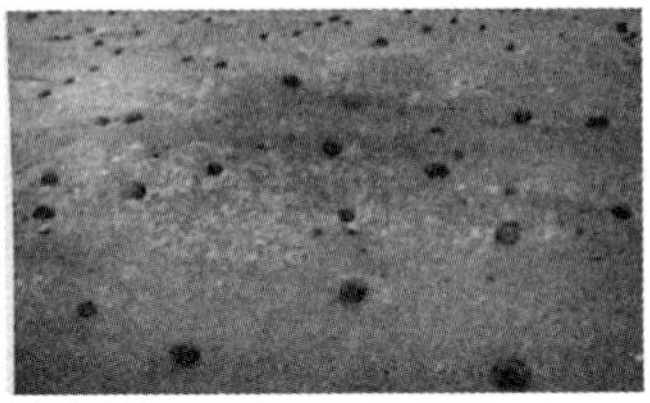

6. 最能增加该地冰面矿物质的是(　　)。

A. 冰蚀洼地冻融　　B. 冰川两侧河流沉积

C. 大气粉尘沉降　　D. 冰面砾石物理风化

7. “冰川老鼠”在暖季滚动使其(　　)。

A. 排出水分　B. 获得养分　C. 躲避阳光　D. 保持热量

8. 暖季“冰川老鼠”内部比周边大气(　　)。

A. 平均温度高　B. 氧气含量高　C. 水汽含量低　D. 气压波动大

【答案】6. C　7. B　8. A

试题以阿拉斯加某冰川冰面上生长的“冰川老鼠”为案例创设情境，材料给出的显性信息包括区域位置、冰面上的斑块状矿物质、苔藓球内部组成、苔藓球在冰面上滚动维持生存等，解答该题组需要考生准确获取这些显性信息，并解读出其中的隐性信息，才能进行准确作答。信息获取与加工的具体分析过程如下：

第 6 题：

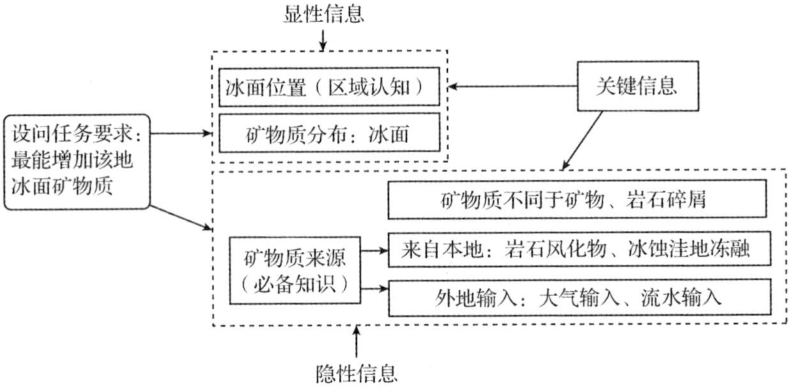

第 7 题：

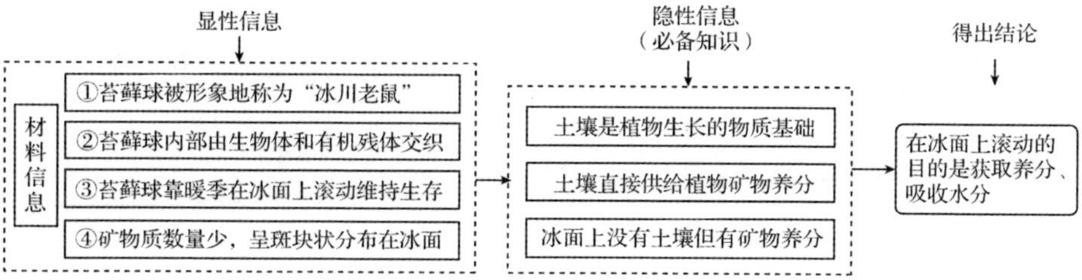

第 8 题：

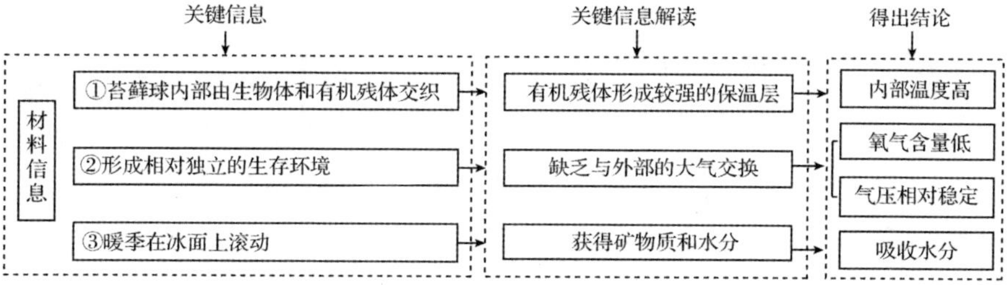

又如 2024 年山东卷第 10 ~ 12 题：

锡拉岛位于地中海，整个岛屿被厚厚的火山岩和火山灰覆盖，夏季岛上北风频发。约 3600 年前的古锡拉岛是一个圆形的大岛(范围包括现在的锡拉岛和附近小岛，以及这些岛屿之间的海域)，后来演变成环形群岛，其中最大的岛屿为锡拉岛。锡拉岛的西部葡萄种植历史悠久，当地农民在管理葡萄时将葡萄藤盘成圆形的篮子状如下图，并将葡萄果实置于“篮子”内生长。据此完成 10 ~ 12 题。

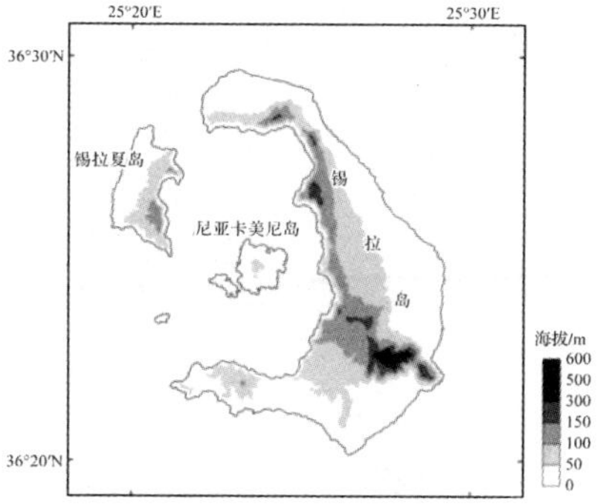

10. 导致古锡拉岛演变为环形群岛的主要地质作用是(　　)。

A. 火山喷发　B. 地壳运动　C. 海浪侵蚀　D. 风力侵蚀

11. 锡拉岛上的葡萄在需水量较大的生长期也无需灌溉，主要是因为(　　)。

A. 大气降水多　B. 土壤保水性好　C. 地表蒸发弱　D. 空气湿度大

12. 当地农民将葡萄藤盘成篮子状的主要目的是(　　)。

A. 保土　　B. 增湿　　C. 防风　　D. 降温

试题以锡拉岛的演变和岛上葡萄种植为案例创设情境，考查考生获取与解读关键信息的能力，涉及地质作用、水循环与水平衡、农业区位因素等主干知识，信息获取与解读的思路如下：

第 10 题：

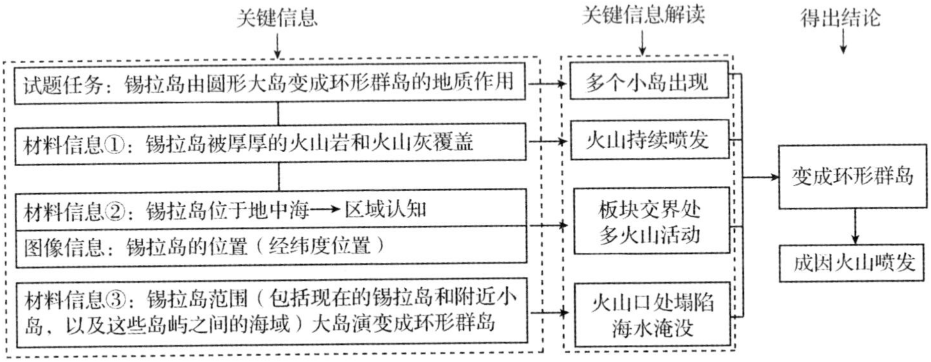

第 11 题：逆向推理，由果及因。

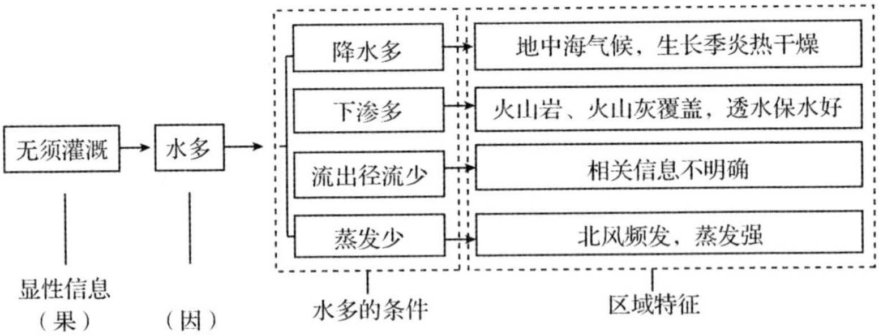

第 12 题：

（三）逻辑推理与论证

逻辑推理与论证是指从已知的事实或理论（前提、条件或假设）出发，通过准确、充分的证据链（有效信息）和清晰、严密的逻辑链（相关性、因果性），推导出合理结论的思维过程。逻辑推理是高考普遍考查的能力，信息的获取与解读和逻辑推理过程往往是统一、连续的。逻辑推理与论证能力考查重点在于对知识总体把握的程度以及答案组织的逻辑性和层次性，要求学生能够对理论和现实问题进行全面分析和评价，强调多个知识点的综合运用以及从不同角度进行分析。逻辑推理与论证一般包括以下要素：前提（条件或假设）、论证（数据、文献、史料、理论观点等）、逻辑关系（归纳、演绎、因果、类比等）和结论（观点或主张）。培养逻辑推理与论证能力，要求学生能够运用所学的地理基本原理和恰当的论据，对观点、论断进行有说服力的论证和阐释，通过比较、概括、推理、综合等思维方式的学习运用，提高学生的逻辑论证能力，促使学生思考时做到言之有物、言之有理、言之有据，可以有效引导学生正确地进行思维，准确、有条理地表达思想；也可以用来检查和发现逻辑错误，辨别是非。

如2024年山东卷第16题，阅读图文材料，完成下列要求。

我国沿海某区域某时段经历了一次大范围的浓雾天气，给当地交通带来了较大影响。气象部门指出，此次浓雾为平流雾，是由暖湿空气流经冷的下垫面而形成的。该区域0时（雾过程初期）近地面主要气象要素的分布图暂略。

（1）分析此次浓雾天气形成的主要原因。

（2）夜间，该区域被厚厚的云层覆盖，低层的雾逐渐发展增强，形成了“上云下雾、云雾共存”的特征。说明在夜间，云对雾发展快慢的影响。

试题以某沿海区域浓雾对交通的影响创设生活实践情境，设置此次浓雾的形成原因和夜晚“上云下雾、云雾共存”现象的成因两个任务，要求考生能够在准确获取和解读信息的基础上，调动地理规律原理，并运用逻辑思维进行严谨的推理论证得出相关结论。

第（1）小题：

①信息获取与加工

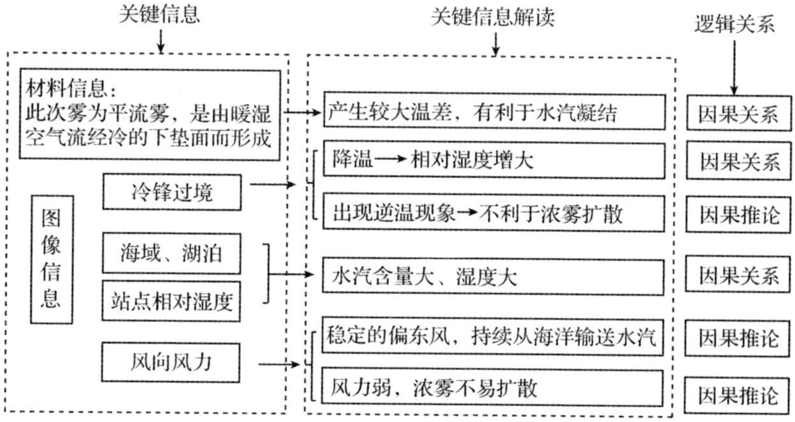

②逻辑推理与论证、语言组织表达

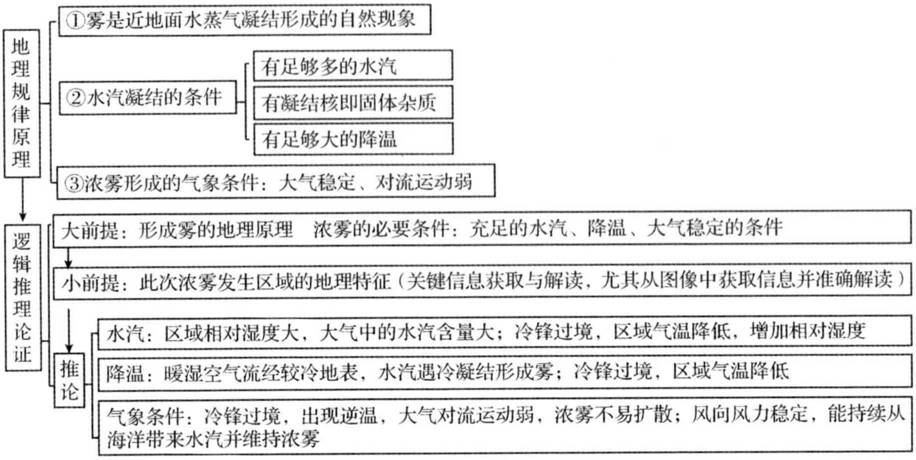

第(2)小题：

逻辑推理与论证、语言组织表达

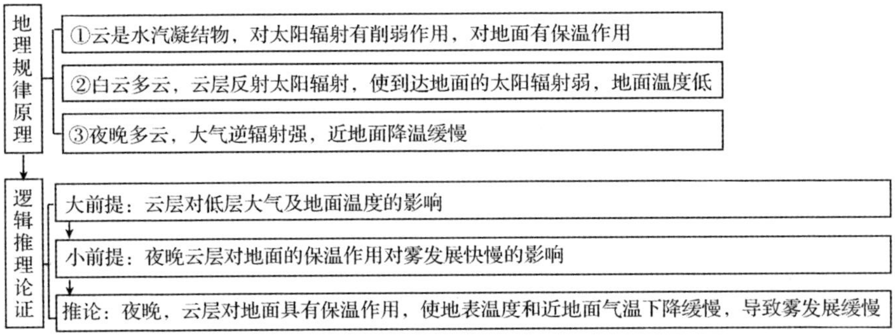

很多地理试题属于阐释因果、过程或影响类。阐释类试题一般是给出条件，要求阐释结果、影响或过程，或者给出结果、影响或过程，要求阐释条件或原因，属于逻辑推理、论证或论述的低层次要求。完整的论证不仅需要给出结论和观点，还要提供论据，需要对条件和结论进行完整的阐释。如下表所示：

卷别/题号	设问	特点
全国新课标卷/36(3)	指出东京都市圈网购物流中心的分布特点，并说明原因	需要给出结论和论据
安徽卷/19(3)	如果分汊口上游来水完全流入卡河，分析其对内格罗河流域自然环境的影响	无需结论、只需论据

续表

卷别/题号	设问	特点
吉林卷/18(3)	简析乌波卢岛西部 Q_1 火山岩高岗形成的原因，并推断外力作用下其地形的演化	先分析原因，后推断
广东卷/19(1)	说明甲、乙两区域的地质构造及地层年代特征，并据此判断甲、乙哪个区域的地表剥蚀作用更强	先说明依据后判断
湖北卷/16(2)	归纳昭通市特色产业发展模式，并简述采用该模式发展高原特色农业的好处	需要给出结论和论据
福建卷/17	请指出小红选择不正确的指标，并且你认为还能增加哪些指标？请分别说明理由	需要给出结论和论据(两个要求，指出不正确的、增加新指标)
福建卷/18(3)	从泥沙颗粒粗细的角度，谈谈方案②的效果优于方案①的原因	对比分析，说明原因

(四)综合思维与区域认知

地理环境具有整体性和区域性两大特性，与此相对应的就是地理学科的两大核心素养：综合思维和区域认知。整体性与关联性是世界存在的本质特征，是各学科研究对象的基本特点之一，而地理学科涉及的人类活动与地理环境的关系，是最复杂的综合体。区域性是地理环境的本质特征，任何地理事象、地理规律与原理都需要落脚到具体区域进行分析应用。从区域的角度认知地理环境的重要方法中，区域对比是常用的思维方法。因此综合思维和比较思维是高考中经常考查的思维能力。

1. 综合思维

近年来，高考地理试题的命制一直秉持着“无思维、不命题”的原则，综合思维是地理学科核心素养之一，也是高考地理试题考查的重点。综合思维是一种认识地理环境整体性的思维方式和能力，是指人们运用综合的观点认识地理环境的思维品质和能力。人类赖以生存的地理环境是一个综合体，在不同时空组合条件下，地理要素相互作用、综合决定着地理环境的形成和发展。综合思维的养成有助于人们从整体的角度，全面、系统、动态地分析和认识地理环境，以及它与人类活动的关系。地理环境本身的综合性特征，决定了地理学研究具有综合性的特点，地理学研究地理环境，不仅限于研究各个组成要素，更重要的是把它作为统一的整体，综合研究各要素之间的相互作用、相互关系，以及地理环境的特征和时空变化规律。综合研究有不同层次，层次越高复杂程度越大，综合的难度也越大，最高层次的人地相关性研究是地理学所特有的。

综合思维的考查维度主要包括要素综合、时空综合和地方综合三个维度。综合思维素养的养成有助于解决答题角度不全的问题。综合思维的一般路径是“先拆分，再综合”，也就是首先将研究的对象从要素、时空、地方等角度进行分解，其次再对各个要素从不同角度进行全面系统的分析。因此综合思维的关键是“要素的拆分”。

如2024年全国新课标卷第37题：

阅读图文材料，完成下列要求。

在寒冷地区的高(台)地上，流水少量汇于局部洼地，同时带来氮磷等营养元素供洼地内湿(水)生植物生长。这些洼地中植物死亡残体分解缓慢且不彻底，以泥炭形式积累，形成典型泥炭湿地(图a)，当泥炭堆积高于周围区域时，水流方向发生变化，湿地水中氮磷等营养元素缺乏，只能生长藓类等耐贫营养生物，积累成过湿的垫状泥炭藓层，形成雨养型泥炭湿地(图b)。

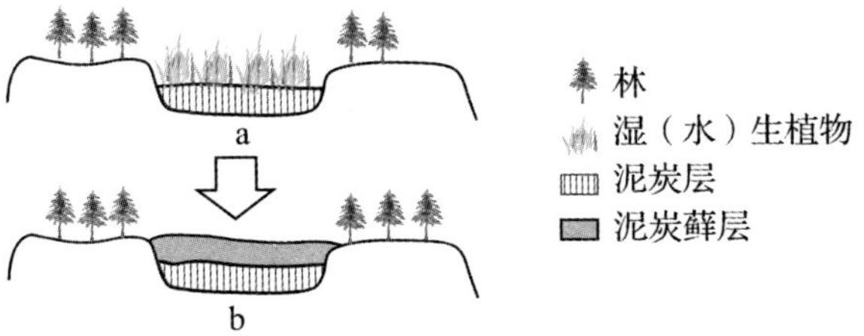

(1)分析寒冷的气候在泥炭湿地发育中的作用。

(2)简述典型泥炭湿地和雨养型泥炭湿地水流方向与生物量的差异。

(3)指出雨养型泥炭湿地发育的地形条件。

(4)说明雨养型泥炭湿地发育过程中，水中营养元素逐步减少的原因。

(5)分析垫状泥炭藓层高于周边地面但仍能处于过湿状态原因。

以第(1)小题为例，分析该小题需要将泥炭湿地拆分成泥炭、湿地两个要素，寒冷气候的影响可以分解成寒冷气候对生物量的影响和寒冷气候对水分运动的影响，然后再分别分析寒冷气候下生物量、水分运动的变化对泥炭湿地的作用和湿地形成的作用，基本分析思路如下图所示。

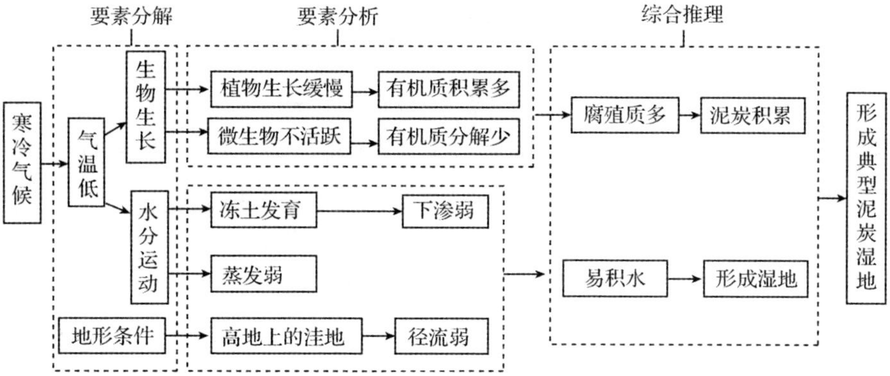

试题将雨养型泥炭湿地发育过程凝练成五个典型的地理问题，集要素综合、时空综合、过程综合于一体，将自然地理主要内容融入一个情境，涵盖生物、水文、气候、土壤、地貌等地理要素，深化区域认知和综合思维的考查。解答该题，需要将各要素间的综合作用和区域间的综合作用加以区分，再将两类作用结合分析。各小题从综合思维方面的角度和推理过程如下表所示。

题号	设问	角度	思维过程
(1)	分析寒冷的气候在泥炭湿地发育中的作用	要素综合	将泥炭湿地拆分成泥炭、湿地两个要素，分别分析寒冷气候对泥炭地和湿地形成的作用
(2)	简述典型泥炭湿地和雨养型泥炭湿地水流方向与生物量的差异	要素、时空和过程综合	典型泥炭湿地向雨养型泥炭湿地演化过程中出现了地势的变化，并导致地势变化→水流方向→氮磷元素迁移（营养物质变化）→生物量差异的一系列变化
(3)	指出雨养型泥炭湿地发育的地形条件	要素综合	根据雨养型泥炭湿地形成过程，判断发育的地形条件
(4)	说明雨养型泥炭湿地发育过程中，水中营养元素逐步减少的原因	要素、时空和过程综合	雨养型泥炭湿地发育→水流方向→营养元素变化 营养元素变化→生物量变化→营养元素积累
(5)	分析垫状泥炭藓层高于周边地面但仍能处于过湿状态原因	要素综合	过湿是水分支出少，围绕影响水分支出的要素分别从地形→水分、气候→水分、土壤→水分、生物→水分等方面进行综合分析

2. 区域认知

区域认知是一种认识地球表面复杂性的思维方式和能力，是地理学科四大核心素养之一，指人们运用空间—区域的观点认识地理环境的思维品质和能力。

人类生存的地理环境多种多样，将其划分成不同尺度、不同类型的区域加以认识，是人们认识地理环境复杂性的基本方法。“区域认知”素养的养成有助于人们从区域的角度分析和认识地理环境，以及它与人类活动的关系。区域认知的内涵包括两方面，一是用区域的方式认识，是认识地球表面复杂多样性的一种策略和视角；二是对区域本身的认识，是对区域加以认识的方法。高考试题多数都是以区域情境为载体，考查地理事象的共性和特性，有利于甄别考生的能力层级。明确高考命题对区域认知的考查维度，培养学生区域认知的视角和能力，是提高备考水平的关键途径。在对考生的“区域认知”素养进行考查时，高考命题的主要角度包括地理位置、时空尺度、区域差异、要素联系、区际联系、区域动态和区域决策，从以上角度逐步培养学生区域认知的意识、角度和能力是必要且可行的。

认知区域优势，并能进行科学的逻辑推导，是中学地理教学的重要内容。区域优势只有和其他区域相比较方能显现，同时，区域优势只有通过与外部区域的相互作用及联系，才能发挥其价值。2024 年高考地理试题注重考查地理联系，着力培养逻辑思维。全国甲卷第 36 题，以厄瓜多尔托奎拉草帽产业的形成、发展以及面临的主要问题为背景，考查学生客观地认知与评价区域产业的形成与发展，以及不同区域间的联系与相互作用。新课标卷 6 ~ 8 题，以广西弄岗自然保护区发现我国喀斯特地区“最高树”设置情境，引发学生思考“传统上被认为是亚热带季风气候的地区为何能发育出雨林”“被普遍认为水土流失严重、土壤较为贫瘠的喀斯特地区为何能长出参天大树”，实现对喀斯特地区“气候—地貌—水文—土壤—植被”地理系统的综合考查。

以山东卷第 8 ~ 9 题为例，分析区域认知素养的考查如下：

海洋浮游植物密度的空间分布与海水性质、营养盐等环境因子密切相关。远岸海域浮游植物密度受陆地影响较小。据此完成 8 ~ 9 题。(图略)

8. 下列月份中，M 区域浮游植物密度最高的是(　　)。

A. 1 月　　B. 4 月　　C. 7 月　　D. 10 月

9. 与 7—8 月相比，12 月至次年 1 月 N 区域海水盐度较高的主要影响因素是(　　)。

A. 蒸发　　B. 降水　　C. 径流　　D. 洋流

该题组以孟加拉湾区域海洋浮游植物密度的空间分布为例创设情境，考查学生从区域地理环境入手，分析不同时间、不同空间海域海水性质、营养盐等环境因子的变化。分析思路如下图所示：

第 8 题：

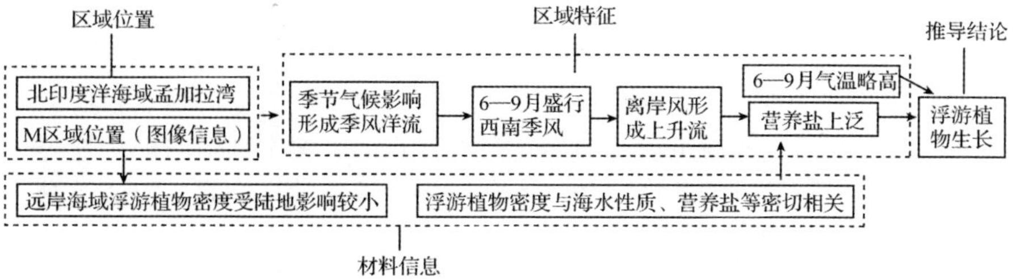

第 9 题：

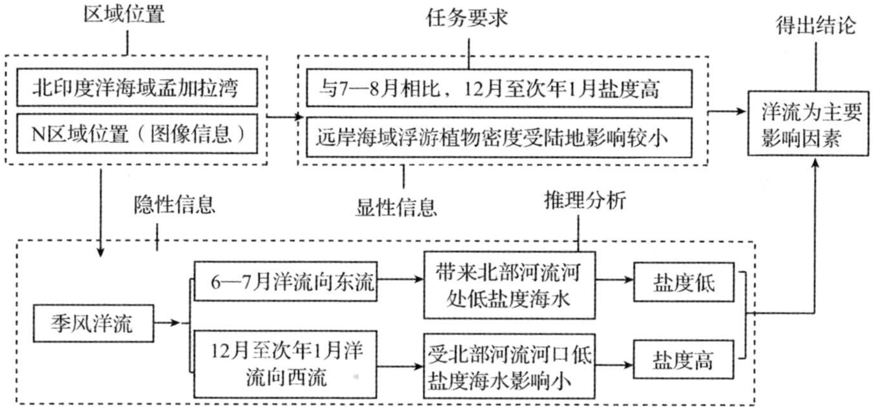

（五）批判性思维与创新思维

批判性思维属于高阶思维能力，考查学生在面对各种复杂问题时运用已有知识进行审慎思考、分析推理、实验验证等方面的能力，要求学生具有独立思考的能力，能够自觉运用分析推理、逻辑论证、甄别加工等方法，使用可靠的证据，得出自己的观点，解决实际问题。对于高考试题而言，批判性思维考查形式一般表现为：独立提出问题、评估证据与理由、揭示隐含前提、开放与竞争性结论、构造替代论证、阐释或评估可能的后果等。概括来讲，批判性思维以质疑和提出问题为起点，以获取证据、进行分析推理为过程，以得出有说服力的结论为结果。心智开放、独立思考、敢于质疑是批判性思维的必备品质，训练有素的逻辑推理与论证分析能力以及高水平的证据获取、评估与运用能力是批判性思维的必备技能。

1. 批判性思维

互联网时代，面对铺天盖地的网络媒体、真假掺杂的各种信息，如何准确甄别判断各种信息的真伪也是学生特别重要的基本技能之一。批判性思维是一种求真的高阶思维能力，以质疑和提出问题为起点，以获取证据、进行分析推理为过程，以得出有说服力的结论为结果，因此在近年高考地理试题中的考查非常广泛。甄别、判断选择题选项的真伪，就是批判性思维的过程，综合题中往往也会提出某个观点，要求考生对其进行评价并得出自己的观点，这个过程也需要批判性思维。2024 年高考试题通过精心设问，突出试题的辩证性与开放性，在多因素交织并且动态变化的真实情境中，考查学生全面、辩证地看待和分析地理问题的能力。

如 2024 年全国甲卷第 36 题，以厄瓜多尔沿海居民利用托奎拉草帽产业发展背景，创设托奎拉草帽用途、生产、销售及发展变化的生活情景，设置了区域地理环境特征分析、贸易公司选址条件、创业初期需要面对的问题并针对目前现状提出解决对策，突出考查学生区域认知、综合思维素养，倡导学生用辩证发展的观点客观地认知与评价区域产业的形成与发展问题，科学准确地理解区域之间的联系和相互作用。

又如 2024 年山东卷第 19 题，围绕受防洪限制水位的约束，汛期降雨径流经水库调节后，仍有大量径流未得到充分利用，作为弃水排放的问题，以丹江口水利枢纽调度规程的图文材料创设学术情境，考查学生独立思考、严密的论证和求真务实的科学精神。

2. 创新思维

创新思维是指人们除旧布新和创造新事物的能力，要求人们运用开放性、批判性和发散性思维，提出新问题、创建新设想、发现新方法、得出新观点，创新思维是创新人才培养的本质要求。新情境的创设、新问题的设置和新知识的考查可以在一定意义上考查学生的创新思维。全国卷和各地方试题基本都是通过真实的情境设置新的问题，考查学生的创新思维。如 2024 年湖北卷第 16 题，以集“山区、革命老区、民族散杂区”为一体的农业大市云南省昭通市为材料创设情境，通过其不断创新发展模式，打造脱贫致富示范区的历程，展现时代风貌和创新成果，设置了三个问题，涉及区域地理特征、特色发展模式评价，并针对昭通市基于资源和区位优势发展乡村新业态提出合理化建议，增加了试题的开放性，强化对创新思维的考查。

开放性的试题最能考查创新思维，但目前地理试题开放性程度还比较低，主要属于半开放性试题。近年来，地理半开放性试题的探索已经形成了相对固定的模式，其设问方式大概有两类：一是给出两种观点，要求考生选择其一，给出支持的理由；二是针对问题提出合理的解决措施。这两类试题的情境、过程和结果都比较确定，属于半开放的试题，其中最主要的标志是有比较标准的答案。2024 年福建卷第 17 题，以小红选取指标研究一天中人均碳排放为背景创设地理生活实践情境，指出其选取指标中不正确的并补充增加新指标，同时分别说明理由，增加了试题的灵活性和创新性。

（六）语言组织与表达

地理试卷综合题的解答最终需要组织语言进行表达，要求学生能够运用规范和富有逻辑性的语言进行清晰、有条理的书面表达，能够准确地运用学科术语表达抽象的概念和学科知识，因此语言的组织与表达能力是地理试题普遍考查的能力。目前考生在这一能力上普遍存在的问题是表达不清晰或术语使用不准确。地理综合题主要包括特征类、过程类和联系类三大类，三大类试题答案的表达都需要能够准确地使用术语（或关键词），并能用逻辑、因果、过程、影响等将术语（或关键词）进行合理连接。

如 2024 年山东卷第 18 题：阅读图文材料，完成下列要求。

埃尔湖是澳大利亚海拔最低的地方，湖水深度较浅。某研究小组对埃尔湖流域开展了研究。

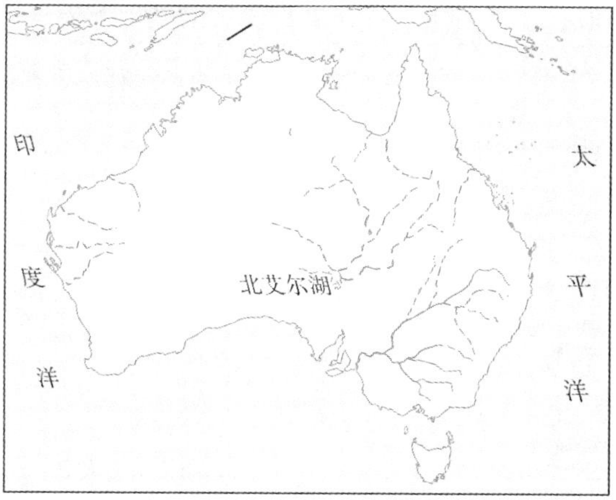

活动一　同学们通过查阅资料了解到，埃尔湖碳储量大，是巨大的碳库。

（1）分析埃尔湖入湖碳量大的自然原因。

活动二　同学们通过查阅资料和野外考察，发现埃尔湖沉积物中有多层泥炭层，有的厚度巨大。埃尔湖泥炭中的碳不易释放。旱季，强烈蒸发使湖泊水面缩小，有的地方泥沙裸露，有的地方"变成"盐壳，最厚处可达数米；雨季，若大量河水汇入，湖泊水面扩大，最大可超过 15 000 km^2。

（2）从湖泊水面变化的角度，分析埃尔湖泥炭中的碳不易释放的主要原因。

活动三　水生软体动物种类多，数量大，分布广，对水环境变化敏感。软体动物死亡后，其碳酸钙壳体保留在沉积物中成为化石，对古环境变化具有重要指示意义。为研究埃尔湖不同时期湖水盐度的变化，同学们采集了各地层中的软体动物化石。

(3)指出如何利用采集的生物化石研究埃尔湖不同时期湖水盐度的变化。

第(1)题，为因果联系类问题，需要学生在准确理解题意的基础上，结合所学地理规律原理，并形成完整的因果逻辑思路进行阐释。

设问	分析埃尔湖入湖碳量大的自然原因
答案	埃尔湖流域面积广（大）、汇水面积广（大），径流（河流）携带大量碳（含碳物质/有机质/枯枝落叶/动植物遗体）入湖；埃尔湖流域周边地区风力作用强/风力搬运作用强/风力大，使碳沉降至湖区
表达	分析思路：①入湖碳的来源：流水搬运、风力搬运；②因（流域面积大）→果（汇水面积大）→果（流水搬运入湖碳多）；③因（气候干旱）→果（风力强）→果（风力搬运入湖碳多） 规范表述：①（因）埃尔湖流域面积广，（果）汇水面积大，（果）河流径流携带大量碳入湖；②（因）流域周边地区气候干旱，（果）风力作用强，（果）使大量碳沉积在湖区

第(2)题，因果联系类问题，可在理解题意的基础上通过逆向思维分析。

设问	从湖泊水面变化的角度，分析埃尔湖泥炭中的碳不易释放的主要原因
答案	湖泊水面大（雨季）时，湖底被水覆盖（没过/淹没）；湖泊水面小（旱季）时，裸露的湖底被泥沙（盐壳）覆盖。以上两种情况，使得微生物对泥炭中的有机质分解缓慢
表达	分析思路：①碳以有机质形式存在不易释放；②厌氧、缺氧环境有机质分解慢；③泥炭在湖底，雨季水多时被水覆盖，有机质不易分解；④旱季水少，湖盆出露，上有盐壳泥沙覆盖，有机质不易分解 规范表述：①（因）雨季时湖底被水覆盖，（果）微生物对泥炭中的有机质分解缓慢；②（因）旱季时湖底虽出露，（因）但裸露的湖底被泥沙盐壳覆盖，（果）微生物对泥炭中的有机质分解缓慢

第(3)题，需要调用地球演化过程的相关知识，科学准确地分析表述。

设问	指出如何利用采集的生物化石研究埃尔湖不同时期湖水盐度的变化
答案	利用地层中的软体动物化石，确定地层年代和顺序；识别不同地层中化石的生物种类，并根据其生活习性、特征推断其生存时期的湖水盐度状况，进而分析不同时期湖水盐度变化
表达	地理原理：①利用化石，可确定地层年代和顺序；②生物进化由低级到高级、由简单到复杂；③不同化石反映不同的地理环境 规范表述：①（摆明原理）利用化石，可确定地层年代和顺序；②（初级判断）识别不同地层中化石的生物种类，③（化石作用）并根据其生活习性、特征推断其生存时期的湖水盐度状况，④（深层分析）进而分析不同时期湖水盐度变化

四、串联线：优化情境创设，注重学用结合

高考试题的命制主要包括测试内容、具体任务（设问）、问题情境和评价标准（答案与赋分）的确定，以上内容是一个整体的不同侧面。多年来高考试题改革经历了“知识立意→能力立意→素养立意”的发展历程，新课程改革以来，地理学科的命题立意开始从技巧性的能力考查向素养考查过渡。其中最重要的表现就是，地图的数量和阅读难度在降低，文字数量不断增多。过去的试题大多是干巴巴的，没有情境，给出阅读难度较大的图表资料，然后让学生依据图表资料答题，注重了技巧性能力的考查。近年的试题，都有大量的文字材料并配有图表资料，给学生呈现的是一个真实的场景和情境，试题往往给予一定的显性信息，并隐藏部分信息，形成具有不良结构的试题情境，能够考查学生的素养和运用所学地理规律原理分析解决实际问题的能力。

高中地理课程标准明确要求“核心素养应通过学生在应对复杂现实情境时的外在表现加以推断”，高考评价体系也将情境明确为高考命题的平台和载体，标志着“无情境，不命题”的时代已经到来。值得注意的是，与全国卷文字信息和图像信息都非常精练的命题风格不同，山东卷综合题部分每年都有一道题，每个问题配有一段文字材料，文字材料多以或对话、或实验探究、或实践观测的形式呈现，创设一个问题情境，再针对这一问题情境设置相应的问题，力求给学生创设一个相对轻松的解答问题的环境。如 2020 年第 19 题、2024 年第 18 题。

（一）高考地理试题情境的一般分类

高考地理试题的情境主要分为生活实践情境和学习探索情境两类。生活实践情境类试题是从社会生产生活中选取案例，融入学科内容，着力体现综合性与应用性的考查指向。生活实践情境可分为生活情境和生产情境，取材于日常生活的情境称之为生活情境，取材于产业、聚落、人口等实践的情境称之为生产情境。学习探索情境可分为学科情境和学术情境。学科情境是以地理专业语言与符号，按照学科逻辑呈现的真实情境，主要用于考查学生对地理基础知识的理解与运用，并可规避考生成长环境差异带来的不同影响，主要体现基础性的考查要求。学术情境是以地理科学问题为背景，按照学术研究的一般路径呈现的真实情境，主要用于考查学生对地理问题的建构与解决，体现试题的综合性、应用性和创新性的考查要求。总体来讲，取材于日常生活的情境较少，取材于生产的情境和学科情境较多。2024 年地理高考命题情境选择具体情况如下表所示。

单位：个

2024 年试卷	生活情境	生产情境	学科情境	学术情境	情境总数量
全国甲卷	0	3	1	3	7
新课标卷	0	3	1	2	6
山东卷	1	3	2	4	10
湖南卷	0	4	2	3	9
安徽卷	0	4	3	2	9
湖北卷	1	3	3	1	8

（二）高考地理试题中结构不良情境

近年来，高考命题更多的是选择特定地理区域，利用真实材料创设不良结构情境，重点考查学生利用所学地理知识，应对新情境、发现新问题、探究新对策的能力和素养。设置具有不良结构的问题情境，有利于考查学生解决真实问题的能力。问题情境结构的不良性一般可以从条件和结果两个方面进行设置。条件和结果都比较清楚、简单的问题情境，我们称之为结构良好的问题情境，这种情境往往属于弱情境，一般信息材料较为简单清晰，从条件可以直接得出结论，不用进行较复杂的思考和推理。

条件和结果中的一个或者两个，具有不确定性、复杂性或开放性，我们就称之为结构不良的问题情境，也可以称之为复杂情境。按照情境结构不良程度，可以把地理试题情境结构的不良性分为一般、中等和高级三个层次。通过创设新颖情境、优化考查内容、丰富呈现方式、创新设问角度等途径，突出对关键能力的考查，让善于独立思考、认知能力强的学生脱颖而出。在全国卷和山东卷等高考试卷中，中等层级的情境最多，其次是一般层级和高级层级。2024 年全国新课标卷第 37 题，情境材料丰富多样，涵盖生物、水文、气候、土壤、地貌等五大自然要素，属于真实复杂的学科情境和学术情境。五个设问有层次、有梯度，结构的不良性涵盖了一般、中等和高级三个层次，试题情境和任务高度统一，科学问题和分层设问有机结合，有利于从不同能力层级要求对考生进行测量评价和区分。全国甲卷 37 题，利用历史上洞庭湖变迁的真实材料创设情境，时空跨度广（先秦汉晋至清代中叶）、影响因素多（不同时期修筑堤坝，干扰该地区水系）、考查要素多（自然地理过程的因果关系、人类活动对自然地理过程的影响），同样是真实复杂的学科情境和学术情境，结构的不良性相对较高。

（三）理想情境与强弱情境之分

高考命题的理想试题情境一般具有典型性、复杂性、新颖性和结构不良性四个特征，其中，典型性是指在真实世界或学习探索中具有代表性、能够充分考查学科素养和关键能力、具有可操作性且符合学生认知和学科发展规律的情境；复杂性是指涉及多种关联活动、涉及多种影响因素、涉及多个参与主体以及要求调动多种关键能力的情境；新颖性是指学生未经历过，或者真实世界新出现的、呈现方式新鲜少见的情境；"结构不良性"是指冗余信息较多、隐含信息较多、问题创设比较开放、结论不设定唯一、解决方案多元的情境。课程标准和高考评价体系要求高考全面落实情境式命题，材料丰富，情境多元，加强情境的新颖性、灵活性、探究性和开放性。近年来，地理高考命题呈现出"无情境，不成题"的特征，创设学生未知的新情境考查，也符合高考命题的公平性原则。未来的高考命题中，具有选拔区分度的试题将在情境创设上下功夫，可能呈现出由简单情境向复杂情境、熟悉情境向新颖情境、结构良好情境向结构不良情境转化。

情境式命题改革的基本原则就是减少裸考知识现象，对学生的学科素养和关键能力提出了更高的要求，它要求学生由"解答试题"转向解决问题，让考查发生在知识生成状态或应用状态的强情境之中，这种命题理念与"无情境，不教学"的教学原则一致。纵观近 3 年的高考命题，高考试题不断加强理论联系实际，紧密结合国家经济社会发展、科学技术前沿、生产生活实践等，充分考虑学生学习和生活实际，把课本知识与具体真实的世界联系起来，增强试题情境的时代性和实践性，通过复杂文本、实验场景、科技前沿、生产生活等特定情境创设，引导学生在发现和解决实际问题的过程中建构知识、培养能力、提高素养。

需要特别指出的是，我们在日常的学习和训练过程中，要注意区分"强情境"和"弱情境"。"强情境"是指试题活动场景或背景与考查内容紧密相关，如果缺乏相应的情境知识和认知，会直接影响答题的效率与准确性。强情境的情境内容很大程度上决定了解题的方向、思路、过程与结论。"弱情境"是指活动场景只是一个简单的背景、引子或话题，不直接影响答题的效率或准确性。换句话说，如果抛开情境内容，同样能顺利且有效地答题。一线师生在平时的学习、训练和备考中要注意鉴别和区分"强情境"与"弱情境"。

五、小结：强化关键能力考查，落实立德树人任务

2024 年是高考改革进一步深化的一年，高考地理试题整体遵循了"以稳为主、稳中求变、稳中求新"的原则。命题紧扣"核心价值金线""能力素养银线"

“情境载体串联线”三条主线，呈现出“无价值、不入题；无思维、不命题；无情境、不成题；无任务、不立题”的突出特征。准确理解与把握“三线”逻辑和“四无四不”原则，是全面把握高考评价体系和课程标准总体特征，准确把握高考考查内容和考查要求的有效途径。

一是精选命题主题和材料，加强价值引领，落实立德树人。地理试题紧密结合学科内容，落实立德树人根本任务，以习近平新时代中国特色社会主义思想为指导，凸显考试的育人功能，服务全面育人、全面发展，引导学生自觉践行社会主义核心价值观，增强中国特色社会主义道路自信、理论自信、制度自信、文化自信，形成正确的世界观、人生观、价值观，并鼓励广大青年学子积极投身新时代伟大事业，努力成长为担当民族复兴大任的时代新人。

二是高考地理试题具有较强的时代性、情境性、典型性和综合性。试题多取材时代性较强的主题，比如国家面临的城镇化、产业升级、生态文明建设等重大问题进行命题，体现了学科的实用价值。高考地理试题多以真实的情境为载体设置问题，通过新颖的呈现方式和设问方式，增强试题的创新性、应用性、开放性和灵活性，并设置有纵深、有梯度的问题链，考查学生独立思考、开放论证的批判性思维与创新能力，有利于对考生的必备知识、关键能力、学科素养和核心价值进行全面性考查，体现了“素养导向，能力为重”的特点。

三是紧扣主干规律原理，加强关键能力和思维品质考查。高考评价体系综合统筹知识、能力、素养、价值的关系，将高考考查内容凝练为核心价值、学科素养、关键能力、必备知识四个层面，在必备知识的基础上，加大力度考查学生的学科素养和关键能力。采用真实案例创设情境，着重考查学生信息获取与加工的能力、逻辑推理与论证、综合思维、区域认知等能力，突出逻辑思维、辩证思维、批判性思维和创新思维的考查力度，引导学生探究新问题，从知识获取和解题技能的习得转向思维能力的学习与训练，从浅层次的零碎信息的获取到深层次的理解与应用，从机械重复式学习转向主动思维训练，减少“机械刷题”和“题海战术”现象，对素养教学起到了很好的导向作用。

综上所述，2024 年高考地理试题结合地理学的本质和特点，全面落实高考综合改革、高考评价体系、课程标准、课程改革的相关要求，较好地实现了立德树人、服务选才、引导教学的高考核心功能。试题具有鲜明的时代特色，通过搭建丰富多样的情境，创设新颖问题，着重考查了学生对知识的掌握与运用、信息的获取与解读、逻辑推理与论证、综合思维、区域认知、批判性思维、语言的组织与表达等关键能力或学科素养，引导正确的情感、态度和价值观的培养培育，推进以学科素养为本位的高中地理教学改革进程。

Ⅳ 教改篇

深入推进批判性思维教育 助力拔尖创新人才培养

摘　要： 高考综合改革在落实立德树人根本任务的前提下，要服务高校人才选拔、服务引导高中教学、服务拔尖创新人才培养。更好地选拔和培养拔尖创新人才、进一步提高人才自主培养质量是本轮高考综合改革的重要使命。批判性思维作为人类高阶能力的核心构成和教育中的解放力量，对个人的智力发展和思维品质提升非常重要，并且在科学探索与创新型人才培养中发挥着不可替代的作用。充分发挥高考指挥棒的正向指挥作用，引导学生批判性思维和创新思维的培养培育，是本轮高考内容改革的重要特征。高考命题中的批判性思维考查学生在面对复杂问题时运用所学知识进行审慎思考、提出问题、识别前提、分析推理、证据评估、逻辑论证、实证验证、开放竞争等方面的能力。本专题聚焦一线教学课堂改革中的批判性思维教学实践，包括基础教育批判性思维教育的目标与途径、批判性思维课堂转化的问题与反思以及语文、数学、历史和生物学科中的批判性思维教学实践等。通过经验总结与介绍，深入推进批判性思维教育，助力拔尖创新人才培养和人才自主培养质量提升。

关键词： 创新人才培养；批判性思维；课堂教学改革；高考指挥棒；引导教学

党的二十大报告指出，要坚持教育优先发展、科技自立自强、人才引领驱动，加快建设教育强国、科技强国、人才强国，坚持为党育人、为国育才，全面提高人才自主培养质量，着力造就拔尖创新人才。当前国际环境错综复杂，大国关系深入调整，重大科技创新成为引领社会深层变革和重构国际竞争秩序的关键力量，科技创新成为国际战略博弈的主要战场，围绕科技制高点的竞争空前激烈。国际竞争说到底是人才的竞争、教育的竞争，尤其是创新人才及其培养体制的竞争，培养创新人才是国家、民族长远发展的大计。

习近平总书记在 2021 年 5 月 28 日两院院士大会和 2021 年 9 月 27 日中央人才工作会议上，提出深入实施人才强国战略，加快建设世界重要人才中心和创新高地。在论及创新人才培养时，习近平总书记强调“更加重视科学精神、创新能力、批判性思维的培养培育”[①]。这一重要论断深刻揭示了创新人才培养的本质属性，准确把握了创新人才培养的一般规律与具体路径，为我国加快建设世界重要人才中心和创新高地指明了方向，提供了遵循。

批判性思维（Critical Thinking）作为人类高阶思维能力的核心构成和教育中的解放力量，对个人的智力发展和思维品质提升非常重要，并且在科学探索与创新人才培养中发挥着不可或缺的作用。概括来讲，批判性思维以质疑和提出问题为起点，以获取证据、进行分析推理为过程，以得出有说服力的结论为结果。心智开放、独立思考、敢于质疑以及对冲突、模糊性的包容是批判性思维的必备品质，训练有素的逻辑推理与论证分析能力以及高水平的证据获取、评估与运用能力是批判性思维的必备技能。高考作为我国的基本教育制度，在

---

① 习近平：《深入实施新时代人才强国战略　加快建设世界重要人才中心和创新高地》，《求是》，2021 年第 24 期。

党和国家事业发展战略全局中处于重要地位。如何通过高考这一最重要的教育指挥棒的正向指挥作用，推进创新型和创造性人才培养，助力人才强国战略和创新驱动发展战略实施，是高考内容和命题改革的重要使命。近年来高考命题改革凸显了对科学思维、创新能力、信息获取与加工、逻辑推理与论证、科学探究与思维建模、语言运用与表达等学科素养和关键能力的考查要求，很大程度上可视为对学生批判性思维能力考查的具体实践。

批判性思维培养培育不是一朝一夕之功，也绝非通过传统的题海战术或重复刷题可以获得，它必须经由系统、长期的规范性训练才有可能得以实现。这不仅要求学生建立起批判性思维培养的意识和规范训练的习惯，同时要求一线老师以课程教学为抓手，全面推进育人方式改革与批判性思维教学实践，整体提升课堂教学质量，在全面推进新课程新教材新课标实施、建设批判性思维特色课程体系、批判性思维教学模式创新等方面进行探索。本专题在对基础教育批判性思维教育的目标及途径以及当前存在的问题反思的基础上，聚焦一线教学课堂改革中的批判性思维教学实践，包括语文、数学、历史、生物等学科的批判性思维课堂实践，剖析批判性思维教学的基本经验与方法，为广大师生提供借鉴和参考。

第一节　基础教育批判性思维教育的目标和途径①

建设教育强国，基础教育既要夯实学生的知识基础，也要激发学生崇尚科学、探索未知的兴趣，培养其探索性、创新性思维品质。批判性思维教育中的主动探究、开放理性的精神态度以及研究性学习、批判性阅读与写作的能力的培养是学生创新思维的重要培养途径。

批判性思维，是人的创新、明辨和解决问题能力的核心构成，而且它应该从基础教育开始培育，这一点已经获得普遍的认可。不过，基础教育到底如何实行批判性思维的培育，这个问题并没有得到广泛、清楚的了解。批判性思维

① 本节摘选自董毓：《基础教育批判性思维教育的主要目标和途径》，《批判性思维教育研究》，2021 年第 1 辑。

是人的智力构成，因此它的教育是智育中的一部分。今天，至少在理论上已经形成的一个共识，是仅仅记忆式学习知识，不足以发展良好的智育。完整的智育还需要包括对高阶的认知能力的开发和培育。那么，这就需要在智育中融入批判性思维的品德和技能的教育。

一、批判性思维：习性与技能的统一

关于批判性思维，已经有过许多介绍和解说。它的现代起源，是杜威对“反思性思维”的提倡和阐述。杜威的定义，奠定了当代批判性思维的观念和理论的轨道：对信念或者假定的知识背后的依据以及可能的推论进行主动、持续和仔细的考察。这个定义说明，批判性思维是理性思维。它的三个形容词——主动、持续和仔细，说明批判性思维的特征在于这样的精神态度：主动积极、持之以恒和仔细全面。杜威明确强调，人的实际思维首先是被人的态度决定的。批判性思维追求态度和技能的结合，但态度是更重要的。而且态度不能单由技巧的训练得到，它需要专门培育。当代对批判性思维的认识，可以这样来概括：批判性思维，不是一些人望文生义现象的负面“大批判”，而是认知、判断和解决问题的理性原则和方法，它由态度（习性）和技能构成。态度，包括探究、求真、公正、反思、开放、谨慎、仔细等“开放理性”的品德。技能，包括阐明、分析、推理、评估、解释、自律等“探究实证”的能力。

我们也常用这个批判性思维路线图来概括批判性思维的要素和过程。

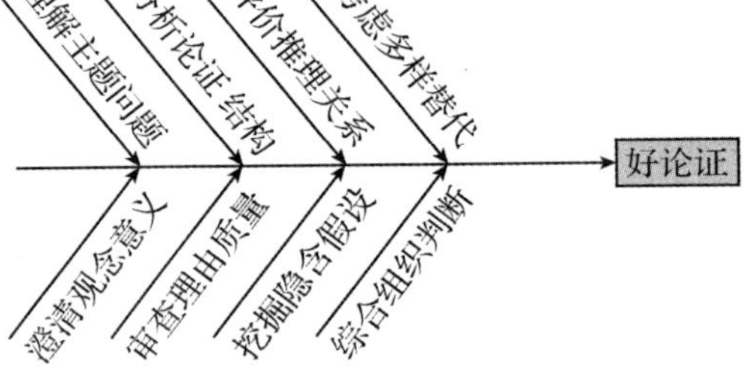

图 4-1-1　批判性思维路线图

不应该把这个路线图看作仅仅显示批判性思维的任务和技能，而也应看到它代表的习性。不妨用下面的表来显示每一项任务上的习性和技能的对应。

任务	态度／习性	技能
①理解主题问题	主动探究、好问、好学	提问，质疑，分析问题，发散思考
②澄清观念意义	爱好清晰、具体的表达	消除语言谬误，定义，询问和阐明意义
③分析论证结构	相信理性、求理、讲理	辨别论证（隐含）要素，表述论证结构
④审查理由质量	认真求真、求实践证据	搜索信息，考察信息来源和信息质量
⑤评价推理关系	注重谨慎、仔细、合理	演绎和归纳，科学和其他日常的推理
⑥挖掘隐含假设	坚持深入、透彻的考察	辨别和评估隐含假设、前提、预设等
⑦考虑多样替代	追求多样、辩证、创造	寻找和构造对立、替代的观念、解释等
⑧综合组织判断	力求全面、开放和发展	正反论证和综合，全面考察，平衡判断

基础教育的批判性思维教育，要态度和技能结合，但应以培养开放理性精神为首，以培育探究、求真、公正、反思、开放、谨慎、仔细等理智习性为重。具体而言，探究是有好问好学和研究的意愿。求真是认真追求真理，讲道理，抵制虚假。公正是要认真、公正对待他人不同观点和对自己不利的信息。反思是全面地考察自我和他人的思想的前因后果。开放是虚心听取不同意见，敢于自我批评，愿意根据事实承认错误。谨慎是要调查后才判断。仔细是全面、透彻、不懈地探究和求证，追求精益求精。

根据批判性思维的要素和过程，我们曾提出这样一些批判性思维态度和技能的目标：

1. 谨慎和谦虚的态度，愿意学习、思考的品质以及文明讨论的习惯
2. 讲道理、下判断要有理由，有全面收集信息的习惯
3. 意识到现实问题是复杂的，并有分解、分辨主次和关系的初步能力
4. 懂得要清晰、具体和有条理地思考和表达
5. 有判断信息的可靠性的初步能力
6. 知道要考察信息是否足够支持自己和他人的立场、观点
7. 试图辨别自己和他人观点背后的假设、立场和视角
8. 注意寻求和对比不同观点，比较它们的根据和优缺点

自然，在基础教育从小学到高中的不同阶段，培养习性和技能有不同的标准和做法。比如从小学开始，探究、理性、开放、合作这样几种习性是需要格外注意培育的：

1. 好学和好问：主动学习、自由提问和表达意见

2. 讲理和求理：提出主张要有理由，要清楚表达自己理由

3. 探究和谨慎：有“查一下”后再相信的习惯

4. 聆听和合作：聆听他人不同意见，文明讨论和合作

我们认为，如果在高中毕业的时候，孩子们具备了这样的习性和技能的综合素质，他们到大学学习或者在职场上，就有了坚实的发展基础：

1. 主动学习、谦虚和自律

2. 认真求真、求全面的理由

3. 注意和公平对待不同观点

4. 爱好清晰和具体的表达

5. 质疑信息、谨慎推理

6. 警惕自己和他人的假设

7. 能通过探究来认知和解决问题

8. 能批判性阅读和写作

上面，大部分都是态度和习性，但（7）和（8）是技能，是我们觉得在基础教育完成时，学生应该具备的读、写和研究性学习的能力。下面对此做进一步的说明。

二、批判性思维素质培养目标：技能的四大运用

按照未来大学学习和职场工作的要求，高中毕业生不仅要有一定的学科知识，还应该有自主学习和有成效的阅读和写作的技能。这就是指研究性学习、批判性阅读、分析性写作和论证性写作这四大方面的能力。培养批判性思维的态度和技能，应该落实到学习、读书和写作上运用批判性思维，所以它们代表批判性思维技能部分的教育的四个桌腿。

这四大方面的能力，其实都是批判性思维的分析、阐明、解释、评估、综合等技能的应用，即这四大方面的能力的每一项，都是运用多种批判性思维技能的组合。所以，要以批判性思维来指导这四种能力的训练，反过来说，它们的训练，应该也就是学习批判性思维。

研究性学习：也称问题解决式学习、项目式学习等，是通过对问题的提出和研究来发现知识和解决问题。它从图 1 的“理解主题问题”开始，一直走到

最后的“综合组织判断”。这是学术研究、决策和解决问题的共同流程，是发展知识和创新的必需技能。问题分析的技能尤其需要训练。它通过分析问题（议题）的构成要素、关系和性质，从而明确问题或找到可研究的子问题，并以此开展信息和观点的探究和论证活动。我们常说要培育学生分析问题的能力，只有通过这样的训练才是得到了落实。

批判性阅读：指对现有的论证文本进行理解、评估和判断的阅读。其实探究性学习中就包含了批判性阅读应用的技能，即对问题和论证的分析和评估技能。批判性阅读先要确定文章讨论的问题和作者的立场（批判性思维路线图上的“理解主题问题”），然后对作者的论证进行分析（“分析论证结构”），接下来是做这六大方面的评估：问题、概念、理由、推理、假设、辩证（即理解主题问题、澄清观念意义、审查理由质量、评价推理关系、挖掘隐含假设、考虑多样替代）。最后进行综合平衡的判断（“综合组织判断”）。文学文本的批判性阅读与此有相同有区别，这里不讨论。

分析性写作：它和论证性写作一起，有时被统称为批判性写作。分析性写作是对他人的论证文的分析性论文。其实，这就是将对论证文的批判性阅读的结果有条理地写出来。也就是说，除开写作的技巧，它也就是运用批判性思维路线图上的那些探究和实证的原则和技能来分析、评估他人的观点和论证。

论证性写作：它和分析性写作的区别是论证自己的观点。它运用的也是批判性思维路线图上的原则和技能，不过是用来指导自己观点的研究和论证。其中，思考和表达的清晰、实证和辩证这三个要求特别重要。

三、批判性思维教育途径：教学法与教师培养

那么，怎样去培养具有这样的批判性思维态度和技能的中学毕业生？教育的各方面，包括课程、教学、考试等，需要按照包含思维教育的智育目标来构造。首先，应该建立批判性思维的课程，培训教师了解批判性思维。其次，各科课程的教材的编写应该有助于培育批判性思维，比如包含科学推理、验证和辩证等内容。

不过，除了教什么，更重要的是怎么教。基础教育中批判性思维的主要教育方式，按恩尼斯的叙述，是所谓 RRA：敦促学生不要匆忙接受一个观念，而

是停一下去反思（Reflection），去问关于观念的理由的批判性问题（Reasons），和寻求关于它的替代的假说、结论、解释、论证或计划（Alternatives）。这就是培育谨慎、细致、求真、求理、辩证、创造的开放理性态度。在这样的策略下，有两种将批判性思维“渗透”到学科教学的方式，它们都不神秘。

一是注入式渗透：伴随学科内容，时而明确讲授相关的思维原则和方法。比如在生物课程中，在教孟德尔遗传学时，以此为例，也讲授如何构造假说和验证的方法。

二是沉浸式渗透：在讲学科内容时不额外讲授批判性思维方法，但以培养思维习性和技能的方式来教学科内容，如培养探究、求真、开放的习性。比如鼓励学生问探究式的问题，在讲授物理定律时，问：它适用的范围和条件是什么？它依赖什么假设？如果这个条件或者假设如此变化，它的应用会产生什么样的变化？讲化学反应原理时，追问：它的因果机制是什么？这个机制每一主要环节起作用的证据和原理是什么？等等。

概括一下，如果这样去培育学生的反思、理性和开放品质，就是在进行沉浸式渗透教学：

1. 激发学生学习和探究兴趣，鼓励提问、分析、调查和追根溯源的行为
2. 时时要求学生用理由、特别是实例来提出和判断一个看法
3. 以身作则，向学生示范如何以反思和自我批评来求改进认知
4. 赞赏学生用具体、明确的词句来清晰表达问题和解释想法
5. 演示理性讨论：敦促学生耐心听取他人问题和意见，虚心讨论和合作
6. 不断提醒学生进行多元、开放思考，提出和尊重不同、替代的观念

可以看出，教学法是实现这样教学的工具。批判性思维的教学法以问题启发为中心和主轴。问题教学法主张将学科的知识转换成相应的问题，用问题分析来发现这个问题的构造基础，发现它的前提性、构造性的各种子问题，由此构造一个有序的问题集，然后在课堂上引导学生思考和互动。

另外，批判性思维教学法强调实践，推崇工作坊式的“思—学—练”结合的做法。它要求课程的进程这样循环：问题—思考—讲授—练习—反馈。这样学生可以有效完成学习，且能自学和应用。

显然，要实现这样培养思维能力的智育，教师自己要有这样的能力。我们多次论述，教师要做“苏格拉底”“教练”和“探知活动的主持人”三结合的老师。

这需要教师学习、理解批判性思维。不了解它的技能，不能进行注入式渗透教学；不了解它的精神，不能进行沉浸式渗透教学。而且，教师要能在各科教学中培育研究性学习、批判性阅读和批判性写作技能。更重要的是，教师要学做批判性思维者，即具备批判性思维习性。技术训练不能代替习性的培育。我们看到，一些教批判性思维的教师在课堂上还是以居高临下传道解惑的形象出现。少数甚至有傲慢、浮夸、偏激、匆忙下结论、对他人搞“大批判”的现象。习性的养成是一个长期、艰巨的自我提升过程。既然希望学生能具备批判性思维的习性，教师在教学中，也要在学生面前做一个鼓励求真、公正、反思和开放的榜样。作为教育者，要以孩子和国家的需要来指导自己的教学行为，而言传身教是培养学生品德的最好方式。

教师的这个长期、艰巨的自我提升，不可能在孤立无援的教育环境中进行，也不可能在虚假、非理性、利己主义的价值观下进行。就拿第一项好学好问、主动探究来说，这是创造知识的必要，有经验的教师知道什么是有潜力的学生——那种喜欢学习、有自己的观点并能讲出道理的孩子。但这样的苗子却极为罕见，这正反映应试教育的主要症结：通过强调学习就是记住正确的标准答案，消解了大脑的灵性。如教育学者赵勇所说，短期的知识灌输，牺牲了长期的知识创造能力。要知道，有新想法，比这个想法是否正确更优先更重要。而只知埋头做题的人，久了什么想法都激发不了。我们也曾经指出：短视的应试教育，就像一开始就把鸡蛋煮熟了，后来不管如何调试鸡蛋孵化器的温度湿度，对没有生命力的鸡蛋来说毫无意义。

基础教育的批判性思维教育代表新型智育的内涵和特征。它以培养主动学习、探究、求真、公正、反思、开放、谨慎和细致的习性为主，并着力训练研究性学习、批判性阅读和批判性写作的技能。在各科教学中渗透批判性思维，并采用问题导向和立足实践的教学法和测试手段，是实施这个新智育的途径。了解和实践批判性思维方法和习性的教师，是实施它的杠杆。

第二节　我国批判性思维课堂转化的问题与反思①

批判性思维以探究和创新为导向，以理性和开放精神为核心。我国批判性思维教育尽管还处于本土化的培育阶段，但在课堂转化层面已做出许多尝试，这些案例为我们的教学反思提供了有依据的参考，也为尽可能澄清误区、寻找缺口、划清边界提供了有针对性的来源。我国的批判性思维教育实践存在简单化、形式逻辑化和绝对化的误区，其作用领域存在边界不明确的现象，在知识生产、公共说理教育、与真实生活接轨、隐性课程开发等方面尚不完善。除理论层面影响外，批判性思维教学这种“慢”的艺术还由其自身特性决定，原因在于，人的各种核心素养的相互转化过程很难高效完成，批判性思维的教学模式和成果只能在长期的探索中去积淀与完善。

一、批判性思维教学中的误区

（一）逻辑化误区

尽管批判性思维和逻辑学课程之间的区别和联系已在多种场合被反复提及，但在教育实践领域，仍有逻辑学者反复指出“批判性思维的核心是逻辑”“批判性思维属于逻辑应用的范畴”，这些观点不仅把批判性思维视为了形式逻辑的附属品，也对国内批判性思维的课堂产生了深远影响。尽管两者有相当的关联，但本质上是两个概念。就像科学方法、论证理论以及其他许多学科也运用逻辑，但它们自身并不能等同于形式逻辑或逻辑应用，各自都有自己独特的内容和目标。

如今，以批判性思维课程为名讲授形式逻辑的现象普遍存在，最多如加拿大批判性思维专家马克·巴特斯比（Mark Battersby）所言，加一些逻辑的趣味应用的例子。这样的教学虽然可能比完全形式化、知识化的形式逻辑教学更有

① 本节摘选自吴妍：《我国批判性思维课堂转化的问题与反思》，《课程·教材·教法》，2018年第5期。

课堂吸引力，但对培养学生获得分析问题、评估信息、构造多样化替代假说、选择最佳方案等关键的认知能力没有太多帮助，也无助于培养开放理性的品德。

批判性思维的教学目标是培养学生自主开放的认知能力、明智的辨别能力和复杂情形中解决问题的能力。在真实生活中，人们面对的认识、判别、选择和决策的问题千变万化，需要的技能并不仅限于论证，更不限于论证中运用逻辑标准。仅从以下几方面即可看出批判性思维更广泛，并有自己独特的内容：（1）批判性思维精神以求真、开放、公正和反思为支柱（所以它特别强调多元思考，突破现有条框）；（2）批判性思维的技能包括阐明、分析、推理、评估、解释、反思等；（3）批判性思维运用的思维标准包括准确性、重要性、公正性、深度、广度等；（4）批判性思维教学还容纳了修辞学、科学方法、语用论辩、认知心理等其他学科的内容。这些足以说明，批判性思维包括了论证以及其他能使学生具备自主学习、认知和创造能力的技能。

所以，推理是否合乎逻辑，仅仅是评估论证好坏质量的标准之一，它并不等于全部的论证技能，更不等于全部思维技能。形式逻辑既不能从真实性、深度、广度等方面对批判性思维教学发挥作用，也不能促进人们在求真、公正、开放、反思等方面的习性的养成。因此，将批判性思维教学逻辑化，即使老师仍然以提倡质疑、鼓励说理为原则来引导学生，但若思维活动的重心仅落在推理是否在逻辑上能站得住脚，将大大削减学生的批判性思维发展。

比如，在解决问题过程中，批判性思维关注问题的不同解决方案，尤其在相互对立的观点立场上，而逻辑只关注于前提和推理能否使论证成立——这令学生止步于现有知识框架中，失去了对信息来源的考虑，失去了对具体语境的分析，失去了对多种方案的比较，失去了对隐含假设及价值观的挖掘，从而失去了构建新的观察视角的机会，失去了进行假想推理的可能，也失去了学生创造性思维萌芽的机会。

美国批判性思维专家费西昂（Peter A. Facione）指出，批判性思维的技能教育是无法代替批判性思维的习性教育的。一方面，没有受到专门逻辑教育的人也可以有理性精神，另一方面，历来这样的逻辑教育本身也没有很好达到培育理性精神的目标。中国社会科学院哲学研究所研究员赵汀阳曾指出，“与其学会逻辑技术，还不如学会理性态度更重要”，因为他发现有些逻辑学博士“似乎只在进行抽象符号演算时才显示出思维的逻辑性，而在思考其他问题时并无优势，甚至有时很不讲逻辑”。因此，在批判性思维的课堂转化过程中，既不能盲目借助逻辑学知识去完善批判性思维及教学的理论基础，也不能仅仅从寻找论证的角度去挖掘能与学科内容相结合的要素，而是要更多地从批判性思维的核心精髓上去寻找更为全面、具体的课堂转化形式。

当然，在课堂教学中也要避免批判性思维教学和逻辑教学相互间的对立关系。批判性思维教学中无疑要运用逻辑方法，遵循逻辑原则，但从目标上看，逻辑思维能力与批判性思维能力各自有不同的作用领域，所以逻辑学和批判性思维两种课程应该都要开设，两者都有必要，它们相互间会有帮助。逻辑思维在发展认知过程中更好地建立起条理性、规律性等方面有无可替代的作用，而批判性思维的任务则是帮助我们深入、全面、理性、开放、公正、反思地思考，这些是在决定我们相信什么或采取什么行动的过程中必须具备的。既然目标不同，就不必牵强做出比较，也无须以批判性思维理论发展仅百余年历史为由，来凸显已有两千年历史的逻辑学的学科地位。站在新的时代背景下，批判性思维教育的价值就是去有效地产出知识、促进公正、唤醒思维解放的力量。

（二）形式化误区

在批判性思维教学与学科课程融合的过程中，为便于推广而简化批判性思维的要素正成为趋势。有的从学校宏观层面提出“确定、收集、创造、执行”这样的共性的教学模式，也有学校针对各学科教学，提出“爱质疑、讲理由、合逻辑”等教学标准。这些简明扼要的标准与步骤对于消除人们对陌生概念的认识、鼓励教师参与、提高课程整合度都是有帮助的。但另一方面，在推广过程中所提出的简化原则不能与“简单”画等号，不能替代实际教学中需要使用到的批判性思维的内涵与框架。从内容上看，批判性思维这一认知过程的任务单包括：理解主题和问题，澄清概念的意义、注意具体语境，分析问题和论证，探寻和评估信息、理由，评价推理，识别和评估隐含假设，构造和选择替代方案，综合论证、判断和决策等内容，尽管其顺序可以有变化和交替，但这些主要环节都是批判性思维中涉及的理性、开放、具体和细致的思考所不可忽视的。正是因为批判性思维对人的认知过程作出了全面具体的要求，且需体现在课堂教学的方方面面，这对教师本人的批判性思维能力提出了相当大的挑战。

关于批判性思维教育的瓶颈，学界早已达成共识。董毓博士指出，批判性思维教育是系统化行动，涉及的两个重要突破口在于教师培训和考试改革。目前制约我国批判性思维教育发展的关键要素在师资，只有批判性思维理论发展与师资培养之间的双轮驱动，才是避免批判性思维教学陷入简单化误区的前提保证。

从效率和质量上看，教师系统性地参与跟国际批判性思维教育接轨的研修和学习，并不断在课堂实践中去运用和反思，是批判性思维教学从理论走向实践、从零散转向系统的最佳路径。强调这点，是因为批判性思维教育是随其理论发展而逐步走进学校课堂的，正如巴特斯比指出的，市面上一些教材反映了批判性思维从逻辑教学脱胎过程的早期阶段，它们和旧的形式逻辑教学一样，并没有起到提高学生良好的思维习性、能力的预期效果，尤其是聚焦于谬误识别与形式逻辑推理类型的去语境化的教科书，对提升学生在真实世界中的认知和合理决策能力的作用十分有限。正因如此，巴特斯比提出了我们所不容易看到的中国批判性思维教育的优势，在于可以从批判性思维最前沿的理论入手进行教育实践，而不必重复其他西方国家过去走过的弯路——而这，也被他认为是中国的批判性思维教育将来有可能超越其在北美的发展，使整个国家获益的重要原因。

此外，还要意识到批判性思维与批判性思维教学法之间的相互关系，掌握批判性思维的理论与技术并不等于自动具备了相应的教学能力，而不学习批判性思维的理论和方法就盲目进行教学开发，则更容易陷入盲目模仿不求甚解的情形。

（三）绝对化误区

作为国内教育土壤上的一个新概念、新思想，批判性思维与学科课程融合还有一个度的问题，核心在于教学目标的设定。基础教育阶段，与学科互融是落实批判性思维的最佳模式，这意味着要在实现学科目标的过程中去落实批判性思维的培养目标，而不是把批判性思维作为一个标签。

从教育目标分类的角度看，批判性思维是布鲁姆教育目标分类学在“理解、分析、评价、创造”等方面的具体体现，属于能力、素质、精神领域的要求，在鼓励思考、提高能力、促进说理的表达等方面起作用。而学科目标自身也应该使用批判性思维的方法，结合新的时代要求、社会背景，从自身的性质、结构、形成过程等方面去反思和发展新的要素，这也才能做到用批判性思维的方法进行批判性思维课程设计，从而突破现有教育的短板。

在实践操作层面来看，可借鉴的做法包括：重新审视学科目标，在具体的教学设计中去寻求学科目标与批判性思维的契合点，去思考原有方案中哪些与批判性思维的精神和技能目标是不一致的，哪些教学方式是需要改进的，这本身也是教育工作者批判性思维素质的历练过程。

二、批判性思维教学的缺口

（一）知识生产的缺口

批判性思维的重要性虽无须多述，而其冰山下还有一巨大的隐秘空间，即知识“生产”功能，这一方面始终是被人忽视的，尤其是基础教育阶段。虽然我们的学生一直被诟病缺乏创造性地解决问题的能力，但在许多课堂上还是习惯以“学习”知识为目标。一方面，文化根源上缺乏知识生产的引擎，另一方面，自古以来教师肩负“传道、授业、解惑”的使命，学生的自我定位始终是“学习”知识，而不是“开发”知识，更缺乏“创造”知识的信念与社会环境。生产知识看起来高不可攀，实则是有径可循的，概括来讲就是批判性思维所强调的“探究 + 实证”相结合的模式。

探究的教育实践，目前多数课堂采取的是“自主”探究的模式，改变教材的呈现方式和学生的学习方式，把老师们习惯于讲授的内容变成适合学生去自主发现的素材，将班级集中教学、小组合作交流和个别辅导结合起来。此外，基于问题或项目的学习方式也是一类有代表性的尝试。问题被用作从“学科教学”转向“学习方式”变革的切入点，采取以学科知识为基础，以学生疑难为起点，以教学意图为导向的模式，有的还进一步辅以图示化建构和信息化支撑的方式来帮助学生优化学习过程、完成知识的建构。这对于学生建构知识联系、发展自主学习能力是能够起到积极作用的。

这些虽然反映了一线教学上的突破，却都没有触及让学生的认知过程发生跃变的关键点。上面的课堂尽管把发现知识的可能性还给了学生，却因为缺少规范严谨的思维训练步骤，并不足以保证学生真正参与到知识生产的过程中去，它们距发现知识的目标还差一个立足于在复杂、实际的真实场景中去“实证”的环节。与一般意义上的探究相比，“探究 + 实证”模式更强调发现、辩证和发展的能力，强调信息和解决方案的全面性和综合性等。这意味着教师不仅要引导学生准确地界定问题，还要在探究过程面临种种争议时，鼓励学生采取“可错主义”的态度，对与自己不同的观点保持开放性，同时通过批判性思维技能的系列标准在各种竞争性观点中得出一个有充分理由支持的判断，这就是探究与实证相结合的路径，也是从哲学认识论角度促进知识进步的途径。其中涉及的步骤概括起来包括：清晰地界定需要探究的问题，有针对性地进行观察、测量、实验、信息收集，并做进一步的推理、解释或预测，再深入挖掘推理过程中存在的隐含假设，最终在各种有竞争性的替代方案中进行排除和综合，从而发现知识。这样的一个完整过程，才能够真正帮助学生的认知状态发生变化，也只有在辩证和开放的前提下，才可能发展学生创造性地解决问题的能力。

（二）公共说理的缺口

公共说理，是公民应该具备的一项基本能力。对国家而言，公民理性的话语能力是维护社会公共秩序、提高国民素养的基本指标。哲学家罗蒂曾说，学校应该为学生提供两种启蒙教育，一种是“文化扫盲”，另一种是“批判性能力扫盲”。公共说理就是兼及文化和批判性能力的一种教育。在这个人人都是自媒体的时代，公共说理教育的匮乏引发的后果更是在网络传播中随处可见，在学生可塑性最强的基础教育阶段，有步骤、有技术的公民说理训练还有待加强。

公共说理训练的目的是培养理性地表达的习惯、并熟练应用相关技能。与之相对立的是论辩式的说理方式，它以说服他人、维护人们自己的观念为目的，表面上看是提升辩论技巧，实则背后却是深埋在人性中的自以为是带来的故步自封。正如美国作家塔金顿所说，论辩只会使人们更坚定地相信他们自己的想法。要解决这个问题，批判性思维教育就要在课堂上发挥双重作用。一是要充分发挥批判性思维的道德基础——公正性的作用，让学生在训练中摆脱自我中心带来的偏见、片面和绝对，为学生进入复杂的社会生活做好理性应对的准备。二是要构建系统化的目标设计，从一般性的阅读训练入手，由概述观点、区别细节、识别论证中的“原因”“结果”“事实”“观点”等批判性阅读训练逐步过渡到公共话语的真实背景中，去训练学生判断信息来源、评估推理过程、识别谬误、寻找假设等技术，再融入批判性写作训练中去。这样一个过程说到底，仍然是批判性思维教育的主旋律，它可以最大限度地避免学生说错话、讲错理。

（三）脱离真实生活的缺口

批判性思维课堂上还常伴有一个现象，谈到批判性思维就与“难度”二字挂钩，仿佛批判性思维就是为解决高难度问题而存在的工具。这体现在课堂转化的许多方面，比如在教学材料的选择上常以经典文本或高难度文本为对象，阅读教学中，教师们也在文本分析上精心耕作，循循善诱。但是，若不注意处理文本题材及其比例，大量选用脱离真实生活的素材，批判性思维迁移的有效性也会大打折扣。

批判性思维作为21世纪国际公认的人才核心素养之一，更重要的是为学生赋予将来应对复杂社会的能力，这需要在教学中创设真实情境、将学习任务与生活中的复杂情境挂钩。杜威也曾在分析思维活动产生的过程中提到，思维的目的和结果是由产生思维的情境决定的，学校不能使学生获得真正的思维的原因在于，学校缺乏让学生产生真实经验的情境，因而不能引起思维，而校外生活中引起思维的情境却随处可见。

因此，老师们不能仅局限于去研磨一堂堂课、解决一个个点，而是要回到具体情境和学科本身的特质上，做出全盘考虑。如语文学科的特质就是致力于语言的建构和运用，而科学就是着眼于探究——它们都要求与生活世界建立关联才能帮助学生进行能力迁移。在具体的课堂上，与其追求材料的难度，不如追求更为具体、对学生更有吸引力和挑战性的任务。

供参考的尝试可以从教材开发入手，在适度范围内重新考虑教材组织架构，用批判性思维本身和它所包含的要素作为开发教材的原则和内容依据。如考虑在高年级文科类课程（语文、英语、政治、历史等）中，以批判性阅读为主线来设计，选用具备真实生活情境要素的文本，对长短文进行合理搭配，以批判性思维技能涉及的要素组织章节，分板块集中若干短文分别针对批判性思维的某项技能进行专门训练，再鼓励在真实生活的案例（长文）中应用和迁移这些能力。

从选材的内容角度看，涉及真实情境的材料，如网络热点、期刊专栏、新闻报道等在培养学生审查文献来源、识别隐含前提、构造替代假设等方面均有积极作用，这样的过程才能有机将批判性思维技能迁移到学生日常生活中去，才能将求真、公正、开放、反思等准则去帮助学生克服生活中常有的偏见、增进学习中认识的深入，这才是真正的批判性思维教育。除此之外，技术类、科幻类文本也是不错的阅读素材，可以在不拘泥于已有知识、培养想象力、激发学生主动探究等方面去弥补前面提到的知识生产的缺口问题。

（四）隐性课程的缺口

在关于批判性思维的技巧和习性的关系上，费西昂通过实证研究得出的结论是，具备较强批判性思维习性的学生能够更好地习得批判性思维技巧，而反之却不亦然，即批判性思维技巧在帮助学生形成批判性精神方面并无明显正相关性。这意味着，只关注批判性思维在课堂上的转化是不够的，习性的养成往往来自物质环境、制度环境和人际关系中的心理环境等在隐性课程领域发挥作用的要素。美国教育家亨利·吉鲁（Henry A.Giroux）曾指出，隐性课程是将教育真正理解为一个社会过程的突破口，不能仅仅将教育圈定在学习的理论范围内。

从某种意义上说，隐性课程就是扶助批判性思维站立起来的那双看不见的手。比如，对现有的教室物理空间进行重新布局就可以是开发隐性课程的突破口之一。一个固定的、将学生和学生间通过物理设置分离开来的课桌文化，对依赖于合作式学习的批判性思维教学是不利的，学生们需要的是能够帮助其面对面交流的协作式空间。

此外，学生在课堂上不仅思想上要活动起来，身体和四肢也应随时根据需要动起来。比如在小组讨论中，基于已有座位顺序的固定小组在长期的合作式研讨中往往有同质化倾向，若调整为动态小组则更利于学生从深度、多样性等方面去进行对话与反思，这也是隐性课程给学生提供的思维文化适应过程。

另外，如何让批判性思维成为实践教学的一部分，也是批判性思维通过隐性课程进行转化的切入点。其中，基础教育阶段的综合实践活动是最有利于跟高等教育阶段的研究性学习对接、也最有利于从跨学科角度帮助学生养成批判性思维习性的途径。教育部下文明确综合实践活动的指导纲要，就是以创新和实践为目标做出进一步规范。

在综合实践活动中，师生有相当大的自主权共同进行活动开发，如其中的“研究性学习”板块就是引导学生完成自主确定问题、查找文献、实地调查、综合分析、最终结论等步骤的探索式学习，这个过程给学生创造了不断向“求真”与反思等习性靠拢的隐性课程文化。此外，“社区服务”板块还可以帮助学生突破传统的慰问走访型活动，从技术上帮助他人进行信息甄别、在“两难”问题的探究领域获得突破，走进真实的社会空间去求真、求公正、求反思，这无论在公民教育还是在思维教育领域，都是值得尝试的做法。

三、批判性思维教学的边界

在批判性思维被称为新一轮教改的“发动机”的背景下，教育界将面临的是学习方式的变革、教学方式的迭代以及教学内容的重构，这需要我们采取谨慎的态度对待批判性思维教学的范围与边界。主体上看，批判性思维的对象主要指向“非虚构文本”，旨在传递真实的信息和论证的技术，是一种兼具显性化、技术性和程序性的思维方式，是一种可以通过坚持不断的训练达成的理性素养，是一种需要在具体问题具体分析中才能获得的细致的思考力和判断是非的明辨力。可见，批判性思维教学不能机械地以学科为边界去界定它的适用范围，还要具体去分析教学材料自身的属性、教学目标的设定，甚至包括对学科自身的建设性反思。

比如，有些学科从自身的培养定位上看，就不需要将发展批判性思维的要求强加上去，如音乐、体育、美术等（文艺的理论批判除外），尽管在发展思维层面有一定贡献，但这些科目在教育上的价值，仍然是丰富孩子们的直觉、感受、力量、协调等。以发展理性认知力为目标的批判性思维教学，无法取代学生对语言和情感的感受力、对艺术的鉴赏力、对身体的协调性等其他方面的需求。

强调这一点，是因为人们容易看到中国教育最缺的是思维方式和认知习惯，但这不等于批判性思维就是让中华民族屹立于未来世界的独门武器，从育人的角度看，批判性思维仅是教育的缺项之一，高质量的美育、体育同样是短板，所以不能以不恰当的方式生拉硬套进行教学改革。

另外，即使适合使用批判性思维教学的学科内部也要有边界。在对说理、论证有目标要求的学科内部，也并不需要全盘使用批判性思维。如英语课堂上，表达性技能与理解性技能同等重要，在以批判性思维为主题的课堂实践中，教师也要鼓励学生有更多的机会使用英语进行沟通与表达；在生物课堂上，可以用批判性思维去启发和引导，但这本身并不是最终目的，生物的共性与多样性、生命结构的起源与本质、人与自然等多种关系的背后应该是跨学科的反思，这些都为丰富学科与课堂的内涵创造空间，为帮助学生建立起不同学科间的关联提供养分，而这些并不属于批判性思维的作用领域；此外，对物理化学等学科而言，批判性思维在实验环节可以有效地用以培养问题意识、进行合理假设和实证，但这并不能覆盖课程的全部内容。基础教育阶段的理科课堂还缺少与学生生活、现代社会及科技发展的联系、缺少当代技术发展成果和新的科学思想的体现，缺少对技术应用所带来的社会问题的关注，缺少在这个过程中对学生社会参与意识和责任态度的迁移，整合这些才是真正的科学素养教育。

四、批判性思维的课堂转化是“慢”的艺术

近年来教育界热词不断，批判性思维强调要慢下来，看清复杂问题的本质，不盲从跟风，不轻易下结论。用培养批判性思维“慢”的艺术，认识批判性思维提倡的求真、公正、反思等开放理性的态度，不失为教育界的一股清风。

（一）“慢”的认知过程

批判性思维教育指向“自我内在”突破的特殊性，说明批判性思维教育是立足于学习者本人的，而不是知识。它在本质上是一种全面、深入和发展的认知方式，通过反思和建构来完成，所以在课堂上学习批判性思维既是目的也是手段，它一方面着眼于培养未来的学习和发展的能力，另一方面帮助更好地学习专业知识。

那么学生如何才能走向新的认知过程呢？概括来看，还是要依靠学生自己，在一系列反思活动中积淀形成：反思自己观点的形成过程，反思观点中的预设性问题，反思有无在多种方案中寻求最合理的解释，反思有无对权威的盲从或对同伴的偏见，反思在问题中是否时刻以求真、公正、开放为原则。这才足以保证学生逐渐向建构、创新和知识生产的方向靠拢。

这个过程中的教育价值，不仅体现为一系列认知活动在学生头脑中的生产和转化，也是对学习自主性与责任意识的唤醒。学习不再是老师单方面想办法提高教学质量的事情，批判性思维的课堂应该是学生们在老师引导下进行思维交锋的一场盛宴，是一种不断挑战自我、突破自我的精神享受，“慢”自然也就成为全面细致地去进行合理性反思的代名词了。

（二）“慢”的能力转化过程

批判性思维、沟通力、合作力、创造力作为 21 世纪“学习与创新技能”领域的四种核心素养，意味着与其他能力相比，更有超越性和持久的价值。它们互相转化、共同发挥作用，因而课堂具体形态也要随之变化：学生相互之间需要进行深入合作，课堂上需要更多地去倾听、对话、合作完成任务，而不单单是学生与教师去交流、学生配合教师去完成教学任务。

如果说在师生间的交流中，学生可以及时得到有效反馈进而建构自己的思考，那么学生间的相互交流，则是建立多面论证、培养思维开放性的重要来源。一个优秀的具有批判性思维教学素养的教师，能够提取恰当的素材、抓住合适的时机去组织学生对话，创造争议性，在不同观点的对话交锋中引导学生把头脑中的思维外化出来，展示在他人面前，并逐步让每个学生能够看到自己及别人思维变化的过程。

这必然是个“慢”的过程，也是批判性思维去帮助学生突破单面论证，通过仔细考虑对立面、从而培育创造性的必经之路。要在教学中落实这样的过程，单靠步骤上的模仿是习不来的。“慢”的火候，取决于教师自己对批判性思维理解是否到位，对批判性思维教学法是否熟练掌握，对基于思维能力发展的师生角色定位是否有清晰的界定。

（三）“慢”的教学模式

从教学模式上看，案例教学、项目式的合作学习等方式都是适合批判性思维课堂的，这意味着从知识传授的维度看，“教”的效率自然会发生变化。在具体教学实践中，作为主持人的教师需要尽量避免“教师提问学生回答”的问答模式，而应代之以对“讨论—互助”模式的精心设计与现场组织。

一般情况下，“问答模式”效率更高，教师提问前对答案已有预设，而课堂更像是对教师教学设计的检验，只需有学生回答出这一预设，便达到了完成教学进度的目标。此时，真正的思维教育却处于流放的边缘，班级内部接受能力强、反应速度快、性格外向的学生有更多的表现机会，且容易在所谓正确答案的掩盖下，失去思维的多样性进行展示的场所，特别在对高阶的教学目标进行设计时，预设所谓的正确答案正是对学生从多角度、全方位、分阶段进行开放思考的扼杀。

而在“讨论—互助”的教学模式中，课堂以学生的互助互学为主线，可以分两种路径，一是学生先在小组中自由表述自己的观点，再进行互评，二是学生先通过小组的讨论，再给出自己的观点。教师的任务是去观察学生的理解程度，关注讨论小组内部有无不同观点的交锋，鼓励学生为自己的结论提出有依据的理由，引导学生倾听他人提供的其他解决方案并进行比较。总之，这些形式都是符合批判性思维（而不仅仅是逻辑训练）进行辩证审议和最佳解释推理等要素的。

（四）“慢”的教学成果积淀

在批判性思维教学中，质疑和提问是批判性精神最原初的反映，也是批判性思维在教学组织过程中的起点。有时候，教师们会认为好的问题设计就是批判性思维课堂的通行证。事实上，问题只是批判性思维的起点，后续还需要一系列针对问题分析和评估、论证分析和评估、信息收集与分析、构造假说与验证等探究实证环节来培养发展认识、解决问题的能力。这也是批判性思维在探究教育中的应用。

探究，意味着结论远离了标准答案。以探究实证为主线的教学成果，是一系列遵循认识发展规律和科学试错思维的过程性展示，很可能以失败告终。但客观、真实地把具有差异性的案例、甚至失败的案例拿出来分析，也是批判性思维教学优化过程中的宝贵财富。

另外，教学素材的积淀也是在“慢”的过程中逐步成型的。对批判性思维课堂而言，案例教学是最生动直观的形式，真实生活中的案例既是学生感兴趣的焦点，也是有助于学生批判性思维能力迁移的工具，还是培养学生公共说理能力的素材。但在当前批判性思维教育的起步阶段，这些案例鲜有现成的、恰好符合学生认知年龄阶段的，需要教师先有针对性地去尝试案例收集、再以批判性思维者的敏锐嗅觉进行分析。这样的课堂很难做到一劳永逸，教学对象的变化、社会热点的变化都会对课堂效果产生影响，但教师在这样的教学过程中收获的将是与时俱进、日益精湛的教学能力。

（五）“慢”与“快”的辩证思考

对于前面所提到的“慢”，一线教师或许会认为批判性思维教学是不食人间烟火的，教学的效率和深度似乎天然存在矛盾关系。有效学习，并不能用消化知识的快慢或时间来度量，而是要从源头培养学生自己去建立知识间联系、生产出新的知识的能力，这个过程快不起来。学习效果，并不完全取决于教师单方面的快马加鞭、追赶进度，日常里提到的教学效率，更多地聚焦于老师“教”的那部分效率，而学生“学”的这部分，很难通过效率的维度来衡量，只能通过是否“有效学习”来评价。而一旦学生习得了主动探究知识的方法和习性，学习的效率就能得到质的提升。可见，“快”与“慢”并无天然隔阂，只是内在关联的作用机制有别。

第三节　批判性思维与语文教学[①]

批判性思维是一种自觉通过质疑、查证和推理考查论证的合理性从而决定信什么和做什么的思维。一个完整的批判性思维过程包括理解主题论点、分析论证结构、澄清观念意义、审查理由质量、评价推理关系、挖掘隐含假设、考察替代论证、综合组织论证8个步骤。批判性思维至少包括情意特征和认知能力两个维度，前者可以看作是批判精神，后者可以看作是批判技能。

批判性思维和影响学生终身发展的认知性或认知高相关性素养——如尊重差异、崇尚真知、理性思维、勇于探究、勤于反思、批判质疑、问题解决——直接相关，或是同一概念的不同表述，或基于同样的认知逻辑和情意规律，或指向同样的能力、价值观和人格特质。运用批判性思维必定调动和统合相关素养，进行批判性思维的培养同时也是在进行相关素养的培养。培养学生的批判性思

① 本节摘选自徐飞：《批判性思维与学科教学融合——以高中语文为例》，《课程·教材·教法》，2018年第7期。

维对国民素质的提高有着不一般的意义，理应成为学校教育的重要课题。

一、求简易，聚焦批判性思维培养要点

中小学和高校的学生批判性思维培养应有合理的区分和转化。作为专门之学的批判性思维在我国从无到有，从有到“热”，高校的理论研究和课程建设起到了至关重要的作用。基础教育的相关探索，虽出于自发，但其理论参考主要来自高校学者的翻译和著述；这些翻译和著述很多脱胎于高校教材或教学参考资料，其囊括的知识、技能和思想相当丰富；若要向中小学推广并落实到学科实践中，必经相当程度的简化方可。

为使高中生批判性思维培养成为可操作之事，教师在基本理解批判性思维及其培养的理论体系全貌的基础上应盯住一个目标——决定信什么做什么，关注一种对象——论证（或推理），紧扣三个要点——会质疑、重实证、讲逻辑，使批判性思维培养尽可能简易可行，同时又防止碎片化、花絮化。

在上述批判性思维的目标、对象、要点中，会质疑、重实证、讲逻辑这三项，是高中生批判性思维培养的基本着力点。概言之，质疑、实证、逻辑实则是人类理性之精华、求真之利器、创新之要件，是独立思考和决策的前提，是纠正盲从或封闭的良方，是不断开辟认知新大陆的奥秘。爱因斯坦所谓“提出一个问题往往比解决一个问题更为重要”为人们所熟知；而另一段话“西方科学的发展以两个伟大的成就为基础，那就是希腊哲学家发明形式逻辑体系，以及发现通过系统的实验可以找出因果关系”，则被国内外不少学者看作破解李约瑟难题的一种思路。这两段话深刻诠释了质疑、逻辑和实证在一切探索活动中的关键作用。

会质疑，情意上要求学生有一种独立与怀疑的精神，能力上要求抓住论题、分析材料、寻找漏洞、发现矛盾并准确地表述问题。重实证，情意上要求有一种求实与负责的态度，能力上要求亲身实践、收集信息、追踪前提、评估证据并有效地运用证据。讲逻辑，情意上要求有一种理性和严谨的追求，能力上要求理解概念、把握命题、进行归纳、展开推理并完整地构建论证。

会质疑、重实证、讲逻辑，往大处说是科学精神和治学方法，往小处说是做人严谨和心思缜密。成功的认知、决策和行动过程，往往离不开这三样的奠

基；而正因为这三样统一于人们具体的认知和实践，所以它们虽各有其规定性，却完全可以编织和熔铸到某一个具体的教学点上。

在学习《最后的常春藤叶》时，学生提出：“苏艾是否事先知道贝尔曼的计划？”这是质疑，然后又指出：“如果她不知道，为什么每次拉开窗帘都没有表现出应有的忐忑和焦虑？”这是举证，其中又有逻辑推理——反证。学生集体讨论后得出结论：

苏艾事先不知道真相。

理由一：从情节看，贝尔曼完成“杰作”后，“看门人在楼下的房间发现他痛苦得要命。他的鞋子和衣服都湿透了，冰凉冰凉的”，苏艾事先知情的话就不会发生这样的情况。

理由二：从人物看，贝尔曼的特立独行的个性与完成“杰作”的抱负决定了他会在无人知情的情况下独立完成他的计划。

理由三：从作者看，如果把贝尔曼作为中心人物塑造，那就没有必要也不应该安排苏艾知情和参与。

至于说苏艾“没有表现出应有的忐忑和焦虑”，则很有可能是因为她对琼珊荒唐的信念不以为意。而经过更多人生风霜的贝尔曼却认识到其中的危险和希望。

这一简短的论证，肇始于一个合理的质疑，本身既有充分的证据，又有精细的逻辑推理。抓住会质疑、重实证、讲逻辑这三个着力点，既能促进学生批判性思维的养成，还可以对目前盛行于语文课堂的“纯粹思辨”“架空分析”有所拨正。有别于自然科学，语文学习中的实证意识和能力的培养更多是引导学生关注生活和社会，并指导他们认认真真去捕捉文本信息为其思考和探究提供支撑。带着质疑、实证意识并以逻辑推理为工具，学生会自动在文本细读中发现蛛丝马迹，在文本深读中挖掘隐藏信息，在信息考辨中寻求最佳支撑。作为教师，只要抓住这三个要点进行自觉的探索，批判性思维的其他专业性也会自然而然渗透进来。

二、抓精粹，寻找批判性思维最佳工具

求精粹，就是求取最能体现批判性思维本质且对学科教学最有价值的东西。

批判性思维的很多思想、工具和办法，已经被证明具有广泛的迁移价值，但移植到特定学科土壤中，仍需“适切性”考察和“本土化”处理。基础教育对批判性思维理论的运用，要有一点“拿来”的意识，不必迁就体系，不宜照搬照套，而要择我所需，为我所用。

在工具和方法层面，批判性思维模型是学生进入“批判性思维状态”的快速通道，多数模型都综融了“会质疑”“重实证”“讲逻辑”的培养要点和相关的技能、情意，对思维品质提升有长远意义。问题是，经典的批判性思维模型远不止一种，如苏格拉底的诘问模型、杜威的科学方法模型、图尔敏的论证批判模型、弗里莱的辩论模型、李普曼的儿童哲学模型、布鲁克菲尔德的假设主轴模型、沃尔顿的对话模型等，每一种都既有广泛的应用价值，又有鲜明的个性特点。该如何选择？对高中语文教学——尤其是作文教学来说——可以更多尝试图尔敏模型。不仅因为该模型历经检验直观简明，还因为它满足写作教学需要，对中学生议论文写作的常见问题有很强的针对性。

当前广大师生最习惯且最广泛采用的论证方法往往是“观点加例子”的模式，例如，要求以“兼听则明”为论题写一篇议论文，写作者可能一下子就想到了齐王和邹忌、李世民与魏征等大量事例，往往采用以下写作提纲：

①论点：兼听则明；

②证明例子：“齐王纳谏”等；

③反面例子：“兕盖丧命”等。

按照这个提纲写下去，就是典型的“观点加例子”的模式，就算材料再丰富，语言再优美，文本组织再有序，它依然是一个弱论证，在逻辑上不够严密，在说理上不够深刻，在论证上没有说服力。为了增强论证的强度和深度，克服“观点加例子”论证的弊端，我们用图尔敏模型来讨论如何构建一个好的论证。

图尔敏模型认为一个好的论证，应该由 6 个部分组成：根据（Ground）、观点（Claim）、限定（Qualifiers）、保证 / 正当理由（Warrant）、支撑（Backing）、辩驳（Rebuttal）。这 6 个部分也是评估论证质量高低的要素。

①根据（G），用来论证的数据、事实、证据、理由等（相当于三段论中的小前提）；

②观点（C），结论，要被证明的论题、结论、观点等；

③限定（Q），为确保主张 / 结论成立，需要对论证范围和强度作出的限定；

④保证 / 正当理由（W），用来连接证据与主张 / 结论之间的普遍性原则、规律等（相当于三段论中的大前提或隐含的假设或其他推理的依据）；

⑤支撑（B），为正当理由（大前提）提供进一步支持的陈述或理由，它不直接支持结论，而是为了展示正当理由的客观性和可靠性；

⑥辩驳（R），对已知反例、例外的考虑、反驳或补充性说明。

图尔敏模型图解如下：

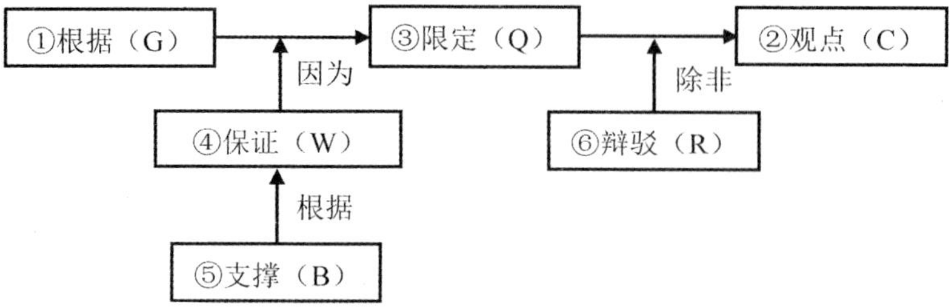

图 4-3-1　图尔敏论证模型

对图尔敏模型的核心要素进行分级分析便容易理解它对中学生议论文写作偏向的匡正作用。观点、根据依然是该模型的核心要素，就像论点加事例的模式依然是时下中学生议论文写作的主流，然而仅有论点和事例，文章就会结构扁平、论证无力甚至文体不明，该模型的保证和支撑正是对根据推出论点的确保，在议论文中就是对事例进行分析、挖掘或对论点进行阐释、延伸并使二者密合：观点、根据、保证、支撑四者已构成相对完善的论证，可暂时称为论证 1。而该模型最具创新性的部分其实在于辩驳和限定。辩驳，就是质疑，可理解为对论证 1 的质疑，而最强的质疑就是基于实证的反例；限定，则是对质疑的接纳和化解，化解的方式一般是对论证 1 的观点进行逻辑限定（也可以是对保证加以强化），由此构成论证 2，这显然对说理过程中概括的片面化、观点的绝对化有很强的拨正作用。当然，分解出论证 1 和论证 2，只是为了揭示图尔敏模型和一般模型的显著区别，对图尔敏模型的精熟掌握不应该是先有论证再有质疑和限定，而是在论证时就将质疑包括反例纳入思考和表述。由此不难看出引入该模型对中学生议论文写作乃至思维训练的突出价值，这种价值的背后其实是人类认知和思辨的规律。

然而，要原样掌握这 6 大要素的内涵及相互之间的结构化关系，对于大多数中小学生来说，显然是增加负担了，而且也没有这个必要。其实，图尔敏模型最重要也对中学教学最有价值的就是“反例”意识。有了这个意识，学生会自觉对观点进行保护性修正，对论证框架进行细化，来规避或解释反例；所谓保证与支撑往往也会自动生成，文章不仅表达更严密，框架也会变得精致和富有弹性。例如，教师让高一学生考虑“兼听则明”的论证提纲，先让他们找出反例，再让他们限定前提、构建框架。主要反例有：

“三人市虎”“父子骑驴”，听得越多越糊涂；《邹忌讽齐王纳谏》中齐王听了宫妇左右、朝廷之臣、四境之内的评价还不够，李世民有时听魏徵一个人的就够了。

随后建立的论证框架是：

提出论点：兼听则明；

剖析原因：突破局限、拓宽视野；

指出关键：在“多”，更在“异”；

限定前提：听者有胸怀，善辨别；

总结原则：独立思考，为我所用。

图尔敏模型对高中生的意义并不在于熟练掌握论证的程序或写作的模板，而在于学会积极面对质疑甚至自我质疑，相信质疑让思想更强大，也让认识更靠近真理，这也是该模型最精华最具革命性也最能体现批判性思维宏旨的地方。

三、找结合，批判性思维在课堂自然渗透

不妨这样看待批判性思维和具体学科教学的关系，它既是学科教学的内在追求，又是学科教学的重要工具；教师既要在学科教学中培养批判性思维，又要通过批判性思维的运用促进甚至改进学科教学。批判性思维不能凌驾于学科教学目标之上，也不能游离于学科教学任务之外，而应该和学科教学任务密切结合，向学科教学过程自然渗透。

其实，从批判性思维的目标、对象和要点出发，就会发现它在不同学科教学中都有广阔的空间。既然批判性思维是研究论证或推理的，那就找到教学内容和过程中的“论证”“推理”，在考察推理、评估（或构建）论证中培养学生的批判性思维；而这个推理和论证，本来就是帮助获得和强化某个知识点的，就是通向固有的教学目标的，就是有助于固有教学任务的实现和学科关键能力

的形成的。

批判性思维是决定信什么和做什么的思维，要达到这一目的，考察就不能只限定在眼下的论证之中，还要通过寻找、评估替代的解释或方案来确定孰为最真、最佳或最合理。找“替代”是批判性思维的重要思想方法，也是它打通和创造性思维联系的切口；对语文学习也有重要的意义，可以帮助学生从不同视角发现阅读和写作中存在的问题并加以改进。训练找“替代”的能力，固然可以在推敲结论和分析论证时专设一个环节，但最好是将其渗透到具体的阅读、思考和表达的过程之中。

在作文立意指导课上，教师让学生分段观看 5 分钟短片《花盆》：

第一段：学生看到“树人”长在花盆之中，盆体破裂，根须露出，树人跳跃着出门……

第二段：“树人”拿出长梯攀上高地，将自己移植到地里，又拿出一个长竿……

第三段：“树人”用长竿扰动云团，引致降雨，雨过，树人长大……

第四段：“树人”发现自己所在的“高地”实为一个更大的花盆而已，于是再次跳跃出行。

在这节课上，找“替代”的训练贯穿始终：

一是在观看过程中找“替代”：学生每看一段，都要猜测“树人想干嘛”以及“故事会怎样”，并说出猜想的理由；看完下一段之后首先讨论刚才谁猜得最准，影片安排和同学的猜想哪个好，为什么？

二是分析和评议时找“替代”：完整地看完影片后，教师要求学生说出影片的观点，同时讲出自己的看法。关于影片的观点，学生作出这样的结论：“影片体现了人的发展离不开特定条件，但发展到一定阶段，条件就会成为束缚，人又会突破束缚给自己赢得新的条件，同时又陷入新的束缚……突破和束缚都是无尽的。”但在“讲出自己的看法”时，学生出现分歧，一部分认为这体现了人生的“进取”；另一部分提出这是“轮回”甚至“死循环”，是“徒劳”和“荒诞”，并以西西弗的神话为例。教师要求后者指出突破困境的办法。这时，先前分步观看时关于第二段“长竿”的猜想就起到了关键性的作用。当时只有一位学生提出“树人”拿出长竿是“为了长高”，其他有的猜测是为了招引小鸟来做伴，有的猜测是为了感受高处的风，还有的猜测是为了告诉其他困在盆里的小伙伴怎么解放自己回归大地……总结这些猜想，恰恰可以得出突破“轮回”困境的办法——人不能一味谋求外在的突破，还应享受生活本身的愉悦，努力拥有内心的“安宁”。

最后教师又提示学生克服非此即彼，寻找兼容“进取”和“安宁”两种选择的方案，学生讨论后提出：既要不断超越现状实现“螺旋上升”，又要反求诸己寻找安放心灵的地方。

这节课的批判性思维训练意图是明确的，只是教师没有点明，学生也没有发觉。教师把批判性思维自然渗透在读、想、议的过程之中。从结果来看，这样做既训练了批判性思维，又提高了学生的参与度；既改进了阅读（观看）方式，又加深了对生活的理解。

四、探教法，批判性思维与语文深度融合

学科教学中培养学生批判性思维的方法和策略应该是多种多样的，但若以“课”为时间单位和活动场域来进行批判性思维的培养，则需要有相对固定的章法，这样才能确保教学过程的大致可控与固有目标的如期实现。高中语文课堂教学采用“质疑—共解”教法，能够有效整合批判性思维培养和教学常规任务落实，使学生语文学习的过程同时也是批判性思维展开的过程。“质疑—共解”的所谓质疑，就是针对学习材料提出问题；共解，就是师生针对问题共同进行探究。

质疑的过程一般包括三个环节：一是自读，确保学生在独立阅读中产生真问题；二是交流，学生在一定范围内进行交流，解决掉浅易的问题，归纳出共性的问题；三是提问，学生向教师、向全班提出问题，教师记录问题要点。

共解的过程一般也包括三个环节：一是整合，在求解问题之前，需要对学生提出的所有问题进行梳理、分类、概括和排序；二是求解，师生对重新编次的问题进行求解；三是共识，师生对有关问题形成基本结论或重叠共识，并充分尊重其他的合理的认知视角和情意取向。

以上六环节构成了一堂“质疑—共解”课的一般性流程，实际操作时视具体情况可以有所调整。

“质疑—共解”可以实现学科课堂教学和批判性思维培养的深度融合。

一方面，“质疑—共解”让批判性思维培养落到实处。“质疑—共解”接近于多数学生在未来运用批判性思维的公共生活情境，构造了“运用理智”进行公共说理、参与公共讨论的开放空间和互动网络，让学生体会相互启发、磋磨，共同扬弃、攀升的认识进程。在“质疑—共解”的过程中，学生需要基于文本呈现来提出问题，基于充足证据来作出结论，基于逻辑推理来构造论证，基于心灵开放来砥砺思想，这对批判性思维的培养要点有很好的落实。

另一方面，“质疑—共解”能确保课堂教学任务的完成。可以广泛运用于一般性的阅读教学与材料作文教学，只要处理得当，不仅不会延误教学进度，而且可以优化教学进程。

首先，“质疑—共解”凸显学生地位。不同于“满堂灌”，也别于“师问生答”，在“质疑—共解”的学习过程中，学生研究的是自己发生兴趣和产生探究冲动的问题，并由此开始一个真正的主动思索和建构的过程。

其次，“质疑—共解”确立教学起点。教学起点的选择离不开对学生和文本这两大要素的把握，而学生的质疑恰恰综合融贯了这两大要素：质疑是人与文相遇的产物，任何关于文本的真问题都包含了已知也指向未知，既来自文字表层又指向文本核心。质疑体现了学生彼时真实的认知和情意状态，是课堂教学的此岸，也是课堂教学的最佳起点，有着不可替代的教学价值。

再次，“质疑—共解”促进文本细读。提出问题需要细读，求解问题更需要细读、深度。在求解问题的过程中，每一个结论都要落在证据上，而证据主要来自文本本身。学生不得不到字里行间去找证据，从隐藏信息里找支撑。李广难封有无自身原因？这一带有颠覆性的问题，看似远远超出课文范围的问题，思辨空间巨大，其实依然可以完全基于课文《史记·李将军列传（节选）》对其进行讨论。学生发现：

从课文内容来看，“李广难封”也有其自身原因。课文中李广追射匈奴射雕者毫无战略目的，而且竟然连所部都不知道他的去向；射击时“度不中不发”（苛求每一箭都要命中，而不是在有限的时间杀伤更多敌人），导致“将兵数困辱”。这些情节体现了李广尚武好斗超过了知兵谙战，甚至在军事观念、纪律方面有明显的缺失。而行军过程中的失导迷路，极有可能暴露出他对大规模军事远征的不适应。

最后，“质疑—共解”通向教学目标。基于学生质疑的师生共解的过程，其实就是从学生质疑走向教学目标的过程。但和教师有意识提问环环相扣指向目标不同，学生的质疑是不确定和不定向的；事实上，知识轰炸般的教师“满堂灌”固然以源源不断的现成结论败坏了学生探索的兴致，但思维锁链般的教师“满堂问”又何尝不是以刚性的序列在钳制和规训学生的思维与想象。但离开了教师预置的知识或问题序列，如何在不确定的学生质疑和已确定的教学目标之间建立可靠的联系呢？教师带领学生整合问题，正是基于学生的真实状态对文本核心进行切入的过程，正是打开学生质疑和教学目标之间进路的过程。试以《楚辞·渔父》的学习过程为例具体说明。

教学目标：掌握有关文言知识，探讨屈原和渔父的形象，鉴赏在差异甚至冲突中彰显人格的写法。

学生质疑：“与时推移”怎么翻译？渔父所谓圣人的标准是什么？渔父是不是让屈原做坏事？《沧浪歌》表现了渔父怎样的特点？渔父笑什么？渔父为什么“见死不救”，不努力劝说屈原？渔父是怎样的人？渔父是测试屈原吗？屈原称自己“独醒”，难道渔父不“清醒”？屈原在自己的最终选择和渔父提供的选择之间有没有第三种选择？这两个人有对话的基础吗？屈原和渔父哪个更“高”？屈原死了，渔父走了，后人是怎么知道他俩的对话的？这个篇目着力表现什么？

整合方式：按人物将问题分类，并注意问题与问题的逻辑关系。学生一开始提出“按话语和行为分类”“按字词和主旨分类”“按背景、情境、事件分类”等方案，但这些方案有的标准不清晰，有的判别有困难，有的信息不充分，有的“文”“言”割裂……而最根本的问题是无助于师生在落实文言文学习要求的过程中自然而然走向文本核心。最后学生发现，恰巧所有的问题都和三个人——屈原、渔父、作者——有关。于是，把问题按人物分为三类并大致排序，先求解屈原的问题，再求解渔父的问题以及两人的关系问题，最后求解作者的问题。

求解要点：1. 注意捕捉人物言行或言行背后的价值观来解答问题，并且尽量落在具体的句子甚至字词的翻译和解读上，例如，渔父所谓的“见死不救”，恰巧体现了他所说的“不凝滞于物”；2. 对事件的真实性不作推测和考证，把对话改成独白，比较表达效果的不同；3. 不刻意比较两人高下，但可以从字里行间猜测作者的态度。

师生共识：屈原执着、激越、清高孤傲，渔父超然、通脱、和光同尘。二人代表着不同的人生态度，二人的性格在立场冲突和言语交锋中各自得到鲜明的彰显。从境界的高下、文章的结构乃至篇幅的分配来看，作者持不偏不倚的立场，但结尾油然流露出对渔父的一种欣赏。

具体分析“质疑—共解”的课例，不难发现，通过学生质疑、师生共解（包括整合问题），教学目标以及批判性思维之间可以形成高度结构化的联系。试以 GPS 导航类比：学生的质疑确定了“我的位置”，教学目标确定了“目的地”，问题整合其实是“路径规划”，“共解”就是实时的“行驶”过程，而批判性思维是重要交通工具。

第四节　批判性思维与数学概念学习①

数学阅读影响着人们日常数字化生活信息获取和处理。在知识爆炸的信息社会中，各种数字信息影响着人们生活的方方方面。在中学数学教学中，数学阅读也影响学生对数学问题的理解和使用数学语言进行交流表达。对高中数学科目考核进行的错因分析显示：有超过 1/3 的错因源于学生对数学概念的生疏和不理解算理而导致；还有 1/3 的错因来自学生对自然语言获取信息感到困难；接近一半学生的错因是因为对数学符号语言对应的含义理解困难而导致读不懂题。此外，虽然有的学生上课认真听讲，但有时跟不上学习进度，背后的因素也包括听不懂老师和同学讲的数学专业术语。这些问题的关键，在于学生对数学概念的本质含义的理解不清，制约了数学推理和思维，影响学生准确交流表达数学问题及认知发展。可见，学生对数学概念的理解制约数学关键能力和核心素养的提升。

一、基于批判性思维教学法的高中数学深度学习原理

前面的调查报告显示，制约学生解读数学信息的重要原因是理解数学自然

① 本节摘选自王肖华：《批判性思维教学法指导下的数学概念深度学习——以“函数单调性概念”为例》，《批判性思维教育研究》，2022 年第 2 辑。

语言和符号语言的双重困难，根源是对数学概念的理解的不足。这和数学教学依然带有着传统的记忆—考试的知识学习方式有关，学生的学习被动、机械，狭窄、表面。结果一是缺乏深度，不能深入理解知识的真实含义；二是缺乏广度，不能理解知识的依据、来源、变化、影响，不能灵活、广泛、举一反三地运用。上述的数学教学的问题，是这个普遍性问题的一个反映。

人们早已提出通过批判性思维教学法来改善传统教学。它将批判性思维的原则和方法融入教学中，促使学生对知识进行有深度和广度的学习，并培育批判性思维的技能和习性。批判性思维教学的最基本原则，如恩尼斯（Robert Ennis）指出，是 RRA（Reflective、Reason、Alternative），即“反思、求理、替代”。它要求教师鼓励学生避免去被动接受或记忆知识，而是探究知识的根据，探究不同的观念、例外、变化等可能性，深入真切理解知识的含义、来源、依据以及应用。所谓“反思、求理、替代”，更具体地说，是针对要学习的知识（科学概念、定律等）按“批判性思维路线图”列出的问题、概念、论证、证据、推理、假设、辩证（反例、例外、替代、变化）和综合八个方面，运用提问、例证、讨论等探究和启发手法，促使学生对知识形成多样和深入的理解。

我们认为，在数学教学中，这样的批判性思维教学方法也有助于达到深度学习数学概念、提升数学抽象核心素养的目的。它的一个实施方式是为学生设计一个跟主题相关的问题情境，再通过相关问题来驱动学生从多面来认识、理解和思考知识的意义、来源、依据、性质和应用。师生在这样的问题引导中探究理由，对话交流，辩证考查反例、替代观点和变化情景，严谨推理论证，深入理解概念的内涵和外延，从而完成数学概念的学习过程。

下面，以函数单调性的学习为例，展示具体实施批判性思维教学法的做法和体会。

二、批判性思维教学法的应用

函数单调性是函数最重要的性质之一，它刻画了当自变量按照某种规律变化时因变量变化的趋势。下面以新人教 B 版高中数学“函数单调性的定义与证明”为例，说明如何使用批判性思维教学法来促进数学概念的学习。

（一）从现象抽象知识：基于记忆曲线图示，探究函数单调性概念

在教学中，我们首先用和主题相关的问题情境来展开对知识的探究性学习。下面是引出这样问题的例子。

德国心理学家艾宾浩斯（H.Ebbinghaus）对记忆保持量进行了系统的实验研究，并给出了图 4-4-1 所示的记忆规律曲线。如果以 x 表示时间间隔（单位：h），y 表示记忆保持量（单位：%），那么 y 就是 x 的函数，记这个函数为 $y=f(x)=1-0.56x^{0.06}$。

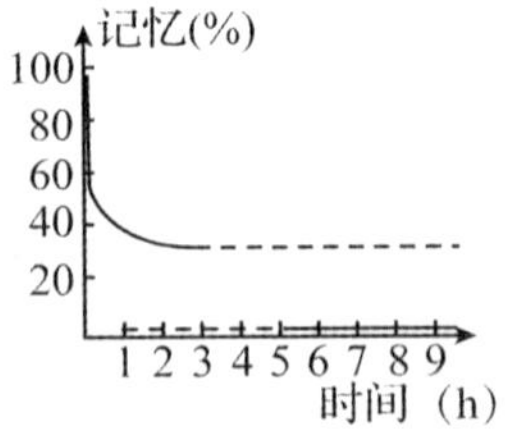

图 4-4-1　记忆规律曲线

针对图 4-4-1 的例子，教师用一系列问题来引导学生识图、用图，从不同角度启发思考。下面是引导学生进行现象辨认、推导模式思考的第一个问题，它提示学生阅读、理解图 4-4-1 提示的现象，并尝试初步从中抽象出这个知识（规律）及其基本性质：

1.【问题情境】观察图 4-4-1，请从几何直观和函数概念角度分析“艾宾浩斯记忆规律曲线图”有什么规律？体现了什么样的函数性质？

通过应用已有知识和工具（函数概念）阅读数学图形，获取情境中的信息，学生发现：艾宾浩斯记忆规律揭示了人的记忆保持量与时间间隔的函数关系；且随着时间间隔增加，记忆保持量整体呈下降趋势，并且不同时间间隔记忆变化快慢不同，遗忘进程“先快后慢”。结合问题的要求，从几何直观和函数变量角度看，随着自变量“时间间隔”的变化，函数值“记忆保持量”呈一直减小的规律，这体现函数的单调性。

基于学生初步形成了这样的规律性认识，教师通过下面这个问题来进一步抽象而形成概念，该问题启发学生结合几何图形和函数代数语言来描述函数单调性：

2.【定义概念】根据上面的记忆规律曲线，你能尝试对函数单调性的概念进行表述吗？

针对这个问题，根据上面的图示，学生被引导得到对概念的抽象表述：函数单调递增（或递减）意味着，从左往右图像上升（或下降），y 随着 x 增大而增大（或减小）。

到此，学生经历了从现象到规律的抽象过程。教师此时利用这个活动，提示学生对自己思考进行反思，并简要讲解批判性思维的知识，下面是这样的一个元思考的问题：

3.【反思推理】上面描述函数单调性概念时用到什么推理方式？该推理方式有什么特点？

这个问题引导学生学习，前面的概念环节使用了由特殊到一般的归纳推理方式，并且，教师援引一些例证说明，经归纳推理得出的结论不一定为真。

（二）辩证思考：探究函数单调性的区间性和任意性属性

上面通过包含问题情境的案例，引导学生从现象中发现一般规律，并进而得到对一般规律的抽象表达，这是理解知识的来源和依据，是批判性思维教学法的八个方面反思中的理由和推理。但学生此时还没有对这个规律具备较有深度和广度的理解，为此，需要进行正反辩证和综合两方面的反思。下面就是教师引导学生思考反例、变化的问题：

1.【思考反例】上面由记忆规律曲线进行抽象得到函数单调性概念，归纳推理过程存在反例吗？如果存在，前面概括的定义是否被完全推翻？

通过寻找反例，启发学生根据当前已学习的一次函数、二次函数、反比例函数去思考是否存在与自己抽象概括的概念不一致的现象。比如，二次函数在整个定义域 R 范围内就不是一直单调的。理由是，如图 4-4-2 所示，二次函数在不同的区间内有不同的单调性走向，在关于原点对称的区间内二次函数的单调性相反。

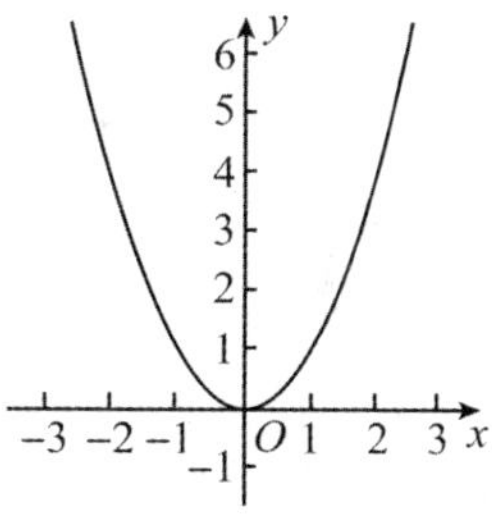

图 4-4-2　二次函数的图像

除了寻找反例，这里还要求学生依据反例去修正思考：反例的存在，对前面自己下的概念判断有什么样的影响。下面就是引导进行这样综合的问题：

2.【综合判断】根据你对反例的考查，看之前为函数下的定义是否需要修正？

二次函数的反例说明，前面的概念应做出修正，函数单调性在一定区间内有合理性，因此需要对前面的单调性概念进行修正。函数的单调性需要考虑区间范围的影响因素。因此，在描述函数的单调性的概念时，需要说明函数究竟在哪一个区间内，概念修正如下：

若一个函数 $y=f(x)$ 在给定区间 M 内，满足 y 随着 x 增大而增大（或者减小），我们称函数在这个区间 M 内具有单调性。

教师促使学生辩证和理性思考的努力没有停止，下面是进一步启发多样化思考的问题：

3.【变换要素】如果变换一下函数的类型，请举一种上面没有提到的函数的例子，对它的定义域和单调性等情况进行描述，并说明你的理由。

引导学生考虑别的函数类型，对前面的结论进一步做验证。例如：反比例函数 $y=\dfrac{1}{x}$。由上可知，函数的单调性具有区间性。图 4-4-3 显示，反比例函数当 $x\in(-\infty,0)$ 时，y 随着 x 增大而减小；当 $x\in(0,+\infty)$ 时，y 随着 x 增大而减小。函数 $y=\dfrac{1}{x}$ 的定义域是 $\{x|x\neq 0\}=(-\infty,0)\cup(0,+\infty)$，教师引导学生思考反比例函数在整个定义域范围内是否都有 y 随着 x 增大而减小。从图像上看，该函数是一个“不连续”的图像，在定义域两个子区间都是单调递减，并在一起是否也是单调递减，需要学生更深入思考。

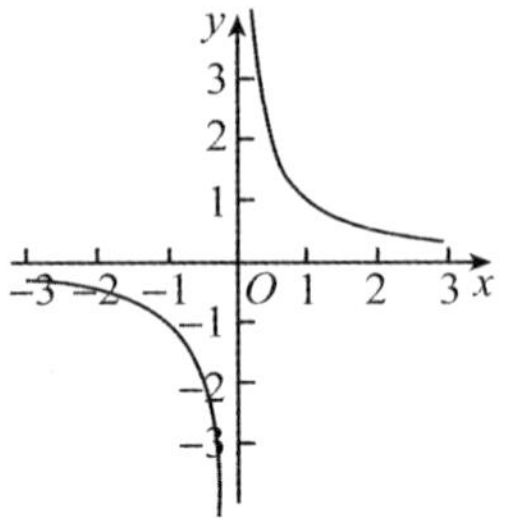

图 4-4-3　反比例函数的图像

教师继续用问题敦促学生探究函数单调性区间性的含义，看是否存在更广泛的可能的例外情况：

4.【思考替代】请充分考虑还有没有别的可能性。如果有，它存在的理由是什么？

课堂讨论中发现了反例：当 $x_1=-1<x_2=1$，有 $f(-1)=-1<f(1)=1$. 所以结论是，反比例函数 $y=\dfrac{1}{x}$ 在整个定义域范围内不是单调递减的。其理由是，在整个定义域范围内，存在两个自变量的取值 1，−1，满足当自变量增大时，函数值也增大，所以不满足修正后的函数单调递减的概念，即在整个区间内都有 y 随着 x 增大而减小。因此，反比例函数的单调性是：虽然当 $x\in(-\infty,0)$ 时，y 随着 x 增大而减小；当 $x\in(0,+\infty)$ 时，y 随着 x 增大而减小；但是当 $x_1,x_2\in\{x|x\neq 0\}=(-\infty,0)\cup(0,+\infty)$，

不满足 y 随着 x 增大而减小。

由此，再一次通过实例让学生明白符合归纳推理的，结论不一定为真。同时，学生在探究中发现，函数单调性的概念中，区间性的属性里也蕴含了自变量的取值具有任意性的属性。

现在，要求学生针对反例，修正认识，以综合出更加抽象严谨的概念：

5.【综合判断】请参考上面对反比例函数的探究，再次对函数单调性的概念进行修正，得到一个更严谨的概念。

在这个教学过程中，教师引导学生提出反比例函数单调性的问题，产生认知冲突，定义域两个子区间都是单调递减，并在一起不单调递减。但是，若一个函数 $y=f(x)$ 在给定区间 M 内，当 x 增大时，都有 y 也增大（或者减小）。用抽象的符号语言描述观点：当任意 $x_1<x_2$ 时都有 $f(x_1)<f(x_2)$ 或 $f(x_1)>f(x_2)$。因此，在描述函数单调性概念时，要同时体现出函数单调性的区间性和任意性的双重属性，如图 4-4-4 所示。

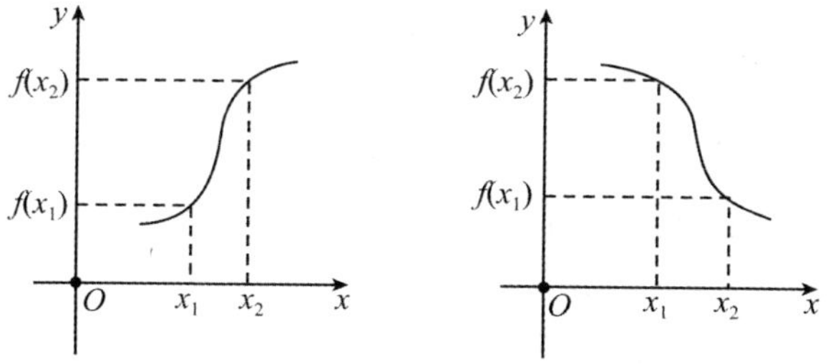

图 4-4-4　函数的单调性概念

一般地，设函数 $y=f(x)$ 的定义域为 $A, M\subseteq A$. 如果对任意 $x_1, x_2\in M$，当 $x_1<x_2$ 时，都有 $f(x_1)<f(x_2)$ [$f(x_1)>f(x_2)$]，则称 $y=f(x)$ 在 M 上是增（减）函数，也称在 M 上单调递增（减），M 称为 $y=f(x)$ 的单调递增（减）区间。

（三）变换函数的具体条件，深入理解函数单调性概念的内涵

到此，应用批判性思维教学法从推理、证据、辩证和综合的角度对函数单调性概念进行探究，帮助学生了解了区间性和任意性。下面将进一步通过变换函数条件的方式，深入理解函数单调性的本质——自变量在给定集合中取值具有任意性。

为此，教师首先提出这个目的在于澄清概念和意义的问题：

1.【变换条件】判断下列命题的真假，并给出理由说明。命题 1：若函数 $f(x)$ 满足 $f(2)<f(5)$，则函数 $f(x)$ 在区间 $[2,5]$ 上为增函数。

学生判断：命题 1 成立，因为函数单调性的概念说明，函数具有区间性和任意性。由此可进行演绎推理，若 $f(x)$ 满足 $f(2)<f(5)$，则函数 $f(x)$ 在区间 $[2,5]$ 上为增函数。

然后，以下面问题敦促学生反思命题 1 在函数单调性概念中的合适地位：

2.【澄清概念】命题 1 是否表达了函数单调性概念的含义？

其实，前面得到的函数概念是：对任意 $x_1,x_2\in M$，当 $x_1<x_2$ 时都有 $f(x_1)<f(x_2)$ [$f(x_1)>f(x_2)$]，则称 $y=f(x)$ 在 M 上是增（减）函数。实际上，这个概念表达的是一个充要条件：如果函数曲线上的任意两个函数值都满足 y 随着 x 的增大而增大，那么就是增函数。而命题 1 表达的只是部分地表达这个概念的含义：如果 $f(x)$ 满足 $f(2)<f(5)$，函数 $f(x)$ 在区间 $[2,5]$ 上为增函数。显然，命题 1 不是对函数概念的完整、合适理解：$y=f(x)$ 在区间 $[2,5]$ 上可能存在其他的取值可能性，不能说明这个函数就是增函数。

教师通过概念的讲解阐明上述道理，但为了深化对概念的理解，还需要从抽象回到具体实际，让学生理解真实的对应内涵。所以，教师用这样问题来促使学生来探究正反例证：

3.【多元辩证】有什么例证可以显示命题 1 的真假变化情况？

以此，教师引导学生讨论、寻找那些可以更直观判断命题 1 的真假性的正例和反例。下面是从连续或不连续、离散或连续等方面画出了可能存在的函数图像（见图 4-4-5）：

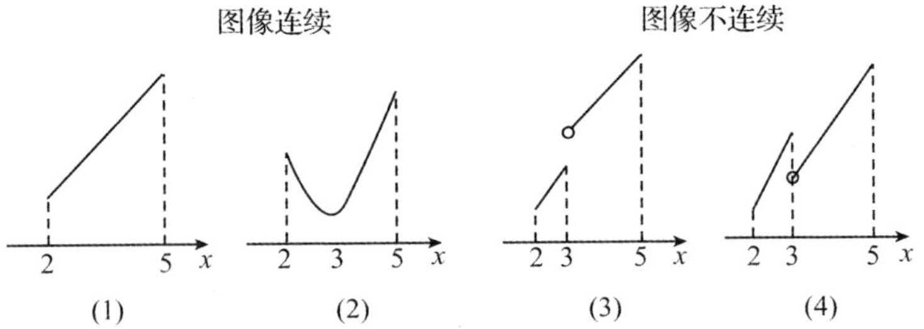

图 4-4-5　函数在区间 [2,5] 的可能图像

其中，能支持命题1成立的函数图像至少有两个，见图4-3-5中的（1）和（3），不支持命题1成立的函数图像也至少有两个，见图4-3-5中的（2）和（4）。这样，通过对命题1的探究，特别是想象、寻找反例、例外和变化情况，看到概念、规律的局限和条件，学生不仅丰富了对它的真假的认识，而且从函数图像连续、不连续等多种情况去思考函数图像的各种可能性。批判性思维教学法鼓励多角度的探究思考，促进了学生更深入理解函数单调性的概念内涵及其应用条件和范围。

三、对批判性思维教学法的实践反思

上面展示的是运用批判性思维来促进高中数学概念的探究性教学，有以下几点启示。

首先，促进了教师专业化成长。它帮助老师真正地了解和有效实施启发探究式教学，掌握如何从批判性思维“探究—实证”路线上的8个要素（问题、论证、概念、理由、推理、假设、辩证、综合）来根据需求设计探究性问题，帮助学生从这些方面深度学习。在课题研究的调查反馈中，教师普遍反映这种教学方法符合学生认知发展，教学效果更好。

其次，这样的教学方式不仅促进学生深度理解所学的知识，也提升了抽象等核心素养。教师运用教学法设计的探究活动，帮助学生完成从实例到概念的数学抽象思考，引导学生经历了从特殊到一般、再从一般到特殊的推理过程，这有助于深入理解概念的内涵和外延。学生积累了从具体到抽象的思维经验，养成运用数学抽象的方式思考并解决问题的习惯，提升自身综合素养。从中学生也受到批判性思维的高阶技能的训练和习性的培养。特别是对推理的反思、正反正辩证思考，寻找反例等训练，对培养创新能力有重要价值。

最后，这样的教学也促进学生数学阅读和表达等关键能力的提升，学生在这样的教学中形成对概念的探究、反思、论证和准确表达。应用该方法教学后采集的学生学习皮电数据和测试成绩发现，学生成绩得到明显提升，其中有约30%学生在访谈中提到，数学成绩提升的主要原因来自能读懂题目要求、能从正反多个角度批判分析思考问题、能更严谨实施逻辑推理、更愿意表达自己想法、通过交流能更加完善自我认知结构等。通过和以前的情况对比分析，这些改进的原因指向我们的批判性思维教学法的实践应用。

第五节　批判性思维与历史研究性学习①

高中历史课程的研究性学习，根本上是应用批判性思维对历史事件进行全面、深入、严谨、合理分析。它应用批判性阅读的原则和方法，进行阐明主题、识别和评估问题、分析论证、评估论证、综合比较等五大步骤的工作。本文按这五大步骤指导实施高中历史课程研究性学习教学案例，显示如何进行自主探究，最后得到合理判断。这样的研究性学习不仅帮助学生获取知识，也有助于塑造他们的求真、公正、开放、反思的开放理性精神和探究实证的研究能力，这些应是高中历史科目核心素养的有机构成。

高中历史科目的核心素养由唯物史观、时空观念、史料实证、历史解释、家国情怀五大部分构成。高中历史教学的目标在于学生有效地学习历史知识，并形成历史学科的核心素养。但是，在历史议题上，往往存在多焦点、多角度、多论证、多观点的历史解释。到底是听取其一，还是全盘接纳，这需要综合多方面史料，对其涉及的背景、观点、目的、来源、属性、论证等进行研究性学习来判断，这是历史学科学习的必要方式之一。然而，当前高中历史教学中存在着研究性学习难以开展的问题。由于缺乏对研究性学习的原则和方法的了解，研究性学习一直未能正确和广泛地在教学中实施。这就减少了学生深入学习知识以及训练探究、分析、评估、综合和判断的能力的机会，因而难以有效获得历史科目的核心素养。

一、指导研究性学习的批判性思维“五步法”

针对上述问题，人们指出，解决方法是以批判性思维来指导研究性学习。近年来，遵循批判性思维“探究—实证”的方法路径，有研究者提出了研究性学习的“五步法”，它主要整合了“问题、论证、概念、理由、推理、假设、辩证、综合”等批判性思维构造好论证的要素，力求为分析、比较、评估历史

① 本节摘选自蒋佳华、张涵淋：《基于批判性思维的高中历史研究性学习“五步法”实践探究》，《批判性思维教育研究》，2022 年第 2 辑。

事件与相关文献提供方法论指导。它的主要步骤是：

1. 阐明主题：考察史料所讨论的主题问题的背景和目的、来源和属性；

2. 识别和评估问题：基于“好的探究性问题”的标准对问题质量进行评估，明确问题探究的范围、方向等，并充分探究与问题相关的各方观点和更多信息；

3. 分析论证：辨别各方观点、文本中的理由、结论和推理关系；

4. 评估论证：考察概念是否清晰、一致，证据是否具体、可信，推理是否相关、合理，假设是否可辨、可靠，辩证层面是否充分考察不同观点；

5. 综合评判：形成自主结论。

下面，以“戊戌变法失败的原因”这个论题为例，我们展示如何将研究性学习的“五步法”应用于高中历史科目中，以便对历史文本进行深度学习，从而进行知识和技能训练。

二、历史“五步法”教学实践案例

（一）阐明主题，了解探究的背景和目的

研究性学习的第一步，是厘清要探究的疑难问题的背景信息，了解问题的起源和争议。著名历史学家白寿彝先生之子白至德在其编著的《动荡与变革近代前编 1840—1919》中提出，戊戌变法的直接原因是1895年日本逼签《马关条约》的消息传到北京后，康有为等组织发动在北京应试的1300多名举人联名上书光绪帝，提出拒和、迁都、练兵、变法的主张。黄仁宇在《中国大历史》中提出，康有为、梁启超等资产阶级维新派依靠没有实权的光绪帝，外加帝党和后党之间的矛盾等最终导致了以慈禧太后为首的顽固派发动政变，变法失败。华东师范大学历史系教授茅海建编著的《戊戌变法的另面〈张之洞档案〉阅读笔记》认为，洋务派张之洞从支持康有为到极力破坏康有为的变法，一定程度导致了戊戌变法失败。

可见，对戊戌变法失败的原因，人们提出了不同的看法：有的认为戊戌变法的措施不当，触犯封建顽固势力和人民的利益，激起他们的反对，从而失败；有的提出改良派依靠光绪帝才是它失败的主要原因；还有的认为改良派的行动落后于他们的主张，这实质上体现了资产阶级软弱性等阶级局限，才是戊戌变

法失败的深层次原因。如何在这些观点中做出辨析，确定哪一个观点更符合实际、更合理，这是启动批判性思维的研究性学习的重要切入口。

（二）评估问题，确定探究方向

高中历史课程的研究性学习应以问题探究为导向。这里的问题是判断关于戊戌变法失败的原因，就要分析和确定这个问题，以此理解、确定问题的意义、内涵、合适性，并由此而初步确定对问题的探究和解决方向。围绕有意义、可以研究的合适问题（好问题）进行探究，是开展研究性学习的根本前提。根据批判性思维理论关于好问题的评判标准，我们进行了如下的问题分析和确定，以便形成一个好的研究问题来启动合适的探究。

确定具体的子问题。戊戌变法失败的原因是多方面的，比如思想、政治、资源、策略等，所以这是一个大问题，要在高中历史课堂中对其进行全面探讨是困难的。好的研究性问题应该是有深度和新意，是具体且聚焦的，以便在现有条件下能够研究。因此，鉴于前面对探究背景的分析，现有材料在戊戌变法“政治”因素方面研究丰富，我们确定把问题聚焦在戊戌变法失败的政治原因的方向——或者说这个子问题上。

确定这个问题有合理讨论的空间。这是问题的可研究性的另一个标准。我们认识到，目前的多方争议，是根据理由进行的，所以可以充分依据历史材料、文献记载等资源进行合理讨论，并通过批判性思维的原理方法进行论证评估和比较衡量。

确定探究的方法。相应地，针对戊戌变法失败的原因提出的多种解释，找出它们的论证，进行分析和评估，考察和比较它们的合理性，将是我们下一步探究、判断的方式。

（三）分析论证，找出论证关系

经过问题分析，下一步进入文本分析的探究流程，对文本涉及的观点及论证做出分析评判，也就是对历史研究文本展开批判性阅读。批判性阅读包含两个步骤。一是立足文本理解作者原意；二是跳出作者的思维，用自己的经验、认知提出问题并质疑，以一种开放的态度从多角度审视同一问题，从而对文本进行整体判断和综合评价。批判性阅读与一般性阅读存在质的差别，培养学生综合地多角度地批判性阅读是分析史料和解决问题所必需的。

对史料文献展开批判性阅读的第一步，是辨别与分析其中包含的论证。“论证由理由（前提）、断言、推理关系三部分构成，辨别一个文本有没有论证，就是辨认它是否存在理由、结论和它们之间的推导关系”，如果存在论证，则呈现其中的理由、结论与推理关系。下面以白至德编著的《动荡与变革近代前编 1840—1919》的研究文本节选为例，呈现文本背景与论证分析。

（文本一）资产阶级改良派希望通过变法改革现状，挽救民族危亡，使中国走上资本主义道路，在当时历史条件下是有进步意义的。他们提倡新学，对冲击封建主义思想的统治起了一定的作用。但是，改良派完全脱离广大人民群众，甚至把变法维新当作抵制人民革命运动的手段。他们反对引起社会巨大变动的革命，认为只要依靠封建皇帝自上而下地进行改革，就可使中国变成资本主义强国。他们也幻想以学习西方资本主义来消弭帝国主义的侵略阴谋。这些就注定了变法的必然失败。

1. 探求文本的背景信息

为更好地理解史料，首先要分析文本的写作背景——将事件置于特定的历史条件下进行分析，这有助于还原和理解作者的立场和论证思路。文本一的作者白至德是著名历史学家白寿彝先生之子，在历史学界享有极高声誉和地位，他在《动荡与变革近代前编 1840—1919》一书中介绍了戊戌变法的背景、措施，试图打破以往著述的常规，把近代中国的各个方面融通起来考虑，突出其科学性、普及性。

2. 分析论证关系，识别断言与理由

接下来，对文本一涉及的理由、结论、推理关系进行梳理，为后面论证评估的探究流程做准备。分析发现，作者从正反两方面对戊戌变法进行评价，分别通过断言 2、断言 3、断言 4 来支撑戊戌变法必然失败的结论。关系梳理如下：

断言 1：戊戌变法在中国历史上有进步意义。理由 1：资产阶级改良派兴起变法的目的是要挽救民族危亡，使中国走上资本主义道路；理由 2：他们提倡新学。这个判断容易让学生曲解作者本意。接着作者用“但是”转折，又提出另外 3 个断言。断言 2：改良派完全脱离广大人民，把变法维新当作抵制人民革命运动的手段。断言 3：他们反对引起社会巨大变动的革命，认为只要依靠封建皇帝自上而下地进行改革，就可使中国变成资本主义强国。断言 4：他们幻想学习西方资本主义消弭帝国主义的侵略阴谋。最后作者得出结论：这些就注定变法的必然失败。

（四）评估论证，在辩证层面寻找更多信息帮助判断

批判性阅读的第二阶段是评判和发展，要求从概念、证据、推理、假设和辩证五个方面入手，对论证质量做出评估。高中历史课堂采用批判性阅读的形式开展研究性学习，对作者的论证质量进行评判，是自主探究、寻找发展自己观点和论证的最佳途径。戊戌变法失败是历史事实，但对文本而言，从论证角度来看，其论证质量的高低是文本价值的基本保障。运用批判性思维从概念、证据、推理、假设和辩证五个方面来评估文本的论证质量，也就是从以下五方面引导学生进行探究：

☆ 论证的关键概念清楚吗？

☆ 作者提出哪些证据来支撑观点？证据可信吗？证据全面充足吗？

☆ 你赞同作者的推导、推理吗？论证关系成立吗？

☆ 作者提出了什么假设？

☆ 有反例、例外吗？具有辩证性吗？

学生能否应用批判性思维对这些问题进行思考，决定了学生真实的思考与探究能力的高下。在传统历史课程教学中，教师通常这样处理材料并提出问题：文本从哪些方面说明戊戌变法必然会失败？这种以材料本身为本位的教学，仅仅是让学生在当前文本中寻找论据，缺乏对论证进行评估的重要环节。找出论证关系，是启动批判性思维对研究文本涉及的证据、推理、假设等进行评估和探究的前提，但进一步探究，有赖于全面深入的论证评估。

1. 对文本一的论证评估

（1）概念问题。论证的关键概念清楚吗？究竟何为革命，何为改革？什么程度的变化才是革命，什么程度的变化又是改革呢？所谓改革，就是温和地对旧有的生产关系、上层建筑作局部或根本性的调整变动；所谓革命，就是被压迫阶级用暴力夺取政权，摧毁旧的腐朽的社会制度，建立新的进步的社会制度。文本中只提及“改良派反对引起社会巨大变动的革命，依靠封建皇帝进行改革”，没有厘清“革命”与“改革”这两个概念，实际论证中容易出现偷换概念的现象。

（2）证据问题。作者使用三组证据来论证戊戌变法必然失败：改良派完全脱离广大人民群众；改革派反对革命；改革派依靠封建皇帝、并学习西方资本

主义来消弭帝国主义侵略。针对这些证据，应依据批判性思维的论证评估标准考查其可信度。首先，改良派完全脱离广大人民群众，其中“完全”意指全部，改良派的确完全没有依靠任何人民群众吗？“完全”之说过于绝对化，存在程度夸张之嫌，对论证“必然失败”的力度产生影响，这里或应考虑表述为群众基础薄弱更符合实情。其次，考查文本中提供的证据全面、充足吗？作者仅举出三组证据就得出戊戌变法必然失败的结论，然而失败的因素应该还有很多。华东师范大学历史系教授茅海建编著的《戊戌变法的另面〈张之洞档案〉阅读笔记》一书写道，洋务派张之洞后来极力破坏康有为的变法，一定程度导致了戊戌变法的失败；普通高中课程标准实验教科书《历史上重大改革回眸》中记述，“在短短的103天内，光绪帝就发布了100多项改革诏令，最多的时候一天之内就颁发了11项”，光绪帝急于求成也是其失败的原因之一；《中华帝国对外关系史》中记述，“外国人一般都称赞康有为的方案，但是指责他的轻率。法国史学家认为维新派最大的失误是要在过短的时间内彻底改善中国，一举清除一切弊端”，在外国人看来，康有为等人轻率、准备不充分、急于求成，是戊戌变法失败的原因之一；白至德在《动荡与变革近代前编》写道，“《定国是诏》颁布的变法措施根本没有提到设议会、立宪法，没能引起实质性政权变动”，这体现了资产阶级维新派的软弱性、妥协性的阶级局限，而这种局限则是经济基础资本主义发展不充分所决定，根本上也是中国当时半殖民地半封建的社会性质所决定，结合这些证据才能推断出这次变法必然失败。综上所述，该文本中作者提出的证据不够充分。

（3）推理问题。根据上文，戊戌变法的失败有很多因素，既有直接原因、也有根本原因，既有自身内部原因，也有外部原因。但作者仅举出三条证据，而未剖析其产生的根源在于阶级、经济与时代的影响，就得出变法必然失败的结论，推理过程不够严密。

（4）假设问题。文本称“改良派反对革命、依靠封建皇帝进行改革使变法失败”，作者的隐含假设是“依靠封建皇帝进行的改革是不会成功的”。古今中外靠统治者改革成功的事例如此之多，1861年俄皇亚历山大二世进行农奴制改革，废除俄国历史上的农奴制，使俄国走上资本主义道路；19世纪60年代日本明治天皇进行明治维新改革，赢得民族独立，走上资本主义道路。可见，隐含假设也值得商榷。

（5）辩证问题。前面提到，隐含假设“依靠皇帝改革会失败”并不成立，类似的改革并不必然失败。例如俄国和日本的改革，不仅依靠皇帝自上而下进行改革，而且取得重大成就。因此，该论证存在着大量反例，辩证性不足。

通过这一系列探究活动发现，文本一的论证在概念、证据、推理、假设和辩证五个方面均存在不同程度的缺陷。这时，需要引导学生进一步主动探寻是否有比白至德的分析更全面的信息，也就是对文本一提供的信息进行比较、补充和综合判断。

2. 对文本二的论证评估

接下来，搜索网络文章《戊戌变法失败的原因：把变革想得太简单了》，以下选取部分内容（简称文本二），并呈现对文本二的论证评估：

（文本二）戊戌维新自有其败因。康广仁还没被押去菜市口的时候评价康有为说：“伯兄规模太广，志气太锐，包揽太多，同志太孤、举行太大。”这寥寥数句，其实已经概括了戊戌维新何以会失败。取法太高，手足过低。所谓秀才造反，图样图森破。我以为，对掌权者的底线和反应估计不足，才是最重要的原因。掌权者天然缺乏改革的动力，这真是一代又一代人血的教训。可在当时，光绪帝若有实权还好，但他虽已亲政，却并未有控盘之能力。这就是为什么我认为康太鸡贼、太功利的原因。

首先了解文本背景。这是网络文章，作者贾葭是网易历史专栏作家，南京大学中文系毕业，资深媒体人，曾为多家传媒写过专栏文章，笔锋犀利。作者撰写此文的目的在于探索中国近代以来的遗留问题，以检视历史。现从五个方面展开论证评估：

（1）概念问题。作者在这段文本中既未阐明戊戌变法的概念，也未指出所采用的改良方式的含义，这与戊戌变法的失败原因的分析有关，概念不明会妨碍推理论证。

（2）证据问题。文本的第1—4句呈现第一组证据：作者通过康有为之弟康广仁之口分析出维新派“取法太高，手足过低”，意即变法规模过大，目标太高，行动滞后于其理论目标。这确实对戊戌变法的结果有所影响，但仅仅是这一组证据也不充分，且网络文章内容的真伪更是有待考辨，康广仁是否说过这样的话，存在不实之嫌。

（3）推理问题。文本二第4句“我以为，对掌权者的底线和反应估计不足，才是失败最重要的原因”是该文本的结论，后面第 5、6 句给出了理由“掌权者光绪帝无改革的动力”。该文本存在结论、理由与推理关系。但是光绪帝无实权是失败的最重要原因吗？实际上半殖民地半封建社会资本主义经济发展不充分，资产阶级的局限性是导致戊戌变法失败的最重要、最根本的原因，因而推理过程有待商榷。

（4）假设问题。“取法太高，手足过低是不能成功的”的隐含假设是“光绪帝若有实权，改革就可能成功”。但考虑到中国当时还处于半殖民地半封建社会，封建顽固势力强大，资本主义发展尚不充分等因素，戊戌变法很难成功。因此，作者的隐含假设不容易立足。

（5）辩证问题。该文本没有从正反两方面去认识戊戌变法曾经在历史上的地位，虽然失败，但也有其进步性。并且，该文本对康有为的评价过于偏激——“这就是为什么我认为康太鸡贼、太功利的原因”，有失批判性思维的公允。

通过对文本二的“戊戌变法失败的政治原因”分析，其在概念、证据、推理、假设和辩证五个方面也都有缺陷。我们继续寻求其他材料扩展对该问题的认识。

3. 对文本三的论证评估

接下来，再回到教材评估史料。教材注重历史学科本身的知识逻辑，但在引导学生对史料进行批判性综合考察方面还有不足。这里以记载“戊戌变法失败的政治原因”较翔实的人民版普通高中课程标准实验教科书《近代社会的民主思想与实践》为例（简称文本三），展示对以下文本的论证评估过程。

（文本三）从变法上谕的主要内容上看，它没有触动封建体制，没有触及帝国主义的在华特权，也没有实行维新派所倡导的定宪法、设议院和实行君主立宪等主张。但是，在政治上……经济上……文化上……这些都有利于资产阶级知识分子参政议政，有利于民族资本主义经济的发展，有利于资产阶级文化思想的传播。虽然变法最终因慈禧太后血腥镇压而失败，但近代中国人对民主政治的实践却由此迈出了重要的一步。

（1）概念问题。文本三未对改良、改革的含义进行辨析，概念不清晰会影响论证推理的有效性。

（2）证据问题。文本主要从政治角度分析失败原因，提供了三组证据。证据一是戊戌变法未触及封建体制；证据二是变法未触及帝国主义的在华特权；证据三是变法未涉及维新派所倡导的定宪法、设议院、实行君主立宪制等主张。

中国历史的实际情况证明这些证据可信，然而这则材料并没有涉及“维新派脱离广大人民群众”的证据，因而从政治角度对变法失败的原因分析也存在证据不充分的缺陷。

（3）推理问题。文本从戊戌变法产生消极影响和发挥积极作用两方面的证据出发，推出结论“虽然变法最终因慈禧太后血腥镇压而失败，但近代中国人对民主政治的实践却由此迈出了重要的一步”，作者从经济、政治、文化方面列出三组证据佐证“戊戌变法推进了近代中国的民主政治的发展”，推理关系成立，但与我们所讨论的问题“戊戌变法失败的政治原因”相背离，因此该推理缺乏相关性。

（4）假设问题。“没有触动封建体制”是该文本的隐含假设，暗指改革不彻底，依靠了封建皇帝，没有从根本上废除封建官制。对此隐含假设的分析同文本一，也存在漏洞。

（5）辩证性问题。文本对戊戌变法做出正反两方面的辩证评价，但重点突出的是戊戌变法对中国近代民主政治的积极作用，与我们讨论“戊戌变法失败的政治原因”的主题并不十分吻合。

通过以上分析发现，文本三的论证在概念、证据、推理、假设等方面也存在缺陷。

（五）综合比较判断，得出结论

总体而言，学生在研究性学习讨论后发现，这三个文本的论证质量各有高低。与文本二相比，文本一、文本三的三个证据在充足性、可信度方面更具优势。与文本二、文本三相比，文本一的推理更具逻辑性。假设方面，文本一的作者挖掘出了较文本二更多的隐含假设，有助于实现更全面综合的论证。辩证方面，文本一、文本三从正反两方面评价了戊戌变法，较之文本二对戊戌变法的贬抑更具客观性。

依据上面针对各方文本的综合比较，获得在批判性思维指导下对“戊戌变法失败的政治原因”这一问题的探究性结论：戊戌变法的失败存在诸多复杂因素，在社会基础面上，维新派因脱离广大人民群众而基础薄弱；在变法方式上，依靠封建皇帝采用改良的手段；在外交政策上，没有取消帝国主义在华特权的软弱政策；在变法主张上，没有实行维新派所倡导的定宪法、设议院和实行君主立宪等主张；在变法阻碍上，因慈禧太后为首的顽固派的血腥镇压；社会性质及社会阶级上，半殖民地半封建社会的社会背景导致资本主义经济发展不充分、资产阶级力量薄弱、软弱和妥协，这一点是戊戌变法失败的根本原因。

学生在教师的有序指导下，应用批判性思维的“识别问题—文本深挖—论证分析—论证评估—综合判断”的“五步法”对问题“论证”“信息”等方面进行探究，审慎、仔细、持续地围绕问题对历史研究的文本材料从概念、证据、推理、假设、辩证等方面进行考察和判断，认识到它们的优缺点，最后形成综合的判断，从而得到了知识。在这个过程中，学生认识到，对重大历史事件的认识不能依赖单一材料的观点，而是要扩大信息面，再分别对不同信息包含的论证进行分析和评估，才能确保全面、多元、深入的研究性学习真实发生。

可见，遵循这样的批判性思维“五步法”，训练学生积极主动思考、自主探究、多方考察史料、自我建构知识，可以有效指导高中历史课程的研究性学习。这也是对固有思维和已有信息逐层突破的过程，有助于培养反思自我、求真公正、开放理性的批判性思维精神，帮助学生在社会真实情境下公平公正地探讨问题，树立正确的人生观、价值观。

第六节　批判性思维与生物教学①

随着时代发展，各学科的教学目标由知识传授转变为以知识为载体培养学科核心素养。高中生物课程的学科核心素养包括生命观念、科学探究、科学思维和社会责任。其中，科学思维包含的批判性思维、创新思维等高阶思维的培养是高中生物教学的重点和难点。本文聚焦高中生物学科与批判性思维教学有关的实践探索，展示开放式论题、科学史教学、“自我评价”式试卷讲评等具体做法，以促进开放、灵活与深度的思考。

作为一线教师，一个多年的困惑是生物学科究竟应该教什么，才能对学生的终身发展产生重要价值。生物学作为一门尚在发展进化中的学科，其知识、技术更新迅速，教学仅着力于知识和技能的传递肯定远远不够，那么，教学改

① 本节摘选自代俊萍、任雪洁、何耀华：《以问题激发问题，以开放引领思维——提升学生批判性思维的高中生物教学实践探索》，《批判性思维教育研究》，2023 年第 3 辑。

革的关键是什么呢？高中生物课程改革指出，生物教学的目标是培养学生的生物学核心素养，包括生命观念、科学探究、科学思维和社会责任。其中，科学思维包括批判性思维、创新思维等；批判性思维，本质上是对自己或别人的观点进行反思、进行探究、分析和评估，进而指导我们的信念和行为的思维过程[2]。我们认为，将高中生物的学科教学与批判性思维结合起来，能有效达到培养核心素养的目标。我们在多年的高中生物学教学中对这样的结合进行了一系列探索和实践，并获得良好效果，以下从几个方面进行展示。

一、用开放式论题发展批判性思维

生物学科作为发展中的学科，尤其在技术与安全、伦理方面经常存在争议，而且《课程标准》对能力要求的表述中，也强调学生要“关注对科学、技术和社会发展有重大影响的、与生命科学相关的突出成就及热点问题”。我们在课堂上和学生讨论了2018年轰动世界的基因编辑婴儿事件：我国科学家贺建奎利用基因编辑技术，对一对双胞胎的胚胎细胞中艾滋病病毒的识别位点进行改造，从而使这对双胞胎终身免疫艾滋病。

针对该事件，介绍基因编辑技术，提出论题：

试分析基因编辑婴儿的利与弊，并权衡得出结论：我们是否应该支持基因编辑婴儿?

学生观点一边倒，全部是支持基因编辑婴儿。理由是它帮助孩子终身免疫艾滋病，可以作为艾滋病治疗的一种新途径。

教师进一步引导：这项技术有没有什么潜在的危险呢?

学生思考后作出各种猜测：①拿人做实验，是不是不被允许的？②这项技术成熟吗？操作中有没有可能破坏了其他基因？③这个改变会不会使他们的身体发生多米诺骨牌效应？④如果出生后发现他们有其他缺陷怎么办？学生的思维被完全调动起来，我提出新的思考：⑤如果这项技术已经很成熟，是不是可以定制婴儿？现在是定制预防某种疾病的婴儿，那之后呢，能不能定制完美的孩子？如果可以定制，对于自然出生的孩子，是不是公平？如果人人都定制成爱因斯坦，世界会怎么样？所以这又涉及社会、伦理问题。此外，⑥她俩的基因会不会随着她们将来婚配，造成人群中基因污染？这样的讨论过后，学生就要形成权衡的意识：支持还是反对基因编辑婴儿要权衡是利大于弊，还是弊大于利。这个时候，有学生提问：如果不用这项技术，有没有其他方法可以避免他们感染艾滋病？有学生想到疫苗，有同学联系课本上的例子提出只改造这个孩子的T淋巴细胞的表面受体结构，可以避免艾滋病病毒侵染，还不会造成基因污染。我们肯定他们想法的同时，又提出新问题：如果被传染了艾滋病，如何治疗？提出你的设想。课后作业，查阅关于艾滋病疫苗的研究进展。

这样的议题，本身没明确的标准答案，但在讨论过程中能很好地打开学生的思路，训练学生的批判性思维。

高中课本中有很多这样的议题，如转基因食品是否安全？如何正确看待克隆技术和克隆人？我们是否应该开展生物武器研究……教师可以组织学生查阅资料，以辩论赛、小作文等形式开展讨论，引发学生的开放、理性思考，提升学生的批判性思维水平。

如果说开放性论题提升了学生的批判性思维习性，那么课堂教学更多的是如何发展学生的批判性思维技能，批判性思维技能，包括分析、评价、推断、演绎、归纳等基本思维技能，也包括：深入的提问技能、提出和评价假设技能、收集信息技能、评价信息来源可信性技能、交流与合作技能等。

二、利用科学史教学发展批判性思维

高中生物教材中有很多关于科学史的内容，对它们的教学承载的任务之一是形成科学方法，培养科学思维。以往我们的教学更多的是带领学生分析科学家的实验，即通过讲授的方式传递科学方法和思维，但实践证明，学生思维品质的形成，靠灌输效果并不好，科学思维的提升需要学生自己实践领悟，总结提炼，所以我们尝试转变教学方式，让学生在实践探究的过程中自己形成科学方法，提升思维水平。

比如高中生物课遗传与进化单元中，“摩尔根的果蝇杂交实验”（实验现象如图4–6–1所示）就是典型的通过假说—演绎推理形式的科学探究过程，它通过实验验证得出结论，是很好地提升学生思维能力的载体。但是，课本对整个推理过程的介绍不够详尽，但这也为学生提供了丰富的思考空间。以下是以批判性思维的科学推理原理为指导进行的重新设计：

首先，呈现摩尔根的实验，

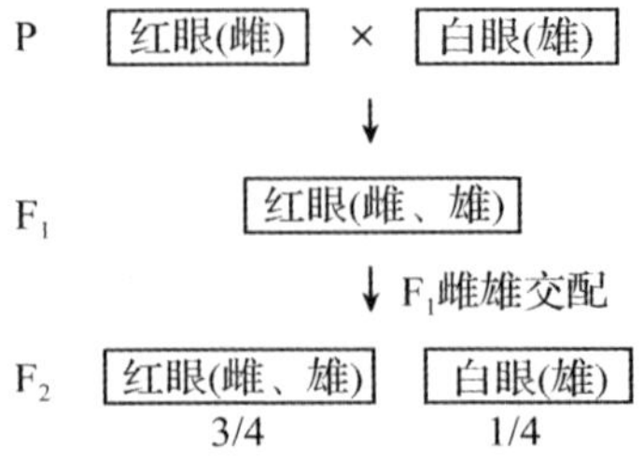

图 4-6-1　摩尔根的果蝇杂交实验现象图示

基于实验现象提问：

为什么 F_2 中白眼全为雄性？如何解释？

这个问题一抛出，很多孩子会脱口而出，控制白眼的基因在 Y 染色体上（假设 1）。当然，这个假设的推翻也很简单，几乎不用老师点拨，学生就会产生争议：如果控制白眼的基因在 Y 染色体上，如何解释 F_1 雌雄都是红眼？所以，假设 1 非常轻松地被推翻了。

接下来，提出第二个问题：

控制红眼 / 白眼的基因还可能在哪里？如何验证你的猜测？

学生容易由“不在 Y 染色体，那只能在 X 染色体”的逻辑推理而提出假设 2：控制红眼 / 白眼的基因在 X 染色体上。该假设是否正确呢？通过使用这一假设去解释摩尔根的实验现象，写遗传图解（如图 4–6–2 所示）即可发现，按这个假设推理，结果可以成立，F_2 确实表现出白眼全部为雄性。因而，有学生得出结论：控制红眼 / 白眼的基因在 X 染色体上。

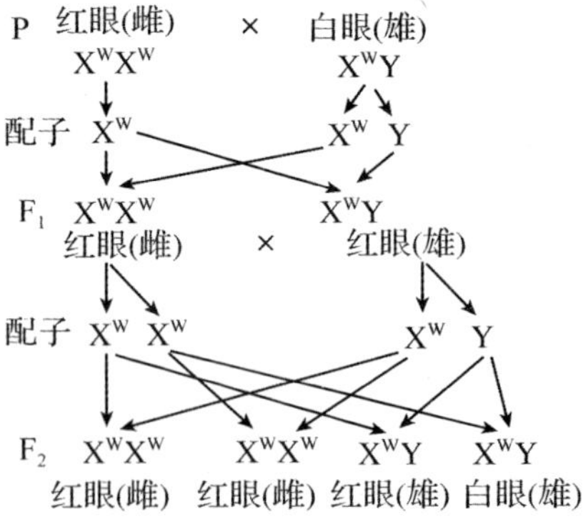

图 4–6–2　摩尔根果蝇杂交实验的解释性假设 2

接下来考查第三个问题：

该假设可以解释摩尔根的果蝇杂交实验现象，是否说明假设一定成立？如果控制红眼/白眼的基因存在于X和Y染色体的同源区段（假设3），会出现怎样的实验结果呢？

学生画遗传图解（如图4–6–3所示）发现，Y染色体上有一个隐性基因w和Y染色体上没有相应基因，实验结果是一样的，也就是说，这两种假设都可以解释摩尔根的果蝇杂交实验结果，这个时候学生就会理解到：判断一种假说是否正确，仅能解释已有的实验现象是不够的，一个正确的假设，除了能解释已有的实验现象，还应运用假说—演绎法，预测另外设计的实验结果，再通过实验来检验。

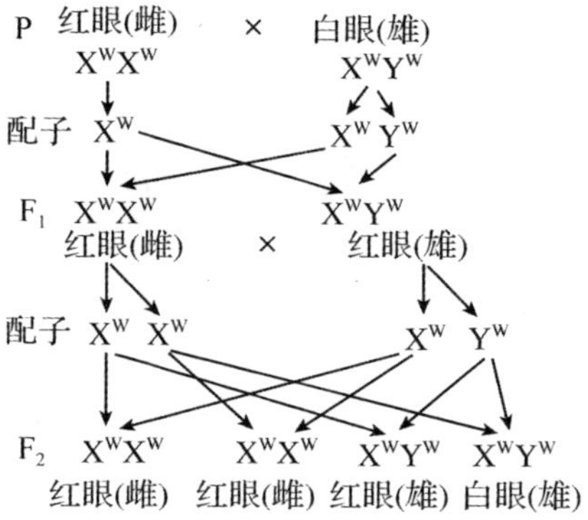

图4–6–3 摩尔根果蝇杂交实验的解释性假设3

接下来进入问题4：

如何验证这两种假设哪个为真？

学生分组讨论发现，两种假设的分歧在于Y染色体上是否存在控制眼色的基因？因而需进一步思考，Y染色体上有无控制眼色的基因怎么能通过实验反映出来呢？前面的分析已经看出，Y染色体上没有控制眼色的基因与Y染色体上存在隐性眼色基因会表现出一样的现象，所以，要让两种假设表现出不同的杂交结果，除非Y染色体上有且有显性的眼色基因。所以，我们选择红眼雄果蝇与白眼雌果蝇杂交，利用遗传图解的形式表示预期结果，接下来的必要环节是做实验，以实验结果进行检验——如果F_1中雄性为红眼，说明假设2成立，如果F_1中雄性为白眼，说明假设1成立。

回顾整个探究环节，学生亲历了假说—演绎的科学推理过程，对这个科学方法的理解程度是传统讲授无法比拟的。

选择性必修1“植物生长素”一节中关于生长素的发现过程，也是典型的培养学生假说演绎科学方法的课程内容，有了摩尔根果蝇杂交实验的分析经验，我们在这节课尝试让学生自己实践假说演绎的整个流程，在实践探究的过程中自己领悟科学方法，提升思维水平。

下面展示具体细节：

首先，为学生呈现向光性现象。

其次，提出探究性问题：胚芽鞘感受单侧光刺激的部位在哪里？

接下来，由学生合作完成探究计划。表4-6-1是学生完成的探究实验设计。

表4-6-1　探究实验设计：胚芽鞘感受单侧光刺激的部位在哪里？

作出假设	演绎推理	实验验证	实验结论
假设胚芽鞘感光部位在尖端	如果假设正确，则：①去掉尖端，胚芽鞘感受不到单测光刺激，不会出现向光弯曲生长；②保留尖端但不让其见光，也不会出现向光弯曲生长	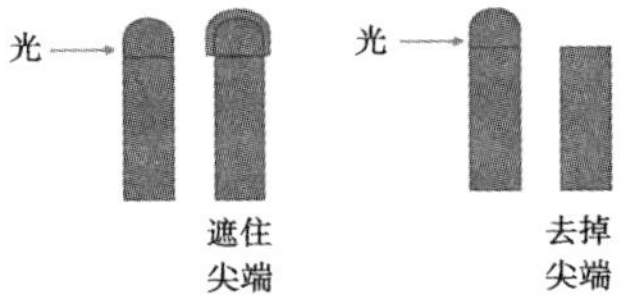	

该设计清晰反映出学生对假说演绎法的理解，尤其是实验验证的设计，说明学生能够真正理解假设—演绎推理的科学探究原理，即判断一种设想或假说是否正确，仅能解释已有的实验现象是不够的，还应运用假说—演绎法，预测另外设计的实验结果，再通过实验来检验。

三、通过“自我评价”发展学生的批判性思维

生物学科作为一门实验科学，教学中教师对于实验探究都相当重视。有学者指出，科学思维的培养应该引导学生运用推理、归因、评价、论证等思辨形式对生命现象进行分析、讨论，尤其是让学生将其思辨过程外显出来，以思维链或逻辑链的形式进行展示与交流，这种训练非常有利于学生高阶思维能力的培养[6]。在高三试卷讲评课中，我们尝试采用“自我评价”式试卷讲评模式[7]，让学生梳理自己的思维过程，以思维链或逻辑链的形式展示思维过程，进而反思思维路径，提升思维水平。以下案例展示这样的教学过程。

斑马鱼的酶 D 由 17 号染色体上的 D 基因编码。具有纯合突变基因（dd）的斑马鱼胚胎会发出红色荧光。利用转基因技术将绿色荧光蛋白（G）基因整合到斑马鱼 17 号染色体上，带有 G 基因的胚胎能够发出绿色荧光。未整合 G 基因的染色体的对应位点表示为 g。用个体 M 和 N 进行如下杂交实验：

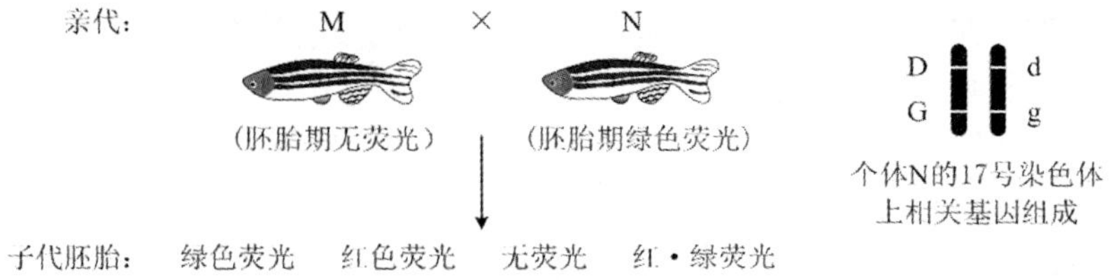

问：亲代 M 的基因型是________；子代中只发出绿色荧光的胚胎基因型包括________杂交后，出现红·绿荧光（既有红色又有绿色荧光）胚胎的原因是亲代________（填“M”或“N”）的初级精（卵）母细胞在减数分裂过程中，同源染色体的________________发生了交换，导致染色体上的基因重组。通过记录子代中红·绿荧光胚胎数量与胚胎总数，可计算得到该亲本产生的重组配子占其全部配子的比例，算式为________________________。

首先，以逻辑链的形式书写推导过程。下面是一位学生的完成情况：

① 由 M 的表现型为无荧光推出 M 的基因型为 D_gg。

② 由子代出现红色个体（dd）推出 M 的基因型为 Ddgg。

③ 由子代出现红·绿荧光胚胎（基因型为 ddG_）推出必然有一方产生 dG 的配子，而 M 无 G 基因，所以推出 N 产生的 dG 配子。

④ 写 M 与 N 杂交的遗传图解如下：

Ddgg × DdGg

↓

	$\frac{1}{4}$ DG	$\frac{1}{4}$ Dg	$\frac{1}{4}$ dG	$\frac{1}{4}$ dg
$\frac{1}{2}$ Dg				
$\frac{1}{2}$ dg			$\frac{1}{8}$ ddGg 红·绿荧光	

图 4-6-4　M 与 N 杂交的遗传图解（修改前）

通过学生展示的逻辑链，老师很快就发现了他的思维误区：DdGg 要产生四种等比例配子的条件是 D/d 与 G/g 两对基因位于两对染色体上，而题目信息是两对基因位于一对染色体。所以这位同学的问题归结为两点：①对自由组合定律成立条件的理解不到位；②获取、处理信息的能力欠缺。

和学生交流分析之后，他对自己的逻辑链进行了修正补充：

① 由题目信息可知，D/d 与 G/g 两对基因位于一对染色体上，所以不符合自由组合定律。

② 由子代出现红・绿荧光胚胎（基因型为 ddG_）推出 N 产生 dG 的配子，说明 N 产生配子过程中发生了交叉互换，和 dG 同时产生的重组配子为 Dg，这两种配子的概率相等。设 dG 配子的概率为 x。

③ M 与 N 杂交的遗传图解修改如下（见图 4-6-5）：

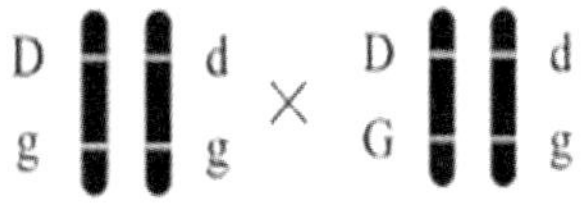

↓

	DG	x Dg	x dG	dg
$\frac{1}{2}$ Dg				
$\frac{1}{2}$ dg			$\frac{1}{2}$ ddGg 红・绿荧光	

图 4-6-5　M 与 N 杂交的遗传图解（修改后）

④ x=2（红绿荧光胚胎数 / 胚胎总数），重组配子包括 dG 和 Dg，概率为 $2x$= 4（红绿荧光胚胎数 / 胚胎总数）。

我们知道，多数人的思维方式都是潜意识的，当思维在潜意识中运作时，在不清楚自己思维过程的情况下是不可能改变思维的。而“自我评价”式试卷讲评方式让思维外显化、清晰化，学生和老师都可以直观地看到思维过程，就很容易发现思维漏洞和误区，进而修正补充。高三的实践证实，这种方式能很精准快捷地发现学生的思维漏洞，有效提升学生的高阶思维能力。

可见，结合课程内容培养批判性思维，对学生理解生命观念、进行科学探究、建立科学思维、领悟社会责任都有帮助，但这也依赖于教师自身对批判性思维原理和方法的理解掌握，并将其灵活、恰当地应用到教学改革实践中，进而承担培养起具有科学思维与创造力的人才的使命。

V 升学篇

2024年招生考试与录取政策

摘　要： 截至2024年，全国已有29个省（自治区、直辖市）实施高考综合改革，21个省份实现新高考落地。2024年高校招生工作稳步推进，高考综合评价改革全面推进，新高考范围不断扩大，多渠道、多路径、合理科学的招生录取体系进一步完善。深化高考综合改革、实施高中学业水平考试、推进高职分类考试、严格规范特殊类型招生、新高考改革全面落地、加大高校专业调整力度、促进职业技术大学快速发展、健全优化“强基计划”，探索完善“价值引领、素养导向、能力为重、知识为基”的综合考查模式，实现从考知识向考能力素养的转变，实现从解题向解决问题的转变。中国特色现代教育考试招生制度更加完善。2024年全国高考报名人数1342万人，比去年增加51万，连续六年破千万，创历史新高，中国已经建成了世界上规模最大的高等教育体系，高等教育已由大众化阶段正式迈入了普及化阶段。高考志愿填报是学生生涯规划的一个重要环节，是设计未来人生的新起点，高考考生应认真研究志愿填报规则和方法，正确有效填报志愿，警惕“高价辅导”陷阱，从而进入自己理想高校。

关键词： 高考改革；综合评价；“强基计划”；职业教育；志愿填报

新中国成立初期，4.5 亿人口中，80% 以上没有上过学，学龄儿童入学率只有 20%，1949 年全国接受高等教育的在校人数只有 11.7 万人。从 2012 年起，我国实现了国家财政性教育经费占 GDP4% 的目标并保持连续增长，受教育人口和人均受教育年限稳步大幅增长。2002 年至 2023 年，我国高中阶段毛入学率一直在持续上涨，2023 年达 91.8%。2023 年高考报名人数 1291 万人，本专科录取 1042.22 万人，平均录取比例达到约 80.73%，其中，普通本科招生 478.16 万人，比上年增长 2.19%。职业本科招生 8.99 万人，比上年增长 17.82%。高职（专科）招生 555.07 万人，比上年增长 2.99%。全国共招收成人本专科 445.49 万人，比上年增长 1.24%；在校生 1008.23 万人，比上年增长 7.99%。招收网络本专科 163.42 万人；在校生 739.97 万人。2024 年全国高考报名人数 1342 万人，比 2023 年增加 51 万人，报考人数创历史新高。中国已经建成了世界上规模最大的高等教育体系，高等教育已由大众化阶段正式迈入了普及化阶段。

考试招生制度是国家基本教育制度，关系国家发展大计，党中央、国务院高度重视，对考试招生制度改革作出全面部署。2014 年国务院印发了《关于深化考试招生制度改革的实施意见》，启动了新一轮考试招生制度改革。2020 年，中共中央、国务院印发了《深化新时代教育评价改革总体方案》，再次对考试招生制度改革进行了部署。2024 年，前四批 21 个省市新高考全面落地，另有第五批八个省份将于 2025 年落地新高考，高考改革进入全面推进的关键阶段。截至目前，已陆续出台了实施高中学业水平考试、加强和改进综合素质评价、规范高考加分、实施“强基计划”、推进高职分类考试、改革艺术体育考试招生等一系列具有四梁八柱性质的配套政策。各地结合实际制订改革实施方案并有序组织实施，形成了分类考试、综合评价、多元录取的考试招生模式，促进公平、科学选才、监督有力的体制机制更加健全，中国特色现代教育考试招生制度更加完善。

进一步改进招生计划分配方式，促进城乡入学机会均等。持续实施支援中西部地区招生协作计划，每年从全国招生计划增量中专门安排部分名额面向中西部地区和考生大省招生。持续实施重点高校招收农村和贫困地区学生专项计划，形成了保障农村和贫困地区学生上重点高校的长效机制。进一步完善和落实进城务工人员随迁子女升学考试政策，累计已有近两百万名随迁子女在流入地参加了高考。

进一步清理和规范高考加分，确保教育公平。2015 年、2019 年，教育部会同有关部门按照“促进公平、规范管理、科学精准”的原则，先后开展了两轮清理和规范高考加分工作，明确取消体育特长生、中学生奥林匹克竞赛、科技类竞赛、省级优秀学生、思想品德有突出事迹等五类全国性高考加分项目，指导各地减少地方性加分项目，进一步降低加分分值。目前，已取消 5 类全国性高考加分项目，逐步取消 95 类地方性加分项目，推动少数民族加分更加精准。

启动实施“强基计划”，探索基础学科拔尖创新人才选拔机制。落实中央关于加强基础学科拔尖创新人才培养的决策部署。“强基计划”聚焦国家重大战略需求，突出基础学科的支撑引领作用，目前由 39 所“双一流”建设高校重点在数学、物理、化学、生物以及哲学、历史、古文字学等专业招生。推进“破五唯”教育评价改革，积极探索在招生过程中对学生进行多维度评价。创新人才培养模式，实行小班化、导师制，探索本硕博衔接的培养模式。“强基计划”实施四年以来，选拔培养了一批对基础学科研究有志向、有兴趣、有天赋的优秀学生，在聚焦国家重大战略需求、服务新质生产力发展和拔尖创新人才培养模式探索上迈出了坚定有力的步伐。

大力推进高职分类招考，形成了适合技术技能型人才选拔的考试评价模式。推动高职院校的考试招生与普通高校本科相对分开，采取“文化素质 + 职业技能”的考试评价方式。各地一般在每年春季安排举行高职院校分类考试。学生也可参加统一高考进入高职院校。在各地的大力推进下，分类考试已成为学生升入高职院校的主渠道。近年来，全国每年通过分类考试录取的学生已超过 300 万，占高职招生总量的 60% 以上。

第一节　高考报考人数、录取规模及其趋势

据教育部发布2023年全国教育事业统计结果显示，截至2023年，全国共有各级各类学校49.83万所，比上年减少2.02万所，下降3.9%；各级各类学历教育在校生2.91亿人，比上年减少151.26万人，下降0.52%；专任教师1891.78万人，比上年增加11.42万人，增长0.6%。2023年，全国普通、职业本专科共招生1042.22万人，比上年增长2.73%，高等教育毛入学率60.2%，比上年提高0.6个百分点，提前完成“十四五”规划目标。全国共有高等学校3074所，比上年增加61所。其中，普通本科学校1242所（含独立学院164所），本科层次职业学校33所，高职（专科）学校1547所，成人高等学校252所。另有培养研究生的科研机构233所。

一、2024年高考报名人数再创新高

全国高考报名人数在2008年达到历史最高峰1050万之后逐渐回落，直至2014年止跌并连续6年稳定在940万人以上，2019年全国高考报考人数再次突破千万。2020年全国高考报名人数达1071万人，2021年全国高考报名人数1078万人，2022年我国高考报名人数1193万人，2023年我国高考报名人数1291万人，2024年我国高考报名人数1342万人，比2023年增加51万人，连续六年破千万，高考报名人数创历史新高。

根据教育部公布的普通高中在校学生人数统计来看，2022年高一年级（2024年应届高考生）人数947.54万人，而2024年高考实际报名人数为1342万人，这也就意味着2024年应届普通高中考生只占到高考实际报名人数的70.61%，剩余29.39%约394.46万考生来自对口招生、高职单招考生及复读考生。近年来，对口招生、高职单招考生及复读考生人数占到当年高考总报名人数的25%以上，且呈上升趋势。如2023年应届普通高中考生人数约为905.99万，当年高考报名总人数为1291万，应届普通高中考生人数占比为70.17%；2022年应届普通高中考生人数约为876.77万，当年高考报名总人数为1193万，应届普通高中考生人数占比为73%；2021年应届普通高中考生人数约为834.48万，当年高考

报名总人数为 1078 万，应届普通高中考生人数占比为 77.4%；2020 年应届普通高中考生人数约为 783.19 万，当年高考报名总人数为 1071 万，应届普通高中考生人数占比为 73.1%。1977—2024 年我国高考报名人数及招生人数如图 5-1-1 所示。

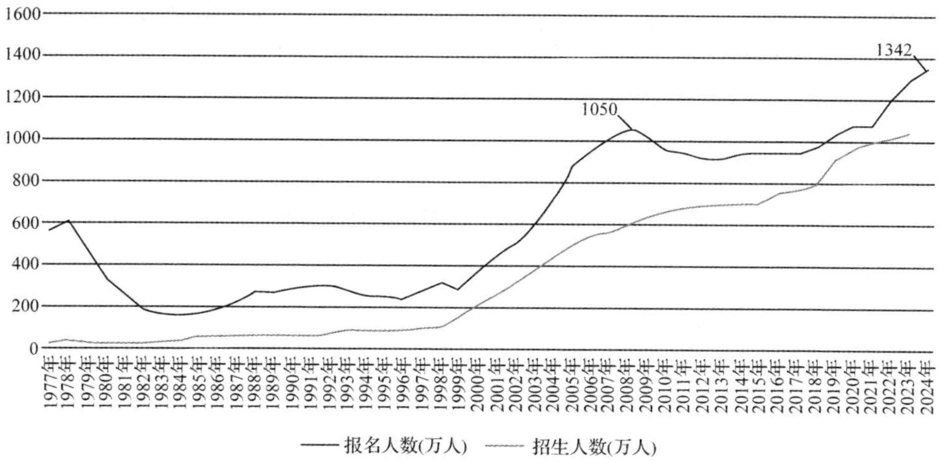

图 5-1-1　1977—2024 年我国高考报名人数与高考招生人数（单位：万人）

数据来源：教育部

二、高考报名人数未来趋势

2024 年高考报名人数创造了新的纪录，但从长期看，人口增长将呈下降趋势。2003 年以来，我国新生儿的数量长期稳定在每年 1600 万左右，2016 年出现短暂上升，随后持续下跌，2017—2023 年七年中出现人口增长六连跌的情况，新生儿数量分别为 1723 万、1523 万、1465 万、1200 万、1062 万、956 万、902 万。2023 年新生儿数量创下近年最低纪录，从 2016 年的 1786 万，到 2023 年的 902 万，新生儿数量下跌 880 余万。据相关研究表明，我国新生儿数量可能出现持续下降，这也将影响高考报名人数和高等教育生源。假设 17 年后，在新生儿全部健康成长，一个不分流、不流失的先决条件下，当 2023 年新生儿参加高考时，这 902 万考生，也已经明显低于 2023 年高校招生人数 1042.22 万人。

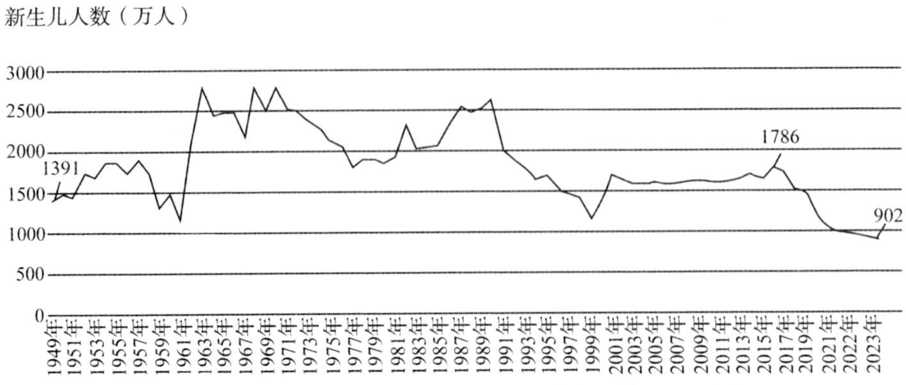

图 5-1-2　1949—2023 年新生儿人数（单位：万人）

数据来源：国家统计局

中学毕业生是高等教育的主要生源。2002—2023 年，我国高中阶段毛入学率一直在持续上涨，2023 年达 91.8%，九年义务教育的深入完善及高中教育的普及为高等教育提供了充足的生源。虽然 2017—2024 年全国高考报名人数从 940 万增长到 1342 万，增加 402 万人，增长比例达到 42.77%，但相应的 2014—2023 年全国普通高中招生人数则保持在 796.60 万—967.8 万的区间，增长比例 21.49%。高考报名人数的大幅增长主要来自对口招生、高职单招考生以及复读考生。

近年来，国家连续实施了普通高中改造计划和教育基础薄弱县普通高中建设项目，中央财政累计投入 711.86 亿元，带动地方各级政府进一步加大了学校建设投入，显著改善了学校办学条件，为深化教育教学改革、实施选课走班教学创造了有利条件。十年来，普通高中校舍资源快速增加，2023 年全国普通高中学校共有校舍 7.09 亿平方米，比上年增加 2913.55 万平方米。设施设备配备达标的学校比例情况分别为：体育运动场（馆）面积 95.01%，体育器械 97.11%，音乐器材 96.57%，美术器材 96.67%，理科实验仪器 96.85%。各项比例较上年均有提高。生均公用经费拨款制度全面建立，2022 年，全国教育经费总投入为 61329.14 亿元，比上年增长 5.97%。其中，国家财政性教育经费（主要包括一般公共预算安排的教育经费，政府性基金预算安排的教育经费，国有及国有控股企业办学中的企业拨款，校办产业和社会服务收入用于教育的经费）为 48472.91 亿元，比上年增长 5.75%，有效保障了学校正常运转。教师补充力度持续加大，普通高中专任教师总数大幅增加，2023 年普通高中专任教师 221.48 万人，比上年增加 8.16 万人；生师比 12.66∶1，持续改善。专任教师学历合格率 99.2%，比上年增长 0.17 个百分点；专任教师中研究生学历比例 14.01%，比上年增长 0.93 个百分点。

三、高考录取率持续上升

自 1977 年以来，高考录取率保持持续上升的趋势。1977 年恢复全国统一高考，570 万人报考，录取 27 万人，录取率为 4.74%。1978 年 610 万人报考，录取 40.2 万人，录取率为 6.59%。1981 年高考录取率超过 10%，1983 年高考录取率为 23.35%，超过 20%。1993 年 286 万人报考，录取 98 万，录取率 34.27%，首次超过 30%。1999 年高等教育扩招，288 万人报考，录取 159.68 万，录取率大幅提高，达到 55.44%。2010 年高考录取率达到 69.95%，2017 年突破了 80%，2020 年高考招生人数达 967.5 万人，实际录取率首次突破了 90%，2021 年高考录取率达到最高峰 92.86%，2022 年高考录取率出现下滑，当年录取率为 85.04%，2023 年高考录取率为 80.73%。高考录取率持续上升并维持在 80% 以上，意味着绝大多数高考生拥有了接受高等教育的机会，我国高等教育迈入了普及化阶段。

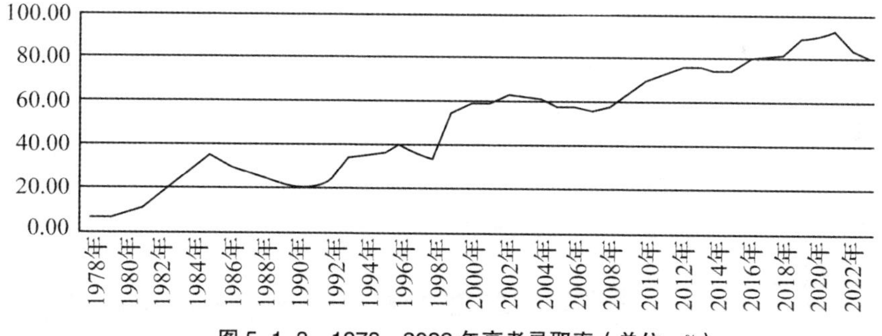

图 5-1-3　1978—2022 年高考录取率（单位：%）

四、职业高考与高考报名人数增长

高考报名人数增长，一个重要因素是中职学生的大规模加入。近年高考报名人数统计口径和 20 世纪 90 年代完全不同，大量中职学生成为高考报名人数中的重要组成部分。2021 年全国职业教育大会上，对中职的定位第一次明确调整为升学与就业兼顾，明确提出了职教高考的概念，要求扩大职业教育升学通道，建立清晰的中等职业教育、高等职业教育体系，在高等职业教育体系中，包括专科、本科以及本科以上阶段。今年高考报名人数大幅增加，和这一政策的调整显然有着密切的关系。2019 年政府工作报告提出了高职院校大规模扩招 100 万人的计划，开启了我国高等教育的新一轮扩招。与 20 世纪 90 年代末的扩招不同，本次扩招定位在高等职业教育，并且明确提出要重点关注退役军人、下岗职工、农民工等非传统生源。2020 年政府工作报告再次提出，两年内高职院校将继续扩招 200 万人。2022 年将扩大职业本科、职业专科学校通过“职教高考”招录学生比例，使“职教高考”成为高等职业教育招生，特别是职业本科学校招生的主渠道。

教育部公布的数据显示，2019 年高职扩招共 116 万人，超过原招生计划约 2 万人，百万扩招顺利完成。2019—2021 年，我国高职分别扩招 116.4 万人、157.4 万人和 140 万人，三年时间高职扩招超 400 万人。2019 年专科招生人数达 483.61 万人，这是自 2009 年后我国专科招生人数首次超过本科招生人数。目前，我们已建成全世界规模最大的职业教育体系，高职三年扩招 413.3 万人，2021 年高职（专科）招生 552.6 万人，是十年前的 1.8 倍。2022 年高职（专科）招生 538.98 万人（不含五年制高职转入专科招生 54.29 万人），同口径比上年增加 31.59 万人，增长 6.23%。2023 年职业本科招生 8.99 万人，比上年增长 17.82%。高职（专科）招生 555.07 万人，比上年增长 2.99%。全国职业学校开设 1300 余个专业和 12 余万个专业点，基本覆盖了国民经济各领域，中高职学校每年培养 1000 万左右的高素质技术技能人才，为经济社会发展提供了源源不断的技术技能人才。

教育部职业教育与成人教育司指出，将推动职业本科教育稳中有进，推进中职学校多样化发展，使“职教高考”成为高职招生主渠道。让职业教育“有学头、有盼头、有奔头”，引导学生家长理性选择。首先，改变社会对职业教育的刻板印象。要从类型特色、产教融合、校企合作、教学改革、打造品牌等方面，抓实抓好现代职业教育高质量发展的具体举措。在提高质量的基础上，增强职业教育的吸引力，让学生家长选择职业教育，让用人单位依靠职业教育，逐步形成“上学选职业学校、技能提升找职业学校”的社会氛围，树立职业教育的好口碑。其次，支持符合条件的学校试办职业本科教育。完善职业本科学校设置标准和专业设置办法，支持符合条件的国家“双高计划”建设单位独立升格为职业本科学校，支持符合产教深度融合、办学特色鲜明、培养质量较高的专科层次高等职业学校，升级部分专科专业，试办职业本科教育。同时，将遴选建设 10 所左右高水平职业本科教育示范学校。目前全国专升本的比例已达 20%，下一步将力争让更多的职业学校毕业生接受高质量的职业本科教育。再次，推动中职教育向“就业与升学并重”转变。中等职业教育是职业教育的起点而不是终点，推进中职学校多样化发展， 从单纯“以就业为导向”转变为“就业与升学并重”。抓好符合职业教育特点的升学教育，在保障学生技术技能培养质量的基础上，加强文化基础教育，扩大贯通培养规模，打开中职学生的成长空间， 让中职学生就业有能力、升学有优势、发展有通道。最后，使“职教高考”成为高职招生主渠道。2022 年将扩大职业本科、职业专科学校通过“职教高考”招录学生比例，使“职教高考”成为高等职业教育招生，特别是职业本科学校招生的主渠道。推动建立省级统筹、综合评价、多元录取的“职教高考”制度，改善学生通过普通高考“千军万马过独木桥”的问题，中考分流压力和“教育焦虑”得到有效缓解，职业教育中高本一体化培养模式基本形成。

概言之，职教高考（对口升学）是国家从高校招生计划中选择部分专业，拿出专门指标，中职对接高职、本科，让中等职业学校的毕业生通过对口专业的考试招生，进入普通高校学习；对口升学的学生大学毕业后和同年通过普通高考进入大学深造的学生享受同等待遇；对口升学的优势在于升学、就业双保险，就读对口升学班，有直接升入大学的机会，也可选择直接就业，升学、就业两不误。

第二节　2024 年高考招生政策稳中有变

2024 年 3 月 20 日，教育部发布《关于做好 2024 年普通高校招生工作的通知》，2024 年普通高校招生工作要以习近平新时代中国特色社会主义思想为指导，深入贯彻落实党的二十大精神，全面贯彻党的教育方针，贯彻中央经济工作会议精神，坚持稳中求进工作总基调，统筹扩大内需和深化供给侧结构性改革，围绕服务教育强国建设，在转方式、调结构、提质量、增效益上积极进取，

进一步深化改革创新、加强规范管理、维护公平公正，确保考试招生工作安全平稳有序。与高考招考密切相关的重要内容包括：①

一是建立完善高水平考试安全体系。要求各地各校全面落实主体责任，完善健全各类突发事件应急处置机制和预案。强化部门协同配合，严格考试组织管理，开展手机作弊专项治理。深入实施“高考护航”行动，加强治安、交通、卫生防疫、噪音治理、心理辅导等多方面综合服务保障。

二是大力促进入学机会公平。严格招生计划管理，继续实施国家支援中西部地区招生协作计划、重点高校面向农村和脱贫地区专项计划，做好随迁子女在流入地参加高考工作。严格开展报名资格审核，严厉打击“高考移民”。

三是稳步推进高校考试招生改革。深化高考综合改革，全力做好吉林等第四批改革省份新高考落地各项工作。深化考试内容改革，落实立德树人根本任务，构建德智体美劳全面考查的内容体系。统筹做好强基计划等拔尖创新人才选拔培养工作，加强选拔、培养、评价一体化建设。精心做好艺术体育类招考改革落地工作。加强教考衔接，完善“文化素质＋职业技能”的职教高考制度。

四是严格规范招生录取管理。要求各地落实监督管理责任，加强对报名、考试、录取全过程监督。严肃招生工作纪律，加强招生信息公开，加大违规查处力度。

五是优化考试招生宣传服务。加强高考宣传，做好信息发布、政策解读和温馨提示等工作。坚持正确育人导向，进一步完善和规范高考成绩等发布工作，推动全社会树立科学的人才观、成才观、教育观。加强志愿填报咨询服务，为考生和家长提供多渠道公共服务。

一、阳光招生进一步落地

计划招生是我国招生录取体系的鲜明特色。经过多年探索和完善，我国普通高校招生工作，从录取技术、录取程序、信息公开、管理规范等方面，积累了大量宝贵的经验，实现了招生管理改革的信息化、法制化和现代化，也成为

① 教育部关于做好 2024 年普通高校招生工作的通知，中华人民共和国教育部门户网站，http://www.moe.gov.cn/srcsite/A15/moe_776/s3258/202403/t20240320_1121360.html

提高教育公平和人民满意度的关键环节。

第一，招生录取工作的技术信息化进程进一步完善。1997 年教育部要求全国各地高校建立招生计算机网络系统；1998 年，教育部要求各地高校确定招生信息实时传输系统时间表，同时制定《普通高校招生工作管理信息标准》。1999 年教育部在全国部分省市实施计算机网上录取的试点工作，要求有关方面积极配合，确保试点成功，非试点省份和高校需要做好相应准备。2000 年，教育部制定《普通高校招生计算机网上录取工作试行办法》，要求试点省市和有关高校加大设施投入力度，确保网上录取试点工作成功。2001 年全国各省市普通高校招生均实现网上录取，其中远程网上录取的数量和比例也不断加大。2002 年全国各省市普通高校招生实现全部远程网上录取。

第二，招生录取工作的法制化建设进程，即“依法治招”有了法律依据。《中华人民共和国教育法》和《中华人民共和国高等教育法》相继颁布，高校管理工作发生重大变化，与之相适应的招生录取工作三级主体权力责任体系日益健全和规范，即高校具体负责、地方招生监督实施、国家统一管理。1998 年教育部要求全国加强各地各级招生委员会及其办公室的机构建设，不得以任何借口削弱甚至取消招生委员会及其办公室，对于机构不健全的地方，除了通报批评外，还要减少当地招生名额。2000 年，教育部进一步要求各高等学校成立校长负责的招生工作领导机构，切实遵循高校招生“学校负责、招办监督”的录取体制，全面正确行使高校依法自主办学权。2001 年教育部进一步细化地方招办和高校的相关合作，要求地方招办改进工作，充分注意因高校管理体制改革形成的高校构成和布局的新特点，切实履行执行国家招生政策和计划、组织实施招生考试改革及日常工作的主要职责，增强向考生、高校和社会服务的功能；要求高校依法形成办学自主权，不得超越国家招生政策自立标准。地方招办和高校都要建章立制，强化内部管理，维护考生权益，自觉接受社会各方面监督。2002 年，教育部正式提出“依法治招”的口号，依法治招是我国教育改革和发展的必然选择，是依法治教的重要组成部分。高校和各级教育行政部门按照依法治招要求，修订章程。高校招生要切实做到公正、公平，招生条件、录取程序和规则等必须事先在招生章程中公布，做到公开透明。

第三，严格规范招生录取管理，招生计划的制度化建设有序推进。1998 年高等教育改革以前，教育部主要是强调国家招生计划的严肃性，招生来源计划由教育部统一规划，由省级招生部门统一向社会公布，公布后未经教育部批准，不得更改。1999年，高等教育格局发生显著变化，高校扩大招生规模以及高校纷纷合并，使得原有学校管理格局发生深刻变化。高校招生的自主权利得到重视，教育部特别为部分高校预留2%的招生计划调剂权。2000年，教育部开始考虑到招生计划与国家经济发展的需要，也考虑生源的区域差异，要求中央部门所属高等学校面向全国招生来源计划和地方所属高等学校跨省（自治区、直辖市）招生来源计划由教育部综合平衡下达。高等学校在经教育部批准后，可对工作与生活条件比较艰苦的地区或行业，在招生来源计划中按不超过本校当年招生计划总数5%的比例，实行定向招生、定向就业。2003年教育部对于高校编制招生计划提出新的要求，强调高校要按教育部有关计划编制的原则、要求、统一的信息标准及专用软件编制本校的招生来源计划，并按时报送有关部门。2004年教育部进一步明确具备制定招生来源计划的高校资格，规定安排跨省招生高校的预留计划不能超过总额的3%。2005年阳光招生工程实施，招生管理工作要求进一步趋严，定向招生要求高校不得指定行业、单位或某一局部地区的生员招收，强调只能是部分高校申请少量定向招生，并经教育部核定；跨省招生高校的预留计划减少至不超过总额的1%。2006年，教育部专门出台《2006年普通高等学校招生来源计划管理执行办法》，要求高校加强对人才需求的分析、预测，结合自身办学条件、生源状况、就业形势，做好招生专业结构、区域结构等的调整，按照“生源质量为主，兼顾地区平衡”的原则，在国家核定的年度招生规模内，依法科学、合理地编制招生来源计划；同时规定自2006年起，高校招生来源计划施行网上编制、管理，地方招办汇总各高校编制后，报备教育部，统一分送地方招办执行。到2008年，“全国普通高校招生来源计划网上管理系统”建成，教育部要求各省在该系统内编制招生来源计划。

第四，信息的公开化与阳光工程得到顺利实施。1998年教育部要求各地招办增加招生工作的透明度，及时公布录取结果。1999年教育部进一步明确指出各地招办可公布当地招生的录取考生总人数及平均分等，坚持“公开、公平、公正”的原则，强化服务措施，保护考生的正当权益。2008年，教育部规定各地高校必须将招生章程于该年4月1日前传至“阳光高考”招生信息发布及管理平台，各地招办于4月15日前完成审定、备案工作，并向社会公布。2011年教育部再次发布《关于深入实施高校招生阳光工程的意见》，要求全国建立严格规范的招生管理体系、公开透明的招生运行体系、严明有力的监督保障体系和方便快捷的考生服务体系，切实维护好广大考生的合法权益，提高招生工作的公信力和人民群众的满意度。2012 年教育部提出的新工作目标，要求全国各地招办继续深入实施高校阳光工程，核心内容是以招生“六公开”为基础，进一步加大信息公开力度，扩大信息公开范围，明确信息公开主渠道，增强信息公开实效。要进一步细化、规划和完善录取各阶段信息公开的时间、内容和方式，确保信息公开、合法、完整、准确、规范、及时和安全。确保考生及时掌握录取政策、招生计划和调整境况；要及时公布负责单位信息，公开信访咨询部门的名称、办公地址、办公时间、联系电话、电子邮箱等信息；要积极回应考生咨询，自觉接受社会监督。2013 年，教育部为贯彻落实《国务院办公厅关于印发当前政府信息公开重点工作安排的通知》，出台了《教育部关于进一步推进高校招生信息公开工作的通知》，要求各高校招生信息做到“十公开”：招生政策公开、高校招生资格公开、高校招生章程公开、高校招生计划公开、考生资格公开、录取程序公开、录取结果公开、咨询及申诉渠道公开、重大违规事件及处理结果公开、录取新生复查结果公开。

截至 2023 年，教育部已陆续出台了实施高中学业水平考试、加强和改进综合素质评价、规范高考加分、实施“强基计划”、推进高职分类考试、改革艺术体育考试招生等一系列具有四梁八柱性质的配套政策，分五批指导 29 个省（区、市）启动了高考综合改革。目前，29 个高考综合改革省份均已建成省级统一的综合素质评价电子平台，有力保障了评价实施的规范性和便捷性。

一是区域城乡入学机会更加公平。持续实施支援中西部地区招生协作计划，新增招生名额重点向中西部省份和人口大省倾斜。持续实施重点高校招收农村和贫困地区学生专项计划，累计录取学生 95 万余人。进一步落实和完善进城务工人员随迁子女升学考试政策，累计已有 168 万余名随迁子女在流入地参加高考。

二是考试评价的素质教育导向不断强化。各地普遍建立起高中综合素质评价制度。增强高考命题的育人功能，构建引导学生德智体美劳全面发展的考试内容体系，突出能力考查，加强教考衔接。大力推进高职院校分类考试，采取“文化素质 + 职业技能”的评价方式，全国每年通过分类考试录取的考生已经超过 300 万人，占高职招生总量的 60% 以上。

三是人才选拔方式更加科学规范。大幅减少、严格控制高考加分项目。启动实施“强基计划”，积极探索选拔培养基础学科拔尖创新人才。深入推进高校艺术类专业和高水平运动队考试招生改革，进一步提高选拔的公平性和科学性。

四是制度笼子进一步扎紧织密。加强信息公开，深入实施高校招生“阳光工程”，大力推进从严治考治招，严厉打击涉考违法犯罪活动。2020 年以来，积极应对新冠疫情，创造了疫情防控常态化下组织大规模考试的中国经验。

五是高考综合改革稳步推进。截至目前，全国已有 29 个省（区、市）启动了高考综合改革，新高考实行科目可选，打破了过去“文综”“理综”固定科目组合模式，普通高中不同程度实行“选课走班”。

二、新高考改革全面实施

2017 年浙江、上海先行试点新高考方案，2020 年北京、天津、山东、海南四省市正式实施新高考；2021 年第三批 8 省湖南、广东、江苏、重庆、湖北、福建、辽宁、河北实施新高考，这 8 个省份普通高校招生考试实行“3+1+2”模式，高考文化总成绩为 750 分。第四批 7 省（吉林、黑龙江、安徽、江西、广西、贵州、甘肃）的新高考于 2024 年落地，第五批 8 省区（山西、内蒙古、河南、四川、云南、陕西、青海、宁夏）的新高考将于 2025 年落地。第三批、第四批和第五批新高考省份均采用“3+1+2”高考模式。“3+1+2”模式包括国家统一高考语文、数学、外语（含笔试和听力）3 门科目，考生自主选择普通高中学业水平选择性考试 3 门科目。其中，选择性考试科目包括物理、化学、生物学、思想政治、历史、地理 6 门科目，考生在历史、物理 2 门科目中自主选择 1 门作为首选考试科目，在化学、生物、思想政治、地理 4 门科目中自主选择 2 门作为再选考试科目。其中，统一高考科目试题由教育部命制，选择性考试科目试题由各省份自主命制。对于分数的制定，统一高考科目语文、数学、外语每门满分 150 分，按原始成绩计入考生高考文化总成绩。选择性考试科目每门满分 100 分，首选科目物理、历史使用原始成绩计入考生高考文化总成绩，再选科目思想政治、地理、化学、生物按等级赋分后计入考生高考文化总成绩。

第一，深化高考综合改革。吉林、黑龙江、安徽、江西、广西、贵州、甘肃等第四批高考综合改革省份要全力做好新高考落地的各项工作，精心制定命题、考试和录取工作方案。加强全流程全员模拟演练，做好考生志愿填报指导、投档录取等各环节工作，确保改革平稳落地。已实施高考综合改革的省份要进一步总结经验、完善措施，促进新高考、新课程、新教材的协调联动。推进高中学生综合素质档案建设，并加强在“强基计划”等特殊类型招生中的参考使用。第五批改革省份要提前谋划，积极做好改革落地各项准备工作。

第二，深化考试内容改革。落实立德树人根本任务，将习近平新时代中国特色社会主义思想考查融入试题，构建德智体美劳全面考查的内容体系。注重考查学生的必备知识、关键能力和学科素养，引导培养探索性、创新性思维品质。优化试卷结构和试题形式，增强试题的应用性、探究性、开放性。持续加强国家教育考试命题和考务工作队伍建设，强化规范管理，完善保障机制，提升工作水平。

第三，加强基础学科拔尖创新人才选拔培养。统筹实施“强基计划”、少年班、英才班、保送生等各类拔尖创新人才选拔培养政策，加强选拔、培养、评价一体化建设。相关高校要进一步优化考核评价办法，注重对学生的“好奇心、探究欲、问题意识、质疑精神、意志品质”等因素考查，着力选拔对基础研究有志向、有兴趣、有天赋的优秀学生。要坚持人才培养的核心地位，遵循拔尖创新人才成长规律，完善培养方案，强化资源配置和核心育人要素建设，提高人才自主培养质量。“强基计划”试点高校要加强本硕博衔接培养工作，更好服务高水平科技自立自强。

第四，完善职教高考制度。各地要遵循职业教育人才培养规律，加强教考衔接，完善“文化素质＋职业技能”的职教高考制度，推进职普融通，协调发展。要紧密服务当地经济社会发展，统筹安排职教高考招生计划，优化招生专业结构，重点向区域经济建设急需、社会民生领域紧缺、技术技能培养要求高和就业质量高的专业倾斜。要加强省级统筹，依据中职学校课程教学标准，逐步建立文化素质省级统考制度，因地制宜统筹组织实施职业技能考试，可采取省级统考、多校联考、高校校考等方式，加强相关专业类考点建设。各省级教育行政部门要严格规范高职学校招考工作秩序，严禁学校以各种名义提前招揽生源。

三、严格规范特殊类型招生

特殊类型招生作为我国多元录取和特定人才选拔的通道，在过去的高考招生和录取中发挥了重要作用，但随着教育改革的深化，特殊类型招生模式也需要进行改革和调整。特殊类型招生在2020年发生了重大变化：第一，取消高校自主招生；第二，缩减艺术类招生校考专业范围；第三，高水平运动队部分项目逐步停招；第四，2020年起，取消“省级优秀学生”保送生资格。

2021年10月，教育部办公厅发布《关于做好2022年普通高等学校部分特殊类型招生工作的通知》，通知中对落实工作责任和疫情防控要求、加强管理和监督等提出了“四个严格”，具体12条要求，为特殊类型招生保驾护航。

（一）进一步缩减艺术类招生校考专业范围，提高文化课分数要求

严格控制艺术类本科专业高考文化课录取分数线。在未合并普通本科第二、三批次的省份，原则上不得低于本科第二批次录取控制分数线的70%。在合并原普通本科第二、三批次的省份，原则上不得低于合并后第二批次录取控制分数线的75%。2021年9月，教育部发布《关于进一步加强和改进普通高等学校艺术类专业考试招生工作的指导意见》，明确要求，到2024年，基本建立健全高校艺术类专业考试招生制度。《指导意见》中特别需要注意几点：首先，改进专业考试方式，大力推进艺术专业分类考试，积极扩大省级统考范围，到2024年基本实现艺术类专业省级统考全覆盖。在此基础上，进一步大幅压缩校考规模，在参加省级专业测试后，才能获得少数保留校考资格的高校举办的校考，且规模不能超过招生计划的6—8倍。其次，逐步提高高考文化课成绩要求，切实扭转部分高校艺术专业人才选拔“重专业轻文化”的倾向。到2024年，使用省级统考成绩作为专业考试成绩的艺术类专业，在考生高考文化课成绩和省级统考成绩均达到所在省（区、市）艺术类专业录取最低控制分数线基础上，依据考生高考文化课成绩和省级统考成绩按比例合成的综合成绩进行平行志愿择优录取，其中高考文化课成绩所占比例原则上不低于50%。最后，对于高水平运动队，所有的14个专业测试则将全部由国家体育总局相关部门负责，取消了高校的测试资格；在文化课要求上，需要达到本科线80%，对于入校后准备就

读普通专业的，则需要达到该专业录取分数线下 20 分以内，否则只能就读体育专业。

（二）调整少数民族加分政策

教育部在 2022 年 2 月发布的《2022 年普通高等学校招生工作规定》中，对于本年度少数民族加分政策作出了具体介绍。《规定》表示，边疆、山区、牧区、少数民族聚居地区的少数民族考生，在高考投档的时候，可在其文化统考成绩总分的基础上增加一定分数投档。达到高校投档条件的，由高校审查决定是否录取，最多不超过 20 分。近年来，各地在教育部要求的基础上，严格控制少数民族加分政策，多地逐步减少地方性加分项目分值，直至取消。例如，安徽省《关于进一步调整和规范高考加分工作的实施方案》规定，自 2022 年起，取消“侨眷、港澳同胞及其眷属”和“少数民族聚居地区少数民族考生”两项地方性加分项目。近年各地对少数民族加分控制日趋严格。比如，2023 年起，江西省对民族乡（贵溪市樟坪畲族乡等 8 个民族乡）和民族村（铅山县陈坊乡长寿畲族村等 82 个民族村）的少数民族考生加 5 分的政策将取消；2024 年起，内蒙古自治区针对蒙古族、达斡尔族、鄂伦春族、鄂温克族和俄罗斯族五个少数民族考生高考加分分值，将逐步降低。

（三）严控英语类专业保送生

根据教育部规定，2022 年仅 4 类人员具备高校保送资格，分别是：中学生学科奥林匹克竞赛国家集训队成员、部分外国语中学推荐优秀学生、公安英烈子女、退役运动员。除公安英烈子女类名单外，阳光高考网公布了 2022 年保送生资格名单，共计 2877 人，其中，竞赛类保送生 351 人，外语类保送生 1653 人，优秀运动员保送生 873 人。根据数字可以看出，外语类保送生占据了大头。但是，根据 2022 年教育部对特殊类型招生的规定，2024 年起，除北京外国语大学、上海外国语大学、外交学院可继续招收一定数量的外国语中学推荐保送生安排在英语语种相关专业，其他高校招收的外国语中学推荐保送生均安排在除英语以外的小语种相关专业，鼓励高校培养“小语种 +”复合型人才。严禁高校以保送生招生形式将外国语中学推荐保送的学生录取或调整到非外语类专业。

（四）艺考政策变化趋势

第一，统考加强、校考减少。①艺术类专业考试分为省级统考和高校校考。省级统考已涵盖的专业，高校一般应直接使用统考成绩作为考生的专业考试成绩。②对于本地生源极少的专业（美术学类和设计学类除外），鼓励采取联合组织省级统考的方式，报相关省级招委同意后向社会和高校公布。③艺术类专业点设立不足四年的高校，凡省统考涉及的专业，不得组织校考，应直接使用省级统考成绩。④高校要合理安排校考时间，不得与省级招生考试机构的统考时间等安排冲突。第二，加强文化分要求。①艺术类本科专业高考文化课录取控制分数线，原则上不得低于第二批次录取控制分数线的75%。②对于已经按高考文化课成绩录取或使用省级统考成绩作为专业成绩录取的专业。第三，对社会需求不足、培养质量不高的专业应予以调减或停止招生，实行动态调整。2024年起，高校高水平艺术团不再从高校招生环节选拔，由相关高校从在校生遴选培养。

2024年3月教育部印发《关于做好2024年普通高校招生工作的通知》，要求全力做好艺术体育类招考改革落地工作。各地要进一步加强艺术类专业省级统考能力建设，完善省级统考科目和内容，实现考试科类全覆盖；精心做好考试组织和招生录取各环节工作，确保有效衔接。少数组织校考的高校要加强校考与省级统考衔接，合理确定校考形式及内容，科学制定招生录取办法，严格选拔标准。高水平运动队招生高校要进一步完善招生录取办法，严格运动员技术等级证书审核查验。各地和相关高校要加强沟通协调，及时研究解决改革过程中遇到的新情况、新问题，确保改革平稳落地。

第三节　新高考招生录取模式与志愿填报

新高考改革的形式和内容包括诸多方面，如考试科目与分值计算方法的变化，命题方向和内容的变化，取消文理分科，采取“3+3”或“3+1+2”考试模式，改革招生录取机制，将一本、二本、三本批次进行合并统一为本科批次，等等。在新高考模式下，志愿填报和投档录取模式都发生了不小的变化。

专业选择和志愿填报是学生进入大学前的必修课，考生要在认真研究规则和准确获取信息的基础上，结合自身兴趣和学业情况来选择大学及专业。目前有部分考生存在一种依靠他人或机构代替自己进行志愿填报的想法或举措，这往往并不可取，理由如下：首先，各省考试院的相关信息及各高校的招生信息已经相当完备和充分，学生可以在充分信息掌握的基础上进行研究和判断；其次，第三方志愿填报咨询机构水平良莠不齐，存在误导考生以及填报失误的风险；最后，志愿填报和专业选择是个人成长过程中自主决断力和责任感培养不可或缺的环节，不能由他人越俎代庖。概括来讲，随着全国高考信息化建设的完备和阳光招生工作的进一步夯实，高考志愿填报已经是一个信息甄别和科学决策的过程，考生及家长要打破完全依赖于所谓“权威”机构进行志愿填报的迷思，在充分掌握规则和相关信息的基础上进行自我评估、自我判断和自我选择。以下提供一些高考志愿填报和专业选择的一般性规则，供各位考生及家长参考。

一、掌握新老高考招录模式的差别

考试科目组合多，自主选择空间大。新高考必考科目语文、数学、外语不变，物理、化学、历史、思想政治、生物、地理取消固定搭配，以“3+3”或“3+1+2”模式出现，学生可根据自己的爱好、特长等自由组合，前者有 20 种组合方式，后者有 12 种。“3+3”模式即在语文、数学、外语 3 门科目之外，考生可在物理、化学、生物、思想政治、历史、地理 6 科中任选 3 科考试。浙江省采取“3+3”模式，统考三科为语文、数学、外语，选考科目为“7 选 3”，除了物理、化学、生物、思想政治、历史、地理外，还有技术，学生选考组合多达 35 种。“3+1+2”模式，“3”为语文、数学、外语，“1”是物理或历史任选其一，另外 2 门选考科目在化学、生物、思想政治、地理中任选。

等级赋分，语文、数学、外语的地位更加突出。无论是“3+3”还是“3+1+2”模式，高考总分都是由必选科目卷面分 + 选考科目等级赋分构成。等级赋分即将学生原始的卷面分数由高到低进行排序，分出若干等级，再把等级转化为具体的分数。也就是说，选考科目成绩主要取决于自己的排名情况，即使交了白卷，排在最后一名，但依旧能拿到“起点分”。以等级赋分成绩计入总成绩的科目，从 0 到 100 分的卷面原始分区间压缩到几十至一百分的赋分区间，整体成绩的区分度实际上降低了。若想要拉开差距，重点仍在按照原始分计入高考成绩的语文、数学、外语（“3+1+2”模式还有物理或历史）上。

大学专业受选科限制，可选择范围变小。老高考时，大学录取专业主要分为三类：文科、理科、文理科兼报专业。到了新高考，每个高校的每个专业划定选考科目要求，符合要求才能报考。在志愿填报系统里，能看见的就只是符合限科要求的专业，不区分学校层次。

志愿填报个数增多，往年录取数据难以做参考。新高考模式下的志愿设置无论是采用“院校 + 专业组”或“专业（类）+ 院校”，填报个数都远远超过了老高考。在批次线划分上，“3+3”模式跟老高考采取的原理差不多，而“3+1+2”模式则是按首选科目（物理、历史）制定计划和划定分数线。再加上新高考志愿单位精准到专业（组）上，往年的录取数据参考方式需要作些调整。

新高考对高校本科教育教学也带来了影响。由于合并本科录取批次，考生可填报志愿数大幅增加，同时参与录取的院校数量大幅增加，原二、三本院校将直接与一本院校同时录取，生源竞争更加激烈。录取改革由“先报学校，再报专业”变为“先报专业，再报学校”，考生对“专业”的选择将优先于对院校的选择，生源竞争从高校间的竞争，直接转向专业实力的竞争，并且在“专业 + 学校”的志愿填报模式下，招生录取过程中不存在专业调剂。实行考生自主选择高考选考科目后，被录取到相同专业的学生，存在多种高考科目组合，学生的学业基础出现差异，给学校本科教育教学带来一定影响。

二、合理制定学业生涯规划

相比“3+3”模式，“3+1+2”模式制约性更强，学生需要从物理和历史中二选一，相对来说，“3+1+2”模式没有那么自由。不过从报考角度来看，这样的选科模式对于学生后续志愿填报更有好处，学生可以根据日后的专业规划进行选科。

学生需要了解高校对专业的选科要求，尽早思考自己未来想要报考的专业，这样才不会因为选科不符合而错过这些专业。新高考模式下，学生有了更多的选择，想要做到最优选科，学生首先要学会清晰地了解自己，明白自己的优势在哪，自己未来想学什么专业，避免采用“随大流”的方式去选科。总体而言，理学、工学、农学与医学绝大多数专业要求首选科目为物理，其中工学专业对物理选考科目的要求最严格。例如，没有选择物理、化学的考生，报考大多的工科受限，尤其是很热门的IT类、医学类专业，没有选择物理和化学两门学科，将很难报考优质高校的热门专业。同样的，一些政治学类、公安类等专业，则要求学生在选科时必选思想政治。例如，想报考提前批次警校的考生，如果没有选择思想政治，填报警校将受到限制。

在新高考“3+1+2”模式下，有2类选科组合成为主流，需要引起特别重视。一是“物化生”选科组合。“物化生”覆盖了大学的大多数专业，似乎更有益于后续报考志愿。此外，物理、化学、生物都属于理科学科，学生在学习时转换学科思维不用大幅度跳跃。不过，因为这类选科组合报名人数很多，所以竞争同样很激烈。二是“物生地”选科组合。生物和地理文理兼备，学生在学习上同样没有那么大的思维跨度。可以看到这2类组合，其实都是物理类，这也反映出了现在学生选科的一个大趋势，不过学生大批量选择物理类也会造成一定竞争。据相关调查发现，只有不到3成的学生，打算选择历史类，剩下的六七成学生更偏向于选择物理。

高考志愿规划不是简单的高考志愿填报。高考志愿规划服务是一个新兴领域，目前，由于从业人员能力参差不齐，市场规范不明确，市场上存在着焦虑营销、虚假宣传、信息泄露等乱象。各地学校要落实对中学生进行生涯规划教育的制度性安排，加强学生的生涯规划教育，提前做好学业规划，让中学生尽早认识自我、职业、教育与职业的关系等，以便于更好地选择专业方向并进行志愿填报。

三、掌握志愿填报流程与方法

在高考结束时，志愿填报成为考生最为关心的事情。高考志愿填报是一个科学决策的过程，是个人成长过程中自主决断力和责任意识培养不可或缺的环节，要打破由所谓“权威”机构代替志愿填报的迷思，进行自主决策和慎重选择。

一般来说，志愿填报时需要考虑的三大要素是选大学、选专业、参考往年的录取分数。《中国教育报》整理了一份填报指南，值得参考。

（一）志愿填报三要素：选专业、往年分数、依分择校

要素一：选专业。考生首先要弄清楚意向专业学什么，将来干什么。（1）通过高校的招生简章等了解专业内涵，如专业培养目标、专业培养要求、研究领域等。（2）了解该专业的课程设置情况，各专业的学习年限。（3）了解专业的就业方向，毕业后可以从事什么工作，可以在哪些行业发展。（4）了解毕业生就业情况，表面看起来热门的专业，就业率不一定高。（5）高校开设情况，了解哪些学校开设这个专业，是否在本省（区、市）招生等情况。

要素二：往年分数。依据权威资料，获取并研究往年录取分数。（1）高校招生网一般会公布往年的录取情况，数据比较准确。（2）高校招生宣传材料及高校阳光招生网站上，一般都会包含招生计划及往年的录取分数等信息。（3）省（区、市）招办提供的报考志愿相关材料，比如北京市招办每年给考生发放的《录取分数分布统计》（俗称“大本”）。（4）有些省（区、市）招办提供的数据里面可能会包含一些特殊类型学生的录取分数，要注意筛除。（5）注意大小年现象。大小年现象是指上年报考人数多、录取分数高，而使当年考生报考人数减少、录取分数下降；实行平行志愿后，大小年现象减弱，但仍有影响。研究大小年规律，有利于把握和预测当年的录取投档线差。

要素三：依分（位次）择校。（1）比对省级各科类各批次录取控制分数线。科类一般分为文史类、理工类、艺术类、体育类；各批次各科类的录取控制分数线是招生录取的重要指标。考生将自己的高考成绩与录取控制分数线进行比对，达到哪个批次的分数线，才能选择对应批次的大学。（2）比对相应批次大学的往年录取分数线。详细了解大学当年的招生计划和录取情况。可将感兴趣大学和有录取概率大学近三年的录取情况汇总制表，一目了然。关注两个分差：一是大学往年录取线与省批次控制录取线的分差；二是考生高考成绩与省批次控制录取线的分差；二者结合可以预测高校录取线，衡量和评估考生实力。（3）对比本人分数在全省排名（分数位次）与往年该省相应位次的录取情况。考生将自己在全省的分数排名与往年该省相应位次录取情况进行认真比对，就能遴选出可能达线的高校，再根据自己的专业兴趣、各高校的录取概率等进行综合排序（要严格按照录取概率由小到大的顺序排列高校）进行志愿预测。考生不能单纯用大学往年的录取分数线生搬硬套，还要根据自己的分数在全省（区、

市）的排名情况及相对位置来作出判断和选择。

通过以上三重比对，即各批次录取控制分数线比对、相应批次大学往年录取分数线比对、本人分数在全省位次的比对，就能定位自己能够报考高校的范围，再根据个人专业兴趣、学校兴趣等因素进行综合评估，遵循由高到低的顺序进行志愿填报。

（二）志愿填报注意事项

1. 了解“滑档”与“退档”。所谓滑档，就是指考生的高考分低于所报所有学校志愿的投档线，造成档案投不出去。所谓退档，就是指因为某种原因，考生档案投到志愿院校未被录取而又退回省招生办。退档原因通常有三种，一是考生分数低于所报专业志愿的录取分数且没有填写“服从专业调剂”；二是体检结论不符合志愿专业录取要求；三是相应的单科成绩不合乎志愿专业的录取要求。

2. 注意征集志愿。征集志愿是指某批次录取结束，部分院校个别专业未完成招生计划即没有录满，把剩余计划向社会公布，从落选考生中进行补录的一种录取方式。征集志愿填报须注意以下五点：一是达到分数要求且未被录取的考生才能填报；二是考生要注意及时了解省级高招办公布尚未完成招生计划院校的余缺信息，必须在规定的时间内完成填报，逾期则不能再填报；三是参加征集志愿填报的考生按规定选报院校志愿；四是考生选报征集志愿时要考虑避免再次出现“扎堆”落选的问题；五是考生要谨慎选择，如考虑所报院校剩余的专业自己能否接受，一旦被录取就不能退档调换。

（三）志愿填报模式

1. 顺序志愿——“志愿优先，从高分到低分”。顺序志愿是指在同一个录取批次设置的多个院校志愿有先后顺序。按照“志愿优先，从高分到低分”的原则投档。对选报同一志愿院校的考生按院校确定的录取原则、调档比例从高分到低分进行投档。一旦考生将某高校放在第二志愿，即使你分数再高，如果该校一志愿已经招满了且不预留招收二志愿的名额，你的档案也不会投向该校。

投报技巧：一是选好第一志愿院校，可用前三年高校录取平均分线与省控线差平均值作为参考标准，将自己的分数线差与目标院校平均分线差对照；二是第二志愿要拉开梯度，分析什么样的院校会进行二志愿招生，根据过去至少三年的录取数据，筛选出第一志愿录不满的院校、偏远省（区、市）的部分院校、部分偏冷的行业特色明显的大学等。

2. 平行志愿——“分数优先，遵循志愿”。平行志愿是指一个志愿中包含若干所平行的院校。按照“分数优先，遵循志愿”的原则投档。对同一科类分数线上未被录取的考生按总分从高到低排序进行一次性投档，每个考生投档时，根据考生所填报的院校顺序，投档到排序在前且有计划余额的院校。

投报技巧：

一是“冲”“稳”“保”。要遵照“冲、稳、保”的原则填报志愿。所谓“冲”就是按照前三年本省高校录取情况和个人今年全省排位，挑选那些没有太大录取概率的高校进行填报，录取概率最小的高校填在最前面，可以多选择几所高校，按照录取概率由小到大的顺序进行填报。所谓“稳”是指根据前三年高校录取情况和个人的全省排名，选择那些录取概率较大且心仪的学校填报在“冲一冲”档学校的后面，同样是严格按照录取概率由小到大的顺序进行填报。所谓“保”是指填报比“稳”更低一档的院校，要确保在该志愿档内能被录取。

二是要有梯度。填报的院校志愿之间要有一定的梯度，按照前面所讲的“冲”“稳”“保”进行院校分档，不能所有志愿都处在同一录取分数段或排位。

三是由难到易。要按照录取难度从难到易的顺序填报志愿，也即录取难度最大的填在最前面，严格按照录取难度大小顺序依次填报志愿。平行志愿的院校虽然是平行的，但如果考生所填报志愿中的院校都能投出去，那么档案只会投到院校中排在最前面的一所。如果将一个录取难度低的院校填到了前面，则很大可能被这个低难度的院校录取，而后面填报的所有志愿都将失去意义。

四是争取填满。争取最大机会填满所有志愿，考生可以填报所有批次的志愿，如果少填一个院校志愿，可能就失去了一次投档机会。

另外，如果对专业没有特别的要求，建议考生尽量选择服从专业调剂，如果考生不选择“服从专业调剂”，可能会被高校退档，在这两年一本退档考生中，绝大部分是因为“不服从专业调剂”。

（四）避免志愿填报误区

1. 避免家长过度掌控。在选择高考志愿时，要考虑考生的自身特性。如果父母报的专业孩子不喜欢，甚至一点兴趣都没有，将来孩子上大学会造成一个被动状态。

2. 避免只看名称，不重视招生章程，望文生义。有些专业虽然名称相同，但实际情况可能存在相当大的差异。招生简章里面的信息介绍很关键，千万不可忽视。招生章程主要内容包括：高校全称、校址、层次、办学类型，在有关省（区、市）分专业招生人数及有关说明，专业培养对外语（课程）的要求等。

3. 避免全部填报热门专业。热门专业分数高，竞争激烈，如果没有“保底专业”，容易落榜。正确的做法应是选择“热门专业”而又不忽视“冷门专业”。

4. 避免照搬往年录取分填报志愿。高校的录取分数线存在波动，有的还有“大小年”现象。要多分析几年的录取情况，还可关注分数线与批次线的差值、分数线对应的考生“位次”等。

5. 避免依赖机构或他人代填志愿。志愿填报是一个个人志趣和研究选择相结合的重要过程，可视作学生步入大学前不可或缺的成人礼。作为一个满 18 周岁的成年人，必须具备独立思考、自主决策、勇于担当、自我负责的基本素质。事事依靠他人是幼稚病的典型表征，也难以在大学生涯中获得很好的成长。志愿填报要求学生自己认真、细致研究填报规则，掌握填报方法，审慎、严谨地进行志愿填报，并对自己填报的结果承担责任。

（五）警惕“高价辅导”陷阱

针对近年来社会上出现的一些“高价”志愿填报指导服务，教育部提醒广大考生和家长目前没有任何招生考试机构、高校参与商业公司的高考志愿填报指导活动，请考生和家长切勿轻信所谓的机构或“专家”指导，按照省级招生考试机构提供的志愿填报办法和相关参考信息，认真研究规则和充分掌握信息，结合本人实际情况与兴趣爱好合理填报。谨慎对待市面上的各类志愿填报指导服务，切勿轻信“高价”指导咨询，避免造成不必要的经济损失和志愿填报风险。

教育部相关单位梳理汇总了近几年志愿填报市场上的一些典型问题，提醒考生和家长注意防范。

1.“内部数据”并不神秘。

【案例】一些机构或个人宣称拥有所谓的“内部大数据”，能够“精准定位”，确保考生进入心仪的专业，从而诱导考生和家长购买高价服务。经核实，这些数据并不准确，甚至存在误导性，多名考生因信赖此类数据而填报失误。

【提醒】每年高考填报志愿前，各省级招生考试机构都会发布当年高考成绩统计情况和近年来各高校录取分数情况，市面上的咨询机构或个人所使用的参考数据均通过该公开渠道搜集汇总。但由于一些咨询机构和个人对招生批次、招生政策没有进行深入学习了解，在使用这些数据时存在盲区和误区，反而对学生和家长产生误导。

2.“专家团队”并不专业。

【案例】一些机构打出“高考志愿规划师”“权威专家团队”等旗号，以此增加自己的权威性，骗取考生和家长的信任。但实际上这些所谓的“高考志愿规划师”并无相关资质和经验，有的甚至是临时招募的社会人员，按照总部提供的“台词”给考生和家长辅导。家长购买这些机构的服务不仅花了冤枉钱，而且可能报错志愿。

【提醒】有关部门从未发放过“高考志愿规划师”这类职业资格证书。今年，各地各高校都组织了各类免费的线上线下招生咨询活动，并加强对高三年级班主任的培训，组建专门的工作队伍，为考生和家长提供细致周到的志愿填报咨询服务。同时，高考志愿填报是高中毕业生的“最后一课”，填报志愿的过程，本身也是考生认识自我、规划未来的重要一步。考生应依据自身的高考成绩、兴趣志向以及高校的招生政策，自主合理填报，规划好个人未来学业和职业发展之路，切莫将志愿填报简单交付于某个机构或个人。

3. 服务质量难以保障。

【案例】一些机构利用考生和家长的焦虑心理，收取高昂的服务费用，且定价不透明，服务内容“看人下菜”，存在价格欺诈的嫌疑。某机构推出高达数万元的高考志愿填报指导服务，声称可以提供“一对一”的专业指导，但多名家长反映只是简单地提供一些通用的填报建议，服务内容与实际宣传严重不符，且收费畸高，感觉受到欺骗。

【提醒】教育部指导各省级教育行政部门、招生考试机构会同市场监管、公安等部门开展高考志愿填报服务专项治理，持续整治高价收费、虚假和夸大宣传、恶意曲解政策、实施欺诈、传播不良导向等市场乱象，严厉打击违法违规行为。同时，考生和家长也要注意甄别，立足自身实际理性填报，切勿盲目消费、冲动消费。

4. 渲染焦虑过度营销。

【案例】一些志愿填报指导机构过度强调某些专业的就业前景，制造“热门专业”的假象，甚至发布所谓的“专业排名”，以此来吸引考生购买服务。这种“专业决定论”，刻意渲染出焦虑氛围，而背后的真实目的还是兜售课程、贩卖咨询服务，以此牟利。有的考生听信这类指导，盲目追求“热门专业”，结果入学以后，发现自己根本就不喜欢、不适合所报考的专业。

【提醒】目前，高校在人才培养中，普遍加强通识教育，注重厚基础、宽口径，致力于提高学生的综合素质和能力。同时，根据《普通高等学校学生管理规定》，高校均制定了学生转专业的具体办法，为学生入校后提供二次选择专业的机会。许多高校还推行辅修专业制度，促进复合型人才培养。因此，考生和家长不必对专业选择过分焦虑，“热门专业”并不一定适合每一个人，只有与兴趣和志向匹配的专业，才能实现个人的长远可持续发展。相较于考虑一时的专业“冷热”，学生更应该将目光聚焦于自身，结合个人志趣与自身所长，追寻适合自己终身发展的职业方向。①

① 教育部提醒考生及家长警惕“高价辅导陷阱”，http://www.moe.gov.cn/jyb_xwfb/gzdt_gzdt/s5987/202406/t20240618_1136298.html.

Ⅵ 影响篇

高考改革、创新战略与经济社会发展

摘　要： 教育兴则国家兴，教育强则国家强。改革开放四十多年来，以高考为核心抓手的教育体系为我国人力资本积累、经济增长和社会发展作出了历史性贡献，是推动中国经济社会巨变的关键动力。高考和教育对科技创新、产业结构转型、经济发展质量发挥着不可替代的作用。本篇以扎实的数据分析为基础，探讨高考对中国经济社会发展的巨大影响，特别考察教育在科技创新、经济发展、人力资本提升、全要素生产率、阶层流动、个人与家庭等方面发挥的重要作用。本报告认为，知识型人力资本积累是中国过去经济增长取得巨大成就的关键因素，但随着中国经济规模越来越大，技术扩散的持续深化，中国距离世界技术前沿的距离不断缩小，模仿型增长模式的潜力将越来越小，面临的外部环境也越来越复杂，亟待向以创新型人力资本为基础的创新型发展模式转型，亟待由“知识就是力量”的时代向“思维就是力量”的时代转型，高考改革应该在这一过程中发挥更为重要的作用。本研究表明，“师夷长技以制夷”可以快速追赶，但无法实现赶超，教育应该高度重视创新思维、创新能力的培养，这样才可能实现前沿技术从 0 到 1 的突破。由此，未来应该坚持创新在我国现代化建设全局中的核心地位，充分发挥高考综合改革在创新人才培养和科教兴国战略中的关键作用，为全面建设社会主义现代化国家提供基础性、战略性支撑。

关键词： 高考改革；模仿型增长；创新型增长；经济社会发展；阶层流动

教育兴则国家兴，教育强则国家强。改革开放四十多年来，以高考为核心抓手的教育体系为我国人力资本积累、经济增长和社会发展作出了历史性贡献，是推动中国经济社会巨变的关键动力。知识型人力资本积累是中国过去经济增长取得巨大成就的关键因素，但随着中国经济规模越来越大，中国距离世界技术前沿的距离不断缩小，模仿型增长模式的潜力将越来越小，教育亟须高度重视创新思维、创新能力的培养，向以创新型人力资本为基础的创新型发展模式转型，这样才可能实现前沿技术从 0 到 1 的突破。更为重要的是，当今世界面临百年未有之大变局，世界多极化加速推进，大国关系深入调整，新一轮科技革命和产业变革正在孕育兴起，重大科技创新成为引领社会深层变革和重构国际竞争秩序的关键力量。中国经济在经历四十多年的高速增长后，进入了高质量发展的战略转型期。应该看到，在这一重大战略转型期，我国关键领域核心技术受制于人的格局没有从根本上改变，特别是在保护主义与单边主义抬头的背景下，我国正处于比历史上任何时期都更加渴求拔尖创新人才的关键阶段。拔尖创新人才培养是打破关键技术受制于人的局面和实现我国人才强国战略和创新驱动发展战略的根本途径。坚持创新人才培养在我国教育改革事业全局中的核心地位，准确把握创新人才培养的基本规律，深化创新人才培养机制体制改革，激发各类人才创新活力，自主培养更多高水平创新人才，事关国家发展、民族复兴的长远大计。

高考从来都不是一家一户的小事，而是关系千百万家庭幸福、亿万优秀人才成长、中华民族伟大复兴的大事。探析高考承接千百年来中国历史重视教育、选拔人才的优良传统，阐释高考在国民素质提升和优秀人才选拔中所起的关键作用，前瞻高考助力中国经济由模仿型增长方式向创新型增长方式转型，是本篇的主旨所在。与此同时，本篇以扎实的数据分析为基础，探讨高考对中国经济社会发展的巨大影响，特别考察教育在科技创新、经济发展、人力资本提升、全要素生产率、阶层流动、个人与家庭等方面发挥的重要作用。

第一节　高考、教育与人才选拔

教育制度与人才选拔机制是关系一个社会能否长治久安的重要因素。作为一个有几千年文明历史的大国，中国历朝历代基本上都非常重视教育和人才选拔，“中兴以人才为本”“得人者昌，失贤者亡”。按照现代国家治理理念，教育制度设计主要解决两个问题：提升国民素质和选拔优秀人才参与社会治理。高考制度的设计实际上兼顾了这两个方面，通过这种以统一高考为主、其他多种考核方式并存的制度，引导社会大众重视教育，也服务于不同类型、不同层次的人才选拔，几十年以来为中国改革开放和经济发展提供了很好的支撑。新时期，政府决策和社会各界都在思考如何完善高考制度使之能更好地服务于我国社会经济发展这一重要问题。

新中国刚成立时，百废待兴，高等教育招生培养选拔制度基本都沿袭民国旧制，由各大高校自主招生，并没有全国统一的招生考试。这是一种较为典型的精英教育，与当时的社会经济发展相匹配。20 世纪上半叶持续的战争对社会生产力造成了极大的破坏，高等教育的使命注定只能是瞄准少数精英阶层，高等院校的招生规模非常小。1936 年，全国高校招生人数大概为 3 万人，随着战事不断升级，招生人数不断下降。当时的背景下，没有条件组织全国统一的高考，只能是各高校自主命题，学生可以选择报考多所大学，也可以被多所大学同时录取，和现在美国等国家的招生制度有些类似。这种制度的好处是招生很灵活，教育和考核方式多元化，有利于培养不同特质的学生。坏处也是显然的，比如，容易滋生腐败；考生压力非常大，疲于应付不同学校的考试；没有统一标准，容易造成不公平；教育成为精英阶层的教育，路径依赖强，不利于普通百姓的阶层跨越等。

一、新中国成立后人才培养规模扩大

1949 年，全国高等学校毕业人数只有 2.1 万人，高层次人才极度缺乏。经过几年的过渡，到 1952 年开始实行全国统一高考，当年录取新生 6.64 万人，由此开始了新中国高等教育的新篇章。从 1952 年到 1965 年，中国高等教育在不断探索中前行，每年招收人数波动非常大，从 10 万人到 30 万人不等，招生人数最多的 1960 年有 32.3 万人，而 1965 年的招生规模仅为 16.4 万人，十四年间共招收大学生 220 万人，这为新中国社会主义建设储备了宝贵的人才。

表 6–1–1　1952—2024 年我国历年高考表报名和录取情况

年份	报考人数（万人）	录取人数（万人）	录取率（%）	招生方式	备注
1952	7.3	6.64	90.96	统一高考	
1953	9	7	77.78	统一高考	
1954	13.4	9.38	70.00	统一高考	
1955	17.7	9.8	55.37	统一高考	
1956	35	18.5	52.86	统一高考	
1957	25.2	10.6	42.06	统一高考	
1958	21.9	26.5	121.00	统一高考	
1959	33	27.4	83.03	统一高考	
1960	29	32.3	111.38	统一高考	
1961	21.4	16.9	78.97	统一高考	
1962	44.1	10.7	24.26	统一高考	
1963	53.1	13.3	25.05	统一高考	
1964	44.9	14.7	32.74	统一高考	
1965	36	16.4	45.56	统一高考	
1966				停止招生	高校停止招生
1967				停止招生	
1968				停止招生	

续表

年份	报考人数（万人）	录取人数（万人）	录取率（%）	招生方式	备注
1969				停止招生	
1970		9		推荐制	高校开始推荐制招生
1971				没有招生	
1972		13		推荐制	
1973		15.3		推荐制	
1974		16.5		推荐制	
1975		19		推荐制	
1976		21.7		推荐制	
1977	570	27	4.74	统一高考	恢复全国统一高考
1978	610	40.2	6.59	统一高考	
1979	468	28	5.98	统一高考	
1980	333	28	8.41	统一高考	
1981	259	28	10.81	统一高考	
1982	187	32	17.11	统一高考	
1983	167	39	23.35	统一高考	大学生毕业包分配
1984	164	48	29.27	统一高考	
1985	176	62	35.23	统一高考	
1986	191	57	29.84	统一高考	
1987	228	62	27.19	统一高考	
1988	272	67	24.63	统一高考	
1989	266	60	22.56	统一高考	
1990	283	61	21.55	统一高考	全国统一 9 科目标准考试
1991	296	62	20.95	统一高考	
1992	303	75	24.75	统一高考	
1993	286	98	34.27	统一高考	
1994	251	90	35.86	统一高考	大学教育开始收学费，并轨招生，自费上学，双向选择

续表

年份	报考人数（万人）	录取人数（万人）	录取率（%）	招生方式	备注
1995	253	93	36.76	统一高考	
1996	241	97	40.25	统一高考	大学毕业取消分配
1997	278	100	35.97	统一高考	
1998	320	108.36	33.86	统一高考	
1999	288	159.68	55.44	统一高考	高等教育大规模扩招；广东试行 3+X
2000	375	220.61	58.83	统一高考	
2001	454	268.28	59.09	统一高考	取消年龄和婚姻限制
2002	510	320.50	62.84	统一高考	
2003	613	382.17	62.34	统一高考	
2004	729	447.34	61.36	统一高考	
2005	877	504.46	57.52	统一高考	
2006	950	546.05	57.48	统一高考	
2007	1010	565.92	56.03	统一高考	
2008	1050	607.66	57.87	统一高考	
2009	1020	639.49	62.70	统一高考	
2010	946	661.76	69.95	统一高考	
2011	933	681.50	73.04	统一高考	
2012	915	688.83	75.28	统一高考	
2013	912	693.12	76.00	统一高考	
2014	939	697.96	74.33	统一高考	高考改革，上海、浙江首批启动改革试点
2015	942	700.00	74.31	统一高考	
2016	940	748.61	79.64	统一高考	23 个省份统一使用全国卷，北京、山东、天津、江苏、浙江、上海、四川、海南自主命题
2017	940	761.49	81.01	统一高考	北京、天津、山东、海南四地加入第二批新高考改革试点行列；上海、浙江实施“3+3”新高考

续表

年份	报考人数（万人）	录取人数（万人）	录取率（%）	招生方式	备注
2018	975	790.99	81.13	统一高考	第三批河北、辽宁、江苏、福建、湖北、湖南、广东、重庆启动“3+1+2”新高考
2019	1031	914.90	88.74	统一高考	
2020	1071	967.50	90.33	统一高考	北京、天津、山东、海南实施“3+3”新高考
2021	1078	1001	92.86	统一高考	第四批甘肃、黑龙江、吉林、安徽、江西、贵州、广西启动“3+1+2”新高考；河北、辽宁、江苏、福建、湖北、湖南、广东、重庆实施“3+1+2”新高考
2022	1193	1014.5	85.04	统一高考	第五批山西、河南、陕西、内蒙古、四川、云南、宁夏、青海启动“3+1+2”新高考
2023	1291	1042.22	80.73	统一高考	
2024	1342			统一高考	甘肃、黑龙江、吉林、安徽、江西、贵州、广西实施“3+1+2”新高考

数据来源：根据公开资料收集整理。

二、高等教育制度不断完善

从 1977 年恢复全国统一高考到现在，是我国高等教育制度不断完善和发展的黄金时期。我们可以粗略地将这四十多年分为三个阶段。第一阶段（1977—1993 年）为不断探索与稳步发展时期。改革开放初期，我国进入了一个全新的发展时期，几十年高等教育的缺位，使得全社会人才积累非常少，尤其是高层次人才极度缺乏。1977 年 10 月，《人民日报》头版头条发表《高等学校招生进行重大改革》，宣布恢复高考，自此许多人的命运因为高考而改变。七八十年代，家庭给孩子施加压力的很少。除了少数知识分子家庭父母会希望孩子考大学外，大部分普通家庭都是抱着考上最好，考不上找个工厂上班也不错的心态。那时候考上大学，家庭的负担很小，毕业包分配。那时候高考的录取率非常低，很多人愿意选择中专，因为那时中专学历很吃香，反而是高中学历含金量很低。如果没考上大学，高中三年就浪费了。这样很多学生在初中毕业就开始分流，他们不敢在高考时搏一搏。

第二阶段（1994—2013 年）为快速扩张时期。这时候的大学开始自费。从 1994 年开始，大学施行并轨，不再按国家任务招生计划和调节性招生计划形式分别划定两条录取分数线，而是按总的招生计划划定一条分数线进行录取，在同一省份实行同一录取标准。上大学对于一个普通家庭来说，开始成为一种经济压力。但是这时候的父母，只要孩子能上大学，节衣缩食，咬紧牙关也会把孩子供到大学毕业。这个时代，很多考生的家长压力开始变大，对于很多家庭而言，孩子考上大学，未来的规划之路会容易很多。而如果孩子没能考上大学，许多家长就会特别茫然。于是家长们都拼了命地想让孩子上大学，全家齐上阵，做好各种后勤保障，以帮助孩子顺利考上大学。随着招生规模越来越大，高考录取率也越来越高，这就使得几乎所有的高中毕业生都有希望考上大学，家人和自己的期望值上升，学生上学的压力越来越大，家庭对教育的投入也越来越大。随着高校招生规模的大幅度扩张，大学生在校人数和毕业人数大规模增加，相对稀缺性大幅度下降，这使得大学教育的相对回报率和就业前景均与 20 世纪 80 年代相去甚远，考上大学不再是捧上“金饭碗”的代名词。高考的意义也逐渐由父辈们所赋予的“知识改变命运”转变成为人生所要经历的一个阶段，命运是否能得到改变还会受其他很多因素影响。

第三阶段（2014 年至今）为进一步深化改革时期。我国高等教育经过三十多年的发展，无论是规模还是质量都有了非常大的提高，为我国社会经济发展作出了巨大的贡献。最近几年，关于以高考为重要载体的考试制度的完善和提高成为全社会高度关注的重要问题。高考改变了无数人，接下来也许需要改变高考本身。国家之兴衰系于教育，实现中华民族伟大复兴需要教育。改革仍然在路上，今天的你我，是高考受益者，更是未来转变教育观念的践行者。教育改革是深刻而复杂的系统性转变。改革不仅需要国家的努力，更需要每一个人从教育观念的转变做起。唯有形成合力，政府、社会、学校、家庭共同努力方可最终实现教育的终极目标。无论从社会发展还是家庭决策的角度，现阶段高考被赋予的含义都与前面几个阶段有了很大的区别。

回顾高考这部波澜壮阔的历史，翘首未来的期待，我们莫不产生巨大的压力，深感任重道远。通过对于高考制度的全面研究，希望能对未来的制度改革与完善提供一些有意义的参考。

三、高考呈现蓬勃发展态势

2019 年，全国普通高考报考人数约 1031 万人，继 2009 年之后，再次超过千万，录取约 915 万人，录取率约 89%。2020 年全国普通高考报考人数更是达到了创历史记录的 1071 万人，超过 2008 年的 1050 万人的报考人数，2020 年本专科录取人数达到 967 万人左右，录取率超过 90%，相比于 2008 年 607 万人的录取，录取率大幅提升。2021 年共计有 1078 万人报名参加高考，本专科录取 1001 万人，录取率为 92.86%，大学录取人数首次超过 1000 万。2023 年全国高考报名人数再创历史纪录，达到 1291 万人，录取人数也达到了 1213 万。2024 年全国高考报名人数继续创历史新高，达到 1342 万人。宏观统计数字下，每一位考生背后都是一个甚至几个家庭，高考制度的完善关系到千千万万的普通百姓，牵一发而动全身。

第一，高考受关注的程度越来越高。显然，一项选拔性考试与参加的人数和通过的人数密切相关，如果通过率非常低，大家会觉得反正希望很小，关注度就会比较小。20 世纪 80 年代到 90 年代中期以前，高考录取率是非常低的，高考能改变命运，但要通过高考非常难。在这样的背景下，一部分学生初中就会开始分流，比如考中专、直接就业，还有一部分学生读高中的目的就是读高中，有高中文凭也可以增加就业市场的竞争力，只有少部分人的目的是瞄准大学，关注高考，这时候，高考在全社会的关注度就比较低。从图 6-1-1 可以看到，1999 年高校扩招之前，除了刚恢复高考的几年，高校录取人数和高考报名人数都是比较稳定的，录取人数基本稳定在每年 30—40 万人。1999 年以后，报考人数和录取人数急剧上升，录取率由 30% 左右上升到现在的 90% 左右，2023 年录取率达到 94%，这大大提升了高考的关注度。高考的相关动向和制度设计变化都会引起人们的广泛关注。

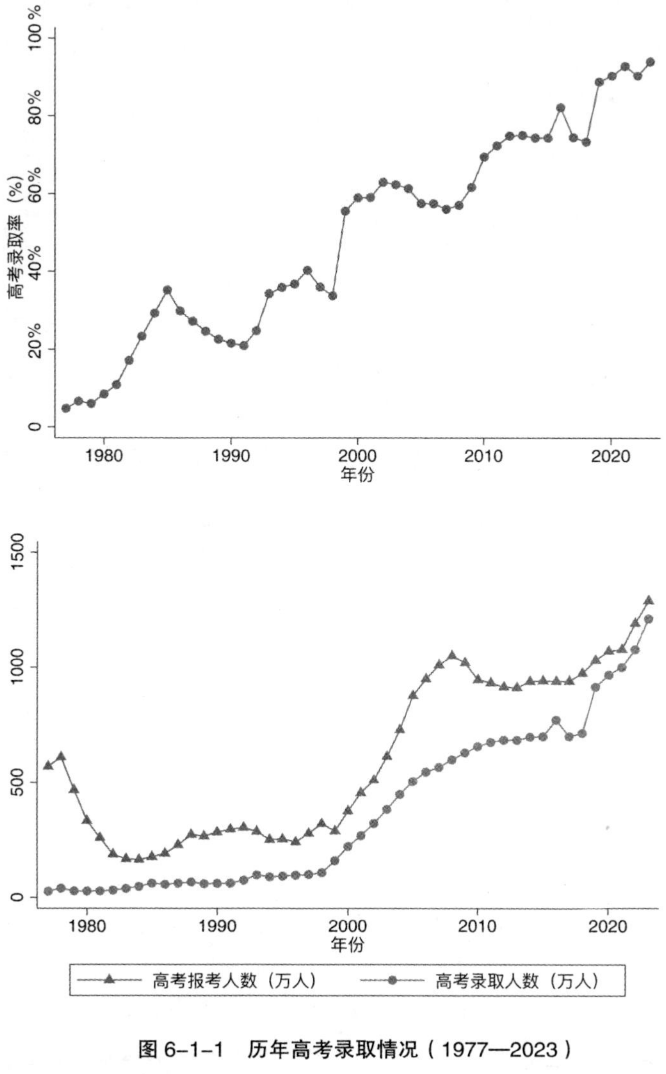

图 6-1-1　历年高考录取情况（1977—2023）

数据来源：根据公开资料收集整理。

第二，高考的地区差异越来越引起大家的关注。中国经济发展的地区差异很大，中国高校的质量和声誉差异比地区差异更大，这两个差异都汇聚到高考这一招生选拔制度上来，成为大家广泛关注的问题。我国的普通高校基本为官办，学校的办学质量很大程度上取决于政府投入，而政府投入在很大程度上又会取决于各地区的经济发展水平以及管理部门对于高校的等级划分。现有的分省招生制度就是一种多方角力博弈的结果。除了教育部直属的100所左右的高校，其余3000多所高校的绝大部分办学经费都来自各省统筹，要使得政府有动力加大投入，那自然就会要求各高校加大在本省的招生规模，尤其是一流高校。教育部直属高校的经费虽然大部分由教育部拨付，但也有相当一部分来自高校所在地的地方政府，从而也会在一定程度上重视地方诉求。地方政府根据财力投入高等教育领域中，希望能提高本地考生的录取率，尤其是一流高校的录取率。这又衍生出异地高考的问题。由于户籍制度限制，我国现有流动人口、常住人口都无法完全享有户籍人口的社保、教育等权利，地方政府的激励体系中，外来人口受教育权等的政策也不够完善。这些问题聚集到一起，使得大家对高考和高等教育的地区差异问题越来越关注。

为了更好地描述高考录取的地区差异，我们选择了全国约1200所高校，将2003年至2015年每个高校在每个省份的文理科录取情况全部收集汇总，所有数据以新浪高考频道为准。我们的样本高校录取总人数大约占全国高考录取总人数的三分之一，具有非常好的代表性。我们将在每个省份招生的高校分为985高校、非985的211高校、一般高校三种类型，分别加总每种类型的高校在各省的录取人数。图6–1–2是2015年的录取情况，985高校的录取率和非985的211高校的录取率。表6–1–2进一步列出了2005年、2010年、2015年各省（市、区）各种类型高校录取的详细人数和比例。从这些数据可以看到，每个省份的不同类型高校录取率差异还是非常大的。比如，2015年，985高校录取率超过7%的为北京、天津、青海、吉林、上海、广东，985高校录取率分别为9.20%、8.96%、8.52%、7.58%、7.26%、7.18%；985高校录取率低于4%的是河南、贵州、云南、安徽、广西，985高校录取率分别为3.27%、3.51%、3.65%、3.74%、3.97%。此外，非985的211高校录取率超过15%的是青海、新疆、宁夏、北京、海南、上海，录取率分别为21.69%、19.10%、16.33%、16.04%、15.47%、15.00%；非985的211高校录取率低于8%的分别是山东、广东、湖南、河北，录取率分别为6.24%、6.55%、7.04%、7.27%，只有比例最高的青海省的三分之一。

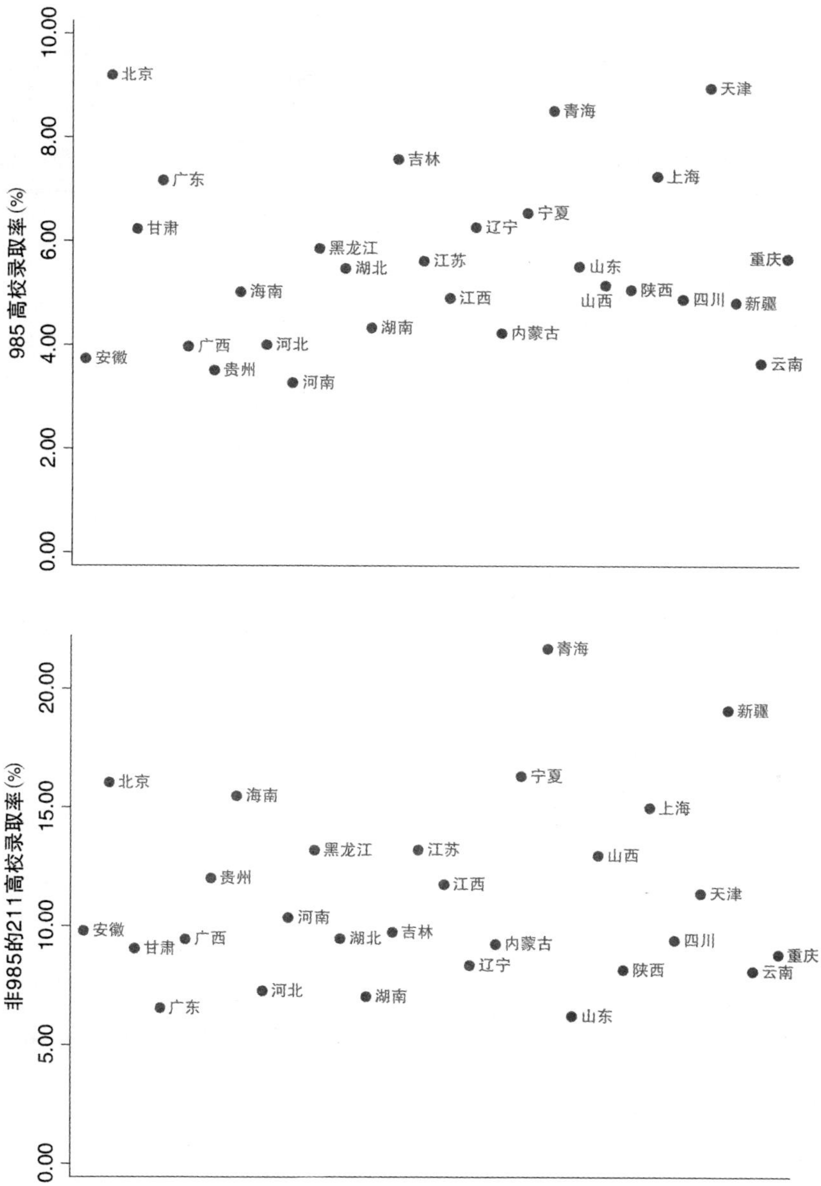

图 6-1-2　2015 年分省分学校档次录取情况

数据来源：根据新浪高考数据整理。

表 6-1-2　分省分学校档次录取情况

年份	地区	录取总人数（人）	一般高校录取人数（人）	985 高校录取人数（人）	非 985 的 211 高校录取人数（人）	一般高校录取率（%）	985 高校录取率（%）	非 985 的 211 高校录取率（%）
2005	安徽	72543	57779	3976	10788	79.65	5.48	14.87
	北京	33333	22065	4058	7210	66.2	12.17	21.63
	福建	44735	33553	4111	7071	75	9.19	15.81
	甘肃	28540	22439	3282	2819	78.62	11.5	9.88
	广东	94695	78163	10207	6325	82.54	10.78	6.68
	广西	34825	27629	2621	4575	79.34	7.53	13.14
	贵州	23576	14722	2137	6717	62.44	9.06	28.49
	海南	12066	8384	1119	2563	69.48	9.27	21.24
	河北	60605	46348	4682	9575	76.48	7.73	15.8
	河南	77437	60408	5278	11751	78.01	6.82	15.17
	黑龙江	56858	44177	4079	8602	77.7	7.17	15.13
	湖北	70428	46767	10257	13404	66.4	14.56	19.03
	湖南	37962	25538	4800	7624	67.27	12.64	20.08
	吉林	44910	33922	4992	5996	75.53	11.12	13.35
	江苏	93774	64663	8686	20425	68.96	9.26	21.78
	江西	36568	26886	3477	6205	73.52	9.51	16.97
	辽宁	137830	106375	13425	18030	77.18	9.74	13.08
	内蒙古	27746	20902	2265	4579	75.33	8.16	16.5
	宁夏	7726	3869	1111	2746	50.08	14.38	35.54
	青海	7737	4563	1052	2122	58.98	13.6	27.43
	山东	115820	94098	11172	10550	81.25	9.65	9.11
	山西	38816	28782	3322	6712	74.15	8.56	17.29
	陕西	62599	46499	5925	10175	74.28	9.47	16.25
	上海	39477	23842	6594	9041	60.39	16.7	22.9
	四川	71647	51673	8341	11633	72.12	11.64	16.24
	天津	25817	17588	3843	4386	68.13	14.89	16.99
	西藏	2165	1277	154	734	58.98	7.11	33.9
	新疆	18644	10789	2032	5823	57.87	10.9	31.23
	云南	24196	17821	2112	4263	73.65	8.73	17.62
	浙江	67931	54292	6898	6741	79.92	10.15	9.92
	重庆	33129	23562	5225	4342	71.12	15.77	13.11

续表

年份	地区	录取总人数（人）	一般高校录取人数（人）	985 高校录取人数（人）	非 985 的 211 高校录取人数（人）	一般高校录取率（%）	985 高校录取率（%）	非 985 的 211 高校录取率（%）
2010	安徽	150761	133228	4695	12838	88.37	3.11	8.52
	北京	34464	24548	3756	6160	71.23	10.9	17.87
	福建	83931	71561	4416	7954	85.26	5.26	9.48
	甘肃	64761	57211	3449	4101	88.34	5.33	6.33
	广东	161909	144728	9269	7912	89.39	5.72	4.89
	广西	68997	59672	2825	6500	86.48	4.09	9.42
	贵州	60465	50282	2538	7645	83.16	4.2	12.64
	海南	21150	16613	1100	3437	78.55	5.2	16.25
	河北	135580	119514	5702	10364	88.15	4.21	7.64
	河南	198400	168328	6448	23624	84.84	3.25	11.91
	黑龙江	92868	79016	4257	9595	85.08	4.58	10.33
	湖北	109648	90125	7984	11539	82.19	7.28	10.52
	湖南	55407	43550	4886	6971	78.6	8.82	12.58
	吉林	65317	54284	5183	5850	83.11	7.94	8.96
	江西	87764	74109	3746	9909	84.44	4.27	11.29
	辽宁	91450	77178	5767	8505	84.39	6.31	9.3
	内蒙古	53661	45308	2646	5707	84.43	4.93	10.64
	宁夏	12776	8929	1240	2607	69.89	9.71	20.41
	青海	10978	7015	1041	2922	63.9	9.48	26.62
	山东	158040	134699	12296	11045	85.23	7.78	6.99
	山西	83473	72047	3681	7745	86.31	4.41	9.28
	陕西	114764	97783	6252	10729	85.2	5.45	9.35
	上海	32017	24813	2149	5055	77.5	6.71	15.79
	四川	130537	108621	8257	13659	83.21	6.33	10.46
	天津	38653	29823	4135	4695	77.16	10.7	12.15
	西藏	1154	688	108	358	59.62	9.36	31.02
	新疆	32989	22961	2443	7585	69.6	7.41	22.99
	云南	57505	49655	2539	5311	86.35	4.42	9.24
	浙江	129016	115067	6532	7417	89.19	5.06	5.75
	重庆	60997	49812	4951	6234	81.66	8.12	10.22

续表

年份	地区	录取总人数（人）	一般高校录取人数（人）	985高校录取人数（人）	非985的211高校录取人数(人)	一般高校录取率(%)	985高校录取率(%)	非985的211高校录取率(%)
2015	安徽	135094	116816	5046	13232	86.47	3.74	9.79
	北京	33516	25058	3083	5375	74.76	9.2	16.04
	甘肃	56459	47836	3516	5107	84.73	6.23	9.05
	广东	145182	125248	10422	9512	86.27	7.18	6.55
	广西	98544	85315	3912	9317	86.58	3.97	9.45
	贵州	81415	68765	2858	9792	84.46	3.51	12.03
	海南	21917	17426	1100	3391	79.51	5.02	15.47
	河北	154873	137404	6203	11266	88.72	4.01	7.27
	河南	236712	204450	7743	24519	86.37	3.27	10.36
	黑龙江	68550	55479	4019	9052	80.93	5.86	13.2
	湖北	126863	107891	6946	12026	85.05	5.48	9.48
	湖南	115762	102597	5014	8151	88.63	4.33	7.04
	吉林	65158	53864	4941	6353	82.67	7.58	9.75
	江苏	106488	86414	5983	14091	81.15	5.62	13.23
	江西	85566	71287	4201	10078	83.31	4.91	11.78
	辽宁	91347	77983	5725	7639	85.37	6.27	8.36
	内蒙古	63410	54849	2684	5877	86.5	4.23	9.27
	宁夏	40654	31356	2660	6638	77.13	6.54	16.33
	青海	12371	8634	1054	2683	69.79	8.52	21.69
	山东	181271	159960	9994	11317	88.24	5.51	6.24
	山西	86710	70967	4467	11276	81.84	5.15	13
	陕西	120924	104906	6133	9885	86.75	5.07	8.17
	上海	26325	20465	1912	3948	77.74	7.26	15
	四川	149834	128386	7325	14123	85.69	4.89	9.43
	天津	38844	30943	3480	4421	79.66	8.96	11.38
	新疆	50009	38044	2411	9554	76.07	4.82	19.1
	云南	76377	67375	2791	6211	88.21	3.65	8.13
	重庆	88443	75623	5013	7807	85.5	5.67	8.83

数据来源：根据新浪高考数据整理。

第三，高考考试内容越来越由知识考查向能力考查转型。在知识爆炸的时代，由于人脑特定时间内有限的接受能力，人们越来越意识到学习能力的重要性。这和整个社会的发展变迁也是密切相关的。恢复高考前期，人才缺口非常大，知识的回报率非常高，这个时候，只要掌握了知识，就掌握了稀缺资源，就能够获得高回报。当大学教育越来越普及，一般性知识的回报率自然就开始下降，而能力的回报率开始上升，谁具有更强的解决问题的能力、不断获得新知识的能力，就能获得更高的回报。从社会角度来看，随着社会经济的发展，挖掘资源配置效率改善的潜力越来越难，从而也会扩大对能力型人才的需求。无论是个人还是社会的需求变化，都会推动高考考试内容从知识型向能力型过渡。

第四，高考由单一考试体系向多元化考查转型。随着社会经济的发展，对人才的需求越来越向多元化转变，人才培养也相应地向多元化转变，完全单一的高考模式越来越难以满足需求。在这一背景下，高考招生开始不断探索多种模式，比如保送、自主招生、夏令营等，一流高校有相对更好的条件保障公平公正，这种招生模式占比越来越高。比如，北京大学这几年通过自主招生招收的考生数量几乎占所有招生人数的一半，比例非常高。这一“指挥棒”的变化也相应地传导到家庭和社会教育的培养模式，知识的接受不再是唯一的目的，素质教育、能力培养越来越重要。

我国高等教育发展到今天，已经算是取得了巨大成功，为我国国民素质的提升和社会经济的发展作出了巨大贡献。但是，社会发展很快，全球竞争异常激烈，社会和家庭都赋予教育以越来越重大的责任。联系我国教育发展的实际情况，在未来的高考改革中，我们至少有如下几个问题需要深入思考。一是人的培养问题。教育的本质还是人的培养、人的基本素质的提升。高考作为我国导向性最强的全国统一考试，在人才培养导向方面的作用是非常强的。二是教育导向与社会需求匹配问题。社会需求是多元化的，是能力导向的，而考试，尤其是大规模统一考试，无可避免要以知识考查为主，在知识考查中融入能力考查，加强能力导向，这是今后改革的重要方向。三是教育公平问题。经过几十年的发展，从一般意义上而言，我国现代教育已经跳出了贵族教育、精英教育的窠臼，进入国民普及教育阶段，全国人民都有受教育的权利和义务。但是，中国幅员辽阔，人口众多，地区经济发展很不平衡，由此产生的教育公平问题也需要引起我们的高度重视。作为一项全国性的统一考试，高考制度已经在最大限度上保证了基本的教育公平，但由于各种各样的原因，更由于教育本身的多元化要求，我国形成了现有的统一考试、分省招生与自主招生相结合的模式，因此也面临着教育公平问题的挑战，需要在后续改革中不断完善。

第二节　高考、教育与社会经济发展

本部分从经济发展、社会阶层变迁、产业升级、科技创新等四个方面讨论高考及教育对于社会经济发展的影响。

一、教育与经济发展

经济发展是现代社会关注的一个重要问题，而我们可能不太了解的是，工业革命之前，其实不存在所谓经济增长问题。从公元元年到1800年左右，世界各国的人均国内生产总值（GDP）基本保持不变，几乎没有增长，各国之间的差异也比较小。各经济体之间的综合国力很大程度上取决于人口规模，这就可以理解为什么中国几千年以来都是世界上非常重要的国家了。由于人口规模非常大，我国国内生产总值占全世界国内生产总值的比例一直非常高，秦汉时期大约为25%，隋朝时约为70%，唐朝时约为60%，宋朝时约为80%，元朝以后这个比例迅速下降，但一直到鸦片战争时期，中国的GDP还是约占全世界的三分之一。新中国成立以来，到1980年时，我国GDP占全球的比例大约为2%，这一占比持续了十多年，到2000年时上升为3.65%，之后这一比例快速上升，2017年中国的GDP占全球GDP的比例大约为15%，同期，美国的GDP占全球GDP的比例大约为24%。虽然存在数据质量和数据可比性等诸多问题，但这些数据很好地体现了全球经济发展中波澜壮阔的一面。为什么有的国家很贫穷，而有的国家很富裕？为什么工业革命以后各国之间经济增长的差异如此之大？

如果说工业革命之前各国之间是“共同贫穷”，国家实力很大程度取决于人口规模，那工业革命以后，人均国内生产总值持续增长的原因到底是什么呢？这正是经济学学科研究的核心内容。自从亚当·斯密发现工业革命给英国经济带来了翻天覆地的变化，从而写成《国富论》一书，开创经济学这门学科研究以来，经济学家开始从很多方面思考经济增长的动力。18世纪以前，虽然有基本的生产要素，但要素流动和信息流动的成本非常高，技术交流速度也非常缓慢，形成的是低水平传统农业社会经济发展的均衡，经济发展水平很低，人均产出基本保持不变。工业革命以来，人均产出开始持续增长，这完全突破了原有的农业社会低水平均衡，使得人们开始从理论上思考经济持续增长的原因。$Y=AF(K, L)$ 是现代经济增长理论和实践的精髓，Y 表示最终产出，K 表示资本，L 表示劳动，A 表示以技术为核心的全要素生产率。两百多年来，经济学理论一直以这一基本的宏观经济核算解释和指导经济发展实践。资本、劳动和以技术为核心的全要素生产率构成现代经济增长的基本要素。经济学研究的基本结论表明，18世纪到20世纪后期，全球经济增长最重要的根源在于资本和劳动，在于资本和劳动本身的价值创造以及相关的资源配置效率改善，而最近几十年，全球经济增长越来越依靠全要素生产率，全要素生产率的核心就是技术进步和人力资本，与教育密切相关！

为了更直观地理解教育与经济发展的关系，我们参考一些跨国经济发展的数据。图6–2–1是各国人力资本存量与经济发展水平的关系图。由图中可以看到，人力资本存量越高的经济体，人均国内生产总值也越高。如果我们将两个变量做一条拟合直线，这条线的斜率就反映了两个变量之间关系的强弱，当然，这种关系是否稳定还需要参考其他指标判断。还有一个很有意思的初步结论是，拟合直线上方的基本都是大国，而拟合直线下方的很多都是小国，这说明，人力资本不但能带来经济增长，而且存在外部性，有溢出效应。给定人力资本水平，人口规模越大的国家，能够更好地发挥外溢效应，从而有更好的经济发展水平。拟合直线上方很明显的几个国家，比如美国、中国、印度、俄罗斯等，中国是相对偏离拟合直线最远的国家，印度次之，美国再次之，其他国家的偏离程度均没有这三个大国的偏离程度高。这就表明，与相同人力资本水平的国家比较，中国的人口规模使得我们更能发挥人力资本的外部性，从而有更高的经济发展水平。

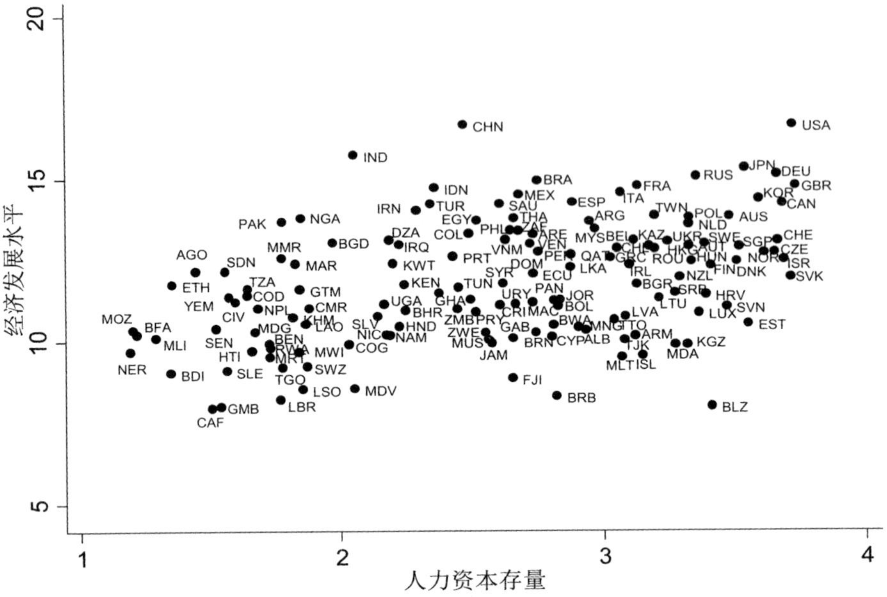

图 6-2-1 人力资本与经济发展

注：图中国家和地区代码为南非 ZAF、阿尔及利亚 DZA、摩洛哥 MAR、突尼斯 TUN、埃及 EGY、喀麦隆 CMR、中非共和国 CAF、乍得 TCD、刚果 COG、加蓬 GAB、安哥拉 AGO、布隆迪 BDI、刚果（金）ZAR、贝宁 BEN、赤道几内亚 GNQ、埃塞俄比亚 ETH、冈比亚 GMB、加纳 GHA、几内亚 GIN、科特迪瓦 CIV、肯尼亚 KEN、马达加斯加 MDG、马拉维 MWI、马里 MLI、毛里塔尼亚 MRT、毛里求斯 MUS、莫桑比克 MOZ、尼日尔 NER、尼日利亚 NGA、几内亚比绍共和国 GNB、卢旺达 RWA、塞内加尔 SEN、塞舌尔 SYC、塞拉利昂 SLE、津巴布韦 ZWE、多哥 TGO、乌干达 UGA、坦桑尼亚 TZA、布基纳法索 BFA、赞比亚 ZMB、加拿大 CAN、美国 USA、阿根廷 ARG、玻利维亚 BOL、巴西 BRA、智利 CHL、哥伦比亚 COL、厄瓜多尔 ECU、墨西哥 MEX、巴拉圭 PRY、秘鲁 PER、乌拉圭 URY、委内瑞拉 VEN、哥斯达黎加 CRI、萨尔瓦多 SLV、危地马拉 GTM、洪都拉斯 HND、尼加拉瓜 NIC、巴巴多斯 BRB、多米尼加 DOM、海地 HTI、牙买加 JAM、特立尼达和多巴哥 TTO、圭亚那 GUY、巴拿马 PAN、以色列 ISR、日本 JPN、塞浦路斯共和国 CYP、伊朗 IRN、约旦 JOR、叙利亚 SYR、土耳其 TUR、孟加拉国 BGD、斯里兰卡 LKA、中国香港 HKG、印度 IND、印度尼西亚 IDN、韩国 KOR、马来西亚 MYS、尼泊尔 NPL、巴基斯坦 PAK、菲律宾 PHL、新加坡 SGP、泰国 THA、中国台湾 TWN、中国 CHN、比利时 BEL、丹麦 DNK、法国 FRA、德国 GER、希腊 GRC、冰岛 ISL、意大利 ITA、荷兰 NLD、葡萄牙 PRT、西班牙 ESP、英国 GBR、奥地利 AUT、芬兰 FIN、爱尔兰 IRL、挪威 NOR、瑞典 SWE、瑞士 CHE、匈牙利 HUN、波兰 POL、罗马尼亚 ROM、俄罗斯 RUS、乌克兰 UKR、澳大利亚 AUS、新西兰 NZL、斐济 FJI、巴布亚新几内亚 PNG。下同。

数据来源：Penn World Table 9.0。

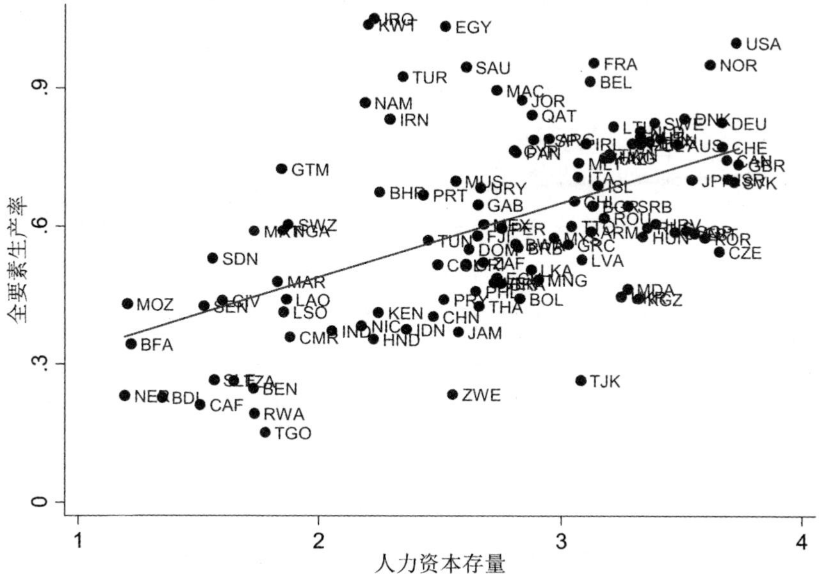

图 6-2-2　人力资本与全要素生产率

数据来源：Penn World Table 9.0。

图 6-2-2 研究人力资本水平与全要素生产率的关系。经济学将经济增长的根源分为资本 K、劳动 L、全要素生产率 A，凡是资本和劳动不能解释的部分都归结于 A。由此可见，全要素生产率包含的内容非常丰富，比如制度质量、技术进步、人力资本、管理水平等，教育对于提升全要素生产率有非常重要的意义，国民素质的提升、精英人才的培养对于制度建设、技术进步、企业管理等都是非常有好处的。图 6-2-2 从跨国数据层面简单考察二者的关系，从图中可以看到，人力资本存量越高的国家，全要素生产率水平越高。同样我们可以拟合一条直线反映二者之间的相关程度，各个国家离拟合直线的距离可以反映出人力资本在促进全要素生产率方面发挥作用的程度。除去一些资源型国家（这些国家的资本存量相对较少，经济增长很大程度上依赖资源，而资源对于经济增长的贡献在核算中被归为全要素生产率，这和我们一般意义上理解的全要素生产率概念存在差异，属于特例），美国、德国、法国等发达国家处于直线上方，而中国处于直线下方，这表明，相同人力资本存量的国家相比，美国等发达国家拥有更高的全要素生产率，而中国则由于资源配置效率较低等原因，全要素生产

率还较为落后。这也提醒我们，资源配置效率的视角对我国现阶段相关政策的制定有非常重要的现实意义。最近十多年来，经济结构调整和转型一直是政学两界关注的焦点。简单而言，经济结构转型是要实现从现有低技术、低附加值、低效率发展模式向高技术、高附加值高效率发展模式升级。为达到这个目标，政府制定方方面面的产业政策，比如，制定新兴产业目录、扶持高新技术产业等，希望由政府引导实现产业升级和结构转型。这种模式希望用不断地加大投入来实现企业或产业的绝对技术进步，达到结构升级的目的。然而，资源总是有限的，要维持这种高投入的代价是非常高的——政府规模会越来越庞大，经济效率也很可能会越来越低。我们认为，从资源配置效率的角度来看，政府在经济结构转型过程中，最重要的任务是在关注市场失灵的同时，致力于营造良好的市场竞争环境，让资源能够在企业间、产业间、区域间自由流动，让市场在资源配置中发挥决定性作用。这样，就能够实现由于资源配置效率改善带来的整体生产率水平提高，这对于我国现阶段的经济结构转型无疑是至关重要的。

根据前面的分析，人力资本水平是一个经济体能够取得成功的重要原因。

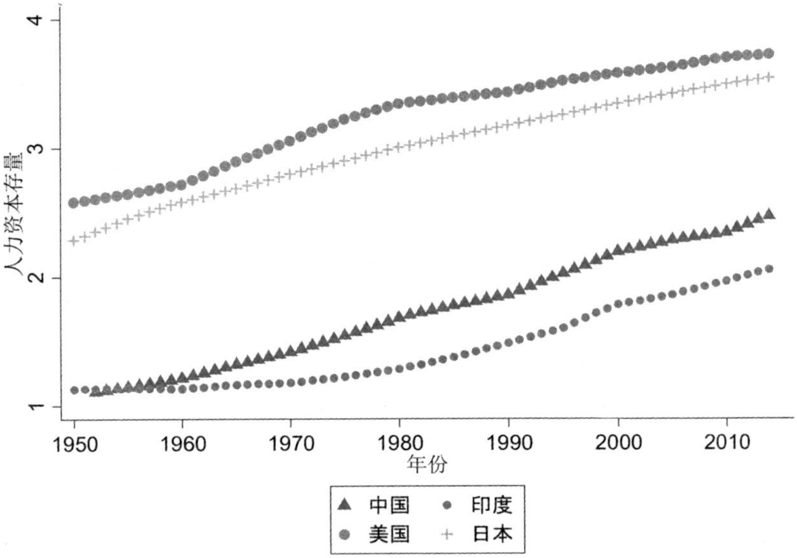

图 6-2-3　各国人力资本存量

数据来源：Penn World Table 9.0。

图 6-2-3 是 1950 年以来的各主要国家人力资本存量，由图中可以看到，人力资本与经济发展绩效是密切相关的，美国人力资本存量最高，日本次之，中国自 20 世纪 60 年代以来都高于印度。中国和印度的发展是学术研究中非常关注的一个话题，两国有很多类似之处，但发展模式却存在较大的差异。很多研究认为，中国的劳动力成本和人力资本是非常大的优势，这使得我们具备成为世界工厂的基本条件，从而在过去的几十年成为世界制造中心。

资料显示，高的人力资本积累能带来好的经济增长绩效，且人力资本存在外部性，人口规模大的国家、人力资本存量高的国家越能够发挥这种外部性，带来经济更快速的增长。我国作为一个幅员辽阔、地区差异较大的国家，人力资本对于不同地区的发展有什么差异化的影响呢？图 6-2-4 是我国各省份之间的人力资本投资与人均 GDP 水平关系图，从图 6-2-4 中可以看到人力资本投资越多的地方，人均国内生产总值就越高，和跨国数据显示的一致。同理，结合拟合直线的分析可以看到，位于直线上方的省份基本上都是人口大省或者人口密集的省市，比如北京、天津、上海、江苏、浙江等，这也表明，人力资本存在较强的外部性，人口规模较大、人口聚居的区域更能够发挥人力资本的作用，促进经济增长。

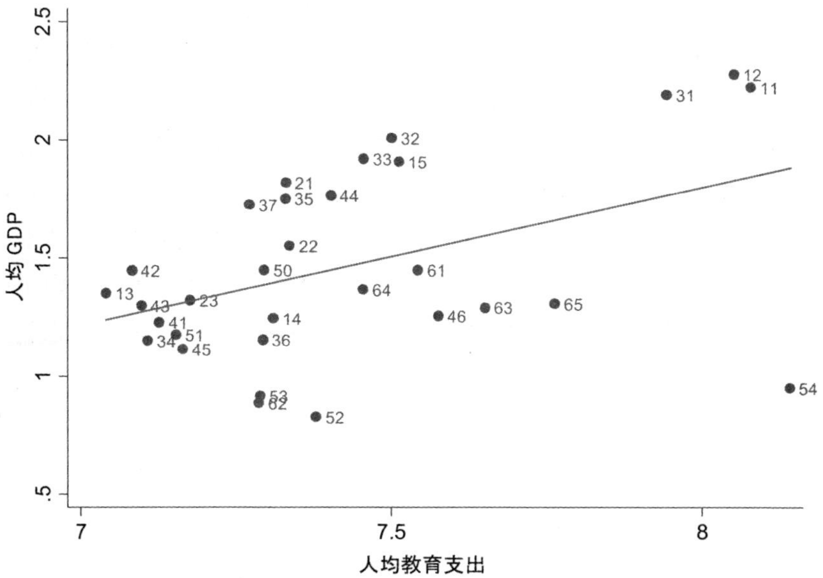

图 6-2-4　我国各地区人力资本投资与人均 GDP 水平

注：省份代码为北京 11，天津 12，上海 31，重庆 50，河北 13，河南 41，云南 53，辽宁 21，黑龙江 23，湖南 43，安徽 34，山东 37，新疆 65，江苏 32，浙江 33，江西 36，湖北 42，广西 45，甘肃 62，山西 14，内蒙古 15，陕西 61，吉林 22，福建 35，贵州 52，广东 44，青海 63，西藏 54，四川 51，宁夏 64，海南 46。下同。

数据来源：Penn World Table 9.0。

无论是跨国经济增长，还是国内各地区之间的经济增长，人力资本都发挥了重要的作用，不但能直接促进经济增长，还有外部溢出效应，人力资本的集聚可以带来更大程度的经济增长。我们接下来简要讨论我国人力资本发展的现状。图 6-2-5 是基于 2015 年人口普查数据分析各年龄段人口的受教育情况（以高等教育人数占比表示）。从 1925 年出生人口开始，按照 18 岁上大学计算，这些人 1943 年开始上大学，这时候接受高等教育的人口比例非常低，但之后逐年增长，一直到 1940 年左右出生的人口，即大约 1960 年接受高等教育，这一比例达到相对阶段高值，之后比例略有下降，维持低水平。改革开放以后，恢复高考，大规模发展高等教育，很明显，从 1960 年出生的人口开始，高等教育人口占比快速上升，从 1960 年出生人口的 5% 迅速上升到 1990 年出生人口的接近 30%，堪称世界奇迹。一个人口 14 亿的大国，适龄人口中有接近 1/3 的人接受高等教育，这无疑是我国教育发展的巨大成就。值得注意的是，高等教育中的性别差异逐渐消失，1980 年之前出生的人口中，男性接受高等教育的比例相对要高于女性，而 1980 年以后出生的人口中，已经不存在男女在接受高等教育方面的差异了，不过最近几年，出现女性的占比要高于男性占比的趋势，也需要引起我们的重视。表 6-2-1 列出了各年龄段的具体受教育情况，我们将受教育程度分为未上过学、小学、初中、高中、大学专科、大学本科、研究生 7 个等级，根据人口普查数据统计了各个年龄段每类受教育程度人口的数量。从中可以详细讨论我国现有人口中受教育情况、老龄化情况，以及历年来教育发展的基本情况。

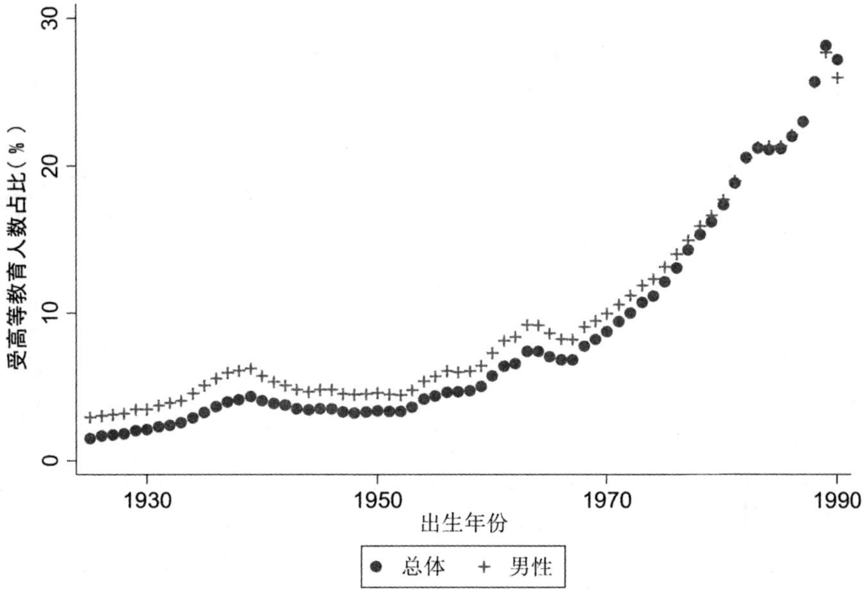

图 6-2-5 我国高等教育发展的现状

资料来源：第六次人口普查。

表 6-2-1 不同年龄段人口受教育程度（单位：人）

年龄	人口数量	未上过学	小学	初中	高中	大学专科	大学本科	研究生
15	18024484	93908	1463835	11476731	4867683	109767	11510	1050
16	18790521	88817	1196112	8544541	8703430	224946	31772	903
17	20775369	92063	1226762	8152054	10652208	472134	178826	1322
18	20755274	93260	1266932	8173998	8884537	1331816	1002727	2004
19	21543466	97405	1366216	8798785	6488797	2646852	2141809	3602
20	28026954	129600	1839967	11846355	6584116	4202415	3413737	10764
21	26556649	130517	1658506	11690857	5594506	3972334	3467865	42064
22	24474192	132226	1658560	11460655	4935702	3295292	2847327	144430
23	25695955	145088	1820705	12765367	5049579	3273259	2361624	280333
24	22658768	141322	1711686	11579269	4241312	2798256	1883109	303814
25	19933683	141932	1606631	10412367	3553489	2336006	1625829	257429
26	19709177	142530	1618540	10358322	3429861	2239978	1675322	244624

续表

年龄	人口数量	未上过学	小学	初中	高中	大学专科	大学本科	研究生
27	19480836	147421	1623547	10124290	3454055	2187558	1702360	241605
28	22322147	170115	1928173	11561193	4074271	2434773	1884429	269193
29	19568009	164951	1868668	10254766	3594818	1986007	1479060	219739
30	18928369	185214	2029822	9934149	3499835	1822461	1267512	189376
31	19866458	193575	2307746	10496582	3651530	1823229	1212188	181608
32	19474874	210747	2489333	10320188	3471236	1728036	1099239	156095
33	18179478	206776	2542513	9745318	3088007	1521166	949084	126614
34	20689024	249293	3130183	11254148	3349978	1612864	971823	120735
35	21186516	272618	3454257	11593331	3298255	1553146	905930	108979
36	22906980	308109	3980487	12636905	3424047	1557121	894510	105801
37	23990208	339691	4296957	13216697	3562836	1559233	905784	109010
38	24730460	369186	4642679	13641371	3602308	1504429	870419	100068
39	25211795	386225	4981643	13871844	3595343	1438746	845198	92796
40	27397219	462120	5747417	14942821	3845482	1467248	844991	87140
41	24956297	457839	5753595	13383853	3312532	1232435	741800	74243
42	27032542	522494	6472785	14487647	3456106	1252887	765845	74778
43	21355748	455285	5409206	11530545	2505322	865977	537635	51778
44	24012158	521742	6054427	12926156	2877891	967449	602428	62065
45	23962574	533479	5839295	12649792	3257435	1016036	599481	67056
46	23355778	541012	5518497	11861918	3708611	1067093	590445	68202
47	26972157	616454	6139760	13226071	4994681	1260879	659345	74967
48	20075084	555025	4921429	9306788	3973094	857147	417966	43635
49	11228960	354014	2863460	4835086	2461674	472321	221621	20784
50	14097008	474674	3788643	5887457	3140577	550904	234073	20680
51	12838832	511786	3864507	5134231	2683752	453840	174712	16004
52	16617709	767730	5475448	6498730	3092943	561794	202218	18846
53	18351980	943184	6507017	7024294	3025108	609872	221724	20781
54	16847642	962017	6379476	6285805	2440671	557695	204760	17218
55	17610528	1099766	7143828	6399014	2197115	554495	200977	15333

续表

年龄	人口数量	未上过学	小学	初中	高中	大学专科	大学本科	研究生
56	17738127	1223106	7653860	6243840	1883638	532129	188961	12593
57	16093888	1245966	7424517	5432734	1406980	425796	148990	8905
58	16167933	1370446	7805423	5253818	1200291	395240	135605	7110
59	13701998	1223531	6756831	4325028	940000	335318	115494	5796
60	13618204	1312970	6865158	4057350	925399	337169	115035	5123
61	13029125	1387605	6874015	3426767	910985	318863	106403	4487
62	11276853	1301588	6061931	2743153	806680	272938	87280	3283
63	10791633	1298501	5788919	2591046	758643	257093	94179	3252
64	9951467	1276659	5235227	2434372	654863	221295	125309	3742
65	9073411	1276966	4691641	2199163	587232	192199	122678	3532
66	8640965	1331970	4444934	1989284	578957	179189	113600	3031
67	7942141	1339308	4030070	1721233	572295	170672	106121	2442
68	7740868	1381597	3893571	1595477	580476	174178	113404	2165
69	7715897	1503355	3924624	1448509	541645	169692	126037	2035
70	7389412	1574921	3734529	1289851	490579	164839	132731	1962
71	6265718	1479104	3180416	952164	382203	142395	127678	1758
72	6893225	1759436	3495454	967442	387114	149761	132024	1994
73	6343869	1728065	3200927	830940	332209	133191	116609	1928
74	6080173	1760273	3048860	754277	295775	118779	100381	1828
75	5632477	1761888	2771378	663095	252310	100823	81287	1696
76	5175500	1725133	2505586	580837	214213	82994	65180	1557
77	5082383	1796120	2413253	545540	197538	71621	56579	1732
78	4254858	1591112	1977707	426912	156796	55356	45435	1540
79	3706915	1432244	1689261	367398	133589	45188	37843	1392
80	3737259	1527460	1654508	349380	127694	41371	35609	1237
81	2816693	1231437	1204123	236748	87336	28545	27612	892
82	2757918	1248539	1159203	219679	80316	25221	24181	779
83	2237138	1031424	929144	174340	63062	19248	19311	609
84	1824190	870823	738967	135638	48493	14466	15332	471

续表

年龄	人口数量	未上过学	小学	初中	高中	大学专科	大学本科	研究生
85+	7616148	4025279	2792234	503726	180097	53330	59271	2211

资料来源：第六次人口普查。

再进一步对我国不同地区的教育发展水平进行讨论。地区经济发展差异较大是我国经济发展过程中面临的一个非常重要的问题，与之相伴随的是高等教育发展巨大的地区差异，在社会上高度关注的39所985高校、116所211高校、147所“双一流”高校中，地区分布就极度不平衡，北京、上海、天津、南京、西安、武汉、长沙等几个城市集中了绝大部分的知名高校。表6-2-2列出了这些高校所在的省份，也可以看到高等教育资源地区分布的不平衡。还需要指出的是，我国高等教育现在的格局是典型的官办教育，从经济学的角度来看，公办教育是正确的选择，因为教育是一个具有强烈外部性的行业，如果按照市场机制，会低估教育收益率，从而高估高等教育的进入成本，使得很多人无法接受高等教育。不过，公办教育也会产生单一化、僵化等问题，难以满足越来越差异化的市场需求，需要有妥善的解决办法。截至2024年6月30日，中国共有3117所高等学校，其中普通高等学校2868所，如何形成差异化、特色化的培养模式，满足不同层次和类型的社会需求，是我们今后需要深入思考的重要问题。

表6-2-2　一流高等院校的地区分布

省（区、市）	211高校数量	985高校数量	“双一流”高校数量	省（区、市）	211高校数量	985高校数量	“双一流”高校数量
北京	26	8	34	河南	1	0	2
上海	10	4	15	内蒙古	1	0	1
天津	4	2	5	山西	1	0	2
江苏	11	2	16	河北	1	0	1
四川	5	2	8	江西	1	0	1
重庆	2	1	2	广西	1	0	1
陕西	8	3	8	云南	1	0	1
山东	3	2	3	贵州	1	0	1
湖南	4	3	5	新疆	2	0	2

续表

省（区、市）	211 高校数量	985 高校数量	“双一流”高校数量	省（区、市）	211 高校数量	985 高校数量	“双一流”高校数量
湖北	7	2	7	海南	1	0	1
广东	4	2	8	宁夏	1	0	1
浙江	1	1	3	西藏	1	0	1
安徽	3	1	3	青海	1	0	1
吉林	3	1	3				
福建	2	1	2				
黑龙江	4	1	4				
辽宁	4	2	4				
甘肃	1	1	1				

资料来源：根据教育部公开数据收集整理。

注：“双一流”高校名单为北京大学、清华大学、上海交通大学、复旦大学、浙江大学、中国科学技术大学、南京大学、中国人民大学、国防科技大学、中国科学院大学、北京航空航天大学、南开大学、同济大学、哈尔滨工业大学、北京理工大学、天津大学、西安交通大学、东南大学、华中科技大学、武汉大学、厦门大学、中山大学、北京师范大学、华东师范大学、电子科技大学、中南大学、西北工业大学、大连理工大学、华南理工大学、山东大学、四川大学、吉林大学、重庆大学、湖南大学、东北大学、中国农业大学、中央民族大学、中国海洋大学、西北农林科技大学、兰州大学、上海财经大学、对外经济贸易大学、中央财经大学、中南财经政法大学、西南财经大学、西安电子科技大学、北京邮电大学、北京科技大学、上海科技大学、南方科技大学、上海外国语大学、北京外国语大学、中国政法大学、中国传媒大学、南京理工大学、南京航空航天大学、北京交通大学、华北电力大学、华东理工大学、江南大学、河海大学、东华大学、苏州大学、南京师范大学、华中师范大学、陕西师范大学、西南大学、东北师范大学、湖南师范大学、华南师范大学、北京协和医学院、中国药科大学、北京中医药大学、天津医科大学、大连海事大学、哈尔滨工程大学、武汉理工大学、西南交通大学、长安大学、北京化工大学、中国矿业大学（含北京）、中国地质大学（含北京）、中国石油大学（含北京）、合肥工业大学、上海大学、安徽大学、南昌大学、北京工业大学、辽宁大学、福州大学、太原理工大学、西北大学、河北工业大学、郑州大学、暨南大学、北京林业大学、东北林业大学、华中农业大学、南京农业大学、四川农业大学、东北农业大学、首都师范大学、外交学院、南京信息工程大学、南京邮电大学、南京中医药大学、上海海洋大学、上海中医药大学、南京医科大学、广州医科大学、成都理工大学、成都中医药大学、西南石油大学、广州中医药大学、河南大学、南京林业大学、宁波大学、天津工业大学、天津中医药大学、山西大学、湘潭大学、华南农业大学、中央音乐学院、海军军医大学、空军军医大学、北京体育大学、中国人民公安大学、中国音乐学院、中央美术学院、中央戏剧学院、上海体育学院、上海音乐学院、中国美术学院、西藏大学、延边大学、石河子大学、新疆大学、云南大学、青海大学、贵州大学、内蒙古大学、宁夏大学、广西大学、海南大学。

高校资源分布和级别的差异，可以反映出各地区高等教育发展的差别，还一个很重要的问题是，高等教育人才培养的能力并不一定会转化为对人才的吸引力。一些地区虽然有很好的高等教育资源，也培养了大批高质量毕业生，但地方经济发展并没有真正吸纳这些资源，很多毕业生都会选择去其他地方就业。高校的人才培养和当地的经济发展是否能够真正融合起来，这是很多地区非常关心的问题。图 6-2-6 显示的是各地区总人口中受过高等教育的人口的比例，差距非常明显，北京的比例高达 33%，而绝大部分省份都不足 10%，还有一些省份在 5% 以下。表 6-2-3（a）进一步更详细地描述了各省份不同受教育程度人口的情况，将受教育程度分为小学、初中、高中、大学等 4 个等级，可以看到各个地方每类受教育程度人口的详细数据和比例。表 6-2-3（b）列出了各省份 15 岁以上人口的平均受教育年限，可以看到，2010 年第六次人口普查时人均受教育年限为 9.08 年，2020 年第七次人口普查时人均受教育年限上升到 9.91 年，取得了非常大的发展。

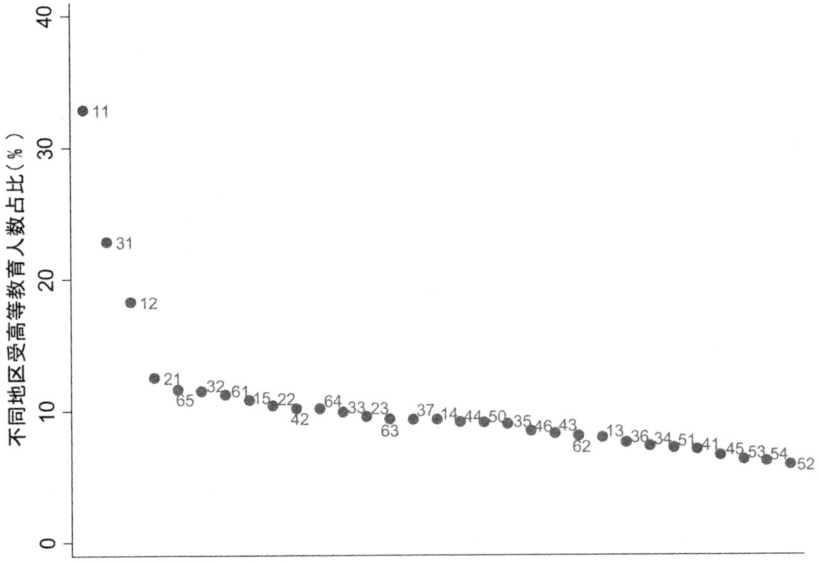

图 6-2-6　我国高等教育发展的地区差异

注：数字代码含义见图 6-2-4。

资料来源：第六次人口普查。

表 6-2-3（a） 各地区每 10 万人口中拥有的各类受教育程度人数

单位：人 /10 万人

省（区、市）	大学（大专及以上）	高中（含中专）	初中	小学
全国	15467	15088	34507	24767
北京	41980	17593	23289	10503
天津	26940	17719	32294	16123
河北	12418	13861	39950	24664
山西	17358	16485	38950	19506
内蒙古	18688	14814	33861	23627
辽宁	18216	14670	42799	18888
吉林	16738	17080	38234	22318
黑龙江	14793	15525	42793	21863
上海	33872	19020	28935	11929
江苏	18663	16191	33308	22742
浙江	16990	14555	32706	26384
安徽	13280	13294	33724	26875
福建	14148	14212	32218	28031
江西	11897	15145	35501	27514
山东	14384	14334	35778	23693
河南	11744	15239	37518	24557
湖北	15502	17428	34280	23520
湖南	12239	17776	35636	25214
广东	15699	18224	35484	20676
广西	10806	12962	36388	27855
海南	13919	15561	40174	19701
重庆	15412	15956	30582	29894
四川	13267	13301	31443	31317
贵州	10952	9951	30464	31921
云南	11601	10338	29241	35667
西藏	11019	7051	15757	32108

续表

省（区、市）	大学（大专及以上）	高中（含中专）	初中	小学
陕西	18397	15581	33979	21686
甘肃	14506	12937	27423	29808
青海	14880	10568	24344	32725
宁夏	17340	13432	29717	26111
新疆	16536	13208	31559	28405

数据来源：第七次全国人口普查。

表 6-2-3（b）　各地区 15 岁及以上人口平均受教育年限

省（区、市）	2020 年	2010 年
全国	9.91	9.08
北京	12.64	11.71
天津	11.29	10.38
河北	9.84	9.12
山西	10.45	9.52
内蒙古	10.08	9.22
辽宁	10.34	9.67
吉林	10.17	9.49
黑龙江	9.93	9.36
上海	11.81	10.73
江苏	10.21	9.32
浙江	9.79	8.79
安徽	9.35	8.28
福建	9.66	9.02
江西	9.70	8.86
山东	9.75	8.97
河南	9.79	8.95
湖北	10.02	9.20

续表

省（区、市）	2020 年	2010 年
湖南	9.88	9.16
广东	10.38	9.55
广西	9.54	8.76
海南	10.10	9.22
重庆	9.80	8.75
四川	9.24	8.35
贵州	8.75	7.65
云南	8.82	7.76
西藏	6.75	5.25
陕西	10.26	9.36
甘肃	9.13	8.19
青海	8.85	7.85
宁夏	9.81	8.82
新疆	10.11	9.27

数据来源：第七次全国人口普查。

经济的发展和教育密切相关，良好的教育制度，丰富的人力资本积累，往往都伴随着很好的经济发展绩效。而快速的经济增长，使得政府和家庭会有更多的资源投入教育和人才培养中，从而带来更快更好的经济发展绩效，形成良性循环。本部分的研究给我们如下几点重要的启示。第一，教育是经济增长非常重要的根源。人类文明几千年的发展历史告诉我们，以教育和人才培养为基础的技术进步是国民财富持续增长的最重要根源。而全球 200 多个经济体的发展经验也告诉我们，教育的差异很大程度上会体现在经济增长的绩效差异上，中国不同地区之间的发展绩效差异也体现了这一点。第二，教育有很强的正外部性。和一般的物质资本和普通劳动投入不同，教育的一个非常重要的特点就是具有正外部性。两个人力资本都为 1 的人在一起，可能会产生 3 个单位人力资本的生产效率。从宏观上来看，这体现在人均人力资本存量相同的国家中，人口规模更大的国家增长绩效更好；在人均资本存量相同的不同省份中，人口更多的省份经济增长绩效更好。正是因为存在正向外部性，教育无法以正常的市场机制来提供，那样会大幅度低估教育的社会价值，市场会失灵。这就提示我们在教育的发展过程中政府要发挥更为重要的作用。

二、教育与社会阶层流动

阶层流动是反映社会经济发展水平的重要指标，包括收入的流动、职业的流动、代际流动等诸多方面。一般认为，收入流动是阶层流动最为核心的指标，我们首先对收入流动及其与教育的关系做简要阐述。改革开放以来，我国经济发展取得了很大的成绩。不过，市场效率大幅提升的同时，也伴随着收入差距大幅度上升等问题。根据国家统计局的数据，2008 年我国基尼系数已经达到 0.491，其后虽然逐年回落，但仍然维持高位，2017 年为 0.467。基于这一背景，党的十九大报告指出“我国社会主要矛盾已经转化为人民日益增长的美好生活需要和不平衡不充分的发展之间的矛盾”。收入差距和收入分配等相关问题成为学术界和政府决策层高度关注的重要问题。关于如何看待收入差距扩大问题，理论上有两个研究方向。一些人认为收入差距扩大是一个非常严重的问题，直接关乎公平、关乎民生。还有一些人认为收入差距本身并不是问题，关键是要研究清楚是什么原因导致了收入差距，这一机制是否符合公平正义，这样才能制定合适的政策在确保基本社会保障的前提下提高经济运行效率。正是在这一逻辑体系下，产生了收入流动的相关讨论。收入流动是指同一个人或家庭的收入在不同时点所处阶层的差异，可衡量收入差距的动态变化。一般而言，我们讨论收入分配都是指截面差异，即在同一个时点个体之间的收入差距，而收入流动则是研究这种收入差距的动态演变。比如，在一个由两个人组成的群体中，第一年的收入分布为（1，0），第二年的收入分布为（0，1）。独立来看，每年的收入差距都非常大，一个人获得所有收入，另一个人一无所获。但如果动态地看，这个分配是非常平均的。由此可见，收入流动同样是研究收入分配的一个非常重要的方面。如果收入差距非常大，但是收入流动性非常好，处于收入底层的家户有上升通道，那较大的收入差距并不一定会带来太大的问题；如果收入差距大，收入流动性也差，阶层固化非常严重，这种收入结构将对低收入群体非常不利，他们很难通过不断努力实现阶层跃迁，社会矛盾将会不断被激发。

由于缺乏全国层面的微观家户数据，以我国农村 1986—2017 年的家户调查数据为基础，对收入流动问题做探讨。与收入流动密切相关的一个问题是收入分配。收入分配反映收入的静态分布，而收入流动反映这种分布的动态演变，收入流动性的研究本身就是相对收入分配而言的。图 6-2-7 显示的是几个指标反映的收入分配动态演变和分地区计算的基尼系数。总体来看，收入分配情况可以分为两个阶段，以基尼系数为例，从 1986 年的 0.37 缓慢上升到 2000 年的峰值 0.42，再逐步下降到 2017 年的 0.33。GE 指数（a=0）和泰尔指数也表现出基本相同的趋势。分地区看，东部、中部、西部地区的基尼系数跨期变化趋势基本相同，但数值上还是存在显著差异，中部地区收入差距最小，东部地区收入差距在 2002 年之前较大，2002 年之后下降很快。接下来看收入流动。收入流动是指同一家庭在不同时点所处阶层的差异，衡量收入差距的动态变化。收入流动性强会平滑短期的高收入差距，降低长期收入差距；反之，收入流动性弱时，即使短期收入差距较小，在长期也会被不断放大。改革开放 40 多年来，收入差距问题一直都引起学术界和政府决策层的高度关注，基尼系数的微小变化都会在社会上产生较大的影响。但是，由于缺乏数据等各方面原因，我们对收入流动性的关注严重不足。研究收入流动性的前提是要有面板跟踪数据，由于流动性是个相对长期的问题，最好就要有长期面板跟踪数据，这对于中国研究而言是非常稀缺的。固定观察点数据的数据结构和问卷设计为我们研究收入流动提供了非常好的基础。

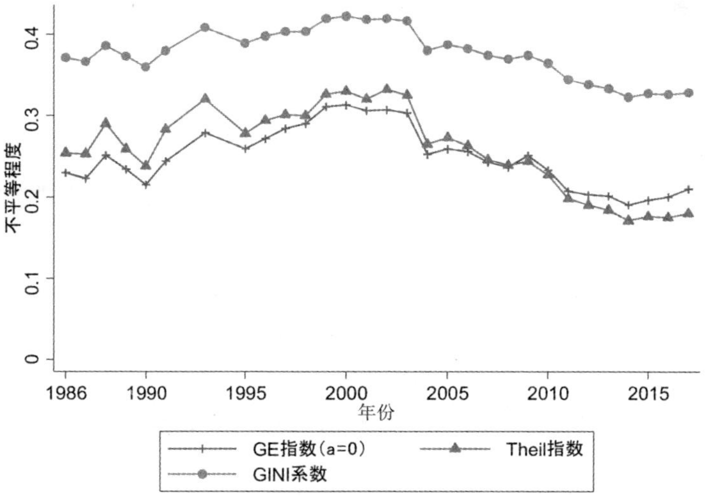

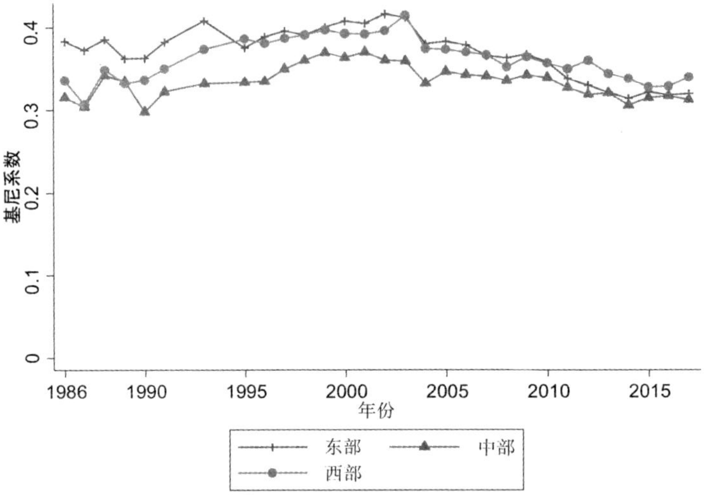

图 6-2-7　收入分配动态演变

资料来源：农业农村部农村经济研究中心 1986—2017 年固定观察点调查。

收入转换矩阵是研究收入流动的最重要工具，我们首先计算 1986 年以来的收入转换矩阵。将每一期样本按照家庭人均纯收入等分为五个组（各占样本的 20%，分别称为低收入组、较低收入组、中等收入组、较高收入组、高收入组），从而得到每个家户所处的收入分组，再来考察下一期该家户所处收入分组的变化。为提高各阶段收入流动的可比性，将 1986—2017 年按照基本相同的时间间距分为五个组，即 1986—1991 年、1993—1999 年、2000—2005 年、2006—2011 年、2012—2017 年。表 6-2-4 列出了各个时间段的农户收入流动矩阵，同时列出了样本数量和样本比例。以 1986—1991 年时间段为例，1986 年处于低收入组的农户中，到 1991 年，仍有 43% 的农户处于低收入组，有 26% 跃迁到较低收入组，有 16% 跃迁到中等收入组，有 10% 跃迁到较高收入组，有 4% 跃迁到高收入组。同理可以解释其他各时间段的收入转换矩阵。从前面五组 5 年间隔时间段的转换矩阵来看，收入流动性还是略有不足，存在一定的阶层固化问题。首先看对角线的阶层不变比例，低收入组中 41%—49% 的比例在 5 年以后仍然位于低收入组，高收入组中 45%—53% 的家庭在 5 年后仍然位于高收入组，中间三个组的阶层不变家庭大约为 25%。再从分组看，低收入组的流动性是最差的，五个时间段数据均显示，低收入组农户在 5 年后有约 70% 的家庭仍然处于低收入组或较低收入组，只有 30% 的家庭实现了向更高收入组的跃迁。由此可见，农村反贫困问题的确是一个需要长期关注的重要问题。与之相对应，高收入组的向下流动概率也非常小，约 75% 的家庭在 5 年后仍然处于高收入组或较高收入组。中间三个收入组的流动性则较强。最后，从 1986—2017 年时间段的超长时期内的收入流动性数据可以看到，长期收入流动性要远远高于短期流动性，但同时也揭示了一个非常重要的长期贫困问题——1986 年的低收入组农户中有 34% 的家庭到 2017 年仍然处于低收入组。

表 6-2-4　主要年份收入流动矩阵

		各收入位置家庭比例				
		1	2	3	4	5
		1991 年收入位置				
1986 年收入位置	1	0.43	0.26	0.16	0.10	0.04
	2	0.23	0.28	0.23	0.17	0.09
	3	0.14	0.22	0.25	0.25	0.15
	4	0.10	0.15	0.22	0.27	0.26
	5	0.06	0.07	0.13	0.22	0.51
		1999 年收入位置				
1993 年收入位置	1	0.41	0.28	0.17	0.09	0.04
	2	0.24	0.28	0.24	0.17	0.07
	3	0.16	0.22	0.25	0.25	0.13
	4	0.11	0.15	0.22	0.28	0.24
	5	0.06	0.07	0.12	0.23	0.52
		2005 年收入位置				
2000 年收入位置	1	0.46	0.23	0.15	0.10	0.05
	2	0.26	0.28	0.23	0.14	0.08
	3	0.16	0.24	0.26	0.22	0.13
	4	0.09	0.17	0.24	0.29	0.21
	5	0.04	0.07	0.12	0.24	0.53

续表

		2011 年收入位置				
2006 年收入位置	1	0.46	0.23	0.16	0.10	0.06
	2	0.24	0.29	0.22	0.16	0.08
	3	0.15	0.23	0.26	0.22	0.14
	4	0.09	0.16	0.24	0.27	0.23
	5	0.05	0.07	0.13	0.25	0.50
		2017 年收入位置				
2012 年收入位置	1	0.49	0.24	0.13	0.09	0.05
	2	0.25	0.31	0.24	0.14	0.06
	3	0.16	0.23	0.27	0.23	0.11
	4	0.09	0.16	0.23	0.31	0.21
	5	0.06	0.07	0.13	0.30	0.45
		2017 年收入位置				
1986 年收入位置	1	0.34	0.23	0.18	0.16	0.08
	2	0.24	0.22	0.22	0.19	0.13
	3	0.19	0.20	0.22	0.23	0.16
	4	0.16	0.16	0.20	0.25	0.23
	5	0.12	0.15	0.16	0.26	0.31

注：1 低收入组，2 较低收入组，3 中等收入组，4 较高收入组，5 高收入组。

资料来源：农业农村部农村经济研究中心 1986—2017 年固定观察点调查。

以收入转换矩阵为基础，还有一些其他指标可以更简练地体现收入流动情况。比较常用的包括 Shorrocks 指数和平均流动指数。我们按照三年一段的方式将所有年份分为 15 段，即 1986—1990 年、1990—1993 年，以此类推到 2015—2017 年，再计算每年的收入转换矩阵和收入流动指数。图 6–2–8 显示了两个指数的计算结果，三十多年来，以 Shorrocks 指数衡量的收入流动程度由 0.77 下降到 0.66，下降幅度 14%，以平均流动指数衡量的收入程度由 4.67 下降到 3.68，下降幅度 21%。我国农村家庭收入的基尼系数在经历前期的上升后一直在缓慢回落，但与此同时却发现收入流动性也在不断下降。收入差距虽然在缩小，但低收入农户处于持续贫困的概率却在上升，相对于收入差距，这个问题也应该引起我们的高度关注。

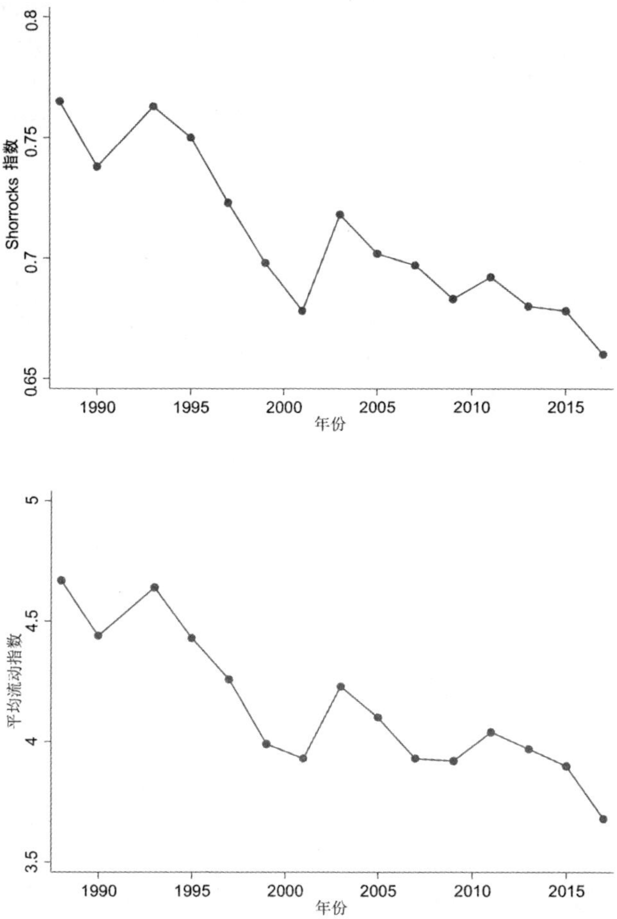

图 6-2-8　收入流动程度

资料来源：农业农村部农村经济研究中心 1986—2017 年固定观察点调查。

收入流动与收入分配密切相关，高收入流动性会缓解收入不平等，反之，低收入流动性会加剧收入不平等。图 6-2-9 考察了 200 等份收入组 1986—2001 年和 2002—2017 年两个时间段的长期收入增长情况。上图的分组依据是 1986—2001 年的平均收入，下图的分组依据是 2001—2017 年的平均收入，纵轴为收入的对数差。从图 6-2-9 中可以看到，在 2002 年之前，长期收入增长更强烈地偏向高收入阶层，收入越高的阶层收入增长速度也越快，这显然会扩大收入差距。2002年之后，这种情况略有改善，相对而言，高收入阶层的收入增长速度在下降。2002年之前收入差距在扩大，2002年之后收入差距有所缩小。图6-2-9再次提醒我们另一个重要的问题是，最低收入阶层一直都是收入增长速度较慢的。

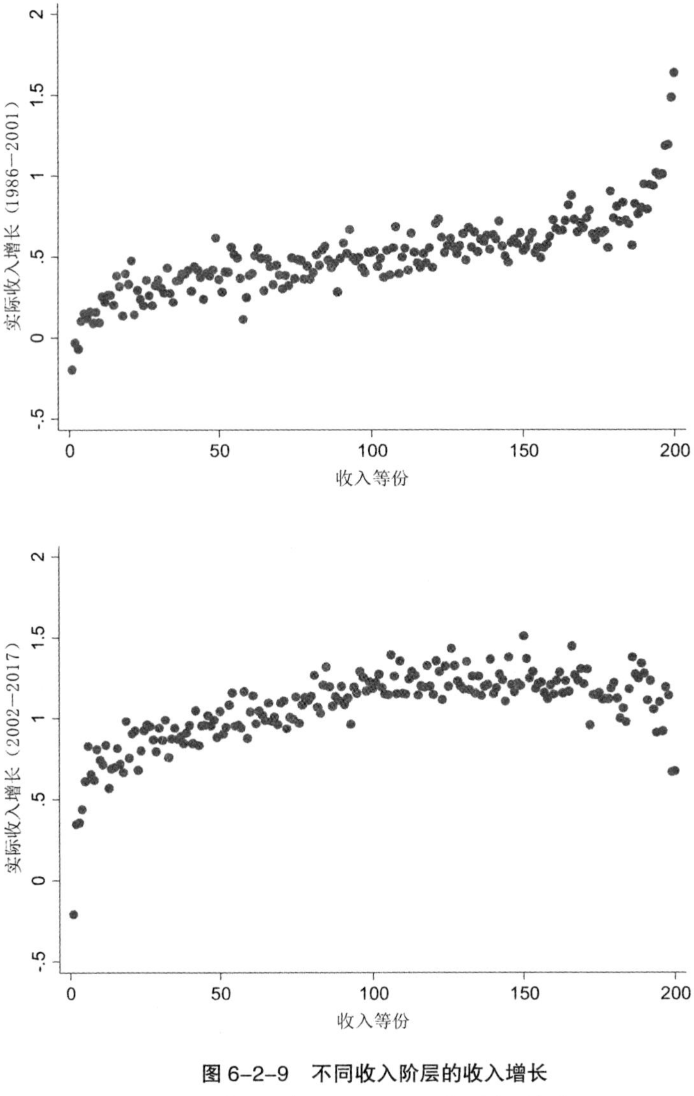

图6-2-9　不同收入阶层的收入增长

资料来源：农业农村部农村经济研究中心1986—2017年固定观察点调查。

收入流动性对一个社会的平稳发展有着极为重要的意义，非常重要的问题就是研究清楚到底是什么因素在影响收入流动。很多研究从教育、年龄、人口结构、社会保障、机会公平等多方面讨论了收入流动的影响因素。我们将影响收入流动的因素分为4个维度：政府补贴、家庭禀赋（包括劳动和土地）、教育（包括正规学校教育和专业技术培训）、社会资本（包括党员身份和干部身份），发现教育对于社会阶层流动的影响最大。我们进一步将教育分为两类：受教育程度和专业技能。受教育程度主要是指接受学校教育的年限，重点是知识型教育；专业技能主要是指劳动力的学习能力以及掌握的谋生技能，重点是能力型教育。图 6-2-10 是两种不同类型教育对于阶层跃迁的影响，值越大表示教育对阶层跃迁的影响越大。从图 6-2-10 可以看到，知识型教育的回报率从 20 世纪 80 年代开始逐渐上升，大约在 2002 年达到顶峰，此后开始下降，而能力型教育的回报率一直在上升。这种现象其实也是很好理解的。改革开放初期，我国各条战线的人才非常缺乏，而经济发展水平较低又使得教育成为奢侈品，受教育人数非常少，教育的回报率非常高。随着经济的不断发展，人们对教育越来越重视，接受正规教育的人口也越来越多，教育的稀缺性下降，从而回报率也开始下降。与之相对应的是，知识型教育的普及使得能力型教育成为可能，而能力型教育的回报率在不断上升，这也提示了我们教育改革非常重要的方向，即由单纯的知识传授向素质教育、能力培养过渡。

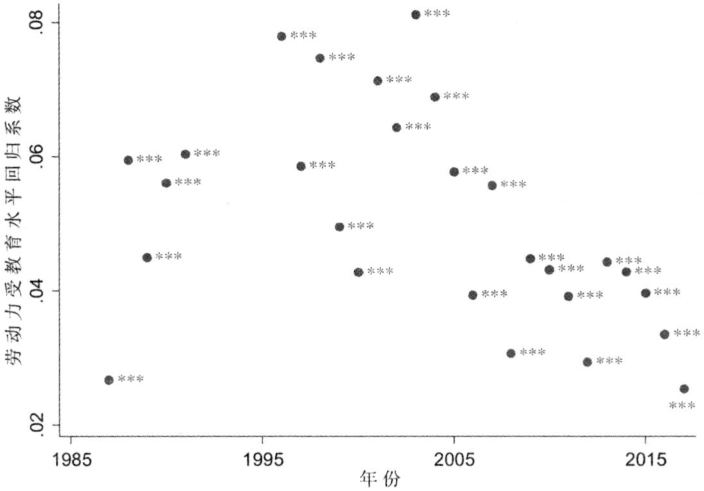

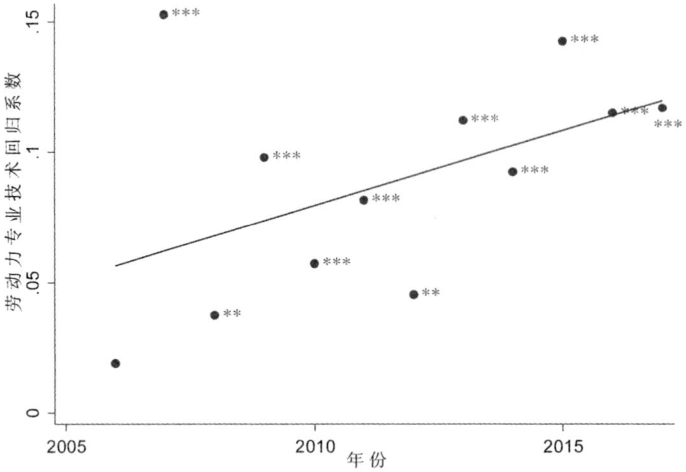

图 6-2-10　不同类型教育对于阶层跃迁的影响

注：***、**、* 分别表示 1%、5%、10% 的显著性水平。

资料来源：农业农村部农村经济研究中心 1986—2017 年固定观察点调查。

另一个与阶层流动密切相关的问题是代际流动。随着我国经济社会阶层固化现象的日益显现，代际流动性问题受到了越来越广泛的关注。代际流动包含代际收入流动、代际职业流动、代际社会阶层流动等多方面的内容。代际收入流动是代际流动的最直接的体现，也是近年来被广泛使用的一个度量收入分配和社会公平的动态指标，主要通过考察父代收入与子代收入之间的相关性，来反映子代在多大程度上能通过自身能力而非家庭因素实现收入的向上流动，代际收入弹性是用来测度代际收入流动的主要方法。代际收入弹性越大说明父代收入对子代收入的影响越强，代际收入流动越差，反之，代际收入流动越强。其后大量研究试图通过测度代际收入弹性来了解一国的收入流动程度，以及社会公平状况。主流研究认为，比较来看，美国的代际流动性较弱，除美国以外的发达国家代际流动性较强，尤其是一些北欧国家代际流动程度较高，而发展中国家普遍阶层固化比较严重。在关于中国的研究中，我们发现，代际流动的弹性系数值约为0.34，我国居民代际收入流动性不强，存在一定的阶层固化现象。而教育是提高代际流动性、提高代际阶层跃迁概率的最核心因素。

总结本节的研究，有如下几点重要结论。第一，教育有利于促进社会阶层流动，缓解长期不平等。第二，随着教育的稀缺性程度下降，知识型教育的回报在下降，从而教育在促进阶层流动、缓解长期不平等方面的作用在不断下降。

第三，能力型教育的回报在上升，这也显示出教育理念的进一步发展。

三、教育与产业升级

产业升级是我们非常关注的一个问题，每个经济体都希望能有更高端、更高附加值的产业形态，但是，我们应该明白的是，不能就产业谈产业，产业升级需要有相关的配套资源和措施。教育就是非常重要的方面，每个产业都会有其特定的知识含量和知识密集度，举例来说，在一个高等教育比例非常低的经济里要发展高技术含量的航天航空产业，成功概率肯定是非常低的。有什么样的教育，就会有什么样的产业结构。图 6–2–11 是一个基本的教育与产业结构的关系图，上图是教育发展水平与第一产业占 GDP 的比重，下图是教育发展水平与第二产业占 GDP 的比重。可以看到，教育发展水平与产业结构是密切相关的，教育发展越好，第一产业的占比越低，第二产业的占比越高。需要指出的是，所谓产业结构升级在不同时代有不同的含义，在经济发展的初期，我们会致力于提高第二产业的占比，一旦经济发展到一定程度，我们又会追求由第二产业向第三产业转型，由工业向服务业转型。服务业的知识含量和技术含量较为复杂，简单而言，可以分为低端服务业和高端服务业，不同行业的服务业之间的差别非常大，比如酒店餐饮服务业和金融业等。如果单一的以第三产业占比高为目标，而忽视制造业的重要作用，显然会带来很多其他问题，过早服务业化是需要引起我们关注的重要问题。

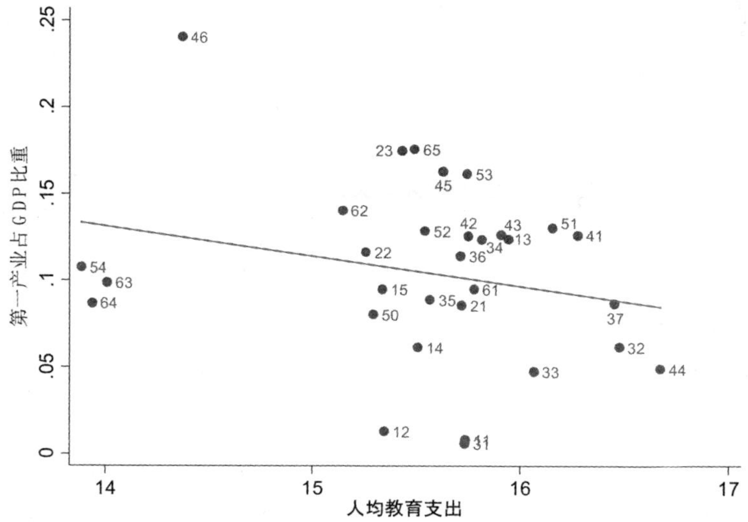

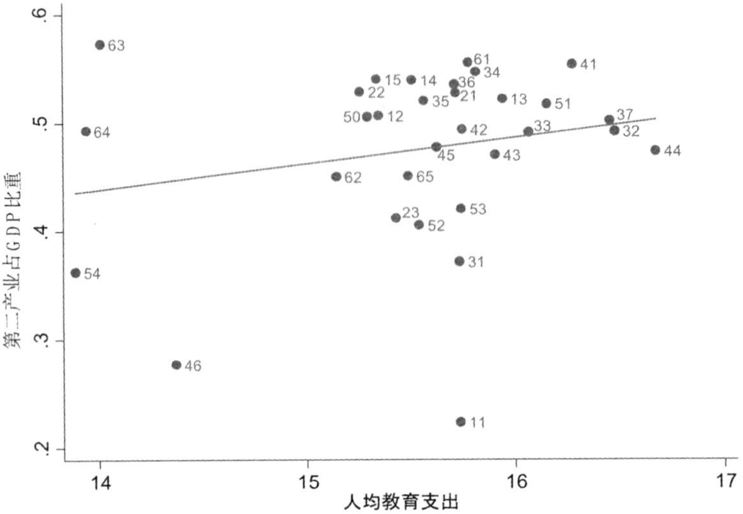

图 6-2-11　教育与产业结构

资料来源：根据历年各省统计年鉴收集整理。

以我国 600 多万家企业数据为基础，我们根据每个企业的员工信息，计算了每个行业的知识含量和技术含量，这对我们理解教育和产业结构升级非常有好处。表 6-2-5 和表 6-2-6 是分产业、分行业的计算结果，表 6-2-5 按照国民经济行业两位数分类，表 6-2-6 按照行业大类分类。员工教育结构方面，我们采用三个标准：学历、专业技术职称、技术等级。按学历可以分为研究生、本专科生、高中生、初中生及以下；按专业技术职称可以分为高级职称、中级职称和初级职称；按技术等级可以分为高级技师、技师、高级工、中低级工。表 6-2-5 中列出了每个行业按照不同分类的员工数量所占的百分比。比如代码为 06 的煤炭开采和洗选业，按照受教育程度分，本行业所有员工中，研究生、本专科生、高中生的占比分别为 0.05%、7.50%、25.66%，其余员工为初中及以下学历；按照专业技术职称分，高级职称员工和中级职称员工的占比分别为 0.82%、3.30%，绝大部分为初级职称；按照技术等级分，高级技师、技师、高级工员工的占比分别为 0.08%、0.62%、2.78%，其余为中低级工。其他行业也可以按照类似的方法推算其员工队伍的受教育程度。从表 6-2-5 中可以看到，在制造业中，医药、化学、通信、仪器仪表、通用设备、专用设备、机械等行业的技术含量较高，对员工的教育水平要求更高。

表 6-2-5 不同产业的员工教育结构（单位：%）

行业名称	行业代码	学历			专业技术职称		技术等级		
		研究生	本专科生	高中生	高级	中级	高级技师	技师	高级工
煤炭开采和洗选业	06	0.05	7.50	25.66	0.82	3.30	0.08	0.62	2.78
石油和天然气开采业	07	0.46	27.80	49.85	2.67	10.66	0.17	1.08	16.9
黑色金属矿采选业	08	0.22	7.09	28.89	0.61	2.61	0.16	0.62	2.66
有色金属矿采选业	09	0.11	7.96	30.82	0.75	3.22	0.16	0.70	2.24
非金属矿采选业	10	0.08	4.49	23.41	0.29	1.43	0.09	0.34	1.3
其他采矿业	11	0.50	5.33	27.3	0.70	3.44	0.24	0.53	0.93
农副食品加工业	13	0.20	9.37	32.55	0.55	2.38	0.22	0.71	1.15
食品制造业	14	0.30	12.19	33.69	0.67	2.58	0.24	0.7	1.25
饮料制造业	15	0.24	14.08	37.94	0.78	3.40	0.30	1.00	1.61
烟草制品业	16	0.57	22.54	39.47	0.21	5.11	0.06	0.87	8.34
纺织业	17	0.05	5.16	28.81	0.35	1.51	0.11	0.5	1.01
纺织服装、鞋、帽制造业	18	0.05	4.77	25.37	0.21	0.94	0.09	0.36	0.70
皮革、毛皮、羽毛（绒）及其制品业	19	0.05	4.05	23.64	0.19	0.87	0.11	0.33	0.71
木材加工及木、竹、藤、棕、草制品业	20	0.08	5.47	26.83	0.36	1.62	0.14	0.51	0.93
家具制造业	21	0.09	6.66	28.17	0.39	1.53	0.19	0.57	1.09
造纸及纸制品业	22	0.10	7.97	32.77	0.48	2.03	0.16	0.65	1.37
印刷业和记录媒介的复制	23	0.16	10.69	38.18	0.64	2.78	0.26	0.9	2.86
文教体育用品制造业	24	0.07	5.32	24.15	0.26	1.01	0.15	0.33	0.58
石油加工、炼焦及核燃料加工业	25	0.36	18.17	40.46	1.5	5.92	0.23	1.04	6.46
化学原料及化学制品制造业	26	0.4	14.51	36.76	1.25	4.4	0.27	0.91	3.34
医药制造业	27	0.96	26.18	42.43	1.89	6.54	0.42	1.33	3.37
化学纤维制造业	28	0.2	12.42	38.89	0.83	3.28	0.17	0.68	2.52
橡胶制品业	29	0.17	8.07	33.01	0.59	2.12	0.19	0.63	1.62

续表

行业名称	行业代码	学历			专业技术职称		技术等级		
		研究生	本专科生	高中生	高级	中级	高级技师	技师	高级工
塑料制品业	30	0.13	8.01	31.04	0.5	2.00	0.2	0.56	1.03
非金属矿物制品业	31	0.1	5.66	26.85	0.46	1.9	0.16	0.53	1.25
黑色金属冶炼及压延加工业	32	0.22	15.05	38.66	1.27	4.72	0.33	1.22	8.61
有色金属冶炼及压延加工业	33	0.22	14.33	35.57	1.27	4.85	0.31	1.27	5.16
金属制品业	34	0.16	8.82	31.12	0.74	2.64	0.28	0.84	1.66
通用设备制造业	35	0.23	12.43	34.71	1.28	4.23	0.39	1.31	3.71
专用设备制造业	36	0.46	16.42	38.51	1.71	5.33	0.51	1.56	4.49
交通运输设备制造业	37	0.33	16.92	39.91	1.77	5.57	0.43	1.48	5.36
电气机械及器材制造业	39	0.37	13.6	35.86	1.17	3.46	0.48	0.99	2.2
通信设备、计算机及其他电子设备制造业	40	1.03	16.98	41.7	1.28	3.56	0.28	0.76	1.46
仪器仪表及文化、办公用机械制造业	41	0.82	19.15	36.69	1.9	5.04	0.4	1.17	2.8
工艺品及其他制造业	42	0.08	6	26.91	0.4	1.45	0.13	0.44	1.32
废弃资源和废旧材料回收加工业	43	0.18	7.68	27.11	0.4	1.64	0.12	0.34	0.72
电力、热力的生产和供应业	44	0.46	27.97	43.27	2.32	7.96	0.22	1.71	9.26
燃气生产和供应业	45	0.31	25.94	44.1	1.63	6.91	0.2	1.17	8.22
水的生产和供应业	46	0.22	21.44	44.13	0.94	5.36	0.13	1.13	7.13
房屋和土木工程建筑业	47	0.24	13.62	28.19	0.99	5.07	0.47	1.61	3.73
建筑安装业	48	0.52	23.77	32.56	1.72	6.89	0.59	1.94	4.59
建筑装饰业	49	0.61	25.98	32.11	1.52	6.54	0.55	1.59	2.3
其他建筑业	50	0.49	17.87	29.12	1.56	5.84	0.51	1.64	3.62
铁路运输业	51	0.35	29.62	46.6	0.69	3.6	0.11	1.27	10.36

续表

行业名称	行业代码	学历			专业技术职称		技术等级		
		研究生	本专科生	高中生	高级	中级	高级技师	技师	高级工
道路运输业	52	0.34	20.51	42.49	0.68	2.71	0.24	1.06	3.7
城市公共交通业	53	0.21	13.04	50.4	0.41	1.80	0.17	0.61	3.83
水上运输业	54	0.64	26.66	37.56	1.23	6.23	0.32	1.07	3.49
航空运输业	55	1.51	64.26	22.8	0.70	5.67	0.25	0.84	3.21
管道运输业	56	1.37	51.53	28.84	3.00	9.79	0.19	1.58	16.89
装卸搬运和其他运输服务业	57	0.96	33.07	32.21	0.46	2.26	0.13	0.37	0.88
仓储业	58	0.68	28.43	39.14	0.88	3.76	0.3	0.76	2.31
邮政业	59	0.67	33.87	47.67	0.77	2.73	0.21	0.71	6.84
电信和其他信息传输服务业	60	3.1	62.85	27.48	2.19	8.56	0.3	0.87	3.85
计算机服务业	61	4.41	51.28	30.93	2.02	5.2	0.38	0.67	0.72
软件业	62	10.52	78.52	8.75	3.52	9.57	0.97	1.3	0.93
批发业	63	1.3	37.92	37.88	1.03	3.77	0.28	0.53	0.89
零售业	65	0.61	29.56	45.35	0.75	2.75	0.3	0.72	1.06
住宿业	66	0.37	20.83	43.29	0.65	2.27	0.35	0.99	2.11
餐饮业	67	0.3	15.54	41.28	0.58	1.79	0.38	0.86	0.88
银行业	68	5.09	76.3	14.84	3.56	38.41	0.17	0.84	1.29
证券业	69	21.91	66.38	10.67	3.77	12.52	1.21	1.25	1.39
保险业	70	6.65	63.21	27.54	1.82	6.36	0.19	0.52	0.35
其他金融活动	71	4.53	63.49	25.71	2.64	8.81	0.32	0.5	0.45
房地产业	72	0.95	50.32	34.67	1.52	9.43	0.24	0.73	4.67
租赁业	73	1.22	30.1	39.72	1.14	3.35	0.35	0.76	1.2
商务服务业	74	2.78	43.9	30.16	1.88	5.32	0.25	0.59	1.41
研究与试验发展	75	15.3	56.27	18.05	15.02	17.54	0.6	1.74	6.32
专业技术服务业	76	5.34	67.69	19.3	10.64	19.73	0.59	1.13	2.89
科技交流和推广服务业	77	4.73	50.6	27.61	5.38	12.27	0.6	1.11	2.71
地质勘查业	78	2.62	44.19	32.57	7.52	14.46	0.42	2.32	13.25

续表

行业名称	行业代码	学历			专业技术职称		技术等级		
		研究生	本专科生	高中生	高级	中级	高级技师	技师	高级工
水利管理业	79	0.96	40.21	34.87	3.09	9.95	0.46	2.21	13.83
环境管理业	80	0.6	19.15	25.89	0.93	2.4	0.13	0.82	5.51
公共设施管理业	81	0.97	33.68	33.98	1.62	5.66	0.46	1.68	10.11
居民服务业	82	0.48	22.56	41.51	0.97	2.63	0.66	2.25	1.69
其他服务业	83	0.63	22.41	35.99	1.35	3.7	0.59	1.4	2.29
教育	84	4.89	74.69	16.03	9.87	31.72	0.31	0.5	1.67
卫生	85	2.96	56.01	32.25	6.57	21.12	0.39	0.83	2.77
社会保障业	86	1.42	53.81	39.96	1.36	8.22	0.17	0.55	2.07
社会福利业	87	0.9	30.92	31.31	0.87	3.31	0.22	1.06	4.13
新闻出版业	88	7.65	67.98	15.58	8.6	14.51	0.2	0.72	3.03
广播、电视、电影和音像业	89	2.29	62.91	26.14	4.56	13.14	0.33	1.22	4.84
文化艺术业	90	2.19	52.2	30.15	6.47	15.73	0.3	0.73	3.55
体育	91	2.36	54.53	27.41	3.94	8.21	0.27	0.89	3.54
娱乐业	92	0.6	23.41	42.61	0.5	1.53	0.23	0.77	0.76
中国共产党机关	93	6.23	80.6	10.35	0.88	2.18	0.26	1.11	2.75
国家机构	94	2.5	71.26	19.73	1.63	6.68	0.21	0.72	3.16
人民政协和民主党派	95	5.53	77.79	13.05	1.71	2.81	0.3	1.7	4.3
群众团体、社会团体和宗教组织	96	2.19	36.98	25.98	2.5	4.91	0.22	0.43	0.85
基层群众自治组织	97	0.1	11.21	39.78	0.17	0.72	0.04	0.08	0.07

资料来源：根据第二次和第三次全国经济普查数据整理。

不过，相对于制造业，服务业对员工教育水平的要求要高很多，从表 6-2-6 可以看出，信息技术、金融业、科技服务、教育等几个行业的员工中，本专科生及以上学历要占 70% 左右，而制造业只有 11% 左右，其他一些主要服务业对员工素质的要求也较高。从表 6-2-5 与表 6-2-6 的比较可以非常明显地看到，不同的行业对员工教育水平的要求差异非常大，要实现产业升级，首先要有很好的教育体系，能培养出符合行业发展的人才。

表 6-2-6 不同行业的员工教育结构（单位：%）

行业名称	行业代码	学历			专业技术职称		技术等级		
		研究生	本专科生	高中生	高级	中级	高级技师	技师	高级工
采矿业	B	0.12	9.39	28.64	0.94	3.83	0.1	0.64	4.13
制造业	C	0.26	10.5	32.76	0.84	2.96	0.25	0.81	2.35
电力、燃气及水的生产和供应业	D	0.41	26.8	43.45	2.06	7.48	0.2	1.59	8.86
建筑业	E	0.29	15.21	28.78	1.1	5.32	0.49	1.64	3.73
交通运输、仓储和邮政业	F	0.51	24.58	41.77	0.68	3.01	0.22	0.84	3.62
信息传输、计算机服务和软件业	G	5.49	64.49	23.05	2.52	8.04	0.51	0.94	2.29
批发和零售业	H	1.00	34.22	41.19	0.91	3.32	0.29	0.61	0.97
住宿和餐饮业	I	0.33	17.96	42.2	0.61	2.01	0.37	0.92	1.45
金融业	J	5.17	68.32	21.44	2.97	19.82	0.27	0.64	0.78
房地产业	K	0.95	50.32	34.67	1.52	9.43	0.24	0.73	4.67
租赁和商务服务业	L	2.73	43.50	30.43	1.86	5.26	0.25	0.6	1.40
科学研究、技术服务和地质勘查业	M	6.69	59.72	22.16	9.93	17.18	0.58	1.34	4.37
水利、环境和公共设施管理业	N	0.82	29.44	31.03	1.67	5.31	0.33	1.46	9.12
居民服务和其他服务业	O	0.56	22.48	38.66	1.17	3.18	0.62	1.81	2.00
教育	P	4.89	74.69	16.03	9.87	31.72	0.31	0.50	1.67
卫生、社会保障和社会福利业	Q	2.84	55.02	32.44	6.21	20.09	0.38	0.83	2.80
文化、体育和娱乐业	R	2.84	50.99	29.3	4.80	10.99	0.27	0.87	3.11
公共管理和社会组织	S	2.11	55.88	24.09	1.42	5.17	0.18	0.58	2.29

资料来源：根据第二次和第三次全国经济普查数据整理。

总结而言，第一，不同的产业会面临不同的人才需求，每个产业都会有其特有的知识含量和特定的技能含量，产业升级与特定技能教育发展密切相关。第二，中国现有的产业结构还亟待转型，向高附加值行业转变，但这种转变绝非一朝一夕之功，完善的教育体系，多元化的人才培养是基础、是根本。根据前面的表格，我们简单测算，工业企业员工平均受教育年限为 11 年，服务业员工平均受教育年限为 14 年，如果我们要达到美国 80% 的国内生产总值由服务业创造，我国人均受教育年限至少要再提高 1—2 年。这是个什么概念呢？从 1998 年高校扩招以来约 20 年时间里，我们的人均受教育年限大概提高了 1 年，这还不考虑教育质量、边际收益递减等问题。由此可见，产业结构调整与升级是一个长期的过程，教育是个基础性的准备，首先要把教育办好，才有可能实现产业升级。

四、教育与科技创新

科技创新实际上可以归为产业升级的一部分，前文关于产业升级的讨论很好地体现了教育的重要作用，科技创新相对产业升级是更为尖端、更为基础的工作，对教育、对人才的依赖程度只会更高。图 6-2-12 是省际教育发展水平与专利申请和授权情况，上图是人均教育支出与人均专利申请数量的关系，下图是人均教育支出与人均专利授权数量的关系。从图 6-2-12 中可以看到，教育发展水平越高的地方，专利申请和授权数量会越高。和人力资本的作用类似，教育支出同样有溢出效应，给定相同的教育发展水平，如果一个地区人口规模更大、人口密度更大，则会有相对更多的专利申请数量和授权数量。比如北京、天津、上海、浙江、广东等地，科技创新活动会更为活跃，教育能够发挥更大的作用。

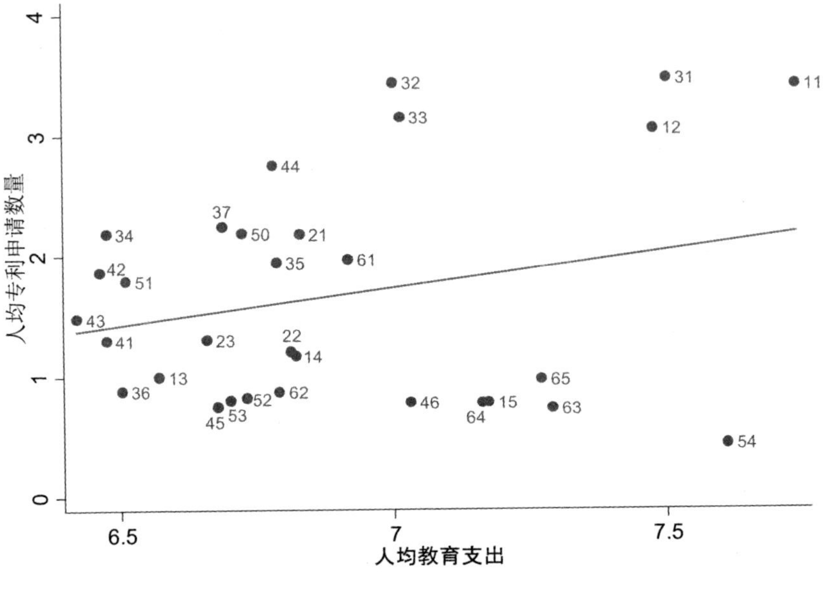

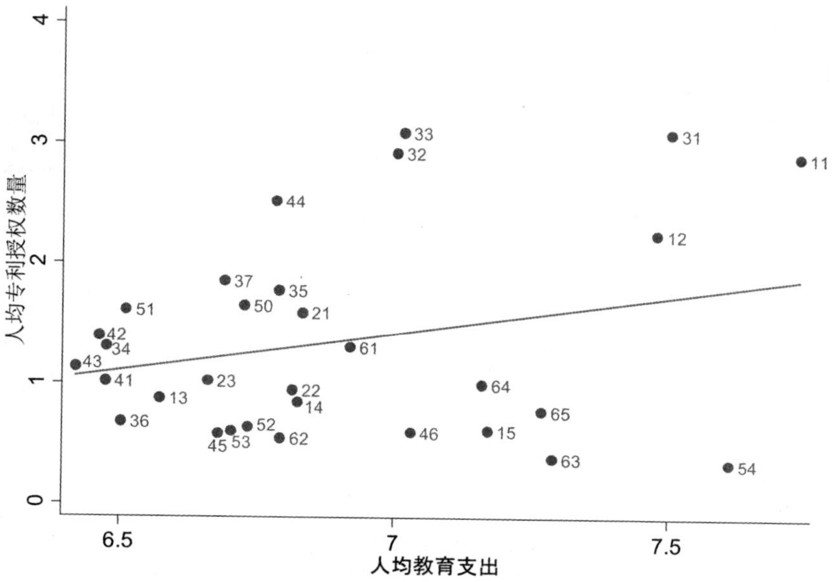

图 6-2-12　教育发展水平与专利申请和授权情况

资料来源：根据历年各省份统计年鉴收集整理。

进一步，专利可以分为不同类型，包括发明专利、外观专利、实用新型专利三种，不同的专利类型对于科技创新的价值和意义完全不同，对于前沿科技发展而言，最为重要的是发明专利，这类专利能在更大程度上体现科学的原创性。表 6-2-7 列出了 2013—2015 年这三年的各省（区、市）不同类型的专利申请数量。从总量来看，江苏、浙江、广东、北京、安徽是专利申请大省，均超过 10 万件，按申请密度来看，北京、上海、浙江等省（市）领先。发明专利方面也有类似的情形，北京、上海、江苏、浙江、广东、安徽、山东等省（市）领先。和经济发展类似，各地区之间专利申请差异极度不平衡，5 个省份的专利申请总数都超过 10 万件，而同时有 7 个省份专利申请总数还不到 5000 件，差距巨大。

表 6-2-7　2013—2015 年各省份不同类型专利申请数量（单位：件）

省（区、市）	省份代码	发明专利申请数	外观设计专利申请数	实用新型专利申请数	专利申请总数
北京	11	52901	4556	58379	115836

续表

地区	省份代码	发明专利申请数	外观设计专利申请数	实用新型专利申请数	专利申请总数
天津	12	13146	2466	19361	34973
河北	13	6089	2504	13170	21763
山西	14	3434	860	6251	10545
内蒙古	15	1355	390	2177	3922
辽宁	21	7630	1094	11330	20054
吉林	22	1466	363	2290	4119
黑龙江	23	3637	999	5395	10031
上海	31	20829	5817	28481	55127
江苏	32	91885	70255	109503	271643
浙江	33	42877	87372	121604	251853
安徽	34	43960	7358	49081	100399
福建	35	8954	14498	20881	44333
江西	36	3379	2248	9445	15072
山东	37	34388	8800	47061	90249
河南	41	10457	4932	25427	40816
湖北	42	11343	2749	19353	33445
湖南	43	11427	5009	17708	34144
广东	44	59034	34840	79629	173503
广西	45	10185	1322	8160	19667
海南	46	545	127	551	1223
重庆	50	11402	6346	18751	36499
四川	51	16294	17856	23158	57308
贵州	52	3488	1654	4566	9708
云南	53	2649	912	5113	8674
西藏	54	15	15	3	33
陕西	61	4894	1426	7771	14091
甘肃	62	1403	297	2663	4363
青海	63	276	91	427	794

续表

地区	省份代码	发明专利申请数	外观设计专利申请数	实用新型专利申请数	专利申请总数
宁夏	64	1344	143	1146	2633
新疆	65	1304	242	3888	5434

资料来源：中国专利数据库。

需要指出的是，本节我们希望讨论教育对科技创新的影响，但从量化的角度而言，我们很难准确对科技创新进行分析，从而选择了专利这一常见指标，发现教育发展对于专利申请与授权有重要意义。但是，在科技创新的整个流程中，到专利申请授权这一步实际上还只是刚刚开始，后面还有很长的路要走。所谓“研发（R&D，Research and Development）”，按照发达国家的经验，当10%的资源配置在研究，90%的资源配置在开发时，将会有一个比较理想的技术转换效率，即科学技术前沿成果能够真正有效转化为产品和产出。而我们国家由于各方面的原因，重研究，轻开发，重论文成果，轻转化成果，研究与开发的资源配比还远远没有达到1∶9的比例，大量的科研成果还没有进行转化，也有大量的科研成果根本就没有转化价值。学校教育只能有助于科研创新，有助于研究，开发却是一个系统性工程，与教育体制、产权制度、金融支持等各方面都密切相关，需要通盘考虑。

简要总结本节的讨论，第一，信息时代，知识的积累速度非常快，根据不同类别的科技创新，对教育、对人才有不同的要求；第二，原创性的科技创新是对新领域的探索，要求有以能力培养为基础的教育理念；第三，我国的专利申请和授权数量已经是全球第一，但成果转化率还比较低，这需要有更好更完善的措施来促进成果转化。

五、教育与未来社会经济发展展望

从经济发展的角度来看，进入文明时代后的人类社会的演变主要经历了三个阶段，并正在迈向第四个阶段。第一阶段是1800年之前的两千年间，第二阶段是从工业革命到第二次世界大战结束，第三阶段从20世纪50年代到现在，第四阶段是指我们对于未来的预判。第一阶段是典型的农业社会，经济个体规模很小，自给自足，交通落后、市场狭窄，人们只能在一个很小的范围内交换资源，资源配置效率非常低，人们的生活水平变化不大，基本处于马尔萨斯低水平均衡。由于大航海时代的到来，经济个体能够接触的范围大幅度扩张，这种市场扩大和需求拉动带来了革命性的变化，需求创造了供给，大规模的需求扩张带来了技术的革命性突破。几百年以来的经济发展实践表明，资源配置效率的改善成为经济增长的核心，要素、技术和信息的组合构成现代经济增长的源泉。在信息流动和完善的基础上，要素开始流动，与特定的技术结合，形成最终产出。三者互动合作，互相促进和加强，缺一不可。18 世纪以前，虽然有基本的生产要素，但要素流动和信息流动的成本非常高，技术交流速度也非常缓慢，形成的是低水平传统农业社会经济发展的均衡，经济发展水平很低，人均产出基本保持不变。工业革命以来的第二阶段，人均产出开始持续增长，这完全突破了原有的农业社会低水平均衡，使得人们开始从理论上思考经济持续增长的原因。$Y=AF(K, L)$ 是现代经济增长理论和实践的精髓，Y 表示最终产出，K 表示资本，L 表示劳动，A 表示以技术为核心的全要素生产率。两百多年来，经济学理论一直以这一基本的宏观经济核算解释和指导经济发展实践。资本、劳动和以技术为核心的全要素生产率构成现代经济增长的基本要素。从全球范围来看，经济发展是分区域、分阶段的，首先在部分国家之间进行贸易和资源交换，这部分国家先成为发达国家，这个格局到第二次世界大战已经基本奠定。第二次世界大战结束到现在，是全球经济发展的第三阶段，经济发展开始向发展中国家扩散，按照经济学的解释，符合新古典经济学的基本框架，各国经济存在条件收敛，发展水平较低的国家增长速度会较快，发展水平较高的国家增长速度会较慢。当然，这种趋同的存在是有条件的，从"华盛顿共识"到"北京共识"等，都是在讨论如何促进经济增长的基本原则，此外，收敛的时间跨度也是一个大问题，并没有一定之规。在第三阶段中，发展中国家和发达国家的交流大幅度增加，很多国际组织开始建立，如联合国、世界银行、国际货币基金组织、世界贸易组织等，这对维持市场经济政治基本秩序、促进经济增长起到了很大的作用。由此，很多发展中经济体开始兴起。相对而言，这是世界历史上难得的一段整体和平时期，全球经济得到了很大的发展，人民的生活水平、科技发展水平等都有了大幅度的提升。

总结而言，第一阶段的经济发展以自给自足为主，从经济增长的角度看，教育的作用无论对于个人还是社会，都较为有限；第二阶段的经济发展以资源的跨区域配置、产品流动和要素流动为核心，资源配置效率的改善带来了经济效率的大幅度提升，分工是经济增长最重要的动力；第三阶段是在分工的基础上发挥规模经济的作用，规模经济成为经济增长的核心动力。在第二和第三阶段，教育、人才的作用都至关重要，正如前文所述，如果没有与之匹配的教育体系和人才培养体系，就没有相应的产业结构和创新能力，就不可能发挥出比较优势和规模经济的巨大威力。但仍然需要强调的是，两个阶段中，经济增长最核心的动力还是来自分工和规模经济。关于未来，随着技术的不断进步，当分工和规模经济促进经济增长的潜力越来越小时，人力成本的进一步上升会催生资本对劳动的迅速替代，这会是一个根本性的格局变化。现有国际分工体系基本上是以各国禀赋为基础的，一些国家提供资源，一些国家提供劳动力，一些国家提供研发等，共同形成产品生产，再通过贸易来实现资源的全球配置。一旦资本能在更大程度上替代劳动，那么发达国家对于发展中国家的依赖程度将会大幅度下降，世界将可能由单峰模式转向双峰模式，文明的冲突离我们也许并没有那么遥远。我们研判，第四阶段的发展将是以制度和创新为核心竞争力的模式，一旦资本能够不断替代劳动，而要素的直接流动成本又非常低，那么全球产业布局就在很大程度上由制度质量与公共服务质量来决定。另外，在普遍性的制度竞争、成本竞争之外，创新的水平将成为决定一个经济体综合实力的最重要因素，教育将发挥人类发展史上最为重要的作用。

第三节　公共服务均等化、教育公平与人力资本[①]

公共服务均等化是推动社会公平、促进共同富裕的重要途径，其中，教育公平是最为基础和关键的一环。结合 2010 年人口普查、中国家庭追踪调查、省市县财政统计资料等宏微观数据库，以撤县设区为准自然实验，本节讨论了公共服务均等化、教育公平和人力资本积累的关系。研究发现，县改区后，学龄

① 本节研究摘录自陈斌开、亢延锟、侯嘉奕，2023：《公共服务均等化、教育公平与共同富裕》，《经济学季刊》第 23 卷第 6 期。

青少年进入高中和大学的概率分别提高了 4.1% 和 4.88%，受教育年限增加了 0.24 年。并且，当城市优质教育资源越集中时，这一效果越大。其主要作用机制是，县改区提高了教育事业费、教育支出等民生型支出占比，同时还破除了教育资源的行政壁垒，使被撤并县的居民享受到了城市内部优质教育资源，促进了公共服务均等化和教育公平。进一步研究发现，受到影响的群体，长期收入提高 8.67%，消费提高 16.79%，并且消费结构得到升级。

一、引言

共同富裕是社会主义的本质要求，是中国式现代化的重要特征，是人民群众的共同期盼。党的十九届五中全会把“全体人民共同富裕迈出坚实步伐”作为 2035 年国民经济和社会发展远景目标之一，其中将基本公共服务均等化列为实现共同富裕的重要内容。这表明，公共服务均等化是实现共同富裕远景目标的核心环节，这不仅因为公共服务事关国计民生，还因为公共服务均等化可以有效降低社会中的机会不均等，[①] 在促进社会公平的进程中扮演着关键角色。

教育作为广大城乡居民最关心、最迫切的公共服务之一，教育的公平性是社会公平的基础，在公共服务体系中具有十分重要的地位。第一，教育机会不均等导致收入差距扩大（陈斌开等，2009；杨娟等，2015）。陈斌开等（2010）发现教育的差距对中国城乡收入差距的贡献已经高达 43.92%，并且随着近 20 年教育回报率的提高，教育对收入差距的影响还有上升趋势。第二，教育的不平等具有累积效应，使一部分低收入人群难以获得优质教育资源，从而形成低收入陷阱，加剧社会阶层的固化（Fernández & Rogerson，2001），降低代际流动性。第三，大量研究发现，教育的干预进行得越早，效果越好（Barnett，2011；Algan et al.，2022）。对于弱势家庭的孩子而言，教育机会的均等化意味着他们能够在年幼时接受与其他家庭相同的学校教育，对于日后个体成就的取得和生活改善具有十分重要的意义。

当前，教育公平依然面临很大挑战，主要表现在两个方面。一是教育投入

---

① 机会不均等是指由人们无法主观控制的因素引起的不平等，例如家庭环境、父母学历和户籍制度等。

的不均等导致教育机会的不均等，这主要体现在地区、城乡间教育投入的巨大差异导致教育资源分布的严重不均。例如李实和朱梦冰（2021）根据《中国教育经费统计年鉴》计算得出，在城乡之间，2018 年城镇地区的小学生的生均教育经费投入为 14383 元，而农村地区的小学生均教育经费为 11827 元，前者比后者高 22% 左右。而且，初中阶段的城乡间教育经费投入比高达 1.39∶1。在地区之间，2018 年北京市小学生生均教育经费是河南省的 5 倍。二是教育资源的行政壁垒，突出表现在大城市集中了优质的教育资源，但是由于户籍制度、学区制度导致优质的资源不能通过公平的手段合理分配，导致教育机会的不均等。例如重点学校往往集中在大城市内部，并且仅面向属地招生，周边区县、农村的孩子很难得到这些优质学校的就读机会。对此，家长只能通过购买学区房的方式使孩子进入优质的小学或者初中，这显著提高了中低收入家庭进入学区的壁垒，有损教育公平（张传勇等，2022）。2019 年 2 月，中共中央、国务院印发的《中国教育现代化 2035》提出“在实现县域内义务教育基本均衡的基础上，进一步推进优质均衡，鼓励有条件的地方在更大范围内实现均衡发展”和“要建立健全基本公共教育资源均衡配置机制，逐步缩小区域、城乡、校际差距，推进城乡义务教育一体化发展”。

因此，促进教育机会均等化，一方面要促进教育投入的均等化，另一方面要破除教育资源的行政壁垒，使不同人群拥有相同的机会享受高质量的教育资源。中国各地进行的撤县设区为我们研究教育机会的均等化提供了绝佳的自然实验。① 这是因为，一方面，撤县设区之后，大部分财权上收至地级市政府，原来县级政府对于经济事务的决策权被大幅削弱，与此相对应的，原地方政府所承担的经济发展的义务也随之上移，其支出的责任也相应降低（卢盛峰和陈思霞，2017）。我们发现，由于支出责任的变化，地方政府在撤县设区之后提高了教育等公共服务支出占财政支出的比重，教育事业费和教育支出的比重提高了 1.11% 和 2.31%。另一方面，撤县设区之后打破了教育资源的行政壁垒，原撤并县被纳入城市的统一规划，意味着城市内部优质教育资源的共享，事实上实现了教育机会的均等化。在上述两种机制的作用下，我们发现学龄青少年

① 本章使用“撤县设区”政策只是作为公共服务均等化的识别策略，而不是对“撤县设区”进行政策评估。

进入高中和大学的概率分别提高了 4.10% 和 4.88%，同时受教育年限增加了 0.29 年。进一步研究发现，受到政策影响的群体，长期收入提高 8.67%，消费提高了 16.79%，并且消费结构也相应升级。

第一，本节在经验上证实了公共服务均等化的重要影响，并探讨了公共服务均等化的实现机制。本章认为对于公共服务均等化，“动人”是比“动钱”更有效率的可行方式。目前大多数研究秉承第一种思路，认为公共服务均等化的核心在于财政体系，例如改革地方政府的事权匹配、转移支付体系等（倪红日和张亮，2012；曾红颖，2012），但是这一方式有产生新的资源错配和效率损失的可能。另外一种思路是“动人”，即允许居民平等享受城市里优质的公共服务。本节利用撤县设区的经验证据表明，城市化是实现公共服务均等化的重要途径，但城市化的关键在于人的城市化，只有破除户籍制度等制度性障碍，才能够富有效率地实现公共服务的均等化（夏怡然和陆铭，2015）。

第二，本节为通过机会均等促进教育公平提供了严谨的实证证据。现有研究对于中国教育不平等现象的关注，主要集中在城乡之间和高等教育内部，本节认为，伴随着快速城市化进程，教育资源日益向大中核心城市聚集，这种优质教育资源的过分集聚已经超越教育的城乡差距，成为当前我国教育不平等的核心问题，而高等教育机会的不均等和人力资本代际流动性的降低，恰恰是基础教育不均等的延续。对此，一些研究指出，转移支付是解决教育公平的重要途径（范子英，2020），但实际上单纯依靠转移支付无法永久根治这一顽疾（张丽华和汪冲，2008）。本节指出，教育平等的关键在于机会均等，破除居民接受高质量教育的机会不均等是未来实现教育公平的重要途径。

第三，本节将撤县设区的后果延伸至家户层面。撤县设区作为一项非常重要的行政区划改革，已有文献的关注点集中在改革后的宏观经济绩效上，例如经济增长（邵朝对等，2018）、财政收入和支出（张莉等，2018；吉黎和邹埴埸，2019）、人口规模（唐为和王媛，2015）、市场分割（贺颖和吕冰洋，2019）等方面。另外一些研究将目光聚焦在企业上，研究了撤县设区对于企业税负（范子英和赵仁杰，2020）、出口行为（卢盛峰和陈思霞，2016）和融资约束（卢盛峰和陈思霞，2017）等影响，极少有研究针对撤县设区对于居民、家户行为的影响开展研究。本节的工作将研究视角转移至微观个体，发现撤县设区会通过提高人力资本积累水平提高居民长期收入，这是对这一支文献的重要扩展和补充。本节接下来的安排如下：第二部分是文献述评与逻辑框架，第三部分是基本结果与稳健性检验，第四部分进行了机制分析，第五部分进一步讨论长期影响，第六部分为结语及政策启示。

二、文献述评和逻辑框架

（一）公共服务均等化与教育公平

按照 Roemer（1998）的定义，收入不平等可以被分解为由机会不均等导致的收入不平等（inequality of opportunities）和由个人努力差异导致的收入不平等（inequality of efforts）。由个人后天努力产生的收入差距会激励低收入者努力工作，使社会整体财富和福利增加，而对社会产生负面影响的主要是由机会不均等造成的收入差距。现阶段，我国社会中的机会不均等较突出，一些研究指出，由于机会不均等导致的收入差距占我国整体收入差距的比重已经接近三分之一（史新杰等，2018）。对此，2021 年召开的中央财经委员会第十次会议指出，要为人民提高受教育程度、增强发展能力创造更加普惠公平的条件，畅通向上流动通道，给更多人创造致富机会，形成人人参与的发展环境。

在机会公平中，教育公平是十分重要的一环。教育的机会不均等不仅会扩大收入差距，还会造成阶层固化，降低社会流动性（李任玉等，2017）。目前，教育机会不均等不仅体现在数量上，还体现在质量上。一方面，区域、城乡、家庭背景等因素直接影响学生的教育获得（吴俞晓，2013；杨奇明和林坚，2014），在“80 后”群体中，城里人上大学的机会和上高中的机会分别是农村人的 4 倍和 4.7 倍（李春玲，2014）。另一方面，教育中的“隐性不平等”越来越凸显，不仅在初等教育阶段中教育质量的差距在逐渐拉大（董志强等，2019），而且在高等院校招生中也存在明显的属地偏袒（刘瑞明等，2021）。可以预见的是，如果教育机会的不均等得不到扭转，由此带来的人力资本差距以及代际流动性下降，将在长期内构成我国收入差距扩大的重要影响因素（罗楚亮等，2021）。

如上文所提到的，实现教育机会均等，最为重要的是政府的公共教育投入均等化。作为一项基础的民生工程，教育投入具有公共性、普惠性、基础性的重要特征。正因为如此，政府教育投入才成为缩小城乡之间、地区之间、居民之间收入差距的有效抓手（Kotera & Seshadri，2017；范子英，2020）。习近平总书记在《扎实推动共同富裕》一文中强调，“要加大普惠性人力资本投入，有效减轻困难家庭教育负担，提高低收入群众子女受教育水平”①。事实上，政府教育投入的不均等将直接影响居民教育水平的不均等（李力行和周广肃，2015）。如图 6-3-1 所示，地级市内部政府教育支出的基尼系数与居民受教育年限的基尼系数之间呈现明显的正相关性，这在一定程度上说明，政府教育投入均等化对居民教育结果公平的重要意义。

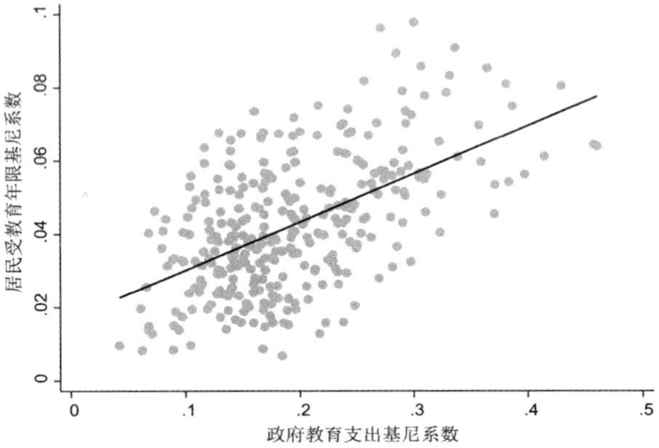

图 6-3-1　政府教育支出与居民受教育年限

数据来源：《省市县财政统计资料》以及 2010 年人口普查数据。

那么，政府教育投入为何差异如此之大？大量理论和经验证据都表明，在 GDP 和财税收入的双重激励下，地方政府具有明显的“重生产、轻民生”倾向，基本公共服务供给往往滞后于经济发展。一方面，教育是一项长期投资，政府进行教育投资无法在短期内带来经济效应，这在基础教育中表现尤为明显。另一方面，教育投资具有很强的外部性，越是基层和欠发达地区，人才流失的可能性越大，教育投资积极性越低。从表 6-3-1 中可以看到，级别越高的城市，教育投入也往往越大，副省级城市人均教育事业费和人均教育支出分别是中小城市的 1.6 倍和 1.56 倍。当然，这种教育投入的差异也体现在县和区之间。图

① 习近平：《扎实推动共同富裕》，人民网，http://gs.people.com.cn/BIG5/n2/2020/1216/c372498-34477324.html

6-3-2（a）展示了县和区 1996—2007 年人均教育经费差距的变化情况，可以看到，进入 21 世纪之后，县和区的人均教育经费的差距在以十分迅速的趋势上涨，2007 年市区与县城的人均教育经费差距已经达到了 50 余元，超过当年县人均教育经费的六分之一。相应的，从图 6-3-2（b）中可以看到县区之间的教育获得差异也在不断拉大。2000 年至 2015 年，区县之间的高中完成率和大学完成率平均相差 17.78% 和 8.87%。

表 6-3-1　城市等级与教育投入

城市类别	人均教育事业费（元）	差值	人均教育支出（元）	差值
副省级城市	127.97	42.79	312.15	101.88
非副省级的省会城市	85.18		210.27	
高级别城市	108.43	27.37	263.06	58.54
低级别城市	81.06		204.52	
大城市	103.65	23.5	262.64	62.43
中小型城市	80.15		200.21	

注：数据来自《省市县财政统计资料》。高级别城市是指副省级城市和省会城市，与此对应的是低级别城市；大城市是指市区和近郊区非农业人口五十万以上的城市，与此相对应的是中小城市。

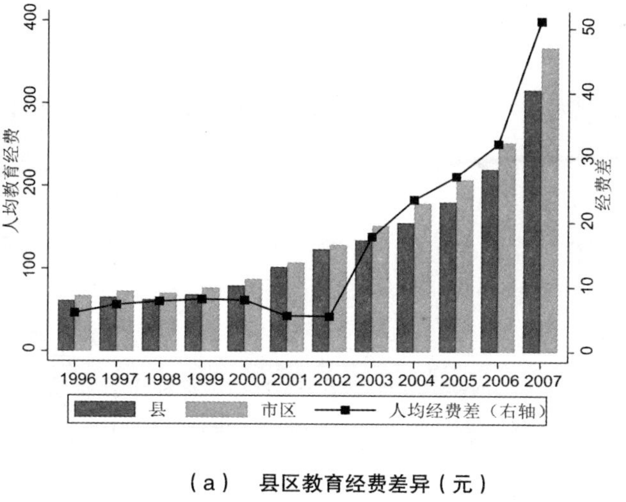

（a）　县区教育经费差异（元）

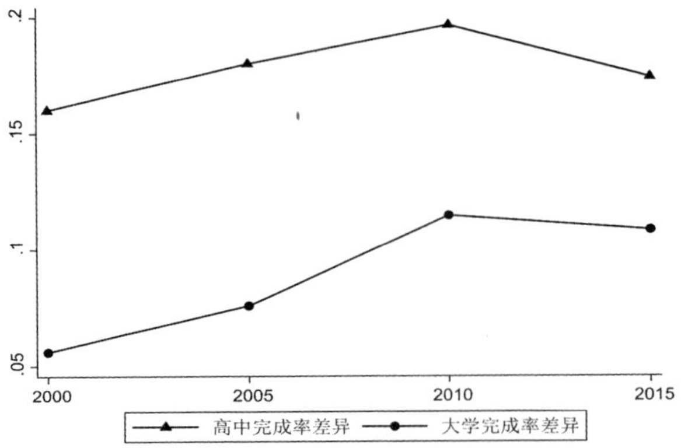

（b）　县区教育获得差异（%）

图 6-3-2　县区之间的教育差距

注：图（a）中 2003 年之前教育经费的指标为“教育事业费”，2003 年及之后为“教育支出”，数据来自《省市县财政统计资料》，2007 年之后的数据未披露。图（b）来自历年普查数据。

另外，公共服务均等化的重要含义是居民不因性别、户籍、民族、职业不同和收入、财产高低而在享有基本公共服务机会方面存在差异，因此要打破教育资源的行政壁垒，使所有人在优质教育资源的享有上权利平等、机会平等。近年来，一个越来越突出的现象是，教育不平等逐渐由数量的不平等转变为质量的不平等。一方面，优质的教育资源在进一步向大城市聚集，城市内部与收入和社会地位分化相对应的聚居和择校行为也愈演愈烈（丁维莉和陆铭，2005; 孙伟增和林嘉瑜，2022）。另一方面，城市内部往往集中了更多的重点学校，这些学校拥有更充足的经费、更好的师资和更优质的生源（王善迈，2008），同时也拥有更多的额外机会，例如学科竞赛和自主招生（吴晓刚和李忠路，2017）。例如，2010 年北大、清华在陕西自主招生名额的 98.9%、保送名额的 97.3%，都被西安五所中学占据，其中西工大附中一所学校的保送、自招名额就占全省的五成左右。并且，除了学校教育中存在教育资源的巨大差异，在课外培训、补习等影子教育中，大城市内部的优势也同样明显。根据中国教育学会发布的《中国中小学课外辅导行业研究报告》，教培行业得到规范之前，一线城市中的大班课目前已经逐渐被小班课所替代，而由于教育资源的分布不均，大班课在三四线城市仍然十分普及。

（二）撤县设区及其影响

在我国，公共服务高度依赖于行政区划的范围、级别而存在，因此行政区划的调整也通常意味着附属公共服务的调整和洗牌。事实上，一个国家的行政区划体制是随着地区的经济发展水平和人口分布的变动情况动态调整的。改革开放以后，伴随着快速的城镇化，原本的行政区划已经不能满足经济的发展和人口的集聚，在城镇化初期，地方政府大多选择通过“撤县设市”的模式进行发展。1986 年，国务院颁布的《关于调整设市标准和市领导县条件的报告》规定非农业人口 6 万以上，年 GDP 2 亿元以上，即可设置市的建制，这一文件拉开了全国大范围撤县设市的序幕。截至 1998 年，在全国 437 个县级市中共有 350 个县改市，占比超过 80%。然而，随着改革的深入，由于撤县设市之后地方政府行政权力的扩大和级别的升级，同时由于小城市规模不足，并未产生集聚效应而促进经济发展，形成了土地城镇化而人口并未城镇化的尴尬局面（Fan et al.，2012）。因此，国务院于 1997 年正式冻结已经持续了 11 年的“撤县设市”。随后，撤县设区迅速成为满足各地级市扩张冲动的首选方案。

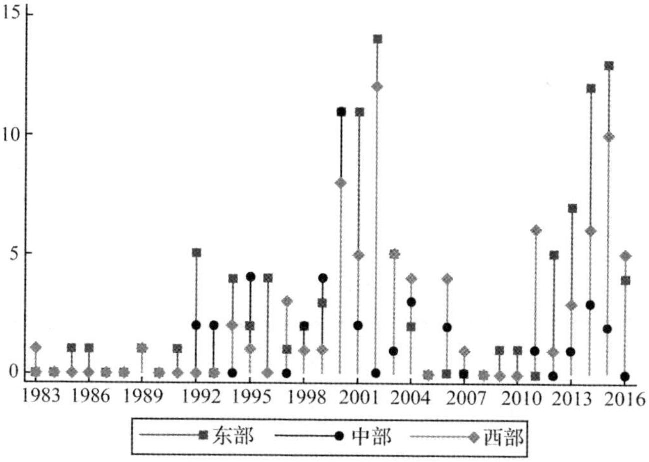

图 6-3-3　撤县设区数量（1983—2016）

从时间上看，如图 6-3-3 所示，撤县设区总共经历了两个时期的高潮。第一个高潮发生于 1997—2004 年，这是因为九五计划期间，我国城镇化的推行重点从发展小城市转变为发展大中型城市，而1997年撤县设市被冻结之后，撤县设区作为实现发展大中型城市的主要途径而大大加速。从1997年到2003年之间，全国出现的撤县设区案例数达到了115个。此后因为迅速的土地城市化严重高于人口城市化的速度，2004年中央政府加强了对于撤县设区的审批，撤县设区的热潮开始降温，直到2010年后，撤县设区才被谨慎地重新利用起来。2014年，随着《国家新型城镇化规划（2014—2020）》进一步调整了我国城镇化战略，撤县设区才迎来第二波高潮。[①] 从空间上看，1994—2015年中国有215次撤县设区，占全部县的9.91%，覆盖了163个地市，占地级行政单位的46.18%（卢盛峰和陈思霞，2017），并且在东部、中部、西部的分布较为均衡（唐为和王媛，2015）。并且，级别更高、规模更大的城市撤县设区的频率越高。截至2017年，直辖市、计划单列市、省会城市和普通地级市平均每个城市分别发生10.25次、2次、1.7次和1.25次撤县设区。

从文献的角度看，已有针对撤县设区的研究主要集中在其经济结果上，例如经济增长（Fan et al.，2012；Tang & Hewings，2017；邵朝对等，2018；Liu et al.，2019）、财政收入和支出（张莉等，2018；吉黎和邹埴埸，2019）、人口规模（唐为和王媛，2015）等方面。也有部分研究将目光聚焦在企业上，研究了撤县设区对于企业税负（范子英和赵仁杰，2020）、出口行为（卢盛峰和陈思霞，2016）和融资约束（卢盛峰和陈思霞，2017）等影响。

（三）逻辑框架

本节之所以利用撤县设区来识别公共服务均等化的影响，主要基于以下两点原因。

第一，尽管行政级别相似，县级政府和区级政府的财权和事权的划分截然不同，体现在下辖县的社会经济管理权限相对独立，发展的重点在乡村，财政决策相对独立、税收上缴市比例低；而市辖区与市规划统一，发展的重点在市区建设，以第二、第三产业为主，财政体制不独立且税收上缴市比例高。

---

① 此外，这一时期撤县设区开始突然增长的另一个原因在于，2009年财政部《关于推进省直接管理县财政改革的意见》发布，提出了2012年底前在除民族自治地区以外的全国所有地区全面推进省直接管理县财政的改革目标。一些设区的地级市面临省直管县改革的压力，因此赶在省直管县改革之前将相关县变为自身的市辖区。

首先，在职能定位上，县级政府和区级政府对于辖区的职能重心有很大不同。一般而言，县的管辖区域主要是农业生产区，相应的县政府的职能重心是服务当地农村经济，推动农业生产和经营的快速发展。而市辖区在本质上属于城市的行政分治区，是地级市根据城市治理和公共服务需要而设置的。其次，在财政体制上，县具有独立的财政权，而地市和市辖区之间实行分税制或者财政包干制，经济建设的支出被上移给市级政府，因此区政府的支出责任主要在于辖区内部的公共服务建设支出上（范子英和赵仁杰，2020）。由此可见，县级政府经济发展的激励更强，生产性支出偏向更加明显；而区级政府为本地居民提供公共服务的职能则更为突出。最后，在管理权限上，市辖区是城市治理的内部功能结构，在诸多管理权限方面受到地级市的限制，不具有县级市和县的相对独立性。县改区之后，大部分财权上收至地级市政府，原来县级政府对于经济事务的决策权被大幅削弱，与此相对应，原地方政府所承担的经济发展的义务也随之上移，其支出的责任也相应降低（卢盛峰和陈思霞，2017）。①

第二，市辖区作为城市主体的核心组成部分，市辖区内居民比县内居民获取公共服务的行政壁垒更小，从而可以享受到城市内部高质量的教育资源。由于公共服务的外部性特征，依赖于行政区划的市场分割不仅体现在经济领域，在基础设施建设等公共服务方面也依旧如此，因此城市辖区内的居民更能够享受到更多城市内部的公共服务。撤县设区以后，原本的县被纳入市一级的规划管理体系，在城市规划、产业布局和基础设施等方面可以按照城市辖区的标准配置（唐为和王媛，2015；Tang & Hewings，2017），同时由于行政壁垒被打破，原撤并县的居民也可以享受城市内部的公共服务。② 例如，南京溧水在撤县设区之前，溧水不可以报考南京城区的高中，而在 2007 年撤县设区之后，溧水区与

---

① 以杭州市富阳区为例，2014 年 12 月国务院批复同意县级富阳市“撤市设区”。2015 年年初，富阳区委区政府宣布富阳民生政策与主城区将一次性到位 25 个，逐步到位 15 个，共计划安排资金 1.2 亿元。撤市设区后，按照一年启动、两年实施、三年融合的既定目标，努力实现民生政策与主城区的同步并轨。2017 年临安区委区政府在“撤市（县）设区”后则表示，预计市财政民生支出将增加 6.7 亿元，争取杭州医疗、学校、体育等基础配套项目向临安城区延伸布局，另一方面主动对标主城区，加快完善基础公共配套。（http://www.urbanchina.org/content/content_7157274.html）

② 例如，徐州市全椒县在十四五规划纲要中仍然提出，要加快推进全椒撤县设区，加快与南京同城化、与合肥一体化发展（https://www.quanjiao.gov.cn/public/161055091/1110191080.html）。

南京城区实施了教育并轨和统一招生。[①]

图 6-3-4 展示了本节的逻辑框架图。在本节的逻辑框架中，撤县设区一方面提高了地方政府教育投入的激励，促进了教育投入的公平性；另一方面破除了教育资源的行政壁垒，改善了资源分配的机会不均等，上述两条机制在事实上促进了公共服务的均等化和教育公平，从而促进了学龄期儿童人力资本积累水平的提升以及长期收入的提高。

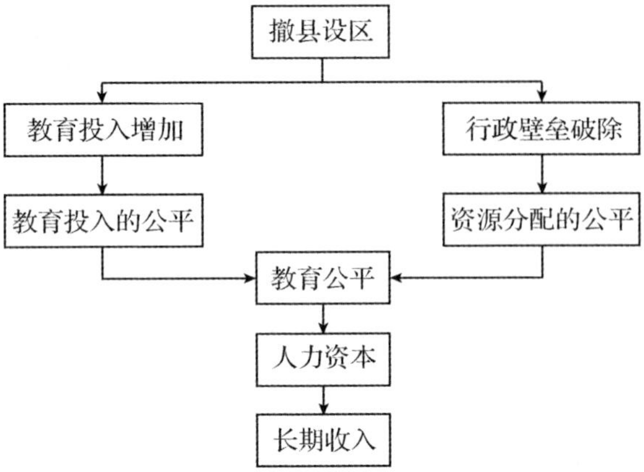

图 6-3-4　逻辑框架图

三、基本结果和稳健性检验

（一）数据、变量和识别策略

本部分主要数据来源为 2010 年人口普查数据。该数据以家庭为单位，对所有家庭成员的相关信息进行了调查，我们利用家庭代码将每个个体的家庭匹配起来，并利用“与户主的关系”识别家庭内部人员之间的亲属关系。为保证个体完成高中教育，我们选取了高中毕业时间在 1988—2010 年（即出生于 1970—1992 年）的样本，相对应的撤县设区（即处理组发生撤县设区改革）的时间为 1995—2010 年。同时，利用数据中的地区代码，我们还可以识别每一个

① https://www.sohu.com/a/112719938_468661。

家庭所在的地区，并具体到县级层面。

1. 相关变量

本部分被解释变量为人力资本水平，我们利用受教育程度作为代理变量。2010 年人口普查数据中个体的受教育程度有 7 个层次，分别是 1（未上过学）、2（小学）、3（初中）、4（高中）、5（大学专科）、6（大学本科）、7（研究生及以上）。我们选取了三个被解释变量，分别为是否上高中（若个体最高受教育程度为高中及以上则为 1，否则为 0）、是否上大学（若个体最高受教育程度为大学专科及以上则为 1，否则为 0），以及按照相应的受教育程度折算的受教育年限。[①]

核心解释变量为撤县设区的虚拟变量。具体的赋值方式为，如果个体在 15 岁之前（高中入学前），所在的县通过撤县设区成为市辖区，则给这个个体赋值为 1，否则赋值为 0。其他的控制变量为性别、民族、户口性质和家庭规模。为了避免 1994 年分税制的影响，本节选取 1995 年及之后的撤县设区政策。附表 A1 呈现了本节相关变量的描述性统计。

2. 识别策略

本节利用个体出生时间和所在地区两个维度的差异，基于横截面双重差分的方法研究撤县设区对于个体人力资本水平的影响。根据 Chen et al.（2020），本节设定如下方程：

$$Y_{ict}=\alpha\times Treat_c\times Post_{ict}+X_{ict}+\delta_c+\gamma_t+\theta_j\times\gamma_t+\varepsilon_{ict} \quad (1)$$

其中，Y_{ict} 为位于区县 c 出生于 t 年的个体 i 的学业完成情况，分别为是否上高中、是否上大学以及受教育年限，$Treat_c$ 为区县 c 是否实施撤县设区，$Post_{ict}$ 为该出生群组是否在撤县设区之后入读高中（是 =1；否 =0），X_{ict} 为一系列个体控制变量，包括性别、民族、户口性质以及家庭规模，δ_c 为区县固定效应，γ_t 为出生年份固定效应，$\theta_j\times\gamma_t$ 为区县 c 所在的城市 j 和出生年份 t 的联合固定效应，标准误在区县层面进行聚类。系数 α 衡量了撤县设区对于学龄青少年人力资本积累的因果效应。

---

① 具体折算方式为：未上过学 = 0 年；小学 = 6 年；初中 = 9 年；高中 = 12 年；大专 = 15 年；大学本科 = 16 年；研究生 = 19 年。

（二）基准结果

表 6–3–2 给出了根据公式 1 进行估计的结果。在列（1）—（3）中，我们仅控制了个体出生年份和区县的固定效应，我们发现撤县设区对于所有被解释变量的影响都显著为正。在列（4）—（6）中，我们进一步控制了可能影响个体受教育水平的性别、户口和民族信息，同时还控制了出生年份和市的联合固定效应，以剥离那些每个市随时间变化的因素对于个体受教育水平的作用。我们发现，与前 3 列相比，3 个被解释变量的回归系数仅是在系数大小上略有变化，且仍然在 1% 的水平上显著为正。从经济意义上看，撤县设区使得辖区学龄青少年高中入学率和大学入学率分别提高 4.10% 和 4.88%，受教育年限平均提高了 0.29 年，这分别相当于平均水平的 7.32%、26.45% 和 2.82%，具有十分显著的经济含义。

表 6–3–2　基准回归结果

	（1）	（2）	（3）	（4）	（5）	（6）
	高中入学率	大学入学率	受教育年限	高中入学率	大学入学率	受教育年限
$Treat_c \times Post_t$	0.0414***	0.0493***	0.2725***	0.0410***	0.0488***	0.2908***
	(0.0116)	(0.0162)	(0.0892)	(0.0080)	(0.0103)	(0.0564)
性别				–0.0367***	–0.0076***	–0.3263***
				(0.0010)	(0.0007)	(0.0077)
户口				0.4809***	0.3593***	3.1451***
				(0.0029)	(0.0041)	(0.0241)
民族				–0.0289***	0.0000	–0.3927***
				(0.0035)	(0.0025)	(0.0284)
家庭规模				0.0011**	0.0021***	0.0136***
				(0.0005)	(0.0005)	(0.0032)
出生年份固定效应	是	是	是	是	是	是
区县固定效应	是	是	是	是	是	是
年份 × 市固定效应	否	否	否	是	是	是
观测值	1853860	1853860	1853860	1853860	1853860	1853860
R^2	0.212	0.185	0.268	0.372	0.325	0.433

注：括号中的数值为在县级层面聚类的稳健标准误；***、** 和 * 分别表示在 1%、5% 和 10% 置信度水平下显著。

紧接着，参考 Duflo（2001），我们生成了 20 个出生群组（cohort）的虚拟变量，并与是否实施撤县设区的虚拟变量进行交互，从而考察这一政策对于政策发生之前已经上高中的学生是否产生了显著影响，以此来进行平行趋势检验。类似的我们还可以观测撤县设区之后的动态效应。具体的回归模型如下：

$$Y_{ict}=\alpha\times\sum_{t=-10,\ t\neq 0}^{t=10} Treat_c\times Post_{ict}+X_{ict}+\delta_c+\gamma_t+\theta_j\times\gamma_t+\varepsilon_{ict} \tag{2}$$

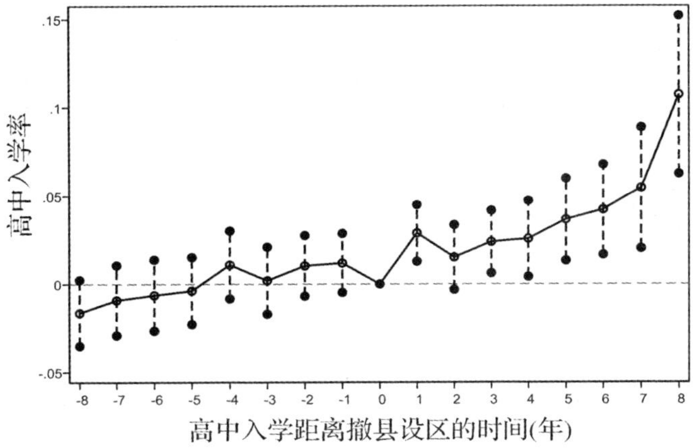

（a）高中入学率

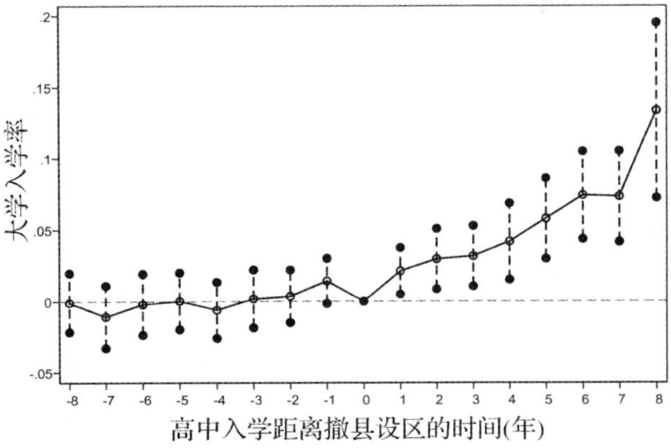

（b）大学入学率

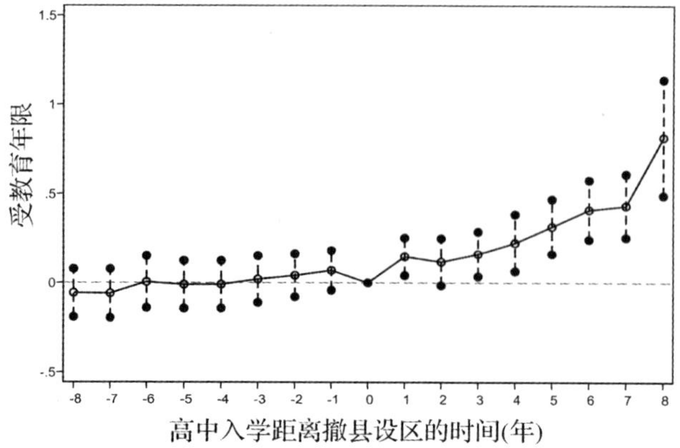

（c）受教育年限

图 6–3–5　平行趋势检验

注：图中报告的是出生群组虚拟变量与撤县设区虚拟变量交互项的估计系数及 95% 水平上的置信区间。横坐标衡量了个体高中入学距离撤县设区的时间（年），纵坐标衡量了回归系数。

观察图 6–3–5 我们发现，以在改革当年入学高中的样本为参照组，对于在政策发生前已经入学高中（达到入读高中年龄）的样本而言，所有出生群组和政策的交互项系数均不显著且系数均在 0 附近，表明处理组和对照组的高中入学率、大学入学率和受教育年限都没有显著差别，这意味着政策冲击对于那些较早完成义务教育的人群没有产生影响。动态效应的结果显示，随着撤县设区的进行，学龄青少年的人力资本积累水平受到政策的影响也越来越大。这主要是因为撤县设区之后，城市内部公共服务的统一规划、供给和建设都需要一定的时间，因此影响随时间不断加大。

（三）稳健性检验

1. 考虑父母受教育水平

虽然本节双重差分的平行趋势检验得到了满足，但是我们仍然可能遗漏了重要的解释变量。在此，我们需要排除父母受教育水平对于子女人力资本积累的影响。大量研究已经指出，子女受教育水平与父母的受教育水平显著相关（Becker & Tomes，1976），甚至是影响子女受教育水平最重要的因素之一（Haveman &Wolfe，1995），这是因为父母较高的受教育水平会带来较高的生活水平，这可以为子女教育获得提供必要的物质保障。因此，为了排除父母教育水平的影响，我们首先根据普查问卷中的家庭关系，尽可能识别出每一个学龄儿童的父母信息，最终我们得到644982个可以识别出父母受教育水平的样本，对这部分样本重复基准回归中的估计，结果汇报在表6–3–2。表6–3–2的列(1)—(3)中并未控制父母的受教育水平，我们发现虽然交互项 $Treat_c \times Post_t$ 的系数大小显著性有所下降，但是仍在10%的显著性水平上为正。在列(4)—(6)中，我们进一步控制了父母的教育水平，此处我们采用父母二者中较高的受教育年限衡量父母受教育水平。估计结果表明，控制父母受教育程度与否对交互项系数的影响很小。对于高中入学率、大学入学率以及受教育年限而言，交互项的系数仅降低了0.0015、0.0011和0.0115，且显著性水平几乎没有变化，因此系数显著性下降的原因可能是样本本身的选择性问题。我们的样本使用的是出生在1970—1992年的个体，如果2010年（18—40岁）还属于户主子女而没有独立成户，则可能样本本身就具有一些系统性差异，例如自理能力较差、能力较低等。但是，对于本节的结果而言，在排除了父母受教育水平的影响之后，撤县设区对于人力资本积累的正面影响仍然存在。

2. 考虑人口流动

我们还考虑了人口流动对于本章结果的影响。一个可能出现的情况是，撤县设区之后可能会导致人口的流入和集聚（唐为和王媛，2015），这部分有可能是收入更高的家庭，其子女潜在的受教育水平也更高，因而可能使得本章的结果出现高估。为了排除人口流动的影响，我们将样本限定在现居地为户口所在地的样本并重新进行基准回归估计。图6–3–4的估计结果显示，在排除人口流动的因素之后，撤县设区仍然显著提升了个体的人力资本积累水平，本节的结果依然保持稳健。当然，将样本限定在现居地为户口所在地的样本也无法保证样本一定在本地接受基础教育，因此对此我们利用CFPS数据进行稳健性检验。在CFPS数据中，询问了个体12岁时的居住地。一方面，我们可以用个体12岁时的居住地作为其实际接受教育的地区，探讨该地区的撤县设区对于其人力资本积累的影响；另一方面，我们可以保留个体12岁居住地与当前所在地相同的样本，即认为这部分群体在本地接受教育。在图6–3–5中，我们发现，无论采用哪种方式定义，撤县设区均显著提高了个体的人力资本积累水平。

3. 更换控制组

我们还利用构造和选取不同的对照组进一步增强本节结果的稳健性。第一，撤县设区的发生与地区经济社会发展等一系列因素直接相关，有可能是这些因素造成了个体人力资本水平的变化，而我们误将其看作撤县设区的政策影响。因此，我们利用区县 1997 年的人均 GDP、人均财政收入和工业产值比重等指标作为标准进行倾向得分匹配，进而选取控制组样本进行 PSM–DID 估计。如附表表 6–3–2 的列（1）—（3）所示，PSM–DID 的估计结果和基准回归基本一致。第二，由于我们使用的是 2010 年人口普查数据，所以 2010 年以后设区的县就不作为处理组进入回归，但是他们可以作为 2010 年以前设区的县的控制组，以进一步消除由于设区的县和未设区的县因为本身不可比而造成的估计偏误。更换控制组的结果见表 6–3–2 的列（4）—（6），我们发现基本的估计结果仍然显著为正，这进一步证明了本节的结论并非是由于控制组选取不当而造成的。第三，为了保证处理组和控制组在地理条件、民风民俗等不可观测因素上的可比性，我们在表 6–3–2 的列（1）—（3）中，用与撤县设区县同一个市内地理上的相邻县作为控制组，在列（4）—（6）中，我们利用县政府的驻地信息，识别出与市中心距离相同（或最为接近）的非撤并县作为控制组，结果均未发生显著变化。

4. 竞争性政策

此外，我们还需要排除一系列竞争性假说对于本节结果的影响，这主要体现在与撤县设区同步发生的一系列可以影响地区高中和大学入学率的政策上，例如义务教育法、撤点并校政策、高校扩招等。以高校扩招为例，陈斌开和张川川（2016）指出，1998—2013 年，我国普通高等学校招生人数上升了 648%，在校生人数上升了 724%。一方面，大规模的扩招不仅会提高大学入学率，由于高等教育入学机会的增多，还会影响家庭的预期，也造成高中入学率上升。另一方面，由于越大的城市进行撤县设区的可能性更大，而这些大城市也往往聚集了更多的高校，因此这种高校分布的差异会使高校扩招这一政策对我们的结果产生影响。然而，大部分可能影响我们结果的政策均发生在城市层面，因此当我们控制“个体出生年份 × 城市”的固定效应时，我们已经排除了所有只在个体出生年份这一维度有变化，而在同一个城市区县层面没有变化的政策影响，例如义务教育法、撤点并校政策、高校扩招等。

另外，还有一些无法被“个体出生年份 × 城市”的固定效应所吸收的政策影响，例如20世纪90年代中期在我国欠发达地区实施的“国家欠发达地区义务教育工程”，这是新中国成立以来，中央财政投入资金最多，涉及范围最广的一个支持特定欠发达地区教育事业发展的专项工程。这项政策以县为单位推行，主要目标集中于中西部地区的欠发达地区，因此在时间和县层面均有差异。对此，汪德华（2019）发现“国家欠发达地区义务教育工程”通过改善欠发达县的教育硬件，使受益儿童的受教育年限增加。为排除其对本章结果的影响，我们控制了个体受到“国家欠发达地区义务教育工程”影响的程度后发现，代表撤县设区政策的交互项仍然显著为正，且系数大小相比之前几乎未发生改变。我们分别控制了同期的扩权强县、省直管县与欠发达县摘帽对本章结果的影响，结果均保持稳健。

5. 控制撤县设区的选择变量

根据民政部对市辖区的定义，撤县设区需要在人口、经济发展和基础设施建设等方面达到一定标准[①]，根据相关文献（Li et al.，2016；赵仁杰等，2022；王奇等，2021），我们控制了各区县基期（1993年）的GDP、第一产业占比、第二产业占比、人口、农业人口占比、财政收入等变量的时间趋势，结果见表6-3-2，在列(1)—(3)中，我们分别控制了事前选择变量不同的时间趋势，在列(4)—(6)中我们控制了事前选择变量与时间固定效应的交互项，我们发现结果和显著性并无显著差异。

6. 考虑异质性处理效应

我们注意到最近文献中被广为讨论的交错型双重差分（Stagger DiD）使用双向固定效应模型（Two Way Fixed Effects）估计时由于异质性处理效应的估计偏误问题（Goodman-bacon，2019）。为了解决这一问题，我们使用了Sun和Abraham（2021）和Borusyak et al.（2021）所提出的稳健估计量。结果发现在考

① 根据民政部起草的《市辖区设置标准》，直辖市和地级市可以设立市辖区。但设区需要达到一定的标准。在人口方面，最小的市辖区人口不得少于25万人，其中非农业人口不得少于10万人。同时，中心城市的县改设为市辖区，还需要达到以下三项硬指标：①县域与城区的基础设施建设和国土开发利用连为一体，分区域已纳入城市总体规划的市区规划范围。全县就业人口中从事非农产业的人口不低于70%；②第二产业、第三产业产值在国内生产总值中的比重达到75%以上。③改设市辖区的县，全县国内生产总值、财政收入不低于上一年本市市辖区的平均水平或人均国内生产总值，人均财政收入不低于上一年本市市辖区平均水平。

虑了双重差分模型中异质性处理效应之后，本节的结果依旧十分稳健。

四、机制分析

上文的结果已经证明，撤县设区对于辖区学龄青少年的人力资本积累水平有显著的促进作用。下文将从两个方面去详细探讨其中的机制：第一，由县改区之后地方政府的支出责任发生变化，生产性支出偏向被削弱，公共服务供给相应加强；第二，撤县设区之后，被撤并县被纳入城市的统一规划，公共服务属地化带来的行政壁垒被破除，被撤并县也能够享受城市内部的公共服务。

（一）撤县设区与公共教育投入

在这一部分中，我们使用了 1994—2007 年《全国地市县财政统计资料》，其中包含了全国 2800 多个县（市、区）详细的财政收支数据，以及《中国县域统计年鉴》、EPS 数据库、CHIP 数据库的相关指标作为补充。

1. 相关变量

在研究政府支出的转变时，主要的被解释变量为县级层面的教育财政支出占财政支出的比例。具体的，本章选取了与教育直接相关的教育事业费、教育支出、中小学教师工资转移支付补助和文教部门基金支出占当年财政支出的比例作为被解释变量，此外，我们还使用了生均中学数量和生均中学教师数量作为补充，以印证教育财政投入的有效性。解释变量与第三部分一致。

2. 识别策略

在县级层面的回归中，我们的识别策略是一个县级层面的双重差分模型：

$$Edu\_county_{ct}=\alpha\times Treat_c\times Post_t+X_{ct}+\delta_c+\gamma_t+\varepsilon_{ct} \quad (3)$$

Edu_county_{ct} 为被解释变量，包括 c 县在 t 年的一系列教育支出占财政支出的比例，以及生均中学和教师数量。$Treat_c\times Post_t$ 为核心解释变量，代表当地是否已经实施了撤县设区，X_{ct} 为一系列县级层面的控制变量，包括总人口、国民生产总值、第二产业产值占比以及财政总收入，相关数据来自 EPS 数据库。δ_c 和 γ_t 为区县和年份的固定效应，ε_{ct} 为扰动项。在本部分使用人口普查数据的相关回归中，涉及的数据和回归策略与第三部分一致。

3. 估计结果

表 6–3–3 呈现了公式 3 的基本结果，我们发现政策发生之后，当地政府的教育事业费、教育支出、中小学教师工资转移支付补助、文教部门基金支出占财政支出的比例，提升幅度分别达到 1.11%、2.31%、0.50% 和 9.25%，这说明地方政府行为出现了明显的变化。教育事业费作为中国各级各类教育经费的主要来源，平均提高了 1197 万元，而中小学教师工资转移支付补助和文教部门基金支出比例也得到显著提高。除此之外，我们还发现县级层面的教育基础设施有了明显改善，具体表现为生均中学数量和中学教师数量的显著提升，这进一步说明地方政府对于教育供给的增加。

表 6–3–3　撤县设区与教育投入均等化

	(1)	(2)	(3)	(4)	(5)	(6)
	教育事业费占比	教育支出占比	中小学教师工资转移支付补助占比	文教部门基金支出占比	生均中学学校数量	生均中学教师数量
$Treat_c \times Post_t$	0.0111***	0.0231***	0.0050***	0.0925***	0.2924*	0.2804*
	(0.0042)	(0.0082)	(0.0007)	(0.0345)	(0.1647)	(0.1570)
控制变量	是	是	是	是	是	是
年份固定效应	是	是	是	是	是	是
区县固定效应	是	是	是	是	是	是
观测值	17815	11018	7881	10851	17545	17545
R^2	0.848	0.864	0.854	0.650	0.568	0.495

注：括号中的数值为在县级层面聚类的稳健标准误，***、** 和 * 分别表示在 1%、5% 和 10% 置信度水平下显著。（1）教育事业费是指国家财政支出中用于教育事业的经常性费用，包括国家批准设立的中央和地方所属各类学校经费、出国留学生和由教育部门对等交换的留学生经费、民办教师补助费、业余教育经费及其他教育经费等，数据起止年份为 1996—2002 年。（2）教育支出是指一个国家用于教育方面的全部开支，包括教育的基本建设投资、教育的经常费用、国家的财政拨款、社会团体和个人用于教育方面的支出等，数据起止年份为 2003—2007 年。（3）“中小学教师工资转移支付补助”指标的起止年份为 2001—2006 年。（4）文教部门基金支出包括 4 项，即农村教育附加费支出、文化事业建设费支出、地方教育附加支出和地方教育基金支出，数据起止年份为 1999—2006 年。（5）控制变量包括区县层面历年的总人口、国民生产总值、第二产业产值占比以及财政总收入。

按照本节的逻辑，撤县设区之后降低了地方政府的生产性支出偏向，进而增加了公共服务供给的激励，那么如果地方政府的生产性支出偏向增强，则对公共服务的供给则会减少。因此，为了验证这一点，我们利用“省直管县”的政策来强化我们的逻辑。“省直管县”主要有两类，一是在实际权力上实施“强县扩权”，属于事权的下放，即把地级市的部分经济社会管理权限直接下放到一些重点县，主要包括计划管理、经费安排、税务办理、项目申报、用地报批、证照发放、价格管理、统计报送、政策享有、信息获得等方面；二是在财政体制上实施“省直管县”改革，属于财权的下放，即在财政体制制定、转移支付和专款分配、财政结算、收入报解、资金调度、债务管理等方面跳过地级市，全部或部分实行省对县的直接管理（才国伟等，2011）。从实际效果来看，省直管县改革增加了地方政府的实际权力和支出责任，这会进一步加大地方政府之间的“增长竞争”，从而导致更加严重的生产性支出偏向，造成公共服务供给不足（王小龙和方金金，2014）。

因此，省直管县和撤县设区在地方政府的财政职权和相应的收支责任上具有截然相反的效果，如果我们的逻辑成立，那么省直管县改革减少了公共服务供给，应该对辖区人力资本积累具有不利的影响。在表 6-3-4 中，我们将解释变量换成省直管县政策后发现，所有被解释变量对应的政策交互项都在 1% 的显著性水平上为负，省直管县政策使高中入学率、大学入学率和受教育年限分别下降了 2.28%、6.45% 和 0.27 年。这一结果也与已有文献保持一致，例如陈思霞和卢盛峰（2014）发现省直管县显著降低了教育等民生性服务支出占比。贾俊雪和宁静（2015）也指出省直管县财政体制改革强化了县级政府以经济增长为导向的支出行为偏差，导致县级政府的基本建设支出比重平均增加了 4.31%，教育支出比重和医疗卫生支出比重平均下降了 1.06% 和 0.59%。

表 6-3-4　撤县设区与教育投入均等化：省直管县的视角

	（1）	（2）	（3）
	高中入学率	大学入学率	受教育年限
$Treat_c \times Post_t$	−0.0228***	−0.0645***	−0.2672***
	(0.0072)	(0.0091)	(0.0524)

续表

	(1)	(2)	(3)
	高中入学率	大学入学率	受教育年限
控制变量	是	是	是
出生年份固定效应	是	是	是
区县固定效应	是	是	是
年份 × 市固定效应	是	是	是
观测值	1853860	1853860	1853860
R^2	0.380	0.342	0.440

注：括号中的数值为在县级层面聚类的稳健标准误，***、** 和 * 分别表示在 1%、5% 和 10% 置信度水平下显著。控制变量包括个体的性别、民族、户口以及家庭规模。

（二）撤县设区与行政壁垒破除

在这一部分，我们将对撤县设区导致教育资源行政壁垒破除的机制进行检验。随着城市化进程的不断加快，资源在不断地向大中城市聚集，并且其受惠范围仅局限在市辖区内部。由于原来的县成为城市内部的一部分，属地化的破除扭转了上级政府提供公共服务的激励，打破了被撤并县与市区之间的行政壁垒，有利于被撤并县的居民享受到城市内部丰富且优质的教育资源，如名校、名师和更好的同群效应。理论上，如果城市内部的教育资源越丰富，优质教育资源越集中，则撤县设区对于人力资本积累的提升作用就越大。因此，我们在表 6-3-5 中考察了城市级别和城市规模的异质性影响，其背后的逻辑是，城市级别越高，享有的资源配置越好，公共服务供给的水平也越高，而城市规模越大，就越能发挥规模经济效应。我们发现，对于级别更高的城市（副省级城市和省会城市）以及人口更多的大城市（市区和近郊区非农业人口五十万以上的城市）而言，撤县设区的影响更大。

表 6-3-5　撤县设区、行政壁垒与人力资本积累

	(1)	(2)	(3)	(4)	(5)	(6)
	高中入学率	大学入学率	受教育年限	高中入学率	大学入学率	受教育年限
$Treat_c \times Post_t \times$ 高级别城市	0.0408*	0.0590*	0.3988**			
	(0.0236)	(0.0352)	(0.1870)			
$Treat_c \times Post_t \times$ 大城市				0.0227**	0.0367***	0.2797***
				(0.0090)	(0.0112)	(0.0642)
$Treat_c \times Post_t$	0.0320***	0.0358***	0.2030***	0.0332***	0.0378***	0.2011***
	(0.0081)	(0.0086)	(0.0488)	(0.0041)	(0.0041)	(0.0258)
控制变量	是	是	是	是	是	是
出生年份固定效应	是	是	是	是	是	是
区县固定效应	是	是	是	是	是	是
年份 × 市固定效应	是	是	是	是	是	是
观测值	1853860	1853860	1853860	1853860	1853860	1853860
R^2	0.372	0.325	0.433	0.372	0.325	0.433

注：括号中的数值为在县级层面聚类的稳健标准误，***、** 和 * 分别表示在 1%、5% 和 10% 置信度水平下显著。控制变量包括个体的性别、民族、户口以及家庭规模。

更为直接的，由于教育不平等体现在显性（教育机会）和隐性（教育质量）两个方面（Lucas，2001），因此我们将从教育机会和教育质量两个维度进一步验证行政壁垒破除对于公共服务均等化的作用机制。在质量上，我们利用 CHIP2013 数据去观察被撤并县学龄儿童接触到城市内部优质教育资源之后的学业表现。① 我们由此生成重点高中的变量，具体的赋值方式是：如果个体就读的高中是“全国或省级重点中学”“地区（市、区）级重点中学”“县级及其他重点中学”时，则取 1；就读的是“非重点中学”时，则取 0。如果个体的最高学历为高中，我们可以根据问卷信息得出个体是否参加了高考，由此生成是否参加高考的哑变量。如果个体就读了大学，我们根据问卷可以获悉个体就读大

① 之所以使用 CHIP2013 数据，是因为相比于其他微观调查数据（如后文使用的 CFPS、CHNS），只有 CHIP2013 详细询问了个体就读的高中和大学的具体类型，从而可以帮助我们判断撤县设区对于个体所受教育质量的影响。

学的类型，如果个体就读的大学是“985 工程院校”和“211 工程非 985 工程院校”时，我们认为个体就读于重点大学，赋值为 1；如果个体就读的大学是“其他非公立普通高校”“独立学院”“民办高校”时，则为普通大学，赋值取 0。表 6–3–6 的结果显示，撤县设区使学龄儿童升入重点高中和考入重点大学的概率提高了 9.94% 和 19.72%，同时参加高考的概率也显著提升了 14.43%，这意味着撤县设区扩大了城市内部优质教育资源受益范围，由此显著提高了人力资本积累水平。

表 6–3–6　教育质量均等化与人力资本积累（CHIP2013）

	（1）	（2）	（3）
	是否就读重点高中	**是否参加高考**	**是否就读重点大学**
$Treat_c \times Post_t$	0.0994**	0.1443**	0.1972**
	(0.0489)	(0.0636)	(0.0846)
控制变量	是	是	是
出生年份固定效应	是	是	是
区县固定效应	是	是	是
年份 × 市固定效应	是	是	是
观测值	6816	9207	2169
R^2	0.404	0.323	0.420

注：括号中的数值为在县级层面聚类的稳健标准误，***、** 和 * 分别表示在 1%、5% 和 10% 置信度水平下显著。CHIPS 数据使用的是高中毕业时间在 1988—2013 年（即出生于 1970—1995 年）的样本，相对应的撤县设区（即处理组发生撤县设区改革）的时间为 1995—2013 年。在 CHIP2013 的数据中共包括了 218 个县（区），其中有 22 个县在样本期间进行了撤县设区。控制变量包括个体的性别、民族、户口以及家庭规模。

在数量维度上，我们使用同一个地级市内市辖区与县生均中学数量之比，以及生均中学教师数量之比来衡量城区与县教育资源的数量差异，比值越高说明差异越大。我们将其与撤县设区的虚拟变量进行交互后代入回归方程，估计结果见表 6–3–7。表 6–3–7 的结果显示，城区和县教育资源差距越大的地区，撤县设区对于人力资本积累的影响就越大。

表 6-3-7　教育机会均等化与人力资本积累

	(1)	(2)	(3)	(4)	(5)	(6)
	高中入学率	大学入学率	受教育年限	高中入学率	大学入学率	受教育年限
$Treat_c \times Post_t \times$ 生均中学数量差异	0.0689***	0.0909***	0.4315**			
	(0.0252)	(0.0324)	(0.1895)			
$Treat_c \times Post_t \times$ 生均中学教师数量差异				0.0940**	0.1058**	0.6521*
				(0.0377)	(0.0538)	(0.3392)
$Treat_c \times Post_t$	−0.0221	−0.0391	−0.1162	−0.0605	−0.0694	−0.4276
	(0.0242)	(0.0304)	(0.1785)	(0.0414)	(0.0580)	(0.3648)
控制变量	是	是	是	是	是	是
出生年份固定效应	是	是	是	是	是	是
区县固定效应	是	是	是	是	是	是
年份 × 市固定效应	是	是	是	是	是	是
观测值	1551544	1551544	1551544	1551544	1551544	1551544
R^2	0.371	0.325	0.420	0.371	0.325	0.420

注：括号中的数值为在县级层面聚类的稳健标准误，***、** 和 * 分别表示在 1%、5% 和 10% 置信度水平下显著。控制变量包括个体的性别、民族、户口以及家庭规模。

然而，一个可能的问题是，原本城区内的教育资源供给是有限的，公共服务均等化是否意味着原市辖区居民可以享受到的公共服务供给会减少，进而对其人力资本积累以及长期收入产生负面影响？撤县设区是帕累托改进还是只是资源的再分配？对此，我们以居住在城区（非县区），并且所在城市有县发生撤县设区的个体为处理组；以居住在城区（非县区），并且所在城市没有县发生撤县设区的个体为对照组，按照公式（1）进行回归，结果见表 6-2-6。

表 6-3-8 的结果显示，撤县设区对于原市辖区学龄儿童的高中入学率反而有显著的促进作用，但提升幅度只有 1.62%，仅为表 6-3-2 第 4 列结果的三分之一，而在大学入学率和受教育年限上，我们并未发现政策带来的显著影响。这一现象出现的原因在于，一方面，教育等公共服务的供给具有规模效应（王伟同和魏胜广，2016；梁超和王素素，2020），绝大部分学生仍在原被撤并县

内部接受教育，仅有一些优秀的学生会跨区进入原市辖区中较好的学校接受教育，因此并没有对原市辖区的学龄儿童造成大规模的冲击。此外，原县级政府的财权上移至市，有利于发挥财政资金的规模效应，为原市区提供更多更好的公共服务供给。

表 6-3-8 撤县设区对原市区人力资本积累的作用

	(1)	(2)	(3)	(4)	(5)
	高中入学率	大学入学率	受教育年限	收入	消费
$Treat_c \times Post_t$	0.0162***	0.0028	0.0643	0.0481	-0.0119
	(0.0061)	(0.0086)	(0.0451)	(0.0332)	(0.0281)
控制变量	是	是	是	是	是
出生年份固定效应	是	是	是	是	是
区县固定效应	是	是	是	是	是
年份 × 省固定效应	是	是	是	是	是
观测值	876762	876762	876762	35116	35116
R^2	0.383	0.334	0.439	0.242	0.341

注：括号中的数值为在县级层面聚类的稳健标准误，***、** 和 * 分别表示在 1%、5% 和 10% 置信度水平下显著。所有回归中均控制了个体的性别、民族、户口以及家庭规模，同时控制了个体出生年份固定效应、区县固定效应以及年份 × 省固定效应。第（1）—（3）列使用了 2010 年人口普查数据，第（4）、（5）列使用了 CFPS2010—2018 年的数据。

五、进一步分析：公共服务均等化的长期影响

作为人力资本形成的重要途径之一，良好的教育是人们获得收入保障、社会地位的重要途径（罗楚亮和刘晓霞，2018）。根据上文的结果，我们已经发现撤县设区通过公共服务均等化提高了辖区学龄儿童的受教育水平，那么这些受到影响的个体未来是否能够取得较高的收入，长期福利是否得到改善？

（一）数据、变量与识别策略

为探究撤县设区对于居民长期收入和消费的影响，本部分主要使用中国家庭追踪调查（CFPS）数据。中国家庭追踪调查（CFPS）由北京大学中国社会科学调查中心于 2010 年起开展，是每两年为一期的大型入户追踪调查，旨在通过

跟踪收集个体、家庭、社区三个层次的数据，反映中国社会、经济、人口、教育和健康的变迁。该调查采用全国性分层抽样，基线样本范围覆盖全国 25 省、自治区、直辖市的 160 多个区县。本章使用了 CFPS2010—2018 年五期的数据，我们使用的样本为高中毕业时间在 1988—2018 年（即出生于 1970—2000 年）的样本，相对应的撤县设区（即处理组发生撤县设区改革）的时间为 1995—2018 年。

1. 相关变量

本部分的主要被解释变量有两类：（1）收入水平，以 CFPS 数据中的家庭人均收入以及各类细分收入（如工资性收入、经营性收入、财产性收入、转移性收入、其他收入）衡量；（2）消费水平，以 CFPS 数据中的家庭人均消费以及各类细分消费类别衡量。

2. 识别策略

为识别撤县设区对于居民长期收入和消费的影响，本节构建以下个体层面的双重差分模型：

$$Y_{ict}=\alpha\times Treat_c\times Post_{ict}+X_{ict}+\delta_c+\gamma_t+\theta_j\times\gamma_t+\varepsilon_{ict} \tag{4}$$

其中，Y_{ict} 为位于区县 c 出生于 t 年的个体 i 的收入和消费，以所在家庭的人均收入和消费衡量，其余变量的含义同（1）式。

（二）估计结果

在表 6-3-9 中，借助于 CFPS 数据，我们使用与基准回归相同的设定考察了在高中入学前受到政策影响人群的收入情况。[①] 列 1 的结果显示，受到政策影响的个体，未来收入平均会比未受影响的个体高 8.67%，相当于 1114.41 元。进一步的分析表明，收入的提高主要来自工资性收入、经营性收入和财产性收入的提高，而转移性收入在减少，这说明受影响的个体由于自身收入的提高，更少地获得来自家庭成员以及社会的经济支持和捐助。在表 6-3-10 中，我们进一步考察了消费的影响，表 6-3-10 中 Panel A 中的列 1 表明处理组个体的消费要

① 使用 CFPS 数据的原因在于，相比于 CHIP 和 CHNS 数据，CFPS 数据在调查收入和消费支出时更为详细，可以将收入和消费支出划分为多种类别，以帮助我们更为细致地考察撤县设区对于收支的影响。相比之下，CHIP2013 只包含家户的收入和消费支出总额而没有细分类别，CHNS 数据则缺少消费支出的调查。

比控制组高大约16.79%，这间接证明了公共服务均等化对于居民收入的促进作用。在Panel A的列2和列4以及Panel B中，我们对消费结构的变化进行了分析，结果发现相比控制组，处理组的衣食住等基本消费支出（衣着鞋帽支出、食品支出和居住支出）并没有显著增长，而家庭设备及日用品支出、文教娱乐支出和交通通信支出等享受型支出的数量则显著提升，这说明随着收入的提高，居民的消费结构出现了明显的升级，居民福利得到提高。

表 6-3-9　公共服务均等化与收入增长

	(1)	(2)	(3)	(4)	(5)	(6)
	家庭人均收入	工资性收入	经营性收入	财产性收入	转移性收入	其他收入
$Treat_c \times Post_t$	0.0867***	0.3485**	0.2700**	0.6044*	-0.8264**	-0.1543
	(0.0323)	(0.1697)	(0.1320)	(0.3162)	(0.3786)	(0.1882)
控制变量	是	是	是	是	是	是
年份固定效应	是	是	是	是	是	是
区县固定效应	是	是	是	是	是	是
年份×市固定效应	是	是	是	是	是	是
观测值	43493	34839	34815	34848	34712	34842
R^2	0.317	0.259	0.408	0.214	0.267	0.149

注：括号中的数值为在县级层面聚类的稳健标准误，***、** 和 * 分别表示在1%、5%和10%置信度水平下显著。控制变量包括性别、户口、年龄、民族、家庭规模、父母受教育水平。该表使用了CFPS2010—2018年的数据。

表 6-3-10　公共服务均等化与消费改善

	(1)	(2)	(3)	(4)
Panel A	消费性支出	家庭设备及日用品支出	衣着鞋帽支出	文教娱乐支出
$Treat_c \times Post_t$	0.1679**	0.4228***	0.0610	0.3934*
	(0.0806)	(0.0807)	(0.1124)	(0.2357)
控制变量	是	是	是	是
年份固定效应	是	是	是	是
区县固定效应	是	是	是	是
年份 × 市固定效应	是	是	是	是
观测值	34848	34848	34779	34848
R^2	0.413	0.252	0.306	0.290

续表

Panel B	食品支出	居住支出	医疗保健支出	交通通信支出
$Treat_c \times Post_t$	−0.0438	0.0843	0.2294	0.1573**
	(0.0918)	(0.1126)	(0.2451)	(0.0637)
控制变量	是	是	是	是
年份固定效应	是	是	是	是
区县固定效应	是	是	是	是
年份 × 市固定效应	是	是	是	是
观测值	34829	34848	34848	34740
R^2	0.366	0.258	0.176	0.345

注：括号中的数值为在县级层面聚类的稳健标准误，***、** 和 * 分别表示在 1%、5% 和 10% 置信度水平下显著。控制变量包括性别、户口、年龄、民族、家庭规模、父母受教育水平。该表使用了 CFPS2010—2018 年的数据。

当然，我们必须要承认的是，撤县设区对于居民收入和消费的影响有多种渠道，例如经济增长、企业活力的增强等，教育的提高仅仅是其中一个的途径。但从理论上讲，几乎所有有关教育回报率的文献都认为教育程度的提高对于长期收入是有正向影响的（Schultz，1960，1961，1993；Becker，1962，1964；李实和丁赛，2003；邢春冰等，2013），但在实证中，我们是否有信心认为表 6–3–9 和表 6–3–10 中的结果中，确实有教育的机制在起作用？对此，我们进一步利用事件分析法研究了撤县设区对收入和消费的影响，结果见图 6–3–6。由于我们使用微观调查数据进行回归，在每一个年龄段内部的观测值就相对较少，因此为了增加每一个年龄段内部的观测值数量，提高估计的精度，我们将每 3 年看作一个队列。图 6–3–6a 和图 6–3–6b 的结果表明，平行趋势也得到了满足，即说明相比于撤县设区之前已经入读高中的人群（不受政策影响）而言，撤县设区后才入读高中的人群（受到政策影响）在收入和消费上提升的幅度更大。这就进一步说明，教育是其中的一个重要机制，因为如果撤县设区对于收入和消费的影响是通过其他因素（经济发展、企业发展等）造成的，那么应该对所有人都具有相似的影响，而不应以高中入学年龄为界，产生异质性影响。①

① 另外，我们还按照 Heckman 等（2013）和 Gelbach（2016）的做法，量化了教育这一机制的作用大小，发现教育在撤县设区对收入和消费影响中的比重分别为 16.5% 和 5%。

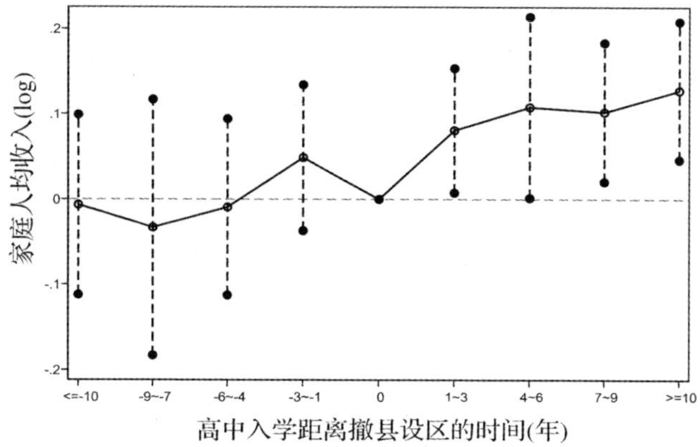

（a）收入

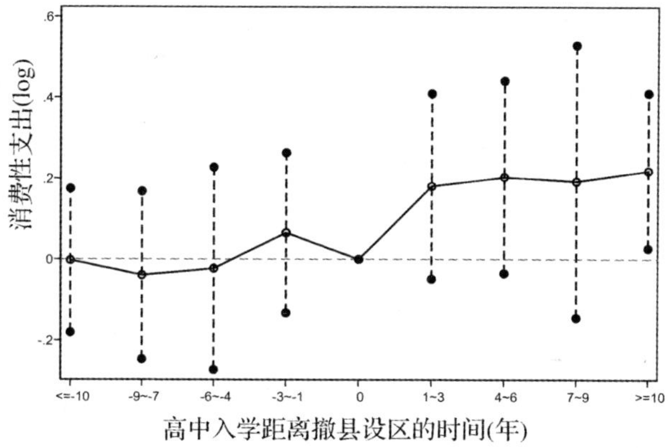

（b）消费

图 6-3-6　撤县设区对于收入和消费的动态影响

六、结语与政策建议

在通往共同富裕之路上，教育公平是最为核心的要素之一。推进教育、医疗、住房等公共服务的均等化，是我国消除贫困、改善民生、实现共同富裕的重要抓手。本节研究发现：第一，撤县设区后，学龄青少年进入高中和大学的概率分别提高了 4.1% 和 4.88%，受教育年限增加了 0.24 年。并且，当城市优质教育资源越集中时，这一效果越大。第二，机制分析表明，撤县设区一方面提高了教育事业费、教育支出等民生型支出占比，另一方面破除了教育资源的行政壁垒，使被撤并县的居民享受到了城市内部优质教育资源，促进了公共服务均等化和教育公平。第三，进一步研究发现，受到影响的群体，长期收入提高 8.67%，消费提高 16.79%，并且消费结构得到升级。

随着中国特色社会主义进入新时代，我国社会主要矛盾也已经转化为人民日益增长的美好生活需要和不平衡不充分的发展之间的矛盾，公共服务均等化无疑是解决这一矛盾的重要抓手。根据本节的研究内容，我们提出如下几条可能的政策建议：

第一，作为基本公共服务的主要提供者，各级政府要将社会福利的最大化和均等化作为首要的施政目标，努力提高公共服务供给的质量和效率。要进一步深化财税体制改革不仅要实施设计更加合理的转移支付制度（张丽华和汪冲，2008；曾红颖，2012；尹振东和汤玉刚，2016），还要在根本上明确各级政府的事权（倪红日和张亮，2012），这样才能充分发挥中央和地方的积极性，激励地方政府主动作为、尽力做好辖区范围内的基本公共服务提供和保障，降低公共服务投入的机会不均等。

第二，公共服务均等化的核心在于人民群众不因性别、年龄、户籍、民族的不同而受到不同的待遇。因此，要消除区域之间（城与乡、县与区、大城市和中小城市）的公共服务不均等，意味着需要打破公共服务的行政壁垒，使广大居民有权利追求更高质量的公共服务。与此同时，促进公共服务的资源共享，发挥规模效应，提高公共服务供给的效率。

第四节　高校招生均等化政策改革与生源质量提升①

中国的高等院校招生长期以来一直存在着明显的“本地偏好”，为解决由此带来的一系列问题，教育部在 2008 年出台了一项强力的“均等化”政策，要求“部属高校”将本地招生比例逐步降低至 30% 以下。这为我们提供了一个难得的“准实验”来观察中国高校中存在的本地偏好及其后果。本部分首次利用

① 本节研究摘录自刘瑞明、焦豪、石阳、毛宇，《高校招生均等化政策改革与生源质量提升》，《经济研究》，2021 年第 7 期。

中国2005—2015年1189所高等院校的面板数据和双重差分方法，分析“均等化”对高校生源质量的政策效应。研究发现：“均等化”使得“部属高校”的招生分数大幅提升，有力地推动了所在高校的生源质量，并且，这种生源质量提升效应在本省和外省均显著存在。进一步的机制检验表明，“均等化”政策实施后，部属高校调整了招生策略，将更多的招生指标分配给了外地省份，尤其是那些高分省份，从而产生了“双重结构优化效应”。在进行大量的稳健性检验后，上述结论依然成立。这意味着，“均等化”政策带来了明显的招生名额优化配置效应。根据本部分的发现，中国的高等院校“均等化”是保障未来教育质量提升和教育机会公平的一个重要举措。

中国的高等教育在改革开放以来经历了长足的进展。从1977年到2019年，[①] 中国的高等教育毛入学率由不到1%快速上升到45.7%，高考录取率由4.7%上升到了82%。[②] 这种跨越式的进步，不仅使得适龄青年的人力资本得到了提升，推动了国家经济发展和生产效率提高（郭庆旺和贾俊雪，2009；毛盛勇和刘一颖，2010；黄燕萍等，2013；Bramwell & Wolfe，2008；Che & Zhang，2017；Liu，2015），而且使得大批学生获得了通过高等教育改变命运的机会，改善了社会收入差距（岳昌君，2004；邢春冰和李实，2011；余秀兰，2014；才国伟和刘剑雄，2014；杨娟等，2015）。毫无疑问，从总量增长的角度来看，中国在高等教育领域所取得的进步是举世瞩目的。但是，如果从结构的角度来观察，中国的高等教育在现实中却常常受到诟病（李春玲，2014；杨奇明和林坚，2014）。其中，一个异常突出的问题是，部分优质高等教育呈现出典型的“本地偏好”。

高等教育资源分配中的“本地偏好”，集中表现为两个紧密相关的方面：第一，中国的高等教育资源尤其是优质的高等教育资源在各个地区之间分布高度不均（刘海峰和李木洲，2012），造成高考录取率在各个地区之间差异甚大。以教育部直属高校（以下简称“部属高校”）的区域分布差异为例，现存的75所部属高校中，东中西部拥有的部属高校数目分别为50所、13所、12所，而在所有省份中，内蒙古、河南、广西等13个经济欠发达的省份没有部属高校。

① 之所以从1977年算起，是因为，改革开放后的第一批高考发生在1977年。

② 高等教育毛入学率是指“高等教育在学人数/(18—22)岁人口数”；高考录取率是指“当年参加当年大学录取新生数/当年参加高考的考生数”。

第二，在现实中，代表中国最高办学水平的部属大学在招生过程中存在明显的“本地偏好”倾向，招致了社会大众对于其招生公平性的质疑和不满（杜瑞军，2007）。例如，2006年部属高校属地招生比例中，复旦大学是47%，浙江大学高达55%，而中山大学更是高达75%。[①] 考虑到高等教育资源在短时间内既定且无法大规模调整的情况下，社会大众将问题的矛头指向了以部属高校为代表的优质高等教育资源在招生过程中的“本地偏好”（刘海峰和李木洲，2012）。

从事实考察，这种“本地偏好”产生了多方面不利的影响：第一，中国高考决定了一个考生是否能够接受大学教育。如果能被中国最顶尖的一部分大学录取，对其职业前景具有重要影响。部属高校的高度地方化倾向，人为降低了部分省份的考生接受优质高等教育的机会，违背了受教育权平等的原则（曲相霏，2009）。第二，部属高校的高度地方化有碍高等教育质量的提升和人力资本水平的提升（刘海峰和李木洲，2014），扭曲人力资本的培养，从而影响经济增长（刘玉铭和张庆华，2006）。第三，部属高校的高度地方化带来的教育不平等将加剧收入不平等，弱化教育促进社会阶层的流动功能，加剧社会两极分化（Barro & Lee，1997；Gregorio & Lee，2002；余秀兰，2014）。第四，部属高校的高度地方化倾向不利于文化的交流与融合，并加剧了地区间经济和文化差异（杨俊和李雪松，2007）。

有鉴于这种“本地偏好”危害的日益加剧，严重影响了教育公平和生源质量。因此，为了缓解和改善部属高校的属地化倾向和招生中的本地偏好，实现教育公平和促进社会和谐，教育部于2008年1月出台了《教育部办公厅关于做好2008年全国普通高等学校分省分专业招生计划编制和管理工作的通知》，《通知》中规定，部属高校要按照“生源质量为主，兼顾地区平衡”的原则来确定招生计划，并且明确规定“2008年在属地安排的计划比例不得高于2007年，

---

① 吴根洲（2007，2009a，2009b）关于“985”高校2008年之前的高考录取公平性、生源省份分布以及招生本地偏好问题的研究表明：在2004年，全国有149656名考生进入“985”高校深造，仅占高考总人数的2.05%，且以考生人数少、“985”高校数目多的省份占优；而2005—2007年的“985”高校生源分布情况也表明，“985”高校的省内外招生比例严重失调且有失公允；在2007年，所有的“985”高校的属地招生比例平均值高达36.18%，其中浙江大学属地招生比例更是高达61.61%。

在属地安排计划比例超过 30% 的，要逐年逐步调整至 30% 以内”。自此，开始了部属高校事实上的“均等化”改革。客观上看，“均等化”改革为检验“招生均等化改革与高校生源质量的提升”之间的关系提供了一次难得的机遇。因此，本部分以此为契机，研究招生均等化改革是否影响了高校生源质量，探究招生均等化改革影响高校生源质量提升的内在机制。

本部分抓住 2008 年教育部“均等化”政策的“准实验”特征，首次利用中国 2005—2015 年 1189 所高等院校的高考招录的大样本数据，采用双重差分方法分析招生均等化改革对于高校招生质量的影响。研究表明：第一，“均等化”的确使得部属高校的生源质量显著提升，这种提升效应在本省和外省均显著。这一结论在经过了多种稳健性检验后依然成立。第二，进一步地研究发现，“均等化”政策之所以能够导致生源质量的提升，主要是这一政策诱发了部属高校招生名额配置的“双重结构优化效应”：一方面，“均等化”改革后，部属高校将更多的名额分配到了外省，降低了本省招生数额，从而实现了本省和外省之间的“结构优化效应”；另一方面，“均等化”改革后，部属高校在外省的招生名额配置中，将更多的招生名额分配给了那些相对高分招生的省份，形成了外省生源之间的“结构优化效应”。因而，资源配置效率的改善是政策效果发挥的重要途径。本部分的研究结论意味着，中国的高等院校“均等化”是未来教育质量提升和实现中国高等教育公平的一个重要举措。

本部分的边际贡献在于：第一，首次验证了教育领域本地偏好的后果，拓展了本地偏好的相关文献认知。已有大量文献（Young，2000；郑毓盛和李崇高，2003；白重恩等，2004；李善同等，2004；周黎安，2004；刘瑞明，2012）分析了地方保护对地区经济发展带来的不良影响，或者本地偏好如何影响了资源配置和地区发展（Golden & Min，2013；Hodler & Raschky，2014；张平等，2012；范子英和李欣，2014；范子英等，2016；李书娟和徐现祥，2016；曹春方等，2017；钱先航和曹廷求，2017）。但是，却鲜有文献研究教育领域中本地偏好的经济后果，在我们的视野内，仅有刘玉铭和张庆华（2006）通过理论模型推导和数值模拟，分析了重新分配高考名额对地区经济增长速度的影响和福利变化。因此，本部分首次通过实证检验教育中的本地偏好如何影响了高等教育招生质量，能够有力地拓展已有文献的认知。第二，评估了“均等化”的政策效果，为改革政策的评估和推进提供了重要参考。教育部“均等化”政策出台至今已有十多年，然而，对于这一重要政策的实际效果及其内在作用机制，人们却知之甚少，其效果亟待评价。本部分通过科学地评估“均等化”政策的效果，能够有力回答上述问题，为这一政策的进一步推广和完善提供了重要依据。第三，发现了“均等化”改革对于生源质量提升的“结构优化效应”，这不仅丰富了人们对于招生质量提升机制的认知，而且能够为未来的高等教育招生改革和资源配置优化提供重要的政策启示。

一、数据、变量与识别策略

（一）数据

为了验证“均等化”政策是否对部属高校的招生以及生源质量带来积极的影响，本部分采用2005—2015年中国1189所高等院校的面板数据来进行分析。所有的原始数据来自“新浪教育—高考”[①]，该网站根据教育部高考招生录取的权威来源，整理了历年中国各类院校在各个省（区、市）各个科目的招生人数和录取分数等信息。但是，由于各类院校在2005年之前的大部分年份的招生信息严重缺失，因此，本部分采用2005年以来的数据进行分析。由于中国的高等院校在每一个省份的每一个年度都招收文科和理科两种类型[②]，因此，本部分根据这一数据结构，构建了“高校—省份—科目—年份”的面板数据。[③]

（二）变量

1. 被解释变量。就高等院校的招生质量而言，学术界最为公认的一个度量方式是招生分数（Bishop，1987，1997；Bai et al.，2013）。鉴于中国的高考是目前中国考试中最为严格和公平的，所以高考分数能够较好地反映学生的整体素

---

① https：//edu.sina.com.cn/gaokao/。

② 在中国的高考划分体系中，除了文科、理科的划分外，还有一类是综合，但是，“综合类”的考生只有极少数地区（例如江苏等），且这类样本缺损严重，只有不到1%的样本，因此，本部分并未考虑综合类样本。

③ 例如，2008年北京大学在陕西省的理科招生，在数据中将表现为“北京大学—陕西省—理科—2008”，其他类似。

质。而且，高考分数的高低会直接影响学生进入高校之后的学业表现（Bai et al., 2013）。因此，本部分拟采用高考分数来度量高校的招生质量。但是，如果简单地以高考分数作为代理变量则存在一定的缺陷。一方面，每年的高考试题难易程度存在着差异，从而会直接影响分数的均值和方差；另一方面，由于考生之间不知道互相之间的报考策略，因而，很容易引发高校招生中的“大小年”现象①，因此，简单地拿录取的平均分或者最高分来衡量考生质量存在着较大的误差。为了得到更为科学的评判指标，本部分参考 Shi et al.（2020）的做法，采用“录取分数线差比例”作为招生质量的度量。这一指标通过计算“录取分数线差”并利用高校招生的平均分数作为分母实现标准化，能够更准确地度量招生质量，用公式表示即为：

$$RScore_{ijkt}=\frac{MeanScore_{ijkt}-TierMin_{ijkt}}{MeanScore_{ijkt}}\times 100$$

其中，$RScore_{ijkt}$ 代表第 t 年大学 i 在省份 j 科目 k 招生的录取分数线差比例，$MeanScore_{ijkt}$ 是第 t 年大学 i 在省份 j 科目 k 招生的平均录取分数，$TierMin_{ijkt}$ 与学校的等级所对应，代表第 t 年大学 i 在省份 j 科目 k 招生上的最低录取分数线，例如，该校是一类本科，则这一数值对应于这一年该省份一类本科的最低录取分数线。$RScore_{ijkt}$ 衡量了该校录取的平均分数超过该省最低录取分数的比例，本部分将之称为“录取分数线差比例”。

这一变量很好地回避了其他度量方式的潜在弊端，能够更加严谨地度量院校的招生质量。第一，“录取分数线差”是指某一年高等院校当年平均录取分数与其在所在省份招生批次录取控制分数线的差值。一般而言，某一省份某一批次的招生名额在事前已经确定，因而该省份该批次的最低录取分数线随着考试难度的大小而变化，通过“录取分数线差”可以很好地排除掉当年高考题目难易程度的影响。第二，由于考生之间报考的信息不对称和报考策略的不同，往往会引发上一年扎堆报考而下一年又无人敢报的“大小年”现象，这在早年

① 也即，如果某一高校上一年招生分数较高，引发当年考生群体怕录取分数太高不敢报考的情形。但是，当所有考生均持有此种心态时，又导致报考人数过少，竞争不够激烈，反而可能会使得招生分数下降。等到下一年报考时，考生观察到上一年的低分情形，又竞相报考，导致录取分数偏高的情形。这种高校录取“上一年高，下一年低”的情形，被形象地称为“大小年”现象。

考生“猜分报志愿”的方式下尤其明显，因而，本部分通过高校招生的平均分数进行“标准化”。这种构造可以更为准确地捕捉到考生的生源质量，因此，本部分采用各个高校在各个省份不同科目上的“录取分数线差比例”作为被解释变量。

2. 核心解释变量。在本部分中，所有的部属高校在2008年以后经历了“均等化”政策，构成了文章的实验组。因而，本部分生成了两个变量，第一个是“是否教育部属高校”的虚拟变量（Ministry），如果为部属高校则赋值为1，否则赋值为0。第二个是“是否2008年均等化改革以后”的虚拟变量（08Dummy），如果为2008年及以后年份，则赋值为1，否则赋值为0。根据本部分的研究目的，核心变量“均等化”改革即为上述两个变量的交互项（Ministry08），对于2008年之后的部属高校，该变量赋值为1，否则赋值为0。

3. 控制变量。由于高校录取分数会受到许多其他方面的影响，因此，本部分还控制了可能的变量。（1）高校在某一个省份某一个科目上的招生人数直接影响其录取分数，因此，本部分控制了高校在该省份该科目所对应的招生名额（stunum）。（2）现实中，一个学校的最高招生分数往往具有偶然性，因而，这可能会导致招生质量被高估，为此，本部分用该学校在该省份该科目上招录的最高分数比例线差来控制此类情形带来的可能影响（hrscore）。（3）在中国，985工程作为影响中国高等教育最为重要的一项计划，直接影响着高校的办学质量，能够入选985高校的，往往被外界认为是进入国家重点扶持计划的信号，因而有可能引发更多的优质学生报考。尽管在本部分的样本区间内，绝大部分的985高校名单已经确定，但是，依然有一部分高校入选了985工程平台[①]，因而，为了排除由此而引发的生源质量提升效应，本部分还控制了是否入选985平台的虚拟变量（d985plus）。（4）录取学校的办学层次也是中国高校运行过程中的一个重要标准。在中国，各个学校之间具有鲜明的等级，例如，在高考本科招生的过程中，第1批本科招生、第2批本科招生和第3批本科招生具有鲜明的等级性。一般而言，只有在保证了第1批本科招生权的学校招录完毕后，

---

① 全称为“985工程优势学科创新平台”，其建设的主要任务是“以国家和行业发展急需的重点领域和重大需求为导向，围绕国家科技发展战略和学科前沿，在行业特色型大学的全国顶尖的优势学科重点建设一批优势学科创新平台”。简言之，985工程是学校整体入选，985平台是优势学科入选。

第 2 批本科招生才启动，第 2 批本科招生结束后，第 3 批本科招生才启动。因此，本部分还控制了高校的招生批次（dgrade1、dgrade2、dgrade3）。（5）在中国的高考划分体系中，考生可以选择文科、理科的科目进行考试，因而，为了区分科目，本部分形成了文科、理科的虚拟变量，予以控制不同科目的异质性（dmajor1、dmajor2）。表 6–4–1 为主要变量的描述性统计结果。

表 6–4–1　描述性统计

变量名	观测值	平均值	标准差	最小值	最大值
rscore	358, 694	7.850	7.091	0	120.714
Ministry08	382, 473	0.074	0.261	0	1
stunum	382, 473	59.014	225.738	1	8088
hrscore	358, 694	12.450	9.001	0	121.428
d985plus	382, 473	0.084	0.278	0	1
dgrade1	382, 473	0.244	0.429	0	1
dgrade2	382, 473	0.534	0.499	0	1
dgrade3	382, 473	0.222	0.416	0	1
dmajor1	382, 473	0.557	0.497	0	1
dmajor2	382, 473	0.443	0.497	0	1

注：所有变量保留小数点后三位。

（三）识别策略

从本部分的样本来看，截至 2015 年，在 1189 所高等院校中，有 75 家高校属于“部属高校”，这 75 家高校就构成了本部分研究中的“实验组”，而其他高校自然就成为“对照组”。因此，本部分采用双重差分方法（Difference in Differences）进行识别，通过构造以下计量模型来检验“均等化”改革对高校招生质量的影响：

$$Y_{ijkt}=\alpha+\beta\cdot Ministry08_{ijkt}+X_{ijkt}\delta+\gamma_t+\mu_i+\delta_{prov}\times\gamma_t+\varepsilon_{it} \quad (1)$$

其中，Y_{ijkt} 为被解释变量，下标 i，j，k 和 t 分别表示第 i 学校第 j 个省份的科目 k 和第 t 年；γ_t 代表时间固定效应，用以捕捉对于所有高校影响相同的年度效应；μ_i 代表学校个体固定效应，用来捕捉高校不随时间变化的特征。*Ministry*08 为核心解释变量“部属高校的均等化改革”，X 为其他控制变量。由于各个省份教育会出台一些教育政策，对高考招生制度进行改革，且每个省份每个年份均不尽相同，而这些因素都会影响各省高校的发展及其招生质量。例如，在本部分的样本区间内，还经历了“3+1，即语数英 + 政 / 史 / 地 / 物 / 化 / 生”改革、“3+ 文科综合 / 理科综合 + 自选模块”“新课改”“自主命题”“知分填志愿”“平行志愿”等一系列重要的高考改革，这些高考改革也直接影响高校的招生质量。为了控制省份随时间变化的特征，本部分在回归中加入了省份—年份联合固定效应 $\delta_{prov} \times \gamma_t$，从而识别出更为准确的计量结果。在上述模型中，本部分着重关心 β 的系数，其代表了教育部“均等化”招生改革对于生源质量的净影响。

二、计量结果与稳健性检验

（一）基础回归结果

本部分首先检验“均等化”对部属高校招生质量的影响，基础结果见表 6-4-2。在表 6-4-2 中，本部分分别列示了 6 个回归结果。

表 6-4-2　“均等化”改革的分数提升效应

被解释变量	录取分数线差比例					
样本范围	全样本	全样本	理科样本	文科样本	本省样本	外省样本
解释变量	(1)	(2)	(3)	(4)	(5)	(6)
Ministry08	2.477*** (0.148)	0.874*** (0.072)	1.080*** (0.092)	0.687*** (0.068)	0.455** (0.181)	0.848*** (0.068)
stunum		−0.003*** (0.000)	−0.003*** (0.000)	−0.004*** (0.000)	−0.001*** (0.000)	−0.016*** (0.002)
hrscore		0.650*** (0.005)	0.642*** (0.005)	0.684*** (0.005)	0.495*** (0.015)	0.686*** (0.005)
d985plus		0.655*** (0.102)	0.817*** (0.124)	0.320*** (0.094)	0.731*** (0.264)	0.592*** (0.101)
dgrade2		1.640*** (0.076)	1.771*** (0.096)	1.296*** (0.063)	1.707*** (0.139)	1.351*** (0.078)

续表

被解释变量	录取分数线差比例					
样本范围	全样本	全样本	理科样本	文科样本	本省样本	外省样本
解释变量	(1)	(2)	(3)	(4)	(5)	(6)
dgrade3		3.439*** (0.121)	4.115*** (0.147)	2.211*** (0.103)	3.890*** (0.324)	3.216*** (0.121)
时间固定效应	是	是	是	是	是	是
学校固定效应	是	是	是	是	是	是
省份—年份联合固定效应	是	是	是	是	是	是
N	358687	358687	200438	158249	21420	337267
R^2	0.483	0.889	0.892	0.897	0.885	0.904
F	280.253	4799.523	4045.116	4915.321	425.568	6236.618

注：（1）括号中是根据学校个体聚类的稳健标准误，（2）*** 代表 1% 的水平上显著，** 代表 5% 的水平上显著，* 代表 10% 的水平上显著。

其中，第（1）列是没有加入其他控制变量的情形，结果表明，在控制了时间固定效应、学校固定效应以及省份—年份联合固定效应后，部属高校“均等化”政策的回归系数为 2.477，相较于样本期内的平均线差比例，提高了约 31.554%。根据前文 Rscore 的定义式，如果以样本期内的平均招生分数线来计算，相当于高校平均分数线差提高了约 12.583 分。上述分析说明部属高校“均等化”政策对录取分数线差比例、平均录取分数线有显著的提升效应，这表明改革有助于提升部属高校生源质量。

但是，“均等化”政策的实施情况也可能会受到其他因素的影响，而这些因素与线差比例相关从而造成本部分的估计误差。因此，进一步地，本部分在第（2）列中将招生人数、最高分数线差比例、是否 985 高校、招生批次虚拟变量等均纳入回归。部属高校均等化改革政策系数下降至 0.874，这说明招生人数、最高分数线差比例、是否 985 高校、招生批次等对于招生分数线差比例有着非常重要的作用。但在排除了控制变量对于招生质量的影响后，均等化改革依然在 1% 的水平上显著，这一政策使得线差比例提高了 0.874，相当于平均录取分数线差提高 4.439 分。

4.439 分虽然在数值上看起来并不算大，但是在中国的背景下，每一分背后对应的考生人数都可谓“千军万马”，特别是在河南、山东这样的人口大省。河南省招生办公室公布的《2015 年河南省普通高招分数段统计表》显示，当年理科一本录取线下一分的考生达到 1077 人，而山东省教育招生考试院发布的《2015 山东高考理科成绩一分一段表》显示，理科一本录取线下一分的考生人数也达 1158 人，甚至于坊间有俗语“一分一操场”戏称这一现象。而“均等化”改革对于招生分数的提升平均达到 4.439 分，也就是说，部属高校相比改革之前在全国各省份招生生源名次平均向前移动数千位次，由此不难推断，平均而言部属高校的生源质量较改革之前有着大幅提升。

考虑到中国高考是分文理科进行的，改革对不同学科的影响可能存在差异，故而本部分在第（3）列和第（4）列分别对理科样本和文科样本进行回归，结果显示，无论是对于理科招生，还是对于文科招生，“均等化”改革均提升了录取分数线差比例，其中理科线差比例上升 1.080，平均录取分数提高 5.486 分左右，而文科线差比例提高 0.687，平均录取分数提升 3.489 分左右。

部属高校“均等化”改革的核心要义是“降低本省招生比例，扩大外省招生比例”，因此有必要分别对于本省样本和外省样本进行回归，探究改革在属地和非属地之间效果是否存在异质性。本部分在第（5）列和第（6）列分别对本省和外省样本进行回归发现，“均等化”改革后，本省和外省的招生分数线差比例分别上升了 0.455 和 0.848，相当于平均录取分数分别提升了 2.311 分和 4.307 分。无论是对于本省的招生来说，还是对于外省的招生来说，改革都提升了录取分数线差比例。

总体而言，上述结果说明，“均等化”改革的确有利于部属高校招生质量的提升，且对比第（3）列和第（4）列系数发现，理科提升幅度大于文科，第（5）列和第（6）列回归系数对比则表明外省提高幅度大于本省。

（二）稳健性检验

尽管上述基础回归的结论非常明显，但是，这一结果依然可能会受到多方面的质疑。为了进一步提升本部分结论的可靠性，本部分进行了一系列稳健性检验。

1. 平行趋势检验

采用双重差分方法进行分析的一个重要假设是，如果不存在“均等化”改革的冲击，实验组和对照组之间的发展趋势应该是一致的，在事前不存在系统性的差异。在本部分的样本中，容易受到质疑的一点是，部属高校因为各种资源的集中以及较高质量的教育水平，使得其在进行“均等化”政策之前就和非部属高校在分数提升效应的趋势上有所差异。如果存在这种差异，则必然会对本部分的结论产生影响。

为此，本部分根据经典文献（Ferrara et al.，2012）的做法，采用事件研究法进行了平行趋势检验。由于本部分的样本区间为2005年至2015年，而“均等化”改革发生于2008年，因此，在平行趋势分析中，本部分生成了部属高校和每一个年份虚拟变量的交互项，本部分选定改革前一年2007年为基准组，2005年和2006年为改革前3年和改革前2年（Pre_3 和 Pre_2），2008年为改革当年（Current），2009—2015年的各年分别为改革后1—7年（Post_1 至 Post_7），这样，通过每一年的虚拟变量系数来观察改革前平行趋势是否被满足。图6-4-1呈现了全样本回归中“录取分数线差比例”的平行趋势检验图，观察图形不难发现：第一，部属高校与非部属高校在2008年之前的“录取分数线差比例”基本平行，改革之前，并不存在部属高校和省属高校在“录取分数线差比例”上的系统性趋势性差异；第二，部属高校在2008年实行“均等化”改革之后，“录取分数线差比例”这一指标显著异于零，且随着时间推移，呈现出越来越显著的趋势。这说明，“均等化”改革的确使得本地偏好逐渐得到遏制，招生质量开始不断提升。

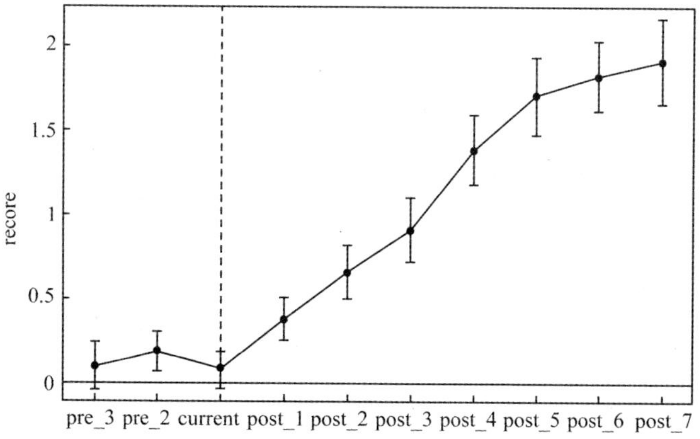

图 6-4-1　全样本录取分数线差比例的平行趋势检验

为了进一步验证，本部分还分理科样本、文科样本、本省样本、外省样本，做了平行趋势检验，结果均发现部属高校和省属高校在改革前不存在系统性趋势差异，而改革后则呈现出显著的递增效果。限于篇幅，此处不再罗列。

2. 替换被解释变量

表 6-4-3　替换被解释变量

被解释变量	平均录取分数					
样本范围	全样本	全样本	理科样本	文科样本	本省样本	外省样本
解释变量	(1)	(2)	(3)	(4)	(5)	(6)
Ministry08	15.689*** (0.729)	14.048*** (0.913)	16.431*** (1.041)	10.495*** (0.846)	10.331*** (1.330)	14.061*** (0.915)
控制变量	是	是	是	是	是	是
时间固定效应	是	是	是	是	是	是
学校固定效应	是	是	是	是	是	是
省份—年份联合固定效应	是	是	是	是	是	是
N	382466	358687	200438	158249	21420	337267
R^2	0.873	0.893	0.941	0.944	0.929	0.894
F	462.569	593.352	713.511	699.699	499.786	495.737

注：（1）括号中是根据学校个体聚类的稳健标准误；（2）*** 代表 1% 的水平上显著，** 代表 5% 的水平上显著，* 代表 10% 的水平上显著。

在基础上回归中，本部分选择录取分数线差比例作为被解释变量，这一变量可以很好地捕捉到分数提升效应，并将各个年份的难度、“大小年”等因素进行标准化处理。理论上来说，录取分数线差比例可以更好地反映学生整体的分数提升效应，但是，平均录取分数也是人们常用的生源质量度量指标，本部分的结果是否依赖于被解释变量的选择呢?

为此，本部分将被解释变量替换为各个高校的平均录取分数，以验证“均等化”政策对高校生源质量的提升效应，其回归结果见表 6-4-3。在表 6-4-3 中，本部分依据基准回归结果的形式进行了回归和呈现，观察表 6-4-3 回归结果，可以发现，“均等化”政策对平均录取分数产生了显著的正效应，这进一步验证了本部分的结论。

3. 去除北京市、上海市的样本

表 6-4-4　去除北京市、上海市高校样本的检验

被解释变量	录取分数线差增幅比例					
样本范围	全样本	全样本	理科样本	文科样本	本省样本	外省样本
解释变量	(1)	(2)	(3)	(4)	(5)	(6)
Ministry08	2.477*** (0.148)	0.874*** (0.072)	1.080*** (0.092)	0.687*** (0.068)	0.455** (0.181)	0.848*** (0.068)
控制变量	是	是	是	是	是	是
时间固定效应	是	是	是	是	是	是
学校固定效应	是	是	是	是	是	是
省份—年份联合固定效应	是	是	是	是	是	是
N	358687	358687	200438	158249	21420	337267
R^2	0.483	0.889	0.892	0.897	0.885	0.904
F	280.253	4799.523	4045.116	4915.321	425.568	6236.618

注：（1）括号中是根据学校个体聚类的稳健标准误；（2）*** 代表 1% 的水平上显著，** 代表 5% 的水平上显著，* 代表 10% 的水平上显著。

北京市和上海市作为中国的政治中心和经济中心，在中国教育资源布局中具有极为特殊的地位，教育部所属的 75 所高校中，北京市有 25 所，上海市有 8 所。本部分的结果是否会受到这两个特殊区域教育资源分布的影响呢？为了能更好地识别出“均等化”政策对存在招生本地偏好地区的部属高校生源质量的影响，本部分将北京市和上海市排除在样本之外进行计量回归，回归结果见表 6-4-4。观察回归结果可以发现，在将北京市和上海市的部属高校样本排除之后，“均等化”政策依然对部属高校的整体生源质量有所提升。此外，本部分还分别单独排除北京市、单独排除上海市进行回归，结论依然不变，这进一步强化本部分的结论。

4. 排除没有教育部直属院校的省份

部属高校在招生过程中的本地偏好之所以引起社会大众的不满，一方面与考生接受优质高等教育机会不平等有关，另一方面则与部属高校的区域分布的不均衡有关。山西、内蒙古、河南、河北、江西、海南、青海、宁夏、西藏、新疆、广西、云南、贵州等 13 个省区都没有教育部直属高校。因此，在这些省份不存在部属高校属地的本地偏好，这可能会对计量结果产生影响，为了更进

一步地检验本部分结论的稳健性，本部分将这13个省份的高校样本剔除掉，回归结果见表6–4–5。观察回归结果可以发现，在去除这13个省份的高校样本之后，回归结果与基础回归结果无明显差异。

表6–4–5　排除没有教育部直属院校的省份样本的检验

被解释变量	录取分数线差增幅比例					
样本范围	全样本	全样本	理科样本	文科样本	本省样本	外省样本
解释变量	(1)	(2)	(3)	(4)	(5)	(6)
Ministry08	1.901*** (0.113)	0.845*** (0.059)	1.017*** (0.071)	0.669*** (0.062)	0.414** (0.179)	0.859*** (0.057)
控制变量	否	是	是	是	是	是
时间固定效应	是	是	是	是	是	是
学校固定效应	是	是	是	是	是	是
省份—年份联合固定效应	是	是	是	是	是	是
N	204144	204144	113851	90280	14488	189654
R^2	0.454	0.882	0.882	0.892	0.892	0.897
F	282.206	4152.910	3681.725	3205.218	363.544	5342.716

注：（1）括号中是根据学校个体聚类的稳健标准误；（2）*** 代表1%的水平上显著，** 代表5%的水平上显著，* 代表10%的水平上显著。

5. 以一类本科高校为样本的检验

在中国，高校的质量存在着严格的等级划分，具体表现在其招生批次上，各个学校依据其招生质量被区分为一本批次高校、二本批次高校、三本批次高校和专科批次高校，因为部属高校往往是那些最好的高校，因此，如果将第2批本科和第3批本科学校作为参照组，可能会影响本部分评估结果的准确性。为了使对照组的选择更为合理，因此本部分将样本缩小至第1批本科高校进一步回归，回归结果罗列在表6–4–6中。结果显示，“均等化”政策对部属高校生源质量的提升效应依然稳健。

表6–4–6　以一类本科高校为样本的检验

被解释变量	录取分数线差增幅比例					
样本范围	全样本	全样本	理科样本	文科样本	本省样本	外省样本
解释变量	(1)	(2)	(3)	(4)	(5)	(6)
Ministry08	1.520*** (0.177)	0.661*** (0.081)	0.837*** (0.114)	0.702*** (0.084)	0.632*** (0.153)	0.633*** (0.079)

续表

被解释变量	录取分数线差增幅比例					
样本范围	全样本	全样本	理科样本	文科样本	本省样本	外省样本
解释变量	(1)	(2)	(3)	(4)	(5)	(6)
控制变量	否	是	是	是	是	是
时间固定效应	是	是	是	是	是	是
学校固定效应	是	是	是	是	是	是
省份—年份联合固定效应	是	是	是	是	是	是
N	92878	92878	54801	38040	5345	87514
R^2	0.770	0.939	0.946	0.944	0.938	0.944
F	73.598	503.859	284.701	232.437	131.586	573.895

注：（1）括号中是根据学校个体聚类的稳健标准误；（2）*** 代表 1% 的水平上显著，** 代表 5% 的水平上显著，* 代表 10% 的水平上显著。

上述结果表明，在进行了多种稳健性检验后，教育部于 2008 年明确要求部属高校本地招生比例下降的“均等化”政策，显著地提升了部属高校的“录取分数线差比例”，这说明对于招生名额分配中的“本地偏好”的遏制，的确有助于高校招生质量的提升。

三、机制检验与发现

根据前述的分析，“均等化”改革带来了部属高校招生质量的显著提升，而且，这种质量提升效应不仅仅体现在全样本中，在区分理科、文科、本省和外省的子样本后，均发现了这种质量提升效应。那么，这种分数提升效应究竟是通过何种方式引发的呢？其内在机制是什么？从逻辑上看，不同的机制意味着截然不同的政策启示，因而，招生质量提升机制的探究，不仅对于理解“均等化”的改革效果非常必要，而且对于未来的政策设计也具有至关重要的作用。

理论上讲，部属高校的招生质量提升可能来自两种方式：第一种是“总量下调效应”，通过招生人数总数的下调来实现招生分数提升。也即，如果一个学校的招生名额总量变少了，那么，自然会导致更激烈的竞争，从而抬升分数。“总量下调”这种做法固然对于单个高校来说可能会提升分数，但是其在当下中国并不是一种合意的做法：一方面，招生名额的减少使得一部分本该上学的学生无学可上，这在当前中国高等教育普及率依然有待提升的情况下难以接受；另一方面，总量下调只是简单地缩小了招生名额，此时的分数提升并没有改善招生“配置效率”，因而，这种方式并不值得倡导。第二种是“结构优化效应”，也即在招生总数不变的情况下，通过招生名额在各个区域之间的优化配置，来实现招生质量的提升。这种方式直接改善了招生名额的“配置效率”，因而，此类方式能够带来匹配效率改善和招生质量提升，是值得倡导的。现实中，究竟是哪一种机制在起作用呢？

毫无疑问，高校的招生名额分配会直接影响招生分数，这也是“本地偏好”广受批评以及“均等化”政策出台的原因。事实上，在“均等化”政策出台和执行的过程中，教育部始终强调对于这种“错配”的纠正和改善。因而，一个可能的机制是，“均等化”改革纠正了原有招生名额分配中的本地偏好，从而导致了招生质量的显著上升。在此节中，本部分就从招生人数的角度来分析“均等化”改革如何影响了招生名额分配，以及高校是如何在不同的省份间进行结构优化的。

表 6-4-7　部属高校在“均等化”政策前后的招生人数变化[①]

样本	样本量	各校年度招生人数均值		T 检验	
		2005—2007 年（政策前）	2008—2015 年（政策后）	差异（政策前—政策后）	t 值
（1）教育部属高校	788	2845.671	2981.465	–135.794	–0.951
（2）教育部属高校，本省招生	702	1064.433	838.626	225.807	3.081
（3）教育部属高校，外省招生	788	1958.644	2216.145	–257.501	–2.752
（4）教育部属高校，高分外省招生	788	668.954	1605.066	–936.112	–12.693
（5）教育部属高校，低分外省招生	783	1289.690	616.467	673.222	12.618
（6）教育部属高校，一本录取率低省份的外省招生	788	1087.167	1337.330	–250.163	–4.344
（7）教育部属高校，一本录取率高省份的外省招生	788	871.477	878.815	–7.338	–0.177

① 为了便于直观地分析和对比，此处，本部分使用了高校层面的加总数据。因而，样本量和底层大样本数据不同。

注：（1）所有数据保留了小数点后 3 位；（2）由于部分年份的高校样本有缺失，因此，样本量稍有差异。

表 6-4-8　“均等化”改革对于招生人数的影响：本省和外省的差异

被解释变量	招生人数		
样本范围	全样本	理科样本	文科样本
解释变量	(1)	(2)	(3)
Ministry08	−6.514** (2.613)	−10.283*** (3.516)	4.793*** (1.670)
samepro	615.354*** (13.123)	838.242*** (19.777)	398.653*** (10.863)
Ministry08×samepro	−254.078*** (40.983)	−228.829*** (67.589)	−287.807*** (17.446)
控制变量	是	是	是
时间固定效应	是	是	是
学校固定效应	是	是	是
省份—年份联合固定效应	是	是	是
N	358687	200438	158249
R^2	0.457	0.529	0.509
F	370.181	286.746	222.373

注：（1）括号中是根据学校个体聚类的稳健标准误；（2）*** 代表 1% 的水平上显著，** 代表 5% 的水平上显著，* 代表 10% 的水平上显著。

为此，本部分首先通过 T 检验对教育部直属高校在 2008 年改革前后的招生名额进行分析，其结果罗列在表 6-4-7 中。在表 6-4-7 的第（1）行中，本部分可以观察到，在“均等化”改革之前，部属高校平均招生规模约为 2845 名，在“均等化”改革之后，部属高校平均招生规模约为 2981 名，相比于改革前，改革后部属高校的招生规模扩大了 136 名，但没有显著的统计性差异。这意味着，部属高校的招生质量提升效应并不是因为减少了招生名额而引发的，部属高校的招生质量提升并不是来自“总量下调效应”。

进一步，本部分考察“均等化”改革引发的招生名额结构优化效应。在表 6-4-7 中的第（2）行和第（3）行，不难看到，平均而言，“均等化”改革后，部属高校本省的招生规模下降了约 225 名，外省的招生规模上升了约 257 名。

也即，部属高校在“均等化”改革前后，对本省和外省的招生名额进行了优化配置。这首先解释了基础回归中，本省分数为什么会上升的问题，在本省招生规模缩减的情况下，本省竞争激烈程度上升，从而导致招生分数提升。

然而，为什么外省招生规模上升了，但外省的招生分数也上升了呢？为了解开这一谜题，本部分进一步根据“均等化”改革前（即2005—2007年）的高考分数，将高于录取分数线差比例均值的省份界定为“高分招考省份”，将低于录取分数线差比例均值的省份界定为“低分招考省份”，表6-4-7中第（4）和（5）行显示，均等化改革后，部属高校在省外“高分招生省份”的招生人数平均上升了约936名，在省外“低分招生省份”的招生人数平均下降了约673名，也即，将省外“低分招生省份”的招生名额调剂给了省外“高分招生省份”。

此外，人们还关心的一个问题是，这种名额调剂是否促进了“公平”？由于优质高校在不同省份之间的分布不均衡，不同省份的考生进入优质高校的概率全然不同。因此，本部分根据“均等化”改革前（即2005—2007年）的高考分数，计算了每一个省份的“一本录取率”，用来度量优质高校录取的难度，经过测算，在本部分的样本中，江苏、湖南、河南、江西、西藏、广西、河北、四川、甘肃、安徽、贵州、宁夏、山东、内蒙古、福建、广东等16个省区的一本录取率低于均值，本部分将这16个省区界定为一本录取率低的省区，表6-4-7中第（6）和（7）行显示，均等化改革后，部属高校在一本录取率低的省份的外省招生人数平均上升了约250名，在一本录取率高的省份的外省招生人数平均上升了约7名。这说明，在给省外的名额中，绝大部分都分配给了那些优质教育更加紧缺的省份，增加了这些省份的一本录取率。

至此，我们可以发现，这种招生质量提升效应主要来自前述的招生名额“双重结构优化效应”。

表6-4-9　“均等化”改革后的结构优化效应：外省高分省份招生人数增加

被解释变量	招生人数		
样本范围	外省样本	外省理科样本	外省文科样本
解释变量	(1)	(2)	(3)
2.highpropc	0.931^{***} (0.318)	1.878^{***} (0.437)	0.828^{***} (0.189)

续表

被解释变量	招生人数		
样本范围	外省样本	外省理科样本	外省文科样本
解释变量	(1)	(2)	(3)
3.highpropc	0.585 (0.368)	2.649*** (0.546)	0.784*** (0.226)
4.highpropc	0.503 (0.451)	2.744*** (0.619)	0.714** (0.293)
5.highpropc	−0.136 (0.534)	2.340*** (0.742)	0.327 (0.311)
6.highpropc	−2.574*** (0.685)	−0.322 (0.910)	−1.045*** (0.349)
Ministry08	−20.056*** (5.528)	−28.084*** (3.060)	−5.149*** (1.047)
2.highpropc×Ministry08	17.286*** (5.555)	29.947*** (2.719)	3.738*** (0.996)
3.highpropc×Ministry08	23.044*** (6.171)	38.714*** (4.361)	4.689*** (1.129)
4.highpropc×Ministry08	21.948*** (5.971)	34.471*** (3.943)	4.529*** (1.084)
5.highpropc×Ministry08	19.997*** (5.859)	29.542*** (3.685)	3.585*** (1.053)
6.highpropc×Ministry08	15.288*** (5.812)	22.030*** (3.382)	2.235** (1.073)
控制变量	是	是	是
时间固定效应	是	是	是
学校固定效应	是	是	是
省份—年份联合固定效应	是	是	是
N	337267	189176	148081
R^2	0.309	0.420	0.383
F	45.152	36.755	36.176

注：（1）括号中是根据学校个体聚类的稳健标准误；（2）*** 代表 1% 的水平上显著，** 代表 5% 的水平上显著，* 代表 10% 的水平上显著。

为了进一步验证上述的逻辑是否成立。本部分将“均等化”改革、“是否本省”以及二者的交互项同时放入回归当中进行检验，回归结果呈现在表 6–4–8 中。通过观察表 6–4–8 不难发现，首先，相较于省属高校，部属高校在“均等化”改革后，招生的相对规模有微弱下降。其次，部属高校本身确实存在着严重的“本地偏好”，相较于外省，本省的招生名额与外省招生名额之间存在着显著的差异。最后，交互项表明，在进行了“均等化”改革后，本省的招生名额显著下降。这种效果不仅在总样本中存在，在理科样本和文科样本中也存在，这充分验证了“均等化”改革对于本省和外省之间招生名额配置的“结构优化效应”。

那么，在外省的名额分配中，部属高校是否会将那些“低分招生省份”的名额配给“高分招生省份”，从而实现结构优化呢？为此，本部分根据“均等化”改革之前年份的数据（2005—2007 年），按 10%、30%、50%、70%、90% 的分位数分界点，将高考平均录取分数线差比例分为 6 个区间，其中，10% 以下的为录取分数线差比例最低的高校，本部分以此为基准组，将 10%—30% 区间、30%—50% 区间、50%—70% 区间、70%—90% 区间和 90% 以上区间分别界定为第 2、第 3、第 4、第 5、第 6 档（2.highpropc–6.highpropc），档数越高意味着在改革之前录取分数线差比例越高。本部分将这些虚拟变量和“均等化”改革的交互项放入回归，来观察“均等化”后的招生名额分配，具体结果在表 6–4–9 中。

观察表 6–4–9 发现，所有的交互项均显著，也即，相比于分数线差最低一档的录取省份，部属高校在均等化改革以后，将更多的招生名额配置到了分数线差比例较高的招生分数录取省份，实现了结构优化配置。

表 6–4–10　“均等化”改革的公平效应：外省一本录取率低的省份招生人数增加

被解释变量	招生人数		
样本范围	外省样本	外省理科样本	外省文科样本
解释变量	(1)	(2)	(3)
Ministry08	−9.766*** (1.399)	−11.521*** (1.988)	−2.739*** (0.534)
lowlevel1pro×Ministry08	12.708*** (1.819)	18.825*** (2.929)	1.332** (0.527)
控制变量	是	是	是
时间固定效应	是	是	是
学校固定效应	是	是	是
省份—年份联合固定效应	是	是	是

续表

被解释变量	招生人数		
样本范围	外省样本	外省理科样本	外省文科样本
解释变量	(1)	(2)	(3)
N	337267	189176	148081
R^2	0.309	0.419	0.381
F	97.592	52.807	70.163

注：（1）括号中是根据学校个体聚类的稳健标准误；（2）*** 代表 1% 的水平上显著，** 代表 5% 的水平上显著，* 代表 10% 的水平上显著。

进一步地，本部分还关心“均等化”改革的公平效应，也就是说，“均等化”以后，是否使得那些优质教育资源缺乏省份分配到了更多的名额？为此，本部分根据“均等化”改革前（即 2005—2007 年）的高考分数，计算了每一个省份的“一本录取率”，用来度量优质高校录取的难度。本部分将一本录取率低于均值的 16 个省份界定为低一本录取率省份，然后，将其与“均等化”改革的交互项引入到回归中，具体结果见表 6–4–10。

表 6–4–10 的结果显示，“均等化”改革的总效应为正，也即，给外省增加了更多的名额。并且，“均等化”改革会通过“结构调整”带来“公平效应”，在那些一本录取率高的地区，部属高校降低了招生名额。但是，在那些一本录取率低的地区，部属高校增加了招生名额，这有助于缓解那些优质高等教育资源缺乏省份的竞争性，降低已有的不公平程度。

上述结果表明，部属高校的“均等化”改革政策之所以能够提升招生质量，并非来自“总量下降效应”，而是通过“双重结构优化效应”来实现的：一方面，“均等化”改革倒逼部属高校将本省的招生名额压缩，而将招生名额让渡给考分更高的外省生源，带来了招生质量提升效应；另一方面，在外省招生名额的分配过程中，也尽量避免将名额分配给那些招生质量差的外省，而是将更多的名额配给到了招生质量好的外省省份和那些一本录取率低的外省省份，实现了资源配置优化和公平效应。而这两种方式，都使得部属高校招生中的本地偏好得以打破，在促进全国考生接受优质高等教育的机会公平的同时，也对生源质量产生了积极作用。

四、结论与政策启示

鉴于中国的高等院校招生中“本地偏好”所带来的危害日益加深，教育部于2008年采取了一项强有力的“均等化”政策，出台文件要求“部属高校”将本地招生比例逐步降低至30%以下。这为我们提供了一个难得的“准实验”来观察中国高校中存在的本地偏好及其后果。本部分利用中国2005—2015年1189所高等院校的面板数据和双重差分方法，分析了“均等化”政策对于高校招生质量的提升效应。研究发现：“均等化”使得部属高校的招生分数线差比例大幅提升，有力地推动了所在高校的生源质量。在进行大量的稳健性检验后，上述结论依然成立。进一步地机制检验表明，这种招生质量提升效应并非来自“总量下降效应”，而是来自“结构优化效应”，这一政策具有直观而显著的资源配置改善含义。

本部分的研究意味着，本地偏好的遏制的确能够提升高校招生质量，因而，进一步遏制地方招生中的“本地偏好”，是未来中国高校招生质量提升的一条重要途径。这对于当前中国高考招生制度和教育资源配置的改革具有非常重要的启示：

第一，在现有基础上进一步贯彻落实“均等化”政策对于教育公平和教育质量至关重要。尽管教育部的“均等化”改革已经启动了十多年，取得了显著的效果，但是这一政策在执行的过程中依然受到了一些质疑。从数据来看，尽管大部分部属高校执行了教育部的规定，但是仍然有许多部属高校招生比例高于教育部规定的30%。因此，如果要解决本地偏好的问题，需要进一步强化政策执行，贯彻落实“均等化”政策。

第二，应当进一步优化高等教育布局，并根据人口分布特征来设计高考招生名额分配，促进教育公平和教育质量。尽管2008年的“均等化”改革相比之前是一种巨大的进步，但是，从全国人口和优质高等教育资源分布的情况来看，30%的属地招生比例的合理性同样受到了各界质疑。对于全国31个省份来讲，部属高校基本都是代表优质高等教育资源的“985院校”“211院校”和“双一流院校”，而这些高校又基本集中在北京、上海、江苏、陕西、湖北、四川、湖南、广东等少数的一些省市，山西、内蒙古、河南、河北、江西、海南、青海、宁夏、西藏、新疆、广西、云南、贵州等 13 个省区都没有教育部的直属高校，对于那些既是生源大省又没有部属高校的部分省份来说，30% 的比例距离招生公平还相去甚远。这意味着，一方面，需要在优质高等教育的地域布局方面有所突破；另一方面，需要进一步优化招生名额的配置，构建与各个省份人口结构匹配的招生名额分配机制。

第三，在部属高校“均等化”之外，对于省属高校的“均等化”也迫在眉睫。事实上，除了部属高校的本地偏好，以承担地方高等教育事业为主的省属“公立高校”也存在着极为严重的本地偏好。这种本地偏好导致高校生源结构严重不均衡，学生来源单一，对于教育质量带来极大的负面影响。尽管按教育部要求，省属地方高校省外招生比例不得低于 30%，但是，现实中这个要求很难被执行。例如，在陕西省属一本高校中，西安外国语大学 2013 年的省内招生比例为 77%，西安理工大学为 78%，其外省招生比例严重不足。而本部分的研究表明，由“均等化”所引发的“双重结构优化效应”可能会使得招生质量迅速提升，是对于省属高校的一种良性倒逼机制。

第四，需要为高校“均等化”配套相关政策，保障“均等化”的顺利实现。已有研究发现，高校招生中之所以出现严重的本地偏好，部分根源于高校发展过程中对于地方政府在土地、资金、办学空间等方面的高度依赖，因此，如果不能从这些方面对于高等院校予以支持，则一定会影响到“均等化”政策的执行及其效果。因此，从实际出发，破除招生中的本地偏好，还需要强化中央财政的投入，降低高校对于地方政府的依赖度，从而真正推动中国的教育质量提升。

当前，中国正处在迈向社会主义现代化强国的关键期，构建世界一流大学和一流学科，为中国未来的创新驱动和产业升级提供坚实后盾，是一个巨大的挑战。本部分的研究指出，高质量高等教育资源供应的公平性在这一进程中扮演了重要角色。不同于通常的认知，本部分发现“公平”和“效率”并不矛盾，高等教育招生中的“机会公平”可能会诱发高校在招生名额配置中的“双重结构优化效应”，从而实现“公平”与“效率”的双重目标。因而，一方面，需要“保障教育公平”，从而在实现“机会公平”的基础上为国家的安定和谐和长远发展提供制度保障；另一方面，需要“优化资源配置”，从而在实现生源质量提升的基础上为未来的创新驱动和产业升级提供人才保障。归根结底，中国要想在今后进一步提升高等教育质量、建设一批有国际竞争力的世界一流大学，一个重要的任务就是保障高校招生中的机会公平。

第五节　高考与家庭、个人发展

“坚持以人民为中心发展教育”的一个重要意涵就是一项教育制度的完善和发展，最终目标是实现人的发展，以人为本是教育的本质和真谛。

一、高考政策调整的关键举措

作为整个教育制度设计的重要组成部分——高考，尤其需要得到政府、社会和家庭的共同关注，如果制度设计合理，教育可以在实现人的发展的同时，带来社会经济的繁荣与发展；如果设计不合理，则有可能会造成资源错配，损失效率。结合前面的研究，我们认为政府决策和社会研究应该从如下几个方面做深入的研究和讨论，并以此为依据对相关政策进行适度调整，完善现有教育制度与高考制度，服务于社会经济发展与人的成长。

第一，结构转型非一日之功，办好教育，夯实基础。社会经济的发展经常会困惑于长期目标和短期目标的权衡。在我们以往的很多认识中，总认为教育的发展、人民素质的提升是个长期的事情，需要有长远规划，但经济增长却更多的是个短期的事情。很多时候，如果长期目标让位于短期目标，先保增长，再办教育，就会出现教育经费投入不足、劳动力素质较低、经济增长乏力的恶性循环。如何看待这样一个问题呢？如果我们将经济增长理解为简单的投资和劳动力的组合，形成产出的过程，那么这种经济增长确实没有太高的技术含量。但是，经济增长尤其是长期的经济增长绝对不是资本与劳动的简单组合，经济增长的质量存在很大的差异。即使最简单的经济学模型，也认为经济增长至少包括三个方面的贡献：资本、劳动和全要素生产率。而全要素生产率中非常重要的因素就是技术和人力资本等与教育发展密切相关的元素。应该说，长期以来，各国政策都观察到了经济增长质量的差异，都希望致力于经济结构转型升级。最近十多年，我国一直在推动经济发展模式转变，就是希望改变原有的投资拉动型模式，转向内生经济增长模式。在这里，我们需要特别表明的是：根据前面的研究，我们认为经济增长目标和国民教育目标是完全相辅相成的。从长远的发展而言，经济增长的唯一动力只有技术进步，而只有高水平的教育、高素质的劳动力才有可能带来技术进步。举一个最简单的例子，根据现有的研究，不同产业存在不同的知识密集度，假设第一、第二、第三产业的知识密集度分别为6年、8年、10年，如果一个经济希望由第一和第二产业各占50%转型升级到第二和第三产业各占50%，也就意味着该经济体的劳动者人均受教育年限必须由7年上升到9年。经济结构转型，依赖的是教育先行，没有教育的大发展，就不可能有真正的结构转型，只有办好了教育，培养了高水平的劳动者，才能带来经济发展质量的提升。因此，经济发展与教育发展是相辅相成、互相促进的。

第二，加强基础教育，教育是社会公平的底线，教育是阶层流动最重要的堡垒。以人为本的发展方式和理念，要求我们必须为每个人的成长提供相对公平的机会。对于全体民众而言，也许没有哪一项其他投资会比教育更为公平了。接受教育在一定程度上对家庭拥有的其他禀赋的差异依赖程度较低，从而教育就可以成为一项大家普遍受益的公共品。在现代国家治理领域，政府一个非常重要的功能就是促进普遍发展、保障基本发展。这就涉及政府以什么样的方式来实现这一目标，任何的政策和措施都会有一定的受众，而受众的差异性和公平性是评价一项政策的重要标准之一。比如基础设施建设，交通网络的发展和投资会带来更快的经济发展，这的确会使得全体国民共享发展成果，但这种共享并不是完全公平的，不同群体的受益程度差别非常大。类似的例子还有很多。而教育与一般公共支出项目的差异就在于会使得不同群体都有相对公平的受益程度，而且促进普遍发展，也能保障基本发展，对现代国家治理而言，是一项最有价值的公共品投资。此外还需要特别强调的是，随着社会经济的不断发展，社会对教育的需求不再局限于公平，也对教育质量、教育多元化等提出了更高的要求。分工的细化要求有更多专业化技能人才，政府作为教育的主要提供方，必须认真考虑这一社会需求，以更加开放包容的心态办好多元化教育，服务社会发展。

第三，高度重视产、学、研结合，尤其是与技能教育密切相关的成果转化。教育很重要，经济发展也很重要，二者的关系相辅相成，但是，高水平的教育、高水平的研究要转化为生产力，还是一个漫长的过程，需要有大量相关的配套政策和措施。基本教育保障基本公平，更高层次的教育则要担起科技创新的重任。几十年来，我们基础教育和高等教育的普及程度大幅度上升，但是，教育科研的成果转化方面还起步不久，做得还很不够。成果转化是一个系统工程，需要有产权保护、金融支持、公共服务等诸多方面的政策配套。首先，发挥高新区科技成果转化试验田的作用，考虑开展科技成果所有权混合所有制改革。目前，企业、科研院所和高等学校在开展产、学、研合作时面临尚不清晰明朗的利益分配问题，可能直接影响校地合作的实质成效和可持续性。高新区作为科研机构和高等院校科研成果转化的重要平台，要敢于先行先试，积极探索科技成果所有权混合所有制改革。其次，加强高新区孵化器市场化运作力度。成立孵化器管理企业，建立孵化器联盟，用市场化手段整合孵化资源，以中介、服务、投资、受托管理等多种市场形式，支持和参与科技成果的商品转化和相关产品产业化成长的经营运作，加速企业的技术创新过程。此外，各科技企业孵化器可以出台统一的孵化器政策，推动各孵化器之间开展广泛的业务合作，加强产、学、研互动结合，实现联盟企业间的资源共享、人才互补以及技术、资金和产品的合作，提升科技企业孵化器的整体服务水平。尝试建立以孵化器管理公司和创业投资公司为市场服务手段，以孵化器孵化项目评价管理体系为依托，构建企业孵化投融资网络，最终形成由政府、风险投资机构、投资管理机构、投资人、金融机构、担保及其他中介机构组成的多元化投融资体系，对孵化企业提供从无偿资助到种子基金、风险投资和担保融资的全过程，实现多方位的金融服务，保证孵化企业的持续发展。发达国家的发展经历告诉我们，一项研究要转化为生产力，需要相当长的过程，也需要有各方面的配套措施，单从经费投入来看，研究与开发的费用比例为 1∶9 最有利于科研成果转化。我国在这方面的发展还任重道远，需继续加强。

第四，以科技创新引领未来全球竞争。人是社会的动物，更是时代的动物。现在的时代正是一个科技革新风起云涌的时代。大数据分析、人工智能、机器人……这些技术创新将推动要素流动成本快速下降，要素替代程度不断上升，全球的生产和贸易格局将发生重大变革，一旦劳动越来越容易被资本替代，全球竞争的重点将转向制度和公共服务，转向科技创新。这就要求我们在人才培养和科技创新方面做得更好。首先，以批判思维培养独立和自由思考能力，这是科技创新的基础。劳动会不断被替代，但人永远不会。奈特说："面对不确定性的世界，思想（idea）和判断力（judgment）比知识（knowledge）更重要。"康德说："如果一切都可知，自由就是不可能的；正因为不可知，自由才成为可能。"正因为未知世界的存在，批判精神、自由思考才显得如此重要。制度和文明竞争的本质是理念和思想的竞争，如果没有批判的精神、自由的思考，就不可能有先进的理念和创造性的思想。我们学习这么多年的目的就是学会学习、学会思考，具备独立思考和研究问题的能力。作为社会动物，社会规范会框定人的行动范围，但保持一份自由思考的能力，保持一份应变的能力，这对个人发展和社会发展都非常重要。其次，要有配套的教育与科技政策支撑创新。简单地说，教育要包容，要多元化，要尊重不同的学生各自的兴趣爱好和发展潜力，重视通识教育的同时也要重视专业知识培养。此外，科技创新是最高层次的产业转化，对产业转化的政策、环境会有更高的要求，这需要我们从各方面进一步完善。

二、教育与家庭决策、人的成长

对于家庭和个人而言，顺应历史潮流，依托社会规范，根据自我的禀赋、兴趣等，做好教育和职业规划，实现人生价值，这就是我们最中心的任务。由此，我们认为，在家庭决策与个人成长过程中，也需要特别注意如下几点。

第一，与时俱进，较为全面地了解各行业、各专业的人才结构和人才需求，了解不同学科发展情况，做到知己知彼，搜寻适合自己的发展路径。教育选择和职业选择是人生中两件非常重要的事情，这对个人成长、家庭发展都有着重要的意义。用合适的方法接受教育，找到适合自己的行业和职业发展路径，这对我们的成长至关重要。

首先，教育过程注重能力训练。在人类历史的很长时期内，教育的主要职能都会被定义为知识接受。以我国的科举取士为例，考试内容变化很小，虽然关注的问题也会赋予时代特点，但一千多年来考核的基本内容几乎都没有变化，解决问题的首要办法也是历史依据、祖宗成法，可以开拓的空间非常有限。在这种稳态的社会中，教育显然最重要的就是知识的传授和记忆型教育。

但是，随着时代的进步和社会经济的不断发展，这种理念越来越不符合与时俱进的原则。当今时代，是典型的知识爆炸时代，知识更新换代非常快，更重要的是，社会经济变迁速度非常快，新问题、新现象层出不穷，过去的经验已经不足以给我们足够准确的判断以及解决现实问题的帮助。因此，我们的教育就不能再局限于知识的传授，而在于学会学习，要教会受教育者在纷繁复杂的世界中不断提高分析问题、解决问题的能力。前文的研究清楚地表明，知识传授型教育的回报率在不断下降，而能力型教育的回报率在不断上升。对社会如此，对家庭和个人尤其如此，重视能力训练，终身学习，时时处处注重学习，只有这样，才能在激烈的社会竞争中脱颖而出。

其次，尊重和服从教育的多元化。大航海时代开启了现代经济发展的新模式，这种新模式最重要的特点就是建立在地区联通、产品交换、要素流动基础上的社会生产分工，社会发展越快，分工越细致，对知识和技能的专业化程度要求就越高。只有掌握了专业化的知识和技能，你才具备与市场进行交换的能力，才具备在所属领域内创新发展的能力。在这一背景下，我们对知识和教育的理解就需要进行拓展，除了一般性的基础知识，还有非常重要的专业技能，多元化的教育是未来社会发展的基本特点，我们只有认同和接受，才有可能引领未来。尊重和接受教育的多元化并不是一件简单的事情，千百年来，我们习惯了整齐划一的教育模式，统一学习，统一考核，统一标准，真正要转化为对教育多元化的认可，还有相当长的路要走。对每一个人，我们都应当在夯实基础的前提下谋求个性化的发展，提高自身劳动分工的相对价格，在市场竞争中争取优势地位。

再次，了解各个学科的不同特点。教育是一个比较宽泛的概念，对应到家庭和个人发展，我们可能更关心不同学科之间的差异，这对我们的个人定位和职业规划具有重要意义。分工的不断细化使得学科分类也越来越细，学科之间的差异非常大，对从事学科学习的要求也完全不同。总的来说，“变”与“不变”

是理解学科差异的一个重要标准。有的学科知识结构是在不断变化的。

英特尔的创始人摩尔曾经指出："现代社会，当价格不变时，集成电路上可容纳元器件的数量每隔18—24个月增加一倍，仪器的性能也相应提升一倍。"这个例子就很好地体现了信息时代的技术更新速度。对应到具体的学科，我们可以看到，像计算机信息科学、生命科学这一类的学科，知识更新换代非常快。如果一位高中生大学就读信息科学专业，八到十年后，当他从该学科博士毕业时，他进入大学时学到的某些知识很可能已经更新换代了。由此可见学会学习的重要性和学科之间的巨大差异。也有的学科基本知识框架在不同的时期变化非常小，比如语言类、文学类甚至数学等基础性学科，千百年来，很多基本的东西变化比较小，学科变化节奏相对比较慢一些，需要有更为淡定的心态。还有一些学科介于"变"与"不变"之间，比如经济管理类学科，基本的原理几百年以来都没有太大变化，但表现形式时刻在发生变化。经济学的理论研究到现在也没有跳出二百多年前亚当·斯密《国富论》的框架，但现实经济发展却是热闹非凡。

最后，以兴趣为基础，制定适合自己的教育和职业规划。社会分工越来越细，学科差异越来越大，个人对自身学科知识的掌握程度决定个人在市场中的相对价值。对于个人，切忌经过长时期教育后，成为边际价值非常低的标准件，而应该成为稀缺性程度非常高的、掌握了某一细分领域内特有知识的人才。

第二，教育是实现阶层跃迁的最根本推动因素，教育是回报率非常高的人生投资。最近几十年，大量研究都表明，对于改变个人和家庭命运，实现阶层跃迁而言，教育是回报率最高的投资。根据对英国、美国等发达国家几十年的跨代跟踪数据的研究，家庭对人力资本的投资效率是相对最优的。

教育对于改变个人和家庭命运主要受两个因素的影响。

首先，相对于物质资本，人力资本不会贬值，这在知识更新换代非常快的现代社会显得尤为重要。一项投资的收益率取决于这项投资的相对稀缺程度。比较而言，随着社会经济发展，物质资源会越来越丰富，物质资本投资的未来收益率面临较大的不确定性。而人力资本投资、一个人的学习能力，是随着社会进步而同步发展的，人是社会的动物，人力资本投资也是和社会经济发展联动的，而且，随着社会分工越来越细，专业化的技能回报率会越来越高。此外，还有一个很重要的因素使得人力资本投资对一般家庭而言成为最优投资选择，那就是家庭的资源禀赋。物质资本投资需要一定的原始资本积累，这对一般家庭而言是很难企及的，尤其对于希望能实现阶层跃迁的贫困阶层来说，更是如此。而人力资本投资的物化资本需求非常少，更多依靠人的努力和勤奋，对普通家庭而言是相对丰裕的禀赋，选择人力资本投资会面临更小的约束，更小的风险，也有更高的回报。

其次，教育有很强的正外部性，随着社会整体的受教育程度越来越高，个人的教育越来越能够从社会发展过程中获得更好的回报。物质资本回报率完全取决于所拥有资本的稀缺程度。人力资本投资区别于其他投资的最重要的区别是，教育具有正外部性，这使得人力资本回报在取决于相对稀缺性的同时，也会受益于整体人力资本水平的提升，这种溢价就来自人力资本相对于其他资本的回报。由此可见，对于一般家庭和个人而言，投资人力资本是获得未来超额收益的最好方式。

Ⅶ 评价篇

高考评价体系理论与实践

摘　要： 高考评价体系依据高校人才选拔要求和国家课程标准，落实立德树人根本任务，从服务高校人才选拔、服务引导高中教学、服务拔尖创新人才培养出发进行顶层设计，构建全面考查内容体系，是高考命题和高考评价的实践指南。高考评价体系在考查内容上实现了高考由传统的“知识立意”“能力立意”向“价值引领、素养导向、能力为重、知识为基”四维考查的转变，在考查模式上实现了由传统“考查内容”单一模式向“考查内容、考查要求、考查载体”三位一体模式的转变。准确区分“必备知识、关键能力、核心价值、学科素养”的概念边界和逻辑关系是理解和实践高考评价体系的基础前提，“核心价值金线、能力素养银线、情境载体串联线”是认识和把握高考评价体系的特定视角，“无价值，不入题；无思维，不命题；无情境，不成题；无任务，不立题”是践行高考评价体系的有效途径，信息获取与加工、逻辑推理与论证、科学探究与思维建模、批判性思维与创新思维、语言组织与表达是高考重点考查的关键能力。坚持学科素养导向、重点考查关键能力、积极引导高中教学、助力拔尖创新人才培养是高考评价体系指导下高考命题的基本要求。全面把握高考评价体系的总体特征，深入理解高考的核心功能，准确认识高考的考查内容和考查要求，恰当使用和实践高考评价体系，实现高中教育理念和课堂教学行为的转变，是广大教育工作者和一线师生应对高考综合改革的方法路径。

关键词： 高考评价体系；核心价值；学科素养；关键能力；情境载体

2020 年 1 月，教育部教育考试院正式发布《中国高考评价体系》，明确了高考的核心功能、考查内容、考查要求和考查载体，这是中国考试战线推动高考命题标准化、科学化，实现考试现代化的里程碑式举措，在考试内容创新、学科测量变革、人才培养转型、引导基础教育改革等方面产生了深远影响。高考评价体系是深化新时代高考内容改革的基础工程、理论支撑和实践指南。全面把握高考评价体系的总体特征，深入理解高考的功能、准确把握高考考查内容和考查要求，恰当使用和切实实践高考评价体系，转变教育理念和改变课堂教学行为，是广大教育工作者和一线师生应对高考综合改革的方法路径。

高考评价体系内容主要由“一核”“四层”“四翼”三部分组成。其中，“一核”为考查目的，即“立德树人、服务选才、引导教学”，是对高考核心功能的概括，回答“为什么考”的问题；“四层”为考查内容，即“核心价值、学科素养、关键能力、必备知识”，是对高考内容的提炼，回答“考什么”的问题；“四翼”为考查要求，即“基础性、综合性、应用性、创新性”，是对高考考查形式的说明，回答“怎么考”的问题。在此基础上，高考评价体系还包括考查载体，即实现考查内容和考查要求的试题情境，也即以情境为载体来承载考查内容，实现考查要求。[①]

高考评价体系是指导全国和各省命题工作的标准测评体系与核心依据，是

① 教育部考试中心：《中国高考评价体系》，人民教育出版社 2019 年版，第 6—7 页。

全国所有师生都应该重视的核心文本与指导性文件。为更好理解和把握高考评价体系，可以从“一个坚持、两个转变、三条主线、四项原则、五大能力”来对高考评价体系进行分析。其中，“一个坚持”是指落实立德树人根本任务，坚持创新人才培养在我国教育改革事业全局中的核心地位，这是我们理解和把握本轮高考综合改革的核心要旨，高考改革的全部内容和工作均围绕这一个“坚持”展开。“两个转变”是指高考命题要实现从解答题目向解决问题转变，实现从考知识向考能力素养转变，这是高考内容改革的根本转向。“三条主线”是指高考命题将紧扣“核心价值金线”“能力素养银线”“情境载体串联线”三条主线展开，坚持正确导向和育人导向，重点考查学科素养和关键能力，加强情境创设，进一步增强试题的开放性、创新性和探究性，助力我国拔尖创新人才培养和人才自主培养质量提升。“四项原则”是指高考命题呈现出典型的“无价值、不入题；无思维、不命题；无情境、不成题；无任务、不立题”这四个特征，同时也是近年来高考命题遵循的一般性原则。“五大能力”是指高考着重考查的五项关键能力，包括但不限于信息获取与加工、逻辑推理与论证、科学探究与思维建模、批判性思维与创新思维、语言组织与表达。

高考评价体系的内在逻辑和总体特征可以从“核心价值金线”“能力素养银线”和“情境载体串联线”三条线索进行理解和把握，其中“核心价值金线”贯穿高考命题和评价的始终，“能力素养银线”成为高考命题和考查的重心，情境作为考查载体，是“金线”和“银线”的串联线。纵观近几年的高考试题，无论是全国统一命制的试卷，还是分省命制的试卷，均呈现出“无价值，不入题；无思维，不命题；无任务，不立题；无情境，不成题”的典型特征，是高考评价体系在高考命题实践中的具体表现。

第一，“核心价值金线”是指围绕立德树人来考查学生的政治立场、思维观念、理想信念、道德品质以及世界观和方法论。高考试题命制将全面贯彻党的教育方针，充分发挥高考育人功能，落实立德树人根本任务，有机融入习近平新时代中国特色社会主义思想，加大对理想信念、爱国主义、品德修养、知识见识、奋斗精神、综合素质等内容在考试中的考查力度，引导学生培养和践行社会主义核心价值观。弘扬中华优秀传统文化、革命文化和社会主义先进文化，树立正确的国家观、历史观、民族观、文化观，切实增强中国特色社会主义道路自信、理论自信、制度自信、文化自信。坚持科学与理性，激发追求真理、敢于探究、勇于创新的科学精神，大力弘扬理性信念、实证精神和批判态度的价值观念。高考命题将紧扣核心价值金线，始终坚持正确的政治方向和价值取向，不断强化育人功能和积极导向作用。与此同时，重大社会现实问题、关键历史事件与科技前沿等，也是近年来高考命题中选题和取材的主要来源，引导学生密切关注重大社会现实问题和关键历史事件，从而提高学生的政治站位、思想立场与理想信念。“无价值，不入题”已成为近年来高考内容改革的一个鲜明特征。

第二，“能力素养银线”主要考查学生学习掌握、实践探索以及思维方法等方面的能力。高考评价体系综合统筹知识、能力、素养的关系，将高考考查内容凝练为核心价值、学科素养、关键能力、必备知识四个层面，在必备知识的基础上，加大力度考查学生的学科素养和关键能力。以课程标准和高考评价体系为指导，各学科在命制试题时，结合学科特点，以学生在解决学科问题中所要运用的关键能力为依据，着重考查学生信息获取与加工、逻辑推理与论证、科学探究与思维建模、批判性思维与创新思维、语言组织与表达等能力，同时还考查学生证据识别与证据质量评估的能力，考查学生独立思考、挖掘隐含前提与开放论证的能力，考查学生语言建构与运用、审美鉴赏与创造、文化交流与文明互鉴的能力，考查学生发现问题、提出问题、分析问题与解决问题的能力等。近几年高考试题进一步加大对学生思维品质与思维过程的考查力度，包括但不限于形象思维能力、抽象思维能力、归纳思维能力、演绎思维能力、批判性思维能力以及辩证思维能力等。将学科素养、关键能力以及思维品质贯彻到高考命题中进行考查，是高考评价体系指导下高考命题的重要特征，中国高考命题进入了“无思维，不命题”的新时期。

第三，“情境载体串联线”是指通过设计生活实践情境和学习探索情境，将其作为任务创设和基本知识能力运用考查的载体，实现对学生学科基本概念、原理、技能和思维方法的考查，着重考查学生运用所学知识、原理和思维发现问题、提出问题、分析问题和解决现实问题的能力，通过合理创设情境，设置新颖的试题呈现方式和设问方式，促使学生主动思考，发现新问题、进行新解释、找到新规律、得出新结论。高考评价体系中的“四层”考查内容和“四翼”考查要求，是通过生活实践情境与学习探索情境两类载体来实现的，即通过选取适宜的素材，再现学科理论产生的场景或是呈现现实中的问题情境，让学生在真实的问题情境下发挥核心价值的引领作用，运用必备知识和关键能力去解决实际问题，全面综合展现学科素养水平。从近年来的高考试题来看，情境类型可以进一步细分为：重大现实问题与关键历史事件情境，生产生活实践与经济社会发展情境，科学探究、实验探索与科学前沿情境，文化传统与学科史料情境等。不同学科的情境也要结合学科属性来进行界定，例如化学科试题情境主要包括日常生活情境、生产环保情境、学术探索情境、实验探究情境和化学史料情境等，英语科的考查情境包括人与自我、人与社会和人与自然等。高考评价体系要求高考全面落实情境式命题，材料丰富，情境多元，加强情境的新颖性、灵活性、探究性和开放性。高考命题呈现出"无情境，不成题"的新特征。

第四，"问题导向，任务驱动"。提问是学生思维发展的起点，问题是激发学生思维提升的源泉，提出一个问题往往比解决一个问题更重要。让学生具有敏锐的问题意识和宽广的问题视野，是培养卓越创新人才的关键。在高考命题中主要表现为加大科学实验的考查比重，以实际问题为测试任务，引导学生运用已有知识经验，重构知识系统，分析实验提出的问题，并找到解决问题的方案。学科素养是在一个又一个的真实情境中通过完成特定的学科任务而展现出来或生成的综合品质。课程标准在高考命题建议中强调，要"设计典型任务"，要"以情境任务作为试题的主要载体""以综合考查作为命题导向"。高考命题的素养本位就是通过特定的情境创设，考查学生调动、运用必备知识与关键能力、思维方法与思维品质、情感态度与价值观高质量完成特定学科任务的综合表现。因此，如果缺乏特定的学科任务设定，高考便很难有效考查学生的学科素养。以问题为导向、以具体任务为驱动进而考查学生综合品质或学科素养是本轮高考命题改革的重要方向。近年来的高考命题，尤其是那些具有高区分度的试题，就充分体现了"问题导向、任务驱动"的命题理念。以解决实际问题和学科任务为考查目标的试题命制，真实反映学生在现实场景中所面临的任务与要求，要求学生运用所学知识、调动关键能力，寻找解决问题的方案，培养学生的实际应用能力、跨学科思维与综合运用能力。为了更好地实现高考的选拔功能，任务驱动型的试题将得到越来越多的重视，高考命题呈现出"无任务，不立题"的新趋势。

制定高考评价体系，深化考试内容和招生制度改革，就是要落实立德树人根本任务，服务高校人才选拔，服务引导高中教学，服务我国拔尖创新人才培养，进一步突出关键能力、学科素养和思维品质的考查要求，加强科学精神、创新能力、批判性思维的培养培育，构建引导学生德智体美劳全面发展和拔尖创新人才培养的招生考试制度，为全面建设社会主义现代化国家新征程注入最强大的人才动力与支撑。

第一节 “知识、能力、价值、素养”概念界定

高考评价体系规定了“四层”是高考的考查内容，即核心价值、学科素养、关键能力、必备知识，回答“考什么”的问题。“四层”成为新时代高考考查的主要内容，准确认识和区分核心价值、学科素养、关键能力和必备知识这四者的概念边界和特定指向是我们课堂教学和学习备考的前提。在一线教学实践中，不少师生对“四层”的内在逻辑关联和概念边界尚缺乏清晰的认识，导致的结果要么是将四者混为一谈或交叉使用，要么是进退失据无所适从，这给一线的课堂教学、高考备考以及人才培养转型造成了一定的障碍。

课程标准是高考命题的主要依据，高考评价体系是高考命题的实践指南。课程标准明确提出了“学科素养本位”，高考评价体系指出在“四层”构建中，“核心价值”起到方向引领作用，“学科素养”承接核心价值的方向引领，统摄关键能力与必备知识。“学科素养”在知识、能力、价值、素养这四者中起着统摄作用，是厘定这四者概念边界和逻辑关联的重要入口。

鉴于此，我们从“学科素养”这一核心概念切入来探讨知识、能力、价值和素养的关系。课程标准指出，“学科素养”是学科育人价值的集中体现，是学生通过学科学习而逐步形成的正确价值观、必备品格和关键能力。高考评价体系指出，“学科素养”是指即将进入高校的学习者在面对生活实践或学习探索情境时，能够在正确的思维价值观念指导下，合理运用科学的思维方法，有效整合学科相关知识，运用学科相关能力，高质量地认识问题、分析问题、解决问题的综合品质。通过对课程标准和高考评价体系分别给出的“学科素养”概念的剖析，我们不难得出以下结论：第一，学科素养是一个上位概念，包括了核心价值、必备知识和关键能力三个要素；第二，学科素养是一种综合品质，它是在认识问题、分析问题和解决问题的过程中生成的；第三，学科素养不是知识、能力、价值的简单相加，也不是一种静态的知识或能力，而是一个动态的综合和生成过程。

基于上述分析，我们可以得出初步的判断，“学科素养”是在真实情境中高质量完成特定学科任务所需要的必备知识、关键能力、核心价值等各种素质要素的综合性素质结构，表现出综合性“生成性”和“不可直接观测性”三个典型特征。综合性是指学科素养是多种素质要素（知识、能力、价值）的内在综合，它不是简单的拼凑或相加，是学生在正确的价值观指导下，调动、整合和运用所学知识和关键能力提出问题、分析问题和解决问题的综合表现。“生成性”是指学科素养不是一种静态的、既定的结构或品质，而是在完成特定学科任务中动态生成和演化的。“不可直接观测性”是指学科素养作为一种综合生成的内在品质和素质，很难或不能被直接观测与衡量，它只能通过学生在处理特定学科任务时所展现出来的“关键行为表现”得到观测或衡量。

学科素养的概念界定和厘清虽然解释了学科素养的本质属性和基本构成要素，即学科素养由必备知识、关键能力和核心价值构成，其中核心价值起到方向引领作用，关键能力是支撑和体现学科素养要求的能力表征，必备知识是培养能力、达成素养的基础，但上述概念的界定并非操作性定义，在实际测评中依然难以操作或评估，因此，在测评实践中必须对学科素养进行操作化处理。所谓操作化处理，就是将学科素养通过科学有效的手段转化为可测量、可评估的行为变量或关键行为表现。

学科素养是在一个又一个真实情境中通过完成学科任务而展现出来或生成的综合品质，人们不能或很难直接观测到，尤其是在纸笔测试中，能够直接客观科学观测和衡量的是学生在处理特定学科任务时所展示出来的“关键行为表现”。高考命题的素养导向就是通过特定的情境创设，考查学生调动、运用必备知识与关键能力、思维方法与思维品质、情感态度与价值观，高质量地完成特定的学科任务的综合表现，而必备知识、关键能力和核心价值运用过程中可以被观测到的关键行为表现就成为学科素养操作化处理的关键抓手和主要依据。即高考在纸笔测试中最有效的学科素养测量手段可能在于考查学生调动、整合和运用必备知识、关键能力与核心价值完成特定学科任务的综合表现。

我们通过下图对必备知识、关键能力、核心价值和学科素养的概念边界和逻辑关联做进一步分析。

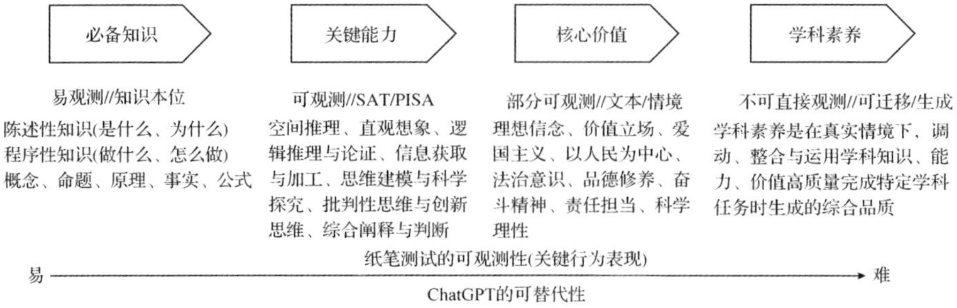

图中分别呈现了必备知识、关键能力、核心价值和学科素养的构成要素及“可测量的难易程度”，从左到右，代表着“可观测”难度从易到难。其中，“必备知识”是最容易被观测的。必备知识主要由陈述性知识和程序性知识构成，其中陈述性知识回答的是“是什么”以及“为什么”，程序性知识回答的是“做什么”以及“怎么做”。必备知识一般表现为概念、命题、原理、事实、公式等基本知识，如数学公式、历史事实，等等。“关键能力”属于可观测类型，国际上很多选拔性或评价性考试如SAT（美国高中毕业生学术能力水平考试）、PISA（国际学生评估项目）等主要考查的就是关键能力。关键能力能够通过客观科学的测量技术和手段进行观测，且有着相对成熟的测量技术和经验，主要包括空间推理、直观想象、逻辑推理与论证、信息获取与加工、思维建模与科学探究、批判性思维与创新思维、综合阐释与判断等。“核心价值”属于部分可观测类型，核心价值具有很强的主观性，是在各学科中起着价值引领作用的思想观念体系，是在面对现实问题情境时表现出的情感态度和价值观，包括但不限于理想信念、价值立场、爱国主义、以人民为中心、法治意识、品德修养、奋斗精神、责任担当、科学理性等。核心价值是可以通过特定的技术手段来进行观测的。在高考试题中，通过特定的价值观情境或学科任务创设，引导正确价值观的培养培育。“学科素养”属于不能或很难被直接观测的类型，正如前文反复论证的，学科素养是在一个又一个真实情境中通过完成学科任务而展现出来或生成的综合品质，人们不能或很难直接观测到，尤其是在纸笔测试中，能够直接客观科学观测和衡量的是学生在处理特定学科任务时所展示出来的“关键行为表现”，高考在纸笔测试中最有效的学科素养测量手段可能在于考查学生调动、整合和运用必备知识、关键能力与核心价值完成特定学科任务的综合表现。

基于学科素养概念的界定，上面对必备知识、关键能力、核心价值和学科素养的概念边界和逻辑关联进行了讨论。基于以上讨论，作以下几点判断：

第一，课程标准和高考评价体系标志着评价标准实现由“学科知识本位”向“学科素养本位”的转变，是人才培养和考试内容改革的根本性变革，意味着传统的以知识点的多少（考试大纲）和知识掌握的深浅程度（布鲁姆的教育目标分类学，即识记、理解、应用、分析、综合、评价）不再是高考的主要评价标准，新高考主要考查学生调动、整合和运用必备知识、关键能力和核心价值等素质要素高质量完成特定学科任务的综合品质，也即坚持学科素养导向。

第二，高考命题素养本位就是通过特定情境创设，考查学生调动、运用必备知识、关键能力和核心价值完成特定学科任务的综合表现，学科素养本身很难被直接观测，往往只能通过观测完成特定学科任务过程中的知识、能力和价值的关键行为表现来进行考查。“问题导向，任务驱动”成为高考命题改革的重要方向，鉴于此，我们提出了“无任务，不立题”的主张。需要指出的是，不少人可能较难对情境和任务进行区分，但这两者的指代和侧重是不同的。举例来说，在某一个实验中，情境指的是科学实验的条件（由参数、图表、数据、仪器等构成），学科任务是达成实验目标（如通过实验研制出某种新的合成物）。

第三，学科素养不是必备知识、关键能力和核心价值的简单相加，量的积累并不必然带来质的飞跃。大量的、零散的知识或单一的能力都无法有效转化为学科素养，这也就意味着传统应试教育的以量取胜、死记硬背、“机械刷题”在面对新高考时将逐步失效。

第四，关键能力是生成学科素养不可或缺的条件或前提，脱离关键能力谈学科素养有如缘木求鱼，这也意味着关键能力成为教与学以及高考命题考查的重点。学科素养的培养以及素养本位的考查离不开必备知识。脱离必备知识谈学科素养同样是无源之水，学生只有具备系统化、结构化学科知识，才能具备解决学科任务的基础。一线师生要避免从一个极端（知识唯一论）走入另一个极端（知识无用论）。

第五，知识、能力、价值和素养这四者相互关联、内在统一。将这四者割裂开来，或者将知识视为能力和素养的对立面，认为积累知识和培养能力是相冲突的，或者站在素养的角度认为能力和知识是过时或无用的，这些看法都是错误且有害的。

在重视考查“思维品质”的命题理念下，题目设计追求引导学生进行深入的思考和分析，关注学生的思考过程和思维能力的发展，考查他们的分析能力、推理能力、创新思维和解决问题的能力，评价更注重学生的思考深度、合理性、逻辑性和创造性，学生需要提供论证过程、逻辑推理和有理据的观点，以及创新解决问题的思路，才能获得高分。为实现“核心价值、学科素养、关键能力、必备知识”考查的内在统一，高考试题呈现出了以下几个发展趋势：其一，增加综合性试题设计，综合性试题将多个学科知识领域或多个能力要求结合在一起，要求学生综合运用各种知识和能力来解决问题。其二，突出思维品质的考查，需要学生能够灵活运用所学的知识，提出合理的观点、论证过程以及解决方案。其三，强化知识与实践结合，高考试题可以要求学生将所学的知识应用到实际情境中，解决实际问题。这样的试题考查学生能否将知识转化为实践能力，通过运用知识解决现实问题，体现必备知识与关键能力的有机统一。其四，加强学科交叉融合，这类试题要求学生将不同学科的知识和技能相结合，同时发挥各个学科的特长，展示学科间的关键能力的有机统一。其五，进一步增加试题开放性，开放性问题没有固定答案，鼓励学生主动探索、提出自己的观点和解决方案，展现自己的批判性思维和创造性能力。

第二节 “核心价值金线”贯穿命题始终

《中国高考评价体系》最显著的特征是体现时代性、突出方向性，创造性地将立德树人的育人根本任务贯穿考试过程。高考评价体系指导下的命题工作，就是要将落实立德树人根本任务的要求融入考试的各个环节。各学科制定的命题指南，要根据各自的学科特点，确定与学科相适应的核心价值的具体内容，确保将核心价值的考查落实到每个学科中。加强对习近平新时代中国特色社会主义思想的考查，加强对理想信念、爱国主义、以人民为中心的思想、法治意识、思想品德、奋斗精神、责任担当、体美劳等的考查，加强对中华优秀传统文化、革命文化和社会主义先进文化的考查，根本目的是通过考试的导向作用，促使基础教育在教与学的实践中落实立德树人的根本任务，使高考评价与基础教育教学一起形成德育合力，不断提高学生思想水平、政治觉悟、道德品质、文化修养。从近三年的高考试题来看，主要体现在：

理想信念与责任担当。深刻把握习近平新时代中国特色社会主义思想的精神实质与丰富内涵，系统阐释其科学性、有效性和重大实践意义，理解社会主义制度的优越性，增强中国特色社会主义道路自信、制度自信、理论自信、文化自信，立志肩负起实现中华民族伟大复兴中国梦的时代重任。重视时代重大现实问题和社会热点话题，特别是要紧扣中华民族伟大复兴的重大课题，深入认识中国共产党改变中国社会的丰功伟绩，准确理解和认识中国共产党的重大成就和历史经验、社会主义新建设的巨大成就等，鼓励青年追求伟大理想，坚定理想信念，以民族振兴激励青年担当作为。

爱国主义与奋斗精神。关注我国经济社会发展取得的伟大成就，关注科技前沿与创新，重视我国科技领域取得的最新成就，引导学生厚植爱国主义情怀，增强道路自信，激发民族自豪感与奋斗精神。近年来，我国在航天工程、空间站建设、探月工程、量子计算、太阳能燃料合成、碳中和等科技领域取得显著成效，在脱贫攻坚、全面建成小康社会、生态文明建设等方面取得举世瞩目的成就，高考围绕我国经济社会伟大成就、重大科技前沿和我国最新科技成就设题，鼓励学生拓宽学术视野，重视学术前沿，关注国家经济社会成就与科技进步，以科学创新引导青年创造未来，培养奋斗精神，增强道路自信与民族自豪感。

文化传承创新与文化自信。弘扬中华优秀传统文化、继承革命文化、发展社会主义先进文化，进一步增强文化自信是高考核心价值考查的重要主题。中华文化贯通古今，既承载历史、传承历史，又连接现实、服务现实、开拓未来。高考命题加强对中华优秀传统文化的挖掘和阐发，推动中华优秀传统文化创造性转化、创新性发展。中国古代仁人志士保家卫国、奋发有为、忧国忧民、敢于担当、经时济世、执着坚毅的情怀是当代青年的榜样，与此同时，中华传统的忠恕之道、友爱精神、民本思想、和而不同、美美与共等也为今天的社会发展提供精神滋养，中国古代在数学、科技领域的巨大成就以及传统技艺也将是重要的设题背景。与此同时，试题融入革命文化和社会主义先进文化，深耕红色文化，彰显榜样力量，引导学生铭记革命光辉历史，感受党的初心使命，走好新时代长征路，引导学生领悟“人民是历史的创造者、人民是真正的英雄”这一以人民为中心的思想真谛。

正确的世界观和方法论。坚持辩证唯物主义与历史唯物主义，坚持无神论，反对唯心主义与历史虚无主义。坚持一切从实际出发，实事求是，尊重客观规律，追求和传播真理。坚持理论联系实际，在实践中检验真理、修正错误。能够运用历史唯物主义的观点、方法观察分析社会历史现象，正确认识社会发展规律，顺应改革发展潮流。坚持唯物辩证法，反对形而上学，坚持用联系、发展、矛盾的观点观察和分析问题，善于透过现象看本质。坚持以人民为中心，理解人民群众是历史的创造者，是决定党和国家前途命运的根本力量；理解人民群众是历史的创造者，是决定党和国家前途命运的根本力量，坚持人民史观，坚持以人民为中心，树立为人民服务的思想，立志扎根人民、奉献祖国。

科学理性精神。科学理性精神是一种追求真理、勇于探索、不断学习和实践的态度，强调通过观察、实验、理论推断来更好地认识世界。科学理性精神强调实践操作和实际问题的解决。弘扬科学理性精神，就是倡导以不断学习、探索未知的勇气和决心，不断突破固有的认知界限。科学理性精神包括质疑精神、实证精神、求实精神、求真精神、探索精神、进取精神与创新精神等。

深化体美劳教育考查，引导学生全面发展。美育引导学生形成正确的审美观，提高审美情趣，涵育审美修养，养成感受美、鉴赏美、创造美的能力。体育锻炼和增强体质既与身体强弱直接相关，更是健全人格、锤炼意志不可或缺的重要手段。劳动是个人安身立命、社会经济发展之本，引导学生崇尚劳动、尊重劳动、热爱劳动，认同劳动最光荣、劳动最崇高、劳动最伟大、劳动最美丽的观念，坚持通过辛勤劳动、诚实劳动、创造性劳动实现人生价值。高考命题通过相关的情境创设、特定文本和主题的选择，考查学生的体育、美育和劳动教育。

高考命题中对立德树人的考查，在内容上主要表现为核心价值观，具体说来，核心价值主要包含“政治立场和思想观念、世界观和方法论、道德品质和综合素质”三个一级指标和十个二级指标。核心价值是对语文、数学、英语、物理、化学、生物、政治、历史、地理九大学科的共性要求，是需要着力实现的考查目标。核心价值指标体系如表 7-2-1 所示：

表 7-2-1　核心价值指标体系

一级指标	二级指标	指标内涵
政治立场和思想观念	理想信念	学习领会马克思主义，特别是习近平新时代中国特色社会主义思想。树立共产主义远大理想和中国特色社会主义共同理想，增强中国特色社会主义道路自信、理论自信、制度自信、文化自信，立志肩负起实现中华民族伟大复兴中国梦的时代重任

续表

一级指标	二级指标	指标内涵
政治立场和思想观念	爱国主义情怀	热爱和拥护中国共产党。认同中华人民共和国，认同中华民族，厚植爱国主义情怀，自觉维护民族团结和国家统一，维护国家尊严与利益。认同中华文化，弘扬中华优秀传统文化，继承革命文化，发展社会主义先进文化
	以人民为中心的思想	理解人民群众是历史的创造者，是决定党和国家前途命运的根本力量。树立为人民服务的思想，立志扎根人民、奉献祖国
	法治意识	树立宪法法律至上、法律面前人人平等的法治理念。理解全面推进依法治国必须坚持党的领导、人民当家做主、依法治国的有机统一。能够尊法学法守法用法，自觉参加社会主义法治国家、法治社会建设。能够依法行使权利、履行义务，维护公平正义，做中国特色社会主义法治的忠实崇尚者、自觉遵守者、坚定捍卫者
世界观和方法论	正确的世界观和方法论	坚持辩证唯物主义，坚持无神论，反对唯心主义。一切从实际出发，实事求是，尊重客观规律。相信科学，尊重事实，追求和传播真理。坚持唯物辩证法，反对形而上学，坚持用联系、发展、矛盾的观点观察和分析问题，善于透过现象看本质。坚持理论联系实际，在实践中检验真理、修正错误。坚持历史唯物主义，反对历史虚无主义。能够运用历史唯物主义的观点、方法观察分析社会历史现象，正确认识社会发展规律，顺应改革发展潮流
道德品质和综合素质	品德修养	培育并践行社会主义核心价值观，有大爱大德大情怀。遵守社会公德和职业道德，崇尚家庭美德，培育个人品德。理性面对当代社会经济、文化、科技、环境等方面的伦理问题与伦理冲突，自尊自信、意志坚强
	奋斗精神	树立高远志向，认同奋斗成就幸福、奋斗者最幸福的观念。历练不懈奋斗的精神，具有勇于奋斗的精神状态、乐观向上的人生态度，做到刚健有为、自强不息
	责任担当	具有社会责任感，积极承担社会责任、履行义务。具有集体主义精神，以国家利益和集体利益为先。积极维护公共利益，关注并参与人类命运共同体的构建。有序参与社会公共事务，行使人民当家做主的政治权利
	健康情感	具有健康意识，注重增强体质、健全人格、锤炼意志，珍爱生命，热爱生活。具有高雅的审美情趣和良好的审美意识，在生活中能够感受美、鉴赏美、创造美
	劳动精神	崇尚劳动、尊重劳动，认同劳动最光荣、劳动最崇高、劳动最伟大、劳动最美丽的观念。坚持以辛勤劳动、诚实劳动、创造性劳动实现自己的人生价值，愿意为国家富强、社会进步和人民幸福而辛勤工作

下面以近年的高考试题为例，简要剖析“核心价值金线”在高考命题中的统领作用，准确认识和把握“无价值，不入题”的命题主旨。

一、有机融入习近平新时代中国特色社会主义思想

习近平新时代中国特色社会主义思想坚持把马克思主义基本原理同中国具体实际相结合、同中华优秀传统文化相结合，是当代中国马克思主义、二十一世纪马克思主义，是中华文化和中国精神的时代精华，实现了马克思主义中国化新的飞跃。

2022年全国甲卷文科综合第40题，依据习近平总书记提出的“心中有信仰，脚下有力量”“江山就是人民，人民就是江山”重要论断，组织材料、创设情境、设置问题，引导学生思考领悟“坚定理想信念是共产党人经受住任何考验的精神支柱”的道理。2023年新课标卷第13题，以党的二十大报告关于“六个必须坚持”的论述创设情境，考查学生对习近平新时代中国特色社会主义思想的世界观和方法论以及贯穿其中的立场观点方法的地位和意义的把握水平。2023年文科综合全国甲卷第21题考查学生对坚持马克思主义基本原理同中华优秀传统文化相结合原因的认识，引导学生深刻领会传承发展中华优秀传统文化对于坚持和发展马克思主义的重大意义，增强坚持“两个结合”的思想自觉和行动自觉。

2023年语文新课标Ⅱ卷现代文阅读Ⅰ中的材料一摘自习近平总书记2011年11月16日在中央党校秋季学期第二批入学学员开学典礼上的讲话《谈谈调查研究》，文中强调调查研究应坚持群众路线和实事求是原则，启发广大青少年汲取其中的智慧，从人民的创造性实践中获得真知灼见。全国乙卷写作试题“一花独放不是春”中的材料，出自习近平总书记2023年3月15日在中国共产党与世界政党高层对话会上的主旨讲话《携手同行现代化之路》倡导以“中华文明观”共同应对各种全球性挑战，推动建设更加美好的世界，推动不同文明相互尊重、和谐共处，让文明互学互鉴成为推动构建人类命运共同体的积极力量。

2024年高考命题拓展习近平新时代中国特色社会主义思想进入试题的广度和深度，强化思想浸润和政治引领，启发学生学习领会习近平新时代中国特色社会主义思想的世界观和方法论，领会贯穿其中的立场、观点和方法，引导学生理解社会主义制度的优越性，增强制度自信和理论自信。2024高考语文全国

甲卷论述类文本阅读材料节选自学术论文《海洋命运共同体构建与新的海洋文明》。2019 年 4 月 23 日，习近平总书记首次提出“海洋命运共同体”的理念。作为人类命运共同体的重要组成部分，海洋命运共同体是维护海上安全稳定、推进全球海洋治理的中国智慧和方案，具有从海洋层面构建合作共赢、和平安宁的命运共同体的重大现实意义。选文从构建海洋命运共同体的目标、愿景和路径等方面展开论述，引导学生了解构建海洋命运共同体的时代价值，真切体会中国智慧和大国担当。2024 年文综全国甲卷第 23 题，以党的二十大报告中关于党的理论及党与人民群众关系的论述为题材，要求学生理解人民群众既是实践的主体也是认识和价值的主体的道理，引导学生把握习近平新时代中国特色社会主义思想的世界观和方法论。2024 年文综新课标卷第 44 题以新中国装备制造业“从无到有”“从弱到强”的发展过程为切入点，展现从新中国成立到新时代中国现代化建设取得的巨大成就，引导学生了解党领导中国人民探索中国式现代化道路的奋斗历程，领悟习近平新时代中国特色社会主义思想与社会主义现代化建设成就间的内在联系。

二、培育社会主义核心价值观，坚定爱国主义与理想信念

社会主义核心价值观是当代中国精神的集中体现，凝结着全体中国人民共同的价值追求，是凝聚人心、汇聚民力的强大力量。培育和践行社会主义核心价值观，是新时代坚持和发展中国特色社会主义的重大任务，也是凝聚社会共识、增强人民精神力量的必然要求。要通过培育和践行社会主义核心价值观，让全体人民在理想信念、价值理念、道德观念上紧紧团结在一起，不断巩固和发展全体人民团结奋斗的共同思想基础。展现伟大实践、讲好中国故事，必将进一步提振我们的发展自信，凝聚起奋进新时代的磅礴力量。

2022 年全国甲卷文学类文本阅读，通过对革命英雄以强大意志力战胜身体痛苦的描写，表现革命信仰的巨大力量，引导学生领会长征精神，走好今天的长征路。紧扣时代主题，引导青年学生将个人命运与国家命运紧密结合，以实现中华民族伟大复兴的中国梦为使命，不负韶华，谱写壮丽的青春之歌。2022 年全国乙卷作文题围绕“北京：双奥之城”组织信息，通过表格和数据展现我国的综合国力，多方面呈现国家的跨越式发展，激发学生的爱国热情，引导学

生体会冬奥精神的深刻内涵，体会奥运会成功举办背后的国家力量和制度优势，将爱国和爱党、爱社会主义高度统一。2022年新高考Ⅱ卷作文题介绍了不同行业奋发有为的典型人物，要求学生以“选择·创造·未来”为主题写一篇文章，引导学生做好个人的事业规划，争当伟大理想的追梦人。2022年全国乙卷文学类文本阅读选取左翼作家萧红在抗战时期写的书信《“九一八”致弟弟书》，字里行间满怀对爱国青年的希冀。2022年新高考Ⅰ卷语言文字运用Ⅰ选取中国探月工程首任总指挥栾恩杰的事迹作为材料，引导青年把青春的汗水挥洒在祖国最需要的地方。

2024年高考语文新课标Ⅱ卷信息类文本阅读的材料围绕“探月”主题展开。材料不仅体现出“探索浩瀚宇宙是全人类的共同梦想”，更体现出我国科技工作者“努力在世界高技术领域占有重要一席之地”的卓越实践，激发学生的民族自豪感和科技报国热情。2024年高考化学试题选取我国科学家作出的领先研究成果作为素材，在展现我国化学领域突出成就的同时，增强民族自豪感。新课标卷第11题以我国科学家研制的一种生物相容性纳米催化剂药物为素材，考查学生对物质结构基础知识的理解和掌握情况。全国甲卷第9题以我国化学工作者开发的聚乳酸催化转化为情境，考查有机物的命名、同分异构体、高分子转化与合成等知识内容。这些试题在考查化学知识的基础上，使学生充分了解我国科研工作者在相关领域取得的重要成果，激发学生的爱国主义情怀。2024年高考英语全国卷注重体现国家发展和社会进步，试卷有机融入社会主义核心价值观，引导学生坚定理想信念、提升品德修养。全国甲卷写作第二节要求学生根据提供的关于共享单车、新能源汽车和高铁的三幅图片，撰写一篇题目为“中国交通发展”的发言稿，引导学生关注我国经济社会的发展变化，增强国家富强、民族复兴的自豪感和自信心。新课标Ⅰ卷读后续写题选取的语篇讲述了作者在出差途中，与出租车司机协商解决车费支付问题的故事，提示学生循着信任他人与遵守诺言的思路进行续写，引导学生培养诚实守信的美好品德。新课标卷第41题，以邻居之间的纠纷创设情境，将相邻关系、权利行使界限、侵权责任等多个知识点有机地融合在一起，考查学生运用法律知识分析解决实际法律问题的能力，引导学生树立权利行使有边界、损害他人利益应承担法律责任的规则意识，进而增强法治意识和法治观念，做社会主义法治的忠实崇尚者、自觉遵守者、坚决捍卫者。

党的十八大以来，习近平总书记多次强调铸牢中华民族共同体意识，抓好民族团结进步事业。2024 年高考文综全国甲卷第 39 题素材源于我国西部某自治州贯彻党中央决策部署、开展民族团结创建活动建设“石榴籽家园”、推动经济社会发展的生动实践，要求学生以“铸牢中华民族共同体意识，促进各民族共同繁荣发展”为主题提炼该州经验。2024 年文综全国甲卷第 45 题以北魏时期冯太后的教育改革为背景，呈现了冯太后作为历史上的少数民族政权统治者尊崇华夏制度文化，再现了鲜卑与中原交往交流交融的史实，考查学生对鲜卑民族华夏文化认同形成意义的认识，以及魏晋南北朝时期中华民族多元一体格局的理解，引导学生领悟中华文明兼收并蓄的开放胸怀和大一统传统，启发他们认同和铸牢中华民族共同体意识。

三、弘扬中华优秀传统文化、革命文化与社会主义先进文化

文化是一个国家、一个民族的灵魂，是国家和民族自立的精神支撑。我国具有悠久的历史和深厚的文化积淀，发展和传承中华优秀传统文化有助于提升国家文化软实力和中华文化影响力，坚定学生的文化自信。高考命题加强对中华优秀传统文化的挖掘和阐发，推动中华优秀传统文化创造性转化和创新性发展。

2022 年新高考Ⅰ卷信息类文本阅读选用 2 则材料：材料一节选自习近平总书记在 2016 年 5 月 17 日召开的哲学社会科学工作座谈会上的重要讲话，强调加强对中华优秀传统文化的挖掘和阐发、让民族性更加符合当代中国和当今世界的发展要求；材料二摘编自郑敏的《新诗百年探索与后新诗潮》，主要讨论重建中国本土诗歌传统和传统诗论的现代转化等问题，提出“没有传统何谈创新”及古典诗论的当代人文价值等看法。第 4 题要求学生运用材料一的理论对社会现象加以分析，试题启发学生思考面对百年未有之大变局，传统观念在构建新时代和谐社会和人类命运共同体过程中的当代价值。2022 年数学新高考Ⅱ卷第 3 题以中国古代建筑中的举架结构为背景，考查学生综合应用等差数列、解析几何、三角函数等基础知识解决实际问题的能力，引导学生关注我国古代优秀成果，增强民族自尊心与自豪感。2022 年全国甲卷理科数学第 8 题取材于

我国古代科学家沈括的著作《梦溪笔谈》，以其中收录的圆弧长度计算方法“会圆术”为背景，让学生直观感受我国古代科学家探究问题和解决问题的过程。2022年英语全国乙卷语法填空语篇介绍联合国设立中国茶文化节及开展的一系列活动，宣传中国的茶文化。2022年英语新高考全国Ⅰ卷语法填空语篇报道中国设立大熊猫保护国家公园的情况，介绍中国生态文明建设成就。2023年高考语文全国甲卷论述类文本阅读材料节选自徐良高的《以考古学构建中国上古史》一文，论证中国考古学取得的巨大成就，展现了中国上古史构建的广阔学术前景，列举的诸多考古发现有助于考生增强文化自信，更好地认识源远流长、博大精深的中华文明。2023年高考语文全国甲卷文言文阅读材料选自《隆平集·儒学行义》，倡导周尧卿的忠孝亲睦、为官爱民的优良品质。2023年高考语文全国乙卷文言文阅读选自《韩非子·十过》，激发学生思考“礼”与中华传统文化的内在关联。试题引导学生传承中华优秀文化基因，增强文化自豪感。2023年高考数学北京卷第（9）题以中国传统建筑造型坡屋顶赋以立体几何真实背景，考查学生的空间想象能力和分析问题能力，在解决问题的过程中，借助几何体的对称性使学生感受到数学的对称美，以此引导学生关注美育，培养审美意识；第（14）题以战国时期用来测量物体质量的“环权”为背景，设计了等差数列和等比数列相关的问题，展示中国在度量衡方面的成就，借助数学文化厚植爱国情怀。2023年全国英语甲卷书面表达题设置的情境是，学校举办以用英文讲中国故事为主题的征文活动，要求考生以一位中国历史人物为题写一篇短文投稿；全国乙卷语法填空语篇讲述首都北京悠久的城市历史，主张城市发展建设一定要尊重传统、保存好城市的珍贵遗产。各套试卷中的其他语篇还提及中国历史上的女医生、华人体操教练、大熊猫等中国元素及相关知识。这些语篇通过用英语讲述发生在中国古代和现代的故事，向世界展示中华文明和体现中国精神的传统文化，引导学生传承和弘扬中华优秀传统文化，增强文化自信和价值观自信。

2024年高考试题注重引导考生树立正确的历史观、民族观、国家观、文化观，增强爱国意识和爱国情感，增强民族自豪感和自信心。2024年高考语文新课标Ⅱ卷文言文阅读材料分别选自《史记·魏世家》《史记·留侯世家》和《论衡·非韩》，引导学生在成长过程中将崇德重礼、尊贤敬长转化为自觉行为；

古代诗歌阅读选取宋代诗人叶梦得的《雨后为山亭独卧》，引导学生厚植家国情怀，以时不我待的热情去建功立业。2024 年高考化学试题注重挖掘中华民族优秀文化成果，选取中华传统文化的瑰宝融入试题，增强学生文化自信，激发学生为中华民族伟大复兴而奋斗的责任感和使命感。在中国传统文化的继承与发扬历程中，文房四宝发挥着重要作用，是人类文明得以广泛传播的重要载体。新课标卷第 7 题选取文房四宝作为素材，考查学生对笔墨纸砚中有关化学成分的辨析能力，使学生在感受化学学科对人类生活产生重要影响的同时，认识到中华优秀传统文化对人类发展和社会进步作出的巨大贡献。2024 年高考文综全国甲卷第 26 题立足于中华文明的创新性，依托明代中期经济社会转型背景，以明代中后期士大夫广泛参与日用类书籍编纂的现象创设情境，展现士人以守正不守旧的创新精神，回应民众对日用知识的急迫需求，引导学生认识中国传统文化的创新动力。

2024 年是中华人民共和国成立 75 周年，高考试题大力弘扬革命文化，展示我国深厚的历史文化底蕴，加强爱党爱国教育，进一步培育和践行爱国主义教育，扎实引导同学们传承红色基因、增强爱国意识和爱国情感。2024 年高考语文新课标Ⅱ卷文学类文本阅读的材料节选自当代作家孙甘露的长篇小说《千里江山图》，节选部分呈现了隐蔽战线上共产党人陈千里、叶桃的鲜活形象。试题引导学生理解“江山就是人民，人民就是江山”的深刻内涵，赓续共产党人精神血脉，传承红色基因。2024 年高考语文新课标Ⅰ卷信息类文本阅读的材料一节选自毛泽东同志的《论持久战》。《论持久战》所蕴含的战略思维、所昭示的科学世界观和方法论具有跨越时空的意义与价值。选文部分文字扼要，层层深入，论辩犀利，引导学生在分析问题和解决问题时从全局、长远和大势着眼。2024 年高考历史试题通过选取新民主主义革命时期、社会主义革命与建设时期、改革开放时期等历史时段的重大历史事件和历史线索，引导学生知史爱党、知史爱国。2024 年文综全国甲卷第 30 题以 1943 年陕甘宁边区佳县城关区各阶层公粮负担情况创设情境，展现中国共产党为团结一切抗日力量，调动社会各阶层支持抗日的坚强决心和不懈努力，引导学生认识中国共产党在抗日战争中的中流砥柱作用，培育爱国精神。

四、坚持五育并举，引导德智体美劳全面发展

习近平总书记指出，“建设教育强国的目的，就是培养一代又一代德智体美劳全面发展的社会主义建设者和接班人”①。全面提高人才自主培养质量，要聚焦于人的现代化这一目标，服务于学生的身心健康、全面发展。体育锻炼与增强体质既与身体强弱直接相关，更是健全人格、锤炼意志不可或缺的重要手段。劳动是个人安身立命、社会经济发展之本，引导学生崇尚劳动、尊重劳动、热爱劳动，认同劳动最光荣、劳动最崇高、劳动最伟大、劳动最美丽的观念，坚持通过辛勤劳动、诚实劳动、创造性劳动实现人生价值。

2022 年英语全国乙卷短文改错题选取自行车运动有利身体健康和环保的内容。2022 年新高考全国Ⅰ卷听力题选取一段在运动俱乐部讲话的材料，阅读题选取如何找到合适的健身伙伴的语篇。2022 年新高考全国Ⅱ卷阅读题选取运动促进心脏健康的语篇，写作题选取一名残疾学生积极参加跑步比赛的语篇。2023 年全国乙卷完形填空语篇讲述美国体操运动员 Gabby Douglas 在华人教练的培训下，经过刻苦努力最终获得奥运会个人全能冠军。新课标Ⅰ卷完形填空语篇讲述一名越野赛跑运动员在比赛中将受伤的运动员背至终点就医。这些语篇旨在引导学生关注体育与身心健康，提高运动意识，在体育锻炼中锤炼意志，涵养体育精神。在美育方面，2022 年全国乙卷文科综合第 43 题，要求学生既理解观景台可以满足旅游者的审美需求，又辩证分析观景台作为旅游景观对旅游者审美的影响，提升学生在旅游活动中发现美、欣赏美、评价美的能力。2022 年全国英语甲卷听力题选取一位艺术鉴赏家谈论自己经历的材料，阅读题选取介绍英国卡迪夫市艺术剧院的语篇。2022 年全国乙卷阅读题选取介绍苏格兰画家 Henry Raeburn 作品展信息的语篇。2023 年全国甲卷听力部分选取俄罗斯音乐家 Maxim 的一段讲话，谈论其作为柴可夫斯基公开赛裁判的经历。全国乙卷阅读部分 B 篇讲述一位摄影爱好者如何在美国西部拍摄出高质量的风景照片。新课标Ⅱ卷阅读部分第二节语篇向希望学习绘画的朋友提出一些建议。这

---

① 习近平：《扎实推动教育强国建设》，中国政府网，https://www.gov.cn/yaowen/liebiao/202309/content_6904156.htm

些语篇旨在引导学生加深对音乐、摄影、绘画等艺术的认识，培养健康向上的审美情趣。2022 年英语各套试卷的语篇包含了山区支教、烹饪、做家务等信息，涉及多种工作场景。2023 年全国甲卷阅读部分 B 篇讲述作者 Terri 的 DIY 经历和 DIY 给她的生活带来的好处。新课标Ⅱ卷阅读部分 B 篇讲述两位教师在学校开设劳动课程，带领学生养花种菜的经过及对学生饮食习惯和身心健康产生的积极影响。这些语篇旨在引导学生养成劳动意识和热爱劳动的观念，培养良好的劳动习惯。2023 年高考语文全国甲卷文学类文本阅读选用巴金的散文《机械的诗——旅途随笔之一》，文章以独特的视角塑造工人形象，礼赞劳动。全国乙卷文学类文本阅读材料选用小说《长出一地的好荞麦》，小说主人公德贵的行为既反映了中国农民对土地的深厚情感，也体现了中华民族坚韧不拔的精神。新课标Ⅰ卷文学类文本阅读材料选自小说《给儿子》，鼓励年轻人增强体质、经受劳动的洗礼。2023 年地理全国甲卷第 43 题，创设“窑洞养牛”的研学情境，将德智体美劳教育的引导与旅游地理知识有机融合。全国甲卷第 37 题（3）小题，介绍耕作对地表松散层风蚀粗化的影响，需要学生对农事活动有所了解。新课标卷第 7—8 题，以莲花盆为代表，反映喀斯特地貌景观的特殊自然过程和文化审美价值。

2024 年高考命题落实考试内容改革要求，选取有关体育、美育和劳动教育的主题，引导学生注重五育并举，实现身心健康成长和德智体美劳全面发展。2024 年高考英语新课标Ⅱ卷阅读 A 篇介绍了秋季徒步健身活动，引导学生走近大自然，开展体育运动，文中提及多项注意事项，于潜移默化之中强调了运动安全的重要性。高考英语全国甲卷阅读 A 篇介绍了校园艺术节上丰富多彩的活动，引导学生走进画廊和博物馆，培养审美情趣，提高艺术品位。高考英语新课标Ⅰ卷阅读 A 篇介绍了一个地区生物栖息地修复工作队的工作内容和招募志愿者的要求，引导学生热爱劳动、参与劳动、享受劳动。高考物理全国甲卷理科综合第 20 题将物理知识与“蹦床”运动紧密结合，激发学生参与体育运动的热情，引导学生全面发展。2024 年思想政治全国文综新课标卷第 39 题，以习近平文化思想为指引，选取大南坡村探索美学赋能乡村振兴的典型案例创设情境，将美育同乡村振兴有机结合起来，以美育人、以美化人，让学生在答题过程中提升审美素养。2024 年北京数学卷第 18 题的保险公司保单问题，有着现实的背景，引导学生用所学的知识解决社会实践活动中的问题，试题将劳动教育与数学学科内容有机融合，使学生体会劳动的价值。2024 年北京思想政治卷第 6 题“你劳动的样子真美”，反映了北京劳动教育课程建设的积极成果。北京地理卷第 19（2）题以竹笛产业发展为情境，融入美育和劳动教育。

五、坚持科学与理性，激发勇于探索与敢于创新的科学精神

科学精神是科学的灵魂，纵观人类历史，但凡取得伟大科学发现的大科学家、大发明家都具有强烈和鲜明的科学精神。科学精神说到底是一种核心价值，是理性信念、实证精神和批判态度的统一，是合客观性、合逻辑性和合理性的统一。概括来讲，科学精神以追求真理作为其逻辑起点，以实证精神和理性精神为两大支柱，秉持怀疑批判、勇于探索、敢于创新、宽容开放的价值取向。我们无法想象一个不具备科学精神的人能够成为真正的科学家。因此，我们提高拔尖创新人才的培养质量，就必须在全社会大力弘扬追求真理、勇攀高峰的科学精神，大力弘扬理性信念、实证精神和批判态度。要充分发挥高考指挥棒的正向指挥作用，引导学生逐步养成科学思维习惯，培养他们运用归纳与概括、演绎与推理、模型与建模、批判性思维、创造性思维等方法，探讨、阐释客观现象及规律的能力。通过展现国家科技发展成果，结合基础研究领域涌现的先进典型和事迹，引导学生传承老一辈科学家以身许国、心系人民的光荣传统，引导他们崇尚科学、热爱科学，积极参与科学活动，运用科学方法解决科学问题、发现科学真理，进一步激发他们敢于使用自己理性的勇气与决心，激发他们坚守理性与实证、勇于探索、敢于创新的科学精神。高考理科各学科继续弘扬科学理性精神，以科技前沿问题为主题，同时紧密联系国家社会进步和科技发展等方面的实际情境，反映当代科学技术发展的重要成果，既有效检测学生的科学能力和素养，又能在潜移默化中引导学生关注科技发展现状，充分体现自然科学在推动科技进步和社会发展中的重要作用，引导学生树立求真务实、逻辑实证的科学理性精神，激发学生勇攀科学高峰的奋斗精神和不断探索的科学精神。

物理学科试题选取社会生产实践、日常生活实际与科技前沿等真实情境，引导学生崇尚理性精神、树立科学态度以及增强社会责任感。2022 年全国甲卷理科综合第 15 题以高速列车穿过隧道为情境，紧贴学生生活实际，引导学生关注身边日常生活中的物理问题，促进学生学以致用。2022 年全国甲卷理科综合

第 25 题以一种可以测量微小电流的光点式检流计为情境，与科学实践紧密结合，引导学生领悟仪器设计中蕴含的物理思想，形成认真严谨的科学态度。2022 年全国乙卷理科综合第 14 题以航天员可以在天宫二号上自由飘浮为情境，考查学生对太空失重本质的理解，展现新时代我国重大科技发展成果，弘扬科学理性精神，提升学生的民族自信心和自豪感。2023 年高考理科综合全国卷关注我国科技前沿进展，选取我国科学家的创新科研成果，引导学生树立高远的科学志向、增强科技强国的社会责任感，激发学生的科技探索精神。2023 年全国乙卷第 16 题以 2022 年 10 月全球众多天文设施观测到迄今最亮的伽马射线暴为背景，介绍我国的“慧眼”卫星、“极目”空间望远镜等在该事件观测中作出的重要贡献。2023 年新课标卷第 17 题以 2023 年 5 月成功发射的“太空快递”天舟六号为背景，介绍我国航天领域取得的伟大成就，激发学生勇攀科学高峰的奋斗精神。2024 年物理全国甲卷第 23 题以电阻型氧气传感器定标为背景，学生需要将陌生实验与熟悉的伏安法测电阻进行结合，考查基本测量方法的掌握和实验数据的获取与处理，要求学生灵活运用已有实验知识解决遇到的新问题，引导教学关注科学探究的过程和方法，并培养对结果进行反思和总结的科学理性精神。2024 年全国物理新课标卷第 17 题以三位科学家在发现和合成量子点方面的突出贡献荣获 2023 年诺贝尔化学奖为背景，展现不同学科领域交叉融合的重要性，激发学生好奇心、想象力和探求欲，培养学生科学兴趣。

化学学科试题围绕与化学关系密切的材料、环境、能源与信息等领域，通过对应用于社会生产实践中化学原理的考查，充分体现了化学学科推动科技发展和人类社会进步的重要作用，凸显了化学学科的社会价值，弘扬科学理性精神，激发学生崇尚科学、探索未知领域的兴趣和勇气。2022 年全国乙卷理科综合第 8 题中二氧化碳固定及再利用的方法有助于我国实现“碳达峰”的目标，向学生传递绿色化学和可持续发展观念。2022 年全国甲卷理科综合第 8 题辅酶 Q_{10} 的功效和全国乙卷理科综合第 36 题药物合成的试题情境均表现出化学研究成果对人类健康的影响和作用。2022 年全国甲卷理科综合第 35 题考查北京冬奥会场馆使用的高分子材料的结构与性质的关系，展现了我国化学新材料的研发与应用。2022 年全国乙卷理科综合第 28 题通过呈现工业上硫化氢的不同处理方法，引导学生关注化学对生态环境和社会发展的影响，激发学生崇尚科学，增强社会责任感。2023 年试题凸显我国科技成就，引导学生关注科技前沿，开阔学生视野，激发学生崇尚科学，激励学生树立科技强国的远大理想。2023 年新课标卷第 10 题以我国化学工作者研发的电池为素材，展现我国科学家在清洁能源开发利用领域的创新成果。2023 年新课标卷第 9 题呈现我国在多孔配位聚合物晶体领域的前沿研究成果。2023 年全国乙卷第 35 题以我国第一辆火星车“祝融号”成功登陆为背景，展现我国在航天领域取得的技术突破进展。2023 全国甲卷第 8 题以中药藿香蓟的有效成分为素材，展现我国中医药的神奇魅力和作用。2023 年新课标卷第 7 题选择有代表性的中国文物，考查文物及其修复材料中成分的基本概念，引导学生崇尚科学精神，自觉传承科学文化。2024 年化学学科关注科技应用成果，体现学科价值。化学在材料、生命、环境、能源与信息等领域均具有重要的学科价值，对推动人类社会进步和科技发展作出了重大贡献。2024 年全国甲卷第 7 题以人类利用能源的历史为主线，以不同时期的典型能源为代表，既考查物质组成、能量与物质转化等基本概念，使学生充分认识到化学在社会发展中的重要作用，同时又让考生进一步了解我国能源发展方向，了解发展清洁新能源的必然性，激发学生改善人类生存环境、促进社会可持续发展的责任感。2024 年全国甲卷第 7 题和新课标卷第 7 题均为化学与生活类试题，在考查学生知识面的同时，使学生充分认识到化学学科的社会价值。2024 年新课标卷第 8 题选取点击化学合成法合成聚硫酸酯作为素材，该方法是 2022 年诺贝尔化学奖获得者研发的一种高效合成反应，对学生了解科学前沿，激发崇尚科学、探索未知的兴趣，培养探索性、创新性思维品质具有重要的现实意义。

生物学科试题紧密结合学科内容，精心选择新型冠状病毒感染疫情防控、自然资源保护、绿色发展、农业生产、体育锻炼、全民健康等题材，强化科学理性精神，倡导社会责任和时代使命。2022 年生物学科试题“战疫”入题，全国乙卷理科综合第 38 题围绕新型冠状病毒核酸检测和疫苗接种，考查核酸检测的基本原理和结果分析，引导学生加深对防疫措施的认识。2022 年全国甲卷理科综合第 31 题以林地动植物资源调查入题，考查种群密度调查方法、丰富度等基本概念，并要求学生思考植物与动物之间的相互作用，引导学生认识保护生物多样性的深刻意义与内涵，增强环境保护意识。2022 年全国乙卷理科综合第 37 题以利用制糖废液进行微生物发酵生产工业产品为情境，让学生思考废物利用的意义，培养学生注重环境保护、合理利用自然资源的意识，强化生态文明理念。2023 年生物学科试题继续彰显学科育人价值，加强对学生的价值引领，激发学生崇尚科学、探索未知的兴趣，落实立德树人根本任务。2023 年全国甲卷第 32 题提出成熟果实不耐储存和运输的实际问题，强调通过遗传育种培育乙烯合成缺陷的不能正常成熟的新品种，可以有效解决该问题，考查学生对遗传规律的实际应用，强调科学技术进步对农业发展的意义。2024 年新课标卷第 3 题围绕消化吸收过程的神经调节和体液调节，考查自主神经对消化机能的调节、条件反射的建立基础、胃液中消化酶的特殊理化条件以及小肠上皮细胞吸收氨基酸等营养物质的过程，引导学生运用科学探究的基本方法理解生活中的实际问题，培养分析问题、解决问题的科学态度与思维习惯。2024 年生物新课标卷第 5 题以 PCR 产物电泳结果图形式显示杂交实验中亲本和子代的基因型，要求学生根据图示信息进行分析识别、并转化得出各种带型对应的基因型，再据此分析相关遗传学问题，激发学生好奇心、想象力和探求欲，培养学生科学兴趣。2024 年北京生物卷第 21 题以我国科研工作者对玉米籽粒发育的研究为情境，运用“假说—演绎法”，引导学生分析基因与性状的复杂关系，从而引导学生关注粮食安全，深刻体会科技在社会生产和发展中的作用，树立“科技强国、强国有我”的远大志向。2024 年北京生物学科试卷考查涉及 13 个教材实验，倡导一线教学带领学生走进实验室，“真”做实验，做“真”实验，促进科学素养全面发展。

综上，高考评价体系下的高考命题就是要充分体现全面育人的鲜明导向，紧扣时代主题与时代精神，将立德树人这一核心价值融入高考试题命制中。核心价值在高考命题中聚焦在以下方面：在理想信念上，树立共产主义远大理想和中国特色社会主义共同理想，增强四个自信，肩负实现中华民族伟大复兴和中国梦的时代重任。在爱国主义情怀上，认同中华人民共和国、维护国家尊严与利益、维护祖国统一，认同中华民族、自觉维护民族团结和社会稳定，具有强烈的民族自豪感和实现民族复兴的使命感，认同中华文化，弘扬中华优秀传统文化，继承革命文化，发展社会主义先进文化，具备爱国、爱党和爱社会主义相统一的爱国主义精神。在以人民为中心的思想上，理解人民群众是历史的创造者，人民是决定党和国家前途命运的根本力量，树立为人民服务的思想，立志扎根人民、奉献祖国。在奋斗精神与责任担当上，引导学生树立高远志向，历练敢于担当、不懈奋斗、刚健有为、自强不息的精神和态度。在劳动精神上，要求学生崇尚劳动、尊重劳动，认同劳动最光荣、劳动最崇高、劳动最伟大、劳动最美丽的观念，倡导通过辛勤劳动、诚实劳动、创造性劳动实现人生价值。

在健康情感上，要求学生具有健康意识，注重增强体质、健全人格，锤炼意志，培养审美意识和人文素养，热爱生活。

第三节 “能力素养银线”成为考查重点

落实立德树人根本任务，坚持素养导向，重点考查关键能力和思维品质，助力拔尖创新人才培养和人才自主培养质量提升，是本轮高考命题改革的主要方向和根本任务。学科素养是在一个又一个的真实情境中通过完成特定的学科任务而展现出来或生成的综合品质，高考命题的素养导向就是通过特定的情境创设，考查学生调动、运用必备知识与关键能力、思维方法与思维品质、情感态度与价值观高质量完成特定学科任务的综合表现。因学科素养本身具有的内在性和综合性特征，使得其较难被直接观测和考查，尤其是在高考这种纸笔测试中较难全面、有效地考查。因此，学科素养在高考中的考查往往通过观测学生调动所学知识、运用关键能力完成特定学科任务时所表现出来的关键行为来实现。必备知识是高中学习阶段的核心任务，其重要性无须赘言。但需要特别指出的是，如果仅仅停留在对必备知识简单学习或占有的层面上，那么无论知识掌握得有多全面、多牢固，也将会越来越难以应对学科素养导向下的高考命题改革，这是因为，缺乏关键能力的必备知识将是零碎的、僵化的乃至盲目的，它们很难系统、综合且有效地去解决一个又一个特定的学科任务。当然，这绝不是要否定必备知识的重要性，更不是要将必备知识和关键能力割裂乃至对立起来，脱离必备知识来谈关键能力不仅是机械的，而且是错误的。对于新高考而言，没有必备知识是不行的，但如果仅仅只有必备知识也是不行的。我们必须打破传统的以知识占有为唯一目标的学习惯性和思维方式，在夯实必备知识的基础上，注重关键能力的训练和培养，并在一个又一个的特定学科任务中去提高自身的学科素养。

高考评价体系综合统筹知识、能力、素养的关系，将高考考查内容凝练为核心价值、学科素养、关键能力、必备知识四个层面，在必备知识的基础上，突出考查学生的学科素养和关键能力。

首先，学科素养是指面对生活实践或学习探索问题情境时，能够在正确的思想价值观念指导下，合理运用科学的思维方法，有效整合学科相关知识，运用学科相关能力，高质量地认识问题、分析问题、解决问题的综合品质。学科素养包括“学习掌握、实践探索、思维方法”3个一级指标和9个二级指标（见表7–3–1）。“学习掌握”是指学习者在面对生活实践或学习探索问题情境时，进行有效输入、编码、储存各种形式的信息的综合品质。“实践探索”是指学习者在面对生活实践或学习探索问题情境时，组织整合相应的知识与能力、运用不同的技术方法进行各种操作活动以解决问题的综合品质。“思维方法”是指学习者在面对生活实践或学习探索问题情境时，进行独立思考和探索创新的内在认知品质。“思维方法”是思维的品质、方式和能力的综合，是个体高质量地解决生活实践或学习探索情境中的各种问题的基础。“思维方法”是认知加工的关键构件，是个体在信息时代所必须具备的核心认知品质，也是未来社会人才所需要的终身素养。

表7–3–1　学科素养指标体系

一级指标	二级指标	指标表现
学习掌握	信息获取	适应社会信息化趋势，通过各种方式与渠道获取信息，根据应对问题情境的需要，合理地组织、调动各种相关知识与能力，完成信息获取活动
	理解掌握	根据应对问题情境的需要，合理地组织、调动各种相关知识与能力，系统化、多层面、多角度地对新信息进行加工处理，融会贯通地把握新信息的实质，把握新旧信息的联系，形成对新信息的准确判断、分析与评价
	知识整合	根据应对问题情境的需要，合理地组织、调动各种相关知识与能力，对获得的学科知识和相关信息进行概括整合，形成与生活实践或学习探索问题情境对应的产生式系统，能够将新获得的知识纳入已有知识结构或知识体系，对原有的知识结构进行合理的调整
实践探索	研究探索	根据应对新的问题情境的需要，合理地组织、调动各种相关知识与能力，实施调研、探究或实验活动。分析结果，提出新观点或发现新问题，寻求有效的问题解决方法
	操作运用	根据应对问题情境的需要，合理地组织、调动各种相关知识与能力，运用实验等动手操作方法，探究所要解决的生活实践或学习探索情境中的各种问题。综合各种技术方法进行组合创新，将创意或方案转化为有形物品或对已有物品进行改进与优化，创新性地解决现实情境问题
	语言表达	根据应对问题情境的需要，合理地组织、调动各种相关知识与能力，准确传达信息并进行交流沟通。能够根据具体情境的不同，选用口语、书面语等不同语体并灵活转换。熟练运用图像、图表、图片表达思维、观点，借助口语、书面语或绘图等方式表达抽象的概念。灵活运用各种文本形式准确表达个人的情感、思维和观点。能够根据情境需要，运用外语进行交流

续表

一级指标	二级指标	指标表现
思维方法	科学思维	采用严谨求真的、实证性的逻辑思维方式应对各种问题。能够根据对问题情境的分析，运用实证数据分析事物的内部结构和问题的内在联系，以抽象的概念来反映客观事物的本质特征和内在联系。运用抽象与联想、归纳与概括、推演与计算、模型与建模等思维方法来组织、调动相关的知识与能力，解决生活实践或学习探索情境中的各种问题
	人文思维	运用历史的、辩证的、审美的、系统的思维方式应对各种问题。能够根据对问题情境的分析，从多元性、情境性、关联性、层次结构性、动态平衡性、开放性和时序性等方面把握问题与事物的本质。综合运用联想、类比、引申等思维方法，组织、调动相关的知识与能力，解决生活实践或学习探索情境中的各种问题
	创新思维	运用开放性、创新性的思维方式应对问题情境，组织相关的知识与能力，注重独立性、批判性、发散性的思考。综合运用直觉的、顿悟的、灵感的、形象的、逻辑的方法，提出新视角、新观点、新方法、新设想，创新性地解决生活实践或学习探索情境中的各种问题

其次，关键能力是指面对与学科相关的生活实践或学习探索情境中的问题时，有效地认识问题、分析问题、解决问题所必须具备的综合能力和学科知识。高考评价体系确立了符合考试评价规律的三个方面的关键能力群。

（1）知识获取能力群：面对与学科相关的生活实践或学习探索问题情境时，客观描述世界、科学解释世界的过程中表现出的稳定的个性心理特征，是个体认识世界、学会学习所必须具备的关键能力，主要包括语言解码能力、符号理解能力、阅读理解能力、信息搜索能力、信息整理能力，等等；

（2）实践操作能力群：面对生活实践或学习探索问题情境时，进行学以致用的学科认知操作和行动操作的过程中表现出的稳定的个性心理特征，是理论联系实际所必须具备的能力基础，主要包括实验设计能力、数据处理能力、信息转化能力、动手操作能力、应用写作能力、语言表达能力，等等；

（3）思维认知能力群：面对生活实践或学习探索问题情境时，进行学科认知加工的过程中表现出的稳定的个性心理特征，是学习者在秉持科学态度，运用严谨的理性思维和丰富的感性思维，发现新问题、运用新方法、解决新问题、获得新结论的过程中表现出来的思维能力，是激发个体好奇心、想象力、塑造创新人格所必须具备的能力基础，主要包括形象思维能力、抽象思维能力、归纳概括能力、演绎推理能力、批判性思维能力、辩证思维能力，等等。

依据《中国高考评价体系》对学科素养和关键能力的规范性界定，同时参照普通高中学科课程标准（2020修订版）并结合高校人才选拔要求，以及总结近年来高考评价体系指导下的高考命题实践，本部分将“能力素养银线”综合概括为以下五个方面：信息获取与加工、逻辑推理与论证、科学探究与思维建模、批判性思维与创新思维、语言组织与表达。聚焦学科素养，强化关键能力考查，加大对学生信息获取与加工、逻辑推理与论证、科学探究与思维建模、批判性思维与创新思维、语言组织与表达以及批判性思维等高阶思维能力的考查，是近年来新高考命题中的核心指导思想；在具体的命题实践中，无论是全国卷还是地方卷，该指导思想都得到了充分体现。下面以近三年高考试题为例，深入剖析“能力素养银线”在高考命题中的具体体现，充分认识和准确把握“无思维，不命题”的命题要求。

一、信息获取与加工

信息识别、获取与加工是解决问题的最重要的基础能力，要求学生能辨识模型、图表、数据、文本、符号、图形中的各种信息，从中提取关键内容，建立关键信息之间的逻辑关联，并与已学相关知识进行嫁接整合，是思维过程中的第一道关卡。高考命题通过文字、图形、表格、符号、数据等方式呈现信息，加大试题信息的广度和容量，考查学生从多种形式呈现的丰富材料中“定位、识别、筛选、分类、概括、连接、转述”关键信息的能力。其中，定位是指通过文本阅读，快速定位和提取关键信息；筛选是指区分有效与无效、主要与次要、排除干扰信息，识别关键信息，一般体现为分析的过程；概括是指从个别到一般、从多到一的归纳过程以及从个别到个别或从一般到一般的类比过程；连接是指在关键信息间建立简单的逻辑关系，形成完整一贯的逻辑链条与关系，一般表现为推理过程；转述包括图文转化、数形转化、句式转换、立场转换、坐标转换等，主要体现为理解过程。

2022年高考语文试卷延续了注重信息获取与加工能力考查的命题风格，新高考Ⅱ卷现代文阅读Ⅰ的三则材料以《红楼梦》的翻译为例，在大量的文本信息中，要求学生获取关键信息，区别混淆信息，突出对学生关键信息获取、整理和加工能力的考查。2022年高考全国乙卷理科数学第13题、新高考Ⅰ卷数学第 20 题与新高考Ⅱ卷数学第 19 题等试题均通过数据场景形式考查学生整理和加工信息的能力。2022 年高考英语试卷通过提高阅读理解试题的分值与比重，进一步强化对阅读理解能力的考查，引导学生注重对阅读理解、关键信息识别和加工能力的培养。全国甲卷第 28—30 题，突出考查理解具体信息和推断与理解主旨要义等关键能力，全国乙卷第 31 题考查信息解读与归纳，总结出适合文章的标题。2022 年高考文科试题同样聚焦考查学生信息识别、获取与加工的能力，全国乙卷文科综合第 24 题以古代中国的相关记载构建学习情境考查学生运用理解与辨识、概括与提炼等获取和解读历史信息的能力。2022 年高考物理试题通过呈现物理过程中关键物理量的信息，考查学生从图像中获取信息、加工信息并利用有效信息进行合理推断的能力。全国乙卷理科综合第 25 题呈现了两个物块在光滑水平面上发生弹性碰撞的速度—时间图像，要求学生从图像中提取两个物块碰撞前后的速度大小、达到共同速度的大小和时刻，掌握速度—时间图像下的面积对应物块运动的位移等，对学生信息处理能力要求较高。2022 年高考化学试题创新信息呈现方式，要求学生多角度、多层次、多维度地认识化学基本规律，在分析和解决化学问题的过程中考查学科关键能力。全国乙卷理科综合第 11 题在元素周期律等典型考查方式的基础上丰富了信息呈现形式，试题不仅提供了几种元素的结构及性质，还提供了这几种元素组成的化合物的热重曲线，考查学生整合并处理多种类型信息的能力。2022 年高考生物试题注重考查学生剥离图表信息及转化为解决问题要素的能力，引导教学注重培养读图的基本能力。全国甲卷理科综合第 5 题创设鱼苗在鱼池中生长的情境，要求学生分析该种群相关数量特征对应的曲线，考查学生图文转换的能力。

2023 年高考试题进一步加强对信息获取与加工能力的考查，更加注重考察考生对信息进行分析、比较、归纳、推理等加工操作的过程，以及如何产生有条理、有理据和有逻辑性的答案。2023 年高考语文命题加大试题信息的广度和容量，试题材料呼应教材，题干设问、答案设计注意与教材中的重点内容建立知识链接，考查学生从多种形式呈现的材料中筛选、分类、概括、连接、转述关键信息的能力。2023 年新课标Ⅰ卷信息类文本阅读摘编自赫克托·麦克唐纳《后真相时代》一文，通过西方媒体在关于拉美地区藜麦生产和消费的报道中大量使用“竞争性真相”的事例引导考生深入思考信息时代理性分析和审慎判断的重要性，提醒考生在面对热点事件时应走出情绪判断的误区，明辨慎思，多角度、多层次地看待问题，重点考查学生定位获取、分析整合信息的能力，进行正确推理判断的能力，识别选项推理谬误的能力。2023 年高考数学试卷对信息整理能力的考查主要表现为理解运算对象，掌握运算法则，探究运算思路，求得运算结果，聚焦在 3 个方面的要求：会根据概念、法则、公式进行识别筛选、变形和数据处理；能根据问题的条件，寻找与设计合理、简捷的运算途径；根据要求对数据进行估计和近似计算。例如，如新课标Ⅰ卷第 17 题以正弦定理、同角三角函数基本关系式、解三角形等数学内容，考查数学运算素养。新课标Ⅱ卷第 22 题和全国甲卷理科第 21 题，将导数与三角函数巧妙地结合起来，通过对导函数的分析，考查函数的单调性、极值等相关问题，通过导数、函数不等式等知识，考查分类讨论的思想、化归与转化的思想。数学试题中有非常多的试题都是通过数据场景来考查学生的信息获取与加工能力。2023 年高考英语卷听力和阅读部分未直接考查基础的语言知识，而是强调语言知识在具体应用情境中的综合运用，比如听力部分要求考生能够辨析有关日常生活话题的简短对话或独白，需要考生基于真实的语言交际情境，运用交际语言知识和会话原则作答，而阅读部分主要考查考生对语篇的阅读理解能力，要求考生能够理解语篇主旨要义和文中具体信息，根据上下文识别、辨析、推断单词或短语的含义，能够根据所读内容作出判断和推理，理解文章的基本结构，理解作者的意图、观点和态度等。

2023 年高考文科综合试题聚焦考查学生对材料信息获取、识别、甄选、加工和阐释的能力，通过呈现多维度、多角度、立体化的材料，加强对信息加工、逻辑推理等关键能力的考查，引导学生突破思维定式，透过现象看本质。文科综合新课标卷第 42 题要求学生从材料中提取有效历史信息，在归纳概括的基础上进行比较分析，透过纷繁的历史现象看到本质，综合考查学生最大限度地获取有效信息、开展论证和探讨问题的能力。全国乙卷第 34 题围绕 20 世纪 30 年代美国法西斯组织活动猖獗的史实创设情境，考查学生在找准题干关键信息的基础上调动所学知识进行推理判断的能力。2023 年高考理科学科试题同样突出了对信息识别和加工能力的考查，运用数据表格、变化曲线、结构模型图等信息呈现方式，要求考生能够准确理解试题信息，考查考生从这些信息中提取和筛选关键数据、进行数据转化，将题干重要信息进行识别和加工并与所学知识进行匹配和运用，进而分析和解决实际问题的能力。化学试题创新试题呈现方式，要求学生能够阅读和理解文本、符号、图形、表格等信息，深度挖掘数据，客观全面地提取有效信息，准确概括和描述所涉及现象的特征及其相互关系，透过现象看本质，发现信息中蕴含的规律或原理。全国乙卷第 21 题考查从文本中获取信息，“当物块从木板右端离开时”包含了物块的位移等于木板的位移与木板长度的和、物块的速度大于木板的速度等信息，这些信息都是解决问题的关键；北京物理卷第 14 题，题目给出了接收器接收到的光的频率公式，这个公式对学生来讲是陌生的，这就考查了学生接收并应用新信息的能力；全国甲卷第 21 题考查学生从物理图像中获取信息的能力，第 18 题考查从题图中获取信息的能力，利用电场线的分布情况，确定粒子可能的运动轨迹；江苏卷的第 1 题、第 5 题、第 6 题也考查了从题图中获取信息的能力，在第 7 题中还加入了干扰信息“四条腿与竖直方向的夹角均为 θ”，考查学生从众多信息中提取有效信息的能力。

2024 年高考语文试卷中的现代文阅读命题材料，体裁有小说、散文、随笔、科普等，作者有国家领导人、现当代学者、现当代作家，内容丰富多彩。命题选材较之从前选材范围更宽，类型更丰富，信息的广度和深度都有所加强。考查内容有意识地呼应教材，题干、选项与答案设计注重与教材内容建立有效的知识和能力链接。从记忆、筛选、分类、概括，到连接、转述、加工、整合，对学生获取和加工关键信息的能力提出了更高要求。2024 年高考英语全国卷精选语篇，扩大选材范围和材料类型，强调对文章整体结构和关键信息的理解能力。文本精细阅读要求考生不仅能从文本中直接提取具体细节信息，如数字、时间、地点、任务，以及活动的起因、过程、方式、结果等重要信息，而且能通过归纳概括，理解概念性信息，推断作者的观点和态度等。新课标卷通过提高阅读理解试题的分值比重，进一步加强对信息加工、关键概念以及阅读理解能力的考查，引导中学英语教学重视信息识别加工能力和阅读理解能力的培养。文本、图像和示意图等信息是物理试题必用且最直接、最主要的呈现形式。文本中往往包含着解决问题所必需的隐含信息、符合物理规律的条件信息、打开解决问题突破口的关键信息等，需要从文本中获取有效信息并对信息进行加工。2024 年高考物理新课标卷第 15 题，要求从题目的文本中获取关键信息，构建起平抛运动的模型，根据平抛运动的规律题目就可以迎刃而解。全国甲卷第 21 题设置半开放问题情境，要求学生正确提取图像中的关键信息，分析各种可能的运动情况，考查学生获取、加工信息以及利用关键信息推理论证的能力。2024 年化学试卷丰富试题呈现形式，考查信息获取与加工能力。化学是一门实践应用性极强的学科，信息获取与加工能力对于化学研究至关重要。高考化学试题提供多种图表形式的信息，深入考查学生的信息获取与加工能力。全国甲卷第 28 题以化工领域具有重要意义的甲烷转化为载体，借助浓度时间图像和催化反应机理等方式提供信息，考查化学反应原理方面的知识。学生需要理解所给信息，根据图文综合分析，并对相关数据进行加工应用。2024 年高考历史试题注重增强试题的开放性、综合性，灵活设计设问方式，考查学生调取信息、分析信息、综合处理信息的能力。2024 年新课标卷第 44 题以新中国装备制造业从无到有、从弱到强的发展过程为切入点，展现新中国成立以来中国现代化建设所取得的巨大成就，要求学生从材料中提取有效历史信息，考量具体的时空环境，结合所学知识予以解读，概述出新中国成立以来装备制造业的发展历程，综合考查学生最大限度地获取有效信息、开展论证和探讨问题的能力。全国甲卷第 42 题以 1900 年与 2000 年的世界城市分布地图设置情境，要求学生提取材料中的有效信息，概括出 1900—2000 年间的世界变化趋势，对学生的筛选、概括和转述等逻辑思维能力进行了较好的考查。全国甲卷第 26 题围绕明朝进士编纂农村生产生活的指导书籍创设情境，考查学生联系明朝中后期的特定背景，在找准题干关键信息的基础上对士大夫阶层广泛参与日用类书籍编纂作出合理历史解释的能力。

二、逻辑推理与论证

逻辑推理与论证是学生形成科学思维不可或缺的能力，无论科学发现还是理论建立，抑或是工程师寻找解决问题的方案，都依赖于推理与论证技能。通过培养学生的推理与论证技能，可以让学生学会如何提出问题、论证推理、得出结论、修正观点，并能选择和运用证据支持自己的观点，为研究问题建构合理的解释。在推理和论证过程中，学生的思维能力和思维品质尤其是科学思维得到有效提高，而且这种思维能力可以有效运用和迁移到其他的任何情境、学科和问题中。通过推理与论证过程，学生将学会如何针对一个主张表达自己的观点，以及如何评价别人的主张。另外，良好的逻辑推理与论证能力训练能够帮助学生大幅提高其论文写作和表达的能力，引导学生在写作中呈现概念清晰、逻辑严谨、边界明确、证据可靠、论证充分的论证过程及结论。

逻辑推理与论证是指从已知的事实或理论（前提、条件或假设）出发，经由准确、充分的证据链（有效信息）和清晰、严密的逻辑链（相关性、因果性），推导出合理结论的思维过程。逻辑推理与论证着重考查学生根据已有前提和证据逻辑一贯地得出可靠结论的能力，一方面强调逻辑的有效性，另一方面要求证据的可靠性。逻辑推理与论证一般由前提（条件或假设）、证据（数据、文献、史料、理论观点等）、逻辑关系（归纳、演绎、因果、类比等）和结论（观点或主张）四个部分构成。通过比较、概括、推理、综合等思维方法的学习运用提高学生的逻辑论证能力，促使学生思考时做到清晰、准确、规范、严谨，表达时做到言之有物、言之有理、言之有据。

课程标准各个学科的核心素养都提出了要加强学生逻辑思维的发展，促进思维品质的提升，《中国高考评价体系》明确规定了高考命题改革就是要加强对学生思维品质和思维过程的考查，尤其是归纳推理、演绎推理等逻辑思维能力的考查。如果不掌握基本的逻辑推理和有效论证方法，将在整个高中学习和高考备考中举步维艰、事倍功半。我们日常生活和学习中，逻辑推理与论证无所不在，而且每个人都要面对他人的推理和论证。学习逻辑和推理，可以使思维更缜密，论证更严谨，结论更可靠，语言表达更准确有力。逻辑推理与论证能力是高品质思维的核心构成要素，是高素质人才培养的必备条件。良好的思考、推理和论证能力，都是要通过系统学习和规范训练得到改进和提高的。规范、系统的逻辑训练是具备良好推理和论证能力的基础，我们至少应该对规范的逻辑形式及论证方法做系统训练，这些逻辑形式和论证方法包括但不限于：演绎法（如直言三段论、选言三段论、假言三段论、构造性两难等）、归纳法（如概括、简单枚举法、科学归纳法、统计归纳法等）、类比法（如类比的加强与减弱、类比的五要素等）、因果推理（如穆勒法的契合法、差异法、契合差异并用法、共变法、剩余法）、识别常见的逻辑谬误（如概念偷换、以偏概全、不当类比、虚假因果、因果倒置、稻草人谬误、熏鲱谬误、滑坡谬误、否定前件谬误、肯定后件谬误、合成谬误、分解谬误、循环论证、证据偏见等）、论证的结构（如垂直模型、水平模型、共同前提、多重结论等）、论证的评估（如评估三要素：观点、证据、逻辑；评估五准则：清晰、可靠、相关、完整、合理）、论证的构成（如图尔敏模型）等。

2022 年语文新高考Ⅰ卷作文题围绕围棋学习中的三个术语“本手、妙手、俗手”进行论述，学生可以写成驳论文，批驳生活中那些不重视“本手”、只刻意追求“妙手”的现象；写作此文要先破后立，这对学生的独立思考、逻辑论证、概念辨析以及证据选择等能力提出了较高要求。2022 年语文全国甲卷作文题选择《红楼梦》中众人给大观园中桥上亭子的匾额题名的事，向学生解释了何为“借用”、何为“化用”、何为“创新”，以此创设了写作情境，要求学生在三个关键词中选择某个关键词进行着重论证，考查学生论点清晰、持论有据、逻辑一贯、表达准确的能力。2022 年全国甲卷文科综合第 33 题以 17—18 世纪不同时期英国东印度公司进口的部分亚洲货物价值占比信息创设情境，考查学生进行信息加工和逻辑推理的能力。全国乙卷文科综合第 42 题选取《后汉书》等史籍中关于东汉良吏与老虎相关的史事记载，要求学生自选角度发现问题，并得出相应的结论。文科综合全国甲卷第 37 题第（4）小题，通过设置开放性设问，鼓励学生自行提出明确合理的科学观点并展开有理有据的分析论证。

2023 年高考语文试题从能否形成观点、能否合理推理、能否严谨论证、能否准确表达等多个方面对逻辑思维能力进行考查。全国甲卷写作试题材料给出“人·技术·时间”的话题，指出“人们因技术发展得以更好地掌控时间，但也有人因此成了时间的仆人”。试题从话题出发，结合个人体验或对社会生活的观察，分析、归纳、反思相关现象，凝练成自己的观点，再寻找并使用恰当的证据支撑观点。作文题试题材料简洁，要求考生调动推理能力，发现问题、形成观点、展开论证，这对学生的独立思考、逻辑推理、概念辨析、证据选择以及论证展开等能力提出了较高要求，具体考查学生论点清晰、持论有据、逻辑一贯、表达准确等关键能力。新课标Ⅰ卷现代文阅读Ⅰ材料摘编自赫克托·麦克唐纳的《后真相时代》，书中讲述西方媒体在关于拉美地区藜麦生产和消费的新闻报道中大量使用“竞争性真相”，试题通过这一事例引导考生深入思考信息时代理性分析与审慎判断的重要性，提醒考生在面对热点事件时应走出情绪判断的误区，多角度、多层次地看待问题。

近年来语文的信息类文本阅读题主要考查学生的逻辑推理与判断能力，该类选择题通常会设置相关干扰项，考查学生在充分掌握信息的基础上进行推理判断与逻辑谬误识别的能力，避免经常出现的逻辑谬误，包括概念偷换、以偏概全、虚假因果、错失主旨、错置关系、不当类比、循环论证、滑坡谬误、合成谬误、分解谬误等。考生如果能够在快速信息处理的基础上，准确识别选项中的逻辑谬误，将极大地提高答题的准确性和效率。与此同时，近年来的信息类文本还设置了论证某一观点的开放性题型，要求学生有效甄别或选择某一观点提供有力的论证，包括论证的结构、证据的选择、观点/结论的得出等，这些对学生的逻辑推理和有效论证能力提出了较高的要求。2024年新课标Ⅰ卷文言文试题材料一节选自《资治通鉴·汉纪》中李陵请命抗击匈奴、战败后投降的一段，材料二节选自王夫之《读通鉴论》，是针对《资治通鉴》所记载的李陵事迹而作的一段议论。该试题考查批判性思维能力，引导学生全方位、多角度地思考问题，明辨是非而不拘于一隅之见。全国甲卷古诗文阅读题选取吕本中的《次韵钱逊叔泛舟虹桥》为材料，其颔联“舟比蜉蝣千顷外，（　）同斥鷃一枝栖”中出现一个缺字，第14题C项就此设计：斥鷃见于《庄子·逍遥游》，用来与鹏做对比，因此诗中缺字应是“鹏”。这有助于引导考生提高逻辑思维能力。

2023年历史试题强调综合运用科学方法对历史现象进行梳理、论证和探讨，全国甲卷第41题引入学术界近年来对《塞尔登中国地图》的研究成果，要求学生根据材料信息判断该地图为中国人所绘制的依据，对判断、推理等逻辑思维能力进行了较好的考查。全国甲卷第42题要求学生结合史实阐释一则新中国的“国家记忆”，答题要求：体现国家意义，观点正确，史论结合，逻辑严谨。全国乙卷第42题要求学生对材料中观点提出自己的看法，并加以阐述，要求看法具体明确，史论结合，论据充分，表达清晰。山东卷第19题，结合材料，以“深圳·窗口”为题写一则历史短文，要求：表述成文，叙述完整；立论正确，史论结合；逻辑严密，条理清晰。湖南卷第18题要求学生结合所学知识，对上海厚生纱厂招募湖南女工一事引发的争议进行评析，答题要求史实准确，符合逻辑，表述清晰。湖南卷第19题要求学生根据材料，结合所学知识，围绕葡萄酒的历史提炼一个论题，加以阐述，答题要求写明论题，史论结合，表述清晰。上述这些开放性试题在设问和答题要求上都明确要求学生观点清晰、言之成理、证据可靠、逻辑严谨、表达正确，着重考查学生逻辑推理与论证的能力，这已成为近年来高考文科试题的一般性要求。地理试题从要素综合、时空综合、区域综合的角度，强调地理要素之间相互作用、相互影响，引导学生摆脱思维定式，提升学生灵活运用基本原理的能力。地理阐释类试题不仅需要给出结论和观点，还要提供论据，需要对条件和结论进行完整的阐释，对逻辑推理与论证的能力提出了新的要求。如全国乙卷第 37 题，若要在亚欧大陆建设一座能够反映全球二氧化碳浓度变化的观测站，请提出合适的站址并说明理由。湖南卷第 19 题，科研小组预测两条河流会发生袭夺，请判断袭夺关系，并说明理出。福建卷第 19 题，研究表明 P 处北侧附近没有海洋入侵的痕迹，现作为野外科考队，欲寻找证据证明，请从两个方面分别论证说明。广东卷第 19 题，有人认为现代对马暖流形成于距今约 8000 年，但也有人并不认同，基于所给材料，请表明你支持的观点，并说明理由。上述试题都要求学生在给出结论或观点的同时还要结合证据进行有效的论证，对学生的逻辑推理与论证能力提出了较高的要求。

2024 年高考语文信息类文本阅读的选择题很多选项的正误判断主要考查学生能否快速识别逻辑谬误，新课标 I 卷信息类文本阅读题第 1 题，主要考查学生是否能快速识别选项 B 犯了“以偏概全”的逻辑谬误（从一个特定对象的规律推出一个普遍性的结论）。逻辑推理是获得数学结论、构建数学理论体系的重要方式，是数学严谨性的基本保证，是人们在数学活动中进行交流的基本思维品质。逻辑推理素养是高考数学的重点考查内容，要求考生掌握逻辑推理的基本形式和规则，探索和表述论证过程，有逻辑地进行表达和交流。2024 年数学新课标 Ⅰ 卷第 8 题考查对抽象函数的理解以及基础的逻辑推理能力，熟悉逻辑推理和不等式的学生无须任何计算即可排除选项 C、D，再在选项 A、B 中做简单的推算即可得出正确答案，充分体现了重视逻辑推理和多想少算的命题理念。新课标 Ⅰ 卷第 18 题，以基本求导公式及求导法则、利用导数判断函数单调性的方法为素材，考查灵活运用导数工具分析、解决问题的能力，考查学生的逻辑推理能力、运算求解能力。新课标Ⅱ卷第 18 题以二项分布、离散型随机变量的分布列为工具，考查分类讨论的思想和推理论证能力。

2024 年高考英语命题继续加强内容和形式创新，优化试题设问角度和方式，增强试题的开放性和灵活性，引导学生独立思考和判断，培养逻辑思维能力和创新思维能力。新课标 Ⅰ 卷阅读 D 篇选取的语篇探究市民科学家使用移动应用程序收集的生物样本数据在生物学研究中的可用性，指出实证研究发现的问题并提出提高数据有效性的措施。基于语篇命制的四道试题循着“了解现状—聚焦问题—分析原因—提出建议”的逻辑进行设计，考查学生能否准确理解每个环节的关键内容，引导学生培养科学探究精神，合理运用逻辑思维和批判思维方法，提升发现问题、分析问题、解决问题的能力。各套试卷总体结构一致，均包括听力、阅读、语言运用和写作四个部分，考查要点覆盖较为全面。听力部分主要考查学生能否听懂日常交际和学习场景中的简短对话或独白，考查的微技能包括在理解对话或独白内容的基础上结合交际情境获取具体信息、理解主旨要义、进行简单推断等；阅读部分主要考查学生能否读懂各种类型和不同主题的简短语篇，考查的微技能包括在理解语篇主要内容的基础上获取具体信息、概括主旨要义、辨析观点或态度、识别作者目的、进行逻辑推断等。

文科学科包括思想政治、历史和地理，无论是开放性综合试题还是封闭型的选择题，不论是全国卷还是分省卷，对逻辑推理与论证能力的考查成为命题的基本要求和普遍特征。2024 年高考试题创设了开放性的设题特点和答题要求，对学生围绕相关主题进行独立思考，收集、组织并运用高质量的史料或证据对某一观点进行逻辑严密的论证提出了明确要求。历史试卷以历史事件、历史现象、历史人物等的发展演变为背景，考查学生分析并全面解读历史信息，辨别历史事实与历史结论、历史观点，进而发现历史问题，独立提出观点，并结合相关历史证据和事实予以逻辑严谨的论证，从而明确得出个人观点的综合能力。思想政治高考命题越来越重视逻辑推理与论证能力的考查，演绎推理在开放性试题中得到了广泛的运用，该类试题要求学生在准确把握辩证法或唯物史观基本原理的基础上，提炼出推理论证的大前提，再从材料信息中概括出推理论证的小前提，然后运用演绎推理得出观点或结论，这类试题充分体现了逻辑推理与论证能力在思想政治科目命题中的重要性。2024 年高考政治新课标卷第 23 题结合公交客流量与票价之间的关系这一社会生活话题构建情境，要求学生运用充分条件假言推理的知识对现实问题进行正确判断，引导学生逐步形成对现实问题的逻辑认知，进而提高逻辑思维能力。

理科学科包括物理、化学和生物，近年来高考试题加大了对逻辑推理和论证能力的考查力度，要求学生从一般原理或规律出发，运用数学演算或逻辑推理得出特殊事实应遵从的规律。高考物理命题突出推理论证能力的考查，更加注重考查思维过程，鼓励学生运用创造性、发散性思维多角度分析解决问题。逻辑推理包括归纳推理和演绎推理，其他常见的推理方式还有类比推理、分析与综合推理等。高考物理新课标卷第 26 题运用较为新颖的表征方式描写物理状态，要求学生通过速度坐标系获取粒子的运动信息，建立粒子速度空间和运动空间的关联，考查学生推理论证、分析综合能力。全国甲卷第 18 题通过给出点电荷电势的表达式，考查学生结合已学的物理规律进行推理的能力。全国甲卷第 21 题设置半开放问题情境，要求学生分析线框以不同速度进入磁场中的运动情形，考查学生利用关键信息推理论证的能力。2024 年高考化学试题考查学生的探索归纳与论证能力，要求学生灵活运用所学知识，向学生渗透科学思维。全国甲卷第 13 题和新课标卷第 13 题均提供溶液中离子浓度的数据图，学生需要分析出各数据曲线所代表的微粒种类，考查学生利用数据进行归纳论证的能力。全国甲卷第 10 题给出四瓶无色溶液之间的反应关系图，学生需要分析物质之间相互转化的信息，经过逻辑推导和探索归纳得出各无色溶液所代表的物质种类并加以论证。

三、科学探究与思维建模

科学探究是围绕科学问题展开的一系列求解过程，是科学思维的具体体现，要求学生合理组织、调动相关学科知识，实施调研、探究或实验的活动，采用严谨求真、实证性的逻辑思维方法发现问题、提出问题、分析问题，并寻求有效的问题解决方案。科学探究是指观察、发现和提出科学问题，形成猜想与假设，获取和处理信息，基于证据得出结论并作出解释，以及对科学探究过程和所得结果进行评估和反思。以证据为基础，运用各种信息分析和逻辑推理得出结论是科学研究的主要活动。

科学探究主要包括问题、证据、解释和评估反思四个要素。其中，问题是指具有科学探究意识，能在学习和日常生活中发现问题，提出合理的猜想与假设。证据是指具有设计探究方案和获取证据的能力，能正确实施科学探究方案，使用各种科技手段和方法收集信息，包括通过观察、调查和实验等方法收集证据，准确使用实验器材、设计实验方案和收集实验数据等。解释是指具有分析论证的能力，会使用各种方法和手段分析、处理信息，描述、解释探究结果和变化趋势，基于证据得出合理结论等，包括基于证据分析现象背后的原因、对证据的可靠性进行评估、评价结论的可靠性与有效性等。“评估反思”是指具有交流和合作的意愿与能力，能准确表述、评估和反思探究过程以及科学探究所得到的结果。

与科学探究具有一定的相似性，思维建模（包括数学建模、物理建模等）能力是将思维过程模型化、可视化、可运算的能力，主要包括科学抽象、关键变量选择、模型建构、理想实验、科学推理与数学运算等环节。思维建模一般可分为理想模型和理论模型。理想模型是根据研究对象和问题的特点，在一定条件下对研究对象进行抽象，抓住主要的、本质的因素，建立一个易于研究、能反映研究对象主要特征的新形象。理想模型是科学抽象和概括的结果，是科学家为了描述客观事物的规律将研究对象抽象为理想模型。理论模型是在观察、实验的基础上，经过理性思维，对某一研究客体和研究对象的结构、相互作用、运动规律等所做的一种简化描述，这种模型通常是以假说的形式出现，它能解释某些客观现象和实验事实，反映研究对象的主要特征，理论模型的正确性和有效性要经由实验来检验，并且得到不断的修正和完善。建模方法是科学研究的常见方法，模型思维是极为重要的科学思维。科学探究与思维建模能力的考查在数学、物理、化学、生物等理科学科中更为突出，主要以各种情境模拟的科学实验与科学场景，把科学研究活动中的重要步骤、核心环节、主要参数，以图文或数据形式展开问题设置，考查学生科学探究的能力。科学探究和思维建模是科学人才培养的关键，是科技攻关的必备前提。突出科学探究与思维建模能力的考查，是我国拔尖创新人才培养的内在要求。

数学试题着重考查数学探究过程，包括观察分析事实、提出有意义的数学问题、猜测其结论或规律、发现数学命题。2022 年全国乙卷理科数学第 9 题、文科数学第 12 题研究球内四棱锥体积的最大值问题，要求学生有较强的空间想象能力和分析问题能力，只需将问题转化为三次函数的最值问题，进而利用导数求解。2022 年新高考Ⅱ卷数学第 8 题对思维的灵活性有较高要求，在抽象的情境中发现函数周期性是解题的关键。2022 年全国甲卷理科数学第 20 题、文科数学第 21 题，考查了直线、抛物线、三角函数、不等式的基本性质以及解析几何的基本思想方法，要求学生在复杂的直线与抛物线的位置关系中，抓住问题的本质，发现解决问题的关键，选择合理的方法。2023 年高考数学科在命制情境化试题过程中，兼顾情境的多样性，丰富情境类型，同时加强问题情境抽象转化为数学问题过程的考查，实现数学必备知识和关键能力的考查要求。如新课标Ⅰ卷第 10 题，利用对数函数研究噪声声压水平，通过对声压级的研究，考查学生科学探究与思维建模的能力。新课标Ⅱ卷第 19 题，要求合理平衡漏诊率和误诊率，制定检测标准，试题考查频率分布直方图，样本估计总体等统计知识，考查数学建模和数学应用能力。全国甲卷文、理科第 19 题，研究臭氧环境对小白鼠生长的影响，将小白鼠随机分配到试验组和对照组，利用成对数据制成 2×2 列联表，进行独立性检验，考查学生的科学探究与建模能力。2024 年数学新课标Ⅰ卷第 19 题以等差数列为知识背景，创新设问方式，设置数学新定义，搭建思维平台，引导学生积极思考，在思维过程中领悟数学方法，自主选择路径和策略分析问题、解决问题。

自然科学的本质属性使得科学探究或实验探究能力成为高考理科试题最重要的考查目标之一。高考理科学科（物理、化学、生物）特别重视对科学探究和模型建构能力的考查，具体表现在考查学生如何选取实验材料、设计实验方案、分析实验结果、理想建模与模型求解等等方面。建构与应用模型是物理学科最重要的研究方法之一，也是物理学科的核心学科特色。模型建构能力是指在研究比较复杂的物理学科研究对象过程中，抓住主要因素，忽略次要因素，对实际问题进行理想化处理，建立起能够描述客观事物本质的抽象的物理模型。高考物理试题注重物理模型建构能力的考查，通过创设情境，引导学生建构模型，进而解决问题。2022 年全国甲卷理科综合第 22 题要求学生根据实验目的和提供的实验器材，画出测量微安表内阻的实验电路原理图，具有一定的探究性。全国甲卷理科综合第 23 题利用气垫导轨对弹性碰撞进行研究，展示完整的实验探究过程，在形成结论部分，要求学生将理论与实验相结合，培养学生的证据意识。全国乙卷理科综合第 23 题要求学生选择合适的器材、设计实验电路原理图，探究待测电阻的伏安特性。2023 年全国甲卷第 22 题测绘小灯泡的伏安特性曲线，考查学生对电流表内接、外接两种基本测量电路原理的理解与探究。全国甲卷第 23 题探究物体做直线运动时平均速度与时间的关系，类似伽利略最初研究斜面运动时探究位移和时间关系的实验，考查学生的实验探究能力。新课标卷第 22 题观察电容器的充、放电现象，要求学生能够正确使用多用电表，分析电阻大小对电容器充电电流随时间变化曲线的影响以及曲线下面积的物理意义。2024 年高考物理试题同时在实验原理的理解、实验方案的设计、实验仪器的选择、基本仪器的使用、实验数据的处理、实验结论的得出及解释等方面加强设计，考查考生的实验能力与科学探究能力。全国甲卷第 15 题考查的是探究物体加速度与力和质量的关系这个实验的误差分析。全国甲卷第 22 题以物理概念建构过程中的演示实验为素材，设置电梯中的超重和失重问题情境，考查学生对基本仪器的使用，引导教学重视实验探究。全国甲卷第 23 题以给电阻型氧气传感器定标为背景创设问题，考查其对基本测量方法的掌握和实验数据的获取与处理，实验对考生的实验探究能力提出了要求。新课标卷第 22 题通过实验题设问，引导学生深入思考实验设计的原理。辽宁卷第 12 题以半圆拱形的积木为素材创设探究影响简谐运动因素的实验。江西卷第 9 题考查的是用双缝干涉测光的波长的实验。甘肃卷第 7 题考查观察电容器的充、放电现象，等等。2024 年高考全国甲卷第 26 题第（2）问建构全反射状态模型。新课标卷第 26 题，建构带电粒子在电场、磁场中的运动模型。湖南卷第 12 题考查了简谐运动模型，等等。

高考化学试题在实验原理的理解、实验方案的设计、实验仪器的选择、基本仪器的使用、实验数据的处理、实验结论的得出和解释等方面加强设计，考查学生的实验能力和科学探究能力，充分发挥对高中实验教学的积极导向作用，引导教学重视实验探究，引导学生自己动手做实验，切实提升实验能力。2022 年全国甲卷理科综合第 27 题以纯化硫化钠粗品为背景，考查学生分析实验操作方法、选择合理仪器、阐释实验异常原因等方面的实验探究能力。全国乙卷理科综合第 27 题以二草酸合铜（Ⅱ）酸钾的制备为背景，考查学生选取实验器材、选择加热方法、分析实验原理和解释实验现象等实验探究能力。2023 年全国乙卷第 9 题在考查化学原理理解、物质性质掌握、实验装置设计等化学基础能力的同时，考查学生处理化学实验问题的综合思维品质和实践操作能力，引领学生重视化学基本实验技能学习，为复杂问题的深度探究性实验打好基础。山东卷第 8 题以乙酸酐醇解反应为切入点，利用此反应定量测定有机醇中的羟基含量，考查酸碱中和滴定实验基本操作及步骤；第 9 题以乙酸酐醇解反应为切入点，利用此反应定量测定有机醇中的羟基含量，考查化学计算；第 10 题以乙酸酐醇解反应为切入点，利用此反应定量测定有机醇中的羟基含量，考查定量实验误差分析。2024 年化学全国甲卷第 27 题以合成固体氧化剂过氧化脲为载体，以物质合成、性质检测、化学分析为主线，综合考查化学实验中的基本操作，从操作的规范性、方法的严谨性、分析的缜密性等不同维度考查学生的探究能力。实验原理与规范操作的有机结合是实验能力的一个重要体现。新课标卷第 8 题选取点击化学合成法合成聚硫酸酯作为素材，综合考查学生观察对比、分析推理、迁移创新的科学思维。新课标卷第 9 题涉及铁与水蒸气的反应，考查学生操作规范、产物检验、仪器使用等科学研究的能力。新课标卷第 28 题以合成吡咯的实验为载体，考查学生认知物质性质、规范实验操作、信息解读、现象分析与解释等不同层面的能力，引导学生提升科学探究能力。

高考生物试题紧密结合实验，进一步丰富实验探究能力的考查方式和角度，提高学生实验操作的兴趣，加大对学生实验探究和思维建模能力的考查力度，包括实验材料的选取、实验方案的设计、实验结果的分析等方面，从多个角度评价学生科学探究和实验操作的能力。2022 年全国甲卷理科综合第 2 题给出 3 种不同植物细胞在蔗糖溶液中细胞形态变化的结果，要求学生分析细胞液浓度与蔗糖溶液浓度之间的差异，考查学生对实验结果的分析能力；第 38 题以利用胚胎工程保留优良品种为情境，考查精液保存、精子获能、囊胚培养等实验操作的关键步骤，考查学生对实验操作关键信息的理解和把握。全国乙卷理科综合第 37 题以生物学研究中常见的最适浓度探究为问题情境，要求学生写出实验思路，考查学生的实验设计能力。2023 年高考生物从实验设计、实验操作、实验结果分析等多个维度考查学生的科学探究能力，引导学生注重科学思维的培养。全国乙卷第 38 题创设通过基因工程技术获得多种颜色的荧光蛋白的问题情境，考查对基因文库、基因突变、目的基因表达载体构建等基本概念的理解，要求学生设计实验探究突变基因在真核细胞中能否表达，考查学生的实验探究能力。2024 年生物全国甲卷第 30 题要求学生设计实验方案验证蛋白质抗原片段在吞噬细胞的溶酶体中出现，考查学生运用实验方法与技术解决新问题的实验探究能力。新课标卷第 32 题要求学生设计实验方案检验血液样品中的 HIV 病毒，该问题可以选取多种方案，给学生提供丰富的思考空间。全国甲卷第 37 题以合理使用消毒液以减少传染病的传播为情境，考查学生微生物培养、计数、涂布平板法、实验结果分析等实验操作和科学探究能力。全国甲卷第 38 题以基因工程表达目的蛋白为背景，考查质粒载体的双酶切、感受态细胞的制备等关键环节的原理和目的，使学生在解决科学探究问题的过程中理解科学精神与科学原理。

四、批判性思维与创新思维

发展学生批判性思维有利于学生在学习中慎重鉴别、筛选和运用纷繁复杂的信息，保持客观而深刻的认识，敢于挑战固有观念或权威结论，是学生形成独立人格的前提，也是学生自主创新的基础。[①] 批判性思维是科学思维和理性思维的重要构成要件，是创新人才培养不可或缺的前提。批判性思维属于高阶思维能力，考查学生在面对各种复杂问题时运用已有知识进行审慎思考、分析推理、实证验证等方面的能力。批判性思维以探究和创新为导向，以理性和开放精神为核心。具体来讲，批判性思维是一种自觉通过质疑、查证和推理考查论证的合理性从而决定信什么和做什么的思维。一个完整的批判性思维过程包括理解主题论点、分析论证结构、澄清观念意义、审查理由质量、评价推理关系、挖掘隐含假设、考察替代论证、综合组织论证等步骤或要素。批判性思维与创新思维要求学生具有独立思考的能力，能够自觉运用分析推理、逻辑论证、甄别加工等方法，使用可靠的证据，得出自己的观点，解决实际问题。对于高考试题而言，批判性思维考查形式一般表现为：澄清相关概念、独立提出问题、评估证据与理由、揭示隐含前提、开放与竞争性结论、寻求多种解决方法、构造替代论证、阐释或评估可能的后果等。概括来讲，批判性思维以质疑和提出问题为起点，以获取证据、进行分析推理为过程，以得出有说服力的结论为结果。心智开放、独立思考、敢于质疑是批判性思维的必备品质，训练有素的逻辑推理与论证分析能力以及高水平的证据获取、评估与运用能力是批判性思维的必备技能。

辩证思维旨在反映事物的本来面目，揭露事物内部的深层次矛盾。由于辩证思维是一种深度思维，是从对象的内在矛盾的运动变化中去回答事物的“为什么”与“怎么样”。在理科试题中，要求考生运用开放性、流动性和发散性思维，提出新问题、创建新设想、发现新方法、得出新观点；在文科试题中，试题涉及辨析“观点”、说明“理由”、分析“根本原因”以及评价“意义”

---

① 王宁、曹宗祺：《普通高中语文课程标准解读》，高等教育出版社2020年版，第39页。

的时候，要求考生能够灵活运用辩证思维，从事物的相互联系与动态发展中进行深度考察，以便从整体上、本质上完整地认识对象。

创新思维的目的是造就高水平的拔尖人才，促进社会的整体性进步。通过思维方式的创新，破除迷信，超越陈规，不断推进思想进步和实践发展。创新思维强调革旧布新和创造新事物的能力。批判性思维教育除了引导学生树立理智、公正、开放的人格品质和价值观念，其核心功能还体现在对创新思维的激发和创新能力的提升。批判性思维与创新能力各有侧重，但两者高度吻合乃至重叠的地方非常多。普遍的观点认为，批判性思维与创新思维有着密切的、不可分离的关联，我们无法脱离批判性思维来谈创新思维或创新能力。从某种程度上来讲，创新能力往往是对创新活动的一般性描述，而批判性思维是对创新活动所应具备的价值观和工具方法的具体阐明。批判性思维与创新思维均强调独立开放、敢于质疑、勇于探索、开放包容、严谨推理、观点明确、批判态度等思维方式及技术方法。批判性思维与创新思维就是要引导高中教学打破追求标准答案、总结答题套路、重复机械训练等堕化学生思维、违背教育规律的不良做法。

高考语文试题通过设置新题型、丰富情境化考查方式、增强试题的开放性与灵活性，使学生正确有效地运用习得的语文知识与能力，在学习和生活实际中学以致用；通过科学布局，实现对以批判性思维为代表的高阶思维能力的全面考查。无论是现代文阅读、古代诗文阅读，还是语言文字运用、写作，均注重高阶思维能力的考查。2021 年新高考 I 卷作文“体育之效，强弱之变”，考查学生挖掘其中内含的逻辑关系，运用批判性思维梳理其辩证关系，并运用可靠的证据提供逻辑一致的论证过程的能力。2022 年高考语文四套全国卷均进一步增强了试题的开放性，改变了相对固化的试题形式，使用新题型，增强试题的开放性与灵活性，材料文体和组合形式更加多样，试题考点更加灵活，试题设问更加开放，进一步降低死记硬背和“机械刷题”的收益。语文新高考 I 卷文学类文本阅读节选自冯至的历史小说《伍子胥》，试题要求学生比较“渔夫拒剑”改写前后文学效果的差别，引导学生根据自己的阅读经验和审美趣味进行个性化解读。试题不设置唯一答案或标准答案，而是给出多个要点供阅卷参考，学生答案只要与之部分相符即可得满分；在已给出的要点之外，学生可以有其他答案，只要言之成理，就可得分。新高考 I 卷写作题，借围棋学习中的三个术语“本手、妙手、俗手”类比，引导学生理解“基础”与“创新”之间的辩证关系。2023 年高考语文全国甲卷论述类文本阅读考查学生分析论点、论据和论证的能力，引导学生梳理全文的论证思路并得出自己的观点，识别并排除选项中的推理谬误。例如，四套试卷的文言文阅读材料题的形式和考查侧重点各有不同。新课标Ⅰ卷文言文阅读的两则材料分别选自《韩非子·难一》和《孔丛子·答问》，聚焦赏罚问题，展现法家和儒家主张的差异及两家立论驳论的交锋，两则材料之间形成一种张力，其中第 14 题针对两则材料设题，要求考生进行比较阅读、批判性阅读，并思考子鲋在批驳韩非时如何抓住其论述的关键漏洞。新课标Ⅱ卷的两则材料分别选自《百战奇略》和《唐太宗李卫公问对》，前者是对淝水之战史实及战略的记述，后者是基于史实及战略的评论，两则材料构成对话关系，要求学生对两则材料进行甄别和判断，提出自己的观点并进行充分的论证。2024 年高考语文新课标Ⅰ卷写作试题以“提出一个问题往往比解决一个问题更重要”这一观点设题：“随着互联网的普及、人工智能的应用，越来越多的问题能很快得到答案。那么，我们的问题是否会越来越少？”要求学生根据材料引发的联想和思考进行写作。试题的开放性强，要求学生打破非此即彼的思维定式，从不同的角度进行思考和写作，围绕核心观点进行充分的论证。新课标Ⅰ卷文言文试题材料由两段文言文组合而成，两则材料在内容上深度关联，材料分别从不同的角度对李陵之降形成完全不同的判断。试题要求从材料一中提取和概括支持王夫之观点的证据，引导考生全方位、多角度地思考问题，明辨是非而不拘于一隅之见，对相关事件、人物从不同角度进行多元评判，以此引导学生批判性思维能力的训练与提高。

高考数学命题创新试题形式，增强试题开放性，鼓励学生运用创造性、批判性、发散性思维分析问题和解决问题，引导教学注重培育学生的创新精神。在多选题的设计上，增强试题的基础性和开放性。2022 年数学新高考Ⅰ卷、Ⅱ卷均设置了 4 道多选题，多选题重视深化基础性考查，强调分析问题、解决问题能力，突出发散性思维和创新性思维。填空题在答案设计上体现开放性。新高考Ⅰ卷第 14 题，要求写出一条与两个已知圆都相切的直线方程，对数形结合的素养和思维的灵活性进行了考查。同时，数学试题中结构不良问题创新试题设计，新高考Ⅱ卷第 21 题，也进一步增强试题的开放性。开放性试题为学生提供了发挥的空间和选择的权力，这种选择包括选择适合自己特点的问题，选择解决问题的方向，选择更简便的解题方法，这是理性思维的高度体现，需要有较强的独立思考能力和批判性思维品质。2023 年高考数学试题体现了创新性要求，通过命题创新，创设新颖的试题情境、新颖的题目条件、新颖的设问方式，尤其是加大结构不良试题的考查力度，有效考查考生思维的灵活性、批判性与创造性。结构不良试题往往表现为条件开放和结论开放，一般包括以下形态：问题条件或数据部分缺失、问题目标界定不明确、具有多种解决方法或途径、具有多种评价解决方法的标准、所涉及的概念、规则和原理不确定或不唯一。2023 年新课标Ⅱ卷第 15 题是一道开放题，有多个答案，考查直线与圆的位置关系、点到直线距离及圆内接三角形性质等知识内容。新课标Ⅱ卷第 12 题以信号传输为情境考查二项分布及其应用，试题设计两种传输方式：单次传输和三次传输，依次研究各种传输方式得到正确信号的概率，考查学生独立思考、挖掘隐含前提的批判性思维与创新能力。2024 年高考数学新课标卷调整试卷结构，减少试题数量，创新能力考查策略，设计全新的试题情境、呈现方式和设问方式，加强解答题部分对基本能力的考查，提升压轴题的思维量，突出理性思维和数学探究，考查学生运用数学思维和数学方法发现问题、分析问题和解决问题的能力。新课标Ⅰ、Ⅱ卷的两道压轴题突出探索性和创新性，灵活运用转化思想，提高思维的有效性，引导学生从不同角度认识问题，鼓励学生主动思考、发散思维，考查思维过程、探究过程和数学创新思维能力，考查学生面对新情境、解决新问题的创新能力。两道题同时还具有很好的引导作用，着力于“反套路、反刷题”，引导中学教学破除题海战术，消除解题套路，重视学生思维能力和学科素养的培养。

高考英语试题高度重视批判性思维与创新思维的考查，强调思维的逻辑性、批判性和创新性。各套英语试卷阅读理解部分的多数试题着重考查推断、归纳、概括、探究、开放等批判性思维高阶能力。2022 年全国卷阅读理解中有 50% 以上的试题考查推断、归纳和概括等高阶阅读理解能力。从主题来看，阅读理解部分选取如何避免食物浪费的讨论、悉尼新旧文化冲突、新媒体对家庭教育和生活的影响、英国征收糖税政策的起因和效果等语篇，以夹叙夹议的方式，启发学生运用批判性思维深入思考语篇的主旨要义和思想内涵。2023 年高考英语试题加强批判性思维考查，强调思维的逻辑性、批判性和创新性。试卷阅读部分选取了数字生活理念、都市生活环境中体味自然、灰熊与人类和谐共存方式以及从历史文物中客观认识历史的全貌等语篇。这些语篇启发考生批判性地思考文章的主旨要义和思想内涵，要求学生通过观察、判断、分析、推理、独立思考等方面的能力运用，对文章的论点、作者的观点、作者的态度以及中外文化异同等进行评估和判断，引导学生的批判性思维能力发展。写作部分包括续写题型考查考生在给定的情境中运用相关常识、经验、思想和语言知识进行有效的文字表达、完成特定的写作任务的能力。这些要求考生不断假设、尝试、验证自己的语言表达，且对学生的有效得出自己的观点并紧守已有的证据提出了较高的要求，是运用批判性思维与创新思维能力的典型表现。2024 年高考英语试题联系生活实际，加强对批判性思维能力的考查。全国卷通过选取具有探讨价值的语篇，如纸质阅读与数字阅读（可视化学习）的研究成果、现代生物采样数据的科学性、人工智能设计：与人工智能共生的计划、如何应对过度旅游等语篇启发考生运用批判性思维与创新思维深入思考。通过设置推理判断、主旨大意归纳、观点态度辨析等各类高阶思维类试题充分引导考生调动批判性思维与创新思维，根据语篇内容进行逻辑推理论证，通过归纳和概括等作出回答。考生在分析理解文章观点、作者意图和情感态度的过程和积累中，不断思考中外文化异同，引导多元思维和批判性思维习惯的养成。

文科学科（思想政治、历史、地理）试题强调多个知识点的综合运用以及从不同角度进行分析，启发考生自主发现问题、进行合理推理与论证，鼓励独立思考和质疑，并形成独立见解等。2022 年全国甲卷文科综合第 42 题要求学生通过对材料的理解分析，提出自己对国家发展维度的见解。学生可以选择不同历史时期，通过归纳、总结和概括发现不同国家所具有的共同特点，并得出合理结论。全国甲卷文科综合第 37 题第（4）小题，通过设置开放性问题，鼓励学生自行提出明确合理的科学观点并展开有理有据的分析论证，引导学生跳出死记硬背的窠臼，激发创新思维活力。全国乙卷文科综合第 37 题，通过具有进阶性、创造性的设问，要求学生综合内、外力因素，对不同地点海岸线变化的方向和幅度进行描述、概括和比较，引导学生突破气候变暖必然导致海平面上升的思维定式，培养学生实事求是的科学态度、具体问题具体分析的思维方法及敢于突破的创新精神。2023 年文科综合新课标卷第 33 题引入 1808 年欧洲的时事漫画《蛛网里的科西嘉蜘蛛》，引导学生对漫画的内容、性质和价值进行初步鉴别，培养学生对历史问题自主探究的能力。全国甲卷第 36 题以埃塞俄比亚灌溉农机的推广与发展为主题，倡导用辩证的观点看待区域发展问题。全国乙卷第 42 题以梁启超关于“民德”的观点为主题，要求学生对材料中的观点提出自己的看法，并进行论证。2024 年高考文综全国甲卷第 27 题以清代小说的刊印传播和被禁为素材，通过创设对比强烈的历史情境，引导学生理解清朝统治者在借鉴和吸收中原文化的同时不断加强文化控制的历史史实。文综新课标卷第 28 题围绕清代农业租佃关系创设情境，借佃户之口说明“卖田以佃田”的好处，学生需从封建制度、土地生产方式、赋税制度变革等多个维度，理解中国传统农耕生产方式的特点，引导学生强化对中国传统社会发展的长时段思考。

理科学科（物理、化学、生物）各科试题紧密联系生产生活实践，创设日常生活生产实践、技术进步、科学前沿等方面的情境，通过模型建构、科学推理、科学论证、理性思考、实证验证、质疑创新等方面对考生的批判性思维和创新思维进行考查。2022 年全国甲卷理科综合第 24 题、第 25 题，全国乙卷理科综合第 18 题，全国甲卷理科综合第 26 题，全国乙卷理科综合第 26 题，全国甲卷理科综合第 32 题，全国乙卷理科综合第 29 题等，考查学生运用所学知识，进行独立思考解决实际问题的能力，引导学生从解答题目到解决问题的转变，积极推动学生批判性思维和创新思维能力的培养。2023 年高考命题更加注重试题的设问环节，优化试题呈现方式，注重考查考生的思维品质，避免将学生导向细枝末节知识的过度辨析、典型题套路和技巧的运用，引导教学减少“机械刷题”现象。全国甲卷第 20 题，设问最少经几次碰撞，粒子就可能从小孔射出？是否射入小孔时粒子的速度越大，在圆内运动时间越短？问题都极具发散性，很好地考查了学生的发散性思维。全国乙卷第 20 题，根据接线柱之间的电压反推黑箱内的电路结构，存在多种可能性，答案不唯一，需要多尝试，思维要缜密，考虑要周全。新课标卷第 23 题的实验，考查学生自主发现问题，提出解决方案。2023 年化学新课标卷第 9 题以新颖的形式呈现由多种元素构成的晶体的结构，要求学生根据晶体中原子成键方式推断元素。全国乙卷第 5 题以含有一种特殊氨基酸的肽链的生物合成为情境，要求学生根据试题信息进行独立判断，考查学生基于生物学事实和证据，质疑、批判进而提出创造性见解的批判性思维能力。2024 年高考物理试题明显加强了对批判性思维能力的考查，主要体现在：第一，试题背景中的隐含前提，在探讨力和运动的试题中，能量守恒就是一个隐含前提，能量守恒定律总是成立的；第二，寻找物理过程中的临界条件，这是高考命题的一个重要方向，如求解极值的问题；第三，结构不良问题，如周期性运动中的多解问题，初始条件的不确定造成结果的多种可能性；第四，发散思维，同一个问题从不同角度解决。2024 年全国甲卷第 21 题，因初始条件的不确定，图像存在若干可能性。新课标卷第 18 题小球的质量、电量大小关系均不确定。新课标卷第 26 题运用对学生而言新颖的表征方式描写物理状态，要求学生通过速度坐标系获取粒子的运动信息，建立粒子速度空间和运动空间的关联，考查学生创新思维。全国甲卷第 18 题通过给出点电荷电势的表达式，考查学生根据物理规律进行推理的能力。

五、语言组织与表达

思维是语言的内涵，语言是思维的载体。语言组织与表达是指信息输入和认知加工之后的具体呈现，它同时也是一个人学科知识、专业素养、思维过程、逻辑论证的具体表现。语言组织与表达指根据应对问题情境的需要，合理地组织、调动各种相关的知识与能力，准确传达信息并进行交流沟通。能够根据具体情境的不同，选用口语、书面语等不同语体并灵活转换。熟练运用图像、图表、图画表达思维、观点，借助口头语言、书写或绘图工具等表达抽象的概念。语言表达同时也是一个人学科知识、专业素养、思维过程、逻辑论证的具体表现，语言表达考查学生能够运用规范和富有逻辑性的语言进行清晰、有条理的书面表达，能够准确地运用学科术语表达抽象的概念和学科知识。

语言表达考查学生能够运用规范和富有逻辑性的语言进行清晰、有条理的书面表达，能够准确地运用学科术语表达抽象的概念和学科知识。可以说，语言组织与表达是思维世界的具体呈现，也是高考“无思维，不命题”最直接的体现。语言组织与表达一般包括以下几个要素：核心概念、逻辑推理与论证的过程、事实证据、观点与结论、专业的术语或符号等。

语文试题中语言文字运用部分重点考查语句补写、文段压缩、语病辨析、成语和标点符号的使用等，同时也通过作文写作，突出对语言表达能力的考查。数学是一门富有逻辑的语言，数学中的语言表达能力不是一般意义的能够运用口头语言和书面语言进行沟通交流的能力，而是在表达数学的严谨性（逻辑推理、数学运算）、数学的应用性（数学建模、数据分析）和数学的一般性（数学抽象、直观想象）上具有特殊思维性的一种重要能力，数学试题主要考查学生运用数学语言和符号进行解题和表达的能力。英语通过设置特定的情境任务和写作要求，考查学生运用所学语言知识描述解释现象的能力，新高考英语试卷启用读写结合的短文续写新题型，加强对英语语言表达能力的考查。文科综合试题强调能够运用规范和富有逻辑性的语言进行清晰、有条理的书面表达；历史试题、政治试题都通过增加主观题设问的针对性，要求考生以简练、概括和符合逻辑的语言予以论证，重点考查考生的语言组织、逻辑思维、写作表达能力，考查考生面对复杂情境和多层次、连环设问进行语言组织和逻辑表达的能力，考查考生围绕论题组织可靠史料证据进行充分论证和准确表达的能力。理科综合试题则是结合学科特点，通过“简要写出实验思路”等作答要求对语言表达能力提出了要求，引导考生注重应用写作能力的培养。高考物理计算题要求考生运用物理学的专业术语、有逻辑地展示解题的过程，体现出对考生运用物理学专业术语进行表达交流的要求。化学学科的语言表达是交流和展示理论学习成果、撰写实验报告、发表科研论文的基础，将基础知识融入物质合成与转化、材料结构与性质以及实验探究等方面，考查考生对相似概念、重要学科术语的比较辨析和使用专业术语表达的能力。

2023年高考试题进一步强化对语言组织与表达的考查，要求学生能够从大量的信息中选择出关键和重要的内容，并进行精练和概括，同时能够对思维和观点进行清晰、有条理地组织，包括能够整合和归纳信息，形成严密的逻辑结构，使得所表达的意思连贯、完整和易于理解。2023年语文四套试卷的语言文字运用题的形式和考点各不相同。全国甲卷语言文字运用题的形式是“一拖五”，考点是俗语使用、句子修改、仿写、评论、成语讲解要点；全国乙卷语言文字运用Ⅰ和Ⅱ的试题形式分别是“一拖三”“一拖二”，考点是词语用法、句式含义、句式表达效果、语句补写、语段删改；新课标Ⅰ卷语言文字运用Ⅰ和Ⅱ的试题形式分别是“一拖二”“一拖三”，考点是语句补写、病句修改、重叠词语的含意、标点的表现力、词语在不同语境中的含义；新课标Ⅱ卷语言文字运用Ⅰ和Ⅱ的试题形式分别是“一拖二”“一拖三”，考点是成语填写、语句表达效果、疑问代词用法、语句补写、病句修改。2023年英语突出阅读理解和书面表达等关键能力的考查，旨在引导学生在英语学习过程中，通过听、说、读、看、写等不同的学习方式和实践活动，深入思考和领悟各项能力之间的关系，协同发展各项关键能力。2023 年英语写作部分强调对书面表达能力的考查，要求考生准确使用语法和词汇，运用一定的句型清楚、连贯地表达自己的意思。书面表达试题要求考生根据题目要求完成写作任务，形式既包括信件、邮件、通知等应用文，也包括根据提纲要点或图片、图表等提示材料书写短文等。短文续写题要求考生阅读一个 300 字左右的语篇之后完成两段文字的连续书面表达。全国甲卷和全国乙卷的写作部分包含短文改错和书面表达两种题型，考查考生基于一定情境的语言表达能力，要求能够理解试题任务要求，改正短文中的语言错误，或撰写征稿和邮件等不同文体的作文；新课标Ⅰ卷和新课标Ⅱ卷的写作部分包含应用文写作和短文续写两种题型，不仅考查基于一定情境的应用文写作能力，还考查阅读理解信息、逻辑思考文章后续发展和准确、连贯表达的能力。

2024 年高考语文全国甲卷语言文字运用第 21 题，设置了一个生活中常见的“患者—医生”的交际情境，考查特定语境下识别和提取必要信息并根据需求和对象进行表达交流的能力。新课标Ⅱ卷语言文字运用第 22 题，考查学生结合具体语境分辨词语语义和情感上的细微差别的能力，体现了语言运用的实践本质。新课标Ⅰ卷信息类文本阅读第 4 题考查设问和反问在文中的论证效果，全国甲卷古代诗歌阅读考查了学生对古代诗歌中炼字所取得的艺术效果的赏析能力，都体现了语言文字的基础性和应用性。2024 年高考英语全国卷继续深化语言能力基础性考查，强调对语音、词汇、语法、语篇、语用知识的内化掌握和恰当运用，以及对中外文化知识的理解掌握，强调结合具体语境和交际情境，运用基本语言能力实现准确理解和有效表达。英语学科通过设置特定的情境任务和写作要求，考查考生运用所学语言知识描述解释现象的能力。新课标英语试卷启用读写结合的短文续写新题型，加强对英语语言表达能力的考查。读后续写是一种将阅读与写作紧密结合的考查形式，旨在考查学生的综合语言运用能力。与应用文不同，读后续写除了要求学生掌握丰富的词汇和句式外，还注重学生的内容构思和情节衔接的能力。读后续写所需阅读的短文在 350 个词以内，多以记叙文故事类文章或者夹叙夹议类文章为主，故事情节有曲折、有起伏，但是，故事线索的逻辑性比较强，引导学生协同发展各项语言技能，提升综合语言运用能力。2024 年文科综合试卷强调能够运用规范和富有逻辑性的语言进行清晰、有条理的书面表达；历史试题、政治试题都通过增加主观题设问的针对性，加强对考生语言表达和组织论述能力的考查。文科综合要求考生以简练、概括和符合逻辑的语言予以论证，重点考查考生的语言组织、逻辑论证、写作表达能力，考查考生面对复杂情境和多层次、连环设问进行语言组织和逻辑表达的能力，考查考生围绕论题组织可靠史料证据进行充分论证和准确表达的能力。

需要指出的是，上述五大关键能力是相对于所有学科共性而言的，各学科在能力侧重点和表现形式上有所差异，譬如，科学探究与思维建模能力往往在理科学科中表现显著，而在文科学科中则不是那么突出。我们对于学科关键能力的理解不能一概而论，要结合学科属性和特征来理解和把握。如语文的关键能力主要表现为信息获取与加工、逻辑推理与论证、审美鉴赏与创造、语言构建与运用、批判性思维与创新思维等；数学关键能力包括数学抽象、直观想象、数学逻辑、数学建模、数学运算、批判性思维；英语关键能力包括信息获取与加工、逻辑推理与论证、语言理解与表达、批判性思维、文化交流等；物理关键能力包括信息获取与加工、逻辑推理与论证、物理建模、科学探究、批判性思维等；化学关键能力包括信息获取与加工、逻辑推理与论证、科学探究与创新、模型建构与应用、批判性思维等；生物关键能力包括信息获取与加工、逻辑推理与论证、模型建构与应用、科学探究与实验、批判性思维等；历史关键能力包括信息获取与加工、逻辑推理与论证、唯物史观、辩证思维、批判性思维、语言组织与表达等；政治关键能力包括信息获取与加工、逻辑推理与论证、唯物史观、辩证思维、批判性思维、语言组织与表达等；地理关键能力包括信息获取与加工、逻辑推理与论证、模型建构与应用、区域认知、综合思维与比较思维、批判性思维、语言组织与表达等。

六、思维品质：可视化、过程化与规范化

思维品质成了近年来高考命题的一个高频词。思维品质是指思维能力的特点及其表现水平。人们在思维活动过程中表现出不同的特点及差异，就是我们所说的思维品质。思维品质主要包括：思维的逻辑性、思维的广阔性、思维的深刻性、思维的独立性、思维的灵活性、思维的敏捷性、思维的批判性以及思维的创造性等。对高中教育而言，思维品质指学生在正确价值观指导下，调动、

整合、运用所学必备知识、关键能力发现问题、分析问题和解决问题过程中表现出来的可迁移的思维特点及层级水平，是激发个体好奇心、想象力、塑造创新人格所必须具备的基础。

高考评价体系指导下的高考命题就是要加大对学生思维品质的考查力度。通过优化试卷结构，丰富呈现方式、创新设问角度，拓展思维考查的空间，强化思维过程和思维方式的考查，引导学生提升思维品质，减少死记硬背和“机械刷题”，引导学生在独立思考、深入探索的过程中增强创新意识，培育创新精神。如何有效提高和训练学生的思维品质是当前高中教育面临的重大课题，也是很多一线师生面临的难题。思维品质很多时候被认为是一个抽象概念，较难操作化和实践化，在一线教学实践和学习训练中无法落地。我们认为，思维品质不是一种神秘的、只可意会不可言传的东西，思维能力是可认识、可把握、可训练、可评估的实实在在之物。将思维打开、让思维看得见，是我们进行规范思维训练的前提。因此，要切实有效提高学生的思维品质，首先要认识到思维可视化、过程化和规范化的重要性，并在此基础上，进行有针对性的思维训练，让学生真正做到“知其然而知其所以然”，培养可迁移的思维能力，通过“解剖一道 / 几道题”实现“解决一类题”。

“思维可视化”是指要将思维或能力清晰地整理和呈现出来。这首先要求我们打破思维的模糊性，将思维能力进行清晰的分类和界定，如五大关键能力，就是思维可视化的一种具体操作。将关键能力清晰地界定为信息获取与加工、逻辑推理与论证、科学探究与思维建模、批判性思维与创新思维、语言组织与表达等。针对特定学科，要结合学科属性和特征对其关键能力进行界定，如语文关键能力包括信息获取与加工、逻辑推理与论证、语言建构与表达、文学鉴赏与审美、批判性思维等，数学关键能力包括数学抽象、直观想象、数学逻辑、数学建模、批判性思维等。其次，思维可视化要求让思维的过程和形式能够看得见，可以通过思维导图、推理过程呈现、关键步骤分析、核心构成要素等方式，让思维的过程和形式都清晰地呈现出来。思维可视化对培养和训练我们的思维品质和关键能力尤为重要。

思维过程化是指要对思维或关键能力进行分解，尤其是要对它的过程进行分解，严格界定每一个思维或关键能力的过程形式、关键方法以及构成要素，让思维成为一种可认识、可学习、可操作的实在之物。思维过程化要求我们规范、准确、有效地解释和呈现试题解答的过程要素和思维要点，包括要素、结构、步骤和结果等方面。思维过程化是一种典型的系统思维和科学思维，它要求我们与人类思维的交叉、模糊以及混沌等做切割，强调思维的清晰、准确和稳定。例如信息获取与加工能力，一般可分解为关键信息定位、关键信息概括与提取、信息逻辑关系连接、信息转换以及推理判断等思维过程；又如数学建模能力一般可分解为提出问题、提出假设、确定变量、选择模型以及模型求解与评估等思维过程。思维过程化是思维可视化的前提，只有将思维过程进行有效的分解和界定，思维可视化才成为可能。

思维规范化是指我们的思维或能力必须是专业、正确和准确的。每个人都会思维，但并不意味着每个人都会正确、规范地思维。人类思维中充斥着各种逻辑谬误、非理性、偏执和错误，规范、准确的思维是需要经由严格系统的训练才可达成的。比如，我们很多人在做逻辑推理和论证分析时，根本分不清演绎推理直言三段论的基本构成、逻辑形式与逻辑规则（如大前提、小前提、推论、大项、中项、小项以及各自的位置等），也无法辨识直言三段论中的逻辑谬误，完全是凭经验凭感觉望文生义式套用“大前提、小前提、推论”等概念术语，势必带来逻辑混乱的推理与漏洞百出的结论。我们无法想象不具备规范、专业的逻辑基础知识（如演绎逻辑的直言三段论的式与格、选言三段论、假言三段论、构造性两难等，归纳逻辑的简单枚举法、统计归纳法、科学归纳法、类比法、穆勒法等，论证的识别、论证的结构、论证的构建、形式逻辑谬误、非形式逻辑谬误、证据的真伪、证据的评估与选择等），而单凭经验或朴素的认知能够写出高质量的逻辑推理论证分析出来。又比如，在进行批判性思维分析时，没有真正理解和把握批判性思维的核心指向与实质要素。以“揭示隐含前提”为例，隐含前提一定是那些对解题具有直接影响且不能从题干中直接得出的前提或假设，这些被隐含前提往往构成了解题不可或缺的前提条件（如直言三段论中的大前提或小前提），我们很多的分析就是套用一下“揭示隐含前提”这个帽子，既没有真正有效地揭示出关键的前提，更不知道揭示出的这个“前提”有什么用。再比如，在进行科学探究或思维建模时，我们很多时候也只是在套用科学探究或思维建模的帽子，没有对科学探究或建模的过程与要素等进行准确、清晰的界定和剖析。科学探究包括提出具体的科学问题、形成猜想与假设、获取和处理关键信息、设计相关实验方案与确立关键变量、基于证据得出结论并作出解释等环节，这些重要环节或过程的分析都必须具体、准确、专业。以上这些都是思维不规范的具体体现，这种不规范的思维是思维品质低劣的典型表现，它与提高人才培养质量和拔尖创新人才培养的目标背道而驰，同时，这种不规范的思维也无法有效地应对新高考。思维规范化要经过系统、专业、持续的训练过程，我们必须在高考评价体系和课程标准的指导下，加强关键能力如信息获取与加工、逻辑推理与论证、科学探究与思维建模、批判性思维与创新思维、语言组织与表达的规范性训练。

从现有的高考命题来看，体现思维品质的思维可视化、思维过程化和思维规范化得到了越来越多的强调和重视，这也是我们一线师生需要深刻理解和认识的。在平时的教学和学习中，只有通过规范的方法讲解，真题示例以及进行相应的专项训练，思维过程化、可视化和规范化才有可能取得显著的成效。与此同时，我们要重视思维能力或思维品质的可迁移性。思维品质和关键能力不同于静态的知识，它具有可迁移性，也即同一样能力或思维能够迁移到不同的学科、不同的情境或不同的时空，比如一个人一旦养成了严格的逻辑思维习惯和推理论证能力，那么他就能游刃有余地应对语文或数学或历史等学科的逻辑推理及论证类题目。概言之，思维可视化、思维过程化、思维规范化是提高思维品质、训练关键能力、提升学科素养的必由之路，也是我们一线师生高效应对新高考的必由之路。

为了体现思维可视化、过程化和规范化的考查，高考试题通常采用以下方法：第一，复杂问题解决：设计试题时可以提供一些复杂的问题，要求学生提出解决问题的步骤、策略和推理过程。这样能够考查学生的分析能力、创造性思维以及解决问题的能力。第二，推理和论证题目：试题要求学生分析事物的逻辑关系、提出合理的论证和推理过程，最终得出结论。第三，设计型问题：要求学生进行实验或者方案设计，需要他们展示设计过程、从问题分析到解决方案的提出过程。第四，开放式问题：设计试题时可以给学生提供多样化的解答方式，鼓励他们展示不同的思维过程，要求他们运用不同的分析方法、解决方案或论证方式来回答问题。第五，反思和评价：试题设计也可以要求学生进行反思和评价，要求他们分析其中的问题和优缺点，提出自己的观点并给出理由。

综上所述，高考评价体系指导下的高考内容和命题改革，就是要实现从考知识向考能力素养的转变，实现从解答题目向解决问题的转变，实现从传统的“考查内容”一维模式向“考查内容、考查要求、考查载体”三位一体模式的转变，着重考查学生的思维品质、思维过程和关键能力，进一步深化试题的情境创设和呈现方式，加大试题的开放性和探究性，积极引导高中教学过程中注重对学生学科素养、关键能力、创新精神和解决实际问题能力的培养。关键能力是实现改革目标最重要的改革抓手，只有深刻认识高考命题改革与关键能力及思维品质之间的内在关联，重视思维的可视化、过程化和规范化，着力培养学生的学科素养、关键能力和思维品质，才能有效应对新高考。

第四节　“情境载体串联线”常考常新

高考内容改革倡导加强理论联系实际，紧密结合国家经济社会发展、科学技术进步、生产生活实际等创设情境，充分考虑学生学习和生活实际，把课本知识与具体真实的世界联系起来，考查学生灵活运用所学知识、方法发现问题、分析问题和解决实际问题的能力，引导学生在解决实际问题的过程中建构知识、培养能力、提升素养。情境正是实现这种“价值引领、素养导向、能力为重、知识为基”的综合考查的载体，是“金线”和“银线”考查的串联线，通过“四层”考查内容将学科能力考查与思想道德渗透有机结合，利用“学科素养”这一关键连接层实现了融合知识、能力、价值的综合测评，从而使“立德树人”真正在高考评价实践中落地。①

情境式命题主要目标是增强试题的开放性、探究性和创新性，引导学生进行独立思考和理性判断，完成开放性或探究性的学科任务，发现新问题、找出新规律、得出新结论，以解决现实问题和科学前沿探索为主旨。不论是客观性测试还是主观性试题，考点必须“生长”在产生知识或应用知识的“土壤”之中。近年来的高考命题呈现出了“无情境，不成题”的典型特征。

高考命题中的情境，就活动场景与解题思维过程的相关性程度而言，可分为“弱情境”与“强情境”。“强情境”是指试题活动场景或背景与考查内容紧密相关，如果缺乏相应的情境知识和认知，会直接影响答题的效率与准确性，强情境的情境内容很大程度上决定了解题的方向、思路、过程与结论。“弱情境”

① 教育部考试中心：《中国高考评价体系说明》，人民教育出版社 2019 年版，第 35—36 页。

是指活动场景只是一个简单的背景、引子或话题，不直接影响答题的效率或准确性，换句话说，如果抛开情境内容，同样能顺利且有效地答题。

高考评价体系中的“情境”即“问题情境”，指的是真实的问题背景，是以问题或任务为中心构成的场景。根据目前高考的考查方式，高考内容的问题情境是通过文字与符号描述的方式即纸笔形式进行建构的，而情境活动也同样是通过文字与符号的形式进行的。高考命题中的情境，以活动场景的出场方式而言，分为生活实践情境和学习探索情境。生活实践情境与日常生活生产实践密切相关，考查学生运用所学知识解释日常现象、解决现实问题的能力。学习探索情境源于真实的研究过程或实际探索过程，同时包括学科前沿与实验场景等。

高考情境命题设计通常有以下四种类型：一是基础性为主的试题。在命制试题时，以问题情境为载体，加强对基本概念、原理、思想方法的考查，体现高考试题的基础性。二是综合性为主的试题。在命制试题时，注重选择生产生活中的真实案例，参照学生的实际认知水平，进行合理的简化或处理来设置问题情境，从而体现出高考试题的综合性。三是应用性为主的试题。在命制试题时，命制结论开放、解题方法多样、答案不唯一的试题，增强试题的开放性和探究性，引导学生打破常规进行独立思考和判断，提出解决问题的方案，考查学生学以致用、应对生活实践问题的能力，体现了高考试题的应用性。四是创新性为主的试题。在命制试题时，紧密结合我国社会亟待解决的紧迫问题、科学技术前沿理论、工程技术领域的重大项目等进行编拟，这类试题旨在考查学生独立思考、对问题或观点提出不同看法并进行论证的能力，考查学生敢于质疑、敢于批判的思维能力，考查学生创新性地运用知识发现新规律、研发新理论、开发新技术，为制定新政策、开拓新领域提供支撑的能力，体现了高考试题的创新性。①

情境是每个学科考查的载体，在各个学科中，情境设计并不一致。如地理学科分为生活实践情境和学习探索情境；历史学科分为简单情境、综合情境和复杂情境；思想政治学科分为简单情境、一般情境、复杂情境；生物学学科分为生活、学习和实践情境，科学实验和探究情境，生命科学史情境；化学学科分为日常生活情境、生产环保情境、学术探索情境、实验探索情境和化学史料

---

① 教育部考试中心：《中国高考评价体系说明》，人民教育出版社 2019 年版，第 40—42 页。

情境；物理学科分为生活实践问题情境和学习探索问题情境；英语学科分为人与自我、人与社会、人与自然情境；数学学科分为课程学习情境、探索创新情境、生活实践情境；语文学科分为个人体验情境、学习与认知情境、社会生活情境。

高考命题的理想情境一般具有典型性、复杂性、新颖性和结构不良性四个特征，其中，典型性是指在真实世界或学习探索中具有代表性、能够充分考查学科素养和关键能力、具有可操作性且符合学生认知和学科发展规律的情境；复杂性是指涉及多种关联活动、涉及多种影响因素、涉及多个参与主体以及要求调动多种关键能力的情境；新颖性是指学生未经历过，或者真实世界新出现的、呈现方式新鲜少见的情境；“结构不良性”是指冗余信息多、隐含信息多、问题创设开放、结论不设定唯一、解决方案多元的情境。课程标准和高考评价体系要求高考全面落实情境式命题，材料丰富，情境多元，加强情境的新颖性、灵活性、探究性和开放性。未来那些具有选拔区分度的试题将在情境创设上下功夫，可能呈现出由简单情境向复杂情境、由熟悉情境向新颖情境、由结构良好情境向结构不良情境的转换。

下面以近三年的高考试题为例，深入剖析“情境载体串联线”在高考命题中的运用方式，准确认识和把握“无情境，不成题”的命题特点。

一、重大现实问题与关键历史事件情境

高考试题紧扣时代主题，关注青年成长，反映根植于中国特色社会主义伟大实践的社会主义先进文化，引导青年学生将个人命运与国家命运紧密结合，鼓励青年热爱祖国、坚定信念、砥砺奋进、勇于创新。

2022 年适逢北京冬奥会成功举办、中国共产主义青年团成立 100 周年等重大历史事件，2022 年高考试题展现新时代社会主义现代化建设的历史性成就，反映中华民族从站起来、富起来到强起来的伟大飞跃，引导学生坚定“四个自信”，激发学生的爱国热情。如 2022 年语文全国乙卷作文围绕“北京：双奥之城”组织信息，从两次奥运会比赛成绩到两次奥运会举办时的综合国力，多方面呈现体育精神、社会进步、科技创新和国家发展。又如理科综合全国甲卷第 35 题考查北京冬奥会场馆使用的高分子材料结构与性质的关系，展现我国化学新材料的研发及应用。再如文科综合全国乙卷第 23 题以中国共产主义青年团 100 年来

团结带领青年为中华民族伟大复兴建功立业创设情境，引导青年学生正确认识和处理“小我”与“大我”的关系。试题展示我国重大科技成果，如全国乙卷理科综合第14题以航天员在我国空间站自由飘浮为情境，考查学生对失重本质的理解，体现新时代我国航空航天领域的重大科技进步，增强学生的民族自豪感。试题联系社会热点，引导学生关注社会生活，培养社会责任意识。

2023年语文新课标Ⅱ卷现代文阅读Ⅰ中的材料一摘自习近平总书记2011年11月16日在中央党校秋季学期第二批入学学员开学典礼上的讲话《谈谈调查研究》，文中强调调查研究应坚持群众路线和实事求是原则，启发广大青少年汲取其中的智慧，从人民的创造性实践中获得真知灼见。2023年文科综合全国甲卷第21题考查学生对坚持马克思主义基本原理同中华优秀传统文化相结合原因的认识，引导学生深刻领会传承发展中华优秀传统文化对于坚持和发展马克思主义的重大意义，增强坚持“两个结合”的思想自觉和行动自觉。2023年文科综合新课标卷第13题以党的二十大报告关于“六个必须坚持”的论述创设情境，考查学生对习近平新时代中国特色社会主义思想的世界观和方法论以及贯穿其中的立场观点方法的地位和意义的把握水平，引导学生把党的创新理论的世界观、方法论和贯穿其中的立场观点方法转化为自己的思想方法，掌握认识问题、解决问题的“总钥匙”。地理科试题摘选党的二十大报告及习近平总书记重要讲话材料，引导学生从地理视角理解与认同习近平生态文明思想，如文科综合全国甲卷第44题围绕山水林田湖草沙一体化保护和系统治理，要求学生阐释与运用自然环境整体性原理，理解党的二十大报告所蕴含的科学内涵。

2024年高考语文全国甲卷论述类文本阅读的材料节选自学术论文《海洋命运共同体构建与新的海洋文明》。2019年4月23日，习近平总书记首次提出“海洋命运共同体”的理念。作为“人类命运共同体”的重要组成部分，“海洋命运共同体”是维护海上安全稳定、推进全球海洋治理的中国智慧和方案，具有从海洋层面构建合作共赢、和平安宁的命运共同体的重大现实意义。选文从构建海洋命运共同体的目标、愿景和路径等方面展开论述。2024高考地理学科注重引导学生增强保护资源与环境的意识，树立维护国家安全、发展利益的观念。全国甲卷第44题，以某研究小组在“以水定绿”思想指导下探索合理的人工防风阻沙方式为情境，要求学生结合区域背景条件设计实验方案，探索水资源约束下具有最佳阻沙效果的灌草种植方式。考查学生对实验方案设计的把握，引导学生树立科学的生态安全观。新课标卷第 9—11 题，围绕一个以提高降水—土壤水转化效率为目标的人工降雨实验，加深学生对地表径流产生过程及其影响因素的认识，促使考生思考环境变化和人类活动共同作用下的水循环与水安全。全国甲卷第 4—5 题，以我国三江平原农垦系统某农场为案例，结合具体区域特点，引导学生以动态的视角，辩证地看待生态环境保护与维护国家粮食安全的关系。

二、生产实践与经济社会发展情境

高考试题命制重视理论联系实际，紧密结合国家经济社会发展和生产生活实际等创设情境，引导学生在解决实际问题中提高能力与素养。高考理科试题尤其重视自然科学与生产生活实际的密切联系，加强应用性，强调理论联系实际，突出学以致用，引导学生养成科学思考日常生活问题的习惯，倡导利用基础知识和基本原理分析解决生活实践和工业生产中的实际问题。

2022 年语文全国乙卷语言文字运用Ⅱ以熬夜看手机对视力造成损害的内容设置情境，引导学生正确使用手机，倡导健康的生活方式。2022 年语文全国甲卷语言文字运用Ⅱ选择以节食减肥的话题创设情境，引导学生关注现实生活，了解科学的减肥知识，养成科学健康的生活方式。高考数学试题背景素材一般会紧密联系国家社会经济发展和生产生活实际。例如，2022 年新高考Ⅰ卷数学第 4 题以我国的重大建设成就“南水北调”工程为背景材料，考查学生的数学建模能力。2022 年全国乙卷文、理科数学第 19 题，以生态环境建设为背景材料，考查学生应用统计的基本知识和基础方法解决实际问题的能力。英语高考试题历来重视日常生产生活情境的创设，2022 年英语试题包括十分熟悉的日常生活话题，如外出就餐、学习安排、选购礼物、公司搬家、艺术鉴赏、南极旅游、山区支教、如何避免食物浪费、禁止开车使用手机、运动促进心脏健康、无人机在铁路交通中的应用等，通过设置与学生日常学习和生活贴近的情境，引导学生关注日常生产生活实践，考查学生对英语语言知识的综合运用能力。

2023 年理科综合全国甲卷第 31 题以某旅游城市加强生态保护和环境治理后城市环境发生的变化为背景，展现水体清澈、鱼跃鸟鸣、人与自然和谐共处的美好画面，体现生物多样性的价值和意义，引导学生感悟新时代生态环境保护和城市环境综合整治的新局面。新课标卷第10题以我国化学工作者研发的Zn–V_2O_5电池为素材，展现了我国科学家在清洁能源开发利用领域的创新成果。新课标卷第17题以2023年5月成功发射的世界现役运输能力最大的货运飞船——天舟六号为背景，引导学生增强文化自信，树立科技强国的远大理想。全国乙卷第16题以2022年10月全球众多天文设施观测到迄今最亮的伽马射线暴为背景，显示我国的“慧眼”卫星、“极目”空间望远镜等在该事件观测中作出的重要贡献，凸显我国科技成就，引导学生关注科技前沿，开阔学生视野，激发学习兴趣。全国乙卷第35题以中国第一辆火星车“祝融号”成功登陆火星为背景，展现了我国在航天领域取得的伟大建设成就，激发学生的民族自信心和自豪感。2023年文科综合全国甲卷第1—3题讲述了泉州大规模胡萝卜出口基地由原先依靠进口种子到实现国产种子替代的故事，说明农业科技进步的重要性，考查学生对农业区位因素及其变化的理解，增进学生对国家、对家乡未来发展的自信心。全国乙卷第1—3题展现了劳动密集型、附加值低、产业链短的小小打火机产业在区位条件并不突出的湖南邵东市诞生、成长、壮大的历程，考查产业链、产业竞争力、产业附加值、地区发展优势等知识，引领学生思考我国轻工业或劳动密集型产业如何实现可持续发展的问题，试题选取把小产品作出大产业、有力促进区域经济发展的典型案例，展现时代新貌。

2024年化学全国甲卷第7题以人类利用能源的历史为主线，以不同时期的典型能源为代表，既考查物质组成、能量与物质转化等基本概念，使学生充分认识到化学在社会发展中的重要作用，同时又让考生进一步了解我国能源发展方向，了解发展清洁新能源的必要性，激发学生改善人类生存环境、促进社会可持续发展的责任感。全国甲卷第28题以化工领域具有重要意义的甲烷转化为载体，借助浓度时间图像和催化反应机理等方式提供信息，考查化学反应原理方面的知识。2024新课标生物卷第33题以厦门筼筜湖为主题，考查水质评价中监测氮元素的原因、红树植物碳中和的生理过程、鸟类等消费者对于生态系统的关键作用等，以此引导学生思考保护生物多样性的意义，传达“绿水青山就是金山银山”的价值理念，让学生在思考作答过程中领悟习近平生态文明思想的精神特质，使之成为自觉践行生态文明的行动者。2024年思想政治学科命题紧扣党的创新理论，引导学生领会新发展理念的深刻内涵。文综全国甲卷第

40 题，以某市坚持科技创新推动新质生产力发展的案例创设情境，考查学生对文化创新、系统优化等知识的掌握水平，以及运用这些知识分析和解决发展新质生产力问题的能力。试题以习近平总书记关于发展新质生产力的重要论断为引领，反映新质生产力同创新、科技、人才、教育的内在联系，引导学生立志献身科技强国事业，成为堪当民族复兴大任的时代新人。

三、科学探究、实验探索与科技前沿情境

通过创设实验探索和科学探究等情境，引导学生深入思考、勇于探索、实证求真，实现从解题向解决问题转变，助力高中育人方式的改革。物理、化学、生物等自然科学类学科试题中，设置科学探究与实验探索的情境越来越多。实验是培养学生科学素养的重要途径，高考试题紧密联系科学实践，在实验方案设计、实验结果分析、实验结论得出等多个维度进行考查，引导教学注重实验探究能力的培养，促进学生科学素养的发展。

物理试题在实验原理的理解、实验方案的设计、实验仪器的选择、基本仪器的使用、实验数据的处理、实验结论的得出和解释等方面加强设计，考查学生的实验能力和科学探究能力，引导学生自己动手做实验，切实提升实验能力。2022 年全国甲卷理科综合第 22 题要求学生根据实验目的和提供的实验器材，画出测量微安表内阻的实验电路原理图。全国甲卷理科综合第 23 题利用气垫导轨对弹性碰撞进行研究，展示完整的实验探究过程。全国乙卷理科综合第 23 题要求学生选择合适的器材、设计实验电路原理图，探究待测电阻的伏安特性。全国甲卷理科综合第 24 题、第 25 题、全国乙卷理科综合第 18 题也都是以实验为设题情境，考查学生科学探究和实验探索的能力和素养。2023 年物理试题突出真实问题情境的设计，引导学生从生活中发现问题、提出问题，注重培养学生的物理学科核心素养。物理新课标卷第 26 题涉及法拉第电磁感应定律、安培力、牛顿定律、电阻的串联与并联、欧姆定律、能量守恒定律等物理概念和规律，考查学生综合运用物理学知识解决问题的能力。新课标卷第 15 题以无风时雨滴受空气阻力的作用在地面附近以恒定的速率竖直下落为情境，考查学生对做功这个基本物理概念的理解。2024 年高考理科综合新课标卷第 15 题以我国自主设计建造的首艘弹射型航空母舰——福建舰为背景，鼓励学生关注新时代

我国重大科技发展成果，在以国之重器增强学生的民族自信心和自豪感的同时，强调物理学基本规律在前沿科研中的重要应用，引导学生重视基础物理知识的学习。全国甲卷第 16 题以嫦娥六号开启人类首次从月背采样返回之旅为情境，展现我国航天领域的伟大成就，增强科技自信、自立，激励学生树立科技报国的远大志向。

实验探索和学科前沿情境在化学高考试题中尤为突出。2022 年高考化学试题围绕“盐类水解的应用”“铁及其化合物的性质”“探究影响化学平衡移动的因素”“有机化合物中常见官能团的检验”等重要实验，考查利用化学反应基本原理、基于实验目的分析实验现象并得出结论的能力。理科综合全国甲卷第 13 题考查水解常数、氢离子对铬酸根平衡移动的影响、醇的性质及浓盐酸与 $KMnO_4$ 溶液的反应。理科综合全国乙卷第 10 题考查糖的性质、氯溴碘性质递变规律等，第 37 题以生物学研究中常见的最适浓度探究为问题情境，要求学生写出实验思路，考查学生的实验设计能力。2023 年化学试题紧密联系工业生产实际，强化对基础知识深入理解基础上的综合运用。新课标卷第 29 题以高中化学课程中的经典内容合成氨为素材，紧密联系工业生产实际，要求学生综合运用化学反应与能量变化、化学反应速率与限度、物质结构与性质等知识，具有鲜明的综合性特征，促进学生知识体系构建。理科综合全国甲卷第 37 题以蛋白质的分离纯化为主题，综合考查凝胶色谱和 SDS—聚丙烯酰胺凝胶电泳两种常用技术方法的原理和应用，要求学生能够对其共性与差异有深入的理解，并能够灵活运用。全国乙卷第 36 题采用结构较为复杂的药物奥培米芬的合成路线作为素材，将高中阶段学过的有机化学反应和新反应结合起来，新反应通过已知条件给出，将基础和创新融入试题，设问由浅入深，既考查学生对教材中有机化学基础知识的掌握，又考查其对有机化学相关知识的综合运用。2024 年新课标卷第 8 题选取点击化学合成法合成聚硫酸酯作为素材，从结构决定性质的化学观念出发设计问题，在考查聚合反应途径、聚合物稳定性等有机化学必备知识的同时，综合考查学生观察对比、分析推理、迁移创新的科学思维。该方法是 2022 年诺贝尔化学奖获得者研发的一种高效合成反应，对学生了解科学前沿，激发崇尚科学、探索未知的兴趣，培养探索性、创新性思维品质具有重要的现实意义。

四、日常生活与体美劳情境

高考试题突出对应用性的考查，强调学以致用，通过创设自然真实的生活实践、学习探索等问题情境，将理论知识与实际问题相结合，考查学生有机整合运用所学知识方法分析问题、解决问题的能力，引导学生主动探索并思考解决日常生活中的问题，不断增强实践能力。试题以促进学生全面发展为导向，在引导体育、美育、劳动教育上持续发力。在试题素材选取方面，注重结合中学生的心理发展特点，力求能够引起学生的情感共鸣；在题目情境设计上，注重结合中学生的实际生活，使之能有深入其中的感受与体验；在问题设计上，注重契合中学生的思维方式，提供充足的思考与发挥空间，引导其领会体美劳教育对于个人成长成才的必要性，激发学生的参与热情，引导中学不断优化教学理念，促进学生全面发展。

2022 年高考英语全国甲卷听力题选取一位艺术鉴赏家谈论自己经历的材料，阅读题选取介绍英国卡迪夫市艺术剧院的语篇。全国乙卷阅读题选取介绍苏格兰画家 Henry Raeburn 作品展信息的语篇。2022 年高考英语全国甲卷听力题包含对一位短跑运动员的采访材料。全国乙卷短文改错题选取自行车运动有利身体健康和环保的内容。新高考全国Ⅰ卷听力题选取一段在运动俱乐部讲话的材料，阅读题选取如何找到合适的健身伙伴的语篇。新高考全国Ⅱ卷阅读题选取运动促进心脏健康的语篇，写作题选取一名残疾学生积极参加跑步比赛的语篇。

2023 年高考试卷进一步结合实际日常生活，加强对体美劳的考查，引导学生加深对艺术的认识，树立健康向上的审美情趣，引导学生形成劳动观念，培养劳动精神，养成热爱劳动的美好品德。2023 年语文试题充分发挥学科优势，润物无声地以美陶冶性情、滋养心灵，在美的熏陶中培养审美感知和创造表现。新课标Ⅱ卷的古代诗歌题以北宋林逋的七律《湖上晚归》为阅读材料，该诗写诗人秋日傍晚乘舟归家所见，于景物描写中展现诗人的恬淡心情。第 16 题考查学生正确理解中国古代独具特色的形象化理论话语的审美感受力，领悟古典诗词的隽永魅力。语文全国甲卷的文学类文本阅读材料为现代作家巴金作品《机械的诗——旅途随笔之一》，体裁是散文，题材则是劳动，文章赞美机械具有“创造的喜悦”和“散布生命”的诗性，以独特的视角塑造工人形象，礼赞劳动，引导学生思考“机械的诗”背后是工人辛勤的创造。2023 年英语学科全国乙卷完形填空语篇讲述美国体操运动员 Gabby Douglas 在华人教练的培训下，经过刻苦努力最终获得奥运会个人全能冠军。新课标 I 卷完形填空语篇讲述一名越野赛跑运动员在比赛中将受伤的运动员背至终点就医。这些语篇旨在引导学生关注体育与身心健康，提高运动意识，在体育锻炼中锤炼意志，涵养体育精神。全国甲卷听力部分选取俄罗斯音乐家 Maxim 的一段讲话，谈论其作为柴可夫斯基公开赛裁判的经历。全国乙卷阅读部分 B 篇讲述一位摄影爱好者如何在美国西部拍摄出高质量的风景照片。新课标Ⅱ卷阅读部分第二节语篇向希望学习绘画的朋友提出一些建议。这些语篇旨在引导学生加深对音乐、摄影、绘画等艺术的认识，培养健康向上的审美情趣。全国甲卷阅读部分 B 篇讲述作者 Terri 的 DIY 经历和 DIY 给她的生活带来的好处。新课标Ⅱ卷阅读部分 B 篇讲述两位教师在学校开设劳动课程，带领学生养花种菜的经过及对学生饮食习惯和身心健康产生的积极影响。这些语篇旨在引导学生养成劳动意识和热爱劳动的观念，培养良好的劳动习惯。2023 年理科综合全国甲卷第 14 题以学生推铅球为背景，理科综合全国乙卷第 14 题以学生垫排球为情境，两道题均将物理与体育锻炼相结合，引导学生热爱体育运动、积极参加体育锻炼。理科综合新课标卷第 32 题展现运动时的生理变化以及机体通过神经调节和体液调节以适应运动时的特殊生理需求，要求学生分析心跳加快、呼吸运动加快、血糖平衡、水盐平衡维持的生物学原理，引导学生在运动过程中思考各项生理指标变化的原因和作用机制，提升运动的科学性和准确性，激发锻炼热情，强健体魄。

2024 年英语新课标Ⅱ卷阅读 A 篇介绍了秋季徒步健身活动，引导学生走近大自然，开展体育运动，文中提及多项注意事项，于潜移默化之中强调了运动安全的重要性。2024 年英语全国甲卷阅读 A 篇介绍了校园艺术节上丰富多彩的活动，引导学生走进画廊和博物馆，培养审美情趣，提高艺术品位。在劳动教育方面，新课标 I 卷阅读 A 篇介绍了一个地区生物栖息地修复工作队的工作内容和招募志愿者的要求，引导学生热爱劳动、参与劳动、享受劳动。

五、文化传统与学科史料情境

以丰富的传统文化、革命文化与学科史料作为设题情境是近年来高考试题的鲜明特征和趋势。中华优秀传统文化是中华民族的文化根脉、精神标识，也是实现中华民族伟大复兴的力量源泉。高考试题选材注重体现中华优秀传统文化和革命文化的精髓，试题设问既引导学生在深刻理解其内涵的基础上借鉴古人智慧、汲取精神力量、树立文化信心，又引导学生立足当下现实、融通古今资源、面向未来创新，准确把握中华优秀传统文化的内涵与价值，深入思考中华文明在当代的创造性转化、创新性发展。

2022 年语文新高考 Ⅰ 卷信息类文本阅读题以习近平总书记在哲学社会科学工作座谈会上的重要讲话以及郑敏《新诗百年探索与后新诗潮》为设题情境，引导学生深入认识和领会中华优秀传统文化如何实现传承和创造性转化及其当代价值。语文全国乙卷文言文阅读材料选自《说苑・贵德》，以吴起告诫魏武侯国之宝在德不在险、晏子劝说齐景公供养老弱孤寡等历史记载，引导学生领悟儒家思想中“以德化人”的德治主张和“政在养民”的民本思想。2022 年语文全国甲卷文学类文本阅读的两则材料分别选自王愿坚的小说《支队政委》与哈里森・索尔兹伯里的纪实作品《长征：前所未闻的故事》，生动阐释了“理想信念之火一经点燃，就永远不会熄灭”的道理。2022 年语文新高考 Ⅱ 卷文学类文本阅读材料选自李广田的散文《到橘子林去》，引导学生领悟“人民是历史的创造者、人民是真正的英雄”的真谛。2022 年高考数学全国卷也通过考查我国古代优秀科技文化的相关内容，让学生领略中华民族的智慧和数学研究成果，对数学应用形成更深刻的认知。新高考 Ⅱ 卷数学第 3 题以我国古代建筑中的举架结构为背景，考查学生综合应用相关数学知识解决实际问题的能力以及数学建模能力，试题设置相关情境引导学生关注我国古建筑，感悟我国古代工匠的非凡智慧。全国甲卷理科数学第 8 题以我国古代计算圆弧长度的“会圆术”为背景，使学生直观感受我国古代数学家解决问题的具体过程，激发学生的学习兴趣，具有积极的教育意义。

2023 年语文全国甲卷语言文字运用部分第 21 题巧置情境，假设学生受邀给小学生讲解成语，要从“卧薪尝胆”“庖丁解牛”“一鼓作气”三个成语中任选一个，拟出讲解要点，引导学生注重对成语、典故等中华优秀传统文化知识的继承和弘扬。英语全国甲卷书面表达题设置的情境是学校举办以用英文讲中国故事为主题的征文活动，要求学生以一位中国历史人物为题写一篇短文投稿；全国乙卷语法填空题语篇讲述北京悠久的城市历史，揭示城市发展建设一定要尊重传统、保存好城市的珍贵遗产。新课标I卷语法填空题语篇讲述中华美食小笼包的美妙滋味与制作知识，增强学生对中华优秀传统文化的自信。2023年文科综合甲卷第47题以春秋时期孔子的“乐教”设置问题情境，展现“乐教”育人才、齐风俗、实现政治与社会理想的独特功能，启发学生认识“乐教”对儒家文化的丰富和发展，以及对于增强中华民族凝聚力的作用。文科综合新课标卷第43题呈现了中华文明多元一体的特征，引导学生从熟悉的地域入手，思考该地域与中华文明内涵丰富发展之间的互动关系，将家国情怀与时空观念相融合，启发学生由爱家、爱乡到爱国，争做中华文明的拥护者、传承者。文科综合全国乙卷第40题选择近年来传统文化类节目在电视台热播、形成持续不断的传统文化热现象为背景，引导学生正确看待传统文化，思考传统文化的时代价值，思考传统文化传承发展和青年的责任担当，领会推动中华优秀传统文化创造性转化、创新性发展的道理，自觉做中华优秀传统文化的传承者、发展者。

2024年文综全国甲卷第26题立足于中华文明的创新性，依托明代中期经济社会转型背景，以明代中后期士大夫广泛参与日用类书籍编纂的现象创设情境，展现士人以守正不守旧的创新精神，回应民众对日用知识的急迫需求，引导学生认识中国传统文化的创新动力。2024年高考化学试题注重挖掘中华民族优秀文化成果，选取中华传统文化的瑰宝融入试题，增强学生文化自信，激发学生为中华民族伟大复兴而奋斗的责任感和使命感。

综上，高考评价体系中的“四翼（基础性、综合性、应用性、创新性）”考查要求是通过问题情境来实现的，目的是在较高的认知层次上提高学生的心智活动和认知能力，从而引导学生自觉培养科学思维和关键能力，激发科学探究活力。通过合理创设试题情境，加强问题导向，注重学用结合，加大试题的开放性与探究性，鼓励学生理论联系实际，关心日常生活、生产活动中蕴含的实际问题，设置新颖的试题呈现方式和设问方式，培养学生主动思考、敢于探索、勇于发现问题以及从不同角度分析问题与解决问题的科学精神，引导学生发现新问题、提出新问题，找到新规律、得出新结论，从而有效考查学生思维品质和思维过程，更好地服务高校人才选拔，服务引导高中教学，服务拔尖创新人才培养。

第五节　高考改革与教育观念转换

新一轮科技革命和产业变革日益深入，围绕高素质人才和科技制高点的国际竞争空前激烈，我们要把科技的命脉牢牢掌握在自己手中，在科技自强自立上取得更大进展，归根结底要依靠高水平的创新人才，这对我们的人才培养提出了新的更高要求。近年来，高考试题以问题为导向，实现从考知识向考能力素养的转变，实现从解答题目向解决问题的转变，进一步加大试题的开放性、探究性和创新性，进一步打破固化形式、优化试卷结构、丰富呈现方式、创新设问角度、拓展思维空间，破除唯一标准答案束缚，强化关键能力、思维过程和思维方式的考查，引导学生提升思维品质和思维能力，减少死记硬背和“机械刷题”现象，激发学生崇尚科学、探索未知的兴趣与勇于创新、敢于探究的科学精神。在拔尖创新人才培养成为国家战略这样的大背景下，传统的那套以知识传授和知识理解程度深浅为主要目标的教学模式面临挑战，原有的教育理念和教学观念都需要反思与重构，主要体现在以下几个方面。

一、思维就是力量

弗兰西斯·培根那句振聋发聩的“知识就是力量”响彻神州、深入人心，几乎成了我们过去对教育和人才培养的全部认知，并由此奠基了我国教育的基本底色：以传授知识作为课堂教学和教育活动的根本目标。正是在这样一种观念的支配下，我们对教育的理解和认知，主要表现为教师传授知识是其职责所在，学生获取知识乃天经地义。传统的应试教育就是一种以知识为中心的教育模式，考试的核心目的就是对学生掌握知识多少以及对知识理解深浅程度的考查与检验。学生的职责就是学习知识，教师的职责就是传授知识。清华大学钱颖一教授指出我们对教育从认知到实践都存在一种系统性的偏差，这个偏差就是把教育等同于知识，并局限在知识上，知识几乎成了教育的全部内容。这是我国教育存在的最主要问题。钱颖一教授进一步指出，人工智能将使中国教育优势（广而全的知识传授与练习）荡然无存。①

不可否认，自现代社会诞生以来，知识成为改变世界的重要力量，知识是现代文明的主要特征之一。培根的“知识就是力量”一反中世纪神学及经院哲学神启及信仰至上的痼疾，凸显人类理性的光辉与感性经验的优先性，同时明确指出求知的过程就是要破除人类心智的种种迷障，实现理智的真正解放。知识和理性奠定了现代世界的根基。同样不可否认，过去三四十年间，知识是推动中国经济社会发展取得巨大成就的核心力量，知识也改变了无数人的命运。正是在这样的一种认知惯性和路径依赖中，以知识为中心的教育观念便成了顺理成章的事，并由此形成了一整套以掌握知识点为目的且行之有效的教育、学习和备考方法。将知识进行细分和梳理，死记硬背知识点、基本原理、基本公式、标准答案，并通过题海战术和机械刷题来快速识别试题类型、提炼答题技巧、总结解题套路等，从而达到有效提分和精准应考的目的。

以知识为中心的教育模式在过去的几十年时间内为我国提供了大批优秀技术人才和工程师，适应了我国特定历史发展阶段的人才需求，为我国经济社会的发展作出了巨大贡献。但随着强人工智能时代的来临，特别是新一轮科技革命和产业变革日益深入，国际竞争格局发生深刻变化，创新人才培养已经成为国与国竞争的核心力量，传统的以知识为中心的教育模式已经很难或无法适应国家战略和时代发展的需要了。这是因为，创新人才的培养不是知识的简单传递或获取，而是新知识、新理论、新方法的发现和创造。我们必须要重新确立一种以知识发现和知识创造为中心的教育观念。知识获取并不等同于知识创造或知识发现，知识创造和知识发现依靠的人的思维。正如20世纪最伟大的科学家爱因斯坦所言“大学教育的价值，不在于学习多少事实，而在于训练大脑会思考”②。爱因斯坦这里说的事实就是知识，他认为教育的本质和价值不是记住很多知识，而是训练大脑的思维。知识固然重要，我们无法脱离知识来谈知识发现、能力培养和素养提升，但知识不能构成教育的全部，特别是在创新发展

① 钱颖一：《批判性思维与创造性思维教育：理念与实践》，《清华大学教育研究》，2018年8月（第39卷第4期）。

② 转引自钱颖一：《批判性思维与创造性思维教育：理念与实践》，《清华大学教育研究》，2018年8月（第39卷第4期）。

驱动和强人工智能快速发展的当下，创造知识和发现知识成了教育的本质要求。换句话来说，在新的竞争格局和强人工智能时代背景下，不论是个人成长还是国家发展，没有知识是不行的，而仅仅只有知识也是不行的。

思维是指通过分析、推理和判断，在对问题进行深入、独立和批判思考的基础上，逻辑一贯、证据可靠地得出自己结论，并能对得出的结论进行评估和反思。思维是一个人的心智活动和认知模式，表现出内生和难以直接观测的特征，但思维并非天生的，而是一种可获得性能力，也即这种能力可通过后天专门的训练得到提高，而且思维能力具有可迁移的特性。思维品质反映了个体智力、思维水平和思维能力的差异，思维品质的衡量主要包括深刻性、灵活性、独创性、批判性、敏捷性和系统性六个方面。思维能力是知识发现和知识创造的核心，是拔尖创新人才培养的关键。本轮高考综合改革就是要对学生思维品质和思维能力的重要性和优先性充分的强调，重点考查学生综合运用所学知识发现问题、分析问题和解决实际问题的能力，聚焦关键能力、思维品质和思维过程的考查。思维能力或关键能力包括但不限于信息获取与加工、逻辑推理与论证、科学探究与思维建模、批判性思维、辩证思维与创新思维、语言组织与表达等。因此，在这样一种背景下，我们要打破传统的以知识为中心的教育模式，重视知识创造和知识发现背后人类思维的重要性，实现从“知识就是力量”向“思维就是力量”这一教育理念的转换。

二、学生主体角色确立与知识建构

正如上文讨论，“以知识为中心”的教育观念根深蒂固，深刻影响着一线的教育实践和课堂教学。课程往往被看作众多专业知识模块的组合，以物理的方式叠加在一起形成完整的课程体系。课堂以教师向学生讲解知识的形式为主，教师按照自身的教学设计，将课标要求或自认为有价值的知识通过讲授、作业、练习、讨论等方式传授给学生，这些传授的知识往往是单一、浅表、碎片化且有确定答案的。事实证明，这种重碎片化知识、轻综合能力培养的课程与教学无法有效促进学生核心素养的发展。当面对复杂、深入、没有确定性答案且很难找到唯一路径的问题，学生大多茫然无措、束手无策。[①] 课程标准和高考评价

---

① 王宁、曹宗祺：《普通高中语文课程标准解读》，高等教育出版社 2020 年版，第 32 页。

体系指导下的高考内容和命题改革就是要考查学生面对复杂情境时，调动、整合和运用所学知识和关键能力高水平完成特定学科任务的综合品质，也即学科素养。这种考查表现出典型的开放性、探究性、复杂性和综合性特征，很显然，“以知识传递为中心”的教学方式无法训练和培养学生面对复杂情境、解决学科任务的关键能力和核心素养。因此，面对高考综合改革的新要求，对于一线的课堂教学和教学实践而言，必须由“知识传递”转向“知识建构”。

从知识传递转向知识建构，最核心的要素包括三个层面：课堂的主体要由“教师的教”转向“学生的学”，课堂的内容要由“预设的标准答案”转向“探究生成的观点”，课堂的目标要由“量的累计”转向“质的提升”。正如有学者指出，教学是教师的教和学生的学两个方面的活动，施教之功就在于启发、引导、点拨、开窍，充分调动学生学习的自觉性和主动性，促使他们积极地发挥认识主体的作用。① 采取专题教学、探究式教学、任务式教学、参与式课堂等方式，打破教师预设标准答案的思维惯性，鼓励学生大胆质疑和提出问题，学生以自主、探究、合作的角色参与课堂，通过不断生成、深入探究、批判质疑的过程，培养学生的问题意识与解决问题的能力。学生在经历了完整的质疑、提出问题、问题界定、概念辨析、分析论证、推理判断、综合评价与批判反思等思维活动，便能建立起建构知识的能力。与此同时，对于关键能力和学科素养而言，量的积累并不必然带来质的飞跃。通过大量重复的知识训练并不能带来能力素养的提升。只有真正实现了课堂主体、课堂内容和课堂目标的三个转变，我们才有可能培养学生建构知识的能力和素养，才有可能培养学生面对复杂情境和特定学科任务时提出问题、分析问题和解决问题的能力。而这种建构知识和解决问题的能力恰恰是可迁移的，它区别于静态、固化的知识，成为发现知识、创造知识最重要的基础和条件。

三、加强理性思维与规范思维训练

人类思维包括理性思维和感性思维两种。其中，理性是指人们形成概念、进行判断、分析、综合、比较、推理、计算等方面的能力，它基于现有的理论、

① 于漪：《语文课堂教学有效性浅探》，《课程·教材·教法》，2009 年第 6 期。

数据，通过合理的逻辑推导得出确定的结论或观点。感性是指心理结构上的本能意识或无意识，是一种典型的非逻辑认知形式，表现为想象、激情、直觉、灵感、顿悟等。理性思维和感性思维在人类认知和科学发现上均发挥着重要且不可互相替代的作用。理性思维所主张的合逻辑性、合客观性和合理性是科学精神的灵魂，是现代科学诞生和发展的基石。感性思维呈现出的灵感、直觉和顿悟等在人类伟大的科学发现过程中发挥了不可或缺的作用。理性思维和感性思维共同作用推动着人类文明和现代科学的进步。创新人才的培养很大程度上是科学精神、科学思维和科学探究能力的培养，而理性思维又是科学精神和科学思维的前提。因此，我们的课堂教学和教育工作在充分发挥直觉、顿悟、联想优势的同时，也要充分重视理性思维的逻辑性与规范性。我们的教育观念和课堂教学要从感性顿悟转向理性规范。这里需要说明的是，这种转向并非要否定感性顿悟的价值，而是要突出和强调理性规范思维的重要性。

概括来讲，教育教研和课堂教学不能单方面强调顿悟、直觉和联想在思维训练中的重要性，而要加大理性思维包括逻辑推理、科学论证、证据评估、反思批判等能力的训练和培养。尤其是要揭开理性思维的神秘面纱，实现思维的过程化、可视化和规范化，在教学过程中让思维可认识、可观测、可训练和可提升，清晰准确地呈现思维的过程、结构和关键要素，让学生真正做到“知其然而知其所以然”，通过有针对性的训练，提高学生的理性思维，培养其科学精神与科学探究的能力。“思维可视化”是指要将思维或能力清晰地整理和呈现出来。这要求我们打破思维的模糊性与混沌性，对思维能力进行清晰的分类和界定，正如前文我们强调的五大关键能力，就是思维可视化的一种具体操作。思维过程化是指要对思维或关键能力进行分解，尤其是要对它的过程进行分解，严格界定每一个思维或关键能力的过程形式、关键方法以及构成要素，让思维成为一种可认识、可学习、可操作的实在之物。思维过程化要求我们规范、准确、有效地解释和呈现试题的过程要素和思维要点，包括要素、结构、步骤和结果等方面。思维过程化是一种典型的系统思维和科学思维，它要求我们摆脱人类感性思维中的交叉、模糊以及混沌等，强调思维的清晰、准确和稳定。思维规范化是指我们的思维或能力必须是专业、正确和准确的。每个人都会思维，但并不意味着每个人都会正确、规范地思维。人类思维中充斥着各种逻辑谬误、非理性、偏执和错误，规范、准确的思维是需要经由严格系统的训练才可达成的。

四、走出高分低能的困局

“高分低能”是应试教育最大的诟病，而“高分高能”是高考人才选拔和创新性人才培养的理想状态，也是高考评价体系下的高考命题改革要实现的目标。传统应试教育背景下，“高分”往往是指在各类考试评价（尤其是纸笔测试）中取得优异成绩，代表学生在学科知识掌握和考试应试技能方面的突出表现，但是考试高分并不一定代表着学生具有高水平的思维品质和解决问题的综合能力。一般而言，我们所讲的“高能”是指学生在掌握必备知识的基础上，具备批判性思维、创造力、实践能力、社交沟通等综合能力，能运用所学知识、调动关键能力高水平完成一个又一个的学科任务。高能的培养旨在提高学生发现问题、提出问题、分析问题和解决问题的能力，以及良好的创新和适应能力，使学生能高效、准确处理经验世界或学科探究中的复杂、结构不良等问题。因此，追求高分与高能的统一就成为教育改革和评价上的一个重要命题。高分与高能相统一是指在教育评价和培养过程中，追求学生综合能力的全面提升，既重视学生的学科知识水平，也注重培养学生的学科素养、关键能力和思维品质，既重视学生掌握牢固的基础知识与基本原理，也注重培养学生发现知识和创造知识的能力。高考评价体系指导下的高考内容改革就是要通过专业、科学的试题命制，让那些具有良好学科素养和关键能力的人脱颖而出，尽量减少传统应试教育备受诟病的“高分低能”现象。同时通过“高分高能”的高考选拔机制，积极引导我国基础教育更加重视对学生学科素养、关键能力和思维品质的培养培育，更加注重培养学生的高阶思维能力和知识迁移应用能力，切实改变“重知识、轻能力”“重知识、轻思维”的教育模式，服务国家拔尖创新人才培养和人才自主培养质量提升。

五、授人以鱼不如授人以渔

不少进入新高考省份的考生和教师一时难以适应高考命题内容和考查方式

的变化。而这种情况往往来自命题逻辑的变革和试题形式的创新，也即高考命题理念由原来的“学科知识立意”转向了“学科素养立意”，由原来的“知识技能考查”转向了“价值引领、素养导向、能力为重、知识为基”的四维考查，同时增加了试题的开放性、探究性和创新性，尤其强调了对思维品质和关键能力的考查要求。长期以来，高考复习采用“题型 + 套路 + 海量重复练习”的模式，广大一线师生为了适应新高考付出了很多的努力。有不少学校和师生采用“以不变应万变”的应对方式，也即依旧采取传统的备考策略：总结近年高考新题型 + 提取和归纳解题套路 + 实施题海战术。这种“授人以鱼”的备考方式从一开始就注定与新高考背道而驰。进入新高考的考生会发现这种题海战术和机械刷题越来越难起作用，其收益也将逐步降低。正如我们反复分析和论证的，高考关键能力、思维品质和学科素养成为新高考的考查重心，开放性、探究性和创新性已成为高考命题的一般要求，而传统的解题套路化和题海战术在提高学生的关键能力、思维品质和学科素养上是低效率的甚至是起反作用的。所以，有效应对新高考的策略应该是“授人以渔”，也即通过系统、规范、针对性的训练加强关键能力和学科素养的训练，提升思维品质，而非“授人以鱼”（总结解题套路并实施题海战术）。这里讲到的“授人以渔”是指通过长期、规范、专业的针对性训练，培养学生一整套可迁移的包括关键能力和学科素养在内的高阶思维能力。关键能力包括但不限于信息获取与加工、逻辑推理与论证、科学探究与思维建模、批判性思维与创新思维、语言组织与表达等。而学科素养是指在一个又一个的真实情境中通过完成特定的学科任务而展现出来或生成的综合品质。高考命题的素养导向就是通过特定的情境创设，考查学生调动、运用必备知识与关键能力、思维方法与思维品质、情感态度与价值观高质量完成特定学科任务的综合表现。只有通过系统规范的训练，掌握这一套关键能力和学科素养的“渔”，学生才能更好、更高效地应对高考综合改革。

Ⅷ 附录

附录一　高考综合改革大事记（2014—2024）

1. 2014 年 9 月 3 日，国务院出台《国务院关于深化考试招生制度改革的实施意见》，宣布 2014 年启动考试招生制度改革试点，2017 年全面推进，到 2020 年基本建立中国特色现代教育考试招生制度，形成分类考试、综合评价、多元录取的考试招生模式，健全促进公平、科学选才、监督有力的体制机制，构建衔接沟通各级各类教育、认可多种学习成果的终身学习“立交桥”。上海市和浙江省率先启动高考综合改革试点工作。

2. 2014 年 12 月 10 日，教育部出台《关于普通高中学业水平考试的实施意见》《关于加强和改进普通高中学生综合素质评价的意见》系列配套文件，对于高中的综合素质评价的内容和程序进行规范指导。

3. 2015 年 5 月 4 日，国务院办公厅出台《关于深化高等学校创新创业教育改革的实施意见》，提出到 2020 年建立健全课堂教学、自主学习、结合实践、指导帮扶、文化引领融为一体的高校创新创业教育体系。

4. 2015 年 8 月 11 日，国务院出台《关于加快发展民族教育的决定》，旨在加快推进少数民族和民族地区教育发展，提出到 2020 年，民族地区教育整体发展水平及主要指标接近或达到全国平均水平，逐步实现基本公共教育服务均等化。

5. 2015 年 9 月 28 日，国务院办公厅发布《关于全面加强和改进学校美育工作的意见》，提出到 2020 年，初步形成大中小幼美育相互衔接、课堂教学和课外活动相互结合、普及教育与专业教育相互促进、学校美育和社会家庭美育相互联系的具有中国特色的现代化美育体系。

6. 2015 年 11 月 5 日，国务院发布《关于印发统筹推进世界一流大学和一流学科建设总体方案的通知》，强调加快建成一批世界一流大学和一流学科，提升我国高等教育综合实力和国际竞争力。

7. 2016 年 3 月 14 日，国务院办公厅发布《国务院办公厅关于印发全民科学素质行动计划纲要实施方案（2016—2020 年）》，提出到 2020 年，科技教育、传播与普及长足发展，建成适应创新型国家建设需求的现代公民科学素质组织实施、基础设施、条件保障、监测评估等体系。

8. 2016 年 4 月 21 日，国务院办公厅出台《关于强化学校体育促进学生身心健康全面发展的意见》，提出到 2020 年，学校体育办学条件总体达到国家标准，基本形成体系健全、制度完善、充满活力、注重实效的中国特色学校体育发展格局。

9. 2016 年 5 月 11 日，国务院办公厅出台《关于加快中西部教育发展的指导意见》，要求统筹现有政策、措施和项目，全面提升中西部教育发展水平。

10. 2016 年 7 月 2 日，国务院出台《关于统筹推进县域内城乡义务教育一体化改革发展的若干意见》，要求着力解决“乡村弱”和“城镇挤”问题，巩固和均衡发展九年义务教育，加快缩小县域内城乡教育差距。

11. 2017 年 1 月 19 日，国务院发布《国务院关于印发国家教育事业发展“十三五”规划的通知》，要求深化考试招生制度改革，加大高校考试招生制度改革实施力度；积极创造条件，稳妥推进普通高校考试招生制度综合改革试点，逐步在全国推广实施高考综合改革方案，探索基于统一高考和高中学业水平考试成绩、参考综合素质评价的多元录取机制；完善高中学业水平考试，规范高中学生综合素质评价，深化考试内容改革；大幅减少并严格控制考试加分项目，规范并公开自主招生办法、考核程序和录取结果，创造条件淡化并逐步取消录取批次，推进并完善平行志愿投档方式；深入实施高校招生阳光工程，健全分级负责、规范有效的信息公开制度；推进高职院校分类考试，突出“文化素质 + 职业技能”评价方式，等等。

12. 2017 年 1 月 22 日，教育部印发《教育部 2017 年工作要点》，要求各地落实《关于进一步推进高中阶段学校考试招生制度改革的指导意见》，积极稳妥推进中考改革，完善高等职业教育考试招生制度，密切跟踪指导高考综合改革试点工作；进一步指导上海、浙江完善录取工作方案和相关措施，确保2017年上海、浙江探索基于“两依据、一参考”的录取模式顺利实施。指导2017年启动高考综合改革的北京、天津、山东、海南制订高考综合改革方案。

13. 2017年6月8日，国务院办公厅发布《关于印发对省级人民政府履行教育职责的评价办法的通知》，强调推动省级人民政府切实履行教育工作相关职责，提高教育质量，促进教育公平，提升教育服务经济社会发展能力。

14. 2017年6月26日，教育部办公厅发布《教育部办公厅关于2017年义务教育道德与法治、语文、历史和小学科学教学用书有关事项的通知》，推进统编教材的统一使用。

15. 2017年7月6日，国务院办公厅发布《关于成立国家教材委员会的通知》，宣布国家教材委员会相关工作职能。

16. 2017年7月7日，教育部等十四部门印发《中央有关部门贯彻实施〈国务院关于鼓励社会力量兴办教育促进民办教育健康发展的若干意见〉任务分工方案》的通知，指出国家积极鼓励和大力支持社会力量举办非营利性民办学校。

17. 2017年9月5日，国务院办公厅发布《国务院办公厅关于进一步加强控辍保学提高义务教育巩固水平的通知》，要求各单位切实解决义务教育学生失学辍学问题，确保实现到2020年全国九年义务教育巩固率达到95%的目标。

18. 2017年9月24日，中共中央办公厅、国务院办公厅印发《关于深化教育体制机制改革的意见》，要求建立立德树人系统化落实机制，培养支撑终身发展、适应时代要求的关键能力，在培养学生基础知识和基本技能的过程中，强化学生关键能力培养。要建立促进学生身心健康、全面发展的长效机制，切实加强和改进体育，改变美育薄弱局面，深入开展劳动教育，加强心理健康教育和国防教育。

19. 2017年12月4日，教育部印发《义务教育学校管理标准》的通知，要求各地教育行政部门高度重视，认真组织所有义务教育学校对标研判、依标整改，切实做到“一校一案”，全面改进和加强义务教育学校管理工作。

20. 2017年12月29日，教育部出台《关于推动高校形成就业与招生计划人才培养联动机制的指导意见》，提出加强高等教育招生计划宏观调控，完善中央、地方两级管理体制，完善国家招生计划编制办法，增强招生计划编制的科学性、规范性。要求探索基于统一高考和高中学业水平考试成绩、参考综合素质评价的多元录取机制。要按照统筹规划、试点先行、分步实施、有序推进的原则，积极稳妥实施高考综合改革，增强高考与高中学习、高校专业培养的关联性。

21. 2017 年 12 月 29 日，教育部印发《普通高中课程方案和语文等学科课程标准（2017 年版）》，要求全面加强教研工作，创新教研方式，创造条件，激励教师开展教研的积极性，促进课程有效实施。要注重普通高中课程改革与高考综合改革统筹衔接，推动“教”“考”“招”形成育人合力，促进学生全面而有个性的发展。

22. 2018 年 1 月 19 日，国务院出台《关于全面加强基础科学研究的若干意见》，要求各界进一步加强基础科学研究，大幅提升原始创新能力，夯实建设创新型国家和世界科技强国的基础。

23. 2018 年 1 月 31 日，教育部印发《教育部 2018 年工作要点》的通知，旨在落实教育“奋进之笔”，具体分为 7 类 41 项。关于高考改革，要求积极稳妥推进考试招生制度改革。指导上海、浙江落实高考综合改革试点完善方案。指导北京、天津、山东、海南等第二批试点省份制订出台高考综合改革试点方案。

24. 2018 年 2 月 26 日，中共中央办公厅、国务院办公厅印发《关于分类推进人才评价机制改革的指导意见》，要求建立科学的人才分类评价机制。

25. 2018 年 4 月 13 日，教育部印发《教育信息化 2.0 行动计划》，行动计划的基本目标是到 2022 年基本实现“三全两高一大”的发展目标，即教学应用覆盖全体教师、学习应用覆盖全体适龄学生、数字校园建设覆盖全体学校，信息化应用水平和师生信息素养普遍提高，建成“互联网 + 教育”大平台，推动从教育专用资源向教育大资源转变、从提升师生信息技术应用能力向全面提升其信息素养转变、从融合应用向创新发展转变，努力构建“互联网 +”条件下的人才培养新模式、发展基于互联网的教育服务新模式、探索信息时代教育治理新模式。

26. 2018 年 8 月 6 日，国务院办公厅出台《关于规范校外培训机构发展的意见》，要求各地以建立健全校外培训机构监管机制为着力点，努力构建校外培训机构规范有序发展的长效机制，切实解决人民群众反映强烈的中小学生课外负担过重问题，形成校内外协同育人的良好局面。

27. 2018 年 8 月 15 日，教育部出台《关于做好普通高中新课程新教材实施工作的指导意见》，要求各地按照实事求是、积极稳妥、分步实施、自主申请的原则，从 2019 年秋季学期起，分步实施新课程、使用新教材。

28. 2018 年 9 月 10 日，全国教育大会在北京召开。中共中央总书记、国家主席、中央军委主席习近平出席会议并发表重要讲话。强调坚持党对教育事业的全面领导，坚持把立德树人作为根本任务，坚持优先发展教育事业，坚持社会主义办学方向，坚持扎根中国大地办教育，坚持以人民为中心发展教育，坚持深化教育改革创新，坚持把服务中华民族伟大复兴作为教育的重要使命。

29. 2018 年 9 月 30 日，教育部发布《教育部关于实施卓越教师培养计划 2.0 的意见》，力图经过五年时间，培养造就一批教育情怀深厚、专业基础扎实、勇于创新教学、善于综合育人和具有终身学习发展能力的高素质专业化创新型中小学教师。

30. 2018 年 12 月 28 日，教育部等九部门印发《中小学生减负措施的通知》，强调各地要全面贯彻党的教育方针，坚持社会主义办学方向，遵循教育规律，落实立德树人根本任务，规范学校办学行为和校外培训机构发展，扭转不科学的教育评价导向，引导全社会树立科学教育质量观和人才培养观，切实减轻违背教育教学规律、有损中小学生身心健康的过重学业负担，促进中小学生健康成长。

31. 2018 年 12 月 29 日，教育部办公厅发布《关于做好 2019 年高校自主招生工作的通知》，要求各高校全面贯彻全国教育大会精神，深化考试招生制度改革，健全立德树人落实机制，建立科学的教育评价导向，进一步增强高校选才的科学性和公平性，严格规范自主招生各项政策。

32. 2019 年 2 月 13 日，国务院发布《关于印发国家职业教育改革实施方案的通知》，方案总目标是，坚持以习近平新时代中国特色社会主义思想为指导，把职业教育摆在教育改革创新和经济社会发展中更加突出的位置。

33. 2019 年 2 月 23 日，中共中央、国务院印发《中国教育现代化 2035》和《加快推进教育现代化实施方案（2018—2022 年）》，要求各地各部门结合实际认真贯彻落实。《中国教育现代化 2035》提出，推进教育现代化的总体目标是：到 2020 年，全面实现“十三五”发展目标，教育总体实力和国际影响力显著增强，劳动年龄人口平均受教育年限明显增加，教育现代化取得重要进展，为全面建成小康社会作出重要贡献。在此基础上，再经过 15 年努力，到 2035 年，总体实现教育现代化，迈入教育强国行列，推动我国成为学习大国、人力资源强国和人才强国，为到本世纪中叶建成富强民主文明和谐美丽的社会主义现代化强国奠定坚实基础。

34. 2019 年 3 月 20 日，教育部印发《职业教育改革成效明显的省（区、市）激励措施实施办法》，充分调动各地推进职业教育改革发展的积极性、主动性和创造性。

35. 2019 年 4 月 2 日，教育部发布《关于切实加强新时代高等学校美育工作的意见》，目标为，到 2022 年，高校美育取得突破性进展，美育教育教学改革成效显著，师资队伍建设和场馆设施明显加强，推进机制和评价体系日益完善，高校学生的审美和人文素养显著提升。到 2035 年，形成多样化高质量具有中国特色的社会主义现代化高等学校美育体系。

36. 2019 年 4 月 4 日，按照全国教育大会部署和落实《国家职业教育改革实施方案》要求，教育部会同国家发展改革委、财政部、市场监管总局制定了《关于在院校实施“学历证书 + 若干职业技能等级证书”制度试点方案》，启动“学历证书 + 若干职业技能等级证书”制度试点工作。自 2019 年开始，全国重点围绕服务国家需要、市场需求、学生就业能力提升，从 10 个左右领域做起，启动 1+X 证书制度试点工作。

37. 2019 年 5 月 8 日，教育部办公厅发布《关于做好 2019 年高职扩招专项考试招生工作的通知》，贯彻落实 2019 年《政府工作报告》和 2019 年 4 月 30 日国务院常务会议精神，做好 2019 年高职扩招专项考试招生工作，落实高职扩招百万的重大部署。

38. 2019 年 5 月 13 日，教育部印发《全国职业院校教师教学创新团队建设方案》，全面贯彻落实全国教育大会精神，根据《国家职业教育改革实施方案》决策部署，打造一批高水平职业院校教师教学创新团队，示范引领高素质“双师型”教师队伍建设，深化职业院校教师、教材、教法“三教”改革，经过 3 年左右的培育和建设，打造 360 个满足职业教育教学和培训实际需要的高水平、结构化的国家级团队。

39. 2019 年 5 月 24 日，国务院办公厅发布《关于印发职业技能提升行动方案（2019—2021 年）的通知》，提出目标为，2019 年至 2021 年，持续开展职业技能提升行动，提高培训针对性实效性，全面提升劳动者职业技能水平和就业创业能力。三年共开展各类补贴性职业技能培训 5000 万人次以上，其中 2019 年培训 1500 万人次以上；经过努力，到 2021 年底技能劳动者占就业人员总量的比例达到 25% 以上，高技能人才占技能劳动者的比例达到 30% 以上。

40. 2019 年 6 月 19 日，国务院办公厅发布《关于新时代推进普通高中育人方式改革的指导意见》，要求各地全面贯彻党的教育方针，落实立德树人根本任务，发展素质教育，遵循教育规律，围绕凝聚人心、完善人格、开发人力、培育人才、造福人民的工作目标，深化育人关键环节和重点领域改革，坚决扭转片面应试教育倾向，切实提高育人水平，为学生适应社会生活、接受高等教育和未来职业发展打好基础，努力培养德智体美劳全面发展的社会主义建设者和接班人。改革目标为到 2022 年，德智体美劳全面培养体系进一步完善，立德树人落实机制进一步健全。普通高中新课程新教材全面实施，适应学生全面而有个性发展的教育教学改革深入推进，选课走班教学管理机制基本完善，科学的教育评价和考试招生制度基本建立，师资和办学条件得到有效保障，普通高中多样化有特色发展的格局基本形成。

41. 2019 年 6 月 21 日，国务院教育督导委员会办公室印发《2019 年对省级人民政府履行教育职责评价方案》，推动省级人民政府切实履行教育工作相关职责。

42. 2019 年 6 月 23 日，中共中央、国务院出台《关于深化教育教学改革全面提高义务教育质量的意见》，深入贯彻党的十九大精神和全国教育大会部署，加快推进教育现代化，建设教育强国，办好人民满意的教育，深化教育教学改革、全面提高义务教育质量。

43. 2019 年 8 月 10 日，国务院办公厅关于印发《体育强国建设纲要的通知》，进一步明确体育强国建设的目标、任务及措施，充分发挥体育在全面建设社会主义现代化国家新征程中的重要作用。

44. 2019 年 8 月 14 日，中共中央办公厅、国务院办公厅印发《关于深化新时代学校思想政治理论课改革创新的若干意见》，贯彻落实习近平总书记关于教育的重要论述，特别是在学校思想政治理论课教师座谈会上的重要讲话精神，全面贯彻党的教育方针，解决好培养什么人、怎样培养人、为谁培养人这个根本问题，坚持不懈用习近平新时代中国特色社会主义思想铸魂育人，深化新时代学校思想政治理论课改革创新。

45. 2019 年 10 月 8 日，教育部发布《关于深化本科教育教学改革全面提高人才培养质量的意见》，深入贯彻全国教育大会精神和《中国教育现代化 2035》，全面落实新时代全国高等学校本科教育工作会议和直属高校工作咨询委员会第二十八次全体会议精神，坚持立德树人，围绕学生忙起来、教师强起来、管理严起来、效果实起来，深化本科教育教学改革，培养德智体美劳全面发展的社会主义建设者和接班人。

46. 2020 年 1 月，教育部考试中心发布《中国高考评价体系》和《中国高考评价体系说明》。高考评价体系是深化新时代高考内容改革的基础工程、理论支撑和实践指南，对发展素质教育、推进教育公平、实现教育现代化、建设教育强国、办好人民满意的教育具有重要意义；对实现学生健康成长、国家科学选才、社会公平公正的有机统一以及协调推进教育领域综合改革，都将发挥重要作用。

47. 2020 年 1 月 2 日，教育部发布《关于做好 2020 年普通高校招生工作的通知》，要求严密做好高考组织实施工作，严格规范招生录取管理，深化高校招生考试改革，稳步推进高考综合改革，上海、浙江要进一步总结完善试点经验，有关省份要学习借鉴改革的制度成果。北京、天津、山东、海南要全力做好新高考落地的各项工作，精心制订录取工作方案。深化考试内容改革，强化关键能力考查，优化试题情境设计，增强应用性、创新性，引导中学遵循教育规律，促进素质教育发展，助力学生全面成长。

48. 2020 年 1 月 14 日，教育部发布《教育部关于在部分高校开展基础学科招生改革试点工作的意见》，意见指出探索多维度考核评价模式，加强拔尖创新人才选拔培养。

49. 2020 年 3 月 2 日，中共中央、国务院发布了《中共中央国务院关于全面加强新时代大中小学劳动教育的意见》，这是为构建德智体美劳全面培养的教育体系，加强新时代大中小学劳动教育而提出的意见。

50. 2020 年 5 月 13 日，教育部印发《普通高中课程方案和语文等学科课程标准（2017 年版 2020 年修订）》，为深入贯彻党的十九届四中全会精神和全国教育大会精神，落实立德树人根本任务，完善中小学课程体系，教育部组织对普通高中课程方案和语文等学科课程标准（2017 年版）进行了修订。普通高中课程方案以及思想政治、语文、历史和生物学课程标准修订涉及前言及正文部分，其他学科课程标准修订仅涉及前言部分。

51. 2020 年 6 月，教育部等八部门研究制定了《教育部等八部门关于加快和扩大新时代教育对外开放的意见》，体现了我国坚持教育对外开放不动摇的坚定决心，以及在危机中育新机、于变局中开新局的坚强信心。

52. 2020 年 9 月 16 日，教育部等九部门印发《职业教育提质培优行动计划（2020—2023 年）》，进一步释放“职教 20 条”政策红利，构建“国家宏观管理、省级统筹保障、学校自主实施”的管理机制。

53. 2020 年 10 月，中共中央、国务院印发《深化新时代教育评价改革总体方案》，这是指导深化新时代教育评价改革的纲领性文件，推进落实立德树人根本任务，以破“五唯”为导向，着眼于与中国教育现代化总体进程相适应，分两个阶段提出深化新时代教育评价的改革目标。

54. 2020 年 10 月，中共中央办公厅、国务院办公厅印发《关于全面加强和改进新时代学校体育工作的意见》和《关于全面加强和改进新时代学校美育工作的意见》，借此对加强和改进新时代学校体育、美育工作进行了系统设计和全面部署。

55. 2021 年 2 月，中共中央办公厅、国务院办公厅印发《关于加快推进乡村人才振兴的意见》，贯彻落实习近平总书记关于推动乡村人才振兴的重要指示精神，落实党中央、国务院有关决策部署，促进各类人才投身乡村建设。

56. 2021 年 5 月，国务院公布修订后的《民办教育促进法实施条例》，2021 年 9 月 1 日起施行，对民办教育依法办学、自主管理、提高质量、办出特色等方面作出新规定。

57. 2021 年 5 月，教育部、财政部印发《关于实施中小学幼儿园教师国家级培训计划（2021—2025 年）的通知》，明确“十四五”期间“国培计划”实施思路、支持方向、工作重点，推进教师培训提质增效，助力教师队伍高质量发展。

58. 2021 年 5 月 10 日，国家发展改革委、教育部、人力资源社会保障部印发《“十四五”时期教育强国推进工程实施方案》，要求各地和有关部门切实承担起教育强国推进工程的项目实施主体责任，建立工作机制，落实建设方案，统筹资金渠道，组织编制年度投资计划并及时分解转发落实，有序推进实施，确保工程建设质量和效益。

59. 2021 年 5 月 28 日，习近平总书记在中国科学院第二十次院士大会、中国工程院第十五次院士大会、中国科协第十次全国代表大会上的讲话强调，当今世界的竞争说到底是人才竞争、教育竞争。要深入实施科教兴国战略、人才强国战略、创新驱动发展战略，完善国家创新体系，加快建设科技强国，实现高水平科技自立自强。要坚持把科技创新摆在国家发展全局的核心位置，培养创新型人才是国家、民族长远发展的大计。要更加重视人才自主培养，更加重视科学精神、创新能力、批判性思维的培养培育。

60. 2021 年 7 月 21 日，国家教材委员会印发《习近平新时代中国特色社会主义思想进课程教材指南》，全面贯彻党的教育方针，落实立德树人根本任务，培养德智体美劳全面发展的社会主义建设者和接班人。

61. 2021 年 7 月 24 日，中共中央办公厅、国务院办公厅印发《关于进一步减轻义务教育阶段学生作业负担和校外培训负担的意见》，切实提升学校育人水平，持续规范校外培训（包括线上培训和线下培训），有效减轻义务教育阶段学生过重作业负担和校外培训负担。

62. 2021 年 9 月 15 日，教育部印发《国家义务教育质量监测方案（2021 年修订版）》，引导聚焦教育教学质量、遵循教育规律，以全面客观的监测数据支撑教育决策、服务改进教育教学管理。

63. 2021 年 9 月 24 日，教育部发布《关于进一步加强和改进普通高校艺术类专业考试招生工作的指导意见》《关于进一步完善和规范高校高水平运动队考试招生工作的指导意见》，贯彻落实习近平总书记关于美育、体育的重要论述和全国教育大会精神，构建德智体美劳全面培养的教育体系。

64. 2021 年 9 月 27 日，习近平总书记在中央人才工作会议上强调，要深入实施新时代人才强国战略，加快建设世界重要人才中心和创新高地。

65. 2021 年 10 月 12 日，中共中央办公厅、国务院办公厅印发《关于推动现代职业教育高质量发展的意见》，加快构建现代职业教育体系，建设技能型社会，弘扬工匠精神，培养更多高素质技术技能人才、能工巧匠、大国工匠，为全面建设社会主义现代化国家提供有力人才和技能支撑。

66. 2021 年 12 月 24 日，中华人民共和国第十三届全国人民代表大会常务委员会发布《中华人民共和国科学技术进步法》，要求学校及其他教育机构应当坚持理论联系实际，注重培养受教育者的独立思考能力、实践能力、创新能力和批判性思维，以及追求真理、崇尚创新、实事求是的科学精神。

67. 2022 年 4 月 2 日，教育部等八部门联合印发《新时代基础教育强师计划》，要求以高素质教师人才培养为引领，以高水平教师教育体系建设为支撑，以提升教师思想政治素质、师德师风水平和教育教学能力为重点，促进教师数量、素质、结构协调发展，推动教师队伍建设创新。

68. 2022 年 3 月 25 日，教育部印发《义务教育课程方案和课程标准（2022 年版）》，本次义务教育课程修订对重大主题教育进行整体规划、系统安排，充分反映习近平新时代中国特色社会主义思想，有机融入社会主义先进文化、革命文化和中华优秀传统文化，全面落实有理想、有本领、有担当时代新人的培养要求，强化课程思想性。

69. 2022 年 7 月 25 日，教育部等十部门印发通知，公布《全面推进“大思政课”建设的工作方案》，提出要坚持开门办思政课，强化问题意识、突出实践导向，充分调动全社会力量和资源，建设“大课堂”、搭建“大平台”、建好“大师资”，建设全国高校思政课教研系统，设立一批实践教学基地，推出一批优质教学资源，做优一批品牌示范活动，支持建设综合改革试验区。

70. 2022 年 10 月 16 日，中国共产党第二十次全国代表大会召开。二十大报告指出，要实施科教兴国战略，强化现代化建设人才支撑。教育、科技、人才是全面建设社会主义现代化国家的基础性、战略性支撑。必须坚持科技是第一生产力、人才是第一资源、创新是第一动力，深入实施科教兴国战略、人才强国战略、创新驱动发展战略，开辟发展新领域新赛道，不断塑造发展新动能新优势。坚持教育优先发展、科技自立自强、人才引领驱动，加快建设教育强国、科技强国、人才强国，坚持创新在我国现代化建设全局中的核心地位，全面提高人才自主培养质量，着力造就拔尖创新人才。办好人民满意教育，全面贯彻党的教育方针，落实立德树人根本任务，培养德智体美劳全面发展的社会主义建设者和接班人。坚持以人民为中心发展教育，加快建设高质量教育体系，发展素质教育，促进教育公平。完善科技创新体系，加快实施创新驱动发展战略，深入实施人才强国战略，加快建设世界重要人才中心和创新高地，促进人才区域合理布局和协调发展，着力形成人才国际竞争的比较优势。

71. 2022年11月8日，教育部印发《关于进一步加强新时代中小学思政课建设的意见》，提出“突出关键地位、强化统筹实施、坚持问题导向、深化改革创新”四项工作原则，到2025年，中小学思政课关键地位进一步强化、建设水平全面提高，课堂活力充分激发，优质课程资源更加丰富，实践教学深入开展，思政课教师队伍专职化专业化水平明显提升，“大思政课”体系更加完善，评价机制基本健全。

72. 2022年12月21日，中共中央办公厅、国务院办公厅印发《关于深化现代职业教育体系建设改革的意见》，指出，要切实提高职业教育的质量、适应性和吸引力，培养更多高素质技术技能人才、能工巧匠、大国工匠，为加快建设教育强国、科技强国、人才强国奠定坚实基础。

73. 2023年5月17日，教育部等十八部门联合印发《关于加强新时代中小学科学教育工作的意见》，以习近平新时代中国特色社会主义思想为指导，全面贯彻落实党的二十大精神，按照中央“双减”工作部署，聚焦立德树人根本任务，着力实现培养学生科学素质的目标。系统部署在教育“双减”中做好科学教育加法，支撑服务一体化推进教育、科技、人才高质量发展。

74. 2023年6月13日，中共中央办公厅、国务院办公厅印发《关于构建优质均衡的基本公共教育服务体系的意见》，明确提出以习近平新时代中国特色社会主义思想为指导，全面贯彻党的教育方针，坚持以人民为中心，服务国家战略需要，聚焦人民群众所急所需所盼，以公益普惠和优质均衡为基本方向，全面提高基本公共教育服务水平，加快建设教育强国，办好人民满意的教育。

75. 2023年5月17日，教育部印发《关于加强中小学地方课程和校本课程建设与管理的意见》，明确加强中小学地方课程和校本课程建设与管理，要以习近平新时代中国特色社会主义思想为指导，坚持为党育人、为国育才，激发地方和学校课程建设活力，构建以国家课程为主体、地方课程和校本课程为重要拓展和有益补充的基础教育课程体系，增强课程适应性，实现课程全面育人、高质量育人。

76. 2023年7月26日，教育部印发《关于实施国家优秀中小学教师培养计划的意见》，提出从2023年起，国家支持“双一流”建设高校为代表的高水平高校选拔专业成绩优秀且乐教适教的学生作为国家优秀中小学教师培养计划研究生，在强化学科专业课程学习的同时，系统学习教师教育模块课程（含参加教育实践），为中小学输送一批教育情怀深厚、专业素养卓越、教学基本功扎实的优秀教师。

77. 2024 年 5 月 28 日，教育部联合多部门印发《教育部直属师范大学本研衔接师范生公费教育实施办法》提出，从 2024 年起，国家在六所教育部直属师范大学实施本研衔接师范生公费教育（本科 4 年，教育硕士研究生 2 年），支持符合条件的公费师范生免试攻读本校全日制教育硕士研究生再履约任教。

78. 2024 年 7 月 18 日，中国共产党第二十届中央委员会第三次全体会议通过《中共中央关于进一步全面深化改革推进中国式现代化的决定》。在深化教育和人才综合改革方面，提出构建支持全面创新体制机制。全会提出，教育、科技、人才是中国式现代化的基础性、战略性支撑。必须深入实施科教兴国战略、人才强国战略、创新驱动发展战略，统筹推进教育科技人才体制机制一体改革，健全新型举国体制，提升国家创新体系整体效能。要深化教育综合改革，深化科技体制改革，深化人才发展体制机制改革。

附录二　高考综合改革经典文献目录

1. 中共中央颁布《关于教育体制改革的决定》（1985 年 5 月 27 日）
2. 国务院关于《中国教育改革和发展纲要》的实施意见（1993 年 2 月 13 日）
3.《中华人民共和国教育法》（1995 年 3 月 18 日）
4.《中华人民共和国高等教育法》（1998 年 8 月 29 日）
5.《面向 21 世纪教育振兴行动计划》（1998 年 12 月 24 日）
6. 教育部《关于进一步深化普通高等学校招生考试制度改革的意见》（1999 年 2 月 13 日）
7. 中共中央国务院《关于深化教育改革，全面推进素质教育的决定》（1999 年 6 月 13 日）
8.《国家中长期教育改革和发展规划纲要》（2010—2020 年）（2010 年 5 月 5 日）
9.《中共中央关于全面深化改革若干重大问题的决定》（2013 年 11 月 12 日）
10. 国务院办公厅《关于深化高等学校创新创业教育改革的实施意见》（2015 年 5 月 4 日）
11. 国务院办公厅《关于全面加强和改进学校美育工作的意见》（2015 年 9 月 15 日）
12. 国务院《关于印发统筹推进世界一流大学和一流学科建设总体方案》的通知（2015 年 10 月 24 日）
13. 国务院办公厅《关于印发全民科学素质行动计划纲要实施方案（2016—2020 年）的通知》（2016 年 2 月 25 日）
14. 国务院办公厅《关于强化学校体育促进学生身心健康全面发展的意见》（2016 年 4 月 21 日）
15. 国务院办公厅《关于加快中西部教育发展的指导意见》（2016 年 5 月 11 日）
16. 国务院《关于统筹推进县域内城乡义务教育一体化改革发展的若干意见》（2016 年 7 月 2 日）
17. 国务院《关于鼓励社会力量兴办教育促进民办教育健康发展的若干意见》（2016 年 12 月 29 日）

18. 国务院《关于印发国家教育事业发展“十三五”规划的通知》（2017 年 1 月 1 日）
19. 国务院办公厅《关于印发对省级人民政府履行教育职责的评价办法的通知》（2017 年 5 月 31 日）
20. 国务院办公厅《关于成立国家教材委员会的通知》（2017 年 7 月 3 日）
21. 中共中央办公厅、国务院办公厅印发《关于深化教育体制机制改革的意见》（2017 年 9 月 24 日）
22. 国务院办公厅《关于深化产教融合的若干意见》（2017 年 12 月 5 日）
23. 国务院《关于全面加强基础科学研究的若干意见》（2018 年 1 月 19 日）
24. 中共中央办公厅、国务院办公厅印发《关于分类推进人才评价机制改革的指导意见》（2018 年 2 月 26 日）
25. 中共中央办公厅、国务院办公厅印发《关于进一步加强科研诚信建设的若干意见》（2018 年 5 月 30 日）
26. 国务院办公厅《关于进一步调整优化结构提高教育经费使用效益的意见》（2018 年 8 月 17 日）
27. 2018年9月10日全国教育大会在北京召开，习近平总书记发表重要讲话（2018 年 9 月 10 日）
28. 中共中央、国务院出台《关于学前教育深化改革规范发展的若干意见》（2018 年 11 月 7 日）
29. 国务院发布《关于印发国家职业教育改革实施方案的通知》（2019 年 2 月 13 日）
30. 中共中央、国务院印发《中国教育现代化 2035》《加快推进教育现代化实施方案（2018—2022 年）》（2019 年 2 月 23 日）
31. 国务院办公厅发布《关于印发职业技能提升行动方案（2019—2021 年）的通知》（2019 年 5 月 24 日）
32. 国务院办公厅发布《关于新时代推进普通高中育人方式改革的指导意见》（2019 年 6 月 13 日）
33. 中共中央、国务院出台《关于深化教育教学改革全面提高义务教育质量的意见》（2019 年 6 月 23 日）
34. 中共中央办公厅、国务院办公厅印发《关于深化新时代学校思想政治理论课改革创新的若干意见》（2019 年 8 月 11 日）

35. 教育部考试中心发布《中国高考评价体系》和《中国高考评价体系说明》(2020年1月7日)
36. 教育部出台《关于在部分高校开展基础学科招生改革试点工作的意见》(2020年1月13日)
37. 中共中央、国务院印发《关于全面加强新时代大中小学劳动教育的意见》(2020年3月20日)
38. 教育部印发《普通高中课程方案和语文等学科课程标准(2017年版2020年修订)》(2020年5月11日)
39. 教育部等九部门关于印发《职业教育提质培优行动计划(2020—2023年)》的通知(2020年9月16日)
40. 中共中央、国务院印发《深化新时代教育评价改革总体方案》(2020年10月)
41. 中共中央办公厅、国务院办公厅印发《关于全面加强和改进新时代学校体育工作的意见》和《关于全面加强和改进新时代学校美育工作的意见》(2020年10月)
42. 教育部、财政部印发《关于实施中小学幼儿园教师国家级培训计划(2021—2025年)的通知》(2021年4月30日)
43. 国家发展改革委、教育部、人力资源社会保障部印发《"十四五"时期教育强国推进工程实施方案》(2021年5月10日)
44. 国家教材委员会印发《习近平新时代中国特色社会主义思想进课程教材指南》(2021年7月21日)
45. 中共中央办公厅、国务院办公厅印发《关于进一步减轻义务教育阶段学生作业负担和校外培训负担的意见》(2021年7月24日)
46. 教育部发布《关于进一步加强和改进普通高校艺术类专业考试招生工作的指导意见》《关于进一步完善和规范高校高水平运动队考试招生工作的指导意见》(2021年9月24日)
47. 中共中央办公厅、国务院办公厅印发《关于推动现代职业教育高质量发展的意见》(2021年10月12日)
48. 教育部、国家发展改革委、财政部等九部门联合印发《"十四五"县域普通高中发展提升行动计划》(2021年12月9日)
49. 教育部印发《普通高中学校办学质量评价指南》(2021年12月31日)

50. 教育部等八部门联合印发《新时代基础教育强师计划》（2022 年 4 月 2 日）
51. 教育部印发《义务教育课程方案和课程标准（2022 年版）》（2022 年 3 月 25 日）
52. 教育部等十部门印发通知《全面推进“大思政课”建设的工作方案》（2022 年 7 月 25 日）
53. 中共中央办公厅、国务院办公厅印发《关于加强新时代高技能人才队伍建设的意见》（2022 年 10 月 7 日）
54. 中国共产党第二十次代表大会报告“实施科教兴国战略，强化现代化建设人才支撑”（2022 年 10 月 16 日）
55. 教育部印发《关于进一步加强新时代中小学思政课建设的意见》（2022 年 11 月 8 日）
56. 中共中央办公厅 国务院办公厅印发《关于深化现代职业教育体系建设改革的意见》（2022 年 12 月 21 日）
57. 教育部等十八部门联合印发《关于加强新时代中小学科学教育工作的意见》（2023 年 5 月 17 日）
58. 中共中央办公厅、国务院办公厅印发《关于构建优质均衡的基本公共教育服务体系的意见》（2023 年 6 月 13 日）
59. 教育部印发《关于实施国家优秀中小学教师培养计划的意见》（2023 年 7 月 26 日）
60. 教育部联合多部门印发《教育部直属师范大学本研衔接师范生公费教育实施办法》（2024 年 5 月 28 日）

后　记

高考蓝皮书《高考研究报告(2025)》的研究和出版，得到了山东省实验中学、山西省实验中学、长沙市长郡中学、石家庄市第二中学、西北工业大学附属中学、河北衡水中学、河南省实验中学、济南市历城第二中学等单位给予的学术支持与研究指导，在此致以最诚挚的谢意。

与此同时，高考蓝皮书《高考研究报告（2025）》还得到了多位学科专家、教研员和一线教师的帮助和指导，他们分别是（按姓氏笔画排序）：

于洪彬　王月欣　王永亮　王丽娜　王春梅　王晓民　王　敏　王　曈
亓　静　方学蜜　尹玉先　孔令北　左晓宇　卢红兰　卢梅田　李　青
边克旺　邢文晶　吕桂华　任毓颖　刘元元　刘传菠　刘明星　刘建会
刘瑞萍　齐昌禹　许传梅　许华忠　孙广慧　孙玉娟　孙衍盼　麦红丽
杜明明　杜　辉　李广聚　李成顺　李　婷　李翠新　杨玉昌　连晓芹
吴振莹　吴富军　邱烨丽　张月娥　张汉霞　张红艳　张怀俊　张启森
张宝玲　张春燕　张宪治　张海洋　张梅玲　张　榕　陆伟雄　陈丽敏
武新哲　林　丹　周鲁飞　郑海森　房长新　孟凡华　赵园园　赵　毅
钟　昂　姚刘茜　贾福东　顾劭恒　高文艺　高艳红　高莉莉　高敏霞
高敬文　郭　敏　郭　霞　唐洪亮　黄万强　黄　静　曹茂林　龚　普
彭润婧　董佳明　董隋隋　程　智　靳莎莎　窦琳琳　蔡旭静　潘　悦
霍锋利

对他们的辛勤付出和卓著贡献，我们在此表示最衷心的感谢！

本书属于独立学术研究成果，由于水平有限和时间仓促，书中难免存在种种不足，恳请广大教育工作者和一线师生提出宝贵的意见和建议。

《高考研究报告》编委会

2024 年 9 月

郑重声明

高考蓝皮书《中国高考报告》是新华出版社出版的独立学术研究成果，自2019年以来已连续出版7版。编委会始终坚持独立研究、独到视角、独家成果，日拱一卒、孜孜以求、久久为功，研究成果获广大师生认可。鉴于市面上出现的假借“中国高考报告学术委员会”“中国高考报告系列丛书”之名误导读者、以假乱真的现象愈演愈烈，纷扰经年，疲于打假，本书编委会决定以变应乱，郑重宣布：《中国高考报告》自2025版起更名为《高考研究报告》。我们将不忘服务广大师生初心，牢记助力高考改革使命，传承一样的基因，奉上更好的作品。

为保护读者合法权益，避免读者因误购造成不良后果，特声明如下：

一、高考蓝皮书《高考研究报告（2025）》《高考政策与命题解读（2025）》及《高考评价体系解读（2025）》由新华出版社出版发行。

二、高考蓝皮书《高考关键能力解析》（2025版，9科9种图书）《高考关键能力专项练ABC》（2025版，9科9种图书）由首都师范大学出版社出版发行。

三、除新华出版社和首都师范大学出版社出版的上述21种图书外，其他出版社出版发行的冠以“高考蓝皮书”“中国高考报告学术委员会”“中国高考报告系列丛书”等名义的图书均与高考蓝皮书《高考研究报告》编委会无关。

四、为增加图书辨识度，2025版高考蓝皮书系列丛书统一在封面印制高考蓝皮书专有标识“”（自2024版启用）。

请广大校长、教研员和师生认准新华出版社和首都师范大学出版社出版的高考蓝皮书，避免因误购造成研究、学习和备考效率的损失。

《高考研究报告》编委会

2024年9月

系列三

《高考关键能力解析》(2025)

语/数/英/政/史/地/物/化/生

首都师范大学出版社
CAPITAL NORMAL UNIVERSITY PRESS

解密思维品质 | 确立研究角色 | 从容高效备考

《高考关键能力解析》(2025) **适用对象**

教研员 | 备课组长 | 高中各年级教师 | 高中各年级学生

系列四

《高考关键能力专项练ABC》(2025)

语/数/英/政/史/地/物/化/生

首都师范大学出版社
CAPITAL NORMAL UNIVERSITY PRESS

拒绝机械刷题 | 培养关键能力 | 提高备考效率

《高考关键能力专项练ABC》(2025) **适用对象**

高二高三学生